AF552740

प्राचीन भारत
की
संस्कृति और सभ्यता

प्राचीन भारत की संस्कृति और सभ्यता

दामोदर धर्मानंद कोसंबी

अनुवादक

गुणाकर मुले

राजकमल प्रकाशन

ISBN : 978-81-7178-801-9

मूल्य : ₹995

तीसरा संशोधित संस्करण : 1990
ग्यारहवाँ संस्करण : 2023

प्रकाशक : राजकमल प्रकाशन प्रा.लि.
1-बी, नेताजी सुभाष मार्ग, दरियागंज
नई दिल्ली-110 002
शाखाएँ : अशोक राजपथ, साइंस कॉलेज के सामने, पटना-800 006
पहली मंजिल, दरबारी बिल्डिंग, महात्मा गांधी मार्ग, प्रयागराज-211 001
वेबसाइट : www.rajkamalprakashan.com
ई-मेल : info@rajkamalprakashan.com

मुद्रक : बी.के. ऑफसेट
नवीन शाहदरा, दिल्ली-110 032

PRACHEEN BHARAT KI SANSKRITI AUR SABHYATA
by Damodar Dharmananda Kosambi

प्रकाशकीय

समाज, संस्कृति, इतिहास, दर्शन और राजनीतिशास्त्र के प्रख्यात विद्वानों की कलम से लिखी गई पुस्तकों से हिंदी जगत को समृद्ध करने और एक ऐतिहासिक आवश्यकता की पूर्ति करने के लिए **राजकमल** ने जो विस्तृत योजना बनाई है, यह पुस्तक उसी की एक महत्वपूर्ण कड़ी है।

यह एक तथ्य है कि हिंदी में सामाजिक विज्ञान विषयक स्तरीय पाठ्य-पुस्तकों तथा संदर्भग्रंथों का अभाव है। यों इस अभाव को दूर करने के प्रयास भी हुए हैं, पर बहुत आगे वे नहीं बढ़ पाए। लेकिन अब, जबकि प्रायः सभी हिंदीभाषी राज्यों में हिंदी को उच्च शिक्षा का माध्यम स्वीकार कर लिया गया है, यह और जरूरी है कि हिंदी में ऐसी पुस्तकें उपलब्ध कराई जाएँ। इससे हिंदी की उपयोगी भूमिका में तो व्यापकता आएगी ही, उच्चाध्ययन और शोध के क्षेत्र में आनेवाली व्यावहारिक कठिनाइयाँ भी दूर होंगी।

उल्लेखनीय है कि इस योजना के अंतर्गत प्रकाशित की जा रही प्रायः सभी पुस्तकें अनूदित हैं, लेकिन ये अनुवाद मूल कृति के विषय और संबंधित भाषाओं पर गहरी पकड़ रखनेवाले विद्वान लेखकों द्वारा ही किए गए हैं। इसलिए विषयगत गंभीरता के बावजूद प्रत्येक अनुवाद सहज ग्राह्य है और प्रेरक भी, क्योंकि स्तरीय पुस्तकों के अच्छे अनुवाद संबद्ध विषय में अक्सर ही मूल लेखन की जमीन तैयार करते हैं।

राजकमल की यह प्रकाशन-योजना भारतीय इतिहास के विविध कालखंडों और पक्षों से जुड़ी पुस्तकों से आरंभ हुई है। योजना के पहले चरण में प्रो. राधाकुमुद मुखर्जी, प्रो. दामोदर धर्मानंद कोसंबी, प्रो. रोमिला थापर, प्रो. रामशरण शर्मा सरीखे इतिहासकारों के इतिहास-ग्रंथ और प्रो. इरफान हबीब द्वारा संपादित वार्षिकी *मध्यकालीन भारत* के तीन अंक एक साथ प्रकाशित किए जा रहे हैं। इनमें कुछ ग्रंथ एकदम नए हैं, और जो नए नहीं हैं उन्हें भी पूर्णतया संशोधित-परिवर्धित किया गया है।

प्रो. कोसंबी की प्रस्तुत पुस्तक प्राचीन भारत की संस्कृति और सभ्यता को वैज्ञानिक विकास के परिप्रेक्ष्य में व्याख्यायित-विश्लेषित करने का महत्त्वपूर्ण प्रयास है। लंदन के 'टाइम्स लिटरेरी सप्लीमेंट' ने इस पुस्तक की समीक्षा करते हुए इसे ''ज्वलंत रूप से भौतिक कार्य'' तथा ''भारत का पहला सांस्कृतिक इतिहास'' बताया था। इस पुस्तक के रूप में प्रो. कोसंबी ने भारत के प्राचीन इतिहास को न केवल प्रेरक बल्कि सुबोध भी बना दिया है।

प्राक्कथन

निस्संदेह इतिहास लिखने की बजाय बदलना कहीं अधिक महत्त्वपूर्ण है, ठीक उसी प्रकार जैसे मौसम के बारे में केवल बात करने की बजाय उसके संबंध में कुछ करना बेहतर है । स्वाधीन संसदीय जनतंत्र में प्रत्येक नागरिक यह अनुभव करता माना जाता है कि वह बातें करने वाले और चुनाव के विशेषाधिकार के लिए उस पर कर लगाने वाले प्रतिनिधियों का चुनाव करके स्वयं इतिहास रच रहा है । कुछ लोगों को अब यह संदेह होने लगा है कि यह शायद पर्याप्त नहीं है, और यदि शीघ्र ही कुछ और न किया गया तो समस्त इतिहास कहीं अणु-युग के साथ ही अचानक समाप्त न हो जाए ।

भारत के गौरवपूर्ण अतीत के बारे में तथ्य अथवा सहज बुद्धि की किसी बाधा के बिना जो कुछ भी कहा गया है उसमें से बहुत-सा भारतीय चुनावों से भी अधिक स्वतंत्र है । चर्चा अधिकतर अनिश्चित तिथियों और राजाओं तथा पैगंबरो की उचित ही अल्पविदित जीवनियों को लेकर होती रही है । मुझे लगता है कि ऐसी सामग्री के अभाव में भी, जो अन्य देशों में इतिहासकार के लिए अनिवार्य समझी जाएगी, भारतीय इतिहास की मुख्य धाराओं को अंकित करने की दिशा में कुछ अधिक उपलब्धि संभव है । कम-से-कम यह पुस्तक, विद्वत्ता प्रदर्शित किए बिना, यही करने का प्रयास करती है ।

मैं मि. जॉन इरविन का इस पुस्तक को उसके घोषित उद्देश्य से अधिक उपयुक्त बनाने के लिए विशेष परामर्श देने, चित्रों का चुनाव करने और पुस्तक की छपाई की देखभाल करने के लिए विशेष रूप से कृतज्ञ हूँ । उनका और प्रोफेसर ए. एल. बैशम का मैं इसलिए भी आभारी हूँ कि उन्होंने इसके लिए एक अंग्रेज प्रकाशक खोज निकाला । श्री सुनील जाना ने कृपापूर्वक भारत के कबीलाई और ग्रामीण जीवन के अपने कुछ उत्तम चित्रों को सम्मिलित करने की अनुमति दी है । मैं मिस मार्गरेट हाल को मानचित्रों और आकृतियों की परिश्रमपूर्वक जाँच करने के लिए और मि. सेम्योन तियुलएव को सोवियत यूनियन से चित्रात्मक सामग्री की अनुकृतियाँ बनाने और फोटो लेने के लिए धन्यवाद देना चाहता हूँ ।

इस पुस्तक में यदि कोई मौलिकता है तो वह मेरे स्वतंत्र रूप में क्षेत्र-कार्य के ऊपर ही आधारित है । उन मित्रों और छात्रों का, जिन्होंने मेरी पद्धतियों के प्रति आस्था प्रकट की है और हार्दिक उत्साह से उनका समर्थन किया है, मुझ पर इतना ऋण है कि वह थोड़े-से शब्दों में नहीं कहा जा सकता ।

दामोदर धर्मानंद कोसंबी

पूना
जुलाई 31,1964

चित्र सूची

आकृतियाँ

1. सूखी भूमि पर खेती 30
2. गीली भूमि पर खेती (धान) 31
3. सब्जी की खेती या बगीचा 33
4. मृत्भांड-पूर्व के लघु-पाषाण (दक्षिणी पठार) 53
5. उच्चभूमि के पत्थरों के औज़ार (दक्षिणी पठार) 54
6. उत्तर हिमयुग के चित्रकार द्वारा खींची गई वनवृषभ की पूर्व-रेखाकृति (फ्रांस) 85
7. मोहेंजोदड़ो के विशाल स्नानागार का विन्यास 92
8. मिर्ज़ापुर की एक गुफा में चक्र फेंकता हुआ रथारोही 147
9. पसेनदि के सिक्कों पर आहत-चिह्न 162
10. मगध की मुद्रा-प्रणाली के चाँदी के आहत सिक्के 164
11. महापद्मनंद के सिक्कों के चिह्न 184
12. बिंदुसार मौर्य के अंतर्गत 'कबीलाई' सिक्के 186
13. शिशुनाग के सिक्के; कालासोक और एक उत्तरवर्ती 198
14. चन्द्रगुप्त, बिंदुसार, असोक के सिक्के 199
15. सम्राट हर्ष के हस्ताक्षर 225
16. हरि-हर, एक आधुनिक रंगीन चित्र की अनुकृति 254

मानचित्र

भारत और समीपवर्ती देश 16-17
सिंधु संस्कृति 78-79
पंजाब की नदियाँ और गंगा-यमुना का उद्गम क्षेत्र 100
धातु और खनिज 128-129
मौर्य साम्राज्य और सिकंदर का हमला 170-171
दक्खन का कगार 211

छायाचित्र

1. अम्बरनाथ में देहाती झोंपड़ी
2. फूस की झोंपड़ी और अस्तबल
3. ईंधन के लिए गोबर के उपले
4. जुन्नार में काफिले का भैंसा
5. कुम्हार का चाक
6. कुम्हार द्वारा चलाया जाता हुआ तेज़ चाक
7. 'निहाई' और चप्पू से बर्तन को बढ़ाना और पक्का करना
8. तेज़ चाक पर बर्तनों का बड़ी संख्या में उत्पादन
9. चलता हुआ कुम्हार का चाक (धीमा चक्कर)
10. महिषासुर के मिट्टी के मंदिर
11. पवित्र ककुदमान साँड
12. भैंस
13. पंढरपुर की पालकी का बैल
14. जुन्नार में कुषाण शैली का आधुनिक हल
15. कुषाण हल, लगभग 200 ईस्वी
16. खेतों की बुवाई
17. रौंदकर अनाज निकालना
18. चूने के गढ़े के पास चमड़ा कमाने वाले
19. नानाघाट दर्रे में गधों का काफ़िला
20. हिंदेशिया का उलंडी जहाज़, लगभग 800 ईस्वी
21. कुलियों की बेगार
22. उड़ीसा का अकाल, 1944
23. उराँवों का नाच
24. मूरिया ढोली
25. चाय बागान के मज़दूरों के मिश्रित नृत्य
26. मछली पकड़ती हुई बचरी स्त्रियाँ
27. नाव से मछली पकड़ते हुए गारो
28. भील बहनें, विवाहित और अविवाहित
29. बड़े-बड़े बाँसों की गाँठों का पानी के बर्तनों के रूप में उपयोग
30. पत्तें के दोने बनाती हुई जुआंग स्त्रियाँ
31. शिकार के बाद आराम करते हुए कोली
32. हल ले जाता जुआंग युवक
33. नाड़ी का संग्रह
34. गेहूँ से भूसा निकालने हुए भील
35. भीलों के भित्ति-चित्र
36. जंगल जलाकर खेती
37. पतली खालों पर व्यवहार के लिए लघु-पाषाण
38. ढलानों और चट्टानों पर उकेरने के लघु-पाषाण
39. महेश्वर में प्राप्त स्त्री-आकृतियुक्त मर्तबान
40. नर्तकों के चित्रयुक्त ठीकरा
41. मोहेंजो-दाड़ो की सिल और बट्टा
42. बोलहाइ के रूप में पूजित प्राग्-ऐतिहासिक महापाषाण
43. प्राचीन राजगिर के बाहर पसानिक चेतिय
44. मोहेंजो-दाड़ो की खुदाई का सामान्य दृश्य 1925-26
45. मोहेंजो-दाड़ो का विशाल स्नानागार
46. नाव सहित सिंधु मोहर
47. बलि अंकित सिंधु मोहर
48. सिंधु मोहर : सींगदार बाघ को मारता वृषभ-पुरुष
49. सिंधु मोहर : दो बाघों का गला घोंटता योद्धा
50. सिधु मोहर : बकरी के सींग वाला पुरुष-व्याघ्र
51. मेसोपोटामिया की बटन मोहर : जलपुरुष और जलपरी
52. सुमेर-अक्कदी मोहर : सिंह और वृषभ को मारते हुए योद्धा
53. ककुदमान वृषभ पर सवार उषा-जैसी नग्न देवी की सीरियाई-खत्ती मोहर
54. प्रारंभिक सुमेरी मोहर : योद्धाओं और सिंहों में मुठभेड़
55. 'पोरस की पराजय' युक्त गोलाकार फलक
56. सोफाइटीस की प्रतिकृतियुक्त चाँदी का सिक्का

58. मातृदेवी और ककुदमान वृषभ अंकित प्यूकेलाओटिस का चाँदी का सिक्का

59. एंटिओकस प्रथम का प्रतिकृतियुक्त चाँदी का सिक्का
60. डेमेट्रिओस का प्रतिकृतियुक्त चाँदी का सिक्का
61. यूक्रेटिडीस का प्रतिकृतियुक्त चाँदी का सिक्का
62. मेनेंडर का प्रतिकृतियुक्त चाँदी का सिक्का
63. चाँदी की आहत-मुद्रा

64. राजुवुल की प्रतिकृतियुक्त मुद्रा
65. नहपान की प्रतिकृतियुक्त मुद्रा
66. अज्ञात सातवाहन राजा का सिक्का
67. मालवा के महाक्षत्रप चष्टन की प्रतिकृतियुक्त मुद्रा
68. मालवा के शक क्षत्रप दमजदश्रि का सिक्का
69. जीवदामन का सिक्का
70. रुद्रसिंह प्रथम का सिक्का
71. कुषाण सम्राट कनिष्क प्रथम की स्वर्ण मुद्रा
72. कुषाण सम्राट हविष्क की स्वर्ण मुद्रा
73. वृष्णि कबीले का चाँदी का सिक्का
74. चंद्रगुप्त प्रथम और कुमारदेवी की स्वर्ण मुद्रा
75. वीणाधारी समुद्रगुप्त की स्वर्ण मुद्रा
76. धनुर्धारी अंकित चंद्रगुप्त द्वितीय की स्वर्ण मुद्रा
77. गैंडे का शिकार करते हुए कुमारगुप्त प्रथम की स्वर्ण मुद्रा
78. सामंतसेन का चाँदी का सिक्का
79. असोक-स्तंभ का रामपुर्वा वृषभ शीर्ष
80. भारहुत स्तूप के जँगले का अंश
81. भारहुत का गोल उद्भृत: अनाथपिंडिक जेट उपवन खरीदता हुआ
82. भारहुत पट्टिका : बुद्ध की पूजा करता हुआ नाग राजा एरापत्र
83. साँची के विशाल स्तूप का उत्तरी द्वार
84. साँची माया का उत्कीर्ण चित्र
85. नालागिरि नामक उन्मत्त हाथी को वश में करते हुए बुद्ध का अमरावती में प्राप्त गोल फलक
86. कार्ले में चैत्य गुफा का भीतरी भाग
87. कार्ले में चैत्य गुफा, स्तंभशीर्ष
88. कार्ले में रहस्य-मूर्ति शीर्ष
89. कार्ले मे द्वार के समीप मिथुन युग्म
90. गंधार उद्भृत, मार की सेना के राक्षस
91. भाज में स्तंभशीर्ष पर किन्नर
92. शिखर के बौद्धमठ में धन की रक्षा के लिए कोठरी
93. भारतीय दीर्घ धनुषधारी क्षत्रिय, कोंडने में एक चित्रबल्लरी
94. अमरावती में बुद्ध के भिक्षापात्र पर उद्भृत नाचते हुए नाग
95. अमरावती के एक उद्भृत में पौराणिक पशुओं का शिकार
96. दुर्गा द्वारा महिषासुर का दलन; मामल्लपुरम
97. एलोरा की कैलास गुफा
98. बैठकर उपदेश देते हुए बुद्ध की प्रतिमा; सारनाथ

अनुक्रम

प्राक्कथन

1. ऐतिहासिक परिप्रेक्ष्य

भारत की झाँकी 11

आधुनिक शासकवर्ग 14

इतिहासकार की कठिनाइयाँ 19

ग्राम और कबीला समाज के अध्ययन की आवश्यकता 24

ग्राम 29

सारांश 36

2. आदिम जीवन और प्राग्-इतिहास

स्वर्णयुग 41

प्राग्-इतिहास और आदिम जीवन 43

भारत में प्राग्-ऐतिहासिक मानव 50

उत्पादन के साधनों में आदिम अवशेष 59

अधिरचना में आदिम अवशेष 65

3. सर्वप्रथम नगर

सिंधु सभ्यता की खोज 75

सिंधु सभ्यता में उत्पादन 80

सिंध–सभ्यता की प्रमुख विशेषताएँ 86

सामाजिक ढाँचा 91

4. आर्य

आर्य जन 98

आर्यों की जीवन-पद्धति 102

पूर्व की ओर प्रगति 108

ऋग्वेदोत्तर आर्य 112

नगरीय पुनरुत्थान 117

महाकाव्य युग 120

कबीले से समाज की ओर

नये धर्म 126

मध्यम मार्ग 135
बुद्ध और समकालीन समाज 140
यदुओं का श्यामवर्ण नायक 146
कोसल और मगध 154
वृहत्तर मगध में राज्य और धर्म
मगध विजय की पूर्णता 168
मगधीय राजतंत्र 177
भूमि का प्रबंध 184
राज्य और पण्य-उत्पादन 191
असोक और मगधीय साम्राज्य का चरमोत्कर्ष 197
सामंतवाद की ओर
नये पुरोहित 208
बौद्धधर्म का विकास 219
राजनैतिक और आर्थिक परिवर्तन 232
संस्कृत साहित्य और नाटक 245
अनुक्रमणिका 261

1. ऐतिहासिक परिप्रेक्ष्य

भारत की झाँकी

तटस्थता और सूक्ष्मता से भारत का अवलोकन करनेवाले किसी भी निष्पक्ष व्यक्ति को दो परस्पर-विरोधी विशेषताएँ अवश्य दिखाई देंगी : अनेकरूपता के साथ-साथ एकता।

यहाँ की अंतहीन विविधता आश्चर्यजनक, प्रायः बेमेल जान पड़ती है। वेश-भूषा, भाषा, लोगों का शारीरिक रंग-रूप, रीति-रिवाज, जीवन-स्तर, भोजन, जलवायु, भौगोलिक विशेषताएँ—सभी में अधिक-से-अधिक भिन्नताएँ दिखाई देती हैं। धनी भारतीय लोग या तो यूरोपीय पोशाक में दिखाई देंगे, या मुस्लिम प्रभाववाली पोशाक में, अथवा भारतीय ढंग के रंग-बिरंगे और ढीले-ढाले कीमती परिधान में। सामाजिक अवस्था के निम्न छोर पर ऐसे भी भारतीय हैं जो चिथड़े पहनते हैं और कमर से घुटनों तक की धोती के अलावा प्रायः नंगे बदन ही रहते हैं। सारे देश की कोई एक राष्ट्रभाषा नहीं, राष्ट्रलिपि नहीं। दस रुपए के नोट पर दर्जन-भर भाषाएँ और लिपियाँ दिखाई देती हैं। भारतीय जाति-जैसी भी कोई चीज नहीं है। भारत में गौर वर्ण और नीली आँखोंवाले लोग हैं, तो श्याम वर्ण और काली आँखोंवाले भी हैं। इन दोनों के बीच हर संभव मध्यवर्ती प्रकार के लोग भी हमें देखने को मिलते हैं, यद्यपि आमतौर पर बाल सभी के काले होते हैं। विशिष्ट प्रकार का कोई भारतीय भोजन भी नहीं है, यद्यपि यूरोप की अपेक्षा यहाँ भात, मसाले तथा साग-सब्जियाँ अधिक खाई जाती हैं। उत्तर भारत के निवासी को दक्षिण भारत का भोजन अस्वादिष्ट लगता है, तो दक्षिण भारतीय को उत्तर भारत का भोजन। कुछ लोग मांस, मछली और अंडों को छूते तक नहीं। बहुत-से लोग मर जाएँगे, लेकिन गोमांस खाना पसंद नहीं करेंगे। पर ऐसे भी लोग हैं जो इन पाबंदियों को नहीं मानते। भोजन-संबंधी ये रिवाज रुचि पर नहीं, बल्कि धार्मिक भावना पर आधारित हैं। देश की जलवायु भी सतरंगी है : हिमालय में सदा बर्फ जमी रहती है, कश्मीर में उत्तरी यूरोप-जैसा मौसम रहता है, राजस्थान में तप्त रेगिस्तान हैं, दक्षिणी प्रायद्वीप में बैसाल्ट की पर्वत-श्रेणियाँ और ग्रेनाइट के पहाड़ हैं, दक्षिणी छोर पर उष्णकटिबंधीय गरमी और पश्चिमी घाट की कंकरीली मिट्टी में घने जंगल हैं। दो हजार मील लंबा समुद्रतट, जलोढ मिट्टी की चौड़ी और

उपजाऊ घाटी में महान गंगा और उसकी सहायक नदियों का समूह, छोटे समूहवाली अन्य बड़ी नदियाँ, कुछ प्रमुख झीलें, कच्छ और उड़ीसा के दलदल—इन सबसे इस उपमहाद्वीप का मानचित्र पूरा हो जाता है।

एक ही प्रांत के, यहाँ तक कि एक ही जिले अथवा नगर के भारतीय निवासियों में उतनी ही अधिक सांस्कृतिक असमानता है जितनी कि भारत के विभिन्न भागों में प्राकृतिक असमानता है। विश्व-साहित्य में गौरव का स्थान पानेवाले रवींद्रनाथ ठाकुर का जन्म आधुनिक भारत में हुआ; परंतु ठाकुर के अंतिम निवास (शांतिनिकेतन) से थोड़ी ही दूर पर रहनेवाले ऐसे भी संथाल और अन्य अनपढ़ आदिवासी लोग मिलेंगे जो रवींद्र के बारे में आज भी कुछ नहीं जानते? इनमें से कुछ आदिवासी आज भी अन्न-संग्रह की अवस्था से विशेष आगे नहीं बढ़े हैं। किसी भव्य आधुनिक शहरी इमारत का—जैसे बैंक, सरकारी कार्यालय, कारखाने अथवा वैज्ञानिक संस्थान का—डिज़ाइन किसी यूरोपीय वास्तुविद अथवा उसके भारतीय शिष्य ने भले ही तैयार किया हो, परंतु इमारत खड़ी करनेवाले दरिद्र मज़दूर अनपढ़ हैं और आमतौर पर पुराने किस्म के औजारों का ही इस्तेमाल करते हैं। उनकी मजदूरी का एकमुश्त भुगतान उस फोरमैन अथवा चौधरी को भी किया जा सकता है जो उनकी छोटी-सी श्रेणी का प्रधान होने के साथ-साथ उनकी जमात का मुखिया भी होता है। निश्चय ही ये मजदूर उन लोगों की गतिविधियों के बारे में कुछ भी नहीं जानते जिनके लिए ये इमारतें खड़ी की गई हैं। वित्त-व्यवस्था, नौकरशाही, कारखानों में पेचीदा मशीनों से होनेवाला उत्पादन और विज्ञान की मूलभूत मान्यताएँ उन इंसानों की समझ से परे की चीजें हैं जो सीमांत तक अतिकर्षित भूमि अथवा जंगलों में बसकर तगहाली का जीवन व्यतीत करते रहे। जंगल में भुखमरी की हालत पैदा होने से इनमें से अधिकांश लोग विवश होकर शहरों में चले आए हैं और कोल्हू के बैल की तरह कड़ी मेहनत करनेवाले सबसे सस्ते मजदूर बन गए हैं।

परंतु इस प्रत्यक्ष अनेकरूपता के बावजूद यहाँ दोहरी एकता भी मौजूद है। शासक-वर्ग के कारण ऊपरी स्तर में कुछ समान विशेषताएँ हैं। भारतीय पूँजीपतियों का यह वर्ग भाषा, प्रादेशिक इतिहास आदि के मामले में विभक्त होने पर भी समान स्वार्थों के कारण दो समूहों में एकत्र है। पूँजी और कारखानों का यांत्रिक उत्पादन असली उद्योगपतियों-पूँजीपतियों के हाथों में है, और उत्पादन के वितरण पर मुख्यतः उन दूकानदार निम्न पूँजीपतियों का प्रभुत्व है जो अपनी बड़ी संख्या के कारण बड़े शक्तिशाली बन गए हैं। अनाज का उत्पादन अधिकतर छोटे-छोटे खेतों में होता है। करों और कारखानों में उत्पादित वस्तुओं की कीमत का भुगतान नक़द पैसों में करना जरूरी है, इसलिए किसान को निम्न पूँजीपतियों के एक अनिच्छुक और पिछड़े हुए पक्ष की शरण में जाने के लिए विवश होना पड़ता है। खेती की सामान्य अतिरिक्त उपज पर भी उन आढ़तियों और महाजनों का

कब्जा रहता है जो आमतौर पर बड़े पूँजीपति नहीं बन पाते। सबसे धनी किसानों में और महाजनों में कोई खास अंतर नहीं है। चाय, कॉफ़ी, कपास, तंबाकू, पटसन, काजू, मूँगफली, गन्ना, नारियल आदि की नक़दी पैदावार अंतर्राष्ट्रीय बाजार अथवा कारखानों में होनेवाले उत्पादन से जुड़ी हुई है। कभी-कभी आधुनिक पूँजीपति भी बड़े-बड़े भूखंडों में मशीनों की सहायता से इन चीजों का उत्पादन करते हैं। इनमें लगाई जानेवाली पूँजी से, जो अक्सर विदेशी होती है, इन वस्तुओं का मूल्य निर्धारित होता है और मुख्य लाभांश भी वही पूँजीपति हथिया लेते हैं। दूसरी ओर, दैनिक आवश्यकता की बहुत-सी चीजें, मुख्यतः भाँड़े-बर्तन और वस्त्र, आज भी दस्तकारी के तरीकों से तैयार होती हैं और कारखानों में होनेवाले उत्पादन के साथ प्रतिस्पर्धा होने पर भी ये उद्योग जीवित हैं। देश की राजनीतिक परिस्थितियों पर पूँजीपति-वर्ग के इन दो समुदायों का पूर्ण प्रभुत्व है, और पेशेवर (वकील आदि) तथा बाबू लोगों का वर्ग इन्हें विधान-मंडलों और शासन-तंत्र के साथ जोड़ने का काम करता है।

यह ध्यान देने की बात है कि भारत में, ऐतिहासिक कारणों से, सरकार ही एकमात्र सबसे बड़ी व्यवसायी-ठेकेदार भी है। एक बड़े पूँजीपति-जैसी इसकी संपत्ति भारत के सारे स्वतंत्र पूँजीपतियों की संपत्ति के बराबर है, यद्यपि यह खास प्रकार के विनियोगों में लगी हुई है। रेलें, हवाई-सेवाएँ, डाक-तार, रेडियो और टेलीफोन, कुछ बैंकें, जीवन-बीमा और सुरक्षा-उद्योग तो पूरी तरह राज्य के हाथ में हैं ही, कुछ हद तक बिजली और कोयले का उत्पादन भी राज्य द्वारा ही होता है। तेल के कुँओं पर राज्य का अधिकार है। बड़े-बड़े तेल-शोधक कारखाने आज भी विदेशी कंपनियों के हाथों में हैं, परंतु सरकारी तेल-शोधक कारखाने जल्दी ही अपना पूरी क्षमता से उत्पादन करने लग जाएँगे। इस्पात का उत्पादन अधिकतर निजी अधिकार-क्षेत्र में होता था, परंतु अब सरकार ने भी बड़े पैमाने पर लोहे और इस्पात का उत्पादन शुरू कर दिया है। इसके विपरीत, सरकार अनाज का उत्पादन नहीं करती। जब अनाज की दुर्लभता (प्रायः दुकानदारों और दलालों द्वारा पैदा किए गए नकली अभाव) के कारण सस्ते मजदूरों के शहर छोड़कर चले जाने की स्थिति पैदा होती है, तो सरकार विदेश से मँगाए गए अनाज का प्रमुख औद्योगिक केंद्रों में राशन-व्यवस्था द्वारा वितरण करती है। इस व्यवस्था से बड़े और छोटे दोनों वर्गों के पूँजीपति खुश रहते हैं, क्योंकि इससे दोनों में से किसी के भी मुनाफे पर कोई आँच नहीं आती। अनाज की इस अस्थिर स्थिति को सुस्थिर बनाने का स्पष्ट उपाय यही है कि कृषि-कर जिंसों में लिए जाएँ और अनाज-भंडार तथा वितरण की कारगर व्यवस्था सरकार अपने हाथ में ले ले। यह सुझाव कई बार दिया गया है—और प्राचीन भारत में भी यही प्रथा थी—परंतु इस दिशा में कुछ भी नहीं हुआ है। आयात किए हुए अनाज को न ही कारगर चूषण-पंपों द्वारा जहाजों से उतारा जाता है, न ही आधुनिक ढंग के उत्थापित भंडारों में जमा रखा जाता है,

और न ही इसे यांत्रिक तरीकों से साफ़ किया जाता है। उपभोग की वस्तुओं का उत्पादन निजी क्षेत्र में होता है। इस क्षेत्र में भी दो कारणों से सरकारी हस्तक्षेप जरूरी है। एक, इसके बिना अर्थ-व्यवस्था, असंयत लोभ और अनियंत्रित उत्पादन के कारण, छिन्न-भिन्न हो जाएगी, विशेषतः इसलिए भी कि बहुत-सा कच्चा माल और प्रायः सारी मशीनें विदेशों से मँगानी पड़ती हैं, जिसके लिए विदेशी मुद्रा की बड़ी कमी है। दूसरे, पूँजीपति-वर्ग ने दोनों महायुद्धों से जनित अभावों के दिनों में वस्तुओं की दुर्लभता, नियंत्रित उत्पादन और काले बाजार के अर्थशास्त्र का पूर्ण ज्ञान हासिल किया और इसी के बल पर सत्ता हथिया ली। दरअसल, इन्हीं महायुद्धों और अभावों के कारण पूँजी का संचय हुआ, और अंततः अंग्रेज़ों के हाथों से सत्ता भारतीयों के हाथों में आ गई। सरकार को, उदाहरण के तौर पर, प्रतिजैविक पदार्थों (एंटीबायोटिक्स) और औषधियों का एकाधिकारी उत्पादक बनने के लिए विवश होना पड़ा है; क्योंकि इस क्षेत्र में भी निजी उद्योग ने अपने लोभ और मानव-कल्याण के प्रति अतिघातक अवहेलना का परिचय दिया है। नियंत्रण का काम सँभालनेवाली और भविष्य के विकास की योजनाएँ बनानेवाली सरकार सभी वर्गों से परे जान पड़ती है। अंग्रेज़ों से उत्तराधिकार में मिले हुए प्रशासन तथा उच्च अधिकारी-तंत्र की यह खूबी है कि वह सदा से ही अपने को भारतीय स्तर से ऊपर समझता रहा है, और वैसा आचरण करता रहा है। निस्संदेह, अंतिम विश्लेषण में, सरकार का संचालन पूर्णतः एक ही वर्ग के हाथ में है। अतः सरकार किसको और कैसे नियंत्रित करती है, यह इस बात पर भी निर्भर है कि सरकार पर किसका नियंत्रण है। हाल में चीन के साथ हुई सीमा-संबंधी झड़पों के कारण केंद्रीय राजसत्ता को विशेष तानाशाही अधिकार ग्रहण करने का मौका मिला है, जिसके फलस्वरूप समाजवाद अथवा अन्य किसी लक्ष्य तक जल्दी से पहुँचा जा सकता है। यदि तब भी देश पहले की तरह ही समाजवाद से कोसों दूर रहता है, तो फिर इस व्यंग्योक्ति में कुछ सचाई अवश्य होगी कि हमने सही दिशावाला मार्ग नहीं पकड़ा है। इसके बावजूद, कट्टर-से-कट्टर आलोचक को भी यह स्वीकार करना होगा कि स्वतत्रता-प्राप्ति के बाद प्रगति हुई है, फिर वह जितनी अधिक होनी चाहिए थी या हो सकती थी उतनी भले ही न हुई हो। ब्रिटिश शासन के अंतिम दिनों में जिन अनावश्यक मानव-निर्मित अकालों के कारण बंगाल और उड़ीसा में लाखों लोगों की जानें गईं, वे आज उतने ही अयथार्थ लगते हैं जितने कि औपनिवेशिक कुशासन के जमाने के अन्य भयावह दुःस्वप्न।

आधुनिक शासकवर्ग

शहरों में आबाद भारतीय पूँजीपति-वर्ग की सबसे स्पष्ट विशेषता है—विदेशी प्रभाव। आजादी के बाद चौदह साल गुजर गए, फिर भी भारत में प्रशासन, बड़े

व्यवसाय और उच्च शिक्षा की भाषा आज भी अंग्रेजी ही है । इस स्थिति को बदलने के ठोस प्रयास नहीं हुए, यद्यपि असमर्थ समितियों ने नेक इरादे के प्रस्ताव पास किए हैं । बुद्धिजीवी, न केवल अपने वस्त्रों में, बल्कि उससे भी बढ़कर साहित्य और कला में, नवीनतम ब्रिटिश फैशन की नकल करता है । आधुनिक उपन्यासों और कथाओं की रचना, देशी भाषाओं में भी, विदेशी नमूनों अथवा विदेशी प्रेरणा पर आधारित है । भारतीय नाटक दो हजार साल से भी अधिक पुराना है, किंतु आज के भारत का शिक्षित रंगमंच, और उससे भी बढ़कर भारतीय सिनेमा, दूसरे देशों के रंगमंच और सिनेमा की नकल करता है । भारतीय काव्य में यह विदेशीपन कुछ कम है, यद्यपि विषयवस्तु और मुक्तछंदों के चुनाव में यह विदेशी प्रभाव स्पष्ट दिखाई देता है ।

इस बुद्धिजीवी वर्ग ने यूरोपीय महाखंड की साहित्यिक और सांस्कृतिक परंपरा के रत्नकोष की प्रायः उपेक्षा ही की है । इस निधि से इनका संपर्क अंग्रेज़ी माध्यम की घटिया पुस्तकों तक ही सीमित रहा है । दरअसल, भारत में पूँजीपति-वर्ग के संपूर्ण ढाँचे का विकास बाह्य शक्तियों से प्रभावित हुआ है । देश में सामंती और सामंती-पूर्व काल की संपत्ति का अपार संचय था, जो सीधा आधुनिक पूँजी में नही बदला । इसके काफ़ी बड़े अंश को अंग्रेज अठारहवीं और उन्नीसवीं सदी में लूट ले गए । यह धन जब इंग्लैंड पहुँचा तभी उस देश में महान औद्योगिक क्रांति हुई और तभी यह धन यांत्रिक उत्पादन से जुड़कर सही अर्थ में आधुनिक पूँजी में रूपांतरित हुआ । इस परिवर्तन के कारण भारत का अधिक शोषण होने लगा; क्योंकि प्रशासन और सैनिक प्रबंध का बोझ लगातार बढ़ता ही गया । पेंशन, लाभांश तथा ब्याज का पैसा अधिकतर इंग्लैंड को ही जाता था । विजेता ही भारत के कच्चे माल की कीमत निर्धारित करते थे । नील, पटसन, चाय, तंबाकू तथा कपास की खेती इतने बड़े पैमाने पर की गई कि पूरे जिलों की अर्थ-व्यवस्था ही बदल गई । नियंत्रण विदेशियों के हाथों में रहा, विशेषतः इसलिए कि पक्का माल इंग्लैंड में तैयार होता था । इस तैयार माल का एक अंश काफ़ी अनुकूल कीमत में भारत के बहुत बड़े बाजार में बेचा जाता था । मुनाफा लंदन के पूँजीपतियों और बरमिंघम तथा मैन्चेस्टर के कारखानेदारों की जेबों में पहुँचता था । साथ ही बंबई, मद्रास और कलकत्ता के नए शहरों में भी पूँजी की आनुषंगिक वृद्धि हुई । उन्नीसवीं सदी के उत्तरार्द्ध में यह आविष्कार किया गया कि भारतीय श्रमिकों से सस्ती मजदूरी पर मशीनों का काम कराया जा सकता है । इस आविष्कार के फलस्वरूप और 1857 के विद्रोह के दमन का खर्च निकालने के लिए ब्रिटिश कपड़ों पर लगाए गए करों के कारण ही बंबई में सूती वस्त्रों के कारखाने और कलकत्ता में पटसन के कारखाने अस्तित्व में आए । रेलों के लिए भी मशीनी जानकारीवाले कर्मियों की जरूरत थी । और पहले ही किए गए जिस आविष्कार के कारण भारत में पहले-पहल कॉलेजों और विश्वविद्यालयों की स्थापना हुई, वह यह था कि प्रशासन तथा

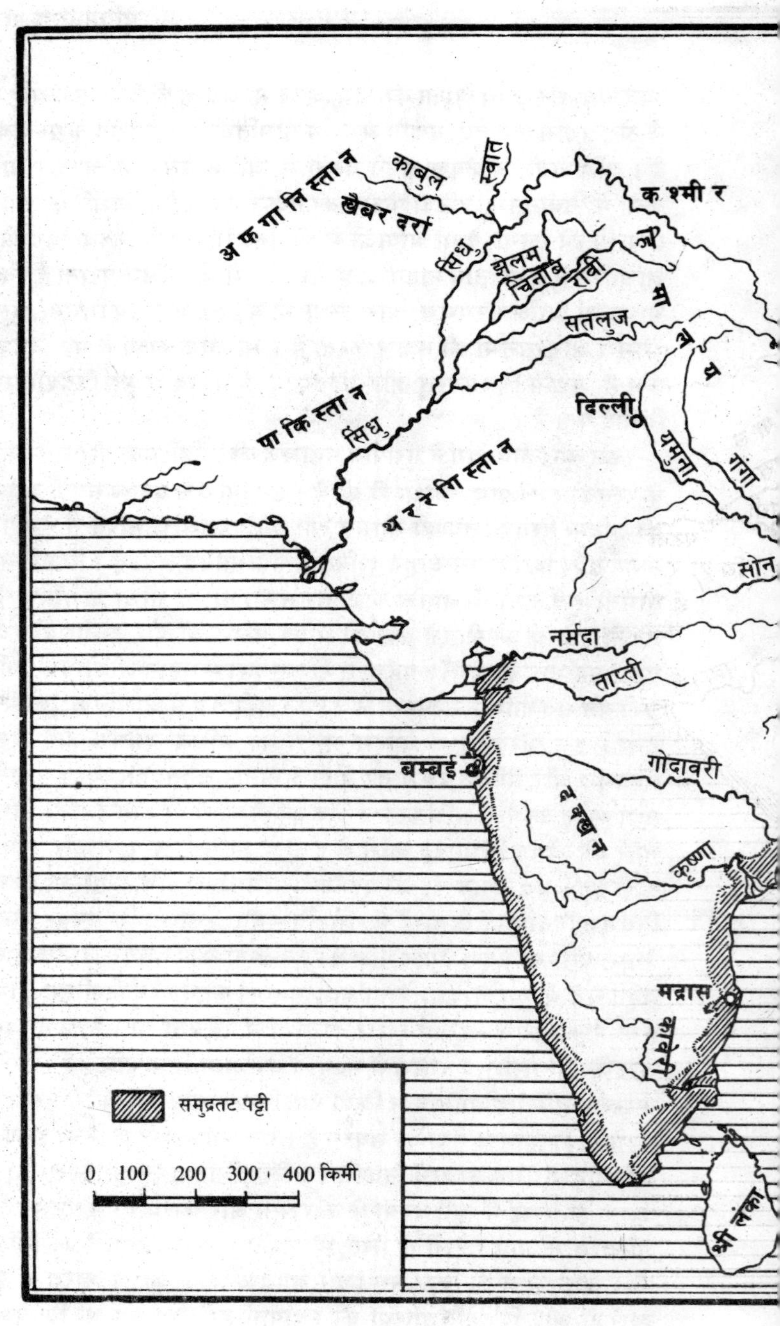

अफगानिस्तान
काबुल
स्वात
खैबर दर्रा
कश्मीर
सिंधु
झेलम
चिनाब
रावी
सतलुज
पाकिस्तान
सिंधु
थर रेगिस्तान
दिल्ली
यमुना
गंगा
सोन
नर्मदा
ताप्ती
बम्बई
गोदावरी
कृष्णा
मद्रास
कावेरी
श्री लंका
समुद्रतट पट्टी
0 100 200 300 400 किमी

भारत और समीपवर्ती देश

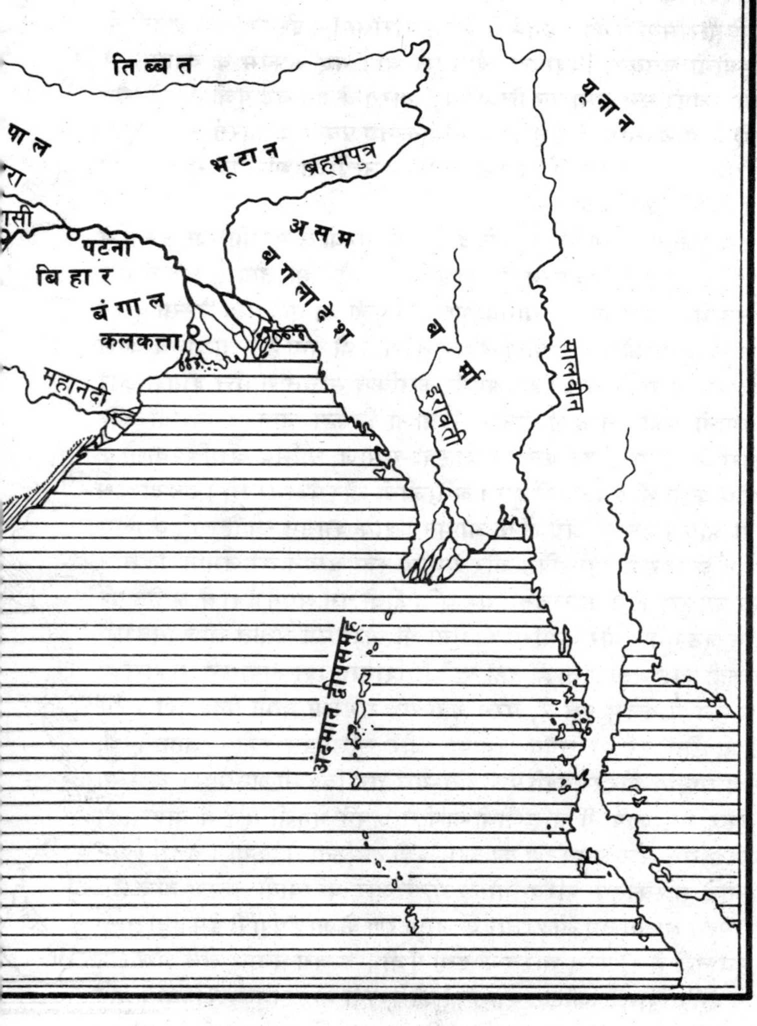

हिसाब-किताब के लिए विदेश से क्लर्कों का आयात करने की बजाय भारतीय क्लर्क को प्रशिक्षित करने में निश्चय ही कम खर्च पड़ता है । भारतीयों ने काम को न केवल जल्दी सीख लिया, बल्कि एक विदेशी को दिए जानेवाले वेतन के तीसरे से दसवें हिस्से तक का वेतन पाकर भी वे कुशलता और ईमानदारी से काम करते थे । निस्संदेह, सभी ऊँचे पद विजेता शासक-वर्ग के लिए सुरक्षित थे । अंततः भारतीय बिचौलियों ने देखा कि वे अपने स्वतंत्र कारखाने स्थापित कर सकते हैं । इस क्षेत्र में पहल बंबई के पारसियों ने की । इनमें से अनेक पारसियों ने ईस्ट इंडिया कंपनी के व्यापारी सहयोगी बनकर, विशेषतः चीन पर थोपे गए अफ़ीम के व्यापार में सहयोग देकर, काफी धन जमा कर लिया था । भारत के इन बड़े पूँजीपतियों और कारखानेदारों के साथ-साथ ही सन् 1880 से एक नए प्रकार के भारतीय राष्ट्रवाद का और एडमंड बर्क और स्टुअर्ट मिल से बाह्यतः उत्प्रेरित भारतीय राजनेताओं का अधिकाधिक उत्थान हुआ ।

यद्यपि इस पूँजीपति-वर्ग का उदय विदेशी व्यापारियों के सहयोगियों के रूप में हुआ था, परंतु इसमें वर्ण-विभाजन पर आधारित प्राचीन भारतीय समाज के कई वर्ग सम्मिलित थे । दरअसल, आधुनिक भारतीय पूँजी का एक बड़ा हिस्सा पुराने सामंतों और महाजनों की जमा संपत्ति के रूपांतरण से ही बना है । आधुनिक काल में भारत के सामंती राजाओं को भी अपनी कलंकित संचित संपत्ति शेयरों और ऋणों में लगानी पड़ी, अन्यथा उनका दिवाला निकल जाता । सामंतों और सेठ-साहूकारों के परिवार, विशेषतः इनका स्त्री-समाज, धार्मिक अंधविश्वासों के बाह्याडंबर से कभी भी मुक्त नहीं हुए । बुद्धिजीवी और पेशेवर लोग इन दोनों से भिन्न वर्गों से आए । इन्होंने अंग्रेज़ों के औपनिवेशिक शासन को हिलाने के लिए छेड़े गए संघर्ष के दौरान देशभक्ति और राष्ट्रीय स्वाभिमान को जगाने की तीव्र आवश्यकता महसूस की । फलस्वरूप यह बुद्धिजीवी वर्ग अपने देश के अतीत की खोज करने में जुट गया, और कभी-कभी ऐसा भी गौरवमय अतीत खोज निकाला कि जिसका कहीं कोई अता-पता ही नहीं था । (एशियाई देश जापान ने भी हाल ही में आधुनिक युग में कदम रखे हैं, परंतु वहाँ यह समस्या कभी पैदा नहीं हुई । जापान की राष्ट्रीय परंपरा सदैव सशक्त और सुलिखित रही । जापान का औद्योगीकरण राष्ट्रीय और स्वदेशी पूँजीपति-वर्ग द्वारा विदेशी आधिपत्य के बिना ही हुआ । फिर भी, जापानी बुद्धिजीवी-वर्ग ने अपने मेइजी युग में पाश्चात्य संस्कृति के अध्ययन और अनुकरण का काम बड़ी कर्मठता से किया । इससे स्पष्ट होता है कि ऐसे सांस्कृतिक परिवर्तनों के गहरे और बुनियादी कारण होते हैं । सैनिक आधिपत्य अथवा नए लोकाचार के अनुकरण के आकर्षण से इस प्रवृत्ति की व्याख्या संभव नहीं है ।) परंतु भारत के इसी पूँजीपति-वर्ग ने एक लंबे और कटु संघर्ष के बाद शक्तिशाली ब्रिटिश शासकों को देश से बाहर निकाल दिया । यदि भारतीय जनता का एक बड़ा भाग इस पूँजीपति-वर्ग के एक समुन्नत पक्ष का

नेतृत्व स्वीकार न करता तो अंग्रेज़ों को देश से निकालना संभव न होता । इस संघर्ष में भारतीय पक्ष शस्त्रसज्जित नहीं था । महात्मा गाँधी के, जिन्होंने मुक्ति-आंदोलन का संचालन किया, और तिलक-जैसे अनेक पूर्ववर्ती नेताओं के भी, तरीके और सिद्धांत भारतीय विशेषता के जान पड़ते हैं, यद्यपि गाँधी स्पष्ट रूप से तॉलस्ताय, और इस प्रकार सिल्वियो पैलिको से जुड़े हुए हैं । वर्तमान सदी के आरंभ में जैसी विशिष्ट परिस्थितियाँ थीं, उनमें इन तरीकों को अपनाए बिना कोई नेतृत्व कारगर सिद्ध होता, इसमें संदेह है । इसलिए यह तथ्य कि, इस संघर्ष के दौरान और इसके बाद भी मध्यवर्ग का पाश्चात्य संस्कृति के प्रति लगाव बढ़ता ही गया, तो इसके कुछ विशिष्ट और बुनियादी कारण हैं । सांस्कृतिक परिवर्तन के मूलाधार की खोज हमें उन बाह्य अभिव्यक्तियों के परे करनी होगी, जिन्हें अक्सर हम संस्कृति का सारतत्त्व समझ बैठते हैं ।

तकनीकी योग्यता के मामले में भारत का नया पूँजीपति-वर्ग, जर्मनी और इंग्लैंड की बात तो दूर रही, जापान की तुलना में भी पिछड़ा हुआ था । इस वर्ग को किसी नए यांत्रिक साधन अथवा महत्त्व के आविष्कारों का श्रेय प्राप्त नहीं है । औद्योगिक उत्पादन की आधुनिक मशीनों का, वित्त-प्रणाली का, यहाँ तक की राजनीतिक सिद्धांतों का भी, ज्यों-का-त्यों इंग्लैंड से आयात किया गया । चूँकि देश में भूमिहीन गरीब मजदूरों का एक बड़ा वर्ग पहले से मौजूद था, इसलिए भारत के यंत्रकुशल सर्वहारा वर्ग की अपेक्षा यहाँ के नए पूँजीपति-वर्ग का अधिक तेजी से विकास हुआ । औद्योगीकरण की वास्तविक समस्याएँ स्वाधीनता के बाद ही सामने आईं । इस दिशा में भारत ने अंग्रेज़ों के संपूर्ण शासन-काल में जितनी प्रगति की थी, उससे कहीं अधिक प्रगति पिछले पंद्रह सालों में की है । शेष कहानी भविष्य का हिस्सा है । आइए, अब हम सुदूर अतीत की ओर मुड़ें । इस अतीत से भारतीय पूँजीपति-वर्ग का कोई संबंध नहीं है, यद्यपि कभी-कभी इस अतीत का उसकी मनःसृष्टि पर गहरा प्रभाव पड़ता है; परंतु इससे कठोर परिश्रम या तकनीकी निपुणता के बिना ही शीघ्र लाभ कमाने की उसकी लालसा में कोई रुकावट पैदा नहीं होती ।

इतिहासकार की कठिनाइयाँ

अब तक जो कुछ कहा गया है, उससे यदा-कदा व्यक्त की जानेवाली इस धारणा को बल मिल सकता है कि भारत कभी भी एक राष्ट्र न था, कि भारतीय सभ्यता और संस्कृति विदेशी—चाहे मुस्लिम, चाहे ब्रिटिश—विजय की ही उपज है । यदि ऐसा होता तो लिखने योग्य भारतीय इतिहास केवल विजेताओं का ही इतिहास होता । विदेशी लेखक जो पाठ्य-पुस्तकें छोड़ गए हैं, उनसे सहज ही इस धारणा को बल मिलता है । परंतु जिस समय मकदूनिया का सिकंदर हिंद के कल्पित वैभव

और जादुई नाम को सुनकर पूर्व की ओर आकर्षित हुआ था, उस समय इंग्लैंड और फ्रांस अभी-अभी लौह-युग में कदम रख रहे थे। भारत के लिए नए व्यापारिक मार्ग खोजने के प्रयास में ही अमरीका की खोज हुई है। यही वजह है कि अमरीका के मूल निवासियों को अब भी 'इंडियन' कहा जाता है। अरब लोग जिस समय बौद्धिक दृष्टि से संसार में सबसे प्रगतिशील और सक्रिय थे, उस समय उन्होंने अपने चिकित्सा-ग्रंथ, और काफी हद तक गणित के ग्रंथ भी, भारतीय स्रोतों के आधार पर तैयार किए। एशियाई संस्कृति और सभ्यता के दो प्राथमिक स्रोत चीन और भारत ही हैं। सूती वस्त्र ('कालिको', 'छींट', 'डूँगरी', 'पजामा', 'सश' और 'गिंगम' शब्द भारतीय उत्पत्ति के हैं) और शक्कर रोजमर्रा के जीवन को भारत की देन हैं, तो चीन की देन हैं--कागज, चाय, चीनी मिट्टी और रेशम।

भारत में जो विविधता है, मात्र उसी से देश की प्राचीन सभ्यता का वैशिष्ट्य लक्षित नहीं होता। अफ्रीका अथवा चीन के केवल एक प्रांत युन्नान में भी इतनी ही विविधता मौजूद है। परंतु मिस्र की महान अफ्रीकी संस्कृति में वैसी निरंतरता नहीं देखने को मिलती, जैसी कि हम भारत में पिछले तीन हजार या इससे भी अधिक वर्षों में देखते हैं। आज की मिस्री और मैसोपोटामियाई संस्कृतियों का अतीत अरबी संस्कृति के पीछे नहीं जाता। इसी प्रकार, किसी अलग युन्नानी संस्कृति का अस्तित्व नहीं है। चीन की उन्नति भी तभी हुई जब सारे देश में हान लोगों का प्रभुत्व स्थापित हुआ और जल्दी ही एक सुदृढ़ साम्राज्यी शासन की नींव पड़ी। चीन की अन्य अनेक कौमों का देश की उन्नति में इतना अधिक योगदान नहीं रहा। स्पेनिश विजय के तुरंत बाद ही इंकाओं और अज़टेकों का लोप हो गया। मैक्सिको, पेरू और लातीनी अमरीका की संस्कृति सर्वसाधारणतः यूरोपीय है, देशज नहीं। भूमध्यसागरीय क्षेत्र पर सीधी विजय प्राप्त करने के बाद ही रोमनों ने विश्व-संस्कृति पर अपनी छाप छोड़ी। यहाँ भी निरंतरता मुख्यतः उन्हीं क्षेत्रों में दिखाई देती है जहाँ कैथोलिक चर्च ने लेटिन भाषा और संस्कृति को आगे बढ़ाया। इसके विपरीत, भारत की ओर से किसी प्रकार के बलप्रयोग के बिना ही भारतीय धर्म-दर्शन का चीन और जापान में स्वागत हुआ, जबकि शायद ही कोई भारतीय पर्यटक इन देशों में पहुँचा हो या किसी भारतीय ने इन देशों के साथ व्यापार किया हो। इंदोनेशिया, विएतनाम, थाई देश, बर्मा और श्रीलंका के सांस्कृतिक इतिहास पर भारत का काफी अधिक प्रभाव पड़ा है, यद्यपि ये देश कभी भी भारतीय आधिपत्य में नहीं रहे।

भारतीय संस्कृति की संभवतः सबसे बड़ी विशेषता है--अपने ही देश में इसकी निरंतरता। भारतीय संस्कृति ने दूसरे देशों को किस प्रकार प्रभावित किया, यह अन्य ग्रंथों का विषय है। यहाँ हमारा उद्देश्य भारतीय संस्कृति के उद्गमों और इसके विकास के प्रमुख लक्षणों का अन्वेषण करना है।

परंतु शुरू में ही एक ऐसी बाधा उपस्थित होती है जो अलंघ्य प्रतीत होती है।

भारतीय इतिहास के बारे में लिखित स्रोत-सामग्री नहीं के बराबर है। चीनी साम्राज्य के इतिवृत्त प्रादेशिक विवरण, स्सू-मा-चिएन-जैसे प्राचीन इतिहासकारों के ग्रंथ, समाधि-लेख तथा हड्डियों पर उत्कीर्ण देववाणी-अभिलेख आदि से चीन का इतिहास लगभग 1400 ई. पू. से बहुत-कुछ सुनिश्चित है। रोम और यूनान का इतिहास इतना प्राचीन नहीं है, परतु इन देशों का ऐतिहासिक साहित्य बेहतर है। मिस्र, बेबीलोन, असीरिया तथा सुमेर कें अभिलेख भी पढ़े जा चुके हैं। दूसरी ओर, भारत में केवल अस्पष्ट जनश्रुतियों का अस्तित्व है, जिनमें मिथकों और आख्यानों के स्तर से ऊपर की प्रामाणिक जानकारी बहुत थोड़ी मिलती है। इनके आधार पर हम एक पूर्ण राजवंशावली भी तैयार नहीं कर सकते। कभी-कभी तो पूरे राजवंशों को ही भुला दिया गया है। जो थोड़ा-कुछ बचा है, वह इतना अस्पष्ट है कि मुस्लिम काल की शुरुआत होने तक भारत के किसी प्रमुख व्यक्ति की तिथि निर्धारित करना लगभग असंभव हो जाता है। किसी बड़े राजा का कितने प्रदेश पर शासन था, यह जानने में भी बड़ी कठिनाइयाँ हैं। राजवृत्तांत भी नहीं मिलते, आंशिक अपवाद हैं तो केवल कश्मीर और चंबा। भारतीय साहित्य की विभूतियों के बारे में भी यही बात है। उनकी कृतियाँ तो उपलब्ध हैं, परंतु लेखक की तिथि के बारे में क्वचित् ही जानकारी मिलती है। यदि भाग्य ने साथ दिया तो मोटे तौर पर यह मालूम हो सकता है कि रचना किस सदी की है, अन्यथा, अधिकतर यही कहा जा सकता है कि रचनाकार अवश्य हुआ है। कभी-कभी तो यह भी संदिग्ध होता है; बहुत-सी कृतियाँ जो एक लेखक के नाम से प्रसिद्ध हैं, संभवतः एक ही लेखक की रचनाएँ नहीं हो सकतीं।

इन सब कारणों से बुद्धिमान पंडित भी यह कहने लगे हैं कि भारत का कोई इतिहास नहीं है। निश्चय ही, रोम या यूनान के इतिहास की तरह प्राचीन भारत का तथ्यपूर्ण एवं ब्यौरेवार इतिहास प्रस्तुत करना संभव नहीं है। लेकिन इतिहास क्या है ? यदि इतिहास का अर्थ केवल बड़ी-बड़ी लड़ाइयों और कुछ खास अहंकारी नामों का सिलसिला ही है, तो भारत का इतिहास लिखना कठिन है। परंतु यदि किसी राजा के नाम की बजाय यह जानना अधिक महत्त्वपूर्ण है कि उसके राज्य के किसान हल का इस्तेमाल करते थे या नहीं, तो भारत का इतिहास मौजूद है। इस ग्रंथ में मैं इस परिभाषा को लेकर चलूँगा : **उत्पादन के साधनों और संबंधों में होनेवाले क्रमिक परिवर्तनों का कालक्रम से प्रस्तुत किया गया विवरण ही इतिहास है**। इस परिभाषा का लाभ यह है कि ऐतिहासिक घटनाओं के सिलसिले को प्रस्तुत किए बिना ही इतिहास लिखा जा सकता है। तब हमें समस्त जनसमुदाय की लाजिमी जीवन-पद्धति का विवरण प्रस्तुत करने के लिए **संस्कृति** शब्द को भी मानवजातिवेत्ता के अर्थ में ही ग्रहण करना होगा। यहाँ इन परिभाषाओं पर अधिक सूक्ष्मता से विचार करना जरूरी है।

कुछ लोग संस्कृति को धर्म, दर्शन, कानून-व्यवस्था, साहित्य, कला, संगीत

आदि के साथ जोड़कर नितांत बौद्धिक तथा आध्यात्मिक मूल्यों के रूप में ही ग्रहण करते हैं। कभी-कभी इसका विस्तार करके शासक-वर्ग के शिष्टाचारों का भी इसमें समावेश कर लिया जाता है। इन पंडितों के मतानुसार, इतिहास ऐसी ही 'संस्कृति' पर आधारित है और इतिहास में केवल इसी 'संस्कृति' का विवरण होना चाहिए, अन्य बातों का कोई महत्त्व नहीं। परंतु इस प्रकार की संस्कृति को इतिहास का प्रेरणास्रोत मानने में अनेक कठिनाइयाँ हैं। ऐसी ही शानदार तीन महानतम संस्कृतियों—भारतीय, चीनी और यूनानी—का मध्य-एशिया में सम्मिलन हुआ, और साथ ही दो बड़े धर्मों—बौद्ध धर्म और ईसाई धर्म—का भी मिलन हुआ। व्यापार की दृष्टि से इस केंद्रीय क्षेत्र का विशेष महत्त्व था, और कुषाण साम्राज्य के अंतर्गत इसका राजनीतिक महत्त्व भी बढ़ गया था। मध्य-एशिया की खुदाई में आज भी खूबसूरत पुरावशेष प्राप्त हो रहे हैं। परंतु मानव-संस्कृति और मानव-इतिहास को इस सुविकसित मध्य-एशिया का मौलिक योगदान काफी कम रहा। अरबों का उत्थान निश्चय ही कम 'संस्कृत' परिवेश में हुआ, परंतु उन्होंने यूनानी और भारतीय विज्ञान के महान आविष्कारों को सुरक्षित रखने, विकसित करने और उन्हें भावी पीढ़ियों तक पहुँचाने का महत्कार्य किया है। इस कार्य में भाग लेनेवाले मध्य-एशिया के अल्-बेरूनी-जैसे इक्के-दुक्के पंडितों ने भी अरबी में ही लिखा—एक मध्य-एशियाई नहीं, बल्कि इस्लामी संस्कृति के एक सदस्य के रूप में। 'असंस्कृत' मंगोल-विजय ने पल्लवित मध्य-एशिया को जड़-मूल से नष्ट कर डाला; परंतु चीनी संस्कृति पर ऐसा कोई प्रभाव नहीं पड़ा, बल्कि उसे आगे विकसित होने की प्रेरणा ही मिली।

यह सच है कि आदमी केवल रोटी पर ही जीवित नहीं रहता; परंतु हमने अभी तक आदमी की कोई ऐसी नस्ल तैयार नहीं की है जो रोटी के बिना अथवा किसी-न-किसी प्रकार की भोजन-सामग्री के बिना जीवित रह सके। दरअसल, खमीर-रहित रोटी की खोज नवपाषाण-युग में काफी बाद में हुई, जो खाद्य-सामग्री को तैयार करने और उसे सुरक्षित रखने की दिशा में एक बड़ी प्रगति थी। 'हमें हमारी आज की रोटी दो', यह कथन आज भी ईसाइयों की रोज की प्रार्थना का एक अंग है, यद्यपि ईसाई धर्म-दर्शन आत्मा के जगत को सभी भौतिक निमित्तों से परे मानता है। किसी भी समुन्नत संस्कृति का मूलाधार है अनाज की सुलभता, और वह भी वास्तविक अनाज-उत्पादक की अपनी निजी आवश्यकता की पूर्ति के बाद बचे हुए अनाज की सुलभता। मैसोपोटामिया के भव्य **जिक्कुरात** मंदिर, चीन की महान दीवार, मिस्र के पिरामिड या आधुनिक गगनचुंबी इमारतें खड़ी करने के लिए उस काल में अतिरिक्त अनाज की उतनी ही अधिक सुलभता भी अवश्य रही होगी। अतिरिक्त उत्पादन निर्भर करता है खेती के तरीकों और इस्तेमाल किए जानेवाले औजारों पर, जो, अतिप्रयुक्त किंतु सुविधाजनक शब्दावली में कहें तो, 'उत्पादन के साधन' हैं। जिस प्रणाली से अतिरिक्त उत्पादन—न केवल

अतिरिक्त अनाज, बल्कि अन्य सभी उपज—अंतिम उपभोक्ता के हाथों में पहुँचता है, वह न केवल समाज के स्वरूप से निर्धारित होती है, अपितु उससे समाज का स्वरूप भी निर्धारित होता है; और यही 'उत्पादन के संबंध' कहलाते हैं। आदिम अन्न-संग्राहकों का जो थोड़ा-सा अतिरिक्त अनाज होता था, वह प्रायः संग्रहकर्ता गिरोह की स्त्रियों में बराबर बाँट दिया जाता था। अधिक विकास हुआ, तो बँटवारे का काम कुलपति और कबीले के मुखिया करने लगे, प्रायः परिवार को इकाई मानकर। जब अतिरिक्त उत्पादन बहुत अधिक होता, तो पुरोहित-वर्ग या कुलीन-वर्ग द्वारा उसके संग्रह और वितरण की व्यवस्था का निर्णय कोई महान मंदिर अथवा फरुन करता था। दासप्रथावाले समाज में उत्पादन और विनिमय पर दासों के स्वामियों का अधिकार होता है, परंतु यह संभव है कि नए कामों में जुटे हुए इन दासस्वामियों का विकास भी पहले के पुरोहितों, कुलीनों अथवा कुलपतियों से हुआ हो। सामंती व्यवस्था में कृषिदासों पर नियंत्रण रखनेवाला मुख्य एजेंट सामंती सरदार होता है। उसके प्रतिपक्षी—व्यापारी और सेठ-साहूकार—कारीगरों की श्रेणियों पर नियंत्रण रखते हैं। व्यापारी-वर्ग उत्पादन के ज़रिए अपना रूप बदलकर उस पूँजीवादी युग में पहुँच सकता है जिसमें आदमी शरीर-रूप में तो स्वतंत्र रहता है, किंतु उसका श्रम एक पण्य वस्तु का रूप ले लेता है। इन सबमें स्वरूप और अंतर्वस्तु की भिन्नता हो सकती है। ब्रिटेन में सभी तरह के सामंती कुलीन (लॉर्ड और नाइट) मौजूद हैं, परंतु प्राथमिक उत्पादकों के रूप में कृषिदासों का अब वहाँ अस्तित्व नहीं है। इसके बावजूद, अंग्रेज-समाज पूर्णतः पूँजीवादी है; यहीं पर समुन्नत पूँजीपति-वर्ग का सर्वप्रथम और सर्वाधिक महत्त्वपूर्ण विकास हुआ है। एडवर्ड सप्तम का राज्याभिषेक एडवर्ड कैन्फेसर के काष्ठ-पीठासन पर उसी के मठ में भले ही हुआ हो, परंतु इन दो राजाओं ने जिस इंग्लैंड पर शासन किया, वह इस बीच इतना बदल चुका था कि पहचानना भी कठिन था। अंतिम दो बड़े आधुनिक पूँजीपति-वर्गों ने, यानी जापान और जर्मनी के पूँजीपति-वर्गों ने तो सम्राट के प्रति असीम निष्ठा की आड़ में सामंतवाद को नष्ट करते हुए कुछ सामंती प्रथाओं को और भी अधिक सुदृढ़ बनाया।

हमारा दृष्टिकोण यांत्रिक नियतिवाद से बहुत हटकर होना चाहिए, विशेषतः भारत पर विचार करते समय। क्योंकि भारत में बाह्य रूप को सर्वाधिक महत्त्व दिया जाता है और अंतर्वस्तु की उपेक्षा की जाती है। आर्थिक नियतिवाद भी किसी काम का नहीं है। यह अनिवार्य नहीं, सत्य भी नहीं, कि एक निश्चित मात्रा की धनराशि से एक निश्चित प्रकार का विकास अवश्य होगा। जिस संपूर्ण ऐतिहासिक प्रक्रिया में समाज के स्वरूप का विकास होता है, उसका भी विशिष्ट महत्त्व है। अमरीका-महाखंड के जिस सोने-चाँदी ने वहाँ के मूल निवासियों को बर्बरावस्था में रखा था, उसी ने स्पेनवासियों के हाथों में पहुँचकर सामंती और धार्मिक प्रतिगामिता को और अधिक सुदृढ़ बनाने का काम किया। जब उसी

धन-दौलत के एक छोटे हिस्से को ड्रेक और दूसरे अंग्रेज़ कप्तानों ने लूटा, तो उसने इंग्लैंड को सामंती युग से निकालकर व्यापारी और पूँजीवादी युग में पहुँचाने में बड़ी मदद की। प्रत्येक अवस्था में हर सामाजिक आंदोलन पर पुराने जीवित ढाँचों का और उच्च वर्गों की विचारधारा का—चाहे परंपरा से, चाहे परंपरा के विरुद्ध छेड़े गए विद्रोह से—भारी प्रभाव पड़ता है। भाषा भी नई वस्तुओं, नए विचारों और उनके साथ-साथ चलनेवाले उनके शब्दों के आदान-प्रदान की प्रक्रिया से ही बनी है। जब उत्पादन के साधनों में महत्त्वपूर्ण प्राप्ति होती है तो उसके तुरंत बाद ही जनसंख्या में भी महती वृद्धि होती है, जिससे अनिवार्यतः उत्पादन के संबंधों में भी परिवर्तन होता है। जो मुखिया अकेले ही सौ लोगों का नियमन करने में समर्थ था, वह एक लाख लोगों का नियमन बिना सहायता के नहीं कर सकता था। इसीलिए कुलीन-वर्ग अथवा वयोवृद्धों की परिषद अस्तित्व में आई। जिस जिले में आदिम अवस्था के केवल दो खेड़े हों उसमें किसी प्रकार के प्रशासन की आवश्यकता नहीं है, परंतु उसी जिले में यदि 20,000 बड़े गाँव हों तो प्रशासन अत्यावश्यक है और वह जिला उस प्रशासन का भार भी वहन कर सकता है। इस प्रकार, यह एक विचित्र और टेढ़ी-मेढ़ी प्रक्रिया है, विशेषतः भारत के संदर्भ में। यदि कहीं पर पहले के स्वरूप में कोई स्पष्ट परिवर्तन होता है तो उत्पादन का एक नया स्तर जन्म लेता है; यदि उत्पादन आदिम स्तर का है तो परिवर्तन धार्मिक किस्म का होता है। यदि नए स्वरूप से उत्पादन बढ़ता है, तो उसका स्वागत होता है और वह जम जाता है। परंतु इससे जनसंख्या में भी निश्चित रूप से वृद्धि होती है। यदि विकास के दौरान इस संपूर्ण अधिरचना का समायोजन नहीं होता तो अंततः संघर्ष पैदा होता है। कभी-कभी पुराने रूप को सुधारांदोलन की शक्ल में हुई क्रांति द्वारा तोड़ दिया जाता है, कभी-कभी पुराने रूप को कायम रखने में जिस वर्ग का हित होता है, उसकी विजय होती है, और तब गतिरोध, अधःपतन अथवा अवनति की शुरुआत होती है। भारतीय समाज की आरंभिक प्रौढ़ता और बाद के विदेशी आक्रमणों के सामने उसकी विचित्र दुर्बलता से इस सामान्य स्थापना की पुष्टि होती है।

ग्रामीण और कबीलाई समाज के अध्ययन की आवश्यकता

जब लिखित स्रोत-सामग्री इतनी थोड़ी है, तो भारत का इतिहास कैसे लिखा जाए? लेकिन रोम-जैसी विलुप्त सभ्यता का इतिहास आधुनिक काल में कैसे लिखा गया? लिखित सामग्री उपलब्ध थी, परंतु उसके बहुत-से शब्दों का आज के संदर्भ में कोई अर्थ ही नहीं था। उपलब्ध पुरावशेषों के तुलनात्मक अध्ययन से ही इन शब्दों के अर्थ मालूम हो सके। जिन-जिन व्यक्तियों के सिक्के, मूर्तियाँ, समाधि-प्रस्तर, स्मारक और अभिलेख मिले, उनका अस्तित्व प्रमाणित मान लिया गया। इस पुष्टि के बाद लिखित सामग्री को भी महत्त्व मिला। पुरातत्त्व वेत्ताओं

ने अतीत के दबे हुए अनेक अवशेष खोज निकाले। साहित्यिक स्रोतों को अब उसी हद तक विश्वसनीय माना जाता है, जिस हद तक उनका पुरातात्त्विक विधियों से समर्थन होता है। अंत में, पुरातत्त्व लिखित सामग्री को यह बताने में भी सहायता देता है कि विलुप्त युग के लोग वस्तुतः किस प्रकार का जीवन बिताते थे, यद्यपि कुछ सांकेतिक शब्दों के अर्थ बदल चुके हैं। पुरावशेषों के उत्खनन और दुनिया के अन्य भागों के आदिवासियों के वैज्ञानिक अध्ययन से भी लिखित सामग्री उपलब्ध होने के पहले के युग की संस्कृति की पुनर्रचना संभव है। इसे प्रागैतिहास कहते हैं।

इन सभी विधियों का भारत में इस्तेमाल हो सकता है, यद्यपि ये पर्याप्त नहीं हैं। भारतीय पुरातत्त्व ने इतनी अधिक उन्नति नहीं की है कि वह इन वस्तुतः महत्त्वपूर्ण सवालों को हल कर सके, या कि इन सवालों को उठा भी सके। फिर भी, इस देश में एक बड़ी भारी सुविधा प्राप्त है, जिसका अभी हाल तक इतिहासकारों ने लाभ नहीं उठाया था। सुविधा यह है कि विभिन्न सामाजिक स्तरों में जो अनेक पुराने रूप जीवित हैं, उनके आधार पर सर्वथा भिन्न प्राचीन अवस्थाओं की पुनर्रचना की जा सकती है। इन स्तरों की खोज करने के लिए शहरों से निकलकर देहातों में जाना होगा। कभी-कभी यह भी देखने को मिलेगा कि इन स्तरों पर शिक्षा, हाल की राजनीतिक हलचलों, सिनेमा, रेडियो और शहरी उत्पादन की प्रभुतावाले व्यापार का प्रभाव पड़ा है, इसलिए इस प्रभाव को अलग करके देखना होगा। परिवहन के नए द्रुतगामी साधनों से दूर-दूर तक बड़े परिवर्तन हुए हैं; जैसे, उन्नीसवीं सदी के उत्तरार्द्ध से रेलों के कारण और 1925 से मोटर-बसों के सड़क-परिवहन के कारण। इनके प्रभाव को ध्यान में रखने में कठिनाई नहीं है, विशेषतः इस विशाल देश के दूर के देहाती इलाकों में जाने पर। ब्यौरे में जाने पर स्थानीय भिन्नताएँ दिखाई देती हैं। देश में कुछ ऐसे भाग हैं जहाँ एक या दो अवस्थाएँ गायब हैं; कभी-कभी परिवर्तन का दौर आगे-पीछे भी रहा है। लेकिन जहाँ तक वस्तुतः महत्त्वपूर्ण मूलभूत परिवर्तनों का प्रश्न है, मुख्य रूपरेखा एक-सी ही है।

भारत आज भी किसानों का देश है। कृषि का विकास बहुत अधिक हुआ है, परंतु यह आज भी पुराने तरीकों से की जाती है। दो हजार वर्षों की खेती से अधिकांश भूमि अतिकर्षित हो गई है और चराई भी बहुत अधिक हुई है। खेती पुराने तरीकों से होती है और खेत इतने छोटे हैं कि आर्थिक दृष्टि से लाभप्रद नहीं, इसलिए प्रति एकड़ उपज बहुत ही कम होती है। भूमि को हवाई जहाज से देखने पर जो खास बात नज़र आती है, वह है परिवहन का भारी अभाव। यूरोप या अमरीका में सड़कों और रेलमार्गों का जैसा घना जाल बिछा हुआ देखने को मिलता है, वैसा यहाँ नहीं है। इसका अर्थ यह है कि स्थानीय उपज काफी अधिक होती है और वहीं पर उसकी खपत भी होती है। उत्पादन के इसी पिछड़े हुए, अक्षम और स्थानीय स्वरूप के कारण अनेक पुराने कबीलाई समुदाय अब तक जीवित बचे हैं,

हालाँकि वे अब विनाश के कगार पर खड़े हैं। संपूर्ण ग्रामीण अर्थ-व्यवस्था मौसमी वर्षा—मानसून—पर आधारित है। देश के विभिन्न भागों में साल-भर में 20 से 200 इंच तक मानसूनी वर्षा होती है। इससे कम वर्षा होने का अर्थ है अकाल का क्षेत्र अथवा सिंचाई की व्यवस्था। यह वर्षा अधिकतर जून से सितंबर तक के चार महीनों में होती है। परंतु मानसून का आरंभ दक्षिण की अपेक्षा उत्तर में देरी से होता है। पूर्वी समुद्रतट के प्रदेश में अंतिम मानसून दो पृथक लहरों में आता है। इन विभिन्नताओं के कारण प्रत्येक क्षेत्र का वार्षिक चक्र अलग-अलग है। भारी वर्षा के बावजूद (हवाई जहाज से देखने पर) देश का अधिकांश भाग हालैंड या इंग्लैंड के हरे-भरे खेतों की तुलना में रेगिस्तान-जैसा दिखाई देता है। घास का नामो-निशान नहीं; पानी के तेज बहाव से ऊपर की मिट्टी बह जाती है। यह एक नई विशेषता है; पिछली सदी के अंत समय में बनकटाई अपनी सीमा पार कर गई। परंतु यहाँ जिस प्राचीन युग से हमें सरोकार है, उसके बारे में यह ध्यान में रखना होगा कि मौसमी वर्षा से उत्पन्न समस्याएँ देश के भिन्न-भिन्न प्रदेशों में भिन्न-भिन्न थीं। दक्षिणी पंजाब, सिंध और राजस्थान का अधिकांश भाग मरुक्षेत्र अथवा अर्द्ध-मरुक्षेत्र-जैसा था; परंतु मिट्टी जलोढ है और इतनी उपजाऊ है कि सिंचाई अथवा थोड़ी वर्षा से ही बढ़िया फसल होती है। गंगा की द्रोणी की मिट्टी भी जलोढ है और अत्यधिक उपजाऊ है, परंतु यहाँ (और कुछ हद तक उत्तरी पंजाब में भी) वर्षा बहुत अधिक होती है। अतः प्राचीन काल में इस क्षेत्र में, विशेषतः पूर्वी उत्तर प्रदेश, बिहार और बंगाल में, घने जंगल और दलदल थे। पश्चिमी घाट और असम के पहाड़ों में, भारी बनकटाई के बावजूद, आज भी जंगल मौजूद हैं। समुद्रतट के समीप की समतल भूमि में, जहाँ के जंगल अब काट दिए गए हैं, साल-भर में तीन फसलें निकल सकती हैं, परंतु यहाँ की घनी आबादी केवल स्थानीय उपज पर जीवित नहीं रह सकती; यहाँ की अर्थव्यवस्था नारियल-जैसी नकदी फसलों पर निर्भर है। मध्य भारत और दक्षिणी प्रायद्वीप के कुछ पहाड़ी क्षेत्रों के खनिज भंडारों का काफी हद तक सही इस्तेमाल अब होने लगा है। नृवंशवेत्ता आज भी यहाँ के कबीलाई लोगों (भील, नीलगिरी के टोडा, संथाल, उराँव आदि) का अध्ययन कर रहे हैं। दक्षिणी पठार में घने जंगल न कभी थे, न आज हैं; यहाँ जगह-जगह पर नंगी पहाड़ियाँ हैं : पश्चिमी भाग में बैसाल्ट की और दूर दक्षिण-पूर्व में ग्रेनाइट की। यहाँ की औसत मिट्टी अधिक उपजाऊ नहीं है; परंतु कुछ खास क्षेत्रों की काली मिट्टी कई फसलों के लिए, विशेषतः कपास के लिए, बढ़िया है। इस काली मिट्टी की नियमित खेती के लिए भारी हल की जरूरत होती है। गुजरात की अपनी खास लोएस यानी पवनोढ मिट्टी है। ये भिन्नताएँ इन क्षेत्रों के ऐतिहासिक विकास में भी प्रतिबिंबित होती हैं, यद्यपि हर क्षेत्र के विकास का मार्ग पृथक रहा है।

देश की इस नानारूप भू-रचना और सर्वसामान्य उष्ण जलवायु ने

किसान-वर्ग के आंतरिक विभेदीकरण को—जिसका कारण भिन्न-भिन्न स्थानीय इतिहास है—और अधिक बढ़ावा दिया। भारतीय समाज की मुख्य विशेषता, जो देहाती इलाकों में सबसे अधिक प्रबल है, जाति-प्रथा है। इसका अर्थ है समाज के ऐसे विभक्त समूह जो पास-पास तो रहते हैं, परंतु अक्सर मिल-जुलकर रहते हुए दिखाई नहीं देते। विभिन्न जातियों के लोग धर्म के आधार पर आपस में शादी-ब्याह नहीं कर सकते, यद्यपि इसके लिए अब कानून ने पूरी आजादी दे रखी है। इस बड़ी प्रगति का कारण है पूँजीवादी व्यवस्था, जिसके कारण शहरों में, राजनीतिक और आर्थिक गुटों को छोड़कर जातिप्रथा लुप्त होने लगी है। अधिकांश किसान नीची जाति के आदमी के हाथ से पकाया गया खाना अथवा पानी ग्रहण नहीं करेंगे अर्थात्, जाति-व्यवस्था की एक मोटी क्रम-परंपरा है। व्यवहार में ऐसी जातियों की संख्या हजारों तक पहुँचती है। परंतु सिद्धांत में केवल चार ही जाति-वर्ण हैं : ब्राह्मण या पुरोहित जाति, क्षत्रिय (योद्धा), वैश्य (व्यापारी और किसान) और सबसे निम्न शूद्र, जो सामान्यतः मजदूर-वर्ग की सूचक है। यह सैद्धांतिक व्यवस्था मोटे तौर पर वर्ग-मूलक है, जबकि व्यवहार में दिखाई देनेवाली जातियों और उपजातियों का विकास स्पष्ट रूप से विभिन्न मानववंशों के कबीलाई समूहों से हुआ है। उनके नामों से यह साफ़ जाहिर है। छोटी स्थानीय जातियों की सापेक्ष स्थिति सदैव इस बात पर निर्भर करती है कि आम बाजार का विस्तार कितना है और उसमें जाति-विशेष की आर्थिक प्रतिष्ठा कैसी है। बिहार के किसी जुलाहे को यदि एकाएक महाराष्ट्र के किसी आगरियों के देहात में पहुँचा दिया जाए, तो उसे अपने-आप कोई स्पष्ट हैसियत नहीं मिलेगी। परंतु बिहार में उसकी प्राथमिक प्रतिष्ठा इस बात पर निर्भर करती है कि सामान्यतः जिन गाँवों से उसका संबंध है, उनमें उसकी जाति की हैसियत क्या है। सामान्यतः यह हैसियत विभिन्न जातियों के सापेक्ष आर्थिक सामर्थ्य से निर्धारित होती है। जातियों की इस क्रम-परंपरा में एक ही जाति की दो भिन्न क्षेत्रों में अलग-अलग स्थितियाँ हो सकती हैं। यदि यह विभेद कुछ समय तक कायम रहता है, तो दोनों शाखाएँ अक्सर अपने को अलग-अलग जातियाँ मानने लगती हैं, और उनमें आपस में शादियाँ भी नहीं होतीं। जिस जाति का आर्थिक स्तर जितना नीचा होता है, सब मिलाकर उसका सामाजिक स्तर भी उतना ही नीचा होता है। सबसे नीचे के स्तर में आज भी विशुद्ध कबीलाई समूहों को देखा जा सकता है, जिनमें से अधिकांश कबीले अन्न-सग्राहक की अवस्था में हैं। उनके चहुँओर का सामान्य समाज अब अन्न-उत्पादक है। इसलिए अत्यंत निम्न जाति के ये लोग अन्नसंग्रह की बजाय आमतौर पर अब भीख माँगने या चोरी करने लगे हैं। ऐसे ही निम्नतम समूहों को भारत के अंग्रेज शासकों ने 'जरायमपेशा जातियाँ' कहा था, क्योंकि ये लोग आमतौर पर अपने कबीले के बाहर की कानून-व्यवस्था को नहीं मानते थे।

भारतीय समाज के स्तरविन्यास का कार्यक्षेत्र में जाकर यदि बिना पक्षपात के

अध्ययन किया जाए तो स्पष्ट होगा कि यह न केवल भारतीय इतिहास में प्रतिबिंबित होता है, अपितु काफी हद तक इसकी व्याख्या भी करता है। यह आसानी से सिद्ध किया जा सकता है कि अनेक जातियों का निम्न सामाजिक और आर्थिक स्तर इस कारण है कि उन्होंने पहले या आधुनिक काल में अन्न-उत्पादन और हल की खेती को अपनाने से इनकार किया है। निम्नतम जातियाँ अक्सर अपने अनुष्ठानों, संस्कारों और मिथकों को सुरक्षित रखती हैं। थोड़े ऊँचे स्तर में इन धार्मिक अनुष्ठानों और आख्यानों को हम संक्रमण की स्थिति में देखते हैं, अक्सर दूसरी समानांतर परंपराओं में आत्मसात् होते देखते हैं। एक सीढ़ी और ऊपर जाने पर दिखाई देता है कि ब्राह्मणों ने अपनी सुविधा के लिए और पुरोहित-वर्ग ने अपनी जाति का प्रभुत्व जमाने के लिए इन्हें फिर से लिखा है। सामान्यतः निम्न जातियों की पुरोहिती ब्राह्मणों के हाथों में नहीं है। और ऊँचे स्तर में पहुँचने पर हमें उन साक्षर परंपराओं के दर्शन होते हैं जो प्रायः काफी पुरानी हैं और 'हिंदू' संस्कृति के नाम से जानी जाती हैं। पर देवों और दैत्यों की ये कथाएँ मूलतः निम्न वर्गों में भी ऐसी ही हैं। ब्राह्मण धर्म का मुख्य कार्य यही रहा है कि इसने इन आख्यानों को एकत्र किया, इन्हें कथाचक्रों में बाँधकर फैलाया और फिर एक अधिक विकसित सामाजिक चौखट में रखकर इन्हें प्रस्तुत किया। या तो बहुत-से मूलतः भिन्न देवताओं और संप्रदायों को एक रूप बनाया गया (संहतिवाद), या कई देवी-देवताओं का एक परिवार खड़ा किया या देवताओं का एक राज-दरबार ही बना डाला। सबसे ऊँचे स्तर में उन दार्शनिक मतों के दर्शन होते हैं जिनका प्रतिपादन भारतीय इतिहास के महान् धार्मिक नेताओं ने किया है। इनमें से किसी मत-विशेष का जब पहली बार प्रतिपादन हुआ, उस समय आमतौर पर वह काफी उन्नत भारतीय समाज का सूचक रहा है। लेकिन बाद में, जब समाज आगे बढ़ गया, तो वही मत भारत को पिछड़ा हुआ रखने में भारी योग देने लगा, क्योंकि संगठित धार्मिक संप्रदायों के नेता अपने-अपने संप्रदाय के संस्थापक की मान्यताओं से रत्ती-भर भी आगे बढ़ने को तैयार नहीं थे। ये धार्मिक संप्रदाय स्वयं इतिहास के अंग नहीं हैं, परंतु इनके उत्थान और इनकी कार्य-प्रणाली के परिवर्तन में इतिहास की बढ़िया सामग्री मिलती है। जान पड़ता है कि भारतीय समाज का विकास रक्तपात की बजाय क्रमागत धार्मिक रूपांतरणों से अधिक हुआ है, और यही कारण है कि बाद में जब काफी रक्तपात भी मचाया गया तो भी इसका विकास नहीं हो सका। प्राचीन भारत के अधिकांश उपलब्ध ग्रंथों में धर्म और अनुष्ठानों की चर्चा बहुत अधिक है। इनके लेखकों को इतिहास अथवा वास्तविकता से कोई मतलब नहीं था। जिस समय ये ग्रंथ लिखे गए थे, उस समय के भारतीय समाज की वास्तविक रचना का यदि कुछ पूर्वज्ञान न हो तो इनसे इतिहास की सामग्री निकालने के प्रयास या तो निष्फल रहेंगे या ऐसे हास्यास्पद निष्कर्ष निकलेंगे जैसे कि भारत में अधिकांश 'इतिहासों' में पढ़ने को मिलते हैं।

ग्राम

न केवल जाति-प्रथा की, बल्कि धर्म के बोलबाले की और ऐतिहासिक दृष्टिकोण के अभाव की भी व्याख्या करना जरूरी है। इनमें से ऐतिहासिक दृष्टिकोण के अभाव का कारण काफी स्पष्ट है : इसका संबंध ग्रामीण उत्पादन और 'ग्रामीण जीवन की मूढ़ता' से है। ग्रामीण जीवन के लिए ऋतुचक्रों का ही सर्वाधिक महत्त्व है, जबकि देहातों में साल-दर-साल का संचित परिवर्तन बहुत कम नज़र आता है। यही कारण है कि विदेशी पर्यवेक्षकों के मन में एक प्रकार के 'कालातीत पूर्व' की भावना जन्म लेती है। भारहुत के 150 ई.पू. के शिल्पों में दिखाई देनेवाली बैलगाड़ी और झोंपड़ी अथवा 200 ई. के कुषाण उच्चित्रों में दिखाई देनेवाले हल और हलवाहे यदि एकाएक आज के भारतीय देहात में दीख जाएँ, तो इससे किसी को कोई आश्चर्य नहीं होगा। इससे यह भूलना आसान हो जाता है कि नियत भूखंडों पर हल से की जानेवाली खेती की देहाती अर्थव्यवस्था का ढाँचा उत्पादन के साधनों की महती प्रगति का सूचक है। इसी के अनुरूप उत्पादन के संबंधों का भी अन्न-संग्रह की अवस्था से अधिक जटिल होना स्वाभाविक था। आधुनिक भारत के देहातों में घोर दरिद्रता और निस्सहायता का वातावरण साफ दिखाई देता है। दूकानें भी प्रायः ऐसे ही देहातों में मिलेंगी जो आसपास के देहातों के लिए केंद्रीय मार्केट-जैसे हैं, और सार्वजनिक इमारत के नाम पर मिलेगा किसी देवी-देवता का देहात की सीमा पर खड़ा कोई मंदिर, जो धूप और वर्षा के आघातों को झेलता रहता है। उपयोगी वस्तुएँ या तो कभी-कदा आनेवाले फेरीवालों से या फ़िर कुछ खास देहातों में लगनेवाले साप्ताहिक हाटों से खरीदी जाती हैं। गाँवों में होनेवाली उपज की बिक्री अधिकतर बिचौलियों के हाथों में होती है, और महाजन भी यही लोग होते हैं। देहाती अर्थव्यवस्था इनके शिकंजे में होने से किसान कर्जदार हो गए हैं, और इस समस्या का सरकार अथवा खासगी संस्थाओं ने कोई हल नहीं खोजा है, सिवाय कागजों पर कोरी योजनाएँ बनाते जाने के। मानसून के खत्म होते ही अधिकांश देहातों में पानी की कमी लगातार बढ़ती ही जाती है; पीने का अच्छा पानी तो किसी भी मौसम में नसीब नहीं होता। भारत में भूख और बीमारी बड़े पैमाने पर व्याप्त है। चिकित्सा और स्वच्छता की व्यवस्था के अभाव से तो गाँवों की परंपरागत उदासीनता सबसे अधिक उजागर हो जाती है; और यही गाँव देश की राजनीतिक अर्थव्यवस्था के मूल घटक और निरंकुश शासन के आधारस्तंभ रहे हैं। ऐसी गरीबी और अधोगति में रहनेवाले लोगों से वसूल की गई अतिरिक्त उपज ही भारतीय संस्कृति और सभ्यता की भौतिक नींव रही है, आज भी है।

देहातों की दुख-दयनीयता भले ही एकरूप दिखाई देती हो, परंतु उसके पीछे भिन्नता छिपी हुई है। अधिकांश उत्पादनकर्त्ता वे किसान हैं जिनके छोटे-छोटे खेत हैं। कुछ किसान आत्मनिर्भर हैं। कुछ तो जमींदार-वर्ग की तरह शक्तिशाली

चित्र 1. हल जोतना, ढेले फोड़ना, बीज बोना और कूँडों में बीज खूँदना। बोया जानेवाला धान्य संभवतः गेहूँ है। लंदन के इंडिया आफिस ग्रंथालय (प्राच्य खंड, संख्या 71) की उन्नीसवीं सदी की एक फारसी हस्तलिपि का चित्र। यह दृश्य कश्मीर का है; पर भारत के शेष भागों में भी, सिवाय किसानों के भिन्न-भिन्न पहनावे के, कृषिकर्म ऐसा ही है।

बन गए हैं, दरअसल, भूमि-संबंधी मौजूदा कानून से इन्हें और भी अधिक बल मिला है। उर्वर खेतों पर अधिकतर उन लोगों का कब्जा है जो स्वयं किसान नहीं हैं, न ही वे स्वयं खेती का काम करते हैं। बड़े जमींदार आमतौर पर देहातों में नहीं रहते, भूमि पर उनका स्वामित्व सामान्यतः सामंती युग से चला आ रहा है।

चित्र 2. धान की खेती । बियाड़ में से निकालकर धान की पौध को पहले से तैयार किए गए टखनों तक कीचड़-भरे खेतों में रोपा जा रहा है । सिंचाई की नालियाँ भी दिखाई गई हैं । पानी भरने के पहले ही खेतों की जुताई की जाती है, अन्यथा बैलों के स्थान पर भारतीय भैंसों का उपयोग में लाना पड़ता है । रोपने के पहले पौध को किसी उर्वरक में डुबोया जाता है । खाली हुए बियाड़ में तब फलियाँ बोई जाती हैं, और इस प्रकार फसल अपने-आप बारी-बारी से बदलती रहती है । चित्र पहले के ही स्रोत से ।

अंग्रेज़ों के आने पर इनमें से बहुतों ने अपनी सामंती जिम्मेदारियाँ छोड़ दीं और ये पूँजीवादी भूस्वामी बन गए । परंतु अंग्रेज़ों ने इनके सारे पट्टों को पंजीकृत करके नकद कर निर्धारित कर दिए । इसका अर्थ यह हुआ कि आज कोई भी देहात स्वत:पूर्ण नहीं है । यहाँ तक कि दूर-दराज के देहात को भी कुछ-न-कुछ बेचना ही

पड़ता है—न केवल थोड़ा कपड़ा और घरेलू चीजें खरीदने के लिए, बल्कि कर अथवा लगान देने के लिए भी। वैसे भी देहात पूर्णतः आत्मनिर्भर नहीं हो सकते थे। अधिकतर भारत में कपड़ों की गिनती भौतिक आवश्यकताओं में नहीं होती, यद्यपि ये सामाजिक आवश्यकता अवश्य बन गए हैं। परंतु नमक की आवश्यकता सदैव ही रही है, और नियमित कृषिकर्म के लिए धातुओं की थोड़ी-बहुत जरूरत अवश्य पड़ती है। भारतीय देहात 'कालातीत' भले ही प्रतीत हो, परंतु एक पूँजीवादी अर्थव्यवस्था के ढाँचे में यह भी अब जिंसों के उत्पादन से बँध गया है।

फिर भी यह सच है कि भारतीय गाँव काफी हद तक स्वतःपूर्ण हैं। जनसंख्या में वृद्धि के कारण जब कोंकण अथवा मलाबार के लोग दूर के बड़े शहरों में नौकरी करने जाते हैं और घर पैसा भेजते हैं, तभी देहातों पर शहरों के नियंत्रण का प्रत्यक्ष अनुभव होता है। अन्यथा, देहातों का शहरों से संपर्क दौरे पर निकले हुए मुख्यतः उन्हीं अफसरों के माध्यम से होता है जो प्रायः उसी समय यह कष्ट उठाते हैं जब बकाया करों की वसूली करनी होती है। आजकल वोट बटोरनेवाले राजनीतिज्ञ भी पाँच साल में एक बार, चुनाव के पहले, देहातों में पहुँचने लगे हैं। इस अर्थव्यवस्था में स्पष्टतः प्रति व्यक्ति जिंस-उत्पादन बहुत कम है। जिंस उपयोग की वह चीज अथवा वस्तु है जो आदान-प्रदान के द्वारा अंतिम उपभोक्ता के हाथों में पहुँचती है। जो कुछ भी मनुष्य अपने लिए अथवा अपने परिवार के लिए अथवा अन्य सगोत्रीय परिवारों के लिए पैदा करता है और उसी सीमित समूह में उस पैदावार का इस्तेमाल होता है या जमींदार अथवा उसका भी कोई स्वामी उस पैदावार को बिना मूल्य चुकाए ही ले जाता है, तो वह जिंस या पण्य वस्तु नहीं कहलाती। कुछ वस्तुओं के उत्पादन में विशेष तकनीकी ज्ञान की जरूरत होती है। यद्यपि भारतीय देहातों में धातु का इस्तेमाल बहुत कम होता है, परंतु गाँववालों को बर्तनों की जरूरत होती ही है, विशेषतः मिट्टी के बर्तनों की। अतः गाँव में कुम्हार का होना जरूरी है। इसी प्रकार, औजारों की मरम्मत के लिए और हल का फाल गढ़ने के लिए लोहार की तथा घर बनाने के लिए और लकड़ी के साधारण हल आदि तैयार करने के लिए बढ़ई की जरूरत पड़ती है। गाँव के आवश्यक धार्मिक अनुष्ठानों की जिम्मेदारी पुरोहित को सँभालनी पड़ती है। सामान्यतः कोई ब्राह्मण ही पुरोहित होता है, यद्यपि कुछ निम्न संप्रदायों के लिए यह आवश्यक नहीं है। कुछ पेशे, जैसे नाई का या मरे हुए जानवरों की खाल उतारनेवाले का, निम्न कोटि के माने जाते हैं, परंतु नाई के काम और चमड़े की चीज़ें अत्यावश्यक हैं। इसीलिए गाँव में नाई और चमार का होना जरूरी है; जाहिर है कि इनकी जाति अलग-अलग है। सामान्यतः ऐसे प्रत्येक पेशे की अपनी अलग जाति होती है, जो भारतीय संदर्भ में मध्ययुगीन श्रेणी (गिल्ड) के समकक्ष है। स्वतःपूर्ण प्रतीत होनेवाली भारतीय गाँवों की अर्थव्यवस्था की सबसे बड़ी समस्या यही थी कि प्रत्येक गाँव के लिए ऐसे आवश्यक कारीगर प्राप्त किए जाएँ, यद्यपि ये कारीगर अपनी-अपनी जातियों के

चित्र 3. सब्जी की खेती या बगीचा। आदमी गड्ढे से 'शद्दुफ' द्वारा पानी निकाल रहा है, जिसके दंड के एक सिरे से घड़ा बँधा है, तो दूसरे सिरे पर भार सँभालनेवाला वजन है। स्त्री का काम है यह देखना कि गाजर तथा अन्य सब्जियों को नालियों से ठीक से पानी पहुँचे। चित्र पूर्वोल्लिखित स्रोत से।

कारण देहात के किसान-समुदाय से और एक-दूसरे से अलग थे। एक सामान्य ग्रामवासी ये सब धंधे नहीं कर सकता था, और इन पेशों के श्रमिक अपने पेशे की जाति को छोड़कर अन्य पेशे की जाति में विवाह नहीं कर सकते थे। एक औसत गाँव एक कारीगर-पेशे के केवल एक ही परिवार का भार वहन कर सकता था। साथ ही, परिवहन के साधन दुर्लभ थे और जिंस-उत्पादन (प्रति व्यक्ति जिंस उत्पादन) का घनत्व कम था। अन्य कई देहातों की जरूरतों की पूर्ति के लिए जिंस उत्पादकों की, जैसे बढ़ई या लोहारों की बस्ती स्थापित करना संभव नहीं था; अपवाद हैं तो केवल आरंभिक भारतीय इतिहास के कुछ संक्षिप्त युग। अतः कारीगरों को नियमित रूप से कीमत चुकाना एक समस्या थी; इस समस्या का हल,

चूँकि माँग अनियमित थी, उत्पादित वस्तु के मूल्य को विनिमय का आधार मानकर एक विनिमय अर्थव्यवस्था द्वारा सुलझाना संभव नहीं था । तब गाँवों की सेवा करने के लिए कारीगरों को किस प्रकार तैयार किया जाए ? बड़ी चतुराई से इस समस्या का जो हल खोजा गया, वह मंदगति भारतीय गाँवों की अर्थव्यवस्था का मेरुदंड था, विशेषतः सामंती युग में । इस पुरानी पद्धति के बचे-खुचे अवशेष अब भी देहातों में देखने को मिलते हैं, यद्यपि अब इसके स्थान पर नकद भुगतान का रिवाज बढ़ता जा रहा है । यातायात की सुविधा है, इसलिए नाई या लोहार का गाँव-गाँव घूमते रहना एक आम बात हो गई है । टिन के कनस्तर और धातु के भाँड़े-बर्तन उपलब्ध होने से कुम्हारों की तादाद घट गई है । ये कुम्हार अब अक्सर नकद पैसों में बिकनेवाला माल ही तैयार करते हैं । परंतु कुम्हार को भी कुछ ऐसे अनुष्ठानमूलक कार्य पूरे करने होते हैं जिनके स्रोत संभवतः प्रागैतिहासिक युग की कलश-शवाधान की प्रथा में हैं और जो इतने प्रतिष्ठित हो चुके हैं कि कुछ निम्न जातियाँ कुम्हार को करीब-करीब अपना पुरोहित ही मानती हैं । हड्डी बिठाने के लिए मिट्टी का प्लास्टर लगाना कुम्हार की ही खोज है । उसी प्रकार, युद्ध में अथवा बीमारी के कारण क्षतिग्रस्त हुई नाक को प्लास्टिक सर्जरी से पुनः ठीक करना उस नाई जाति की खोज है जिसे कुछ हीन दृष्टि से ही देखा जाता है । अठारहवीं सदी में इन दोनों का ही खूब प्रचलन था, परंतु प्लास्टर लगानेवाले और प्लास्टिक सर्जरी करनेवाले निम्न जाति के थे और इनसे लाभ उठानेवाले उच्च जाति के लोग विज्ञान को तुच्छ समझते थे, इसलिए इनका पूरा विकास पश्चिमी देशों में ही हो सका ।

देहात में जो विभेदीकरण देखने को मिलता है, उसका आधार जातिप्रथा है, और यह विभेदीकरण केवल किसान-वर्ग और कारीगर अथवा पुरोहित तक ही सीमित नहीं है । यदि समीप ही जंगल हैं, तो उनमें आज भी ऐसे लोग देखने को मिलेंगे जो अन्न-संग्रह की अवस्था से मुश्किल से बाहर निकल पाए हैं; जैसे, पश्चिमी घाटों के कटकरी लोग या बिहार के मुंडा और उराँव । रोग, नशाखोरी, बनकटाई और सभ्यता तथा महाजनों की बढ़ोत्तरी के कारण ऐसे सीमावर्ती कबीले मिटते जा रहे हैं । यदि ये लोग खेती भी करते हैं तो वह प्रायः हर बार नए भूखंड के जंगल को काटकर और जलाकर ही की जाती है । यदि वे फसल की कटाई के समय भूमिधर किंतु सबसे गरीब किसानों के साथ कुछ दिनों के लिए मजदूरी करते हैं, तो उन्हें कम मजदूरी मिलती है और वह भी प्रायः अनाज के रूप में चुकाई जाती है । फसल की कटाई के बाद आमतौर पर उन्हें सिल्ला बीनने का भी अधिकार होता है—चाहे उन्होंने फसल काटने में मदद दी हो, या न दी हो । थोड़ा-बहुत शिकार, कीड़े-मकोड़े, चूहे, साँप, बंदर (जिसको खाना दूसरे अधिकांश भारतीयों की दृष्टि में एक वीभत्स कृत्य है), और सिल्ला तथा भूसी से उनका उदर-निर्वाह होता है । उनके जादू-टोने के अभिचार किसानों के ऐसे अभिचारों से अधिक क्रूर होते हैं;

कम-से-कम भारतीय समाचारपत्रों में दो-चार साल के अंतर पर समाचार पढ़ने को मिलते ही हैं कि आनुष्ठानिक हत्या (मानव-बलि) के संदेह में कबीले के स्त्री-पुरुषों की सामूहिक गिरफ्तारी हुई है और उन पर मुकदमा चल रहा है। उनके आदिम कबीलाई देवताओं में और गाँवों में निम्नकोटि के देवताओं में कुछ साम्य पाया जाता है। वे अक्सर गाँव के देवताओं की पूजा करते हैं और ग्रामवासी भी उनके देवी-देवताओं को मानते हैं। गाँव के जिन मेलों में दूर-दूर के ग्रामवासी एकत्र होते है, उनकी शुरुआत का संबंध किसी-न-किसी आदिम कबीले से है, भले ही वह कबीला अब लुप्त हो गया हो। इस आदिम उत्पत्ति का समर्थन ग्रामीण पूजा-पद्धतियों के नामों से भी होता है। अक्सर यह देखने को मिलता है कि एक किसान-समुदाय की जाति का नाम भी वही होता है जो कि उसी क्षेत्र के किसी आदिवासी कबीले का होता है। ये दो समुदाय आपस में शादी-ब्याह नहीं करते, क्योंकि किसान का दर्जा ऊँचा हो गया है। दरअसल, खाद्य-सामग्री की उपलब्धि में अंतर के कारण और पर्याप्त तथा अधिक नियमित भोजन मिलने से न केवल शारीरिक गठन में बल्कि कुछ ही पीढ़ियों में चेहरे की बनावट में भी परिवर्तन होता है। फिर भी सहोद्गम के कुछ चिह्न बचे हुए हैं, और इन्हें स्वीकार भी किया जाता है। कभी-कभी सामूहिक वार्षिक पूजा में ये प्रकट होते हैं, विशेषतः मातृदेवियों की पूजा में, जिनके नाम इतने विलक्षण होते हैं कि दूसरे गाँवों को उनकी जानकारी भी नहीं होती। लेकिन किसान दूसरे कुछ उच्च श्रेणी के देवताओं की भी पूजा करता है; ये देवता काफी पुराने जान पड़ते हैं, परंतु ये स्थानीय देवताओं से एक सीढ़ी ही ऊपर होते हैं। जैसे, एक पत्थर पर उच्चित्रित नाग देवता को 'क्षेत्रपाल' माना जाता है। पूर्वजों के स्मारक के रूप में एक प्रस्तरशिला पर स्त्री-पुरुष के एक जोड़े की आकृति उच्चित्रित की जाती है। उस शिला की पूजा सामान्यतः उस खेत के एक कोने में होती है जिस पर उस जोड़े के सीधे वंशधर कई पीढ़ियों से खेती करते आए हैं। पूरे-के-पूरे इलाकों में महिषासुर (म्हसोबा) किसानों का आम देवता है, यद्यपि हर किसान उसके रूप की कल्पना भिन्न-भिन्न रूप में करता है। अन्य छोटे देवताओं को जुताई, बोआई, कटाई और पिटाई-कुटाई के अवसर पर संतुष्ट करना होता है। वैताल पिशाचों का राजा है, पर एक देवता भी है। और भी ऊँचे स्तर पर ब्राह्मण देवता हैं—शिव, विष्णु, विष्णु के राम और कृष्ण-जैसे अवतार और उनकी देवी पत्नियाँ। कभी-कभी स्थानीय आदिम देवी या देवता को ब्राह्मणधर्म के ग्रंथों में वर्णित किसी देवी-देवता के रूप में भी पहचाना जा सकता है। पुराने देवताओं को खत्म नहीं किया गया; उन्हें अपनाकर नए रूप में ढाला गया। इस प्रकार, ब्राह्मण धर्म में उन सामाजिक समूहों को कुछ हद तक एकजुट किया गया जिनमें आपस में कोई एकसूत्रता नहीं थी। इस प्रक्रिया का भारतीय इतिहास में निर्णायक महत्त्व है, क्योंकि प्रथम इसने देश को कबीले से समाज-व्यवस्था की ओर आगे बढ़ाया और फिर इसने देश को अंध-विश्वास के गंदे दलदल में फँसाकर रखा।

ग्रामीण-परंपरा की सहायता से भारतीय इतिहास का अध्ययन करने में जो कठिनाई सामने आती है, वह है कालक्रम का अभाव। पचास साल पहले की घटनाएँ और डेढ़ हजार साल पुरानी परंपराएँ ग्रामवासी की दृष्टि में प्रायः समान स्तर की हैं, क्योंकि उसका जीवन ऋतुओं से बँधा रहता है। भारतीय आख्यानों में वर्णित चार युगों का चक्र ऋतुचक्रों के चार प्रमुख परिवर्तनों से ठीक मेल खाता है। माना जाता है कि चार युगों का अंत एक विश्वव्यापी जल-प्रलय में होता है, और उसके बाद पुनः नए युगचक्र की शुरुआत होती है। देहाती इलाकों में मानसून के बाद मोटे तौर पर यही होता है। हर साल प्रायः एक-सा होता है, अंतर केवल इतना ही है कि किसी साल अच्छी फसल होती है, तो किसी साल अकाल और महामारी का सामना करना पड़ता है। कोई लेखा-जोखा नहीं रखा जाता, क्योंकि किसान प्रायः पूर्ण निरक्षर होता है। यदि उसने कुछ पढ़ना-लिखना सीखा भी हो, तो भी जीवन कुछ ऐसा होता है कि ग्रामीण के लिए साक्षरता का कोई उपयोग नहीं होता और वह धीरे-धीरे फिर अनपढ़ बन जाता है। औसत देहात में किताबें, अखबार या अन्य वाचन-सामग्री नहीं पहुँच पाती। अतः ग्रामीण परंपरा के तत्त्वों को पृथक् करने में विशेष सावधानी बरतना आवश्यक है। दूसरी ओर, इससे प्रकट होता है कि अत्यंत प्राचीन रीति-रिवाज, उनके बाहय रूपों में विशेष परिवर्तन हुए बिना, किस प्रकार अब तक जीवित रहे हैं। इन स्थानीय रीति-रिवाजों को प्रायः सामंती-सरदारों या ब्राह्मण-पुरोहितों ने अपना लिया है, शायद बाहय रूप में इन्हें दिखावटी बनाकर। इतिहास की जो परिभाषा हमने दी है, उसके अनुसार भारत का विस्तृत इतिहास यहाँ के देहातों में मौजूद है, परंतु इस इतिहास को समझने के लिए व्यापक और गहन दृष्टि की आवश्यकता है।

सारांश

ऊपर सर्वप्रथम यह बताया गया है कि भारत के उच्च वर्ग और शहरी जीवन पर विदेशियों की छाप है और इन्होंने ही उत्पादन की पूँजीवादी प्रणाली भारत पर लादी है। दूसरे, व्यापक रूप से ग्रामीण अंचलों पर और भारतीय धर्म-संप्रदायों पर इनकी आदिम उत्पत्ति की अमिट छाप मौजूद है, क्योंकि भारत के बहुत-से भागों में आदिम जीवन-पद्धतियाँ जीवित रह पाई हैं और आज भी हैं। इनमें से प्रथम कथन को आमतौर पर स्वीकार किया जाता है, यद्यपि देश-भक्ति के कारण बहुत-से लोग भारत के आधुनिक इतिहास में विदेशी आक्रमणकारियों की भूमिका को कम करके आँकते हैं। दूसरे कथन से मध्य वर्ग के अधिकांश भारतीय क्रुद्ध हो जाते हैं, क्योंकि उन्हें लगता है इससे उनके देश का उपहास होता है या उनका अपना अपमान होता है। परंतु आदिम संस्कृतियाँ तब तक हास्यास्पद और गौरवहीन नहीं होतीं, जब तक वे सामंती अथवा पूँजीवादी प्रणाली से उत्पन्न दूषित

प्रथाओं के संपर्क में नहीं आतीं। भारत का विकास अपने ढंग से दूसरे देशों की अपेक्षा अधिक 'सभ्य' रहा है। पुरानी पूजाविधियों को बलप्रयोग से नष्ट नहीं किया, बल्कि आत्मसात् किया गया। अंधविश्वास ने हिंसा की आवश्यकता को कम कर दिया। यदि यूरोप या अमरीका के इतिहास के अनुरूप ही भारतीय इतिहास का भी विकास हुआ होता तो यहाँ कहीं अधिक क्रूरता की आवश्यकता होती।

इससे पता चलता है कि भारतीय इतिहास-प्रवाह की अपनी कुछ सुस्पष्ट विशेषताएँ हैं। बाद में कोई गलतफहमी पैदा न हो, इसलिए इन विशेषताओं पर यहाँ थोड़ा प्रकाश डालना जरूरी है। भारत के जिस इतिहास में केवल इतिवृत्तों, आख्यानों, राजवंशावलियों, महत्त्वपूर्ण युद्धों की तिथियों और शासकों तथा सांस्कृतिक महत्त्व के व्यक्तियों की जीवनियों का ही उल्लेख है, वह यथार्थ इतिहास नहीं है। यदि कोई पाठक अकस्मात किसी ग्रंथ में प्राचीन भारत से संबंधित ऐसे वैयक्तिक एवं घटनामूलक विस्तृत विवरण को देखता है, तो उसे ऐसे इतिहास ग्रंथ का वाचन एक रोमानी कल्पित-कथानक की भाँति ही करना चाहिए (जैसे वह भारतीय रेलों की समय-सारिणी हो!), परंतु उस पर यकीन नहीं करना चाहिए। दूसरे छोर पर, कुछ गलतफहमी की भी संभावना है। माना जाता है कि मानव-समाज क्रमशः इन उत्पादन-प्रणालियों में से होकर गुजरा है: आदिम साम्यवाद, पितृसत्तात्मक पद्धति (पुरानी बाइबिल के अब्राहम) और/अथवा एशियायी पद्धति (अपरिभाषित), प्राचीन यूनान तथा रोम का दासप्रथावाला समाज, सामंतवाद, पूँजीवादी पद्धति; और कुछ देशों में समाजवाद। भारतीय इतिहास को इस सुनिश्चित ढाँचे में भी ठीक-ठीक प्रस्तुत करना संभव नहीं है। पहली बात, जैसाकि पहले बताया जा चुका है, यह है कि देश के सभी भाग एक साथ एक ही अवस्था में नहीं रहे। प्रत्येक अवस्था में, देश के प्रायः हर भाग में, पहले की सभी अवस्थाओं के कई लक्षण जीवित रहे और उनके साथ-साथ अनेक पूर्वावस्थाओं के उत्पादन के तरीके और रीति-रिवाज भी। ऐसे कुछ लोग हमेशा मौजूद रहे जो पुरानी पद्धति से हठपूर्वक चिपके रहना चाहते थे, और चिपके रहे। परंतु हमें उसी एक-एक विशिष्ट पद्धति पर ध्यान देना है जिसका प्रभाव इतना अधिक व्यापक हो गया कि वह देश के अधिकांश हिस्सों पर लागू हो गई। दूसरे, प्राचीन यूरोप में जिस प्रकार की दासप्रथा का अस्तित्व रहा है, वैसी दासप्रथा भारत में किसी भी अवस्था में देखने को नहीं मिलती। कुछ भारतीयों को पुरातन युग से लेकर वर्तमान सदी के मध्यकाल तक आजादी नसीब नहीं हुई। इन पंक्तियों के लिखे जाते समय प्रकाशित एक रिपोर्ट के अनुसार, कुछ कबीलाई लोग केरल के खुले बाजारों में आज भी पशुओं की भाँति बेचे जाते हैं। परंतु उत्पादन के संबंधों और उत्पादन के लिए आवश्यक मजदूरों को प्राप्त करने की दृष्टि से चल-संपत्ति-रूप दासप्रथा का महत्त्व यहाँ नगण्य रहा। जिस दास के अतिरिक्त

उत्पादन को हथियाया जा सकता था, उसका स्थान प्राचीन भारत में निम्नतम शूद्र-वर्ग ने ले लिया था। सामंती युग में खरीदे हुए या अपहृत दासों का महत्त्व अधिक बढ़ गया, क्योंकि इनके कारण शासक या सामंत को अपने अनुयायियों पर कम आश्रित रहना पड़ता था। परंतु इसे भी हम यूरोप की पुरातन दासप्रथा के समक्ष नहीं रख सकते, क्योंकि सामंत लोग इन शाही दासों को सामंती शासन के लिए खतरनाक समझते थे। इसके अतिरिक्त, ऐसा कोई भी दास असीम संपत्ति जमा कर सकता था और सामंती समाज में किसी भी अन्य व्यक्ति के समक्ष ऊपर उठ सकता था। उदाहरण के लिए, दिल्ली के सबसे योग्य और श्रेष्ठ आरंभिक सम्राट् और अहमदनगर के बहमनी वंश के योग्य संस्थापक, सब दासों से ऊपर उठे थे। अतः भारतीय सामंतवाद की भी अपनी कुछ खास विशेषताएँ हैं (लेकिन इंग्लैंड का सामंतवाद भी रूमानिया के सामंतवाद से भिन्न था)। न केवल सामंती युग में बल्कि उसके पहले और बाद में भी अपराधी दासों, घरेलू दासों, खरीदे हुए नर्तकों-गायकों-विदूषकों और अंतःपुर के दासों का अस्तित्व रहा है, परंतु इनके साथ, प्रायः पहले वर्ग के दासों को छोड़कर, वेतनभोगी मजदूरों की अपेक्षा अच्छा बरताव किया जाता था, क्योंकि इनको प्राप्त करने में धन खर्च होता था। यह स्थिति यूरोप की पुरातन दासप्रथा से नितांत भिन्न है और यूरोप के उस सामंती युग की स्थिति से भी भिन्न है जिसमें दासप्रथा ही मिटती गई। ब्राज़ील में सामंतवाद के पहले दासप्रथा का कोई युग नहीं था। अमरीका में दासप्रथा, बिना किसी सामंतवाद के ही, कपास की खेती के विकास के लिए पूँजीवादी-वर्ग के साथ आई; इसका अंत कोई सौ वर्ष पहले एक ऐसे रक्तरंजित गृहयुद्ध के बाद हुआ जिसकी गूँज संसार के सबसे उन्नत पूँजीवादी प्रजातंत्र के दक्षिणी राज्यों में आज भी सुनाई पड़ती है।

भारत के सांस्कृतिक इतिहास की इस संक्षिप्त रूपरेखा का कोई मताग्रही प्रयोजन नहीं है। मुझे यहाँ एक निश्चित परिभाषा एवं कार्यविधि को अपनाना था, क्योंकि अन्य परिभाषाएँ काफी कष्टकर अनुभव के बाद निरर्थक सिद्ध हो चुकी हैं। आगे के अध्यायों का संबंध, न केवल अतीत से, बल्कि अनिवार्यतः भारतीय समाज की वर्तमान अवस्था से भी घनिष्ठ रूप से है।

'इतिहासकार का काम न तो अतीत से प्रेम करना है, न अतीत से छुटकारा पाना, बल्कि वर्तमान को स्पष्ट करनेवाली एक कुंजी के रूप में अतीत की गहराई में जाकर उसे खोलकर समझना है। इतिहासकार का अतीत-संबंधी चित्र जब वर्तमान की समस्याओं को समझनेवाली अंतर्दृष्टि से आलोकित होता है, तभी महान् इतिहास रचा जाता है।...इतिहास से सीखना केवल एकतरफा प्रक्रिया नहीं है। अतीत के प्रकाश में वर्तमान को समझने का अर्थ वर्तमान के प्रकाश में अतीत को समझना भी है। इतिहास का प्रयोजन है—अतीत और वर्तमान के बीच के

अंत:संबंध द्वारा इन दोनों के बारे में अधिकाधिक गहन जानकारी प्राप्त करते रहना।'

ऐसे इतिहास की रचना करने के लिए, संभव है कि इन पंक्तियों के लेखक में पर्याप्त शास्त्रीय क्षमता न हो। लेखक का यह प्रयास पाठक को किसी अन्य कारण से भी असंतोषप्रद लग सकता है, परंतु उसे कम-से-कम यह तो मालूम रहेगा ही कि वह क्या अपेक्षा रखे। इस संक्षिप्त ग्रंथ में मुख्यत: इन विकासों का विवेचन होगा : आदिम समाज और कबीलाई जीवन। सिंधु घाटी की सभ्यता। आर्यों का आक्रमण, जिसके कारण यह सभ्यता नष्ट हुई, परंतु जिसके फलस्वरूप पूर्व की ओर बस्तियाँ स्थापित हुईं। जाति-व्यवस्था, लोहे के औजार और हल की सहायता से गंगा की द्रोणी का उद्घाटन। मगध और बौद्धधर्म का उत्थान। मौर्यों की सारे देश पर विजय, और इसके साथ ही ग्रामीण खेती की पैदावार पर आधारित एक साम्राज्य की स्थापना। साम्राज्य का पतन, दक्षिणापथ में राज्यों का उत्थान और समुद्रतटवर्ती पट्टियों में बस्तियों की स्थापना। उद्गामी सामंतवाद का लंबा दौर और बौद्धधर्म की अवनति। इसके बाद मुस्लिम युग और भारतीय मध्ययुग की शुरुआत होती है; अर्थात् इसके साथ उस युग का अंत होता है जिसे हम यथोचित रूप में प्राचीन भारतीय संस्कृति का युग कह सकते हैं।

संदर्भ एवं टिप्पणियाँ

1. जो पाठक उस पांडित्यपूर्ण समीक्षा और अंतहीन विवाद में रुचि रखते हैं जो भारत का कोई प्रामाणिक इतिहास लिखने के प्रयास के पहले हुआ करते हैं. उन्हें मेरी निम्न रचनाएँ कुछ रोचक लग सकती हैं ; इन रचनाओं को प्रस्तुत ग्रंथ की पाद-टिप्पणियाँ ही समझना चाहिए :

I. *An Introduction to the Study of Indian History* (बंबई, 1956), दूसरा संशोधित संस्करण 1975,

II. *Myth and Reality* (बंबई, 1962);

III. *Exasperating Essays* (पुणे, 1957);

2. इन तीन ग्रंथों में उल्लिखित निबंधों के अलावा मेरे इन निम्न लेखों से भी इस क्षेत्र की शास्त्रीय कठिनाइयों को समझने में सहायता मिल सकती है :

'घेनुकाकट' (जर्नल ऑफ द एशियाटिक सोसायटी, बंबई, खंड 30, 1957, पृष्ठ 50-71),

The Text of the Arthasastra (जर्नल ऑफ द अमेरिकन ओरियंटल सोसायटी, खंड 78, 1958, पृ. 169-73),

Indian Feudal Trade Charters (जर्नल फॉर द इकॉनामिक एंड सोशियल हिस्ट्री ऑफ द ओरियंट, लीडेन, 1959, पृ. 281-93),

Primitive Communism (न्यू एज, दिल्ली, खंड 8, फर. 1959, पृ. 26-39),

The Use of Combined Methods in Indology (इंडो-ईरानीयन जर्नल, खंड 6, 1963, पृ. 177-202),

The Autochthonous Elements in the Mahabharat (जर्नल ऑफ अमेरिकन ओरियंटल

सोसायटी),

The Biginning of the Iron Age in India (जर्नल फॉर द इकॉनामिक एंड सोशियल हिस्ट्री ऑफ द ओरियंट, खंड 6, 1964);

3. इनके अतिरिक्त, मैं निम्नलिखित ग्रंथों को पढ़ने का सुझाव दूँगा :

ए. एल. बाशम : *The Wonder That Was India* (दूसरा संस्करण, लंदन, 1964),

एल. पेटेख : *Indien bis zur Mitte des 6. Jahrhunderts* (Propylaen Weltgeschichte/ Eine Universalgeschichte, 1962),

एल. रेनाउ, जे फिलिजाँ और अन्य : L' Inde classique (पेरिस, खंड 1, 1947, खंड 2, 1953),

4. अपने विषय के अधिकारी विद्वानों द्वारा लिखे गए इन ग्रंथों का दृष्टिकोण मेरे दृष्टिकोण से भिन्न है। कालक्रम को समझने के लिए एल. दे ला वाली पूसीं के इन दो ग्रंथों को पढ़ने की मैं विशेष रूप से सलाह दूँगा : *L'Inde aux temps des Mauryas et des Barbares, Grecs, Scythes, Parthes, et Yue-tchi* (पेरिस, 1930) और *Dynasties et Histoire de l'Inde depuis Kanishka jusqu'aux invasions musulmanes* (पेरिस, 1935);

दो अन्य विशिष्ट निबंध अधिक पाठकों की अपेक्षा रखते हैं; ये हैं :

जे. गेर्ने : *Les Aspects economiques du Bouddhisme dans la societe Chinoise du Ve au VIe siecle* (सैगोन, 1956),

विलहेल्म राउ : *Staat und Gesellshaftin alten Indien nach den Brahmana-Texten Dargestellt* (वाइसबाड़ेन, 1957);

इस अध्याय के अंतिम अंश में जो उद्धरण हैं, वे इ. एच. कार के ग्रंथ *What is History?* (लंदन, 1962) के पृष्ठ 20, 31, 62, से लिए गए हैं।

2. आदिम जीवन और प्रागैतिहास

स्वर्णयुग

परिपूर्णता की एक पूर्वकालिक अवस्था से मानव का पतन हुआ है, इस मान्यता के आख्यान कई देशों और कौमों की पुराणकथाओं में देखने को मिलते हैं, भारत में भी। आधुनिक हिंदू वर्तमान को मानव-जाति का कलियुग कहते हैं। कहते हैं कि इसके पहले तीन बेहतर युग बीत चुके हैं। इनमें पहला और सबसे अच्छा युग था—सत्ययुग या कृतयुग। तब न रोग थे, न किसी चीज का अभाव था। तब आदमी न परिश्रम करते थे, न सूत कातते थे, क्योंकि इस सुफला धरती से अपने आप ही सबकुछ भरपूर उपजता था। हर व्यक्ति शांतिप्रिय, निष्पाप, निष्कपट तथा सदाचारी होता था और हजारों साल तक जीवित रहता था। तब आदमी में लोभ पैदा हुआ; आदमी व्यक्तिगत संपत्ति जोड़ने लगे; जमाखोरी बढ़ने लगी। इन कुकर्मों के फलस्वरूप क्रमशः तीन युग और आए—त्रेता, द्वापर और कलियुग, जिनमें प्रत्येक युग पहले के युग से अधिक बुरा था। आदमी की आयु घटती गई। पुण्य का क्षय होने से मानव-जाति युद्ध, व्याधि, दरिद्रता और क्षुधा से आक्रांत हो गई। कुछ इसी प्रकार के आख्यान बौद्ध और जैन धर्मग्रंथों में भी देखने को मिलते हैं। ब्राह्मणों के ग्रंथ इन सबमें अधिक अर्वाचीन हैं, इसलिए उनमें अंतहीन युगचक्रों (मन्वंतरों) का एक और सिद्धांत जोड़ दिया गया। इस वर्तमान कलियुग का अंत एक विश्वव्यापी जल-प्रलय में होगा। इस जल-प्लावन से समस्त जीव-जगत नष्ट हो जाने के बाद धरती पानी से निकलेगी और पुनः एक नए स्वर्णयुग का आरंभ होगा। इसके बाद कालक्रम में अधिकाधिक अवनति के तीन युग और आएँगे, जिनका अंत पुनः एक जल-प्लावन में होगा। अतीत में ऐसा ही होता रहा है और भविष्य में भी चक्रों का यही सिलसिला चलता रहेगा। निरर्थक ऐतिहासिक पुनरावृत्ति का यह नैराश्यपूर्ण दृष्टिकोण, जैसाकि पहले कहा जा चुका है, भारतीय देहात के नीरस ऋतुचक्रीय जीवन का प्रक्षेप मात्र है। अक्तूबर की फसल के बाद स्वास्थ्य और अमन-चैन की शीत ऋतु आती है। उसके बाद अभाव बढ़ता जाता है, और अंत में वह समय आता है जब बोआई के लिए सूखे खेतों को तैयार करने के लिए कठोर परिस्थितियों में कड़ी मेहनत करनी पड़ती है। अंत में मानसून की घनघोर वर्षा सारी भूमि को आप्लावित कर देती है। हर साल ऋतुचक्र का यही सिलसिला रहता है।

इस व्यापक आख्यान के बावजूद, बाद के कवियों और पुरोहितों के कल्पनालोक से बाहर, मानव-जाति के आरंभकाल में किसी स्वर्णयुग का अस्तित्व नहीं रहा। सर्वप्रथम इसकी प्रत्यक्ष जानकारी हमें इतिहास की उस लिखित सामग्री के अध्ययन से मिलती है जो लगभग 2500 ई. पू. से भारत के बाहर के कुछ स्थानों से प्राप्त हुई है। इससे पहले के अतीत को जानने के लिए पुरातत्त्व की शरण में जाना पड़ता है। जब पुरातत्त्ववेत्ता किसी ऐसे स्थल की खुदाई करता है जहाँ की मिट्टी हाल के वर्षों में अधिक अस्त-व्यस्त नहीं हुई है, तो वहाँ एक-दूसरे से स्पष्टतः पृथक कई छोटे-बड़े स्तर प्रकट होते हैं। जो स्तर जितना नीचे होता है, वह उतना ही पुराना होता है, इसलिए कालक्रम स्पष्ट रहता है। इनमें से कई स्तरों में मानवीय क्रिया-कलाप के अवशेष प्राप्त होते हैं। इनमें शरीरावशेष भी हो सकते हैं; जैसे, हड्डी, खोपड़ी अथवा सिर्फ एक दाँत। जिस आदमी का यह दाँत होता है उसके शारीरिक ढाँचे के बारे में इससे काफी जानकारी मिल जाती है। आदमी जिन जानवरों का शिकार करता था, उनकी हड्डियाँ अक्सर उसकी अपनी हड्डियों के साथ मिल जाती हैं; साथ ही उन पशुओं की भी हड्डियाँ मिलती हैं जिन्हें उसने पालतू बनाया था : कुत्ता, गाय-बैल, भेड़, घोड़ा। उत्खनन के स्तरों की तुलना करने से जाना जा सकता है कि कुत्ते को घोड़े से काफी पहले पालतू बनाया गया था और गाय-बैल तथा भेड़ को बीच के किसी काल में। मृत्भांड, पत्थर के औजार और धातु की वस्तुएँ आदमी की बनाई हुई चीजें हैं, इसलिए इन्हें शिल्पवस्तुएँ कहते हैं। जहाँ जलवायु शुष्क है, जैसे कि मिस्र में, वहाँ लकड़ी की चीजें, हड्डी और हाथीदाँत के हथियार, टोकरियाँ, ऊन या सन से बुने हुए कपड़ों के धागे, अनाज के दाने, चित्र और पेपीरस पर लिखी गई सामग्री सुरक्षित बची है। इनके आधार पर मोटे तौर पर हम यह बता सकते हैं कि मनुष्य ने किस क्रम में इन विभिन्न वस्तुओं को बनाना सीखा है। खेती के अनाजों की गिनती शिल्पवस्तुओं में तो नहीं होती, परंतु मृत्भांडों की तरह इनकी उपज भी मानवीय क्रियाकलाप से हुई है। इन सभी अनाजों का विकास हजारों वर्षों तक प्राकृतिक घासों के सबसे मोटे बीजों को सावधानी से चुनते रहने और उन्हें बार-बार बोने से हुआ है। यदि मानव के कार्य-कलाप बंद पड़ जाते हैं, तो खेती के अनाज की किस्में गायब हो जाएँगी या इनके स्थान पर, इन पौधों की कुछ ही पीढ़ियों में, अधिक सख्त आदिरूप जंगली किस्में उग आएँगी। खुदाई के स्तरों के अवशेष ऐतिहासिक क्रम के द्योतक होते हैं; यदि बाद में इन स्तरों में कोई हलचल हुई हो, जैसे ऊपरी परतों में खोदा गया कोई गड्ढा, तो प्रशिक्षित पुराविद उसे पहचान लेता है और उसे पृथक करके अध्ययन करता है। विभिन्न स्थानों से प्राप्त पुरावशेषों की तुलना करने से पता चलता है कि किसी खास किस्म का औजार, बर्तन या अनाज आदि कितनी दूर तक फैला हुआ था या इस्तेमाल होता था। अंत में, आधुनिक विज्ञान ने पुरावशेषों के काल-निर्धारण के काफी अच्छे तरीके खोज निकाले हैं। ये तरीके पुरावशेषों में फ्लोरीन की मात्रा

के मापन, काठकोयले और हड्डी में रेडियो-धर्मिता की मात्रा, भूचुंबकीय अवलोकन, ऋतु-परिवर्तनों के साथ वृक्ष के वलयों में होनेवाली वृद्धि (वृक्ष-तैथिकी) आदि के अध्ययन पर आधारित हैं। इस प्रकार पुनर्रचित अतीत अनेक सदियों पीछे चला जाता है (जिसमें अनेक अंतराल होते हैं) और तब अंत में हम जावा-मानव, पेकिंग-मानव और मानव-पूर्व अफ्रीकी प्रोकोंसुल के कपाल-जैसे मानव-प्रकारों तक पहुँचते हैं। यहाँ हम पुरातत्त्व से भूविज्ञान के क्षेत्र में पहुँच जाते हैं, इतिहास के क्षेत्र से स्तनपाई रीढ़दार और अन्य प्रकार के प्राणियों के विकास के अध्ययन के क्षेत्र में पहुँचते हैं।

परंतु इस समूचे अतीत में कहीं किसी विलुप्त स्वर्णयुग या गौरवशाली अवस्था के दर्शन नहीं होते। यह सही है कि मानव का विकास एकसमान या लगातार नहीं हुआ है, किंतु कुल मिलाकर उसकी अवश्य ही प्रगति हुई है। वह एक काफी अक्षम पशु से औजार बनाने और उनका इस्तेमाल करनेवाला एक ऐसा प्राणी बन गया जो अपनी संख्या और अपने विविध कार्य-कलापों के कारण सारी धरती पर छा गया, और अब उसे केवल अपने-आप पर ही नियंत्रण प्राप्त करना शेष रह गया है। हजारों-लाखों साल पहले की खुदाई में प्राप्त हुई हड्डियों के अध्ययन से पता चलता है कि प्राचीन प्रस्तर-युग के किसी मानव का चालीस साल की आयु तक जीवित रहना उसके लिए एक अद्भुत उपलब्धि थी। उसका अधिक स्वस्थ होना तो दूर रहा, वह आयु को घटानेवाले परजीवी जंतुओं और जर्जर कर देनेवाले रोगों से और भी अधिक ग्रसित था। यदि कहीं कोई स्वर्णयुग है तो वह अतीत में नहीं, भविष्य में होगा।

प्रागैतिहास और आदिम जीवन

पुराविद द्वारा खोजे गए पुरावशेष स्वयं यह जानकारी नहीं दे सकते कि किसी युग-विशेष के लोग वस्तुतः किस प्रकार रहते थे। उस जीवन-पद्धति की पुनर्रचना करने के लिए संसार के दूर-दूर के दुर्गम क्षेत्रों में आज भी जीवित बचे अनेकानेक आदिम कबीलों का तुलनात्मक अध्ययन करना आवश्यक है। तभी क्रमशः यह स्पष्ट होता है कि खास किस्म के औजार कैसे बनते थे और उनका किस प्रकार इस्तेमाल होता था, कि इन औजारों को गढ़नेवाले सुदूर अतीत के लोग कैसा जीवन व्यतीत करते थे। कुछ हद तक सामाजिक संगठन—जब सामाजिक संगठन अस्तित्व में आया—के बारे में भी जानकारी मिल सकती है, परंतु सुनिश्चित जानकारी नहीं। जब हम कहते हैं कि ऑस्ट्रेलिया अथवा ब्राजील के भीतरी भाग के किसी आदिम कबीले का अध्ययन किया जा सकता है, तो इसका मतलब है कि इन कबीलों के लोगों का बाहर की दुनिया से, और अंततः सभ्यता से, कुछ संपर्क स्थापित हो चुका है। इस बात का हमें ध्यान रखना होगा, क्योंकि संपर्क का अर्थ है

परिवर्तन। दूसरे, कोई भी मानव-समूह दीर्घकाल तक एक स्थिर अवस्था में नहीं रह सकता। या तो वे विकसित होकर अधिक सक्षम बनेंगे या क्षीण होकर नष्ट हो जाएँगे। प्रागैतिहासिक काल के जिन मानव-समूहों का हम अध्ययन करना चाहते हैं, वे दुनिया से लुप्त हो चुके हैं। इनमें से कुछ समूहों के वंशज विकास करते-करते आधुनिक सभ्यता तक पहुँचे, दूसरे एकदम लुप्त हो गए। दुनिया के सुदूर क्षेत्रों में जो थोडे आदिम मानव-समूह जीवित बचे हैं, उन्होंने कुछ ऐसे विचार, मनोवृत्तियाँ, अंधविश्वास, कर्मकांड और रीति-रिवाज विकसित कर लिए हैं कि ये उन्हें नई जीवन-पद्धतियों को अपनाने की कोशिश करने से रोकते हैं। सबका तो नहीं, परंतु आजकल के अधिकांश वन्य समूहों का सामाजिक ढाँचा इतना दृढ़ है कि वह किसी प्रकार के नए प्रयास को बढ़ावा नहीं दे सकता। सामाजिक विकास पर विचारों के प्रभाव की कोई भी भौतिकवादी उपेक्षा नहीं कर सकता।

संसार के विभिन्न क्षेत्रों में व्यापक खुदाई के फलस्वरूप जो पुरावशेष प्राप्त हुए हैं उनका क्रम मोटे तौर पर इस प्रकार है : सबसे नीचे के स्तर में, इसलिए सबसे पुराने, तोड़े हुए पत्थर के अनगढ़ टुकड़े मिलते हैं। इनका औजारों की तरह इस्तेमाल होता था, और इनके साथ-साथ लकड़ी तथा हड्डी के दंडों का भी, जो आम तौर पर नष्ट हो चुके हैं। इस प्राचीन प्रस्तर-युग के एक लाख या इससे भी अधिक वर्षों में पत्थरों को छील-छीलकर औजार बनाने की तकनीक का धीरे-धीरे विकास हुआ। अंत में, इसके बाद पत्थरों के परिष्कृत औजारों का युग (नवपाषाण-युग) आया। इन दोनों के बीच एक ऐसा युग रहा है जिसे मध्यपाषाण-युग का नाम दिया गया है, परंतु अब इस नाम का प्रचलन नहीं रहा, क्योंकि इस युग की अवधि और सीमाएँ निर्धारित करना अनिश्चित है। ये नीचे के स्तर जिनमें केवल पत्थर के (और संभवतः हड्डी, लकड़ी और सींग के भी) औजार मिलते हैं, बाद में उन ऊपर के अन्य स्तरों के नीचे दब गए जिनमें धातुओं के औजार तथा हथियार मिलते हैं। सर्वप्रथम ताँबे की धातु का ही व्यापक रूप में इस्तेमाल हुआ। ताँबे को इसकी कच्ची धातु से प्राप्त करने के लिए मिट्टी के बर्तनों के आँवे से अधिक सक्षम भट्ठे की जरूरत नहीं थी। उत्तर-पाषाण युग में पत्थरों के औजारों के साथ-साथ मिट्टी के बर्तन भी मिलते हैं। ताँबा इतनी अधिक मुलायम धातु है कि इसे ठीक से तैयार किए बिना उपयोग में नहीं लाया जा सकता ; साथ ही यह इतनी भंगुर धातु है कि इसे टीन-जैसी धातु के साथ उचित अनुपात में मिलाने पर ही (जिससे काँसा बनता है) कठोर बनाया जा सकता है। चूँकि टीन हर जगह नहीं मिलता, इसलिए जाहिर है कि काँस्ययुग में इसकी दूर-दूर तक तलाश होती थी। 3000 ई. पू. या इससे भी पहले से दूर-दूर तक व्यापार जोर-शोर से होने लगा था। फिर भी काँसा दुर्लभ ही था और कुछ ही लोगों का इस पर आधिपत्य था। इसका अर्थ है, समाज का वर्गों में विभाजन। काँस्ययुग में कच्ची धातुओं और अच्छे जल-स्रोतों पर अधिकार प्राप्त करने के लिए दूर-दूर तक छापे

मारे जाते थे, काफी लड़ाइयाँ होती थीं। ईसा पूर्व दूसरी सहस्राब्दी (2000-1000 ई. पू.) में ऐसे अनेक घुमंतू कबीले थे जो प्रचुर चल भोजन-सामग्री (प्रायः मवेशी) साथ लेकर यूरेशिया महाखंड में घूमते रहते थे। परंतु इसके एक हजार वर्ष पहले ही मिस्र और मेसोपोटामिया की प्राचीन नदी-घाटी-खेतिहर संस्कृतियों में नगर-राज्य, राजतंत्र, मंदिरों के पुरोहित-वर्ग और युद्ध-तंत्र का विकास हो चुका था। ऐसा विकास स्थानीय और अपवादात्मक था।

पुरातत्त्व की दृष्टि से वर्तमान युग लोहयुग है। लोहा इतनी सस्ती और व्यापक रूप से पाई जानेवाली धातु है कि इससे कृषिकर्म एक सर्वव्यापी संभावना बन गया है। सीमित रूप में कृषि की शुरुआत उत्तर-पाषाण युग में हो चुकी थी, इसलिए हम कह सकते हैं कि उत्पादन के साधनों में यह एक 'नवपाषणयुगीन क्रांति' थी। परंतु यह कुछ ऐसे ही विशेष क्षेत्रों तक सीमित थी जहाँ घने जंगलों को साफ करना जरूरी नहीं था। ये क्षेत्र थे : मेसोपोटामिया (इराक), मिस्र, सिंधु घाटी, ईरान, तुर्की तथा फिलस्तीन के ऊँचे मैदान, डैन्यूब घाटी में लोएस मिट्टी के गलियारों के कुछ भाग, और संभवतः चीन के कुछ लोएस क्षेत्र भी। पहली बार तैयार किया जानेवाला लोहा यद्यपि काँसे से मुलायम होता है, परंतु इससे जंगलों को साफ करने और हल से कड़ी मिट्टी को उलथने में मदद मिली। यह पहली धातु थी जो बहुतों को सुलभ हुई; इस पर केवल योद्धा-वर्ग का ही अधिकार नहीं रहा। आरंभिक किसानों ने 7000-8000 ई. पू. के आसपास पहली बार नगर स्थापित किए ; जैसे, छतल हुयुक (तुर्की) और जेरिको (फिलस्तीन), परंतु उनके अन्न-उत्पादन के तरीके नजदीक के क्षेत्रों में व्यापक पैमाने पर इस्तेमाल में नहीं लाए जा सके। उनकी खेती मिस्र और इराक की खेती के स्तर की नहीं थी। खेती के साथ-साथ वे अन्न-संग्रह और पशुपालन भी करते थे, और यह क्रम तब तक चलता रहा जब ईसा पूर्व दूसरी सहस्राब्दी के अंत समय में लोहा प्रचुर मात्रा में उपलब्ध होने लगा। सर्वप्रथम अच्छे तरीकों से लोहा तैयार करनेवाले लोग संभवतः हित्ती ही थे। लौह-निर्माण की विधियों को अत्यंत गोपनीय रखकर इस पर एकाधिकार रखनेवाले ये हित्ती लोग आज की तुर्की में रहते थे। 1350 ई. पू. में भी लोहा इतना दुर्लभ था कि फरुन तुतनखामेन को सोने के ठोस ताबूत में ताँबे, काँसे और हाथीदाँत की अनेकानेक वस्तुओं तथा अन्य कीमती चीजों के साथ एक समाधि-गृह में दफनाया गया था, परंतु इनमें लोहे की एक ही वस्तु थी—उसके कपाल के नीचे बाँधा गया तावीज़। सस्ते लोहे का आविष्कार अधिकांश लोगों के लिए सुखकर सिद्ध नहीं हुआ। काँस्ययुग में भी क्षुद्र एशिया की अलग-अलग छोटी खेतिहर बिरादरियों पर हमले करके उन्हें तहस-नहस कर दिया जाता था जब बहुतायत में जनशक्ति (प्रायः दास या कृषक दास) उपलब्ध हुई, तभी लोहे के इस्तेमाल से अधिक अन्न उपजने लगा, और इसके साथ-साथ उत्पीड़न भी बढ़ा। व्यापारी मार्गों से दूर अलग-थलग पड़े हुए कुछ कबीले कृषि को अपनाने की

बजाय अन्नसंग्रह के पाषाणयुगीन तरीकों से ही हठपूर्वक चिपके रहे (लगभग हाल के दिनों तक)। वे सभ्यता की ओर अग्रसर होनेवाले मार्ग में पिछड़ गए। प्रस्तर-युग समाप्त हुआ, ऐतिहासिक युग शुरू हुआ, किंतु तब भी जब-तब पत्थरों के औजारों का इस्तेमाल होता ही रहा। सन् 1066 ई. की हेस्टिंग्स की लड़ाई में राजा हैरोल्ड की सेना के बहुत-से सैक्सनों के पास पत्थर के कुल्हाड़े ही थे, यद्यपि इंग्लैंड बहुत पहले, जुलियस सीज़र के इस द्वीप पर 54 ई. पू. में किए गए हमले के भी बहुत पहले, लौहयुग में पहुँच चुका था।

समग्र अन्न-संग्राहक समाज की विशेषताओं को स्पष्ट करना आसान नहीं है। आधुनिक रोमानी विचारक मानने लगे थे कि आदिम मानव अवश्य ही एक उदात्त वन्य प्राणी था, सभ्यता के कुप्रभावों से बचा हुआ प्रकृति-पुत्र था, और वह लोभ तथा दुष्कर्मों से मुक्त था। इस 'प्राकृतिक' पार्थिव स्वर्ग की कल्पना का उदय क्रिस्टोफर कोलंबस द्वारा कैस्टील की रानी इसाबेला को लिखे गए एक पत्र से हुआ। यह साहसी खोजकर्त्ता जब भारत के स्वर्णमय नगरों तक नहीं पहुँच पाया, तो कम-से-कम यह बताने के लिए उतावला हो उठा कि उसने कुछ तो असाधारण खोज ही निकाला है—प्राकृतिक अवस्थावाला कैरीबियन मानव। इससे यूरोपवासियों की कल्पनाशक्ति विलोड़ित हुई, क्योंकि उन्हें एक ऐसी चीज मिल गई थी जो न तो (ईडन के उद्यान के बाद) बाइबिल में थी, न ही पुनर्जागरण के युग में नए सिरे से खोजे गए प्राचीन यूनानी-लैटिन ग्रंथों के आदर्शलोकों में। इस 'प्राकृतिक मानव' की खोज से रूसो के सामाजिक सिद्धांतों को और समकालीन समाज पर प्रबल प्रहार करनेवाले वाल्तेयर के व्यंग्यों को बल मिला। कुछ लोग आदिम साम्यवाद की चर्चा कुछ इस प्रकार करते हैं कि मानो यह एक ऐसी आदर्श समाज-व्यवस्था थी, जिसमें सभी लोग बराबर के साझीदार होते थे और अपनी सीमित आवश्यकताएँ मिल-जुलकर पूरी करते थे। अपने चरम रूप में यह भी आधुनिक गुलाबी लिबास पहना हुआ 'स्वर्णयुग' का वही पुराना आख्यान है।

आरंभिक अन्न-संग्राहक समाज बड़ी कठिन परिस्थितियों से घिरा हुआ था। प्रत्येक क्षेत्र और प्रत्येक युग में उसका विशिष्ट स्वरूप अल्प और अनिश्चित मात्रा में उपलब्ध होनेवाली खाद्य-सामग्री पर आश्रित था। ग्राहम क्लार्क-जैसे जिम्मेदार पुरातत्त्ववेत्ता का अनुमान है कि ऊपरी पुरापाषाण युग में इंग्लैंड और वेल्स की आबादी संभवतः 250 आदमियों की थी, और ये दस छोटे गिरोहों में बँटे हुए थे। मध्यपाषाण युग में संपूर्ण ग्रेट ब्रिटेन की आबादी 4,500, नवपाषाण युग के किसी भी काल में 20,000 और ईसा पूर्व दूसरी सहस्राब्दी में, जब काँस्ययुग और अन्न-उत्पादन की भलीभाँति शुरुआत हो चुकी थी, यह आबादी चालीस हजार से कुछ कम ही थी। भारत के लिए ऐसे आँकड़े प्रस्तुत करना संभव नहीं है, क्योंकि इसके लिए आज पुरातत्त्व के पर्याप्त प्रमाण उपलब्ध नहीं हैं। परंतु प्रस्तर-युग में

इस भारतीय उप-महाखंड के किसी भी विस्तृत क्षेत्र की आबादी प्रति दस वर्ग-मील में एक व्यक्ति से अधिक रही है, तो यह एक आश्चर्य की ही बात होगी। जहाँ प्रकृति कृपालु है, वहाँ भी सभी मौसमों में यह एक-सीं उदार नहीं है। लगातार कई साल तक अभाव की स्थिति बनी रहने की संभावना थी। किसी-न-किसी प्रकार के अन्न-भंडार के बिना बड़ी आबादी और स्थाई बस्तियों के होने का प्रश्न ही नहीं उठता। खाद्य-संकलनवाले जीवन में खाद्य को सुरक्षित रखने की अवस्था अपेक्षाकृत बाद में आती है। मांस और सूखी मछली को सुरक्षित रखने के लिए नमक की जरूरत होती है, और यह दूर से ही प्राप्त हो सकता है; खाद्य-सामग्री को सुरक्षित रखने के लिए टोकरियों, चमड़े की थैलियों और मिट्टी के बर्तनों-जैसे पात्रों की भी जरूरत पड़ती है। फिर, सब प्रकार की भोजन-सामग्री को सुरक्षित रखना संभव भी नहीं है। कड़े छिलकेवाले फलों, अनाजों और कुछ कंदमूलों को भलीभाँति सुरक्षित रखा जा सकता है। परंतु इनमें से अधिकांश को पकाए बिना पचा पाना संभव नहीं है, और पकाने का अर्थ है आग पर अधिकार और मिट्टी के कुछ भांडे-बर्तनों की आवश्यकता। इस अवस्था तक पहुँचने के काफी पहले मनुष्य सामाजिक जीवन की विशिष्ट पद्धतियाँ विकसित कर चुका था, क्योंकि वह कई हजार वर्षों से औजारों का इस्तेमाल करनेवाले एक प्राणी का जीवन व्यतीत करता आ रहा था।

यहाँ दो विशेषताएँ स्पष्ट हैं। यदि भोजन-सामग्री को सुरक्षित रख पाना संभव नहीं है, तो उसे जल्दी खा लेना जरूरी हो जाता है। इसका अर्थ है, अतिरिक्त भोजन-सामग्री हो तो उसे आपस में बाँट लेना, या अधिकांश लोगों का भूखे रह जाना। परंतु बहुत-से पशु-समूह भी अतिरिक्त भोजन सामग्री को बाँटकर खाते हैं। जो आदिम मानव-समूह भारी अभाव की अवस्था से आगे बढ़े हुए होते हैं, उनमें खाद्य-सामग्री को आपस में बाँट लेना एक सामाजिक बाध्यता हो जाती है; जैसे, विशेष अवसरों पर भोज देने की आवश्यकता। इसका अर्थ यह नहीं कि प्रत्येक व्यक्ति एकत्र किए गए सारे खाद्य में से हिस्सा प्राप्त करने का अधिकारी था। दूसरे, अन्न-संकलन करनेवाले समूह क्वचित् ही आवश्यकता से अधिक पशुओं को मारते हैं या खाद्य-संग्रह करते हैं। उनमें अन्न-संग्रह का लोभ नहीं होता, न ही वे महज शौक के लिए शिकार करके मांस को सड़ने के लिए छोड़ देते हैं। इस हद तक 'स्वर्णयुग' के आख्यान में कुछ सचाई है। परंतु आदिम मानव की अधिकतर शक्ति खाद्य-सामग्री की खोज में ही खर्च हो जाती थी। खाद्य-संकलन-कर्त्ताओं की सबसे बड़ी इकाई, जिसका आकार सदैव ही परिवेश से निर्धारित होता था, किसी एक प्रकार की खाद्य-सामग्री पर अधिक निर्भर रहती है; जैसे, कोई पशु, मछली, पक्षी, कृमि, फल अथवा कंदमूल। इसका अर्थ है, न केवल विशेषीकरण बल्कि अतिविशेषीकरण। ऐसी मानव-इकाई न केवल अपने को एक सगोत्रीय समूह समझती थी, बल्कि अपने को उसी पदार्थ से निर्मित समझती थी जिससे कि

उसका प्रमुख अथवा प्रिय खाद्य बना है। अन्य मानव-समूह, जिनके विशिष्ट भोजन की चीजें भिन्न थीं, सगोत्रीय नहीं समझे जाते थे और आरंभ में तो मानव-स्तर के भी नहीं माने जाते थे। इस विशिष्ट खाद्य को हम 'टोटेम' कह सकते हैं, हालाँकि काफी बाद की अवस्था में निर्जीव वस्तुएँ और पशु के अंग भी समूह-वैशिष्ट्य के टोटेम बन गए थे। टोटेम खाद्य को प्राप्त करने की विशेष प्रवृत्ति विशेष कर्मकांड से जुड़ी हुई थी। किसी-न-किसी प्रकार की बलि (जिसमें नर-बलि भी शामिल थी) और दूसरे अनुष्ठानों का, चाहे अंध रूप में ही क्यों न हो उद्देश्य था– (विशेष) खाद्य की विपुलता बढ़े, और इसके साथ-साथ इसे खानेवाले अर्ध-परोपजीवी उस विशेष मानव-समूह की भी वृद्धि हो। हमारे लिए इन अनुष्ठानों का महत्त्व है, क्योंकि इनमें आधुनिक मानव के सांस्कृतिक क्रिया-कलापों के बीज निहित हैं। उनका नृत्य, जिसमें संभवतः कुछ लोग टोटेम पशु की नकल उतारते थे तो कुछ लोग शिकारियों की, एक धर्मानुष्ठान के साथ-साथ आखेट का अभ्यास भी था, जो एक प्रकार से आखेट-विधि की कवायद थी। इसी से कई हजार वर्ष बाद नृत्य-नाट्य (बैले) और नाटक का विकास होनेवाला था। हिमयुग में जंगली पशुओं के जो हू-ब-हू चित्र तैयार किए गए थे (फ्रांस और स्पेन की गुफाओं में), उन्हें अब अनुपम कला-कृतियाँ समझा जाता है। परंतु मूलतः ये चित्रकला की विशेष भावना से तैयार नहीं किए गए थे। जहाँ दिन का उजाला नहीं पहुँच सकता, ऐसी अँधेरी भूमिगत गुफाओं में ये चित्र चरबी से जलनेवाले मंद दीपों या मशालों की रोशनी में तैयार किए गए थे। प्रायः एक-दूसरे के ऊपर बने होने से ये चित्र कुछ खराब हो गए हैं। उत्कृष्ट पशु-प्रतिमाओं का इस्तेमाल, जैसा कि इन पर भालों और तीरों से बने हुए छेदों से पता चलता है, लक्ष्यवेध के आनुष्ठानिक अभ्यास के लिए होता था। ये प्रतिमाएँ भी भूमिगत गुफाओं में, धरती-माता के गर्भ में, ही हैं। गुफाओं की दीवारों पर ढाले हुए या उच्चित्रित मैथुनरत पशुओं के जोड़ों से जाहिर होता है कि ऐसी सारी कलात्मक प्रस्तुति उन प्रजनन-अनुष्ठानों की अंग थी जो उस समूह-विशेष के निजी रहस्य समझे जाते थे। खाद्य-सामग्री सीमित होने पर एक ही प्रजाति के पशु भी ऐसे ही अलग-अलग एकांतिक समूह बना लेते हैं। उदाहरण के लिए, अमरीका के मध्य-पश्चिमी प्रेअरी प्रदेश के गोफ़र वर्ग के प्राणी अपने क्षेत्र में बाहर के किसी गोफर की उपस्थिति सहन नहीं कर सकते, लेकिन आपस में शांतिपूर्वक रहते हैं। उनमें 'चुंबन' के एक विचित्र 'अनुष्ठान' का प्रचलन है, जिससे वे अपने समूह के गोफरों को पहचान लेते हैं। जिन मानव-समूहों पर हम यहाँ विचार कर रहे हैं उनके भी ऐसे ही आरक्षित किंतु बदलते क्षेत्र अवश्य रहे होंगे। प्रत्येक समूह अपने सीमित विचारों को विशिष्ट ध्वनि-समूहों द्वारा व्यक्त करता था। परंतु इन ध्वनि-समूहों को, आदिम जीवन के बारे में अब तक प्राप्त हुई जानकारी के आधार पर, आधुनिक भाषा-प्रकारों में वर्गीकृत करना संभव प्रतीत नहीं होता। आदिम

मानव अपने स्वीकृत कर्मकांड से विचलित नहीं हो सकता था, क्योंकि उनके मूलभूत कारण, जो बाद में वैज्ञानिक विश्लेषण द्वारा खोजे गए, तब तक छिपे हुए थे।

विभिन्न समूहों को एक-दूसरे के समीप लाने का महती कार्य वस्तुतः उत्पादन के संबंधों यानी आदान-प्रदान के द्वारा शुरू हुआ। आदिम समाजों की आरंभिक अवस्थाओं में मुक्त वस्तु-विनिमय का अस्तित्व नहीं था, जैसाकि (उदाहरण-स्वरूप) उन्नीसवीं-बीसवीं सदियों के संधिकाल में त्रोब्रिआँ द्वीपसमूह के आदिवासियों को देखने से भी पता चला। आपस में बँटवारा करनेवाले सगोत्रीय समूह के बाहर विनिमय का अस्तित्व उपहार के आदान-प्रदान के रूप में था। उपहार हर किसी को नहीं बल्कि खास रिश्ते के व्यक्तियों को दिया जाता था, जिन्हें प्रायः 'लेन-देन के मित्र' कहा जाता था। उपहार न माँगा जाता था, न अस्वीकार किया जाता था, न ही इसके बराबर की वस्तु लौटाने के बारे में किसी प्रकार की सौदेबाजी होती थी। परंतु ऐसा उपहार प्राप्त करनेवाला इस बात के लिए बाध्य होता था कि बाद में, जब उसके पास कोई अतिरिक्त वस्तु हो, तो वह भी बदले में कुछ दे। कोई हिसाब नहीं रखा जाता था, फिर भी आमतौर पर एक कालावधि में लेन-देन बराबर हो जाता था। उपहार प्राप्त करनेवाला व्यक्ति यदि अंततः बदले में किसी वस्तु के रूप में उसका मूल्य, जिसके बारे में उभय पक्षों में अनकही सहमति रहती थी, नहीं चुकाता, तो किसी-न-किसी प्रकार से अपनी सामाजिक प्रतिष्ठा खो देता था। इन सब बातों से यह अनुमान लगाया गया है कि टोटेम समूहों में वस्तुओं के इस आरंभिक आदान-प्रदान के साथ-साथ अंततः व्यक्तियों के आदान-प्रदान की, यानी एक प्रकार के 'विवाह' संबंध की, भी शुरुआत हुई। इस प्रकार के आदान-प्रदान से बेहतर भोजन मिलने लगा, विविध प्रकार की भोजन-सामग्री उपलब्ध हुई, और औजार तथा मृत्भांड बनाने के और इन्हें इस्तेमाल करने के नए तरीके अस्तित्व में आए। साथ ही इन सम्मिलित समूहों की भाषा भी समृद्ध हुई। सभी ज्ञात आदिम भाषाओं का व्याकरण अनावश्यक रूप से जटिल है; संस्कृत, यूनानी और फिनिश भाषा में भी यही बात देखने को मिलती है। आदिम भाषाओं में विशिष्ट वस्तुवाचक संज्ञाओं की अपेक्षा सामान्य जातिवाचक संज्ञाएँ कम देखने को मिलती हैं। 'पशु', 'वृक्ष' आदि सामान्य प्रवर्गों का उनमें अभाव है, परंतु उनमें प्रत्येक जाति या किस्म के पशु और वृक्ष के लिए शब्द मौजूद हैं। पता चलता है कि 'रंग' (अंग्रेजी में 'कलर') शब्द का मूल अर्थ 'लाल' था, जो रक्त का रंग है। इस प्रकार संचार-संपर्क और आदान-प्रदान से भाषा का विकास हुआ। आदमी न केवल भोजन-सामग्री पर नियंत्रण प्राप्त करके फिर इसके उत्पादन में जुट गया, बल्कि वह एक विचारशील प्राणी बनने के मार्ग की ओर भी आगे बढ़ा। विवाह के आदान-प्रदान में एक आनुवंशिक लाभ भी है। छोटे मानव-समूहों में प्रायः अंतःप्रजनन होता है और परिणामतः वे शारीरिक रूप से

बौने अथवा मानसिक रूप से अविकसित रह जाते हैं। अंतर्विवाह (संकरण) से उत्पन्न संतति माता-पिता से अधिक हृष्ट-पुष्ट होती है। उत्तर हिमयुग में यूरोप में जिस हट्टे-कट्टे क्रो-मेग्नन मानव का एकाएक अवतरण हुआ, वह संभवतः अंतःप्रजनन से बौने बने हुए माता-पिता के बीच ऐसे संकरण का ही परिणाम था। यहाँ इस बात का ध्यान रखना जरूरी है कि मानव विकास की इस अवस्था पर प्रजाति की धारणा को लादना उपयुक्त नहीं है। दरअसल, आम बोलचाल में इस 'प्रजाति' शब्द का इस्तेमाल किसी भी अवस्था के लिए क्वचित् ही उपयुक्त होता है। विलुप्त प्रजातियों का विकास बाद में एक-से समूहों के एकत्र होने से बढ़ी हुई आबादी के कारण हुआ। भाषा का विकास अधिक तेजी से हुआ।

यह विकास प्रयोग, नियोजन अथवा सोच-विचारकर किए गए कार्य का परिणाम नहीं था। जिन समूहों ने आदान-प्रदान की इस नई प्रणाली को अपनाया, उनकी न केवल वृद्धि हुई बल्कि क्षमता भी बढ़ी; शेष समूह नष्ट हो गए। इस दिशा में पहला कदम, जो एक द्वंद्वात्मक उलटाव था, यह था कि प्रत्येक समूह के लिए इसके विशिष्ट खाद्य, टोटेम, को निषिद्ध (टैबू) करार दिया गया। इस निषेध को विशेष ऋतु-समारोहों अथवा मृतकों से संबंधित क्रियाकर्मों के अवसरों पर ही तोड़ा जाता था। टोटेम खाद्य के निषेध के साथ ही टोटेम के भीतर यौन-संबंध पर भी निषेध लागू हो गया। इस प्रकार अनेक टोटेमी कुलों के मेल से कबीलों का निर्माण होने लगा। सामान्यतः कुल के व्यक्ति को कुल-टोटेम खाद्य खाने की और उस टोटेम-कुल के भीतर संभोग करने की अनुमति नहीं थी, और वह व्यक्ति कबीले के बाहर 'विवाह' भी नहीं कर सकता था। वह प्रायः ऐसे व्यक्तियों द्वारा तैयार किया गया भोजन स्वीकार नहीं करता था जो उसके कबीले के न हों। हर कुल के कुछ ऐसे विशिष्ट अनुष्ठान होते थे जिनसे अन्य सभी कुलों को दूर रखा जाता था। जैसे पूरे कबीले की एक भाषा होती थी, उसी प्रकार पूरे कबीले के कुछ सामूहिक अनुष्ठान भी होते थे। छोटे कुल से आगे बढ़कर जब कबीलाई संगठन अस्तित्व में आया, तो यह एक ऐसी आदर्श व्यवस्था बन गई जिसने अधिकांश मानव-समाजों पर अपनी छाप छोड़ी है।

भारत में प्रागैतिहासिक मानव

अब तक जो बातें कही गईं वे सामान्य स्वरूप की थीं। आदिम मानव के जीवन का यह चित्र दुनिया-भर के अध्ययनों के विवरणों के आधार पर अनुमान तथा तर्कबुद्धि से तैयार किया गया है। भारत के बारे में विशेष कुछ नहीं कहा गया है, तो इसका कारण यही है कि उपलब्ध जानकारी बहुत कम है। परंतु यह मानने के लिए कोई कारण नहीं है कि भारत में आदिम मानव के भौतिक विकास का दौर उपर्युक्त दौर से भिन्न रहा है। यदि प्रागैतिहासिक युग में ऊपर सुझाए गए परिवर्तन हुए हैं,

तो भारत के ग्राम्य तथा कबीलाई समाज की कई विशेषताएँ और पुराने संस्कृत ग्रंथों की कई गुत्थियाँ स्पष्ट हो जाती हैं, अन्यथा इनकी कोई तर्कसंगत व्याख्या उपलब्ध नहीं होती।

यहाँ भारत के प्रागैतिहास की दो विशेषताओं पर ध्यान देना जरूरी है। भारतीय उप-महाखंड में अंतिम हिमयुग उतना विस्तृत और कठोर नहीं था जितना कि यूरोप में। अब आगे भारत की चर्चा इसे एक ऐसी भौगोलिक इकाई मानकर की जाएगी जिसमें पाकिस्तान और अफगानिस्तान के एक हिस्से का समावेश होता है, और कभी-कभी बर्मा का भी। इस विस्तार के पीछे किसी राजनीतिक दावे या उद्देश्य की कोई भावना नहीं है। भारत का उत्तरी भाग जब हिमयुग से प्रभावित था, तो दक्षिणी और दक्षिणी-पश्चिमी भाग इससे पूर्णतः मुक्त थे। इस बात की पूरी संभावना है कि प्रागैतिहासिक काल में भारत के पूर्वी भाग में युन्नान और बर्मा से लोग आए थे। संभव है कि आगमन का यह सिलसिला ऐतिहासिक युगों में भी जारी रहा। इस पूर्वी क्षेत्र में पाए गए पत्थर के औजार न केवल एक-से पत्थरों के हैं बल्कि इनकी बनावट में भी साम्य है। दूसरे, शिकार अथवा मछली मारने के अलावा खाद्य-संकलन का काम भारत के अधिकांश हिस्सों में, यूरोप अथवा यूरेशिया के अन्य प्रदेशों की अपेक्षा अधिक सुलभ था। जहाँ यूरोप के मुख्य भोजन के प्रायः सभी व्यंजन कोई आधा दर्जन धान्यों, दालों और सेमों से तैयार होते हैं, वहाँ महाराष्ट्र-जैसे औसत उर्वरतावाले प्रांत में भी देशज उपज की चालीस से अधिक मुख्य खाद्य-वस्तुएँ मिलती हैं, जिनमें से अधिकांश खेती करके प्राप्त की जाती हैं, परंतु वन्य स्थिति में भी मिलती हैं। सभी को जमा करके रखा जा सकता है। इनमें चावल, गेहूँ, ज्वार, बाजरा तथा जौ शामिल हैं; इनके अलावा वनस्पति प्रोटीनवाले कई खाद्य और खाने का तेल पैदा करनेवाले तिल-जैसे बीज भी हैं। काली मिर्च और मसालों से भोजन स्वादु बनता है और इनसे विटामिन भी मिलते हैं। किसी भी जीवित प्राणी की हत्या किए बिना संतुलित आहार प्राप्त किया जा सकता है, विशेषकर इसलिए भी कि पशुओं को मारे बिना ही दूध, दही, मक्खन तथा पनीर और फल तथा सब्जियाँ मिल जाती हैं। यही वह साधारण तथ्य है जिसके कारण कालांतर में भारतीय धर्म और धर्मशास्त्र में अहिंसा के सिद्धांत ने क्रांति उत्पन्न की। साथ ही, अन्य देशों की अपेक्षा भारत के इतिहासकार का कार्य अधिक कठिन हो गया। यहाँ लोग खाद्य-संकलन की अवस्था में बने रह सकते थे, और रहे भी, जबकि उनके एकदम पड़ौसी कई सदियों पहले खाद्य-उत्पादनकर्त्ता बन चुके थे। किसान और आदिवासी लोग, विशेषतः दुर्गम जंगली प्रदेशों में बसे हुए लोग, मुख्य खाद्य-वस्तुओं के अलावा सौ से अधिक ऐसी वन्य वस्तुओं को जानते हैं जिनको बिना खेती के ही संकलित किया जा सकता है : फल, कड़े छिलकेवाले फल तथा बीज, कंदमूल, मधु, खुमियाँ और पत्तोंवाले साग आदि। पुरानी पद्धति के साथ पुराने विश्वास और जीवन के रीति-रिवाज भी सदैव जुड़े

रहते हैं। यही कारण है कि भारत पुरानी जीवन-पद्धतियों का एक बड़ा अजायबघर है। यहाँ यह बताना कठिन हो जाता है कि पुरानी अवस्था का ठीक किस समय अंत हुआ और उसके स्थान पर नई व्यवस्था की शुरुआत कब हुई। संस्कृति के आदान-प्रदान का कार्य दोनों ओर से हुआ। उन्नतावस्थावाले आगंतुकों ने न केवल भारत के सभी प्रदेशों के मूल निवासियों को प्रभावित किया, अपितु इन नवागंतुकों ने भी (असहिष्णु मुसलमानों के पहले) आमतौर पर कुछ देशज ही नहीं बल्कि आदिवासियों के विश्वासों और रीति-रिवाजों को भी अपना लिया। एक वास्तविक समाज के गठन के लिए यह आवश्यक है कि एक मानव-समुदाय अतिरिक्त उपज और उसके वितरण पर आधारित किसी-न-किसी प्रकार के उत्पादन के संबंधों से जुड़ा रहे। भारत में ऐसे समाज का गठन और इसकी संस्कृति का सृजन—खाद्य-संकलन की सुविधा और निरंतरता के कारण—काफी हद तक धर्म और अंधविश्वासों पर आधारित रहा है। इसलिए यूरोप या अमरीका की तुलना में यहाँ हिंसा (बल) का प्रयोग आवश्यकता से कम हुआ।

अब हमारे सामने दो मुख्य कार्य हैं : प्रागैतिहासिक मानव के बारे में भारत में जितनी कुछ जानकारी मिलती है, उसे प्रस्तुत करना; और आदिम अवशेषों की खोज करते हुए यह दिखलाना कि प्रागैतिहास की आधुनिक भारतीय समाज को कितनी देन है।

भारत में प्रागैतिहासिक मानव की खोज के मार्ग की सबसे बड़ी बाधा है, काल-निर्धारण की समस्या। दक्षिण में प्रागैतिहास तब तक बना रहा, जब उत्तर में ऐतिहासिक साम्राज्यों का उदय हो चुका था। भारत में जो थोड़े-से गुफाचित्र मिले हैं, उनमें ऊपरी स्तरों में सामंती युग के युद्धदृश्य देखने को मिलते हैं। नीचे के स्तरों के चित्र कितने पुराने होंगे, इसका कोई ठीक अनुमान नहीं लगाया जा सकता। प्रागैतिहासिक युग के औजार गढ़नेवाला भारत का मानव, उदाहरणार्थ, सोहन घाटी (पाकिस्तान) का मानव, अपने पत्थरों के औजारों का निर्माण आमतौर पर **लेवालोई** पद्धति से टुकड़े-टुकड़े गिराकर करता था। यह पत्थरों के औजार बनाने की सबसे पुरानी पद्धति तो नहीं है, पर मोटेतौर पर दूसरी प्राचीन पद्धति अवश्य है। इसका समय (अनुमानतः) 50,000 से 1,00,000 ई.पू. हो सकता है। इस प्रकार के हस्त-कुठार संपूर्ण यूरेशिया महाखंड में मिले हैं। परंतु इसके अनुरूप मानव के स्थानांतरण के बारे में अभी तक कोई जानकारी नहीं मिली है। किंतु 7000 ई.पू. के आसपास तक छोटे पत्थरों (लघुपाषाणों) के औजारों के बड़े भंडार यूरोप से लेकर फिलस्तीन तक मिले हैं। चूँकि इस प्रकार के औजार ईरान और अफगानिस्तान की प्रागैतिहासिक मानव की गुफाओं में भी मिले हैं, इसलिए यह संभव प्रतीत होता है कि इस पद्धति के भारतीय औजार भी अधिक बाद के नहीं हैं। परंतु यह मानने के लिए कोई आधार नहीं है कि ऐसे लघुपाषाणी औजारों की

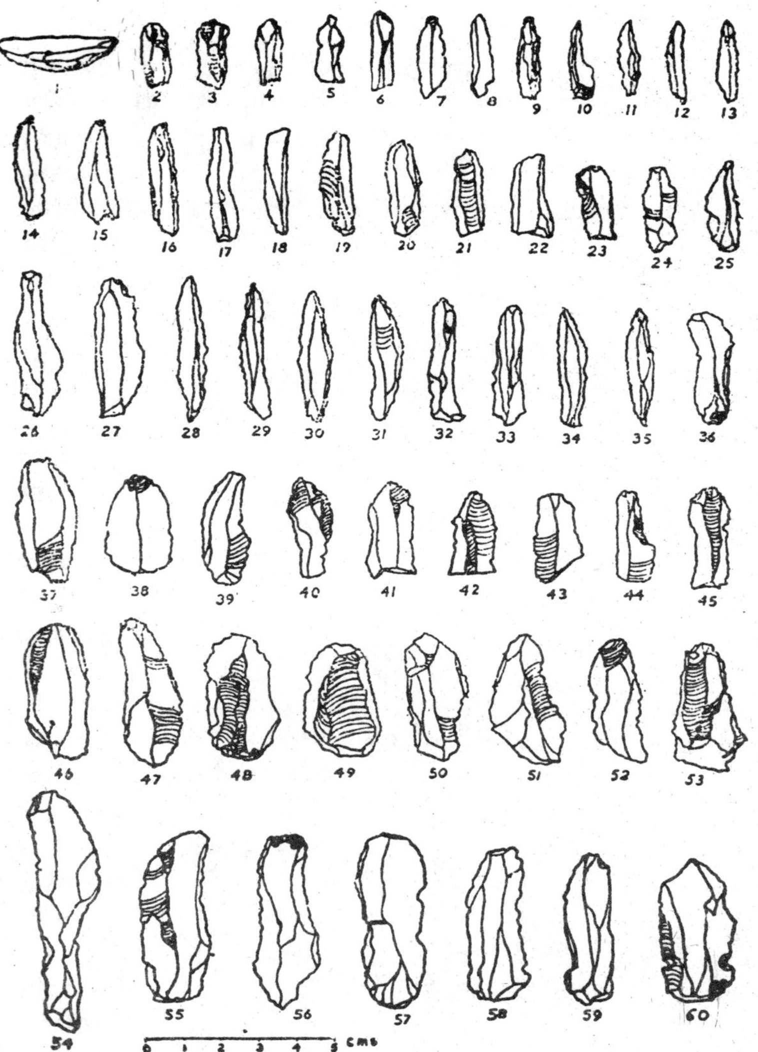

चित्र 4. पुणे जिले के देउलगाँव स्थान से प्राप्त मृत्भांड-पूर्व काल के लघुपाषाण। यह स्थान भीमा की एक सहायक नदी के एक प्राचीन मत्स्य-कुंड के समीप है, और इस कुंड में आज भी मछलियाँ पकड़ी जाती हैं। ये शल्क अधिकांशतः कैलसिडोनी पत्थर के हैं और इनमें से बहुत-से लघुपाषाण संयुक्त औजारों के अंग हैं; इन्हें लकड़ी, हड्डी अथवा सींग में स्थापित करके तीर, चाकू, हँसिए आदि बनाए जाते थे। अधिक नुकीले शल्क एक प्रकार के सूए हैं; चमड़े या खाल के थैले सीने के लिए इनका इस्तेमाल होता था, जो मिट्टी के बर्तनों के अभाव में अनाज भरने के काम आते थे। मोटेतौर पर इन लघुपाषाणों का काल 4000 ई. पू. या पहले का हो सकता है।

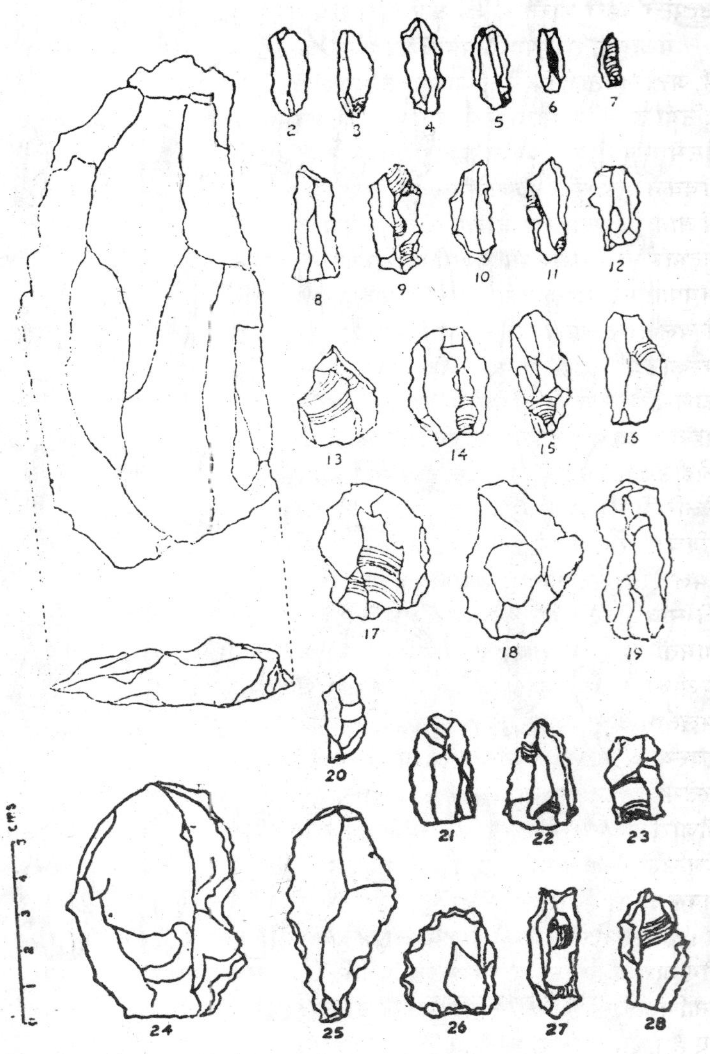

चित्र 5. पुणे के समीप के पहाड़ी क्षेत्र में प्राप्त लघुपाषाण । ये अधिकतर खाँचोंवाले महापाषाणें के पास और पहाड़ी ढलान पर पाए जाते हैं । बनावट में ये कुछ बेढंगे हैं, फिर भी जान पड़ता है कि इनका निर्माण पिछले चित्र के लघुपाषाणें के बाद हुआ है । जिन खालों पर इनका इस्तेमाल होता था, वे कुछ अधिक मोटी थीं । इनका उपयोग करनेवाले लोग आरंभिक पशुपालक थे, जिनकी इस प्रदेश में कई लहरें आईं । निश्चय ही, नर-देवताओं का संबंध इनकी अंतिम लहरों से था ।

उत्पत्ति पहले भारत में हुई और फिर शष यूरेशिया में इनका प्रचलन हुआ।

ये लघुपाषाण पहले-पहल बड़े हस्त-कुठारों और खुरचनियों के साथ मिलते हैं, अतः लगता है कि ये औजार गढ़ते समय छोड़ दिए गए पत्थरों के छोटे टुकड़े हैं। दुनिया के अनेक भागों में मध्यपाषाण युग का विकास इस माने में महत्त्वपूर्ण है कि इसमें लघुपाषाणों के जो बड़े संग्रह मिले हैं उनमें बड़े औजार बिलकुल नहीं हैं (चिकने पत्थरों के औजारों का युग, नवपाषाण युग अथवा उत्तर-पाषाण युग बाद में आया)। उदाहरण के लिए, जेरिको के मृत्भांड-पूर्व बी-स्तर की यही स्थिति है। मृत्भांडों का अभाव भी विशेष महत्त्व का है। भारत में भी ऐसी मृत्भांड-पूर्व शुद्ध लघुपाषाणी 'संस्कृतियाँ' मिली हैं; उदाहरणार्थ, दक्षिण-पूर्वी समुद्र-तट के समीप के बलुआ टिब्बों (जिन्हें स्थानीय भाषा में 'तेरी' कहते हैं) में। मोटेतौर पर ये **तेरी संस्कृतियाँ** 4000 ई.पू. अथवा कुछ पहले की मानी जाती हैं। इस प्रकार के काल-निर्धारण की जो विधियाँ ज्ञात हैं उनसे एक हजार वर्षों का आगा-पीछा होना सहज संभव है। रेडियो-कार्बन विधि का अथवा अन्य किसी परीक्षण का अभी तक कोई उपयोग नहीं हुआ है। लघुपाषाणों का इस्तेमाल करनेवाले इन लोगों ने सुंदर कैलसिडोनी पत्थर के छोटे शल्कों और हीरों की अपनी ढेरियाँ सँकरे पथों पर समूचे पश्चिमी प्रायद्वीप में छोड़ी हैं। जहाँ भारी मात्रा में लघुपाषाण तैयार किए गए, वे स्थल ऐसी छोटी नदियों के समीप हैं जिनके डबरों में प्राचीन काल में मछली मारने की सुविधा थी, हालाँकि आधुनिक वनकटाई और भूक्षरण के कारण ये डबरे आमतौर पर अब गाद से भर गए हैं। मिट्टी के इसी कटाव से तटों में दबे हुए पत्थर के औजार साफ दिखाई देते हैं, परंतु आबादी के स्तरों के बारे में कोई जानकारी नहीं मिलती। लघुपाषाणों का इस्तेमाल करनेवाले ये लोग खाद्य-संकलन की आरंभिक अवस्था में नहीं थे। उनके औजार जिस रूप में मिलते हैं, उस रूप में उनका इस्तेमाल होना संभव नहीं है। अफ्रीका के बुशमैन आदिवासियों द्वारा प्रयुक्त औजारों से तुलना करने पर स्पष्ट हो जाता है कि भारत में पाए जानेवाले कैलसिडोनी के प्रस्तरखंड, जिन्हें छील-छीलकर धारदार खूबसूरत फलकों की शक्ल दी गई है या किनारे पर पैने दाँते निकाले गए हैं, संयोजित औजारों के हिस्से थे। ये प्रस्तरखंड पेड़ की गोंद या जोड़नेवाली ऐसी ही किसी अन्य वस्तु से लकड़ी, सींग अथवा हड्डी के हत्थों में स्थापित किए जाते थे। यह बात इस तथ्य से भी प्रमाणित होती है कि ऐसे औजारों के धारदार सिरे से दूर के कुछ पहलू बदरंग हो गए हैं। इस विधि से भाले, काँटेदार मत्स्य भाले, तीर, चाकू, हँसिए आदि बनाए जा सकते थे। चकमक पत्थर के कुछ ऐसे भी छोटे टुकड़े मिले हैं जो वस्तुतः हँसिए के दाँते हैं और इस बात के सूचक हैं कि अनाज काटने के काम की शुरुआत हो चुकी थी, फिर चाहे वह अनाज बोया हुआ हो, चाहे बीजों के लिए काटी जानेवाली प्राकृतिक घास हो। ये औजार जानवरों की खाल उतारने के लिए, खाल के मांस

और उसके नीचे के रेशे निकालकर इसे कमाने के लिए बड़े उपयुक्त हैं। इसी प्रकार, ये औजार टोकरियाँ बनाने के लिए काम आनेवाले बाँसों या अन्य लचीली टहनियों को फोड़ने और पकाने के पहले मछलियों को काटने-साफ करने के लिए भी उपयुक्त हैं। पतले और बारीक नोकवाले जो कई प्रस्तर-शल्क मिले हैं, वे सूईयाँ या सूए हैं, जो संभवतः स्नायु-तंतुओं का इस्तेमाल करके, खालों को सीने के काम आते थे। अन्य शब्दों में, मिट्टी के बर्तन बनने के काफी पहले ही, टोकरियों में और चमड़े के थैलों में खाद्य-सामग्री को जमा रखने के प्रयास शुरू हो गए थे।

सर्वथा लघुपाषाणी औजारों का इस्तेमाल करनेवाले इन लोगों के साथ दूसरे (संभवतः उसी मानव-समूह की शाखाओं के) ऐसे भी लोग थे जिन्होंने बड़े-बड़े पत्थरों के, जिन्हें महापाषाण कहते हैं, अंबार छोड़े हैं। कर्णाटक, आंध्र तथा ग्रेनाइट की चट्टानोंवाले प्रदेशों में पाए जानेवाले ये महापाषाण लौहयुग के हैं। महाराष्ट्र (जो दक्षिणी पठार की काली आग्नेय चट्टानों पर बसा हुआ है) में पाए जानेवाले महापाषाण अधिक प्राचीन जान पड़ते हैं, परंतु ये भी सर्वोत्तम लघुपाषाणों के बाद के हैं। पश्चिमी दक्खन के अनेक शैल-समूह निसर्ग-निर्मित हो सकते हैं, परंतु इन पर भी गहरे खाँचों के रूप में प्रागैतिहासिक मानव के चिन्ह मौजूद हैं। ये खाँचे सिर्फ रगड़-रगड़कर बनाए गए हैं, अथवा इनका अंतिम रूप तो कम-से-कम घिसने से ही बना है। इन खाँचों को तैयार करने में कितना परिश्रम करना पड़ा होगा, इसका अनुमान इसी से लग सकता है कि कहीं-कहीं ये खाँचे चार सेंटीमीटर गहरे हैं। ये पाषाण इतने सख्त हैं कि इन पर इस्पात के आधुनिक औजारों की धार भी मर जाती है। कहीं-कहीं पर तो तीन टन से भी अधिक भारी चट्टानों को खिसकाकर दूसरी चट्टानों पर रख दिया गया है। इससे जाहिर होता है कि महापाषाण खड़े करनेवाले इन लोगों के पास इतना समय और इतना नियमित अतिरिक्त खाद्य था, कि वे लंबे समय तक काफ़ी कड़े शारीरिक श्रम की माँग करनेवाले इन स्मारकों को बना सकें। ऐसे शैल-समूह और शैल-खाँचे हजारों की संख्या में मिले हैं, जिससे पता चलता है कि इनके निर्माण का कार्य न केवल कई वर्षों तक बल्कि कई सदियों तक निरंतर जारी रहा होगा। परंतु इनका निर्माण किस लिए हुआ है, यह स्पष्ट नहीं है। सादे वृत्ताकार या अंडाकार खाँचों के अलावा किसी विशिष्ट आकार के खाँचे क्वचित् ही मिलते हैं। इन खाँचों में किसी मानव या पशु या पेड़ की आकृति को भी पहचाना नहीं जा सकता। परंतु इतना निश्चित है कि ये टेढ़े-मेढ़े खाँचे मानव के हाथों से ही बने हैं, ये निसर्ग-निर्मित नहीं हैं। यह संभव जान पड़ता है कि महापाषाण संस्कृतिवाले इन लोगों के पास कुछ पालतू पशु भी थे। इनके शिलाखंडों के अंबारों में जो लघुपाषाण मिले हैं, वे निश्चय ही उन लघुपाषाणों से आमतौर पर मोटे हैं जो मत्स्य-कुंड या पड़ावस्थल के समीप मिले हैं। इन दो पाषाण-प्रकारों के क्षेत्रों के बीच में प्रायः एक स्पष्ट सीमारेखा होती है। कभी-कभी दोनों ही पाषाण-प्रकार नदी के केवल एक ही तट की ओर दिखाई देते हैं

और इनमें मोटे लघुपाषाण हमेशा ही महापाषाणों के समीप मिलते हैं। परंतु यह स्थिति किसी भी ज्ञात नदी की पूरी लंबाई पर लागू नहीं होती। इस सबसे यह जाहिर होता है कि महापाषाण खड़े करनेवाले और उन पर खाँचे बनानेवाले लोगों को अधिक मोटी खालों से काम पड़ता था, और इसलिए उनके पास पशु थे। 'पतले लघुपाषाणों' का इस्तेमाल करनेवाले लोगों का सरोकार पतली चमड़ीवाले प्राणियों से ही रहा होगा; जैसे, हिरन, भेड़, बकरी, खरगोश, मछली, पक्षी आदि। इन दो पाषाण-प्रकारोंवाले मानव-समूहों के एक-दूसरे से किस प्रकार के संबंध थे, यह स्पष्ट नहीं है। किसी प्रकार के आरंभिक संघर्ष के भी प्रमाण नहीं मिलते। यह भू-भाग ऐसा है कि कुछ अपवादात्मक स्थानों को छोड़कर कहीं पर भी स्तरीय अवशेष नहीं मिल सकते। अर्थात् आज जहाँ भी मिट्टी की सबसे मोटी परत है वह अधिक ऊँचे स्थानों से बहकर आई हुई मिट्टी है और हल की जुताई से समतल हो गई है। मिट्टी की मोटी परत उन स्थानों पर भी जमा हो गई है जहाँ प्रागैतिहासिक काल में दलदल और घने जंगल रहे होंगे। सामान्यतः ये ऐसे स्थान थे जहाँ प्रागैतिहासिक मानव को औजार बनाने के लिए न खुले पत्थर मिल सकते थे, न ही पड़ाव के लिए उपयुक्त स्थल। पुराने पड़ाव-स्थलों में अब बहुत थोड़ी मिट्टी शेष है, जिसका कारण केवल भूक्षरण ही नहीं बल्कि यह भी है कि घने जंगलों और खतरनाक जंगली जानवरों से दूर सूखे स्थलों को चुनना एक मूलभूत आवश्यकता थी। स्थाई निवास का तो कोई सवाल ही नहीं उठता। ऐसी अधिकतर स्थितियों में स्तरीय अवशेष प्राप्त होने की कोई संभावना नहीं है।

ये दोनों पाषाण संस्कृतियाँ विशेष महत्व की हैं, क्योंकि इनकी निरंतरता ऐतिहासिक युग में भी देखने को मिलती है। हम दिखाएँगे कि ईसा पूर्व छठी सदी में, स्थानीय लौहयुग के अंतर्गत, पश्चिमी दक्खन में कृषि का तेजी से विकास हुआ; परंतु इसके पहले नहीं। दक्खन में कोई उल्लेखनीय ताम्रयुग नहीं रहा। इक्के-दुक्के स्थलों में, जैसे कि महेश्वर (ईसा पूर्व दूसरी सहस्राब्दी के आरंभकाल) में, काँसे का एकाध औजार मिल जाता है, परंतु अधिवास में लंबा व्यवधान देखने को मिलता है। महापाषाण संस्कृतिवाले लोगों के कई दल आए, जो संभवतः (भीमा, कृष्णा, तंगभद्रा, गोदावरी) नदियों की घाटियों में लंबी अवधि तक धीरे-धीरे ऊपर-नीचे सरकते रहे। इसके अलावा, पानी और बेहतर चरागाहों के लिए उनका अल्पकालीन मौसमी स्थानांतरण भी जारी रहा। यह मौसमी स्थानांतरण ऋतु-प्रवास कहलाता है, और इसका संपूर्ण दायरा दूरव्यापी देशांतरण की तुलना में काफी सीमित रहता है। स्पष्ट है कि महापाषाण और लघुपाषाण, दोनों ही संस्कृतियों के लोग दोनों प्रकार के स्थानांतरण के आदी थे। मानसून की शुरुआत होने पर लंबी अवधि की नमी से भेड़ों के खुर सड़ने लग जाते हैं। शिकार नदी के साथ-साथ पूर्व के सूखे प्रदेश की ओर चला जाता है। मानसून के महीनों के बाद पुनः वापिस लौटने में सुविधा होती है, क्योंकि वर्षा के अनंतर पुनः घास उग

आती है और जंगल हरे-भरे हो जाते हैं। इस प्रकार पश्चिम की ओर आगे बढ़ते-बढ़ते ही आदिम मानव समुद्रतट के नमक के अधिकाधिक समीप पहुँच गया होगा। खुदाई में समुद्रतट के पास कुछ प्रागैतिहासिक स्थल मिले हैं, जो संभवतः नमक जमा करने के लिए डाले गए पड़ाव हैं। दक्खन का ऊँचा कगार 500 मीटर या इससे अधिक ऊपर उठा हुआ है; समुद्रतट से इसकी दूरी 50 किलोमीटर या इससे भी कुछ कम है, और इसमें कुछ दर्रे भी हैं। ये दर्रे कालांतर में व्यापारी मार्गों के काम आए। पठारी प्रदेश की भाँति समुद्रतट के पास भी कभी-कभी पत्थर के छल्ले मिल जाते हैं, जो खंतों को अधिक भारी बनाने के काम आते थे। इससे जाहिर होता है कि अधिक उपजवाली हल की खेती तो नहीं, परंतु आदिम पद्धति की खेती अवश्य होती थी, और यह केवल स्त्रियों का ही काम था। इस समुद्रतट के समीप की पर्वतश्रेणी पर ये सब सुविधाएँ उपलब्ध हुईं—मवेशी, नमक, समुद्रतट तक पहुँचने के मार्ग, पत्थर के औजार, आग पर नियंत्रण और विविध प्रकार की प्राकृतिक उपज (शिकार और वनस्पति)। इस प्रकार दक्खन में इतिहास की शुरुआत के लिए पृष्ठभूमि तैयार हो गई; और इसकी वास्तविक शुरुआत तब हुई जब यहाँ के मूल निवासियों ने आग का इस्तेमाल करके 'लोहित धरा' से लोहा प्राप्त करने की विधि सीख ली। लोहा बनाने की मूल प्रेरणा और इसकी विधि उत्तर से आई, यह बात आगे जाकर स्पष्ट होगी। परंतु यह स्पष्ट नहीं है कि दक्खन के इन आरंभिक पशुचारी लोगों का उत्तर भारत के साथ किसी प्रकार का कोई संबंध था या नहीं। उनके पदचिह्न समूचे प्रायद्वीप में दक्षिण की प्रमुख नदियों की घाटियों में ऊपर-नीचे सर्वत्र मौजूद हैं। अंत में आनेवाले मानव-समुदायों ने महापाषाणवाले पूजा-स्थलों को अपना लिया, और आज भी ग्रामवासी यहाँ के देवताओं की पूजा करते देखे जा सकते हैं। परंतु जिन पशुपालक लोगों (गवलियों) ने इन वर्तमान देवों को स्थापित किया है वे इन पुराने महापाषाणों के निर्माता नहीं थे; इन्होंने चट्टानों पर खाँचे बनाकर इन महापाषाणों के अवशेषों का अपने पूजा-स्थलों के लिए अथवा स्तूप-नुमा शवाधानों के लिए सिर्फ पुनः उपयोग ही किया है। उनका पुरुष देवता, जो बाद में **म्हसोबा** या इसी कोटि का कोई देवता बन गया, आरंभ में पत्नी-रहित था और कुछ समय के लिए खाद्य-संकलनकर्ताओं की अधिक प्राचीन मातृदेवी से उसका संघर्ष भी चला। परंतु जल्दी ही इन दोनों मानव-समूहों का एकीकरण हुआ और फलस्वरूप इनके देवी-देवता का भी विवाह हो गया। कभी-कभी किसी ग्रामीण देवस्थल में महिषासुर-म्हसोबा को कुचलनेवाली देवी का दृश्य दिखाई देता है, तो 400 मीटर की दूरी पर वही देवी, थोड़ा भिन्न नाम धारण करके, उसी म्हसोबा की पत्नी के रूप में दिखाई देती है। यही देवी ब्राह्मण धर्म में शिव-पत्नी पार्वती के रूप में प्रकट हुई है, जो महिषासुर-मर्दिनी है। कभी-कभी यह अपने पुराने रूप में लौटकर शिव का भी मर्दन करती है। इस संदर्भ में यह तथ्य महत्वपूर्ण है कि सिंधु सभ्यता की एक मुहर पर त्रिमुखवाले जिस

आदिरूप शिव की आकृति उकेरी हुई है, उसके सिर के टोप पर भी भैंस के सींग हैं।

प्रागैतिहासिक काल के ये अवशेष, जो उत्पादन के साधनों और धार्मिक अधिरचना, दोनों को ही प्रभावित करते हैं, हाल के वर्षों में ही ठीक से पहचाने गए हैं। प्रागैतिहास के ऐसे विचित्र अवशेष और इसका ऐसा विस्तार, यहाँ तक कि ऐतिहासिक युग के लंबे विकास के दौर में भी, किसी भी अन्य देश से इतना सुस्पष्ट नहीं है। भारत के इतिहास और समाज की यही खास विशेषता है। विकास के दौर ने आज के संश्लिष्ट भारतीय समाज पर अपनी स्पष्ट और अमिट छाप छोड़ी है।

उत्पादन के साधनों में आदिम अवशेष

भारत में प्रागैतिहासिक मानव एक सभ्य मानव में कैसे विकसित हुआ, यह कैसे जाना जा सकता है ? एक विधि, जिसका इस्तेमाल हुआ है, मानवमिति है, जिसमें ऊँचाई, वजन, खोपड़ी का आकार व ढाँचा, नाक की लंबाई-चौड़ाई, त्वचा, आँखों तथा बालों का रंग आदि शारीरिक विशेषताओं का मापन होता है। परंतु इस विधि से कोई उल्लेखनीय परिणाम प्राप्त नहीं होते। प्रागैतिहासिक मानव की बहुत थोड़ी हड्डियाँ मिली हैं। मानवमितीय विशेषताएँ (जिनमें मुखाकृति के प्रकारों का भी समावेश होता है) बदलती रहती हैं और इस बात पर निर्भर करती हैं कि कुछ पीढ़ियों तक जीवन-पद्धति निश्चित रूप से बेहतर रही है या निश्चित रूप से बदतर। आज भारत में जो आदिवासी लोग हैं वे आसपास की आबादी से उनके सम्मिश्रण को यदि ध्यान में रखा जाए तो, पहली नज़र में कमजोर और शारीरिक दृष्टि से अविकसित जान पड़ते हैं। परंतु सबको एक ही शारीरिक प्रकार में सम्मिलित नहीं किया जा सकता। यह मानने के लिए पर्याप्त कारण मौजूद हैं कि ऐसे आदिम प्रकार सामान्यतः अस्थाई होते हैं। बेहतर भोजन मिले और खेतों में नियमित रूप से काम करना पड़े, तो कुछ पीढ़ियों बाद आदमी के कद और शरीर-गठन में परिवर्तन हो जाता है। भारत में ऐसे जो मानवमितीय तथ्य एकत्र किए गए हैं, उनके सांख्यिकीय विश्लेषण से पता चलता है कि आदमी की लंबाई के साथ-साथ कपाल-माप और मुखरूप (नासा सूचकांक) भी बदल जाते हैं।

इस अवस्था के अध्ययन के लिए भाषा-संबंधी अनुसंधान से और भी कम सहायता मिलती है। भारत में करीब एक दर्जन प्रमुख भाषाएँ और कमोबेश महत्व की कोई 753 बोलियाँ हैं। इन्हें प्रायः तीन भाषा-परिवारों में बाँटा जाता है : (1) उत्तर और पश्चिम की भाषाओं का इंदो-आर्य परिवार, जिसमें पंजाबी, हिंदी (जिसमें राजस्थान और बिहार की बोलियाँ भी शामिल हैं), बंगला, गुजराती, मराठी और उड़िया का समावेश होता है; (2) दक्षिण की द्रविड़ भाषाएँ : तेलुगु, तमिल, मलयालम, कन्नड़ और तुलु; (3) ऑस्ट्रोएशियाई भाषा-परिवार, जिसमें अधिकांश आदिम भाषाओं को मनमर्जी से ठूँस दिया जाता है : मुँडारी,

उराँव, संथाली आदि। मान्यता यह थी कि इन आदिवासियों को द्रविड़ों ने दूर-दराज के जंगलों में ढकेल दिया और बाद में आर्यों ने द्रविड़ों को भी दक्षिण की ओर भगा दिया। आर्य आक्रमण एक सुप्रमाणित ऐतिहासिक तथ्य है। बाकी सब संदिग्ध अनुमान मात्र है। सोवियत मध्य एशिया से ईसा पूर्व तीसरी सहस्राब्दी के स्तर में द्रविड़ प्रकार की जो एक खोपड़ी मिली है, वह उस वातावरण के लिए बिरली ही है। उत्तर-पश्चिम में ब्राहुई भाषा का अस्तित्व आर्यभाषियों के बीच में द्रविड़ भाषा के एकाकी 'द्वीप' जैसा है। यह संभव है कि ब्राहुई भाषा बोलनेवाले लोग ऐतिहासिक काल में उस क्षेत्र में पहुँच गए हों, क्योंकि ईसा की ग्यारहवीं सदी तक द्रविड़ लोग भारी संख्या में उत्तर की ओर जाते रहे। भाषा-वैज्ञानिक विश्लेषण इस बात पर कोई ध्यान नहीं देता कि आजीविका की दशा का भाषा पर क्या प्रभाव पड़ता है। जैसाकि निष्पक्ष अनुसंधान से ज्ञात होता है, भारत की सभी आदिम भाषाएँ एक ही भाषा-परिवार की नहीं हैं। असम में, जहाँ हर घाटी में भिन्न-भिन्न भाषाएँ बोलनेवाले कई कबीले हैं, भाषाओं या प्रमुख बोलियों की संख्या 175 से ऊपर पहुँच जाती है, जिसमें से अधिकांश ऐसी आदिम कबीलाई बोलियाँ हैं जिन्हें न तो मुँडारी के साथ जोड़ा जा सकता है, न ही किसी एक भाषा-परिवार में रखा जा सकता है। यह भी नहीं माना जा सकता कि असम के इन लोगों को द्रविड़ों ने यहाँ ढकेल दिया है। इस बात को यह कहकर नज़र-अंदाज कर दिया जाता है कि असम असली भारत का अंग नहीं है। भारत के आदिम निवासियों को (हमें बताया जाता है) द्रविड़ों ने ही जंगलों में ढकेल दिया और उर्वर भूमि पर अधिकार जमा लिया। परंतु वास्तविकता यह है कि यह उर्वर भूमि लौहयुग के पहले घने जंगलों और दलदलों से घिरी हुई थी। आदिम मानव की जीविका के लिए आजकल के गहरी जोत वाले क्षेत्र नहीं बल्कि सीमावर्ती विरल जंगल वाले क्षेत्र ही अधिक उपयुक्त थे। अर्थात्, अन्न-संकलनकर्त्ताओं के लिए सबसे बेहतर क्षेत्र करीब-करीब वही थे जहाँ वे आज बसे हुए हैं। प्रारंभिक पशुपालकों और अन्न-उत्पादकों को किसी को भी खदेड़ने की आवश्यकता नहीं थी। अंत में, यद्यपि द्रविड़ लोग आर्यभाषियों से रंग में आमतौर पर अधिक काले हैं, परंतु इससे भाषा का प्रजाति से संबंध होने की कोई संभावना नहीं है। आधुनिक मानव-विज्ञान के अनुसंधानों की जहाँ तक मुझे जानकारी है, ब्राहुई भाषा बोलने-वाले द्रविड़ प्रजाति के नहीं हैं।

अतः अध्ययन के लिए शेष बचते हैं तो केवल औजार और उत्पादन के संबंध: इनमें से प्रथम की तुलना प्रागैतिहासिक अवशेषों से की जा सकती है। भारत में अब ऐसे कोई कबीलाई लोग नहीं बचे हैं जो पत्थर के तीर-फलक, हस्तकुठार या आम इस्तेमाल के लघुपाषाण बनाते हों, ताकि प्रागैतिहासिक औजारों से इनकी तुलना की जा सके। पश्चिमी घाट के कटकरी आदिवासी बताते हैं कि कुछ पीढ़ियों पहले के उनके पूर्वज कुछ भोंडे प्रकार के पत्थर के तीर-फलक बनाते थे। परंतु

आज उनका कोई भी वंशज ऐसे तीर-फलक नहीं बना सकता, न ही अपने पूर्वजों का ऐसा कोई तीर-फलक दिखा सकता है । अंदमान द्वीप-समूह के आदिवासी जब अंग्रेजों के संपर्क में आए तो वे काँच की बोतलों से शल्कल बनाने लगे, क्योंकि काँच के टुकड़े किसी भी पत्थर से अधिक तेज धारवाले होते हैं । सर्वत्र आम इस्तेमाल के औजारों के लिए जल्दी ही धातु का उपयोग होने लगा । जहाँ लघुपाषाणों का आज भी इस्तेमाल होता है, ऐसे एक ही अपवाद की मुझे जानकारी है । दक्खन और मध्य भारत के धनगर (पशुपालक) जाति के लोग मेढ़ों और बकरों के बधियाकरण के लिए आज भी कैलसिडोनी के सद्य-निर्मित शल्कलों का इस्तेमाल करते हैं। अनगढ़ होने पर भी इन्हें हमें लघुपाषाणी औजार ही मानना होगा । प्रागैतिहासिक काल में इनके निर्माण की विधियाँ बड़ी विकसित थीं, परंतु आधुनिक धनगर प्रागैतिहासिक लघुपाषाणों को शिल्पवस्तुएँ अथवा औजार नहीं मानते । पत्थर के चाकू का आज भी इस्तेमाल होता है; इसका कारण यह है कि ताजे छीले हुए पत्थर के घाव आसानी से दूषित नहीं होते, जबकि जीवाणु-रहित न बनाए गए धातु के चाकू से घाव के दूषित होने की काफी संभावना रहती है । एक बार की शल्यक्रिया के बाद पत्थर के उस टुकड़े को फेंक दिया जाता है । (धातु का आम प्रचलन हो जाने पर भी यहूदी लोग खतना करने के लिए पत्थर के चाकू का ही इस्तेमाल करते रहे; इसका व्यावहारिक कारण संभवतः यह था कि इसमें संदूषण की संभावना कम रहती थी । लेकिन धार्मिक अनुष्ठानों का झुकाव हमेशा ही रूढ़िवाद की ओर होता है । लोहे और इस्पात का आम इस्तेमाल होता था, फिर भी प्राचीन रोमन लोग पशुबलि के लिए पत्थर के कुल्हाड़ों और काँसे के छुरों का ही इस्तेमाल करते थे ।)

धनगर ज्यादातर खानाबदोश गड़रिए हैं । करीब 350 भेड़ों को लेकर कोई एक दर्जन आदमियों का जत्था (वाड़ी) साल के अधिक समय तक लगातार स्थानांतरण करते हुए चार महीनों के अस्थाई वर्षावास के लिए एक स्थान पर लौट आता है । यदि इस स्थान पर अधिक वर्षा होती है, तो वह मानसून शुरू होने पर पूर्व की ओर और आगे बढ़ जाता है । पुरुष भेड़ों को चराते हैं और उनकी देखभाल करते हैं । स्त्रियाँ अपने कुछ भांडे-बर्तनों, ऊनी तंतुओं और बच्चों को टट्टुओं पर लादकर सीधे अगले पड़ाव पर पहुँच जाती हैं । ये धनगर अब खेती में सहयोग देते हैं । इनका मुख्य खाद्य-साधन भेड़ का मांस या जंगल से जमा की गई चीज़ें नहीं हैं, बल्कि वह अनाज (या पसा) है जो उन्हें उन किसानों से प्राप्त होता है जिनके खेतों पर करार के अनुसार वे दो-तीन रातों के लिए अपनी भेड़ें रुकवाते हैं । भेड़ों की मेंगनी का खाद बनता है और उपज बढ़ती है । ये गड़रिए इसी प्रकार घूमते-घूमते आठ सूखे महीनों में करीब 400 मील का रास्ता तय करते हैं । पहले इनका रास्ता घास के मैदानों और चरागाहों से गुजरता था; अब यह खेतों में से जाता है । धनगरों की मूल भाषा जो भी रही हो, परंतु अब इन्होंने आसपास के किसानों की मराठी या हिंदी भाषा अपना ली है । आवश्यकता पड़ने पर ये धनगर कभी-कभी भेड़ या ऊन

बेचकर आजीविका के साधन जुटाते हैं। कुछ धनगर पहले ऊन के मोटे कंबल भी बुनते थे। उनके ये सब कार्य अब उन्हें उस आम समाज से जोड़ देते हैं जिससे उनका सरोकार है। इसलिए वे किसानों से थोड़ी नीचे के दर्जे की एक हिंदू जाति में पहुँच गए हैं। यदि उन स्थानों का अध्ययन किया जाए जो भेड़ चराने के लिए और वर्षावास के पड़ाव के लिए सर्वाधिक उपयुक्त थे, तो उनके मूल मौसमी मार्गों को पहचाना जा सकता है। इस अध्ययन के फलस्वरूप प्राप्त होनेवाली महत्वपूर्ण जानकारी यह है कि इन पुराने धनगरों के सर्वोत्तम विचरण-मार्ग करहा घाटी के बाएँ किनारे के समीप से गुजरते थे (इस घाटी में घने जंगल कभी भी नहीं रहे)। इनके ये मार्ग प्रागैतिहासिक युग तक पीछे चले जाते हैं, और इसलिए दक्खन की उत्कृष्ट लघुपाषाणों वाली संस्कृति के लिए ठोस आधार प्रस्तुत करते हैं। अन्य शब्दों में, धनगरों की जीवन-पद्धति का मूल प्रागैतिहास में है। अब ये अपने मृतकों को जलाते हैं और दफनाते भी हैं, परंतु पहले इनमें भी दफनाने का ही आम रिवाज था, जैसाकि प्राचीन भारत में आमतौर से होता रहा है। इनके दो प्रमुख देवता हैं—**बिरोबा** और **खंडोबा**, जिनका इतिहास ईसा की चौथी सदी से भी पहले तक खोजा जा सकता है, यद्यपि अब इन देवताओं की पूजा करनेवाले लोग मुख्यतः हिंदू जातियों के हैं। विशिष्ट वार्षिक पूजा के एक स्थान (वीर) पर देवता (या संभवतः संस्थापक की पूजा-पद्धति) को दी जानेवाली मानवबलि के स्पष्ट अवशेष मिलते हैं। ये अवशेष उस समय के हैं जब संभवतः ईसा की आरंभिक सदियों में इस बस्ती की स्थापना हुई थी। आधुनिक बस्ती के किसान धनगर नहीं हैं; खेती को अपनाने के साथ-साथ इनकी जाति भी बदल गई है। परंतु सुदृढ़ परंपरा यही बताती है कि इस देवता का आदि संस्थापक और मुख्य पुजारी एक धनगर ही था।

हम अपने इस अध्ययन के लिए धनगरों के अलावा दूसरी जातियों या कबीलों को भी चुन सकते थे; जैसे, भीलों को। भील भारत के आर्यपूर्व लोग हैं, और संभवतः द्रविड़ नहीं हैं। ये लोग अब अर्ध-कबीलाई किसान बन गए हैं, अनुर्वर भूमि पर खेती करते हैं, परंतु अच्छे धनुर्धारी, शिकारी, धीवर तथा अन्न-संकलनकर्त्ता के रूप में भी प्रसिद्ध हैं। किसी मध्यवर्ती अवस्था में ये लोग पशुपालक बन गए थे, और खेतिहर तो आधुनिक काल में ही बने हैं। फलतः भील भाषा अब गुजराती की एक बोली है, जो उन गूजरों की बोली के समीप है जिनसे इन्होंने पशुपालन सीखा था। यह एक स्वाभाविक परिणाम है : जब दो संस्कृतियों का मिलन होता है तो जिस संस्कृति की उत्पादन-प्रणाली श्रेष्ठतर होती है उसकी भाषा अक्सर दूसरी संस्कृति पर हावी हो जाती है। माना जाता है कि भीलों के आश्रित नहाल कबीले के लोगों पर, जिनकी किसी समय अपनी स्वतंत्र भाषा थी, ऐसा ही प्रभाव पड़ा है। कबीलाई भीलों की एक खास विशेषता यह है कि इन्होंने आवश्यकता पड़ने पर पूरे ऐतिहासिक युग में लड़ाइयाँ लड़ी हैं, यद्यपि ये योद्धाओं के रूप में नियमित रूप से संगठित कभी नहीं रहे। जान पड़ता है कि कुछ भील ईसा

पूर्व पहली सदी में मालवा के आसपास राजा भी बन गए थे, परंतु इनका राजवंश जल्दी ही नष्ट हो गया। कबीलाई गोंड लोग कुल मिलाकर आज भी आदिम अवस्था में हैं, परंतु इनमें से कुछ अन्य लोग सामंती युग में राजा भी बने हैं। ऐसे राजगोंड आज भी मौजूद हैं और अपने को अन्य गोंडों से पृथक् और उच्चतर मानते हैं। नीलगिरि के टोड़ा आदिवासी पर्यटकों और नृतत्ववेत्ताओं के लिए आकर्षण का केंद्रबिंदु बन गए हैं। सबसे आदिम अवस्था वाले चेंचु लोगों ने अपनी मूल भाषा त्याग दी है (यद्यपि वे अब भी मुख्यतः खाद्य-संकलन की अवस्था में हैं) और अब तेलुगु से मिलती-जुलती भाषा बोलते हैं, जो परिवेश के अन्न-उत्पादक किसानों की भाषा है। अन्य शब्दों में, ऐसे सभी अध्ययनों से सिद्ध होता है कि अधिक सक्षम उत्पादक-समुदायों के संपर्क में आने पर आदिम समाज बड़े प्रभावित होते हैं। नागालैंड की मौजूदा समस्या है कि कुछ नागाओं ने तो आधुनिक पूँजीवादी शिक्षा प्राप्त कर ली है, परंतु अधिकांश नागा नहीं चाहते कि वे दबदबे में रहकर एक असहाय किसान का जीवन अपनाएँ, जो कि अतीत और वर्तमान के भारत की एक विशेषता है। नागाओं की पृथक राज्य की माँग (जो हाल ही में मान ली गई है) या पूर्ण स्वतंत्रता की माँग का मूलाधार यह है कि उनमें हल की खेती और पूँजीवादी संपत्ति के अभाव के कारण अब भी कबीलाई एकता के अवशेष मौजूद हैं, और यह इस कारण भी है कि अन्न-उत्पादक समाज के अनधिकार-प्रवेश के खिलाफ सशस्त्र संघर्ष करने की उनमें लंबी परंपरा रही है।

अधिकांश पर्यवेक्षक इस बात पर ध्यान नहीं देते कि पारस्परिक संपर्क से कबीलाई लोगों का भी भारतीय किसानों पर, और उच्च वर्ग के लोगों पर भी, प्रभाव पड़ा है। कबीलाई लोग आमतौर पर खेती की भूमि बदलते रहते हैं। एक सीमित क्षेत्र में आग लगा दी जाती है या उसकी झाड़ियाँ काटकर फिर आग लगा दी जाती है। फिर राख में कुछ बीज बिखेर दिए जाते हैं। कभी-कभी खंती (मराठी **थोंबा**) से जमीन में गड्ढे बनाकर उनमें बीज डाल दिए जाते हैं। जमीन बड़ी जल्दी अनुर्वर हो जाती है। दो साल में ही नए क्षेत्र साफ करने पड़ते हैं और पुरानों को नई झाड़ियाँ और पेड़ उग आने के लिए छह से दस साल तक परती छोड़ दिया जाता है। वस्तुतः इसी प्रकार की खेती से देश के अधिकांश आदिवासी अन्न पैदा करते हैं। जैसे, पश्चिमी घाट के गावड़ा, और हो, उराँव, संथाल, कोलटा आदि। ऐसी खेती से उतने लोगों का भरण-पोषण नहीं होता, जितना कि नियमित खेती से संभव है। परंतु हल की खेती के लिए अधिक श्रम की आवश्यकता होती है :भूमि को समतल बनाना होता है, पहाड़ी ढलान पर सीढ़ीदार पट्टियाँ तैयार करनी होती हैं, पत्थर हटाने होते हैं, जंगल और ठूँठ साफ करने होते हैं और नियमित रूप से खाद का उपयोग करना होता है। इस सब का मतलब है हल की खेती और उसके लिए आवश्यक पशु तथा औजार। इसका प्रायः यह भी अर्थ होता है कि भूमि को

निश्चित खंडों में बाँटकर उस पर व्यक्तिगत अधिकार हो जाए, जिससे अंततः अधिक अन्न उपजने पर आबादी बढ़ती है और फलतः वर्ग-भेद पैदा हो जाते हैं। इसके बावजूद, ऐसे अनेक खेतिहर देहात भी हैं (जैसे महाराष्ट्र में, जहाँ से, परिचित होने के कारण, मैंने अधिकांश उदाहरण लिए हैं) जहाँ के किसान हल की खेती के साथ-साथ काटकर और जलाकर की जानेवाली आदिम पद्धति की खेती भी करते हैं। जैसाकि स्वाभाविक है, ऐसी खेती गाँव की उस परती ज़मीन में की जाती है जो सामान्यतः पहाड़ी की ऊँचाई पर होती है और जिस पर सीढ़ीदार खेत तैयार करना संभव नहीं होता, क्योंकि तह में बैसल्ट की कठोर चट्टानें होती हैं और ढाल खड़ा होता है। धान की पौध के लिए भी क्यारियाँ एक ऐसे तरीके से तैयार की जाती हैं कि स्पष्ट पता चलता है कि इसका उद्‌गम काटने-जलाने की पद्धति से हुआ है। इन क्यारियों में खाद, मिट्टी, भूसा और जंगल में बटोरी गई पत्तियाँ फैला दी जाती हैं। इन सबके मिश्रण को इतना भर सूखने दिया जाता है कि पत्तियाँ जल सकें, परंतु तेजी से न जलें इसलिए इन्हें कुछ गीला किया जाता है, और तब आग लगा दी जाती है। आग सुलगती रहती है, और इस प्रकार नन्हे अंकुरों के लिए आवश्यक रसायन मिट्टी में तैयार हो जाते हैं। इस प्रकार तैयार की गई क्यारियों में पहली वर्षा के समय ही चावल के बीज बो दिए जाते हैं। धान को रोपने के बाद ये क्यारियाँ खाली छोड़ दी जाती हैं। तब किसान ज़मीन के इन छोटे टुकड़ों में दालों और साग-सब्जियों के बीज रोप देता है; इनके बिना केवल चावल से उसे पूरा संतुलित आहार नहीं मिल सकता। इसी प्रक्रिया से बदल-बदलकर फसल बोने की पद्धति का आविष्कार हुआ, और अच्छी खेती के लिए इस पद्धति का बड़ा महत्त्व है।

कुछ भारतीय किसान और पहाड़ों में बसे हुए अनेक आदिवासी आज भी पौधे रोपने के लिए **थोंबा** खंती का इस्तेमाल करते हैं। प्रागैतिहासिक खंतियों से ये खंतियाँ इस माने में भिन्न हैं कि अब इनमें पत्थर के कंकण डालकर इन्हें भारी नहीं बनाया जाता। आदिम खंतियाँ जहाँ कोहनी तक लंबी होती थीं, वहाँ आधुनिक खंतियों की ऊँचाई छाती तक पहुँचती है। इसलिए ये अधिक भारी और मोटी होती हैं, और इनमें इस्पात की नौक भी होती है, परंतु इस बात में कोई संदेह नहीं कि थोंबा आदिम काल का एक औजार है। इनसे घटिया किस्म के अनाज के बीज बोए जाते हैं, जैसे नाचणी, वरी व सामवा, जो कभी-कभी जंगली अनाज के रूप में भी पाए जाते हैं। ऐसी खेती खड़े ढालवाले पहाड़ी प्रदेश में होती है, इसलिए हल का इस्तेमाल करना न आवश्यक है न संभव है, परंतु ऐसी खेती को दस में से करीब आठ साल तक परती छोड़ देना पड़ता है। भूमि के छोटे किंतु समतल खंडों पर हल के स्थान पर 'हो' अथवा लंबे हत्थेवाली कुदाली का इस्तेमाल होता है। जहाँ भूमि अधिक उपजाऊ होती है वहाँ स्त्रियाँ खेती करती हैं और इस प्रकार पुरुषों की श्रमसाध्य खेती में अपना अंश जोड़ती हैं। सर्वाधिक पिछड़े हुए आदिवासियों में

सारी खेती 'हो' और 'खंतियों' से होती है, और यह स्त्रियों का काम है; पुरुषों का काम होता है शिकार करना। मछुवों की अब स्वतंत्र जातियाँ बन गई हैं। फिर भी कबीलाई लोग और बहुत-से किसान बिना जाल के ही मछली पकड़ते हैं, वे मछलियों को छिछले जलस्थानों अथवा विशेष प्रकार से बनाए गए बाँधों की ओर भगाते हैं और उन्हें हाथों से ही पकड़ते हैं। मैंने ऐसे ही डबरों के किनारे इनके प्रागैतिहासिक पूर्वजों द्वारा छोड़े हुए लघुपाषाणों के बड़े-बड़े ढेर देखे हैं। यही स्थिति मृत्भांडों की है। यद्यपि पुरातत्व से जानकारी मिलती है कि पाँच हजार साल पहले सिंधु प्रदेश में द्रुतगति वाले चाकों पर उत्तम मृत्भांड बनाए जाते थे; दक्खन के प्रागैतिहासिक पुरातत्व से ज्ञात होता है कि अनगढ़ मृत्भांडों का निर्माण चाक के बिना ही होता था। ठीक उसी पद्धति से, धीमी गतिवाली चकती (शेवता) पर अथवा बिना चक्रती के ही, आज भी विभिन्न आकारों के मिट्टी के बर्तन बनाए जाते हैं। विशेष बात यह है कि कुम्हार की इस चकती को आज भी सिर्फ स्त्रियाँ ही चलाती हैं। पुरुष उन अधबने बर्तनों को एक हाथ से बाहर से लकड़ी की थपली से ठोकते हैं और दूसरे हाथ की मुट्ठी में पत्थर की 'निहाई' लेकर भीतर से उसे सहारा देते हैं। इस प्रकार, पकाने के पहले बर्तनों को पतला और मजबूत बनाया जाता है और बाद में बर्तन आकार और बनावट में बेहतर दिखाई देता है। ऐसी 'निहाइयाँ' दो-तीन हज़ार साल पहले के खुदाई के स्तरों में प्राप्त हुई हैं। मृत्भांडों के निर्माण का कार्य पूर्णतः स्त्रियों के जिम्मे ही रहा होगा, परंतु लगता है कि कुम्हार के द्रुतगति चाक का इस्तेमाल हमेशा पुरुष ही करते रहे हैं।

अधिरचना में आदिम अवशेष

यदि आदिम और प्रागैतिहासिक युग के इतने अधिक तकनीक जीवित बचे हैं तो तदनुरूप रीति-रिवाज, विश्वास और सामाजिक संगठन के रूप यानी उत्पादन के संबंध जीवित देखने को न मिलें तो यह एक अचरज की ही बात होगी। दरअसल, ऐसे अनेक अवशेष हमारे बीच मौजूद हैं। उदाहरणार्थ, सुखी परिवारों के रसोईघरों में ईंधन के लिए तेल अथवा बिजली का भले ही इस्तेमाल होता हो, किंतु उनमें (आंध्र और दक्षिण-पूर्वी प्रदेश को छोड़कर) सिल और बट्टे का भी उपयोग होता है, जो प्रस्तर युग के साधन हैं। आकार में जरूर कुछ बदल हो गया है; आधुनिक सिल सपाट और बट्टे से अधिक चौड़ी होती है। आज सिल-बट्टे का इस्तेमाल मुख्यतः नारियल या मसाले कूटने अथवा चावल के साथ खाई जानेवाली कढ़ी या साग-सब्जी के लिए नरम मसाले पीसने के लिए होता है। इस प्रकार के सिल पर आजकल समुद्री नमक से अधिक सख्त कोई चीज़ नहीं पीसी जाती। परंतु इसके इस्तेमाल में प्रागैतिहासिक युग के अवशेष अब भी मौजूद हैं। सर्वप्रथम यह

देखने को मिलता है कि इसका इस्तेमाल करनेवाली उच्च-वर्गों की स्त्रियाँ बट्टे को प्रायः ऊपर से पकड़ती हैं। परंतु निम्न जातियों की स्त्रियाँ इसे आमतौर से दोनों सिरों से पकड़ती हैं जिससे यह अधिक घूम नहीं पाता और इसकी कार्य-क्षमता घट जाती है परंतु प्रागैतिहासिक काल में बट्टा सिल से अधिक चौड़ा होता था और सिल भी सपाट न होकर सामने की ओर ऊपर उठी होती थी। ऐसा सिलबट्टा और इसकी पकड़ अनाज-जैसी चीजों को पीसने के लिए आधुनिक सपाट सिल-बट्टे की अपेक्षा कहीं अधिक उपयुक्त है। इससे यह जाहिर होता है कि निम्न जातियाँ उस अतीत के अधिक समीप हैं जब ऐसे सिल-बट्टे का इस्तेमाल वास्तव में अनाज को पीसकर आटा तैयार करने के लिए होता था। आजकल सभी जातियाँ आटा पीसने के लिए अधिक सक्षम हाथ की चक्की अथवा मशीन की चक्की का सहारा लेती हैं। परंतु सिल-बट्टे के इस्तेमाल में जो अंतर दिखाई देता है, उससे जाहिर होता है कि निम्न जातियों ने अन्न-उत्पादन की अवस्था में बाद में प्रवेश किया है। अब ये निम्न जातियाँ ही मजदूर और किसान हैं, प्रमुख अन्न-उत्पादक हैं। वर्ग-भेद का कारण भी यही है कि इन्होंने अन्न-उत्पादन की अवस्था में कालांतर में प्रवेश किया। स्पष्टतः यह एक महत्त्वपूर्ण ऐतिहासिक और सामाजिक तथ्य है। उच्च जातियाँ उत्तर की ओर से आईं, या इन्हें पहले प्रभावित करनेवाले उत्तर के वे अन्न-उत्पादक लोग थे जिन्होंने दक्खन में वास्तविक कृषि की पहली बार नींव डाली और जो पहले से ही हाथ की चक्की का इस्तेमाल करने लग गए थे। सिल-बट्टे से एक और पुराकालिक परंपरा जुड़ी हुई है; यह विचित्र अनुष्ठान 'हिंदू' (ब्राह्मण) ग्रंथों में देखने को नहीं मिलता; दरअसल, इसे लिपिबद्ध ही नहीं किया गया। इसमें सिर्फ स्त्रियाँ ही भाग लेती हैं, जिससे इसका आदिम और प्रागैतिहासिक उद्गम जाहिर होता है। शिशु-जन्म के दसवें (कभी-कभी छठे या बारहवें) दिन उपस्थित स्त्रियों में से कोई वयोवृद्ध स्त्री बट्टे के कड़े, चिकने और बेलनाकार पत्थर को लेकर उसे पालने के चारों ओर घुमाकर फिर पालने में ही रख देती है। इसका आशय यह होता है कि वह बालक बड़ा होकर उस पत्थर की तरह ही निर्दोष और दीर्घजीवी बने। पत्थर के बट्टे को बच्चे का झँगुला (कुंची) पहनाते हैं; साथ ही, मातृदेवी की तरह माला या हार भी पहनाते हैं। पत्थर पर थोड़ा लाल या कभी-कभी पीला रंग भी लगाया जाता है। ऐसे अनुष्ठानों का प्रतीकार्थ कभी भी सुस्पष्ट नहीं होता। वह पत्थर एकसाथ ही शिशु और उस शिशु को आशीष देनेवाली मातृदेवी अथवा दयालु परी का द्योतक होता है। परंतु पुरुष-पुरोहितों को इस अनुष्ठान की कोई जानकारी नहीं होती, यद्यपि ब्राह्मण और सभी निम्न जातियों में इसका प्रचलन है। निस्संदेह, इस अनुष्ठान को, संभवतः उत्तर की ओर से आकर बसने के बाद, आदिम जनसमूह के किसी हिस्से से अपनाया गया है। सांस्कृतिक आदान-प्रदान का यह एक उदाहरण है। आदिवासी क्षेत्रों में जाकर अनुसंधान करनेवाले अधिकतर पुरुष ही होते हैं; आदिवासी या निम्न जाति की

स्त्रियाँ इन अपरिचित अनुसंधानकर्ताओं से बातचीत करने के लिए तैयार भी हो जाएँ, तो भी वे इनसे अपने विशिष्ट अनुष्ठानों की चर्चा कभी नहीं करेंगी। अन्यथा ऐसे रीति-रिवाजों के बारे में हमें बहुत अधिक जानकारी मिल चुकी होती। तब आदिम समूहों की आरंभिक भाषा के बारे में भी कुछ जानकारी प्राप्त करना संभव हो जाता, क्योंकि पुरानी भाषा पुरुषों की अपेक्षा स्त्रियों की बोली में और उनके अनुष्ठानों में काफी हद तक जीवित रहती है। सामान्यतः भारतीय स्त्रियों के जीवन में आदिम तत्त्व अधिक मात्रा में मौजूद हैं, जबकि पुरुष, अपने कबीले या अपनी जाति के बाहर के जनसमुदाय से अधिकाधिक संपर्क में आने के कारण, बाह्य-जगत से अधिक प्रभावित दिखाई देते हैं।

सुपरिचित धार्मिक अनुष्ठानों के उद्गम भी आदिम या प्रागैतिहासिक युग में खोजे जा सकते हैं। वसंतोत्सव होली ने आज एक गंदे और भ्रष्ट आनंदोत्सव का रूप धारण कर लिया है, परंतु इस त्यौहार की मुख्य विशेषता है एक बड़ी आग के चारों ओर नृत्य करना। कहीं-कहीं इसके बाद कुछ चुने हुए लोग अंगारों पर भी चलते हैं। परंतु दूसरे दिन सर्वत्र खुलेआम काफी अश्लील शोरगुल सुनने को मिलता है। दूर-दराज के क्षेत्रों में यौनाचार और स्वच्छंद संभोग की भी छूट रहती है। प्रागैतिहासिक युग में आहार अपर्याप्त था, जीवन कठोर था और प्रजनन आसान नहीं था। तब उत्तेजना के लिए अश्लीलता की आवश्यकता थी। परंतु आधुनिक काल में इस उत्सव में भ्रष्टता आ गई है, तो इसका कारण यह है कि किसानों के भारी श्रम के कारण बेहतर भोजन मिलने लग गया है, जिससे कामेच्छा में और उसके प्रति हमारे दृष्टिकोण में आमूल परिवर्तन हो गया है। होली उत्सव की कुछ विशेषताएँ प्रागैतिहास के मातृसत्ता युग की जान पड़ती हैं। कुछ स्थानों पर देखने में आता है कि एक आदमी (जिसे कोलिन कहते हैं) को स्त्री के वस्त्र पहन कर दूसरों के साथ होली-दहन के नृत्य में शामिल होना पड़ता है। बंगलौर के वार्षिक **करगा** महोत्सव में मुख्य आयोजक को स्त्री के वस्त्र पहनने पड़ते हैं। फंदा डालकर बटेर पकड़नेवाले पश्चिमी भारत के पारधियों के पुरोहित को भी प्रजनन-संबंधी गायन और तप्त तैल-परीक्षा के अवसर पर ऐसा ही करना पड़ता है। आरंभ में इन अनुष्ठानों और उत्सवों पर स्त्रियों का एकाधिकार था, परंतु बाद में पुरुषों का इन पर कब्जा हो गया। इसी प्रकार, ब्राह्मणों की कथाओं और आख्यानों में मातृदेवियों के कुंजों या उपवनों के उल्लेख मिलते हैं। ऐसे उपवन सड़कों से दूर के देहातों में आज भी मौजूद हैं। परंतु अब इन स्थानों में स्त्रियों का प्रवेश आमतौर पर वर्जित है; अपवाद हैं तो ऐसे कुछ स्थान जहाँ पुरोहिती अब भी आदिवासियों के हाथों में है, जहाँ पुरोहिती नए आकर बसे हुए किसानों को नहीं सौंप दी गई है। आरंभ में पुरुषों के लिए प्रवेश वर्जित था। जब समाज मातृसत्ता से पितृसत्ता की अवस्था में बदला, तो तदनुरूप पुरोहित-पद और कार्मकांड भी बदल गए।

ग्रामदेवताओं का भलाभाँति अध्ययन करने से भी अनेक बातों की जानकारी मिल जाती है। अधिकांश देवता सादे प्रस्तर-खंड होते हैं, जिन पर सिंदूर या तेल मिला गेरुआ या कोई सस्ता लाल रंग पोता हुआ होता है। यह रंग रक्त के एवज में होता है। दरअसल, कुछ विशेष अवसरों पर आज भी अधिकांश ग्राम देवी-देवताओं को रक्त-बलि दी जाती है। जब खेती की उपज से गाँव कुछ संपन्न हो जाता है और ब्राह्मण-पुरोहित भी आ जाता है, तो ये पूजा-विधान कुछ स्थाई देव-पूजाओं से जुड़ जाते हैं; जैसे, वानर-देवता हनुमान, हस्तिमुख गणेश, पिशाचराज वेताल। तब इन देवताओं की प्रतिमाएँ बनने लगती हैं। फिर भी इनकी आदिम विशेषताएँ सर्वथा लुप्त नहीं हो जातीं, पर अंततः पदोन्नति हो जाने पर फिर इनके लिए लाल रंग और रक्त-बलि की आवश्यकता नहीं रहती। सभ्यता के इस क्रमिक विकास को आसानी से परखा जा सकता है। कहीं-कहीं देखने को मिलता है कि किसी प्रागैतिहासिक देवता (अधिकतर देवी) की पुराने पूजा-स्थल पर या समीप ही आज भी पूजा होती है, यद्यपि आमतौर पर यह नहीं बताया जा सकता कि देवता का नाम वही है या बदल गया है। एक आश्चर्यजनक अपवाद है बुद्ध का जन्म-स्थान, जहाँ देवी का वही नाम (लुम्मिनी-रुम्मिनी) 2,500 से भी अधिक वर्षों से चला आ रहा है। यह कहा जा सकता है कि ईसवी सन् के आरंभकाल में जब जुन्नर में बौद्ध गुफाएँ बनीं, तो वहाँ मनमोदी देवी का स्थल पहले से मौजूद था; एक हजार साल बाद जब बौद्धधर्म का ह्रास होने लग गया, तो वही देवी बिना नाम बदले वहाँ पुनः उपस्थित हुई। अक्सर यह होता है कि जब कोई ग्राम-देवता अधिक लोकप्रिय हो जाता है और उसकी पूजा दूर-दूर के लोग करने लगते हैं, तो उसे शिव या विष्णु के साथ मिला दिया जाता है; अगर देवी हो तो उसे पार्वती, लक्ष्मी या ब्राह्मण-धर्म की ऐसी ही किसी देवी के साथ जोड़ दिया जाता है। ऐसी कुछ अधिक दिलचस्प देवियाँ, जिनके नामों की व्युत्पत्ति का तो पता नहीं चलता परंतु जिनके स्थानीय पूजा-विधानों का बड़ा प्रभाव है, ये हैं: मेंगाई, मांधराई, सोंगजाई, उदालाई, कुंभलजा, झनझनी इत्यादि। इन नामों के अंत में जो 'आई' शब्द है उसका अर्थ है 'माता'। ऐसे नाम प्रायः किसी विलुप्त कबीले या कुल-समूह के सूचक होते हैं। पेरनेम के पास बोल्हाई देवी की आज भी एक प्रागैतिहासिक महापाषाण के स्थल पर पूजा होती है (यद्यपि गायकवाड़ों के धनी सामंती परिवार ने एक मील की दूरी पर एक बढ़िया मंदिर बनवाकर इस पुरातन महापाषाण-स्थल के महत्त्व को नष्ट कर दिया है)। देवी का यह नाम बारहवीं सदी में भी पुराना था, और संभवतः यह कन्नड़ भाषा का नाम है। किसी जगत्माता का कोई सवाल ही नहीं उठता। यदि किसी स्थानीय देवपूजा का विस्तार होता है, तो कबीले के स्थानांतरण से इस विस्तार का आमतौर से पता चल जाता है। बोल्हाई के प्रमुख भक्त आज साठ किलोमीटर दूर के एक ही गाँव में रहते हैं और इन सबका कुलनाम 'वाजी' (घोड़ा) है। यह माना जाता है कि देवी कुछ लुटेरों

(कोरा) के साथ चली गई है, जिससे साफ जाहिर होता है कि वह लंबे समय तक किसी खूँखार कबीले की अधिष्ठात्री देवी रही है। इस क्षेत्र की आबादी में इतनी अधिक हलचल और रद्दो-बदल हुई है कि देवी के महापाषाण की प्रागैतिहासिक युग से निरंतर पूजा होती रहना संभव नहीं था। परंतु यह स्मृति हमेशा ही कायम रही है कि कुछ विशिष्ट स्थलों और पाषाणों का संबंध किसी दैवी शक्ति, देवता अथवा दानव से है। सुरक्षा के लिए देवता और दानव, दोनों की ही पूजा की जाती है। सिलसिला प्रायः कुछ इस प्रकार का होता है : किसी किसान को सपने में किसी देवी (कभी-कभी वेताल या किसी दिवंगत रिश्तेदार की प्रेतात्मा) के दर्शन होते हैं। यदि उस देवी या प्रेतात्मा का पूजा-स्थल पहले से मौजूद है, तो वह किसान आगे के दु:स्वप्नों से बचने के लिए वहाँ आमतौर पर किसी चीज की बलि चढ़ाता है (आजकल नारियल या मुरगी की, या अधिक हुआ तो बकरे की बलि चढ़ाई जाती है)। प्रेतात्मा की और अधिक शांति के लिए मृतक का शिला-स्मारक भी खड़ा किया जाता है। परंतु कभी-कभी देवी किसी नए स्थान पर सपने में आती है। यदि उस साल फसल विशेष रूप से अच्छी होती है, तो उस स्थान पर नए पूजा-स्थल की स्थापना होती है और उस किसान के वंशज उसकी देखभाल करते रहते हैं। 'मूर्ति' के नाम पर प्रायः एक सादा पत्थर ('तांदला', यानी चावल के दाने के आकार का) होता है, जिस पर लाल रंग पोता रहता है। कभी-कभी किसी पत्थर पर अनगढ़ आकृति भी उकेरी रहती है, जो अपने समय से पाँच हजार साल पुरानी दीख पड़ती है। तब पूरा परिवार ऐसे नए पूजा-स्थल की देखरेख करता है। किसी संकट, अकाल अथवा महामारी के समय वह देवी यदि पूरी बिरादरी की 'रक्षा' करती है, तो उसकी पूजा सारे गाँव में फैल सकती है। विशेष बात यह है कि ऐसे नए पूजा-स्थल बहुधा पहले के उन प्रागैतिहासिक स्थलों पर होते हैं जहाँ लघुपाषाण और खाँचोंवाले महापाषाण मौजूद रहते हैं। अभी कुछ दिन पहले अपने कुछ मित्रों को, जो पुणे के पास के विरल जंगल में वेताल की पूजा करते हैं, मैंने एक उपेक्षित महापाषाण दिखाया। उन्होंने बीस से तीस सदियों तक पूर्णतः भुला दिए गए उस महापाषाण की अपने ढंग से, फूलों और लाल रंग से, फिर से पूजा शुरू कर दी। अब वहाँ पूजा की खूब चहल-पहल रहती है; खाँचोंवाले उस महापाषाण की आकृति जैसे-तैसे शिव के नंदी के रूप में कल्पित की गई है, इसलिए वह पूजा-स्थल अब नंदी के नाम से जाना जाता है।

भारतीय जीवन में और भी अनेक आदिम अवशेषों को आसानी से दिखाया जा सकता है। रजस्वला स्त्री को स्पर्श करना पुरुष के लिए वर्जित समझा जाता है; यदि भूल-चूक से भी स्पर्श हो जाए, तो उस पुरुष के लिए यह आवश्यक हो जाता है कि वह स्नान द्वारा अपने को शुद्ध कर ले और कपड़े तुरंत धो डाले। रजोदर्शन-काल में स्त्री को सबसे अलग रहना पड़ता है। रजोदर्शन-विषयक यह निषेध आधुनिक शहरी जीवन के कारण अब मिटता जा रहा है। गोंधली

स्तुति-गायकों की एक पेशेवर जाति है। ये लोग कुछ खास देहाती अनुष्ठानों में अपने संगीत और गायन के साथ लंबे समय तक कोलाहलपूर्ण नृत्य करते हैं। इनके नाम का संबंध आदिवासी गोंडों से जान पड़ता है और प्रतीत होता है कि 1100 ई. के पहले गोंडों से ही इन्होंने इस नृत्य-गायन को अपनाया है। यह संबंध अब विस्मृत हो चुका है। कई गाँवों में यह दृश्य अभी भी देखने को मिलता है कि एक खड़े खंबे के सिरे पर एक सीढ़ी (बगाड़) पड़ी हुई है और उससे लटके हुए लोहे या इस्पात के आँकड़ों से लोग झूल रहे हैं। इस प्रकार झूलने का विशेष अधिकार कुछ प्रमुख परिवारों के व्यक्तियों को ही रहता है। आजकल आँकड़े को कमरबंद या पेटी में अटकाया जाता है। परंतु पिछली सदी तक (और कुछ गाँवों में आज भी) इन आँकड़ों को दरअसल कमर की पेशियों में अटकाया जाता था। यह लोहयुग की प्रथा जान पड़ती है, और सचमुच हो भी सकती है। परंतु कुछ क्षेत्रों में पूर्वकालिक मानव-बलि के एवज के रूप में इसके उद्‌गम को और पीछे जाकर खोजा जा सकता है। बलि के लिए चुना गया व्यक्ति—और यह विशेषाधिकार एक-दो खास कुलों के व्यक्तियों के लिए ही सुरक्षित था—थोड़े समय के लिए देवता-स्वरूप समझा जाता था और फिर उसका सिर काटकर स्थाई देवता के सामने की एक विशेष शिला पर रख दिया जाता था।

इस प्रकार के अंधविश्वासों का अध्ययन मनोविज्ञान और समाज-विज्ञान के अंतर्गत होना चाहिए। अधिक गूढ़ देवताओं और पूजा-विधानों का अध्ययन और भी गहनता से होना चाहिए। ऊँचे देवताओं की एक या अनेक पत्नियाँ, बच्चे—कभी-कभी गणेश-जैसे अर्ध-पशु भी—और बहुत-सारे अनुचर होते हैं, जिनमें भूत-पिशाच भी होते हैं। देवताओं के वाहन विविध प्रकार के पशु या पक्षी हैं, जो किसी समय कबीलों के टोटेम थे। देवता का परिवार और अनुचरमंडली एक ऐतिहासिक घटना है और यह एक ऐसे संयुक्त समाज के उदय की सूचक है जिसमें विभिन्न कबीलाई तत्व, जो पहले पृथक थे, एकत्र हो गए हैं। ऐसे एकीकरण को प्रमाणित करने के लिए ब्राह्मणों ने खासतौर से मनगढ़ंत आख्यानोंवाले ग्रंथ रचे (जैसे, पुराण : जो अतिप्राचीन होने का दावा करते हैं, परंतु जिनकी रचना या पुनर्रचना हुई छठी से बारहवीं सदी के बीच के काल में)। इसके ऊपर गूढ़ धर्मशास्त्र और देवताओं के सामंती दरबार का स्तर है। फिर इनका स्थान लेते हैं कुछ दार्शनिक मत, रहस्यवाद और संभवतः सामाजिक सुधार। भारतीय धार्मिक चिंतन के प्रमुख स्तरों की यही विशेषताएँ हैं। दुर्भाग्यवश, इस 'चिंतन' में सुसंगति और तर्क की मात्रा बहुत कम पाई जाती है। यह चिंतन न तो यथार्थ का सामना करता है, न ही सामान्य तथ्यों की स्पष्ट जानकारी देता है। मूलतः पृथक देवताओं के एकीकरण की इस प्रक्रिया में निरंतरता नहीं रही; सारे देश में विभिन्न पूजा-विधानों को उनके अनुयायियों के साथ जैसे-जैसे आत्मसात किया जाता रहा, वैसे-वैसे समानांतर चक्रों में यह प्रक्रिया दोहराई जाती रही।

देतवाओं का संयोजन, कुछ घटिया रूप में, समकालीन मानव-समाज के संगठन के अनुकरण पर हुआ।

इन पूजा-विधानों के साथ जिन लोगों को आत्मसात कर लिया गया था, उन्होंने अपनी विशिष्टता और कुछ सीमा तक अपनी पूर्ववर्ती कुलगत पृथकता कायम रखी। यह संभव हुआ जाति-व्यवस्था के कारण, और बेकार बैठे हुए ब्राह्मणों ने इसे सदैव प्रोत्साहन दिया, क्योंकि तब वे उस समूह की पुरोहिती सँभाल सकते थे। वह जातिबद्ध समूह सामान्यतः दूसरी जातियों के साथ न भोजन कर सकता था, न ही उनका पकाया हुआ भोजन ग्रहण कर सकता था; दूसरी जातियों के साथ उसका विवाह-संबंध भी संभव नहीं था। वास्तव में इसी कुल-संबंध को कभी-कभी 'रोटी-बेटी व्यवहार' कहते हैं। यह संबंध ठीक उस आदिम व्यवस्था की तरह है जिसमें वैवाहिक संबंध वाले कुल-समूह में अतिरिक्त खाद्य-सामग्री का आदान-प्रदान होता था। (प्राचीन रोम में सबसे सुदृढ़ विवाह संबंध था confarreatio, जिसका शाब्दिक अर्थ है—वर-वधू द्वारा रोटी को तोड़ना और उसका आदान-प्रदान। सहभोजन की बंधन-शक्ति companion शब्द से भी जाहिर होती है: con = के साथ, और panis = रोटी; यही बात आधुनिक फ्रांसीसी भाषा के copain शब्द के व्युत्पत्तिमूलक अर्थ 'अंतरंग मित्र' से भी प्रकट होती है।) सिद्धांततः ब्राह्मण का शीर्षस्थ स्थान ही जाति को बाँधे रखता है; ब्राह्मण के हाथ का भोजन सभी ग्रहण कर सकते हैं, परंतु ब्राह्मणों की बेटियाँ केवल ब्राह्मणों से ही विवाह कर सकती हैं। उत्पादन का बंधन तो बदलता रहा, परंतु बंधन बना ही रहा। **उत्पादन के आदिम स्तर के वर्ग का दूसरा नाम ही जाति है।** कई बार यह बंधन केवल किसान-परिवारों में होता है, जो एक-दूसरे के संबंधी होते हैं और मिल-जुलकर खेती करते हैं। परंतु बहुत-सी जातियाँ मध्ययुग की उन श्रेणियों से समानक भी थीं जो विशिष्ट व्यवसायों में लगी हुई थीं; जैसे, टोकरियाँ बनानेवाले, जड़ी-बूटी बेचनेवाले (वैदू), बेलदार, धीवर। इनमें से कुछ जातियाँ अलगाववाला ग्राम-जीवन बिताते हुए आज भी मध्य युग में ही रहने का प्रयत्न करती हैं। ऐसी कई जातियों के कबीलाई मूल स्पष्ट हैं। जैसे, बिहार और बंगाल के मछुवे 'कैवर्त' कहलाते हैं और महाराष्ट्र के 'भोई'। कई बार टोटेम विशेषताएँ भी स्पष्ट हो जाती हैं। पहले उल्लिखित 'वाजी' कुलनामवाले लोगों की तरह ऐसे कई कुल-ग्राम हैं जहाँ के सभी मूल निवासियों के कुलनाम एक-से हैं: जैसे, मगर, लांडगे (भेड़िया), मोरे (मोर), पिंपले (पीपल)। इनके मूल जो भी रहे हों, टोटेम संबंधी कुछ प्रथाएँ अब भी मौजूद हैं। उदाहरण के लिए, मोरे कुलनामवाले लोग मोर का मांस नहीं खाएँगे; पिंपले अपने टोटेम वृक्ष के पत्ते नहीं खाएँगे और किसी समय ईंधन के लिए पीपल की डालियाँ भी नहीं छाँटते थे, परंतु अब ईंधन की कमी के कारण यह निषेध मिट गया है। उत्तर वैदिक-काल के 'पैप्पलाद' (पीपल का फल खानेवाले) ब्राह्मण-कुल का यह नाम भी इसी प्रकार

पड़ा था।

अतः ऐतिहासिक वस्तुस्थिति यह है कि अन्न-संकलनकर्त्ताओं की अत्यंत विरल आबादीवाले एक लगभग सीमाहीन परिवेश में अन्न-उत्पादक समाज का शनैः-शनैः विस्तार हुआ। जैसा कि स्वाभाविक था, अन्न-उत्पादक समाज की जन-वृद्धि अधिक तेजी से हुई, और इसलिए वह अछूती भूमि में अधिकाधिक फैलता गया। अन्न-उत्पादकों की गतिविधियाँ बढ़ गईं, तो उत्पादकों और संकलनकर्त्ताओं का एक-दूसरे के संपर्क में आना स्वाभाविक था, फिर वह संपर्क चाहे लड़ाई के रूप में रहा हो, या आदान-प्रदान के रूप में। प्रत्येक उपांतीय अन्न-संकलक समूह संख्या में बहुत छोटा था, परंतु विभिन्न कबीलों की विविधता अंतहीन थी। जहाँ कृषि से प्रति वर्ग-किलोमीटर में सौ आदमियों का उदर-भरण हो सकता है, वहाँ शिकार और अन्न-संकलन के सबसे बेहतर तरीके अपनाने पर भी एक व्यक्ति का भी निर्वाह नहीं हो सकता, और समृद्धतम पशुपालन से मोटे तौर पर तीन से भी कम आदमियों का निर्वाह होगा। इसके अलावा, सिंचाई और खाद का उपयोग करके अन्न-संकलनवाले क्षेत्र की अपेक्षा कहीं अधिक क्षेत्र में अच्छी खेती की जा सकती है। भारत में (वस्तुतः पाकिस्तान में) बड़े पैमाने पर पहली बार अन्न-उत्पादन हुआ सिंधु नदी की घाटी में, यानी पश्चिमी पंजाब और सिंध में। इसका समय है 3000-1700 ई. पू.। इस खेती का उस विशेष प्रकार की भूमि के बाहर विस्तार नहीं हो सका। तब खेती का असली विस्तार पूर्व की ओर 1800 किलोमीटर तक गंगा की घाटी में हुआ। इसके लिए अन्न-उत्पादन के सर्वथा भिन्न तरीके अपनाने पड़े, और इसके साथ ही एक नई समाज-व्यवस्था—जाति—की भी जरूरत पड़ी। यह विस्तार कोई हजार साल तक चला, यानी 700 ई. पू. तक। आदिम परिस्थितियों में ऐसा विस्तार संभव न होता यदि इसमें आरंभिक स्तर की जाति-व्यवस्था—जिसमें दासता के बिना ही श्रम के फल को हथियाया जा सकता था—का सहयोग न मिलता।

फिर अगला मुख्य विस्तार सीधे प्रायद्वीप की ओर हुआ, जिसे उन्नत तकनीकवाले, विशेषतः नवार्जित धातुज्ञानवाले, उत्तर के अत्यंत विकसित समाज का बल प्राप्त था। इस नए प्रदेश में कहीं अधिक विविधता थी, इसलिए इसमें आबाद होना उस प्रकार संभव नहीं हुआ जैसाकि उत्तर में हुआ। इसलिए जाति-व्यवस्था का न केवल दायरा बढ़ा बल्कि कार्यक्षेत्र भी बढ़ा, जिसमें आदिवासियों के पूजा-विधानों को सम्मान देने के लिए ब्राह्मणों द्वारा पुराण लिए गए, और कबीले के बर्बर सरदार कबीले पर शासन करनेवाले राजा या सामंत बन गए। यह वस्तुतः बाह्य प्रेरणा के अंतर्गत नए वर्गों का उदय था, जबकि उत्तर की पुरानी जाति-व्यवस्था का विकास कबीले के भीतर की वर्ग-रचना से हुआ था। अंत में सामंती व्यवस्था में, जातिप्रथा ने प्रशासन-कार्य में भी सहयोग दिया, और प्राथमिक उत्पादक को बिना किसी विशेष बल-प्रयोग के उसके अपने काम से

बाँधे रखा गया। नई भूमि पर बसे हुए देहातों के किसान, जैसाकि पहले बताया जा चुका है, पुराने कबीले से निर्मित जाति के एक ही सगोत्र-समूह के थे। भूमि पर इसी समूह का अधिकार था। पहले बसे हुए किसानों की अनुमति के बिना इनकी बिरादरी में कोई भी नवागंतुक प्रवेश नहीं पा सकता था। जिस व्यक्ति को समूह से बाहर निकाल दिया जाता था, उसके लिए एक प्रकार से समाज में कोई स्थान नहीं था, वह 'जाति-बाह्य' समझा जाता था। ऐसे प्रत्येक समूह के अपने विशिष्ट नियम और रीति-रिवाज थे। राजा, उसके पदाधिकारी और ब्राह्मण सलाहकार विभिन्न समूहों के सदस्यों के बीच उठनेवाले झगड़ों का फैसला करते थे और इसमें वे स्थानीय प्रथाओं और नियमों का पूरा-पूरा ध्यान रखते थे। समूह के भीतर के झगड़ों का निबटारा अधिकतर जाति-पंचायत अथवा ग्रामसभा द्वारा होता था, और वहाँ आज भी होता है जहाँ आधुनिक स्वरूप की व्यक्तिगत संपत्ति या अर्थ-व्यवस्था ने पुरानी परंपरा को नष्ट नहीं कर दिया है। जाति-भेद और ब्राह्मणों की धूर्तता ने देश को अंधविश्वास के दलदल में फँसाए रखा और इस प्रकार विदेशी आक्रमणों के सामने देश असहाय बना रहा। फिर भी, जाति ने कभी-कभी सामंती जुल्म से गरीबों की रक्षा की है। निःशस्त्र किसानों के लिए विरोध-प्रदर्शन का एक यही उपाय था कि वह अत्यधिक कर लगाई गई अपनी भूमि को जोतने से सामूहिक रूप से इनकार कर दें। जब तक आबाद न हुई भूमि या अनकटे जंगल मौजूद रहे, तब तक वे दूसरी जगह जाकर बस सकते थे। सामंती युग के परवर्ती दौर में जब कृषियोग्य भूमि का अधिक फैलाव हुआ, तो उस समय ऐसा सामूहिक 'ग्राम-त्याग' (मराठी : गामवई, यूनानी में : anachoresis), बाहर के उनके समकक्ष लोगों की सहायता के बिना संभव नहीं था। अपनी जाति के अन्य सदस्यों से वे हमेशा ही ऐसी आवश्यक सहायता माँगने के अधिकारी थे। यह पुरातन भारतीय पद्धति की किसान हड़ताल थी। जाति-व्यवस्था, जो बहुत पहले एक घोर अंधविश्वास का रूप ले चुकी थी, उन्नीसवीं सदी के अंतिम काल में राजनैतिक दलबंदी के रूप में विकसित हुई। यह व्यवस्था नए पूँजीवादी जनतांत्रिक शासन में आगे भी कायम रह सकती है, और इससे खतरनाक तनाव पैदा होने का हमेशा भय बना हुआ है। भारत को विभाजित रखने के लिए अंग्रेजों ने जाति-प्रथा को न केवल प्रोत्साहन दिया बल्कि उसका बाकायदा इस्तेमाल भी किया। यह निराधार और दूषित आधुनिक जाति-प्रथा और कितने दिन तक चलेगी ?—यह प्रश्न भारत में नवीनतम उत्पादन प्रणाली की तीव्रता से जुड़ा हुआ है। कानून अब जाति को नहीं मानता। बालू में अपना सिर छिपा लेनेवाले शतुरमुर्ग की तरह के सुधार-सिद्धांत पर आधारित जनगणना में भी अब जाति का उल्लेख नहीं रहता। लेकिन शहरी जीवन, घनी बस्तियाँ, रेल, बस तथा नौकाओं के आधुनिक परिवहन, कारखानों में सभी जातियों के मजदूरों का जमाव, और

नकद अर्थ-व्यवस्था में पैसे की अपार शक्ति से जाति की मुख्य विशेषता—समूहों का परंपरागत अलगाव—अब नष्ट हो रही है। यंत्रीकृत जीवन में अब ब्राह्मण-पुरोहित के लिए कोई स्थान नहीं रह गया है; वैज्ञानिक नियमों से संचालित मशीनों ने जाति-प्रथा को निरर्थक सिद्ध कर दिया है।

3. सर्वप्रथम नगर

सिंधु सभ्यता की खोज

पिछले दो अध्यायों में भारत में पर-संस्कृति-ग्रहण के स्वरूप पर विचार किया गया । भारत में किसानों की संख्या आज भी बहुत अधिक है, कुछ कबीलाई जन भी बचे हैं । ये दोनों जन-समुदाय युगों से एक-दूसरे को प्रभावित करते आ रहे हैं । बेहतर भोजन-सामग्री उपलब्ध होने से किसान-वर्ग की आंतरिक वृद्धि हुई, तो कबीलाई जीवन के विघटन के कारण इसकी बाह्य वृद्धि हुई । इसके इस टेढ़े-मेढ़े किंतु कुल मिलाकर अविरत विकास का पता लगाने में कोई खास कठिनाई नहीं होती । इस विकास की रूपरेखा स्पष्ट है, यद्यपि प्रत्येक प्रदेश में इसके ठीक-ठीक तिथिक्रम को समझ पाना हमेशा संभव नहीं है । शहरी जीवन के उदय और विकास के सवाल को भी सुलझाना जरूरी है । अंततः, सभ्यता का अर्थ ही है—संपूर्ण देश में जीवन की एक प्रमुख विशेषता के रूप में नगरीय यानी नागरिक जीवन की संस्थापना । यद्यपि आधुनिक भारत में नगरों का विकास विदेशी उत्पादन प्रणाली के कारण हुआ है, पर भारत में यंत्रयुग से काफी पहले और सामंती युग के भी पहले नगरों का अस्तित्व रहा है । प्रश्न उठता है : प्रागैतिहासिक युग में इन नगरों का उदय कैसे हुआ ?

एक पीढ़ी पहले तक स्वीकृत मत यह था कि भारत में थोड़े-बहुत भी महत्त्व के नगरों का उदय पहले-पहल ईसा पूर्व पहली सहस्राब्दी में हुआ । मान लिया गया था कि इन नगरों का निर्माण आर्यों के वंशजों ने किया था । ये पशुपालक घुमंतु आर्य लोग एक आक्रामक काँस्ययुगीन जनजाति के रूप में उत्तर-पश्चिम की ओर से भारत में पहुँचे थे । लगभग 1500 ई.पू. के कुछ समय बाद तक ये आपस में, और पंजाब के कुछ आदिवासियों से लड़ते-झगड़ते रहे । फिर धीरे-धीरे गंगा की द्रोणी में नागरिक जीवन और सभ्यता की स्थापना हुई । पुराने मत के अनुसार भारत का पहला महान नगर संभवतः पटना माना गया था । यह अनुमान मुख्यतः उन प्राचीनतम संस्कृत ग्रंथों, स्तुतिगीतों तथा कथाओं से लगाया गया था जो सब कल्पितकथाओं और किंवदंतियों के स्तर की थीं । परंतु 1925 में पुरातत्त्ववेत्ताओं ने ऐसे भव्य नगर-भग्नावशेषों की एक अपूर्व खोज की घोषणा की जिनका प्राचीन साहित्य में कहीं कोई उल्लेख नहीं मिलता । इनमें प्रमुख भग्नावशेष दो नगरों के

थे, और ये दोनों ही नगर अपने उत्कर्षकाल में, ईसा पूर्व तीसरी सहस्राब्दी में, संभवतः एक वर्ग मील के क्षेत्र में फैले हुए थे। दोनों ही नगर सिंधु की द्रोणी में महत्त्वपूर्ण नदियों के तट पर बसे हुए थे। इनमें से एक नगर दक्षिण की ओर सिंधु के तट पर बसा था, जो आज सिंध प्रदेश में एक उजाड़ टीले के रूप में मौजूद है और मोहनजोदड़ो के नाम से जाना जाता है। दूसरा नगर हड़प्पा उत्तर की ओर पश्चिमी पंजाब में किसी समय सिंधु की एक प्रमुख सहायक नदी रावी के तट पर बसा हुआ था। जैसाकि अक्सर ऐतिहासिक काल में होता रहा है, इन नदियों ने अपने पात्र बदले हैं, क्योंकि ये गहरी जलोढ मिट्टी के क्षेत्र से बहती हैं। इन नगरों में कई मंजिलों के भव्य एवं सुदृढ़ मकान थे जो भलीभाँति पकाई गई ईंटों से बनाए गए थे और जिनमें स्नानघर और शौचालय-जैसी सुविधाएँ उपलब्ध थीं। तेजी से घूमनेवाले चाक पर बड़ी संख्या में निर्मित उनके मिट्टी के बर्तन बहुत बढ़िया हैं, यद्यपि उन पर की गई चित्रकारी उतनी अच्छी नहीं है। सोना, चाँदी, जवाहरात तथा विनष्ट संपत्ति के अन्य अवशेष भी प्राप्त हुए हैं। मकानों की योजना अपूर्व है; आरंभ में ये 200×400 गज के आयताकार खंडों पर बनाए गए थे। साथ ही चौड़ी मुख्य सड़कें और अच्छी गलियाँ हैं। इतने प्राचीन काल में इतना सुनियोजित तथा ऐसा जटिल और उत्तम नागरिक संगठन अन्यत्र कहीं भी देखने को नहीं मिलता। स्थापत्य की दृष्टि से प्राचीन मिस्र के नगर उनके शासकों के पहाड़ी-जैसे मकबरों और विशाल मंदिरों की तुलना में नगण्य थे। सुमेर, अक्कद और बेबीलोन में सिंधु सभ्यता के नगरों से मिलती-जुलती ईंटों से बने नगर थे, परंतु उनका विकास धीरे-धीरे हुआ। इन सभी नगरों की सड़कें रोम, लंदन, पेरिस तथा बाद के भारतीय नगरों की सड़कों की तरह टेढ़ी-मेढ़ी देहाती पगडंडियों-जैसी थीं। परंतु सिंधु सभ्यता की नगर-योजना सचमुच ही बड़ी आश्चर्यकारी है। सड़कें सीधी थीं और समकोण में मिलती थीं। वर्षा का पानी निकालने के लिए जल निकास की बढ़िया व्यवस्था थी और गंदी नालियों को साफ करने के लिए मलकुंड थे। आधुनिक समय तक अन्य किसी भी भारतीय नगर में ऐसी सुविधाएँ उपलब्ध नहीं थीं, बहुत-से नगरों में तो आज भी नहीं हैं। सिंधु घाटी के नगरों में बड़े-बड़े धान्य-कोठार थे। ये कोठार इतने बड़े हैं कि इन्हें किसी की व्यक्तिगत संपत्ति नहीं माना जा सकता। इन कोठारों के समीप ही अनाज कूटने तथा भरनेवाले खास वर्ग के कमकरों अथवा दासों के रहने के लिए चालें बनाई गई थीं। काफी व्यापार होने के भी प्रमाण मिले हैं। कुछ व्यापार समुद्र-पार के देशों से भी होता था।

इस सारी नई जानकारी के परिणामस्वरूप प्राचीन भारतीय इतिहास से संबंधित पुरानी धारणाओं में संशोधन करना आवश्यक हो गया। भारत का सांस्कृतिक विकास एक सीधे तर्कसंगत क्रम में नहीं हुआ है। दिखाई देता है कि इसमें बड़ी रुकावट आई और किन्हीं अस्पष्ट कारणों से यह पशुचारियों की बर्बरावस्था में लौटा। हड़प्पा-जैसे बड़े नगर के अस्तित्व का अर्थ है इसका पोषण

करनेवाले ऐसे क्षेत्र का अस्तित्व जहाँ पर्याप्त अतिरिक्त अनाज पैदा किया जाता था। ऐसा नगर सामान्यतः सत्ता का केंद्र बन जाता है। अन्य शब्दों में, एक या अधिक नगरों के अस्तित्व का अर्थ है राज्य का अस्तित्व। कुछ लोग अतिरिक्त अनाज पैदा करते थे, जिसे ऐसे लोग ले जाते थे जो स्वयं अनाज पैदा नहीं करते थे और जिनका काम था संयोजन, निर्देशन तथा नियंत्रण करना। इसका अर्थ यही है कि बहुतों पर चंद लोगों के शासन की व्यवस्था पर आधारित वर्ग-विभाजन तथा क्रम-विभाजन के बिना प्राचीन युग में नगरों का अस्तित्व संभव नहीं था। लेकिन तब ऐसा नगर अपना उत्तराधिकारी या चिह्न छोड़े बिना मिट कैसे गया? इसके खंडहरों पर इसके प्रत्यक्ष प्रभाव में या इसकी प्रतिद्वंद्विता में नए नगरों का उदय होना चाहिए था। इराक में नगरों के विजेताओं ने उन्हें आबाद रखा। बेबीलोन का महान शासक और विधिप्रवर्तक हम्मूरबी (ईसा पूर्व सत्रहवीं सदी) आरंभ में ऐसे ही बर्बर विजेताओं में से एक था। मिस्र में भी यही हुआ। लेकिन भारत में नागर संस्कृति की ऐसी अपेक्षित अखंडता नहीं देखने को मिलती।

मेसोपोटामिया की खुदाई के अन्य पुरावशेषों के तुलनात्मक अध्ययन से पता चलता है कि ईसा पूर्व तीसरी सहस्राब्दी में यहाँ के नगरों के विदेशी नगरों से व्यापारी संबंध थे। मोटे तौर पर नागर सिंधु संस्कृति का काल हम 3000 ई.पू. से 2000 ई.पू. तक मान सकते हैं। अधिक-से-अधिक 1750 ई.पू. के कुछ समय बाद ही इसका अंत हुआ। अंत होने के पहले लंबी अवधि तक इस संस्कृति का ह्रास होता रहा, परंतु इसका वास्तविक विनाश एकाएक ही हुआ है। मोहनजोदड़ो में नगर में आग लगाकर लोगों की हत्याएँ की गईं। इस हत्याकांड के बाद नगर की आबादी नहीं के बराबर रह गई। इस प्रकार की विनाश-लीला के हड़प्पा से बहुत कम सबूत मिले हैं, क्योंकि यहाँ के ऊपरी स्तरों को नष्ट कर दिया गया है। यहाँ की सामग्री (मुख्यतः ईंटों) को ले जाकर आधुनिक इमारतें खड़ी की गईं, परंतु इससे भी कहीं अधिक इसका इस्तेमाल हुआ रेलमार्ग के लिए उपलब्ध सबसे सस्ती मिट्टी के रूप में। प्रचंड अंत के इन प्रमाणों से पुराने संस्कृत ग्रंथों के उन अलंकारिक वर्णनों की सार्थक व्याख्या संभव हुई जिनमें कहा गया है कि शत्रुओं को युद्ध में निर्दयता से कुचल दिया गया है, उनकी संपत्ति लूट ली गई है और नगर नष्ट कर दिए गए हैं। इस प्रकार जिस काँस्य युग को यानी ईसा पूर्व दूसरी सहस्राब्दी की पशुचारण अवस्था को भारतीय संस्कृति के प्रारंभ के रूप में ग्रहण किया जाता था, वह वस्तुतः अधिक प्राचीन और निश्चित रूप से श्रेष्ठतर नागर संस्कृति पर बर्बरता की विजय थी। हमारी सहज अपेक्षा के अनुसार जहाँ ऐतिहासिक प्रगति को नया संवेग मिलना चाहिए था, वहाँ हम प्रबल ह्रास के दर्शन करते हैं।

यहाँ इतिहासकार के सामने एक विचित्र समस्या खड़ी हो जाती है। सिंधु सभ्यता के किसी भी अभिलेख को अब तक पढ़ पाना संभव नहीं हुआ है। इनके अलावा, छाप लगाने के लिए बनी मुहरों पर अंकित विरुदों तथा मिट्टी के बर्तनों के

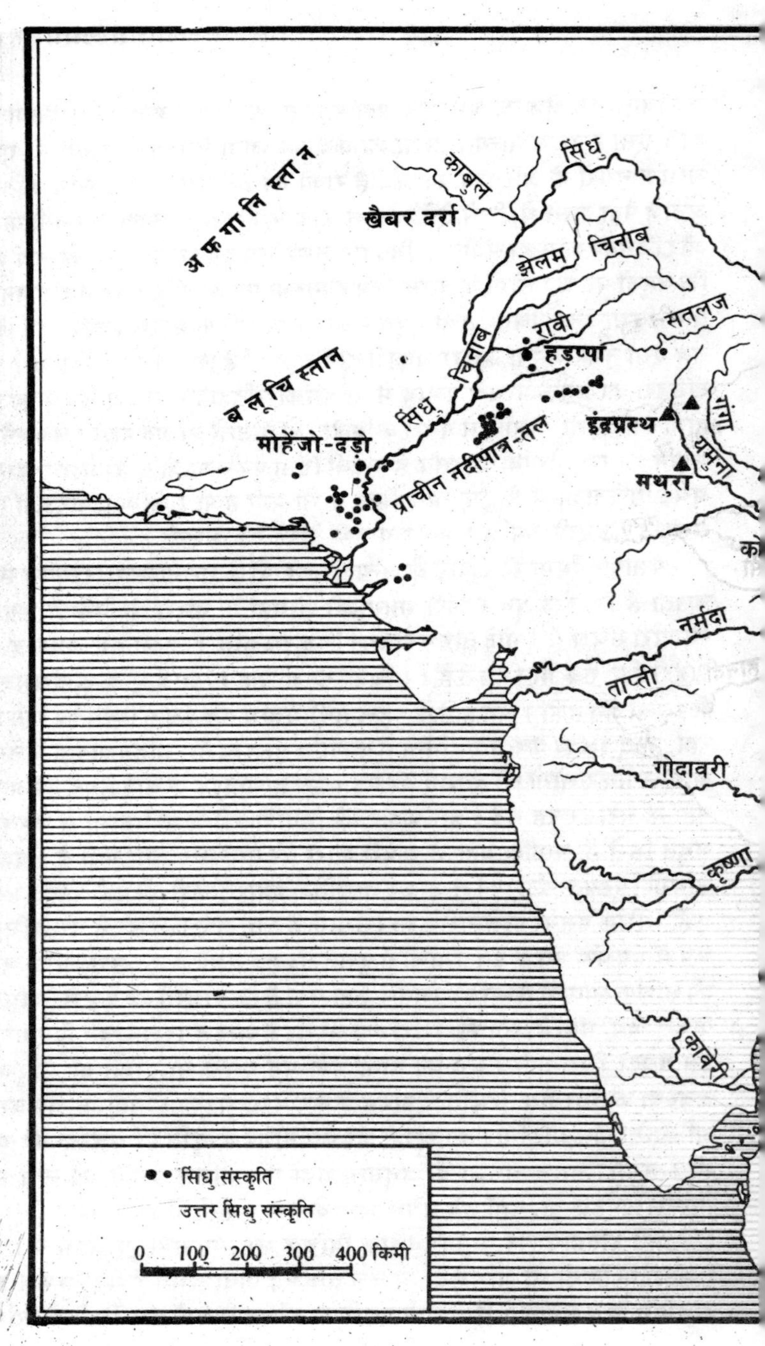

अ फ गा नि स्ता न
खैबर दर्रा
काबुल
सिंधु
झेलम
चिनाब
रावी
सतलुज
हड़प्पा
बलूचिस्तान
सिंधु
चिनाब
मोहेंजो-दड़ो
प्राचीन नदीपात्र-तल
इंद्रप्रस्थ
गंगा
यमुना
मथुरा
नर्मदा
ताप्ती
गोदावरी
कृष्णा
कावेरी
सिंधु संस्कृति
उत्तर सिंधु संस्कृति
0 100 200 300 400 किमी

सिंधु संस्कृति

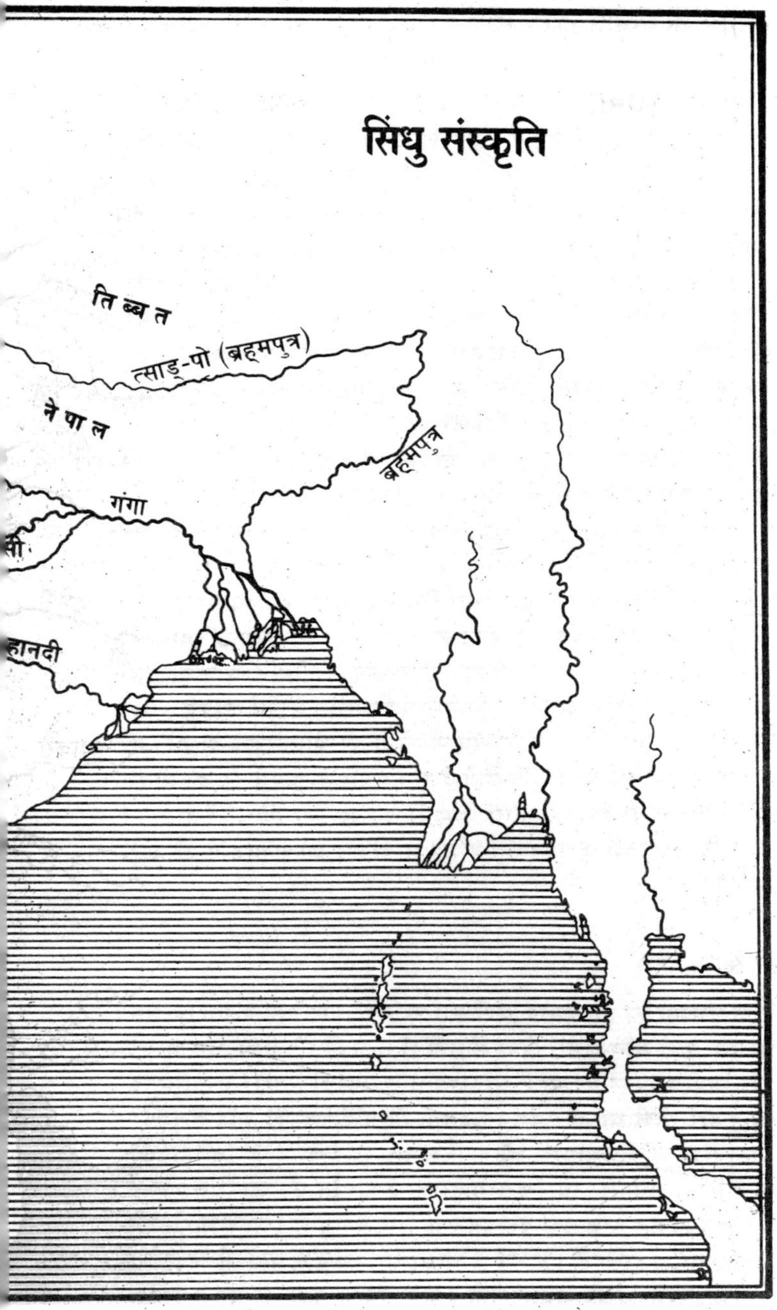

ति ब्ब त

त्साङ्-पो (ब्रह्मपुत्र)

ने पा ल

ब्रह्मपुत्र

गंगा

सी

हानदी

ठीकरों पर उकेरे गए कुछ चिन्हों के रूप में ही ये अभिलेख उपलब्ध हैं । सिंधु लिपि अज्ञात है और अब तक पढ़ी नहीं गई है । यह लिपि पढ़ी गई होती तो भी हमें कुछ व्यक्तियों के नाम या व्यापारी संगठनों के तथा एक-दो देवताओं के नामों के अलावा अधिक जानकारी नहीं मिलती । पुरातात्त्विक सामग्री की लिखित दस्तावेजों, अभिलेखों आदि से तुलना करने के बाद ही समस्त प्राचीन इतिहास रचा जाता है । सिंधु घाटी से पुरातात्त्विक सामग्री तो काफी अधिक मिली है, परंतु यहाँ से प्राप्त अभिलेखों को पढ़ पाना अभी तक संभव नहीं हुआ है । किसी भी पुरावशेष के साथ किसी एक भी व्यक्ति अथवा घटना का संबंध जोड़ पाना संभव नहीं हुआ है । हम यह भी नहीं जानते कि सिंधु सभ्यता के लोग कौन-सी भाषा बोलते थे । दूसरी ओर, जिन बर्बर आक्रमणकारियों ने इस सहस्राब्दी-पूर्ण संस्कृति को पूर्णतः नष्ट कर डाला है, उनके भी उल्लेखनीय पुरावशेष नहीं मिले हैं । इसीलिए पुराने संस्कृत लेखों का कई निर्णायक बातों के बारे में निश्चित अर्थ लगाना संभव नहीं हुआ है, क्योंकि कुछ महत्त्वपूर्ण शब्दों को विशिष्ट स्थलों अथवा वस्तुओं से जोड़ पाना संभव नहीं हुआ है । कुछ शब्दों को तो समझ पाना भी संभव नहीं है । सिंधु सभ्यता के अंतकाल और नए किंतु काफी छोटे भारतीय नगरों के संभाव्य प्राचीनतम उदयकाल के बीच 600 वर्षों का स्पष्ट अंतर है; इसके बाद भारतीय इतिहास का प्रवाह अबाध गति से बहता है । इस अंतरकाल में विध्वंसक और विध्वस्त दोनों ही इस उपमहाद्वीप के एक कोने में, आज के पश्चिमी पाकिस्तान में, सक्रिय रहे । देश के अन्य भागों में खाद्य-सामग्री एकत्र करनेवाले लोगों की अतिविरल आबादी थी और ये लोग पाषाण युगीन कबीलाई गिरोहों के रूप में अपने-अपने ढंग का जीवन बिता रहे थे । भारत के प्रमुख सांस्कृतिक विकास की प्रारब्धि को और ईसा पूर्व दूसरी तथा तीसरी सहस्राब्दी के भारतीय इतिहास-लेखन की संभावना को बड़ी गहरी क्षति पहुँची है ।

सिंधु सभ्यता में उत्पादन

सामान्यतः सिंधु सभ्यता की इस प्रमुख विशेषता पर कोई गौर नहीं करता कि वह भारत के उपजाऊ तथा सुविकसित क्षेत्रों में नहीं फैल सकी । इसका क्षेत्र काफी बड़ा तो था, पर विशेष प्रकार का था । इस सभ्यता का विस्तार उत्तर से समुद्रतट तक कोई एक हजार मील था और शायद इतना ही पश्चिम की ओर समुद्र के किनारे था । इस सभ्यता की व्यापारी चौकियों अथवा छोटे-छोटे उपनिवेशों को धीरे-धीरे खोज लिया गया है । ये स्थल गुजरात में खंबात की खाड़ी से लेकर मकरान तट के **सूत्कागेन दोड़** तक दूर-दूर तक बिखरे हुए हैं । शेष भारत की तुलना में यह सारा प्रदेश शुष्क है । संभव है कि प्राचीन काल में यहाँ की जलवायु कुछ बेहतर रही हो, परंतु अधिक बेहतर नहीं । जलवायु के अंतर का सहज कारण

आधुनिक काल में जंगलों का बड़ी मात्रा में काटा जाना भी हो सकता है। क्या कारण है कि इस उपमहाद्वीप में पहले बड़े नगरों का विकास एक ऐसी नदी की घाटी में हुआ जो लगभग मरुप्रदेश से होकर बहती है?

इस प्रश्न का उत्तर काफी सरल है। पानी के लिए नदी की जरूरत होती है, और मुख्य खाद्य मछली का स्रोत भी यही है। बाद में यह नाव द्वारा दूर-दूर तक भारी सामान ले जाने का सुलभ साधन बन जाती है। इससे पहले दौर में आदिम आबादी में वृद्धि होती है। जलोढ़ मरुक्षेत्र भी अपने ढंग से उतना ही महत्त्वपूर्ण है। इससे आरंभिक आबादी नदी के समीप की एक दीर्घ पट्टी में सीमित रह जाती है। एक अवस्था और सीमा के बाद खाद्य-सामग्री को एकत्र करना असंभव हो जाता है, जंगल में मात्र झाड़-झंखाड़ के कुछ नहीं होता। इससे जितनी असुविधा हुई, उससे कहीं अधिक दो बड़े लाभ हुए। एक, भारत के घने जंगलवाले प्रदेशों की तरह यहाँ जंगली जानवरों, खतरनाक सरीसृपों और कीड़ों से रक्षा का प्रबंध करने की उतनी आवश्यकता नहीं रह गई। दूसरे, ऐसे प्रदेश में कृषिकर्म न केवल आवश्यक हो जाता है, बल्कि भारी जंगलों को काटे बिना ही संभव हो जाता है। आग लगा देने से या पत्थरों के औजारों से ही ऐसे क्षेत्र साफ हो सकते हैं। परंतु मानसूनी वर्षा से पोषित भारत के घने जंगलोंवाले प्रदेशों को तभी कृषियोग्य बनाया जा सकता है जब लौहधातु प्रचुर मात्रा में उपलब्ध हो। यदि नियमित सिंचाई का प्रबंध हो, तो जलोढ मिट्टी उपजाऊपन में बेजोड़ है। इस बात को बड़ी आसानी से सिद्ध किया जा सकता है। संसार की प्राचीन सभ्यताओं का विकास ठीक ऐसी ही नदियों के किनारे हुआ है। नील तथा दजला-फरात की घाटियों की जलवायु भी अतिशुष्क ही है। डेन्यूब घाटी की संस्कृतियों तथा चीनी सभ्यता के आरंभिक स्थलों के इर्द-गिर्द भी जलोढ मरुस्थल का ऐसा ही उत्तम वातावरण था। यहाँ के लोएस यानी पवनोढ़ मिट्टी के (हल्के जंगलोंवाले) गलियारे खेती के लिए काफी उपयोगी सिद्ध हुए। इसके विपरीत, अमेज़ोन और मिसीसिपी संसार की विशालतम नदियाँ होने पर भी प्रागैतिहासिक काल में इनके किनारे सभ्यताओं का विकास नहीं हुआ। अमेज़ोन तट के जंगल इतने घने हैं कि आज भी उन्हें साफ करने से कोई विशेष लाभ नहीं होगा। और अमरीका के मध्य-पश्चिमी प्रदेश के तृणी ढेले इतने मोटे थे कि फौलाद के भारी हल के आगमन के पहले वहाँ खेती करना संभव न था। इसी प्रकार, भारत की पवित्र नदी गंगा के तट पर या इसके समीप ईसा पूर्व पहली सहस्राब्दी तक किसी महत्त्वपूर्ण शहर की स्थापना नहीं हुई थी, और तब तक सिंधु घाटी की सभ्यता विस्मृति के गर्भ में विलीन हो चुकी थी।

सिंधु घाटी की संस्कृति काँस्ययुग की थी। यद्यपि छुरी तथा घरेलू औजारों के रूप में अब भी चर्ट पत्थर के बढ़िया फलकों का इस्तेमाल होता था, परंतु हड़प्पा और मोहनजोदड़ो के सबसे अच्छे औजार काँसे के ही थे, जो मजबूत थे और उपयोगी भी। ये औजार ताँबे के नहीं बल्कि असली काँसे के थे, जो ताँबे तथा वंग

के साथ अल्पमात्रा में अन्य कुछ धातुएँ मिलाने से बनता था। ताँबे की कच्ची धातु राजस्थान से प्राप्त की जाती थी और वहाँ यह इतनी अधिक मात्रा में उपलब्ध थी कि इस धातु का पश्चिम के देशों को निर्यात भी किया जाता था। बेबीलोनी तथा अन्य पूर्ववर्ती लेख इस निष्कर्ष का समर्थन करते हैं। सिंधु प्रदेश और इराक के बीच के व्यापार-विनिमय का बड़ा केंद्र फारस की खाड़ी के बहरीन द्वीप में था। मेसोपोटामिया के आख्यानों का **दिलमून** यही द्वीप है। यहीं पर अमर माने जानेवाले सुमेर के पौराणिक शासक नोह ज़िउसुद्र ने जल-प्रलय से बच निकलने के बाद अपने दिन बिताए थे और अमरत्व के रहस्य की खोज में निकले हुए वीर गिलगमेश ने उसे खोज निकाला था। मिट्टी के फलकों पर उत्कीर्ण कीलाक्षर लेखों से जानकारी मिलती है कि **अलिक् दिलमून** नामक एक विशेष श्रेणी के व्यापारी इस बहरीन द्वीप से व्यापार करते थे। आधुनिक खुदाई से यह बात भलीभाँति सिद्ध हो चुकी है, यद्यपि करीब 1,00,000 क़ब्रों के टीलों की खुदाई होनी अब भी बाकी है। सिंधु सभ्यता के नगरों से और मेसोपोटामिया से जो बटननुमा गोलाकार कुछ मुहरें मिली हैं वे संभवतः बहरीन में ही बनी थीं। बाद में इन व्यापारियों ने असोरी राजा के विशेष आश्रय में और उसकी साझेदारी में व्यापार किया। लाभ का बड़ा हिस्सा राजा ले लेता था, परंतु वह उनका सबसे बड़ा ग्राहक भी अवश्य रहा होगा। मेसोपोटामिया के निवासी सिंधु प्रदेश को संभवतः **मेलुख्ख** कहते थे। परंतु 1750 ई.पू. के बाद **मेलुख्ख** का कहीं कोई उल्लेख नहीं मिलता, जिसका अर्थ यह है कि व्यापारी संबंध टूट गए थे, संभवतः आक्रमणकारियों के कारण। दोनों देशों के बीच में और भी कई व्यापार-केंद्र थे; जैसे, मगान या मक्कान, जिसकी अभी तक ठीक से पहचान नहीं हो पाई है, परंतु जो संभवतः बहरीन और भारत के बीच समुद्र-तट पर कहीं था।

भारतवासी ताँबे के अलावा मोर, हाथीदाँत तथा हाथीदाँत की वस्तुएँ, जैसे, कंघे (जो आज भी भारत में उसी नमूने पर बनते हैं जैसे कि सिंधु संस्कृति में बनते थे, और जो बालों में जुएँ निकालने के लिए अत्यावश्यक हैं), वानर, मोती ('मीनचक्षु') और कपास के वस्त्रों का निर्यात करते थे। इनके बदले में वे चाँदी और अन्य वस्तुओं का आयात करते थे, परंतु ये अन्य वस्तुएँ कौन-कौन सी थीं, इसके बारे में अभी हमें स्पष्ट जानकारी नहीं मिली है। इराक की खुदाई में भारतीय उत्पत्ति की मुद्राएँ तथा अन्य वस्तुएँ मिली हैं। अतः उस समय मेसोपोटामिया में भारतीय व्यापारियों की कोई छोटी पर उद्योगी बस्ती अवश्य रही होगी। दूसरी ओर, जान पड़ता है कि भारत में मेसोपोटामियावासियों की ऐसी कोई बस्ती नहीं थी, रही भी हो तो वह उतनी महत्त्व की नहीं थी। सिंधु घाटी में मेसोपोटामियाई प्रभाव की जो थोड़ी-सी मुहरें मिली हैं वे विशुद्ध स्थानीय बनावट की जान पड़ती हैं। आवागमन समुद्री मार्ग से होता था। इस प्राणांतक तथा विपदाक्रांत समुद्रतट के समीप से नौसंचालन के लिए एक बड़ा विचक्षण तरीका खोजा गया था। यदि

किनारे की जमीन आँखों से ओझल हो जाए, तो नाविक एक कौवा छोड़ते थे। यह कौवा ('दिशा-काक') उस दिशा में उड़ता था जिधर किनारे की भूमि सबसे नजदीक होती थी। बाइबल के एक उल्लेख के अनुसार, नोह ने भी ठीक यही तरीका अपनाया था। प्रथम उसने अपनी नाव से यह जानने के लिए एक कौवा छोड़ा कि जमीन किस दिशा की ओर है, और फिर यह जानने के लिए कि जमीन उपजाऊ है, उसने एक पालतू क़बूतर छोड़ा। इराक के फारा नामक स्थान की खुदाई में एक ऐसी मुहर मिली है जिस पर ऐसी ही एक नाव के साथ दिशा-सूचक पक्षी की आकृति अंकित है। प्राचीन भारतीय कथाओं में भी 'दिशा-काक' के बारे में जानकारी मिलती है। एक जातक-कथा के अनुसार, बेबीलोन (बावेरु) जानेवाले व्यापारी ठीक इसी प्रकार समुद्र-यात्रा करते थे। मेसोपोटामिया के लोग कौवे से परिचित नहीं थे, यह तथ्य भी इस बात का सूचक है कि भारत के साथ उनके व्यापारी संबंध समान स्तर के नहीं थे।

भारत से निर्यात की जानेवाली जिन वस्तुओं का ऊपर उल्लेख किया गया है वे विलास की वस्तुएँ हैं। अनाज का उत्पादन देश में ही होता था। उस प्रदेश में आज जिस प्रकार गेहूँ, चावल तथा जौ का उत्पादन होता है, उसी प्रकार उस सुदूर अतीत में भी होता था जिसकी हम चर्चा कर रहे हैं। सिंधु तथा उसकी सहायक नदियों में मछली की कभी कोई कमी नहीं रही। सिंधु द्रोणी की मिट्टी आज भी बड़ी उपजाऊ है। सिंधु सभ्यता की मुहरों पर दो प्रकार के मवेशियों की आकृतियाँ उत्कीर्ण हैं—उत्तम कूबड़वाले खास भारतीय 'जेबू' प्रकार के, और सपाट पीठवाले 'ऊरस' प्रकार के, जो अब भारत से लुप्त हो गए हैं। इन मुहरों पर गैंडा, हाथी, मेढ़ा तथा संयुक्त रूप में कई सारे पशुओं की आकृतियाँ भी अंकित हैं। यह दलील सही नहीं है कि इस प्रदेश में तब अधिक वर्षा होती थी और इसलिए अधिक जंगली पशु विचरण करते थे। पंजाब में सोलहवीं सदी में भी गैंडे पाए जाते थे और उनका शिकार होता था। हिमालय क्षेत्र के हाथियों का सफाया सामंती युग में हुआ। परंतु सिंधु सभ्यता की अर्थव्यवस्था में गैंडे का कोई महत्त्व नहीं था, और हाथी को तब तक शायद पालतू नहीं बनाया गया था। भैंस-भैंसा, जिनकी भारत में आज काफी तादाद है, सिंधु सभ्यता की केवल कुछ ही मुहरों पर उत्कीर्ण हैं। एक मुहर पर भैंसे द्वारा एक या अधिक शिकारियों को उछालने का दृश्य उत्कीर्ण है, अतः लगता है कि उस समय तक शायद इसे पालतू नहीं बनाया गया था। परंतु इन मुहरों का उद्देश्य अपने समय के पशु-जीवन अथवा सामान्य जीवन के चित्रण से भिन्न था। एक मुहर पर पशुओं से घिरे हुए तीन मुँहवाले एक देवता—कालांतर के पशुपति शिव के आदिरूप—की आकृति उत्कीर्ण है। ऐसी दैवी आकृतियाँ कुछ अन्य मुहरों पर भी अंकित हैं। एक मुहर पर पाल, डाँड़े तथा पतवार सहित एक नौका का दृश्य अंकित है। दो मुहरों पर ऐसा दृश्य अंकित है जिसमें एक पुरातन और भारतीय विशेषतावाले वीर को अपने दोनों हाथों से एक-एक व्याघ्र का गला घोंटते हुए

दिखाया गया है। इन मुहरों पर मेसोपोटामियाई मुहरों के उस दृश्य का प्रभाव स्पष्ट है जिसमें सुमेरी वीर गिलगमेश को सिंहों का गला घोंटते हुए दिखाया गया है। सिंधु सभ्यता की एक मुहर में गिलगमेश के कई पराक्रमों में उसके साथी वृषभ-मानव एनकिदु को भी पहचाना जा सकता है। इससे भी प्रसंगवश भारत और मेसोपोटामिया के बीच के संबंध सिद्ध होते हैं। इस प्रकार, इन मुहरों का कुछ धार्मिक महत्त्व था। ये छाप लगाने की मुहरें हैं; (मेसोपोटामिया की मुहरों की तरह) गीली मिट्टी की तह पर लुढ़काई जानेवाली बेलनाकार मुहरें नहीं हैं। सामान की पेटियों पर अथवा भरे हुए कलशों पर सुरक्षा के उद्देश्य से इन मुहरों के छाप लगाए जाते थे। चीन की तरह मेसोपोटामिया में इन छापों का उपयोग दस्तावेजों पर हस्ताक्षरों के रूप में भी होता था। परंतु सिंधु सभ्यता के नगरों से मिट्टी के फलकों पर या अन्य किसी वस्तु पर ऐसे हस्ताक्षरित दस्तावेज़ नहीं मिले हैं। माल की गठरियों अथवा कलशों को ढककर रस्सी से बाँध दिया जाता और फिर गाँठों पर मिट्टी का पलस्तर चढ़ाकर उस पर मुहर लगा दी जाती थी। आज यह सब करने पर यदि सील यथावत् बना रहता है, तो उससे केवल इतना ही प्रमाणित होगा कि माल में कोई हेरफेर नहीं हुआ है। परंतु प्राचीन काल में यह सील अवश्य ही किसी-न-किसी प्रकार के निषेध का सूचक रहता होगा और इस प्रकार माल को सुरक्षित रखता होगा। वस्तुतः भारत में इन मुहरों के जो कई छाप मिले हैं उनके पीछे रस्सी, गाँठ अथवा सरकंडों के निशान नहीं मिले हैं। इससे स्पष्ट होता है कि ये सील किसी पार्सल पर नहीं लगाए गए थे। सुमेर से विशेष प्रकार की ऐसी भी मुहरें मिली हैं जिनका उपयोग धार्मिक अनुष्ठानों में होता था (व्यावसायिक मुहरों से ये सिर्फ इसी माने में भिन्न हैं कि ये कुछ बड़ी हैं)। ये सभी मुहरें लगभग उसी आकार के उन छोटे उत्कीर्ण शालग्रामों की परंपरा में बनी हैं जिन पर यूरोप के हिमयुगीन कलाकार स्थूल रेखाचित्र तैयार करते थे। इन स्थूल रेखाचित्रों से ही, बड़े पैमाने पर, वे अँधेरी गुफाओं में वनवृषभ अथवा अन्य पशुओं के हू ब-हू चित्र तैयार करते थे। प्रतिचित्रांकन की इस प्रक्रिया का कोई खास आनुष्ठानिक उद्देश्य और महत्त्व था। बाद में जाकर समाज ने यद्यपि इन अलंकृत मुहरों का इस्तेमाल पूजा अथवा प्रजनन-संस्कार से भिन्न कार्यों के लिए किया, फिर भी इनका मूल ऐंद्रजालिक आशय ईसा पूर्व पहली सहस्राब्दी तक नष्ट नहीं हुआ था।

सिंधु संस्कृति की सबसे महत्त्वपूर्ण विशेषता—उनकी अनाज पैदा करने की विशेष पद्धति —का पुनर्निर्धारण करना अत्यावश्यक है। यह कार्य मिस्र और मेसोपोटामिया की समान स्तर की नदी घाटी संस्कृतियों के साथ तुलना करने से ही संभव हो सकता है। सिंधु की द्रोणी में सिर्फ दो भव्य नगर थे—मोहनजोदड़ो और हड़प्पा। इनकी तुलना में शेष सभी बस्तियाँ अथवा उनके भग्नावशेष अति लघु हैं। आशा के विपरीत, ऐसी लघु बस्तियाँ भी निश्चय ही काफी कम हैं। मिस्र में नील नदी के प्रथम महाजलप्रपात और इसके मुहाने के दलदल-भरे डेल्टा के बीच

चित्र 6. ल लौजेरी बास्स स्थान से प्राप्त फ्रांस के उत्तर हिमयुग के चित्रकार द्वारा खींची गई वनवृषभ की पूर्व-रेखाकृति । चुनी हुई भूमिगत गुफाओं में चित्रित पशुओं के बड़े पैमानेवाले ऐसे चित्र, जो मूलरेखा के अनुसार हूबहू बनाए गए हैं, ऐसी रूपरेखाओं वाले स्थलों से और एक-दूसरे से कई सौ किलोमीटर अंतर के स्थानों पर पाए गए हैं । ऐसे उच्चित्रित कंकड़ों से आगे बढ़कर ही बाद में सिंधु घाटी की उत्कीर्ण मुहरें बनी हैं ।

में जो सँकरी घाटी है, उसमें प्राचीन युग की ज्ञात सघनतम आबादी थी । यहाँ नदी की 750 मील लंबाई में दस हजार वर्गमील से भी कम क्षेत्र में अत्यंत पुरातन पद्धति के कृषि-उत्पादन से रोमन-काल में 70 लाख लोगों का भरण-पोषण होता था । इतना ही नहीं, बचा हुआ अनाज न केवल रोमवासियों के काम आता था बल्कि भूमध्य सागर के अन्य देशों के साथ उसका व्यापार में भी इस्तेमाल होता था । दोनों ओर की उजाड़ पथरीली चट्टानों के बीच में नील नदी की घाटी 30 मील से अधिक चौड़ी नहीं है । इसमें भी खेती-योग्य जलोढ मिट्टी की भरती का विस्तार कभी भी 10 मील से अधिक नहीं रहता । परंतु नील नदी की भीषण वार्षिक बाढ़ मिट्टी की नई भरती डालती रहती है, हालाँकि इसमें सहायक सिद्ध हो सकनेवाली वर्षा का खास मिस्र में करीब-करीब अभाव ही है । मेसोपोटामिया में ईसा पूर्व तीसरी सहस्राब्दी के उत्तरकाल में नहरों के पानी से खेतों की सिंचाई होती थी । यह प्रदेश सिंधु द्रोणी के प्रदेश से छोटा था, और उससे अधिक उपजाऊ भी नहीं था, फिर भी यहाँ एक दर्जन से अधिक प्रमुख और कई छोटे-छोटे नगर थे । प्रत्येक नगर तथा उसके पश्च प्रदेश का अपना एक राज्य था । अपने-अपने उद्योगधंधे और व्यवसाय थे । और ये नगर अक्सर एक-दूसरे से लड़ते रहते थे । क्या कारण है कि सिंधु प्रदेश में केवल दो ही बड़े नगर थे, और उनके साथ फरुनों-जैसे भव्य स्मारक और मेसोपोटामिया-जैसे बहुत-सारे नगर-टीले नहीं मिलते ?

इसका उत्तर यह जान पड़ता है कि सिंधु प्रदेश के लोग नहरों से सिंचाई नहीं करते थे और न ही उनके पास भारी हल था। सिंध और पंजाब में आज कृषि की जो स्थिति है वह इन्हीं दो आधुनिक साधनों के कारण है। केवल बाढ़ की सिंचाई से अधिक खेती संभव नहीं है, यद्यपि जहाँ बाढ़ से उपजाऊ मिट्टी जमा हो जाती है वहाँ गहरी जुताई के बिना भी बढ़िया उपज होती है। यही वजह है कि सिंधुलिपि में आमतौर से पाया जानेवाला हेंगी का भावचित्र तो पहचान में आ जाता है (कुछ लोग इसे उँगलियों सहित हाथ का चित्र भी मानते हैं), किंतु इसमें हल के लिए कोई चिह्न नहीं है। इस प्रदेश में अब केवल पाँच बड़ी नदियाँ हैं, इसीलिए इसे पंजाब (पंच-आप) यानी पाँच नदियों का प्रदेश कहते हैं। प्राचीन काल में इस प्रदेश में सात बड़ी नदियाँ थीं, जिनमें से दो—घग्घर और सरसुति—सूख गई हैं। सिंधु नदी में प्राकृतिक बाढ़ें आज भी आती हैं। यहाँ की बाढ़ से सिंचित भूमि आज भी सर्वाधिक उपजाऊ है, यद्यपि यहाँ मिस्र की तरह बाढ़ से गहरी मिट्टी जमा नहीं होती और यह उतनी उर्वर भी नहीं है। जान पड़ता है कि सिंधु घाटी के लोगों ने बाढ़वाले क्षेत्र का विस्तार कर लिया था, परंतु यह उन्होंने नहरें खोदकर नहीं बल्कि बहाव रोकनेवाले बाँधों का निर्माण करके किया। कभी-कभी ये बाँध मौसमी भी होते थे। फसल से प्राप्त अतिरिक्त अनाज को इन प्रमुख नदियों के रास्ते ऊपर या नीचे दो प्रमुख राजधानियों को भेजा जा सकता था। इन राजधानियों में अनाज की सफाई-कुटाई तथा वितरण के लिए धान्य-कोठार बने हुए थे। इस अतिरिक्त उपज से ही व्यापारियों तथा नाविकों का, आलीशान मकानों और गरीब बस्तियों में रहनेवालों का, घरेलू उपयोग और विदेशों में बिक्री के लिए चीज़ें तैयार करनेवाले कारीगरों का और नगर-सफाई का काम करनेवाले निम्न वर्ग के लोगों का भरण-पोषण होता था। जान पड़ता है कि सिंधु नगरों के लगभग उदयकाल से लेकर अंतकाल तक अतिरिक्त अनाज की यही स्थिति कायम रही। सिंधु संस्कृति की विशेषता यह है कि इसने न तो नए नगरों को जन्म दिया, न यहाँ मिस्र की तरह राजवंशों में सुविज्ञापित परिवर्तन हुए, और न ही ये लोग बड़ी संख्या में गंगा के उतने ही उपजाऊ किंतु वनाच्छादित मैदान में फैले।

सिंधु सभ्यता की प्रमुख विशेषताएँ

अब समस्या है उन तरीकों के बारे में कुछ तर्कसंगत अनुमान लगाने की जिनके द्वारा उत्पादकों से अतिरिक्त अनाज वसूल किया जाता था। इसके लिए यह देखना जरूरी है कि ईसा पूर्व तीसरी सहस्राब्दी के मिस्र और मेसोपोटामिया के विकासक्रम से सिंधु घाटी के नगर ठीक किन अर्थों में भिन्न थे। तब इन भिन्नताओं का स्पष्टीकरण सिंधु समाज के पुनर्निर्धारण का एक तरीका हो सकता है।

जैसाकि पहले कह चुके हैं, पहली बात है—महती परिवर्तनों का अभाव।

लगता है जैसे दोनों नगर पूर्ण नियोजन के साथ प्रकट हुए हों । जहाँ तक पता चलता है, दोनों की मूल योजना एक-सी है । सिंधु सभ्यता के अंतकाल तक दोनों नगरों में परिवर्तन नहीं हुए । मिट्टी के बर्तन, औजारों की बनावट और मुहरें एक-सी बनी रहीं । लिपि में भी कोई परिवर्तन नहीं हुआ । इसके सर्वथा विपरीत, भारत के ऐतिहासिक युग में हर सदी में अक्षरों के स्वरूपों में इतना अधिक परिवर्तन होता रहा कि पांडुलिपियों अथवा अभिलेखों के तिथि-निर्धारण के लिए लिपि एक काफी अच्छा साधन--कभी-कभी तो एकमात्र ज्ञात साधन--सिद्ध होती है । इन नगरों का भूस्तर शनैः-शनैः ऊँचा होता गया । मोहनजोदड़ो में, हर साल आनेवाली बाढ़ों की सीमा के ऊपर तक मकान की निचली मंजिलों को भर दिया जाता, और फिर ऊपर नई मंजिलें बनाई जातीं । कुछ मकान अपने-आप ढह जाते, तो उनके समतल किए गए मलवे पर नए मकान बनाए जाते थे । सड़कों की सतह भी ऊँची होती गई । लेकिन इनकी योजना ज्यों-की-त्यों बनी रही । इसी प्रकार, पुरानी दीवारों पर अथवा कमरे के उसी ढाँचे पर थोड़े-बहुत परिवर्तन के साथ और अधिक ऊँचे मकान खड़े कर दिए जाते थे । बढ़ाते-बढ़ाते ईंटों के मूल घेरे पर कुएँ इतने ऊपर उठ गए हैं कि आज अधिकाधिक गहरी खुदाई करते जाने पर वे कारखानों की चिमनियों-जैसे दिखाई देते हैं । ह्रास और अव्यवस्था के चिह्न केवल अंतिम अवस्था में ही दृष्टिगोचर होते हैं । ऊपरी स्तर के कुछ मकान, जो बेतरतीब और घटिया सामग्री से बने हैं, सड़कों पर चले आए हैं । इसका अर्थ यह है कि नगर के ऐसे मुहल्ले तब तक ध्वस्त हो चुके थे । आँवें, जो पहले किसी भी स्तर में नगर के भीतर नहीं दिखाई देते, वे अब नगरसीमा के भीतर लगाए जाने लगे । ईंटों के भट्टे कहीं नहीं दिखाई दिए । नगर के एक हजार वर्षों के समृद्धिकाल में ये ईंटें कहीं दूर ऐसे स्थान पर तैयार की जाती थीं जहाँ ईंधन सुविधा से उपलब्ध था । वहाँ से बैलगाड़ियों अथवा नावों द्वारा ये ईंटें महानगर में लाई जाती थीं । लकड़ी बड़ी-बड़ी नदियों के रास्ते हिमालय से लाई जाती थी । अंतिम दौर में बने मकानों में कुछ पुराने इमारती सामान का और धूप में सुखाई गई बिना पकी ईंटों का इस्तेमाल किया गया है । सिंधु सभ्यता के इस एक हजार वर्षों के काल में मिस्र में पूरे एक दर्जन राजवंशों ने शासन किया, अक्कदियों ने सुमेर पर अधिकार कर लिया, सारगोन महान ने एक साम्राज्य की स्थापना की जो उसके उत्तराधिकारियों के हाथों नष्ट हो गया । इस कालावधि में मेसोपोटामिया के प्रत्येक नगर के ढाँचे में महत्त्वपूर्ण परिवर्तन हुए, परंतु भारतीय नगर यथावत् बने रहे ।

दूसरी विशेषता यह है कि उन दो समानांतर संस्कृतियों की तरह सिंधु नगरों में सार्वजनिक स्मारक या सजावट देखने को नहीं मिलती । अपवाद संभवतः एक ही है । कोई बड़ा संथागार तो नहीं मिला है परंतु मोहेंजोदड़ो में स्तंभयुक्त पार्श्व अथवा प्रकोष्ठवाला जो 70 मीटर लंबा मंडप मिला है, उसका उपयोग संभवतः सार्वजनिक कार्य के लिए होता था । सिंधु नगरों में न कोई अभिलेख मिले हैं, न

सूच्याकार स्तंभ अथवा मूर्तियाँ, और न ही किसी प्रकार का कोई जनादेश प्राप्त हुआ है। कुछ आलीशान मकानों की दीवारें सात फुट चौड़ी हैं, भलीभाँति पकी हुई ईंटों की हैं, जिससे जाहिर होता है कि ये मकान कई मंजिलों के थे। परंतु नदी-तट की अन्य समकालीन सभ्यताओं के राजप्रासादों अथवा मंदिर-समूहों की शान निराली ही थी। जहाँ तक पता चला है, सिंधु नगरों में सड़क की ओर की दीवारें बिना किसी सजावट के सपाट होती थीं। पच्चीकारी, भित्तिचित्र, चमकदार खपड़े, खास तौर से तैयार की गई प्रतिमायुक्त ईंटें, गचकारी, यहाँ तक कि अलंकृत द्वार भी यहाँ देखने को नहीं मिलते। सामान्यतया घर का प्रवेशद्वार बगल की गली की ओर रहता था, और यह दरवाजा भी सँकरा होता था ताकि आसानी से बंद किया जा सके। अन्य शब्दों में, इन मकानों में निहित संपत्ति का उस प्रकार सजावटी प्रदर्शन नहीं होता था जैसाकि मंदिरों में अथवा सैनिक विजय के वृथागौरव में होता रहा है। साथ ही, इनकी संचित धन-संपदा असामाजिक तत्त्वों या लुटेरों से पूरी तरह सुरक्षित नहीं थी। नगर पर जिस किसी का भी शासन रहा हो, पर समुचित सुरक्षा-व्यवस्था का अभाव था।

इससे तीसरी प्रमुख विशेषता सामने आती है—प्रबल प्रहारी साधनों की विस्मयकारी कमजोर व्यवस्था। मोहेंजोदड़ो से प्राप्त हथियार वहाँ के बढ़िया औजारों की तुलना में कमजोर हैं। भाले पतले और पर्शुका-रहित हैं; पहले जोरदार आघात में ही इनकी नोक मुड़ जाती होगी। तलवारें बिलकुल नहीं मिलतीं। जो कठोर चाकू और कुल्हाड़े मिले हैं वे हथियार नहीं बल्कि औजार हैं। धनुर्धर के लिए तो एक भावचित्रात्मक संकेत अस्तित्व में आ गया था, परंतु तीरों के फलक काँसे के नहीं, पत्थरों के होते थे। प्रजा पर शासन करनेवाली सत्ता जो भी रही हो, वह अधिक बलप्रयोग नहीं करती थी। दोनों ही नगरों में एक ओर दुर्ग के टीले हैं; हड़प्पा में कालांतर में इसकी किलेबंदी कर दी गई थी। आरंभ में यहाँ एक दस मीटर ऊँचे कृत्रिम चबूतरे पर बिना किलेबंदी के ही कुछ भवन आदि बनाए गए थे। चबूतरे की भित्तियों के साथ ढलानवाले मार्ग बने हुए थे, जो संस्कार-समारोहों के लिए तो सुविधाजनक थे, परंतु सुरक्षा की दृष्टि से निरुपयोगी थे।

सिंधु सभ्यता में परिवर्तन का अभाव केवल आलस्य अथवा रूढ़िवादिता के कारण नहीं है; इसके अधिक गहन कारण हैं। यहाँ लोग सीखने के प्रति जानबूझकर उदासीन रहे, जबकि नए-नए प्रयोग करते रहने से स्थिति में बड़ा सुधार होता। सिंधु प्रदेश के व्यापारी बेबीलोन और सुमेर में नहरों से होनेवाली सिंचाई से निश्चय ही परिचित थे। सिंधु प्रदेश के विमान से जो चित्र उतारे गए हैं उनमें सिंचाई के आधुनिक साधनों के अलावा कोई नहरें नजर नहीं आतीं। वे लोग खुली भट्ठी में ढाली गई काँसे की साधारण कुल्हाड़ी का ही एक औजार के रूप में इस्तेमाल करते रहे, जबकि सिंधु सभ्यता के कारीगर निश्चय ही ऐसे कुल्हाड़े और

बसूले बनाने में समर्थ थे जिनमें लकड़ी के हत्थे डालने के लिए कोटर या छेद बने हों। इस प्रकार के औजारों के नमूने केवल ऊपरी सतहों में ही मिले हैं, और ये निर्विवाद रूप से उत्तर-पश्चिम की ओर से आए हुए उन आक्रमणकारियों के हैं जिनकी (भारत से बाहर की) कब्रों में ऐसे औजार प्राप्त हुए हैं। यही हाल तलवार-जैसे अधिक सक्षम हथियारों का है; सिंधु सभ्यता में इनका आगमन बाहर से हुआ।

सिंधु नगरों के लिए कोई पूर्ववर्ती उदाहरण न मिलना, पहली बार इनकी नींव पड़ना और एकाएक, एक-दो सदी में ही, इनका बनकर तैयार हो जाना, इस बात का सूचक है कि इनके निर्माण की प्रेरणा बाहर से मिली है। इनका दीर्घकालीन परिवर्तन-रहित स्थायित्व यही सिद्ध करता है कि इनके जिस रूप को विकसित किया गया था, वह स्थानीय परिस्थितियों के अनुरूप था। यह विकास भी इतनी द्रुतगति से हुआ कि सिंधु प्रदेश के पश्चिम तथा उत्तर-पश्चिम में बलूचिस्तान में जिन प्रागैतिहासिक गाँवों के पुरावशेष मिले हैं उनसे इनका क्रमशः उदय होना संभव नहीं जान पड़ता। बलूची शैली के मृत्भांड हड़प्पा की नींव के ठीक नीचे तो मिले हैं, पर स्वयं नगर में नहीं मिले हैं। नगर-निर्माता परदेशियों ने बड़ी संख्या में आक्रमण नहीं किया था। सिंधु सभ्यता के स्थापत्य और सामान्य शिल्प की अपनी कुछ खास विशेषताएँ हैं; सुमेरिया-जैसी विस्तृत नागर संस्कृति से इन्हें ग्रहण नहीं किया गया। साथ ही, जैसाकि पहले बताया जा चुका है, सिंधु नगरों में स्थानीय पद्धति से बनी हुई कुछ पुरातन (गिलगमेश-एनकिदु) सुमेरी प्रकार की मुहरें भी मिली हैं। लेकिन ये सुमेरी लोग भी दजला-फरात नदीतटों के मूल निवासी नहीं थे; ये मूलतः किसी पहाड़ी प्रदेश से आए थे। उनके प्रमुख मंदिर, जिन्हें **ज़िगुरात** या **ज़िक्कुरात** कहते हैं, 70 फुट या इससे भी अधिक ऊँचे कच्ची ईंटों के चबूतरों पर बनाए गए थे। ये चबूतरे वस्तुतः कृत्रिम पहाड़ियाँ ही थीं। मेसोपोटामिया के नगरों (हस्सुना) के निम्नतम स्तरों के नीचे जिस प्रकार के आदिकालीन मृत्भांड मिले हैं, वैसे भांड ईरानी पठार के, उदाहरणार्थ, जेरमो स्थान के, ईसा पूर्व पाँचवीं सहस्राब्दी के किसानों के भी मिले हैं। यही स्थिति मिस्र की है। जान पड़ता है कि जिन लोगों ने पहली बार शक्तिशाली मिस्री राज्यों की नींव डाली थी, वे बाहर से आए थे। मिस्र (गेबेल-अल्-अरक) से प्राप्त एक प्रागैतिहासिक छुरे की अद्‌भुत मूठ पर अंकित दृश्य, जिसमें एक मल्लयोद्धा को दो सिंहों का गला घोंटते हुए दिखाया गया है, पुनः एक बार गिलगमेश की कथा का स्मरण कराता है। यह दृश्यांकन यद्यपि उस काल का है जब नील घाटी में नगरों का विकास अभी-अभी शुरू हुआ था, फिर भी इसकी एक विशेषता है : इसमें सिंहहंता को ऐसा चोगा पहने हुए दिखाया गया है जैसा मिस्रवासी कभी नहीं पहनते थे। सुमेरी और भारतीय सिंहहंता एकदम नग्न हैं। कला में इस प्रकार की बाह्य प्रवृत्तियाँ इस बात की स्पष्ट सूचक हैं कि इन महान संस्कृतियों के बीज बाहर से लाए गए थे। फिर भी जिन तीन नदी घाटी

संस्कृतियों की हमने तुलना की है वे, अनुकूल किंतु एकदम भिन्न-भिन्न स्थानीय परिस्थितियों के कारण, सर्वथा पृथक् सभ्यताओं के रूप में विकसित हुईं।

इसकी सर्वोत्तम व्याख्या निम्न प्रकार से संभव जान पड़ती है। इन शक्तिशाली नदी-घाटी-संस्कृतियों को जन्म देनेवाले लोग किसी सीमित किंतु विकसित क्षेत्र अथवा क्षेत्रों से आए थे। सीमित इस अर्थ में कि प्रत्येक जन-समूह के लिए उनकी अज्ञात मूल भूमि में और अधिक विस्तार के लिए स्थान नहीं रहा होगा; और विकसित इसलिए कि इन तीनों ही महान सभ्यताओं के निर्माताओं को कृषि, ईंट-निर्माण, मकानों के निर्माण तथा इनके समुचित नियोजन और थोड़े-बहुत सैनिक तंत्र का ज्ञान था। सैनिक तंत्र की आवश्यकता दो कारणों से थी। कभी-कभी पानी के लिए लडाई करनी पड़ती थी। मरुक्षेत्र से बहनेवाली नदियों की विस्तीर्ण जलोढक घाटियों में कृषि के होने मात्र से ही आहार-संग्राहकों को अन्न-उत्पादक नहीं बनाया जा सकता था। भारत के परवर्ती युगों में भी परिवर्तन की इसी समस्या का बार-बार सामना करना पड़ा है। आहार-संग्राहकों की अपेक्षा अन्न-उत्पादकों की वृद्धि अधिक तेजी से होती रही और ये अधिकाधिक क्षेत्र पर अधिकार जमाते गए। इससे दोनों के बीच सशस्त्र संघर्ष होना स्वाभाविक ही था। फिर वह समय भी आया जब यह आनुषंगिक खोज हुई कि अधिक मजदूरों की जरूरत को शस्त्रबल द्वारा, अर्थात् दास बनाकर, जल्दी पूरा किया जा सकता है।

इन प्राथमिक संस्कृतियों के संभाव्य मूल अथवा कम-से-कम आदिरूप चताल हुयुक (अनातोलिया) और जेरिको (फिलस्तीन) के ईसा पूर्व सातवीं सहस्राब्दी के प्राचीन स्तरों में खोजे गए हैं। इनमें से पहले स्थल पर एक छोटा-सा शहर था, जिसमें मकान पूरी तरह एक-दूसरे से सटे हुए थे और मकान में उतरने के लिए ऊपर छत में बने 'द्वार' से सीढ़ियाँ डालने की व्यवस्था थी। टोकरियों के अनुकरण पर मिट्टी के बर्तन अभी-अभी बनने शुरू हुए थे। पत्थर की मूर्तियाँ बनती थीं और उनकी पूजा होती थी। जेरिको में मृत्भांड-पूर्व लघुपाषाण युग का प्रस्तर खंडों से निर्मित एक अद्भुत किलाबंद बुर्ज मिला है। यह बुर्ज झरने की रक्षा के लिए आवश्यक था, क्योंकि उस शुष्क प्रदेश में पानी का यही एकमात्र स्रोत था। यह आवश्यक नहीं है कि इन दोनों में से कोई भी स्थल नील घाटी की, मेसोपोटामिया की अथवा सिंधु घाटी की सभ्यता का निकटतम स्रोत रहा हो। अभी तक ऐसा कोई प्रमाण नहीं मिला है जिससे इनके बीच किसी प्रकार का प्रत्यक्ष संबंध सिद्ध हो। पुरातात्त्विक विधियों से इनके बीच के दिक् और काल के अंतर को भरने के लिए अभी काफी समय लगेगा। जो भी हो, निरंतर विकसित होकर बड़े नगर-राज्यों में रूपांतरित होने में बाधक होनेवाले अनुपयुक्त प्रदेशों में आबाद ये आरंभिक छोटी कृषक बिरादरियाँ ही वह अपरिहार्य बीज हैं जिससे कालांतर में नदी घाटियों की वैभवशाली सभ्यताओं का उदय हुआ।

सामाजिक ढाँचा

सिंधु नगरों के सामाजिक स्वरूप के बारे में कुछ कहने के पहले इन दोनों नगरों की एक और खास विशेषता का उल्लेख आवश्यक है। सर्वोत्तम भवन-समूह के समीप ही, किंतु एक 10 मीटर ऊँचे ईंटों के चबूतरे पर बने धनी लोगों के मकानों से स्पष्टतः पृथक्, 'दुर्ग' का टीला है। दोनों नगरों के टीले समान आकार के और आयताकार हैं। हड़प्पा के टीले का आधुनिक काल में ईंटों की खदान के रूप में इस्तेमाल हुआ है, इसलिए यह नष्ट हो चुका है। और, मोहेंजोदड़ो के इस टीले के एक भाग पर ईसा की दूसरी सदी का एक बौद्ध-स्तूप आज भी मौजूद है। यदि मान लें कि टीले पर बने भवनों की योजना तथा इनका विन्यास एक-सा था, तो यह स्पष्ट होता है कि आरंभ में इन भवनों का इस्तेमाल सार्वजनिक कार्यों के लिए होता था, न कि सैनिक कार्य के लिए। किलाबंदी बाद में हुई। मोहेंजोदड़ो में इस स्थान पर अनेक कमरों वाला एक ऐसा भवन मिला है जो शुरू में कई मंजिलों का था। इसके भीतरी खुले प्रांगण में करीब 23 × 39 फुट का 8 फुट गहरा एक आयताकार कुंड है। इसमें ईंटों की बढ़िया चुनाई हुई है, और कुंड की दीवार के मध्य में जलावरोधक डामर की एक परत है। कुंड के तल तक पहुँचने के लिए दोनों सिरों पर सीढ़ियाँ बनी हुई हैं, जिन पर आरंभ में लकड़ी के तख्ते बिछे हुए थे। कुंड को संभवतः साफ करने के लिए ही एक बढ़िया नाली द्वारा इसके पानी को बाहर निकालने की व्यवस्था की गई थी। प्रांगण के समीप के ही एक कमरे में कुआँ बना हुआ था, जिससे परिश्रमपूर्वक पानी निकालकर इस 'स्नानागार' को भरा जाता था। शेष जो कमरे हैं उनके द्वार आमने-सामने नहीं हैं; कुछ कमरों में पहली या और ऊपर की मंजिलों तक पहुँचने के लिए सीढ़ियाँ बनी हुई हैं। यह 'विशाल स्नानागार' नहाने-धोने के लिए नहीं बना होगा, क्योंकि हर मकान में बढ़िया गुसलखाने और अच्छे कुएँ थे, और सिंधु नदी दुर्ग के टीले के पास से ही बहती थी। निश्चय ही इस स्नानागार का संबंध ऐसी किसी विस्तृत संस्कार-विधि से रहा होगा जिसका वहाँ के निवासियों के लिए विशेष महत्त्व था।

कालांतर के प्राचीन भारतीय साहित्य में मिलनेवाले संस्कार-कुंडों के उल्लेखों का यदि तुलनात्मक अध्ययन किया जाए, तो इस 'स्नानागार' का मूल प्रयोजन काफी हद तक स्पष्ट हो जाएगा। संस्कृत में इन्हें 'पुष्कर' अर्थात् कमलताल कहते हैं। पूरे ऐतिहासिक युग में ऐसे कृत्रिम ताल बनाए गए हैं : पहले स्वतंत्र रूप में, बाद में मंदिरों के समीप। ऐसे ताल या कुंड आज भी बनाए जाते हैं। स्पष्ट है कि प्राकृतिक कमलताल से काम नहीं चलता था। धार्मिक संस्कार से संबंधित स्नान तथा शुद्धिकरण के अलावा, ऐसे पुष्कर प्राचीन काल में राजाओं और पुरोहितों के अभिषेक के लिए भी आवश्यक थे। भारतीय राजा का 'अभिषेक' होता था, यूरोप की तरह 'अभ्यंजन' नहीं। इसके अतिरिक्त, तीर्थस्थानों में सीढ़ियाँ (आधुनिक

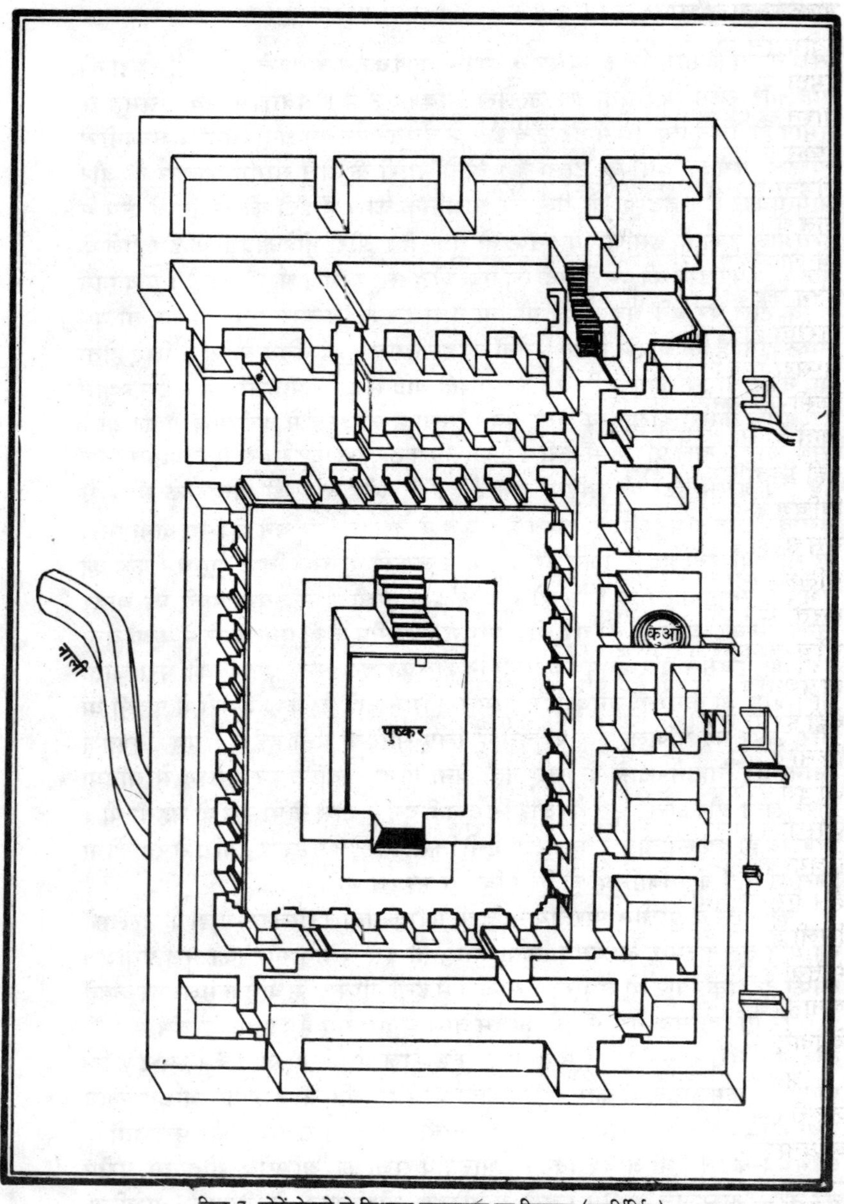

चित्र 7. मोहेंजोदड़ो के विशाल स्नानागार का विन्यास (पुनर्निर्मित)

भारतीय घाट) विशेष रूप से पाई जाती हैं। धार्मिक स्थल के लिए 'तीर्थ' शब्द का प्रयोग इस बात का सूचक है कि प्रारंभ में जल को पार करने के लिए घाट उतरना पड़ता था। ये दो विशेषताएँ मोहेंजोदड़ो के 'विशाल स्नानागार' को कालांतर के भारत के पवित्र पुष्करों से भलीभाँति जोड़ देती हैं। परंतु प्राचीनतम उल्लेखों में पुष्कर के एक तीसरे प्रयोजन का भी वर्णन है, जो इसे आदिम प्रजनन संस्कारों से जोड़ता है। ये पुष्कर सामान्यतः जल-विहारिणी अप्सराओं के क्रीड़ास्थल माने जाते थे। जैसाकि वर्णन है, ये अप्सराएँ अनुपम सुंदरियाँ होती थीं, और वीर पुरुषों को आकर्षित करके उनके साथ समागम करती थीं और इस प्रकार अंत में उन्हें पतन की ओर ले जाती थीं। ये जल-विहारिणी सुंदरियाँ नृत्य और गायन में भी पारंगत होती थीं। इन अर्ध-दैवी अप्सराओं के अपने-अपने नाम थे और प्रत्येक अप्सरा एक विशेष क्षेत्र से संबंधित होती थी। अनेक प्राचीन भारतीय राजवंश किसी-न-किसी अप्सरा के साथ किसी वीर के अस्थाई समागम से उत्पन्न हुए माने जाते हैं। ये अप्सराएँ किसी के साथ विवाह करके स्थायी सामान्य गृहस्थ-जीवन नहीं बिता सकती थीं। इससे मोहेंजोदड़ो के 'विशाल स्नानागार' के साथ कुछ विचित्र ढंग से निर्मित कमरों की उपयोगिता पर प्रकाश पड़ता है। यह व्यवस्था उस संस्कार की अंग थी जिसमें पुरुष न केवल कुंड के पवित्र जल में स्नान करते थे बल्कि मातृदेवी का प्रतिनिधित्व करनेवाली उन देवदासियों के साथ संभोग भी करते थे। ये देवदासियाँ दुर्ग के भवन-समूह में रहती थीं। यह निष्कर्ष खींच-तानकर नहीं निकाला गया है। सुमेर-बेबीलोन के इश्तर के मंदिरों में ऐसी ही प्रथाएँ थीं, जिनमें बड़े परिवारों की लड़कियों को भी भाग लेना पड़ता था। स्वयं देवी इश्तर एक चिरकुमारी होने के साथ-साथ वारांगना भी थी; मातृदेवी थी, परंतु किसी देवता की पत्नी नहीं थी।[1] वह नदी की भी देवी थी। वास्तव में सिंधु प्रदेश का दुर्ग का यह टीला मेसोपोटामिया के **ज़िक्कुरात** का ही प्रतिरूप है। मातृदेवी का अस्तित्व मिट्टी की उन छोटी किंतु डरावनी मूर्तियों से भी सिद्ध होता है जिनमें स्त्रियों को सिर को पूरी तरह ढकनेवाले पक्षीरूप भारी मुखौटे डाले हुए दर्शाया गया है। ऐसी मूर्तियाँ प्राक्सिंधु गाँवों के भग्नावशेषों में और इन दो सिंधु नगरों में भी मिली हैं। ये मूर्तियाँ महज गुड़िया या खिलौने नहीं हैं, बल्कि किसी ऐसी देवी की मूर्तियाँ हैं जो जन्म और मृत्यु की अधिष्ठात्री मानी जाती थी। उसकी बड़ी मूर्तियाँ बनाने की आवश्यकता नहीं थी, क्योंकि प्रतिमा के बिना ही उसकी ओर से उसकी देवदासियाँ सभी आवश्यक संस्कार-विधियाँ पूरी कर देती थीं।

अब इस स्थिति की मिस्र और मेसोपोटामिया के साथ तुलना करके देखना जरूरी है। सिद्धांत रूप से मिस्र का फरुन एक दैवी शासक था, राज्य की भूमि का अधिनायक था। परंतु वस्तुस्थिति यह थी कि वह बहुसंख्यक शस्त्रधारी

1. इश्तर का एक पति था, और उसका नाम था तम्मुज़ या दुम्मुज़ी—अनुवादक

कुलीन-वर्ग और उससे भी बड़े पुरोहित-वर्ग के सहयोग से ही शासन कर सकता था। नील नदी की संकीर्ण घाटी में उसके शासन का एक आवश्यक प्रयोजन था। खाद्य-सामग्री के अलावा शेष सारा आवश्यक कच्चा माल—इमारती लकड़ी, खनिज या धातुएँ आदि—बड़े प्रयास से, और कभी-कभी तो सैनिक अभियान से भी, आयात करना पड़ता था। आयात के बाद उस माल का बँटवारा करना जरूरी होता था। अलग-अलग गाँव यह सब करने में असमर्थ थे, क्योंकि कार्यों और सामग्री के बँटवारे का संचालन बिना किसी झगड़े के होना जरूरी था। यह संचालन और बँटवारा—और आवश्यकता पड़ने पर आक्रमण और युद्ध भी—फरुन का मूलभूत कार्य था। यही कारण है कि फरुन के शासन और स्मृति से संबंधित प्रत्येक वस्तु का, जैसे पिरामिडों का, निर्माण भव्य स्तर पर किया गया है। चूँकि सिंधु प्रदेश से ऐसे स्मारक नहीं मिले हैं, इसलिए हम इस नतीजे पर पहुँचते हैं कि यहाँ पर दैवी युद्ध-नायकों का वंशानुगत शासन नहीं था। जैसाकि पहले बताया जा चुका है सिंधु नगरों में किसी राजप्रासाद के अवशेष नहीं मिले हैं, और जो हथियार मिले हैं वे बहुत थोड़े और कमजोर हैं। किसी महान विजेता की स्मृति में खड़ा किया गया कोई भी स्मारक मोहेंजोदड़ो या हड़प्पा में नहीं मिला है। कुछ प्रसिद्ध अंग्रेज पुरातत्त्वविदों ने इन दो बड़े सिंधु नगरों को एक साम्राज्य की उत्तरी और दक्षिणी राजधानियाँ माना है। उनका यह मत न केवल मिस्र के सादृश्य पर, बल्कि संभवतः उनकी इस भावना पर भी आधारित है कि भारत में इतनी विकसित किसी भी वस्तु का अस्तित्व केवल एक सुदृढ़ साम्राज्यी शासन (अंग्रेजों-जैसे) के फलस्वरूप ही संभव है। इस मत पर और टिप्पणी अनावश्यक है।

मेसोपोटामियाई संस्कृति सिंधु सभ्यता के अधिक समीप थी। मिस्रियों की तरह आर्थिक आवश्यकताओं के लिए उन्हें दूसरे देश जीतने की जरूरत नहीं थी, और आंतरिक बँटवारे के लिए किसी प्रबल केंद्रीय सत्ता की भी जरूरत नहीं थी। मेसोपोटामियाई अर्थव्यवस्था में व्यापार ने (यह व्यापार पूर्व और पश्चिम के देशों के अलावा अफ्रीका-तट के देशों के साथ भी चलता था) बड़ी महत्त्व की भूमिका अदा की है। परंतु जहाँ मेसोपोटामियाई नगर में कई मंदिर होते थे, जिनकी अपनी भूमि थी और जो व्यापार में भी भाग लेते थे, वहाँ सिंधु नगर में केवल एक **ज़िक्कुरात** टीला मिलता है, और आम लोगों के लिए किसी प्रभावशाली या लोकप्रिय धार्मिक-स्थल के अस्तित्व का कोई प्रमाण नहीं मिलता, फिर घरेलू या पारिवारिक पूजा-संस्कारों का चाहे जो भी स्वरूप रहा हो। मेसोपोटामिया में व्यापारियों का ऊँचा स्थान था; भूमि, दास, पशुधन तथा अन्य सामग्री के रूप में उनके पास प्रचुर संपत्ति थी; परंतु उनके मकान वैभवशाली सिंधु नगरों के मकानों-जैसे नहीं थे और उनकी साफ-सफाई की व्यवस्था भी खराब थी। उनके उत्तराधिकार के नियमों, अनुबंधों, कर्जों तथा बंधकों के बारे में हमें काफी जानकारी मिलती है। परंतु सिंधु सभ्यता का ऐसा कोई दस्तावेज नहीं मिला है।

यह भी एक बड़ी पहेली है कि सिंधु सभ्यता के व्यापारी मेसोपोटामिया के साथ व्यापार करते थे, फिर भी उन्होंने वहाँ की लेखन-पद्धति—मिट्टी के खपड़ों या फलकों पर नुकीली कील से अक्षर उकेरने की पद्धति—को नहीं अपनाया। क्या कारण है कि उन्होंने विदेश के बेहतर औजारों को नहीं अपनाया? खेती के लिए नहरों से सिंचाई और गहरी जुताई का सहारा क्यों नहीं लिया? कुछ सिंधु व्यापारियों ने फरात-तट के समीप इस पद्धति से उपजाई गई बढ़िया फसल अवश्य ही देखी होगी। इसका यही उत्तर हो सकता है कि सिंधु प्रदश के व्यापारी को इन सुधारों को अपनाने में कोई लाभ नज़र नहीं आया होगा। इससे यह निष्कर्ष निकलता है कि समस्त भूमि महान मंदिर तथा उसके पुरोहित-समुदाय की संपत्ति रही होगी, और इसका बंदोबस्त भी सीधे उन्हीं के हाथ में था। एक बार प्रतिष्ठित हो जाने पर, प्राचीन जगत के अधिकांश पुरोहितों की तरह, इन्होंने भी हर नई पद्धति का विरोध किया होगा। इन पुरोहितों को परिवर्तन की जरूरत नहीं थी, और व्यापारियों के लिए परिवर्तन लाभप्रद नहीं था। मेसोपोटामिया में एक शक्तिशाली लौकिक शासक, **इशक्कु,** होता था, जो युद्ध के समय नगर की सेना का नेतृत्व करता था और जो अंततः एक दैवी अथवा अर्धदैवी राजा बन गया था। वह अपने नगर के मंदिरों की शासन-व्यवस्था में अधिक दखल नहीं देता था, परंतु विजित नगरों में मनमानी करने की उसे पूरी स्वतंत्रता थी। सिंधु प्रदेश में ऐसी राजप्रथा के भी प्रमाण नहीं मिलते। राजपद अत्यावश्यक ही नहीं था। खेतीहर किसान विशेष बलप्रयोग के बिना ही अपना अतिरिक्त अनाज सौंप देते थे। सिंधु समाज का मूलभूत वैचारिक बल शक्तिप्रदर्शन अथवा हिंसा में नहीं बल्कि धर्म में निहित था। यही बात कालांतर के कई युगों के भारतीय समाज के बारे में भी दोहराई जा सकती है। शांतिमय धार्मिक गतिहीनता के मध्य बीच-बीच में युद्ध, आक्रमण, विजय और अराजकता के प्रचंड दौर—यही रहा भारतीय इतिहास का स्वरूप। सिंधु प्रदेश में यह गतिहीनता दीर्घकाल तक टिकी, अडिग रही।

यहाँ के व्यापारी अपनी संपत्ति अपनी हवेलियों की सुदृढ़ चारदीवारी के भीतर जमा करने में स्वतंत्र थे, परंतु ऐसा एक भी मकान नहीं मिला है जिसे हम सही माने में महल या राजप्रासाद कह सकें; ऐसा भी कोई भवन नहीं मिला है जो आकार-प्रकार और महत्त्व में दूसरों से काफी बढ़ा-चढ़ा हो। इसका अर्थ यह है कि सिंधु प्रदेश के व्यापारियों पर हल्के कर लगाए गए थे, और मेसोपोटामिया के व्यापारियों की तुलना में वे निश्चय ही कहीं अधिक मुनाफा कमाते थे। ऐसा कोई राजा नहीं था जो व्यापार में बड़ा साझेदार बनकर उनका अधिकांश मुनाफा हथिया ले। दूसरी ओर, सैनिक सुरक्षा की व्यवस्था अपर्याप्त थी, या बिलकुल ही नहीं थी, और इसलिए उन्हें अपनी और अपनी संपत्ति की रक्षा स्वयं ही करनी

पड़ती थी। यह बात उनके उस विचित्र नैराश्यपूर्ण और भारी तथा सपाट स्थापत्य से सिद्ध होती है जिसका उल्लेख हम पहले कर चुके हैं। सिंधु नगरों के खंडहरों की खुदाई में इस बात के सबूत मिले हैं कि इनके अंतकाल के पहले भी नगर में लुटेरे और डाकू सक्रिय थे। व्यापारियों का हिसाब-किताब वस्त्र, तालपत्र या ऐसी ही किसी नष्ट हो जानेवाली चीज पर लिखा जाता होगा। परंतु सीमित स्थानीय लेन-देन के लिए उन्हें अधिक लिखा-पढ़ी की आवश्यकता नहीं थी, स्मृति के सहारे ही काम चलता होगा। यह प्रथा भी कालांतर के भारतीय समाज में जारी रही—जबानी अनुबंधों का पूरी तरह पालन किया जाता रहा। विदेशी पर्यवेक्षकों को यह बात अचरज में डाल देती है।

अनाज का संग्रह और वितरण महान मंदिर की ओर से होता था। धान्यकोठार टीले-नुमा दुर्ग के भवन-समूह के अंतर्गत या उसके समीप थे, और इसलिए उसी के अंग थे। अनाज की सफाई-कुटाई करनेवाले मजदूर समीप की चाल में रहते थे, जिसके कमरे एक-जैसे किंतु बड़े घटिया बने हैं। ये मजदूर संभवतः मंदिर के दास थे; मेसोपोटामिया में भी **कल्लु** या **गल्लु** नामक ऐसे दास थे। उत्पादन की प्रक्रिया में मंदिर किस हद तक भाग लेता था, यह तो ज्ञात नहीं है, परंतु विदेशी उदाहरणों के आधार पर लगता है कि यह सहभागिता पूरी-पूरी रही होगी। किंतु यह बात ध्यान देने योग्य है कि व्यापारियों की मुहरों पर किसी देवी की आकृति उत्कीर्ण नहीं है। बिना किसी अपवाद के सभी टोटेम पशु नर हैं। जिन थोड़ी-सी मानवाकृतियों को पहचाना गया है, वे भी नर की ही प्रतीत होती हैं। इसका एक कारण संभवतः यह जान पड़ता है कि व्यापारियों ने अपने अलग ऐसे गौण संप्रदाय विकसित कर लिए थे जिनमें मातृदेवी की कोई प्रत्यक्ष साझेदारी नहीं थी। ऐसी स्थिति में व्यापार के मुनाफ़े के बारे में भी यही बात सच होगी, परंतु भू-राजस्व की बात निराली थी।

बस, सिंधु संस्कृति का पुनर्निर्माण इसी सीमा तक संभव है। जाहिर है कि इस व्यवस्था का विस्तार नहीं हुआ। उत्तर की ओर और समुद्रतट के समीप सिंधु सभ्यता की बस्तियाँ बहुत थोड़ी और नगण्य हैं। मुख्य शहरी आबादी तो ईसा पूर्व तीसरी सहस्राब्दी के अंत समय में ही घट गई थी। अब तर्कसंगत सवाल यही है कि, नगरों के अंतिम विध्वंस के बाद कितनी-कुछ सिंधु संस्कृति जीवित रही। निश्चय ही, दस्तकारी और व्यापार से संबंधित बहुत-कुछ बचा रहा। कालांतर के भारतीय वजनों और संभवतः मापों (यह बात उतनी स्पष्ट नहीं है) की भी परंपरा अक्सर सीधे मोहेंजोदड़ो और हड़प्पा तक पीछे चली जाती है। कुछ आख्यान और अनुश्रुतियाँ भी बची रही होंगी; जैसे, जलप्रलय की भारतीय कथा, जो सुमेर-बेबीलोन की और बाइबल में वर्णित विश्वव्यापी जलप्लावन की कथा के ढाँचे पर गढ़ी गई है। यह कथा प्राचीन नहीं बल्कि परवर्ती संस्कृत साहित्य में देखने को मिलती है, और यह नए और पुराने के, आर्यों और आर्य-पूर्वों के उत्तरोत्तर समागम के उन बहुत-से लक्षणों में से एक है जिसके कारण भारतीय साहित्य और

कानूनी व्यवहार का प्रत्याशित क्रम कभी-कभी उलट जाता है। यह तथ्य ध्यान देने योग्य है कि मिस्र में जनजीवन के बुनियादी ढाँचे एवं स्वरूप में कोई गहरा परिवर्तन हुए बिना ही वहाँ एक के बाद एक कई राजवंश शासन करते रहे। जो परिवर्तन दिखाई देते हैं वे केवल फरुन के राजप्रासाद तक ही सीमित हैं, और इसका कारण है विदेशों से एकाएक नए खनिज मिल जाना अथवा युद्ध में बंदी बनाए गए बहुत-सारे दासों पर अधिकार होना। आम जनता का जीवन लगभग पूर्ववत् बना रहा। कुछ आर्यजनों ने मिस्र पर भी आक्रमण किया था। नए-नए आक्रमणकारियों के साथ मेसोपोटामिया की भाषा और धार्मिक संप्रदाय तो बदले, परंतु वहाँ के नगर स्थाई बने रहे। वहाँ शासन चाहे सुमेरियों का रहा हो, या बेबीलोनियों का या असीरियों का या ईरानियों का, अधिक-से-अधिक यही हुआ कि सत्ता का केंद्र एक नगर से दूसरे नगर चला गया। मेसोपोटामियाई सभ्यता का अंतिम विनाश तभी हुआ जब नहरों की सिंचाई-व्यवस्था नष्ट हो गई और अन्न उपजानेवाली भूमि मरुक्षेत्र में बदलती गई। सिंधु नगरों के पूर्ण विनाश का संभवतः एक ही कारण था—उनकी कृषि-व्यवस्था का नष्ट हो जाना। चूँकि यहाँ नहरों की व्यवस्था नहीं थी, इसलिए इसके दो ही अर्थ हो सकते हैं। पहला तो यह कि जैसाकि अक्सर हुआ है, नदियों ने अपने पात्र बदले होंगे। इससे नगर-नौकाश्रय नष्ट हो गए और अनाज पहुँचाना कठिन हो गया। दूसरे, आक्रमणकारी मूलतः कृषक नहीं थे। उन्होंने बाढ़ की सिंचाई के लिए बनाए गए बाँधों को, जिनसे एक चौड़े भूक्षेत्र में उपजाऊ मिट्टी जमा होती थी, तोड़ डाला। इससे अनाज का उत्पादन बंद हो गया और इसके साथ ही दीर्घकालीन गतिहीनता से विघटित होते आ रहे नगर भी नष्ट हो गए। वास्तविक जीवनक्षम समाज का पुनर्निर्माण नए और पुराने के समागम से ही संभव हुआ।

4. आर्य

आर्यजन

संस्कृत में और इससे प्रभावित अधिकांश भारतीय भाषाओं में 'आर्य' शब्द का अर्थ है—'स्वतंत्र', 'श्रेष्ठ' अथवा तीन उच्च वर्णों का सदस्य। अन्य अनेक शब्दों की तरह, विगत शताब्दियों में इस शब्द का भी अर्थ बदला है। बाद के दिनों में यद्यपि इसका इस्तेमाल 'महोदय' अथवा 'श्रीमान' जैसे आदर-सूचक शब्दों के अर्थ में हुआ है, किंतु एकदम आरंभिक दिनों में यह शब्द मानव-जातीय समूह के रूप में किसी विशेष कबीले या कबीलों का सूचक था। अधिकांश इतिहासकार इन्हीं प्राचीन आर्यों से भारतीय इतिहास शुरू करते हैं। कुछ लेखक अब भी यह मानते हैं कि सिंधु सभ्यता के जनक आर्य लोग थे। इस मत का कारण यह पूर्वग्रह है कि भारतीय संस्कृति की प्रत्येक उच्च उपलब्धि आर्यों की ही देन हो सकती है। जर्मनी के भूतपूर्व नात्सी शासन तथा उसके अधिकृत दर्शन ने 'आर्य' शब्द को जो घृणित जातीयवादी अर्थ दिया, उससे उलझन और भी बढ़ गई है। इस विषय में यह भी कुछ संदेह स्वाभाविक है कि वस्तुतः कोई आर्य कभी थे भी या नहीं, और यदि थे, तो वे किस तरह के लोग थे।

आर्यों की प्रमुख विशेषता, एक ऐसी विशेषता जिसके कारण बड़े जनसमूह के लिए यह नाम उचित जान पड़ता है, है—उनका एक सामान्य भाषा-परिवार। ये महत्त्वपूर्ण भाषाएँ सारे यूरेशिया में फैली हुई हैं। संस्कृत, लैटिन तथा यूनानी प्राचीन आर्य भाषाएँ थीं। लैटिन से दक्षिणी यूरोप में रोमांस भाषासमूह (इतालवी, स्पेनिश, फ्रांसीसी, रूमानियन आदि) का विकास हुआ। इसके साथ ही ट्यूटॉनिक (जर्मन, अँगरेजी, स्वेडिश आदि) और स्लाव (रूसी, पोलिश आदि) भाषावर्ग भी आर्य भाषा-परिवार के अंतर्गत आते हैं। अनेक वस्तुओं के शब्दों की आपस में और आर्येतर भाषाओं के शब्दों से तुलना करके देखने पर यह बात सिद्ध हो जाती है। यूरोप की फिनिश, हंगेरियन तथा बास्क भाषाएँ आर्य-परिवार की नहीं हैं। हिब्रू और अरबी, भले ही इन भाषाओं के स्रोत सुमेर की प्राचीन संस्कृति तक पीछे जाते हों, आर्य भाषाएँ नहीं हैं; ये सेमेटिक भाषाएँ हैं। तीसरा विस्तृत आर्येतर भाषा-परिवार चीनी-मंगोलाई है, जिसके अंतर्गत चीनी, जापानी, तिब्बती, मंगोलाई तथा अन्य अनेक भाषाओं का समावेश होता है। यह भाषा-परिवार

सांस्कृतिक और ऐतिहासिक दृष्टि से सर्वाधिक महत्त्व का है, यद्यपि भारत के लिए इतना नहीं। इंदो-आर्य भाषाएँ संस्कृत से विकसित हुई हैं। इस प्रकार आरंभ में विकसित हुई भाषाएँ हैं पालि, जो मगध में बोली जाने के कारण मागधी भी कहलाती है, और अन्य अनेक प्रांतीय प्राकृत भाषाएँ। इन्हीं से हिंदी, पंजाबी, बंगला, मराठी आदि आधुनिक भाषाएँ निकलीं। किंतु भारत में आर्येतर भाषाओं का भी एक विस्तृत और सांस्कृतिक दृष्टि से महत्त्वपूर्ण वर्ग है, जिसमें द्रविड़ भाषा-समूह के अंतर्गत तमिल, तेलुगु, कन्नड़, मलयालम तथा तुलु भाषाओं का समावेश होता है। इनके अलावा छोटे-छोटे कबीलों की बहुत-सारी बोलियाँ हैं, जिनसे हमें भारतीय भाषाओं की आरंभिक अवस्थाओं के बारे में काफी जानकारी मिलती है। एक समय इन सब बोलियों को 'ऑस्ट्रिक' भाषा-परिवार के अंतर्गत रखा जाता था, परंतु मुंडारी, उराँव, टोडा आदि के बीच के अंतर को देखते हुए यह शब्द अब अनुपयुक्त समझा जाने लगा है। अब मुख्य प्रश्न है : क्या भाषा-समुदाय या भाषा-परिवार के एक सामूहिक उद्गम के आधार पर यह निष्कर्ष निकालना न्यायसंगत है कि किसी आर्य जाति या आर्यजनों का कोई अस्तित्व था ?

'प्रजाति' शब्द की चाहे जितनी लचीली व्याख्या की जाए, यह मानना कठिन है कि स्कैंडेनेविया के गौरांग निवासी और साँवले बंगाली एक ही प्रजाति के हैं। इसलिए यूरोप के चोटी के कुछ भाषाविद् करीब एक सदी पहले ही इस निष्कर्ष पर पहुँचे थे कि आर्य जाति की बात उसी प्रकार हास्यास्पद है, जिस प्रकार 'लघुकपालीय व्याकरण' की। आर्य एक भाषाशास्त्रीय शब्द है, मानवजातीय इकाई से इसका कोई संबंध नहीं। फिर भी, यह एक सचाई है कि प्राचीन काल में ऐसे लोग मौजूद थे जो स्वयं को आर्य कहते थे, और दूसरे लोग भी उन्हें आर्य कहते थे। हख़ामनि सम्राट दारयवहु प्रथम (दारा या डेरियस : मृत्यु 486 ई.पू.) अपने अभिलेखों में अपने बारे में कहता है : 'हख़ामनिशिय, पार्स, पार्सपुत्र, आर्य वंशज आर्य'। अतः आर्यों का एक ऐसा ऐतिहासिक जन-समुदाय था जिसमें हख़ामनि कुल और पारसी कबीले का भी समावेश होता था। पवित्र वेद प्राचीनतम भारतीय ग्रंथ हैं, और इनके अनुसार आर्य लोग वे हैं जो वेदों में वंदित देवताओं की उपासना करते हैं। तिथियुक्त अभिलेखों और हस्तलेखों से क्रमशः पीछे जाते हुए भारत की समस्त लिखित सामग्री को, वेदों को भी, एक प्रकार के कालक्रम में आयोजित करना संभव है। परवर्ती ग्रंथ पूर्ववर्ती ग्रंथों का या तो उल्लेख करते हैं या उनका अनुकरण करते हैं। भाषा की पुरातनता से पूर्वकालिकता सिद्ध होती है। इस प्रकार, **ऋग्वेद** प्राचीनतम ग्रंथ सिद्ध होता है; इसके बाद **यजुर्वेद** (जिसकी **शुक्ल** और **कृष्ण** दो शाखाएँ हैं) और **सामवेद** का स्थान है, और काफी बाद में **अथर्ववेद** की रचना हुई, जिसमें मंत्र-तंत्र पर विशेष बल दिया गया है। एक संगत अनुमान यह है कि ऋग्वेद के अधिकांश भाग की रचना लगभग 1500-1200 ई.पू. के बीच में पंजाब में हुई, अथवा कम-से-कम इसमें उल्लिखित घटनाएँ इस काल की हैं।

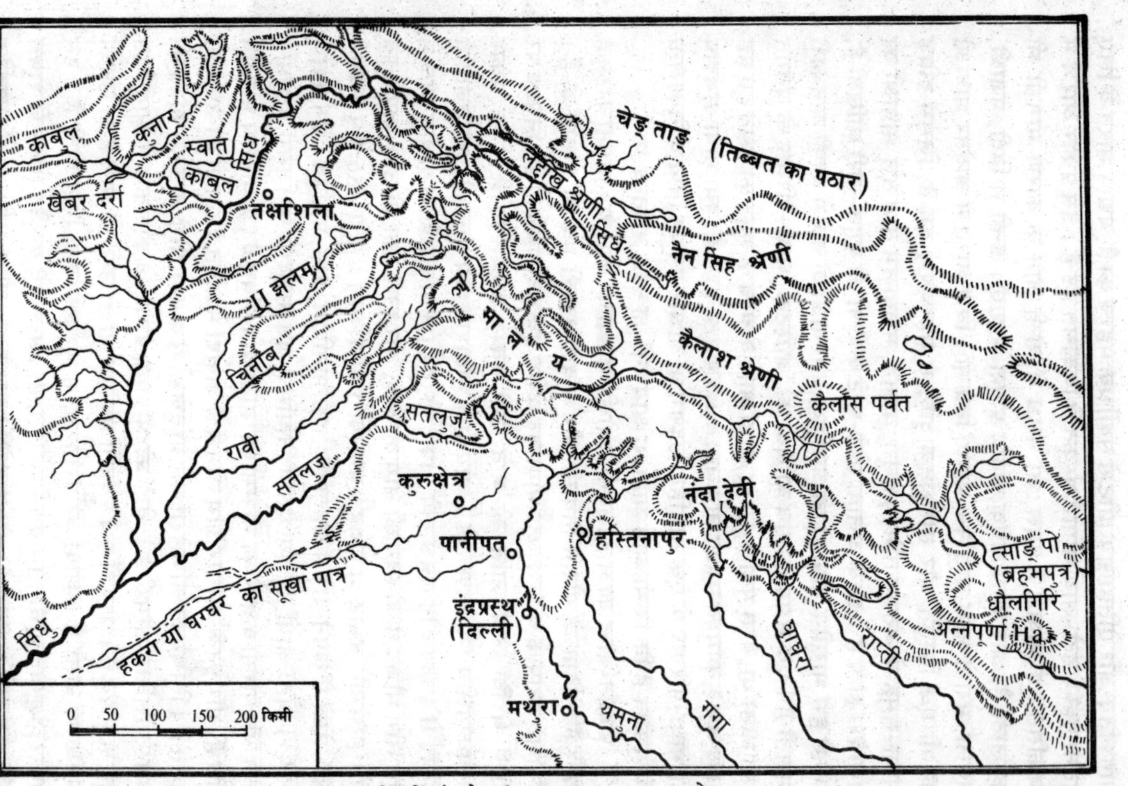

पंजाब की नदियाँ और गंगा-यमुना का उद्गम-क्षेत्र

परंतु भारत के बाहर के आर्यों की तरह ये वैदिक आर्य भी उसी प्रकार आपस में निरंतर लड़ते रहे, जिस प्रकार ये अनार्यों और आर्य-पूर्व लोगों से लड़े। अतः यह निष्कर्ष युक्तिसंगत जान पड़ता है कि आर्य भाषाएँ बोलनेवाले केवल कुछ ही लोग अपने को आर्य कहते थे। दारयवहु के पुत्र क्षयार्ष की सेना में आर्यनामक टुकड़ियाँ थीं, और यह भी जानकारी मिलती है कि मीड़ियावासी, जो पारसियों के पहले हुए, आरंभ में 'आर्य' कहलाते थे। 'ईरान' शब्द की उत्पत्ति 'आर्यानाम्' अर्थात् 'आर्यों का (देश)' से हुई है। यद्यपि यूनानी, पारसी और पंजाब के भारतीय लोग आर्य भाषाएँ बोलते थे, किंतु सिकंदर के समकालीन इतिहासकारों ने 'आर्य' शब्द का प्रयोग इस नामवाले केवल उसी कबीले के लोगों के लिए किया है जो उस समय सिंधु नदी के दाहिने तट पर बसे हुए थे।

आदिम आर्य भाषा बोलनेवाले मूल लोग किस प्रकार के थे? जैसाकि पहले बताया जा चुका है, आदिम भाषाओं में 'वृक्ष', 'पशु', 'मछली' आदि जातिवाचक शब्दों की बजाय हर प्रकार के पक्षी, पशु, मुरगा-मुरगी तथा पौधे के लिए पृथक-पृथक शब्द हैं। उदाहरणार्थ, भाषाशास्त्रियों ने, नितांत स्थानीय शब्दों को छोड़कर, 'वृक्ष' शब्द के लिए आर्य भाषाओं में पाए जानेवाले समान धातु-शब्दों की तुलना की है। इससे जान पड़ता है कि मूल आर्य वृक्ष भूर्ज था जो उत्तरी यूरोप और हिमालय में तो होता है, परंतु ऊष्ण जलवायु में नहीं। उनकी मछली संभवतः सामन थी। इस प्रकार के विश्लेषण को आगे बढ़ाया जा सकता है। धरातल पर पौधों (जिनकी खेती होती है और जो किस्में दूर-दूर तक यात्रा कर चुकी हैं, उन्हें छोड़कर), जंगली पशुओं, पक्षियों और मछलियों का सामान्य वितरण काफी हद तक निर्धारित हो चुका है, और ज्ञात है। उन पालतू किस्मों के बारे में कुछ छूट देनी होगी जिन्हें मनुष्य एक स्थान से दूसरे स्थान ले गए होंगे। उदाहरण के लिए, चाय और इसके लिए प्रयुक्त यह शब्द ऐतिहासिक काल में चीन से आया। इससे हम यह निष्कर्ष नहीं निकाल सकते कि 'चाय' आर्य शब्द अथवा आर्य पेय था, कि चीनी एक आर्य भाषा है, या कि चीन आर्यों का मूल देश था। ऐसी संदिग्धताओं को दूर कर देने के बाद निष्कर्ष यह निकलता है कि मूल आर्य लोग यूरेशिया के उत्तरी क्षेत्रों से परिचित थे, और संभवतः वहीं उनका मूल स्थान था।

किंतु भाषाशास्त्रीय विश्लेषण का दायरा और इसकी उपयोगिता सीमित है। आर्यों की सगोत्रीय शब्दावली में अद्भुत समानता है। उल्लिखित भाषाओं में माता, पिता, भ्राता, श्वसुर, विधवा आदि के लिए प्रायः एक-से शब्द मिलते हैं। इससे हम निष्कर्ष निकाल सकते हैं कि मूल सामाजिक संगठन एक-सा था और ये लोग भी वस्तुतः एक ही थे। साथ ही, 'पाद' (पैर) के लिए तो सर्वसामान्य आर्य शब्द मिलता है, परंतु 'हस्त' (हाथ) के लिए ऐसा कोई शब्द नहीं है। संस्कृत के 'दुहितृ' (पुत्री) शब्द का अर्थ 'दूध दुहनेवाली' भी होता है, और यह शब्द आर्य भाषाओं में व्यापक रूप से पाया जाता है। इसके आधार पर कुछ यूरोपीय विद्वानों

ने आर्यों के घरेलू जीवन का एक मनोहर चित्र तैयार किया है। दुर्भाग्यवश, 'दूध' के लिए कोई सर्वसामान्य शब्द नहीं मिलता। प्राचीन आर्य भाषाओं में 'गाय' और 'अश्व' के लिए सर्वसामान्य शब्द मिलते हैं, जिससे पता चलता है कि ये पशु उनकी अर्थव्यवस्था के मूल आधार थे। परंतु इस पद्धति का बहुत दूर तक इस्तेमाल करने का अर्थ होगा हास्यास्पद परिणामों पर पहुँचना। जब अन्य कोई साधन उपलब्ध न हो, तभी इस पद्धति का उपयोग उचित है।

आर्यों की जीवन-पद्धति

एक व्यापक सिद्धांत के रूप में यह कहा जा सकता है कि कोई भी भाषा, जब तक वह बेहतर उत्पादन प्रणाली से जुड़ी न हो, विविध भाषाओंवाले बहुसंख्यक लोगों पर लद नहीं सकती। आक्रमणकारी आर्यों के गिरोह बहुत बड़े नहीं रहे होंगे, क्योंकि जिस भूमि से वे आए थे, वहाँ उन अधिकांश सभ्य तथा खेतीहर प्रदेशों से अधिक आबादी का पालन संभव नहीं था जिन पर उन्होंने आक्रमण किए। तब वे अपने को और अपनी भाषा को दूसरे पर कैसे थोप गए? संस्कृति को, इसके व्यापक अर्थ में, उनकी प्रमुख देन क्या थी? भारत पर हमला करनेवाले आर्यों के बारे में काफी-कुछ कहा जा सकता है। लिखित और भाषिक प्रमाणों के आधार पर भारतीय-ईरानी लोगों के लिए ई.पू. दूसरी सहस्राब्दी के आगे 'आर्य' नाम का प्रयोग निश्चय ही न्यायसंगत है। पुरातत्त्व से हमें जानकारी मिलती है कि ये खास आर्य ईसा पूर्व दूसरी सहस्राब्दी में युद्धप्रिय खानाबदोश लोग थे। उनके भोजन का मुख्य स्रोत और संपत्ति का मापदंड मवेशी थे, जिन्हें वे महाद्वीप के विशाल विस्तार में चराते रहते थे। घोड़े को वे रथ के साथ निपुणता से तो नहीं जोत पाते थे, परंतु इससे उन्हें सामरिक दाँवपेंचों के लिए गति और युद्ध में श्रेष्ठता मिली। आर्य कबीलों का संगठन पितृसत्तात्मक था; कबीले में पुरुष ही अधिनायक और संपत्ति का स्वामी होता था। आर्य देवता भी अधिकतर पुरुष ही हैं, पर कुछ देवियाँ पहले के युगों से और पहले के लोगों से ली गई थीं।

जब हम आर्य संस्कृति की चर्चा करते हैं, तो इसका अर्थ हमें स्पष्ट होना चाहिए। तुलना में आर्य लोग ईसा पूर्व तीसरी सहस्राब्दी की उन महान नागरी संस्कृतियों से श्रेष्ठ नहीं थे जिन पर उन्होंने हमला किया और जिन्हें प्रायः नष्ट कर डाला। आर्यों के ऐसे कोई विशिष्ट मृत्भांड अथवा खास औजार नहीं हैं जिनके आधार पर आर्य संस्कृति का पुरातात्त्विक विवेचन किया जा सके। वस्तुतः जिस बात के कारण इन लोगों को विश्व-इतिहास में इतना महत्त्व मिला है, वह थी इनकी बेजोड़ गतिशीलता, जो इन्हें मवेशियों के चल खाद्य-भंडार के रूप में, युद्ध में अश्व-रथ के रूप में और भारी माल ढोने के लिए बैलगाड़ी के रूप में प्राप्त हुई थी। इनकी मुख्य उपलब्धि यह थी कि इन्होंने ईसा पूर्व तीसरी सहस्राब्दी की महान

नदी घाटी सभ्यताओं से दूर बसी हुई छोटी, अवरुद्ध तथा प्रायः पतनोन्मुख कृषक बिरादरियों के बीच के अवरोधों को बड़ी निर्ममता से नष्ट कर डाला। आर्यों ने उन स्थानीय शिल्पों को अपना लिया जो उनके लिए उपयोगी थे, और आगे बढ़ गए। उनके आक्रमण से मची हुई तबाही का जीर्णोद्धार करना बरबाद हुए लोगों के लिए प्रायः असंभव हो जाता था। फिर भी, आर्य और मिस्री (और बाद के असीरी) आक्रमणों में मूलभूत अंतर था। मिस्र का फरुन लूट, भेंट, ताँबे के खनिज पर अधिकार अथवा अपनी योजनाओं पर काम करने के लिए दास प्राप्त कर लेने के बाद वापस लौट जाता था। एकदम ही नष्ट कर दिया गया हो तो बात निराली है, अन्यथा आक्रांत प्रदेश में जीवन बहुत-कुछ पुराने ढंग से ही चलता था। परंतु जिन पुरानी बस्तियों पर आर्यों का हमला होता था, और इनमें से अधिकांश बस्तियाँ अगम्य स्थानों में होती थीं और फरुन-जैसे आक्रमण के लिए अनुपयुक्त थीं, वहाँ मानव समाज और मानव इतिहास की नई शुरुआत, वह भी यदि संभव हुई तो, एक नितांत नए स्तर से होती थी। इसके बाद छोटी खेतीहर इकाइयों और बंद कबीलाई बिरादरियों में पहले-जैसा अलगाव असंभव हो जाता था। वे शिल्प विधियाँ जो प्रायः निरर्थक कर्मकांडों से संबंधित होने के कारण स्थान-विशेष में ही बड़े जतन से गुप्त रखी जाती थीं, अब सर्वसामान्य ज्ञान बन गईं। साधारणतः आर्य और आर्य-पूर्व लोगों के मेल-जोल से, प्रायः नई आर्य भाषा के साथ, नई बिरादरियाँ बनीं।

ईसा पूर्व दूसरी सहस्राब्दी में मध्य एशिया से आर्यों की दो लहरें आईं—पहली लहर इस सहस्राब्दी की शुरुआत में आई, और दूसरी अंत समय में। इन दोनों ने भारत को प्रभावित किया, और संभवतः यूरोप को भी। ये दोनों ही गतिविधियाँ सुविचारित, नियोजित अथवा निदेशित नहीं थीं। उनकी अपनी मातृभूमि (मोटे तौर पर आधुनिक उज़बेकिस्तान) के चरागाह, संभवतः लंबे सूखे के कारण, मवेशियों और उनके मालिकों के भरण-पोषण के लिए पर्याप्त नहीं थे। देशांतरण सदैव ही किसी निर्धारित दिशा में नहीं हुआ। भारत में पहुँचे हुए लोगों में से कुछ, या तो खदेड़ दिए जाने के कारण अथवा नए प्रदेश की परिस्थितियाँ संतोषजनक न होने के कारण, वापस लौट गए। यह बात ईसा पूर्व दूसरी सहस्राब्दि के उत्तरार्द्ध की कुछ हित्ती मुहरों पर उत्कीर्ण कूबड़वाले विशिष्ट भारतीय बैल को देखने से स्पष्ट हो जाती है। हित्ती भाषा का मूल भी आर्य भाषा में है। **खत्ती** शब्द, जो **हित्ती** का ही पर्याय है, संस्कृत के **क्षत्रिय** और पालि के **खत्तिय** शब्द से संबंधित जान पड़ता है। हित्तियों ने अनातोलिया के खेतीहर जनसमुदाय को पराजित किया, वहाँ बस गए, और अपना शासन शुरू कर दिया। उनके और भारतीयों के बीच कोई सतत और घनिष्ट संबंध नहीं रहे। परंतु जो संपर्क था, चाहे वह कितना भी खंडित और अल्पकालीन क्यों न रहा हो, वह इस दृष्टि से महत्त्वपूर्ण था कि लोहे का ज्ञान, जिससे हम हित्तियों को पहली बार परिचित देखते हैं (फिर उन्होंने यह रहस्य चाहे

किसी भी पुराने जनसमुदाय से प्राप्त किया हो), आर्यों की दूसरी लहर के साथ भारत पहुँच सका।

भारतीय आर्यों के भाईबंद नजदीक ईरान में थे। ईरान और मीडिया के लोग भी संस्कृत से मिलती-जुलती आर्य भाषा बोलते थे। ई.पू. 1400 के आसपास के मितन्नी अभिलेखों से पता चलता है कि एक आर्य भाषा में भारतीय-आर्य देवताओं की उपासना करनेवाले लोग ईरान की उरमिया झील के समीप बसे हुए थे। ईरान में इन्हीं इंद्र, वरुण, मित्र आदि देवताओं की उपासना होती थी, परंतु ईसा पूर्व छठी सदी के अंतिम समय में ज़रतुश्त ने इनको बहिष्कृत कर दिया। केवल अग्नि ही एकमात्र ऐसा भारतीय-आर्य देवता था जिसकी दोनों ही उपासना करते रहे। संस्कृत का 'देव' शब्द ईरानी में दानवसूचक बन गया। परंतु अवेस्ता में (आर्यों के) अधिकृत प्रदेश के रूप में सप्तसिंधु यानी सात नदियों के प्रदेश (पंजाब : बाद में दो नदियाँ सूख गईं) का उल्लेख है। कुछ इंदो-ईरानी वीर कैस्पियन तट के प्रदेश—आजकल के गिल्यान और मज़ंदेरान प्रदेश—से अपनाए गए। ईरानी ग्रंथों में राजा यिम के 'वर' के बारे में जानकारी मिलती है; यह 'वर' एक ऐसा आयताकार स्थान था जिसमें, जब तक कोई पाप न करे, मृत्यु अथवा जाड़े का शीत घुस नहीं सकता था। दरअसल, यह एक प्रकार से 'स्वर्णयुग' का ही एक सीमित रूप था। तब दयालु राजा यिम ने निषेध-भंग के कारण दंड की भागी बनी अपनी प्रजा को बचाने के लिए स्वयं मृत्यु का वरण किया, और इस प्रकार वह पहला मर्त्य बना। भारत में ऋग्वेद का यम भी प्रथम मर्त्य, प्राचीन पैतृक मृत्यु-देवता है, और यह आज भी मृतकों का ही देवता है। आरंभकाल में जब किसी भारतीय आर्य की मृत्यु होती थी, तो वह यम के संरक्षण में ही अपने पूर्वजों से जा मिलता था। कालांतर में यह यम नरक में मृतकों को यातनाएँ देनेवालों का अधिनायक बन गया, और बाकी देवता स्वर्ग के स्वामी बन गए। ईरान के धार्मिक ग्रंथों में यिम के 'वर' के बारे में जिस प्रकार की परंपरागत जानकारी मिलती है, ठीक उसी लंबाई-चौड़ाई के आयताकार बाड़े सोवियत पुरातत्त्ववेत्ताओं ने उज़बेकिस्तान में खोज निकाले हैं। प्रागैतिहासिक काल के ये निर्माता पत्थर की दीवारों से सटे हुए छोटे-छोटे कमरों में रहते थे, और संकट के समय ये अपने पशुओं को बीच की खुली जगह में बाँध देते थे। इंदो-आर्यों के महान देशांतरण के पहले यिम और उसका अधिकार-क्षेत्र एक प्रागैतिहासिक वास्तविकता थी। बाद में यही 'वर' यूनानी आख्यानों में औजियन (गंदगी से भरी) की अश्वशाला के रूप में प्रकट हुआ, जिसे हेराक्लीज ने साफ किया।

ऋग्वेद के सूक्तों को चौदहवीं सदी के उत्तरार्द्ध में दक्षिण भारत में ठीक से संपादित किया गया, लिपिबद्ध किया गया और उन पर भाष्य लिखे गए। तब तक ऋग्वेद के पाठ को अक्षर-ब-अक्षर कंठस्थ रखा गया था (जैसाकि भारत के कुछ पंडित आज भी करते हैं), और इसे आमतौर पर लिपिबद्ध नहीं किया गया था।

इससे निष्कर्ष निकलता है कि समूची वैदिक परंपरा जीवित नहीं रह पाई। ऋग्वेद का कर्मक्षेत्र पंजाब की भूमि थी। इस वैदिक परंपरा को वहन करनेवाले पुरोहित-वंशक्रम के सदियों से इस भूमि से सारे संबंध टूट गए थे, इसलिए यहाँ के विविध स्थलों के नामों का सही अर्थ लगाना उनके लिए प्रायः असंभव हो गया था। स्थानों, नदियों तथा व्यक्तियों के नामों के अलावा भी ऐसे अनेक महत्त्वपूर्ण शब्द हैं जिनके अर्थ लगाने में आज भी कठिनाई होती है, क्योंकि भाषा बदल गई है। पुरानी बाइबिल (पूर्वविधान) की तुलना में वेदों का ऐतिहासिक महत्त्व कुछ कम ही है, क्योंकि बाइबिल को उन लोगों ने सदैव ही एक इतिहास के रूप में प्रस्तुत किया जो अपनी उस विशेष भूमि से संपर्क बनाए हुए थे। फिलस्तीन का पुरातात्त्विक अध्ययन भारत की अपेक्षा कहीं अधिक उन्नत और अधिक वैज्ञानिक ढंग से हुआ है, और इससे बाइबिल की अनेक घटनाओं की पर्याप्त पुष्टि होती है। दूसरी ओर, आर्य लोग हमेशा ही स्थान बदलते रहते थे और नदियों तथा पर्वतों के नाम अक्सर ही उनके साथ यात्रा करते रहते थे। वेदों की पवित्र नदी सरस्वती कभी अफगानिस्तान की हेलमंद (प्राचीन पारसी में हरहवैति और असीरी में अरकत्तु) नदी थी; फिर पूर्वी पंजाब की एक नदी सरस्वती कहलाई, जो ऋग्वेद-काल के बाद, संभवतः प्रथम सहस्राब्दी में, सूख गई।

किसी अन्य बेहतर सामग्री के अभाव में, ऋग्वेद को यदि हम इसके वर्तमान रूप में ही ग्रहण करें तो इससे कम-से-कम जिस विरोधक कार्य की पुष्टि होती है, वह है सिंधु नगरों का विध्वंस। वेदों का प्रमुख देवता अग्नि है; इसकी स्तुति में अन्य किसी भी देवता की अपेक्षा अधिक सूक्त रचे गए हैं। अग्नि के बाद महत्त्व का देवता है इंद्र, जो हिंसक, पितृसत्तात्मक कांस्ययुगीन बर्बरों का, जैसे कि प्रथम लहर के आर्य निश्चित रूप से थे, मानवीय युद्धनेता-जैसा जान पड़ता है। वस्तुतः, यह अब भी एक अनिर्णीत प्रश्न है कि क्या इंद्र सचमुच आर्यों का युद्ध में नेतृत्व करनेवाला एक देवत्वप्राप्त युद्धनेता अथवा ऐसे सक्रिय मानवीय नेताओं के एक सिलसिले का द्योतक नहीं है। कई बार इंद्र का अतिमादक सोमरस (एक अत्यंत नशीला पेय, जिसकी अभी तक ठीक से पहचान नहीं हो पाई है) पीने के लिए और अपने आर्य अनुयायियों के विजय-अभियान का नेतृत्व करने के लिए आवाहन किया जाता है। इंद्र ने आर्यों के शत्रुओं को नष्ट कर डाला और अनार्यों (अदेवयु) के कोष-भंडारों को लूटा। इंद्र ने शंबर, पिप्रु, अर्शसानस, शुष्ण (जो संभवतः अनावृष्टि का साकार रूप था), नमुचि आदि अनेक दानवों की हत्या की। इनमें से कई नाम अनार्यों के जान पड़ते हैं। वैदिक देवाख्यानों को संभाव्य ऐतिहासिक वास्तविकता से पृथक करना हमेशा ही एक कठिन काम रहा है; आलंकारिक स्तुति रणक्षेत्र में सैनिक विजय की सूचक हो भी सकती है, और नहीं भी। नमुचि की 'सेना' की स्त्रियाँ मानवी थीं, अथवा मातृदेवियाँ थीं? इस दानव की क्या दो पत्नियाँ थीं, या कि यह दो नदियों के उस स्थानीय देवता का सूचक है जिसे हम

अक्सर मेसोपोटामिया की मुहरों पर अंकित देखते हैं ? भारत में पहुँचने के पहले आर्यों ने अन्य नागरी सभ्यताओं को नष्ट किया था। इंद्र ने आर्य मुखिया अभ्यावर्तिन् चायमान के लिए हरियूपीया के बचे-खुचे वरशिखों को मार डाला। नष्ट किया गया यह कबीला वृचीवतों का था। इंद्र ने इनके 130 कवचधारी योद्धाओं की प्रथम पंक्ति को यव्यावती (रावी) नदी के तट पर मिट्टी के घड़े की तरह चकनाचूर कर दिया, सारी शत्रु सेना की 'पुराने चिथड़े की तरह' धज्जियाँ उड़ गईं, और शेष लोग भयभीत होकर भाग गए। ऐसी यह ओजस्वी भाषा हड़प्पा में घटित किसी वास्तविक संघर्ष की परिचायक है, फिर यह संघर्ष आर्यों के दो समूहों के बीच हुआ हो या आर्यों और अनार्यों के बीच। ऐसी स्थिति में यकीन होने लगता है कि हड़प्पा का समाधि-क्षेत्र-एच, जिसका समय आर्यपूर्व नागरी संस्कृति के बाद आता है, अपनी ऊपरी सतह में आर्य समाधियों का सूचक है। इसी प्रकार, नार्मिनि नगर को मोहेंजोदड़ो के साथ मिलाने का लोभ होता है, परंतु इस नगर के बारे में ऋग्वेद से हमें इस बात के अलावा अधिक जानकारी नहीं मिलती कि यह संभवतः आग से नष्ट हुआ था। आर्यपूर्व लोगों के अपने अनेक लकड़कोट और दुर्ग थे, जिनमें कुछ मौसमी (शारदी) थे, और कुछ अन्य इतने मजबूत थे कि उन्हें 'आयसी' यानी पीतल के कहा गया है। शत्रुओं को काले (कृष्ण) और चपटी नाकवाले (अनासस्) कहा गया है। इंद्र (पुरंदर) ने घनी आबादीवाले जिन पुरों या दुर्गों को नष्ट किया, उन्हें आलंकारिक भाषा में 'कृष्ण भ्रूणों से गर्भित' कहा गया है।

जिस एक साहसिक कार्य के लिए इंद्र की बार-बार स्तुति की गई है, वह है 'नदियों की मुक्ति'। उन्नीसवीं सदी में, जब प्रकृति-संबंधी मिथकों से हर प्रकार की घटना को, यहाँ तक कि होमर के काव्य में वर्णित ट्रॉय के विध्वंस को भी, समझाया जा रहा था, तब उपर्युक्त कथन का अर्थ लगाया गया—वर्षा लाना। इंद्र बादलों में बंद जल को मुक्त करनेवाला वर्षा का देवता बन गया। परंतु वर्षा का वैदिक देवता **पर्जन्य** है। जिन नदियों को इंद्र ने मुक्त किया था वे 'कृत्रिम व्यवधानों' से 'रोकी गई' थीं। दानव वृत्र 'एक विराट सर्प की तरह पर्वत की ढाल पर लेटा हुआ था'। इंद्र ने जब इस दानव की हत्या कर दी, तो 'पत्थर गाड़ी के पहिए की तरह लुढ़कने लगे' और 'पानी दानव की निर्जीव देह के ऊपर से बह निकला'। इस वर्णन की समस्त आलंकारिकता के बावजूद, इसका केवल एक ही अर्थ हो सकता है—बाँध का विध्वंस। योग्य भाषाशास्त्रियों के विश्लेषण के अनुसार, **वृत्र** शब्द का अर्थ 'बाधा' अथवा 'व्यवधान' है, कोई 'दानव' नहीं। इस अपूर्व साहसिक कार्य के लिए इंद्र को **वृत्रहन्** कहा गया है। यही शब्द ईरानी में **वेरेत्रघ्न** बनकर आलोक के महान ज़रतुश्ती देवता अहुरमज्द के लिए प्रयुक्त होने लगा। ये मिथक और रूपक उन विधियों की स्पष्ट जानकारी देते हैं जिनसे अंततोगत्वा सिंधु प्रदेश की कृषि नष्ट हो गई। साथ ही, इंद्र ने विबालि नदी (अभी तक अज्ञात) को, जो अपने तटों को लाँघकर बहने लगी थी, सही धारा में बहाया।

जैसाकि पहले बताया जा चुका है, सिंधु सभ्यता में विशेष बाँध बाँधकर, जो कभी-कभी अस्थायी होते थे, बाढ़ के पानी से सिंचाई करने की प्रथा थी। इससे आर्यों के मवेशी-झुंडों के लिए भूमि अत्यंत दलदली हो जाती होगी, और बाँधी गई इन नदियों के कारण पशुओं को दूर-दूर तक चराना असंभव हो गया होगा। इन बाँधों के विनाश के साथ ही सिंधु नगरों में आर्यों के लंबे समय तक आबाद बने रहने की संभावना भी नष्ट हो गई, क्योंकि वहाँ साल-भर में बहुत कम वर्षा होती थी।

ऋग्वेद में प्रमुख रूप से जिन अनार्य लोगों का उल्लेख है, परंतु बहुत अधिक नहीं, वे हैं **पणि**। धनी, विश्वासघाती, लालची, युद्ध में इंद्र के सामने टिकने मे अक्षम—ऐसा ही उनका सामान्य वर्णन है। ऋग्वेद के एक बाद के किंतु प्रसिद्ध सूक्त में इन पणियों और इंद्र की संदेशवाहक श्वानदेवी सरमा (सरोवर की देवी) के बीच का एक संवाद दिया हुआ है। यह संवाद न केवल सस्वर पाठ के लिए, बल्कि स्पष्टतः अभिनय के लिए भी था, और इसलिए यह किसी महत्त्वपूर्ण ऐतिहासिक घटना का आनुष्ठानिक कीर्तिगान था। भाष्य आमतौर पर यही बताते हैं कि पणियों ने इंद्र की गायें चुराकर छिपा दी थीं। सरमा दूती बनकर यह माँग करने आई थी कि वे गायें इंद्र के अनुयायियों को यानी देवों को लौटा दी जाएँ। दरअसल, सूक्त में गायों की चोरी का कोई जिक्र नहीं है, परंतु गायें भेंट देने की सीधी और स्पष्ट माँग की गई है, जिसे पणि तिरस्कारपूर्वक ठुकरा देते हैं। तब उन्हें इसके भयंकर परिणामों की चेतावनी दी जाती है। जान पड़ता है कि आक्रमण करने के लिए आर्यों का यह एक आदर्श तरीका था। 'पणि' नाम आर्य प्रतीत नहीं होता, परंतु इससे व्युत्पन्न कई महत्त्वपूर्ण शब्द संस्कृत में और संस्कृत से बाद की भारतीय भाषाओं में आ गए हैं। आधुनिक 'बनिया' शब्द संस्कृत के 'वणिक्' से बना है, परंतु इस वणिक् के लिए पणि के अलावा अन्य कोई मूल स्रोत ज्ञात नहीं है। संस्कृत का 'पण' शब्द सिक्के का सूचक है, और क्रय-विक्रय तथा व्यापार की सामान्य वस्तुएँ 'पण्य' कहलाती हैं। प्राचीनतम भारतीय सिक्कों के भारमान ठीक वही हैं जो कि मोहेंजोदड़ो से प्राप्त एक खास वर्ग के वजनों के हैं, और ये ईरान अथवा मेसोपोटामिया में प्रचलित मानकों से भिन्न हैं। ऐसा लगता है कि कुछ सिंधुजनों ने आर्यों की लूट-खसोट से अपने को बचा लिया, और इस प्रकार व्यापार व उत्पादन की पुरानी परंपरा जारी रखी।

ऋग्वेद में स्थाई बस्ती (ईंटों से बने नगरों की बात तो बहुत रही), लिखने-पढ़ने, कला तथा स्थापत्य के बारे में कोई जानकारी नहीं मिलती। यज्ञादि अवसरों का सस्वर पाठ ही उनका संगीत था। उनका शिल्प-कौशल मुख्यतः रथ, औजार तथा युद्धास्त्रों के निर्माण से आगे नहीं बढ़ा था। निर्माता थे **त्वष्टृ** देवता और उसके अनुयायी, जो सभी मूलतः सिंधु सभ्यता के जान पड़ते हैं। परंतु अभी कबीले के भीतर वर्ण-भेद या वर्ग-भेद पैदा नहीं हुआ था। कारीगर अभी भी

कबीले के स्वाधीन सदस्य थे, उन पर जाति-विशेष की मुहर नहीं लगी थी। परंतु अगले ही चरण में, जब कबीलों का विघटन होने लगा, वे जातियों में बँट जाते हैं। बुनाई का काम स्त्रियाँ ही करती थीं, यद्यपि पुरुष-ऋषि के सूक्त-रचना के कार्य को भी 'बुनाई' कहा गया है, मानो यह करघी पर बुना जानेवाला कोई नमूनेदार कपड़ा हो। पुरुषों के सामुदायिक जीवन का केंद्र **सभा** थी। यह 'सभा' शब्द कबीले की संसद् और सभाभवन, दोनों का ही द्योतक है। कबीलाई परिषदों के अलावा सभा पुरुषों के लिए, और केवल पुरुषों के लिए, विश्राम-स्थल भी थी। सभा जूए का अड्डा भी होती थी। प्राचीनतम वेद, ऋग्वेद, के एक कालांतर के किंतु प्रसिद्ध सूक्त में एक ऐसे जुआरी का उल्लेख है जो अपने इस असाध्य व्यसन में लीन है और उसे घर-परिवार की तनिक भी परवाह नहीं है। कहीं-कहीं रथों की दौड़, नर्तकियों तथा मुक्केबाजों के भी उल्लेख मिलते हैं। स्पष्ट है कि आर्य लोग बर्बर थे, और इनकी संस्कृति तुलना में उन नागरी लोगों की संस्कृति से घटिया स्तर की थी जिनको इन्होंने नष्ट किया।

पूर्व की ओर प्रगति

कालांतर की ऋग्वेदिक सैनिक गतिविधियाँ ऐतिहासिक जान पड़ती हैं, क्योंकि उनका श्रेय इंद्र देवता को नहीं, बल्कि मानवों, वीरों अथवा राजाओं को दिया गया है। इस प्रकार की सबसे प्रसिद्ध घटना है—दस राजाओं के संघ पर राजा सुदास (उच्चारण सुदाः) की विजय। सुदास को पैजवन यानी पिजवन का वंशज और दिवोदास का पुत्र कहा गया है। यहाँ अंत्यपद 'दास' कुछ विचित्र लगता है। बाद की संस्कृत में दिवोदास नाम का अर्थ होगा—'स्वर्ग का सेवक'; परंतु आरंभ में अनार्य शत्रुओं को 'दास' अथवा 'दस्यु' कहा जाता था। उनका एक खास रंग (**वर्ण** : जो बाद में जातिवाचक शब्द बन गया) था—**कृष्ण**, जो उन्हें आर्यों से अलग करता था। यह शब्द सिर्फ उनके साँवले रंग का सूचक है, जब कि नवागत आर्य कुछ उजले रंग के थे। कई सारी विजयों के बाद ही 'दास' का अर्थ 'गुलाम' (इसके समानार्थी अँगरेजी शब्द 'स्लेव' तथा 'हेलॅट' भी आरंभ में मानवजातीय वर्गों के नाम थे), शूद्र जाति का और सेवक हो गया, और 'दस्यु' शब्द का अर्थ हो गया—'लुटेरा' या 'डाकू'। आरंभकाल में ही एक आर्य राजा के नाम के साथ 'दास' शब्द का जुड़ जाना यह सूचित करता है कि 1500 ई. पू. के तुरंत बाद ही आर्यों और अनार्यों में कुछ मेल-मिलाप हो चुका था। पता चलता है कि सुदास **भरत** जन के या संभवतः भरतों की एक विशिष्ट शाखा **त्रित्सु** के मुखिया थे। आज हमारे देश का जो **भारत** नाम है, उसका अर्थ है 'भरतों का देश'। भरत निश्चय ही आर्य थे। परंतु आरंभिक आर्यों के लिए जातीय शुद्धता कोई अर्थ नहीं रखती थी। यहाँ के आदिवासी तत्त्वों को ग्रहण करना उनके लिए सहज संभव था, और उन्होंने इन्हें ग्रहण भी किया।

ऋग्वेद में सुदास के विरोधियों के भी नाम दिए गए हैं। उस समय, और बाद में भी बहुत समय तक, कबीले और उसके मुखिया का नाम एक ही होता था, विशेषतः बाहरवालों के लिए। यहाँ शत्रुओं के दस से अधिक नाम हैं। यह भी निश्चित है कि इन दस में से कुछ आर्य कबीले थे। **पक्थ** के बारे में कहा जाता है कि इसका संबंध आजकल के पाकिस्तान और अफगानिस्तान के पख्तून अथवा पठान से है। ये लोग पश्तो बोलते हैं, तो एक इंदो-ईरानी भाषा है। इन लोगों का ऋग्वेदिक मूल संभव जान पड़ता है, क्योंकि हिरोदोतस ने भी 'पक्त्यन्' नाम के एक भारतीय कबीले का उल्लेख किया है। **अलिन** का अर्थ भ्रमर है और **मत्स्य** का मछली, और ये दोनों ही आरंभिक टोटेम (गणचिह्न) नाम हैं। अलिनों के बारे में हमें कोई जानकारी नहीं मिलती, पर मत्स्य कबीले के लोग ऐतिहासिक युगों में आधुनिक भरतपुर के पास, ऋग्वेदिक रणक्षेत्र के काफी पूर्व में, बसे हुए थे। वैयाकरण पतंजलि, जिन्होंने ईसा पूर्व दूसरी शताब्दी में उत्तरी-पश्चिमी पंजाब में अपने ग्रंथ की रचना की थी, उदाहरणस्वरूप 'प्राच्य भरत' को एक अनावश्यक पद मानते हैं, क्योंकि 'पूर्व के अलावा भरत और कहीं नहीं हैं"। सामान्यतः, इन तथा अन्य उल्लेखों से आर्यों के प्राच्य गमन के बारे में स्पष्ट जानकारी मिल जाती है। सुदास के दस शत्रुओं में एक **शिग्रु** भी थे। शिग्रु शब्द का अर्थ होता है सहिजन अथवा शोभांजन का पेड़ ('मोरिंगा टेरिगोस्पर्मा', परंतु कुछ लोगों के अनुसार यह शेवगा का पेड़ है)। मथुरा से प्राप्त एक कुषाण-लेख में इस नाम के एक ब्राह्मण गोत्र का उल्लेख है, परंतु वर्तमान गोत्र-सूचियों में यह कहीं देखने को नहीं मिलता। इसमें कोई संदेह नहीं कि कबीलों के ये नाम टाटेमिक स्वरूप के हैं। परंतु सबसे आश्चर्य की बात यह है कि सुदास के शत्रुओं में **भृगु** भी थे, जो उस समय स्पष्टतः एक कबीले का नाम था। भाषाशास्त्र की दृष्टि से यह शब्द 'फ्रिजिअन' (एशिया माइनर के 'फ्रिजिया' देश के निवासी) से संबंधित है। एक अन्य स्थान पर भृगुओं द्वारा इंद्र के लिए बनाए गए एक रथ की विशेष प्रशंसा की गई है। परंतु पुरातन संस्कृत के युग से लेकर आज तक इस नाम की यदि कोई स्मृति शेष है, तो वह है एक बहिर्विवाही ब्राह्मण गोत्र-समूह, जो आज भी शक्तिशाली और महत्त्वपूर्ण है। ब्राह्मण वर्ग में इनका समावेश बाद में हुआ, परंतु ये तेजी से आगे निकल गए।

दस राजाओं के (दाशराज्ञ) युद्ध का कारण यह था कि इन दस ने परुष्णी नदी को मोड़ने का प्रयत्न किया था। आजकल की रावी नदी का एक भाग परुष्णी कहलाता था। परंतु रावी ने अनेक बार अपना पात्र बदला है। सिंधु नदी-समूह के पानी के दिशा-परिवर्तन को लेकर भारत और पाकिस्तान के बीच आज भी काफी वाद-विवाद चल रहा है। 'चाटुकार' पुरु यद्यपि सुदास के शत्रु थे, परंतु वे आर्य थे और भरतों के निकट संबंधी भी थे। बाद की परंपरा में तो भरत पुरुओं की एक शाखा के रूप में ही प्रकट होते हैं। ऋग्वेद के विभिन्न सूक्तों में वही कुल-पुरोहित

निष्पक्ष भाव से पुरुओं को शाप भी देता है और आशीर्वाद भी, जिससे पता चलता है कि उनके और भरतों के बीच का मनमुटाव स्थायी नहीं था। इनके बीच का झगड़ा आर्यों और अनार्यों के बीच के झगड़े से भिन्न प्रकार का था। पुरु हड़प्पा क्षेत्र में बसे रहे और बाद में उन्होंने अपना शासन पंजाब तक फैलाया। इन्हीं पुरुओं से 327 ई. पू. में सिकंदर का सबसे कड़ा मुकाबला हुआ था। आधुनिक पंजाबी कुलनाम 'पुरी' की उत्पत्ति संभवतः पुरु नामक कबीले से ही हुई है।

दस राजाओं पर विजय का गुणगान करनेवाले पुरोहित-ऋषि का कुलनाम वसिष्ठ (सर्वश्रेष्ठ) है। यह नाम परंपरागत 'सात' प्रमुख बहिर्विवाही ब्राह्मण-समूहों में से एक है। मूल पुरोहित कुशिक (उल्लू) गोत्र के विश्वामित्र थे। ऋग्वेद में पुरोहित का कार्य अभी किसी जाति-विशेष से जुड़ा नहीं था। दरअसल, इस प्राचीनतम वेद में जाति-भेद यदि कहीं दिखाई देता है, तो वह है गौरवर्ण आर्यों में और कृष्णवर्ण अनार्यों में। जैसाकि प्राचीन यूनान और रोम में भी होता था, परिवार, कुल अथवा कबीले की उपासना-विधियों की जिम्मेदारी किसी पुरुष को सौंपी जाती थी। कबीले द्वारा ऐसे पुरुष का नियोजन वरिष्ठता, चुनाव अथवा प्रथा के अनुसार होता था। यद्यपि वेदों में यज्ञ में भाग लेनेवाले पुरोहितों के विशिष्ट पदों की सूची मिलती है, परंतु पुरोहित-पद पर ब्राह्मण जाति का एकाधिकार होने के बारे में कोई जानकारी नहीं है। लेकिन वसिष्ठ एक नए प्रकार के पुरोहित थे। वह दो वैदिक देवता मित्र और वरुण—जो किसी समय क्रमशः सूर्य और आकाश के देवता थे—के बीज से पैदा हुए थे। उनकी माँ का कोई उल्लेख नहीं है। इसके विपरीत, ऋग्वेद की उसी एक ऋचा में कहा गया कि, वसिष्ठ उर्वशी (अप्सरा अथवा जलदेवी) के मन से उत्पन्न हुए (उर्वश्या मनसो' धिजात), ऐसे कुंभ से भी पैदा हुए जिसमें दोनों देवताओं के वीर्य का समागम हुआ, और उन्हें द्युति से 'आवृत' एक पुष्कर में खोजा गया। सतही तौर पर उलझा प्रतीत होनेवाला यह विवरण वस्तुतः काफी स्पष्ट और सुसंगत है। इसका अर्थ यह है कि वसिष्ठ किसी आर्य-पूर्व मातृदेवी के मानवीय प्रतिनिधियों की संतान थे, और इसलिए उनके कोई पिता नहीं थे। पितृसत्तात्मक आर्यों में शामिल होने के लिए जहाँ एक ओर किसी सम्मान्य पिता की आवश्यकता थी, वहाँ दूसरी ओर अनार्य माता को नकारना भी जरूरी था। आज भी मौजूद एक अन्य प्रमुख ब्राह्मण गोत्र-समूह के संस्थापक अगस्त्य भी इसी प्रकार एक कुंभ से पैदा हुए थे। कुंभ का अर्थ है गर्भाशय, और इस प्रकार यह मातृदेवी का प्रतीक है। इन सात प्रमुख कुल-पुरुषों का, यानी 'सप्त ऋषियों' का, समय प्राचीन सुमेरी अथवा सिंधु सभ्यता के युग तक पीछे जा सकता है। ब्राह्मण धर्मग्रंथों में इनके नामों की जो सूचियाँ हैं, उनमें कोई ताल-मेल नहीं है। आठवें ऋषि विश्वामित्र ही सही माने में आर्य थे। ऐसे 'कुंभजात' ऋषियों को आर्यों के उच्च पुरोहित-वर्ग में समाविष्ट कर लेना एक मौलिक नवाचार था। आर्यों और आदिवासियों के इस नए संयोग से विशेषज्ञों का एक ऐसा वर्ग—ब्राह्मण

वर्ण—विकसित हुआ जो बाद में समस्त आर्य कर्मकांड के एकाधिकार का दावेदार बन गया। आज जितने भी प्राचीन धर्मग्रंथ प्राप्त हैं, वे इसी वर्ग ने सुरक्षित रखे, इसी वर्ग द्वारा पुनः लिखे गए, और इसलिए इनमें ब्राह्मणों का महत्त्व बढ़ा-चढ़ाकर बताया गया है। फिर भी, इन्होंने एक कार्य अवश्य किया, जिसके महत्त्व पर बहुत ही कम ध्यान दिया जाता है : इन्होंने एक-दूसरे के शत्रु बने हुए समूहों को, साथ ही उनकी बहुत-सारी नई उपासना-विधियों को भी, सर्वसामान्य देवताओं की उपासना करनेवाले एक समाज में सम्मिलित किया।

ऋग्वेद से जानकारी मिलती है कि ब्राह्मण -पुरोहितों का एक ऐसा नया पेशा अंकुरित हो रहा था जो आवश्यकता पड़ने पर एक से अधिक स्वामी की सेवा करने के लिए तत्पर रहता था, फिर वह स्वामी आर्य हो या अन्य कोई। ऋषि वश अश्व्य दास राजा बलबूथ और तरुक्ष को धन्यवाद देता है, और विविध प्रकार के दान के लिए, जिसमें सौ ऊँट भी थे, उनके कबीलों को आशीर्वाद देता है। प्राचीन भारतीय परंपरा में ऊँट के उल्लेख बहुत कम मिलते हैं, और भारत के बाहर भी लगभग 1200 ई. पू. तक इसे पालतू नहीं बनाया गया था। और, मोटे तौर पर इस सूक्त का रचना-काल भी यही है। बलबूथ और तरुक्ष नामों में आर्य ध्वनि नहीं है, और ये अन्यत्र भी संस्कृत ग्रंथों में देखने को नहीं मिलते। इस सबसे यह भी ध्वनित होता है कि वेदों में उल्लिखित कुछ असुर-दानव ऐतिहासिक असीरी रहे होंगे, जिनमें से राजा तिगलथ-पिलेसर (तृतीय) ने हेलमंद नदी तक आर्य प्रदेश पर आक्रमण करके विजय प्राप्त की थी। एक अन्य सूक्त का रचयिता आर्य-ऋषि 'पणियों के मुखिया बृबु' को उसके आश्रय के लिए आशीर्वाद देता है।

पूर्व की ओर बढ़नेवाले आर्य उन आर्यों से भिन्न थे जिन्होंने पहली बार भारत पर आक्रमण किया था। अब अतिरिक्त श्रम के लिए एक नए प्रकार के आदिवासी भृत्य, **दास**, उपलब्ध थे। नए और पुराने के, आर्य-पूर्व और आर्यों के मेल से एक अतिविशिष्ट पुरोहित-वर्ग अस्तित्व में आ गया था। इस युग के बारे में अभी तक हमें कोई पुरातात्त्विक जानकारी नहीं मिली है। सूक्तों की जानकारी से जिस एक भौतिक वस्तु का चित्र सुस्पष्ट होता है, वह है रथ। परंतु यह आशा रखना व्यर्थ है कि किसी दिन खुदाई में हमें वैदिक रथ मिल जाएगा। आर्यों के कोई विशिष्ट मृत्भांड नहीं थे, यद्यपि उत्तरी (चित्रित) धूसर भांड जल्दी ही यह स्थान ग्रहण कर लेते हैं। पुरातत्त्ववेत्ताओं को ईसा पूर्व दूसरी सहस्राब्दी के अंत समय तक का आर्यों अथवा इंदो-आर्यों का कोई शिल्प भी नहीं मिला है। यह अनुमान उचित ही है कि कुछ विचित्र वैदिक देवता, जिनके बारे में अन्यत्र कोई जानकारी नहीं मिलती, आर्यपूर्व लोगों से अपनाए गए हैं। जैसे, अरुणोदय की देवी उषस्, इंद्र के हथियारों को बनानेवाला शिल्पी-देवता त्वष्ट्र और नीतिविश्रुत देवता विष्णु, जिसको बाद में जाकर भारत में बड़ी प्रसिद्धि मिली, फिर उसका अतीत चाहे जो रहा हो। इनमें से उषस् के साथ व्यास नदी के तट पर इंद्र की भिड़ंत की घटना प्रसिद्ध है, जिसमें उषस्

की बैलगाड़ी चकनाचूर हो गई, और वह भाग गई। बाद में, इंद्र और त्रित नामक वीर ने मिलकर त्वष्टृ के पुत्र त्वाष्ट्र को, जो तीन सिरोंवाला असुर ऋषि था और जिसका नाम बहुत-कुछ अपने पिता-जैसा ही था, मार डाला। जिस सूक्त में इस हत्या का वर्णन है उसके रचयिता वही त्वाष्ट्र माने जाते हैं जिनका सिर काटा गया था। इसका अर्थ यह है कि उषस् की भाँति त्वाष्ट्र का भी विनाश संभव नहीं था। उसके तीनों सिर पक्षी बन गए, जिनमें से कम-से-कम दो ज्ञात ब्राह्मण-गोत्र के टोटेम हैं। इसके अलावा, उपनिषदों के उपदेष्टाओं की परंपरा में त्वाष्ट्र का स्पष्ट रूप से ऊँचा स्थान है। इन देवकथाओं के अधिक गहन विश्लेषण में जाने से हम मूल समस्या से दूर भटक जाएँगे, हालाँकि एक ईरानी आख्यान में भी तीन सिरोंवाले दानव के वध का वर्णन है, और उषस् का संबंध यूनानी **इओस्** से है। परंतु ब्राह्मणों की कम-से-कम इतनी देन तो है ही कि उन्होंने वेदों में ही इंद्र के शत्रुओं और उनके द्वारा पूजित मूलतः विरोधी देवताओं के साथ कुछ बंधुता स्वीकार की।

ऋग्वेदोत्तर आर्य

सभी आर्य पूर्व की ओर नहीं बढ़े, और न ही उनकी अग्रगति एकसमान थी। यह इतनी सरल बात नहीं थी कि और अधिक आर्य भारत में पहुँचते रहे और पहले के आर्यों को आगे ढकेलते गए। पुरु जन ईसा पूर्व चौथी सदी के अंत समय तक पंजाब में टिके रहे, यद्यपि उन्हें भी दूर के प्रदेशों में अपनी शाखाएँ भेजकर उपनिवेश स्थापित करने पड़े; क्योंकि उनके मूल प्रदेश में बहुत अधिक पशुचारी लोगों का भरण-पोषण नहीं हो सकता था। रेगिस्तान के कारण दक्षिण की ओर विस्तार संभव नहीं था। पूर्व की ओर यमुना के समीप अधिकाधिक घने जंगल थे; इन्हें जब तक लोहे के औजारों से साफ नहीं किया जाता, तब तक कोई लाभ नहीं था। आगे बढ़ने के दो ही मार्ग थे : एक, पंजाब और गंगा की घाटी के बीच के निम्न जलविभाजक पर सँकरी पट्टी, और दूसरा, हिमालय की तराई के किनारे-किनारे जहाँ उथली भूमि को आग से भली-भाँति साफ किया जा सकता था। ताँबा राजस्थान की खानों में उपलब्ध था, परंतु लौह-अयस्क, कम-से-कम ऐसे बढ़िया लौह-अयस्क जो लाभदायक सिद्ध हों, काफी दूर थे। केवल धातु और धातुकर्म का ज्ञान पर्याप्त नहीं था; मुख्य समस्या थी खनिज-भंडारों तक पहुँचने की। इसलिए आर्य कबीलों को छोटी-छोटी टुकड़ियों में विभक्त होना पड़ा; परंतु इनमें से अधिकांश टुकड़ियों के बारे में हमें कोई जानकारी नहीं मिलती, यहाँ तक कि इनके नाम भी हमें मालूम नहीं। यूनानी अथवा भारतीय ग्रथों में इनमें से कुछ के केवल उल्लेख मात्र मिलते हैं।

यजुर्वेद की जानकारी से 1000-800 ई. पू. के काल के बारे में कुछ निष्कर्ष निकालने में हमें मदद मिलती है। इसी वेद से संबद्ध **शतपथ ब्राह्मण** इस

जानकारी को 600 ई. पू. तक आगे बढ़ाता है । कोई निश्चित तिथि ज्ञात नहीं है; समाज और कबीलों की अंतहीन विविधता के बारे में हम केवल अनुमान ही लगा सकते हैं । सिकंदर के समय तक पंजाब के कुछ कबीलों में यह प्रथा थी कि वे आवश्यकतानुसार घर-घर में अनाज का वितरण करते थे और अतिरिक्त अनाज का व्यापार-विनिमय में इस्तेमाल करने की बजाय उसे जला डालते थे । दूसरे कुछ कबीले संपन्न बन गए, आक्रामक राज्यों में बदल गए । ईसा की सातवीं सदी के प्रारंभ में चीनी यात्री युवान्-च्वांङ्. को यह देखकर बड़ी हैरानी हुई कि निम्न-मध्य सिंधु प्रदेश की काफी बड़ी आबादी अभी तक पशुचारी अवस्था में है और उनमें यूथ-विवाह की अशिष्ट कबीलाई प्रथा मौजूद है । ये लोग संभवतः वेदोत्तर अभीरों के वंशज थे; परंतु इस उदाहरण से कम-से-कम इतना तो प्रमाणित होता ही है कि आर्य जीवन के रीति-रिवाज कुछ खास प्रदेशों में ऐतिहासिक मध्ययुग तक जीवंत रहे । किसी भी एक काल को लेकर संपूर्ण देश के बारे में कोई सर्वसामान्य बात कहना संभव नहीं है । अधिक-से-अधिक हम उन मूलभूत परिवर्तनों की ही खोजबीन कर सकते हैं जिनका अंततः सारे देश में फैलाव हुआ ।

यजुर्वेदिक समाज तथा इसके कर्मकांड का आधार पशुचारी जीवन था, यह बात एक सरसरी नजर डालने से ही स्पष्ट हो जाती है । फिर भी, एक सूक्त से, जो ऋग्वेद के प्राचीनतम ढाँचे के अनुरूप नहीं है (और जिसका आज भी पठन होता है), पता चलता है कि कृषि और धातुओं का महत्त्व बढ़ता जा रहा था । सूक्त है : 'मेरे लिए···दूध, रस, घृत, मधु, सहभोजन और सहपान (सग्धि और सपिति). कर्षण, वर्षा, जय-विजय, धन-संपत्ति, समृद्धि···घटिया जौ (कुयव) का आहार, भूख से मुक्ति, चावल, यव, तिल, मोठ, मूँग, गेहूँ, मसूर, ज्वार, बाजरा और जंगली धान की (यज्ञ से) वृद्धि हो । मेरे लिए पत्थर, मिट्टी, गिरिपर्वत, बालू, वृक्ष, स्वर्ण, कांस्य, सीसा, वग, लोहा, ताँबा, अग्नि, जल, कंदमूल, पौधे, जुती भूमि की उपज, अनजुती भूमि की उपज, पालतू और जंगली मवेशी, सबकी यज्ञ द्वारा वृद्धि हो ।' यह सूक्त 800 ई. पू. के आसपास का है, और इससे पता चलता है कि लौहयुग के आर्य अब उत्पादन की नई-नई समस्याओं का सामना कर रहे थे, जबकि ऋग्वेदिक कांस्य युग के इनके पूर्वज एक समृद्धतर सभ्यता की लूट से संतुष्ट होने के बाद ही नए चरागाहों की खोज में जुट गए थे ।

अब सिंधु सभ्यता के क्षेत्र के पूर्वी भाग में और उसके परे रहनेवाले लोगों का भविष्य उज्ज्वल था । यमुना नदी से 50 मील दूर तक के प्रदेश में पहुँचने में आर्यों को कोई विशेष कठिनाई नहीं थी । इस प्रदेश के विरल जंगल को आग लगाकर साफ किया जा सकता था । परंतु आग से साफ की गई भूमि को आबाद करने के लिए जैसा सामाजिक संगठन जरूरी था, वह साधारण कबीले के स्तर से आगे बढ़ चुका था । सबसे निम्न जाति—कबीले में अब जाति-भेद पैदा हो गया था—अब शूद्र कहलाती थी, संभवतः किसी कबीले के नाम पर (जैसे, निम्न सिंधु प्रदेश में

सिकंदर के विरुद्ध लड़नेवाला **औक्सीद्रकोई** कबीला)। कबीले के मवेशियों की भाँति ये शूद्र-दास भी कबीले अथवा कुल-समूह की सामूहिक संपत्ति होते थे। इन दासों को, तीन उच्च वर्णों की तरह, कबीले की सदस्यता के अधिकार प्राप्त नहीं थे। तीन उच्च वर्णों को ही सही माने में आर्य और कबीले के पूर्ण सदस्य माना जाता था। ये तीन वर्ण हैं : क्षत्रिय (योद्धा और शासक), ब्राह्मण (पुरोहित). और वैश्य (कृषि और पशु-पालन द्वारा समूचा अतिरिक्त अनाज पैदा करनेवाला अधिवासी)। 'वर्ण' शब्द का अर्थ हो गया—इन चार वर्ग-जातियों में से कोई भी एक। इन जातियों की वर्गव्यवस्था उन कबीलों में अस्तित्व में आई जिनमें संपत्ति-धारण की सीमा विस्तृत हो चुकी थी और जो काफी बड़े पैमाने पर व्यापार-विनिमय में भाग लेते थे। परंतु यह बात प्रत्येक आर्य कबीले के बारे में सही नहीं थी। बहुत-से कबीलों में अभी कोई वर्ग-भेद पैदा नहीं हुआ था, और कुछ में केवल आर्य-शूद्र का ही भेद था। यदि प्राचीन यूनान और रोम की तरह शूद्र को खरीदा या बेचा नहीं जाता था, तो इसका कारण यह नहीं था कि भारतीय आर्यों के मन में उनके प्रति कोई दयाभाव था। इसका स्पष्ट कारण यही था कि अभी माल-उत्पादन और व्यक्तिगत संपत्ति का पर्याप्त विकास नहीं हुआ था। मवेशी एक प्रकार से गिरोह की सामूहिक संपत्ति होते थे, यह बात सहज ही प्रमाणित हो जाती है। **गोत्र** शब्द का अर्थ है 'गोष्ठ' यानी 'गायों का बाड़ा', और इसका अर्थ बहिर्विवाही कुल भी है। पता चलता है कि एक गोत्र की गायों को दूसरे गोत्रों की गायों से अलग पहचानने के लिए उनके बदन या कान पर विशेष चिह्न दागे जाते थे। जिस सामाजिक इकाई की जैसी संपत्ति होती थी वैसा ही उसे नाम मिल गया, और बाद के धर्मसूत्रों में यह नियम ही है कि यदि किसी मृत व्यक्ति का कोई निकटस्थ उत्तराधिकारी न हो तो उसकी संपत्ति पर गोत्र का अधिकार हो जाता है।

कालांतर के भारतीय समाज पर शूद्र जाति का बड़ा विचित्र प्रभाव पड़ा। भारत में उत्पादन के जैसे साधन और संबंध थे, उनमें प्राचीन यूरोप-जैसी (विशेषतः यूनानी-रोमन पद्धति की) चलसंपत्तिमूलक दासप्रथा को कोई बढ़ावा या महत्त्व नहीं मिला। हरण करने योग्य अतिरिक्त अनाज शूद्र हमेशा ही पैदा करते रहे। जाति-प्रथा के विकास से एक ऐसे सामान्य वर्ग-समाज का पूर्वाभास मिलता था जो कबीले की अलगाववाली अवस्था से आगे बढ़ गया हो। कुछ ब्राह्मण एक से अधिक कुलों अथवा कबीलों की पुरोहिती करने लग गए थे, जिसका अर्थ यह था कि कई समूहों के बीच किसी-न-किसी प्रकार के संबंध बढ़ते जा रहे थे। आर्थिक पैमाने के दूसरे छोर पर कुछ ब्राह्मण छोटे-छोटे समूहों में और अपने मवेशियों को साथ लेकर पूर्व के घने जंगलों की ओर आगे बढ़ रहे थे—कभी-कभी अकेले ही, संपत्ति और रक्षा अथवा शिकार के हथियारों के बिना ही। जाहिर है कि ये किसी को भी हानि नहीं पहुँचा सकते थे, और इनका विशेष महत्त्व इस बात में था कि इन्होंने जंगलों में रहनेवाले अन्न-संग्राहक बर्बर नागों से

समझौता कर लिया, अक्सर उनमें शामिल हो गए या उनके साथ मैत्रीभाव से रहे। इनकी दरिद्रता और प्रकट रूप से अहिंसक वृत्ति ही इनकी एकमात्र रक्षक थी। दूसरी ओर, आवश्यकता पड़ने पर व्यापारी अपने साथ शस्त्रधारी क्षत्रियों को ले जाते थे, जो आदिवासियों (निषादों) से उनकी रक्षा करते थे। ये क्षत्रिय धीरे-धीरे ऐसे वैतनिक सैनिक-समूह बन गए जो भाड़े पर किसी के लिए भी लड़ने को तैयार रहते थे।

धर्मग्रंथों में यज्ञों में होनेवाले प्राणीवध के बारे में प्रचुर जानकारी मिलती है। ऐसे सामूहिक यज्ञकर्म अग्नि के अलावा अन्य वैदिक देवताओं के लिए भी, यद्यपि पवित्र अग्नि के सामने ही, आयोजित किए जाते थे। यज्ञ-अनुष्ठान की अवधि तथा जटिलता निरंतर बढ़ती गई। यज्ञों में इतनी संख्या में और इतने प्रकार के प्राणियों का वध होता था कि आज हमें यकीन करने में कठिनाई होती है। बलि योग्य श्रेष्ठतम 'पशु' थे—मनुष्य, बैल और अश्व; परंतु, जैसी कि यजुर्वेद तथा ब्राह्मण-ग्रंथों से जानकारी मिलती है, यज्ञों में प्रायः हर प्रकार के पशु एवं पक्षी का वध होता था। असीम आनुष्ठानिक वध का यह अतिवीभत्स व्यवसाय यह प्रमाणित करता है कि समाज के जीवन-निर्वाह के साधन निःशेष होने लगे थे। ऊपर उल्लिखित सूक्त से पता चलता है कि मवेशी, खाद्य और समृद्धि-लाभ ही यज्ञ का मुख्य उद्देश्य था। साथ ही, यह सब दूसरों पर आक्रमण करके भी प्राप्त किया जा सकता था। युद्ध में विजय के लिए, आमतौर पर युद्धनेता की सफलता के लिए, ये यज्ञ अत्यावश्यक समझे जाते थे। उदाहरणार्थ, अश्वमेध यज्ञ का अर्थ आर्यों की अर्थव्यवस्था के एक महत्त्वपूर्ण पशु को मारना और उसे खाना मात्र नहीं था। पटरानी को वध्य अश्व के साथ सम्मिलित होना पड़ता था, जो एक वीभत्स प्रजनन अनुष्ठान था, संभवतः पूर्वकाल के किसी ऐसे अनुष्ठान का बदला रूप जिसमें राजा अथवा उसके प्रतिनिधि की बलि दी जाती थी। वध के पहले अश्व को साल-भर चाहे जिधर घूमने के लिए खुला छोड़ दिया जाता था। यदि किसी अन्य कबीले के लोग ऐसे अश्व को रोकते, तो इसे युद्ध की चुनौती समझा जाता था। निरंतर के इन युद्धों और यज्ञों से ब्राह्मणों की यज्ञीय दक्षिणा में वृद्धि हुई और क्षत्रिय व्यस्त रहने लगे। परंतु यज्ञ का एक अधिक गहरा और स्वीकृत सामाजिक प्रयोजन भी था। ब्राह्मण-ग्रंथ साफ-साफ कहते हैं : 'वैश्य की तरह ··· दूसरों को कर देनेवाला, दूसरों द्वारा भक्षणीय, दूसरों द्वारा दमनीय ···। शूद्र की तरह ··· दूसरों का दास, इच्छानुसार निकाल बाहर करने योग्य, इच्छानुसार वध करने योग्य।' इन दोनों वर्णों को, जो प्रधान उत्पादक थे, 'आज्ञाकारी बनाने के लिए' संपूर्ण कबीले की यज्ञीय यात्रा के अवसर पर दो उच्च वर्णों के बीच में घेरा जाता था। इसे देखते हुए जाति-व्यवस्था के बुनियादी वर्ग-स्वरूप के बारे में संदेह की कोई गुंजाइश नहीं रह जाती, यद्यपि यह वर्ग-व्यवस्था अभी उत्पादन की आदिम अवस्था में ही थी। पहले-पहल जिन करों के बारे में जानकारी मिलती है, वे 'बलि' कहलाते थे,

क्योंकि यह ऐसी भेंट थी जो कुल अथवा कबीले के लोगों द्वारा यज्ञ के अवसर पर मुखिया को दी जाती थी। केवल इसी संक्राति काल में एक ऐसे विशिष्ट अधिकारी के बारे में जानकारी मिलती है जो **भाग-दुघ** (राजा का अनुभाजक) कहलाता था। उसका काम था—राजा के निकट अनुयायियों के बीच बलि-भेंट का समुचित बँटवारा करना, और संभवतः करों को भी निर्धारित करना।

अभी नगर कहलाने लायक बस्तियाँ बहुत ही कम थीं। संकट के समय कबीले या कुल के सारे लोग उस लकड़कोट के भीतर जमा हो जाते थे जहाँ सामान्यतः मुखिया रहता था। धातुओं की कमी और पंजाब की नदियों के निरंतर पात्र-परिवर्तन के कारण बड़ी या स्थाई बस्तियाँ बसाने में कठिनाइयाँ थीं। सबसे छोटी इकाई **ग्राम** कहलाती थी। बाद में इस शब्द का अर्थ 'गाँव' हो गया, परंतु इस समय यह शब्द केवल ऐसे सगोत्र-समूह (सजात) का सूचक था जो अपने मवेशियों तथा शूद्रों के साथ अक्सर ही स्थान बदलता रहता था। ग्राम का नेतृत्व करनेवाला व्यक्ति **ग्रामणी** कहलाता था, जो मुखिया के प्रति उत्तरदायी कबीले का एक अधिकारी होता था। ग्रीष्मकाल में यह ग्राम अपने मनुष्यों और पशुओं को पानी के समीप किसी अच्छे चरागाह में ले जाता था। वर्षाकाल में ये लोग किसी ऐसी ऊँची भूमि में डेरा डालते थे जहाँ सामान्यतः बाढ़ नहीं पहुँच सकती थी; यहाँ ये लोग कुछ अनाज पैदा करते थे। अभियान के दौरान दो ग्राम, यदि वे एक ही कबीले के हों तो भी, मिलते तो उनमें कोई-न-कोई बखेड़ा अवश्य खड़ा हो जाता। इसकी जानकारी हमें नए शब्द **संग्राम** से मिलती है, जिसका अक्षरशः अर्थ होता है 'ग्रामों का मिलन', परंतु संस्कृत में इस शब्द का अर्थ हो गया 'युद्ध'। कबीलाई राज्य (राष्ट्र) के ये विविध ग्राम सामूहिक यज्ञों के अवसरों पर अथवा किसी सामान्य शत्रु का मुकाबला करने के लिए ही एकत्र होते थे। इन लोगों का राजा एक ऐसा व्यक्ति होता था जो कबीले के बहुत सारे कुलस्वामियों का मुखिया होता था। राजा का यह पद बारी-बारी से अथवा निर्वाचन से भी मिलता था और वंशानुगत विशेषाधिकारों से भी। **राजन्य** (राज्य करने योग्य) शब्द का राजकुमार, राजा और आमतौर पर हर क्षत्रिय के लिए समान रूप से इस्तेमाल होता था। कबीले की प्रथाओं और नियमों ने राजा के विशेषाधिकारों को बहुत सीमित बना दिया था। लेकिन निरंतर के युद्धों के कारण ये अधिकार बढ़ते गए और राजपद को एक परिवार में सीमित रखने की प्रवृत्ति भी बढ़ती गई। आंतरिक शांति बनाए रखने के लिए संभाव्य प्रतिद्वंद्वियों का, चाहे वे राजकुमार हों, भूतपूर्व राजा हों अथवा शक्तिशाली कुलस्वामी हों, अक्सर ही दमन करना अथवा उन्हें निष्कासित (अपरुद्ध) कर देना जरूरी हो गया। जबर्दस्ती के ऐसे निष्कासन से, जो प्राचीन अथेन्स के देशनिष्कासन-जैसा ही था, षड़यंत्र और कुचक्र बढ़ने लगे, और कबीले के बंधन और अधिक ढीले होने लगे। वर्ग-व्यवस्था पर आधारित एक नियमित

राजतंत्र, जो कबीलाई एकता की प्रमुख प्रेरक शक्ति से सर्वथा मुक्त था, अब जल्दी ही अस्तित्व में आनेवाला था।

नगरीय पुनरुत्थान

ऊपर जिस समाज का वर्णन किया गया है, उसे सभ्य कहना कठिन है। ब्राह्मण परंपरा वेदों को आज भी समस्त भारतीय वाङ्मय में श्रेष्ठतम मानती है। परंतु वेदों के बारे में वस्तुस्थिति सचमुच यही होती, तो फिर भारतीय संस्कृति के बारे में कुछ लिखने लायक रह ही नहीं जाता। उच्चतर संस्कृति के विकास के लिए एक ऐसे सामाजिक जीवन की आवश्यकता थी जो वैदिक समाज की न्यूनताओं और अंतहीन कलहों से रहित हो। यज्ञ-बलियों के असह्य अतिरेक ने तथा इन बलियों के समर्थक समाज-दर्शन ने वैदिक समाज को सीमांत तक पहुँचा दिया था। नए समाज की मुख्य कथा अगले अध्याय का विषय है, परंतु यहाँ हम उसकी पूर्वपीठिका पर कुछ विचार कर ही सकते हैं। एक नए उत्थान के रूप में उत्तर भारत में नगरीय जीवन की शुरुआत ईसा पूर्व प्रथम सहस्राब्दी के प्रथम चरण में हुई। लगभग 700 ई. पू. से आगे के सूक्ष्मता के तौले गए चाँदी के सिक्कों से जिस प्रकार की नगरीय दिनचर्या, व्यापार और व्यवस्थित हिसाब-किताब का अस्तित्व संभव प्रतीत होता है, वह साक्षरता के बिना संभव नहीं था। परंतु यह अभी तक निर्धारित नहीं हो पाया है कि उस समय ठीक कौन-सी लिपि प्रचलित थी और उसका किस हद तक इस्तेमाल होता था। यह निश्चित है कि पंजाब के अधिकांश क्षेत्र में बसे हुए आर्य कबीले अनपढ़ थे; परंतु यह एक सबल अनुमान है कि कुछ बाद की ब्राह्मी लिपि, कम-से-कम इसके प्राथमिक रूप में, नए नगरों में ज्ञात थी। बाकी के लिए, जैसे, बुद्ध ने एक गृहस्थ के पुत्र को राजगृह-जैसे नगर में शिष्ट आचरण करने के बारे में समझाया, तो यह ध्यान में रखना जरूरी है कि ई. पू. सातवीं सदी में सही माने में दो से अधिक बड़े नगरों का अस्तित्व संभव नहीं था। शेष सब ऐसे कस्बे थे जिनमें सभी लोग एक-दूसरे को जानते थे, अथवा ऐसे गाँव थे जिनमें मटरगश्ती के लिए शायद ही कोई सड़क हो। जो अब सामान्य नागरिक जान पड़ता है, वह उस समाज के लिए एक नई बात थी जिसने सामाजिक जीवन के मुख्य केंद्र के रूप में 'सभा' (पुरुषों का मिलन स्थल) को त्यागकर अभी 'संथागार' (प्रतिनिधि सभा) को नहीं अपनाया था।

हड़प्पा (जो विजय के बाद कुछ समय तक आबाद रहा) और मोहेंजोदड़ो (जो हमले के बाद ही हमेशा के लिए खंडहर बन गया) के अंतिम विनाश के बाद जो नगर अस्तित्व में आए, वे सिंधु प्रदेश की पूर्वी सीमा पर और उसके परे थे। निश्चय ही ये अभी छोटे पैमाने के नगर थे। परंतु इन नगरों के कारण खेती पर पशुचारी व्यवस्था की अपेक्षा कहीं अधिक बोझ पड़ा, और पशुचारी व्यवस्था का

अब भी महत्त्व था। यजुर्वेद में ही बारह बैलों की जोड़ियों से खींचे जानेवाले हलों के बारे में जानकारी मिलती है। ऐसे हलों का इस्तेमाल आज भी होता है; गहरे कूँड बनाने और भारी मिट्टी को उलटने के लिए ये अत्यावश्यक हैं, अन्यथा भूमि से बढ़िया फसल नहीं मिलेगी और वह अपनी उर्वरता खो देगी। मज़बूत हल तो काँसे के औजारों से लकड़ी को छीलकर बनाया जा सकता था, परंतु पंजाब की, विशेषतः जलविभाजक के समीप की, पथरीली ज़मीन की जुताई के लिए लोहे के फाल की ही ज़रूरत थी। यह लोहा कहाँ से आया ? तलवारों और अन्य औज़ारों के लिए, जो अभी भी काँसे के बनते थे, अधिकाधिक मात्रा में जिस ताँबे की आवश्यकता थी, उसके क्या नए स्रोत नहीं थे ?

ये धातुएँ यथेष्ट मात्रा में 800 ई. पू. के आसपास से पूर्व की ओर से मिलने लगीं। भारत में लोहे और ताँबे की कच्ची धातु के सर्वोत्तम भंडार गंगा की घाटी के पूर्व में दक्षिण-पूर्व बिहार (ढालभूम, मानभूम और सिंहभूम ज़िलों) में हैं। परंतु इस प्रदेश में आज भी घने जंगल हैं और वर्षा अधिक होती है, और इन जंगलों को साफ करने पर भी यहाँ कृषि उतनी लाभप्रद नहीं होगी जितनी कि गंगा की खास घाटी में होती है। यही कारण है कि समीप ही धमन-भट्टियाँ और धातु के कारखाने होने पर भी आज तक यहाँ काफी हद तक आदिम कबीलाई जीवन का अस्तित्व है। हम जानते हैं कि इस प्रदेश के ताँबे को निकाला गया था। ताम्र अयस्क के भंडारों के समीप ही धातु-कचरे के और अवशिष्ट राख के अज्ञात-कालीन ढेर मिले हैं, और लगभग 1000 ई. पू. की ताम्रनिधियाँ तो गंगा के पूरे मैदान में ही मिली हैं। इन निधियों में मछली मारने के कुछ भाले हैं, कुल्हाड़ियाँ हैं, अर्द्ध-मानवाकृति-जैसी वस्तुएँ हैं, और भी कई प्रकार की वस्तुएँ हैं। इनमें करीब दो फुट लंबी और अनगढ़ छेनी-जैसी धारवाली सबसे बड़ी बल्लम-नुमा कुल्हाड़ियाँ इतनी बेढंगी हैं कि इन्हें औज़ार नहीं कहा जा सकता। ये वस्तुएँ निश्चय ही व्यापारियों की निधियाँ हैं। इनका निर्माण स्वयं आदिवासियों ने नहीं किया था, क्योंकि ताँबे के शोधन के लिए नियंत्रित आग की, अतः अच्छे भट्ठों की, आवश्यकता होती है। ऐसे भट्ठों से बढ़िया मृत्भांड भी तैयार किए जा सकते हैं, और यह माना जाता है कि ये ताम्र-वस्तुएँ पहले-पहल मृत्भांडों के आवों से ही तैयार की गई थीं। परंतु इन ताम्रनिधियों के साथ जितने भी मृत्भांड मिले हैं वे सारे अनगढ़, अधपके तथा गेरू से पोते हुए हैं, और खुदाई के दौरान ही उनके टुकड़े-टुकड़े हो जाते हैं। इसलिए इस प्रदेश में सिंधुसभ्यता के लोगों और आर्यों की, जो सामान्यतः उत्तर के चित्रित धूसर भांडों का इस्तेमाल करने लग गए थे, बस्तियाँ संभव नहीं थीं। निष्कर्ष यह है कि इनका संबंध अग्रगामी आर्य व्यापारियों से था। परंतु गेरुए रंग के ऐसे ही घटिया मृत्भांड आर्यों की हस्तिनापुर-जैसी नई बस्तियों में चित्रित धूसर भांडों के नीचे और प्राकृतिक भूतल के ठीक ऊपर प्राप्त हुए हैं। इससे स्पष्ट होता है कि सारे आर्य पंजाब में ही पशुपालन में जुटे हुए नहीं थे। ईसा पूर्व दूसरी सहस्राब्दी में, विशेषतः

आर्यों की दूसरी प्रमुख लहर में, निश्चय ही ऐसे लोग थे जिनमें आगे बढ़कर खोजबीन करने की दृढ़ता एवं साहस मौजूद था। ये लोग अच्छे योद्धा थे और इन्हें धातुकर्म का, विशेषतः लोहे का, भी कुछ ज्ञान था। एशिया के जिन प्रदेशों से होकर आर्य लोग भारत पहुँचे थे उनमें ईसा पूर्व प्रथम सहस्राब्दी की शुरुआत तक लोहे का ज्ञान फैल चुका था। गंगा की घाटी में घने जंगल थे, इसलिए वहाँ कृषक बस्तियाँ अभी संभव नहीं थीं। इसीलिए आर्यों की मुख्य बस्तियों की स्थापना एक श्रृंखला में, हिमालय की तराई के साथ-साथ दक्षिणी नेपाल में हुई, और फिर यह श्रृंखला बिहार के चंपारन जिले में दक्षिण की ओर मुड़कर गंगा नदी तक जा पहुँची। यहाँ आग लगाकर भूमि साफ की गई थी, परंतु गंगा के पास ऐसा करना संभव नहीं था। यह विधि, जिसके कारण आरंभिक विस्तार गंडक नदी के पश्चिम में तराई तक ही सीमित रहा, **शतपथ ब्राह्मण** के एक प्रसिद्ध परिच्छेद में समझाई गई है। इसका समय 700 ई. पू. के पहले होना चाहिए। लेकिन चंपारन से दक्षिण की ओर लिया गया मोड़ कच्ची धातुओं के भंडारों तक पहुँचने के लिए ही था। कच्ची धातुओं के भंडार राजगिर की पहाड़ियों के परे थे, और यह राजगिर गंगा के दक्षिण में आर्यों की सर्वप्रथम बस्ती थी।

जलौघ मिट्टी के क्षेत्र को आबादी के योग्य बनाने में कठिनाइयाँ होने के बावजूद, यह स्पष्ट है कि इतिहास में पूर्ण निरंतरता-प्राप्त प्रारंभिक नगर नदी-मार्गों पर बसे हुए हैं। इनमें प्रसिद्ध नगर हैं : कुरु-प्रदेश में इंद्रप्रस्थ (दिल्ली) और हस्तिनापुर, यमुना-तट पर कोसंबी (कौशांबी) और गंगा-तट पर बनारस (वाराणसी, काशी)। ईसा पूर्व प्रथम सहस्राब्दी की शुरुआत में इन नगरों की स्थापना को केवल इसी आधार पर समझा जा सकता है कि अभेद्य जंगलों और दलदलवाले प्रदेशों से तेज़ी से बहनेवाली इन विशाल नदियों में पहले से ही नौकाओं का आवागमन होता था। ऋग्वेद के एक बालखिल्य सूक्त से पता चलता है कि उचथ्य और ममता के ब्राह्मण-पुत्र दीर्घतमा अपनी वृद्धावस्था में मल्लाह बन गए थे। ऋग्वेद में सौ डाँडोंवाली नौकाओं के और निकटतम भूमि से तीन दिन की जल-यात्रा के संक्षिप्त उल्लेख मिलते हैं, जिनसे पता चलता है कि आर्य लोग नाव चलाना जानते थे। इन सारी बातों का यही एक निष्कर्ष निकलता है कि ईसा पूर्व प्रथम सहस्राब्दी के आरंभकाल के ये अज्ञातनामा साहसी अग्रगामी समुद्र तक पहुँच गए थे और इन्होंने कच्ची धातुओं के भंडारों को खोज निकाला था, अन्यथा गंगा-तट पर वाराणसी के किल की खुदाई में तटबंध के नीचे पुरावशेष प्राप्त होने का कोई कारण या अर्थ नहीं हो सकता। एक बार कच्ची धातुओं की खोज हो जाने पर, फिर तराई की बस्ती-श्रृंखला का नदी के समीप के भूमार्ग में उस सीमा तक विस्तार करना आसान था जहाँ तक जंगलों को साफ करना संभव था। यह स्थापना उतनी खयाली नहीं है, जितनी कि यह लगती है। नदी में प्रचुर मात्रा में मछली उपलब्ध थी और किनारे के जंगलों में जानवरों का शिकार किया जा सकता

था। आवश्यकता थी तो केवल निर्भीक साहस और उद्यम की।

अगस्त्य कुल और विंध्य पर्वत के दक्षिण में आर्यों के प्रवेश के बीच कुछ संबंध प्रतीत होता है, परंतु यह अभी मिथक की कोटि का ही है, भले ही इसे दक्षिण भारत की महापाषाण-संस्कृति से जोड़ने का लोभ होता हो। कर्णाटक के ब्रह्मगिरि स्थान में मिले महापाषाणों का संबंध रायचूर ज़िले के नवपाषाणयुगीन पशुपालकों द्वारा छोड़ी हुई राख की ढेरियों से है। पत्थर के औज़ारों और मृत्भांडों के अनुक्रम से यह सिद्ध हो जाता है। रेडियो-कार्बन विधि से राख की ढेरियों का काल तीसरी सहस्राब्दी के अंत के थोड़े पहले का निर्धारित होता है। उनके धूसर भांडों तथा नर्मदा की घाटी में ईसा पूर्व दूसरी सहस्राब्दी की छुट-पुट बस्तियों की खुदाई में विविध प्रकार के मृत्भांडों के साथ यदा-कदा मिलनेवाले काँसे के टुकड़ों के आधार पर कुछ पुराविद् ईरानी संपर्क का अनुमान लगाते हैं। यदि ऐसा हो, तो इस आरंभिक विस्तार की प्रक्रिया एक पहेली ही बनी रहती है। सिंधु प्रदेश की नगरीय संस्कृति जब अपने वैभव के शिखर पर थी, तो क्या उस समय आद्य-आर्यों की कोई शांत लहर इस प्रदेश से होकर गुजरी थी? क्या आर्यों ने लूटमार तभी शुरू कर दी जब बाद की लहर ने युद्ध में काँसे के हथियारों का इस्तेमाल करना जाना? दूसरी ओर, ईसा पूर्व प्रथम सहस्राब्दी के आरंभकाल में (आर्यों द्वारा किए गए) गंगा के अन्वेषण को पुरातत्त्व से सिद्ध किया जा सकता है। रायचूर और कर्णाटक के उत्खननों में 'उत्तरी घुसपैठ' का स्तर निश्चय ही बाद का है, और यह लौहयुग की शुरुआत का सूचक है। इसके विपरीत, पांडु राजार ढिबि (पश्चिम बंगाल में अजई नदी पर) की 'ताम्र-पाषाण युगीन' पुरानिधियों में क्रमिकता का अभाव दिखाई देता है। नर्मदा घाटी के समरूप अवशेषों की तरह ये भी ईसा पूर्व दूसरी सहस्राब्दी के अन्वेषकों की, संभवतः आर्यों की, छुट-पुट अस्थाई बस्तियाँ हो सकती हैं, जबकि अतरंजीखेड़ा में स्थायी बस्ती थी।

महाकाव्य युग

आरंभिक छोटे नगरों में से कुरुदेश (दिल्ली-मेरठ) के दो नगरों ने भारतीय परंपरा पर अपनी अमिट छाप छोड़ी है, यद्यपि अंततः वाराणसी ब्राह्मणधर्म का एक पवित्र केंद्र बन गई, और यह आज भी है। ऐतिहासिक काल में पंजाब और उत्तरप्रदेश के बीच के क्षेत्र का सामरिक दृष्टि से बड़ा महत्त्व था। पिछली कई सदियों में दिल्ली भारत की राजधानी रही, और आज भी है। कुरुदेश के पानीपत स्थान पर लड़े गए कई निर्णायक युद्धों ने देश के समस्त उत्तरी भाग के भाग्य का फैसला किया है। महान भारतीय महाकाव्य महाभारत का विषय भी कुरुक्षेत्र में लड़ा गया संहारक युद्ध ही है। यदि ऐसा कोई युद्ध सचमुच ही हुआ है, तो ऐतिहासिक राजाओं तक की पारंपरिक राजवंशीय गणना के अनुसार यह 850 ई.

पू. के आसपास ही हुआ होगा। यह अनुमानित घटना निश्चय ही काफी छोटे पैमाने पर हुई होगी, परंतु इसका साहित्यिक महत्त्व उतना ही बड़ा है जितना कि यूनानी महाकाव्य के ट्रोजन युद्ध का। कुरु प्रदेश के हस्तिनापुर की मूल बस्ती प्राचीन वैदिक पुरु कबीले की किसी छोटी शाखा की थी। हस्तिनापुर के द्वितीय स्तर में जो चित्रित धूसर भांड मिले हैं, उन्हें व्यापक रूप में आर्यों के मृत्भांड नहीं, बल्कि पुरु-कुरुओं का मृत्तिका-शिल्प माना जाना चाहिए। पांडवों (पांडु-पुत्रों) की एक दूसरी शाखा ने पारंपरिक विधि से, यानी आग लगाकर, जंगल को साफ करके इंद्रप्रस्थ (संभवतः दिल्ली के पुराने किले का क्षेत्र) बसाया। जंगल साफ करने का यह कार्य अग्नि देवता के लिए आयोजित एक महान् यज्ञ समझकर पूरा किया गया। आग के घेरे से बाहर भाग निकलने की कोशिश करनेवाले हर प्राणी का वध किया गया, और इस प्रकार इस नए क्षेत्र को हल की खेती के योग्य बनाकर आबाद किया गया। तब इन पड़ोसी और संबंधित राज्यों में उभय-संहारक युद्ध हुआ। बाद में इसे एक ऐसे युद्ध के रूप में प्रस्तुत किया गया जिसमें समस्त पृथ्वी (जिसका अर्थ है, भारत) पर अधिकार प्राप्त करने के लिए लाखों-करोड़ों योद्धाओं ने भाग लिया। परंतु उस समय इतना अधिक उत्पादन नहीं होता था कि उससे बड़ी सेनाओं का पोषण हो सके, तथाकथित क्षेत्रीय राज्यों द्वारा सुसज्जित बड़ी सैनिक टुकड़ियों को दूर दिल्ली तक भेजना तो और भी दूर की बात रही। वास्तव में कुरु-प्रदेश में कुरु राजा द्वारा शासित एक छोटा कबीलाई राज्य पाँचवीं सदी तक मौजूद था, परंतु इसके बाद इसका पूर्णतः लोप हो गया। संपूर्ण देश पर कुरुओं का प्रभुत्व कभी भी नहीं रहा; यदि रहा है तो केवल बाद के चारणों की कल्पना में। माना जाता है कि कुरुओं के वंशज परीक्षित का तक्षशिला में बड़े ठाठ-बाट से राज्याभिषेक हुआ था। परंतु ईसा पूर्व चौथी सदी के पहले तक्षशिला एक देहात मात्र था, और चौथी सदी से जब इसने इतिहास में प्रवेश किया तो परीक्षित का कोई अता-पता नहीं था। महाभारत-युद्ध के बाद वंशानुक्रम में जो चौथा राजा हुआ, उसे बाढ़ के कारण हस्तिनापुर छोड़ देना पड़ा। इस बाढ़ के कुछ पुरातात्त्विक प्रमाण भी मिलते हैं। वह राजा अपनी पुरु-कुरु राजधानी को आगे नदी-तट पर कोसंबी में ले गया।

एक काव्य के रूप में **महाभारत** का विकास इस काल्पनिक महायुद्ध की सबसे बड़ी विशेषता है। **इलियड** की भाँति इस कृति का आरंभ भी एक श्रेष्ठ राजवंश के अंत पर शोक प्रकट करने के साथ हुआ। परंतु विजेता अभी भी शासन कर रहे थे, इसलिए स्वभावतः ही इन गीतों को काफी जल्दी **जय**-गानों में बदल दिया गया—कुछ-कुछ व्यंग्यात्मक रूप में। महाभारत के साथ यह **जय** नाम अब भी जुड़ा हुआ है ('जयो नामेतिहासोऽयम्'—आदिपर्व)। किसी भी घटना का गायन करने के पहले आमतौर पर (जैसाकि उस समय अन्य देशों में भी होता था) मंगलाचरण (यहाँ वैदिक, और यूनान में होमरिक) गाने की प्रथा थी। यदि

अनुष्ठान-कार्य के लिए कोई संरक्षक मिल जाता तो उसकी वंश-परंपरा का भी गुणकीर्तन किया जाता था। मंगलाचरण के वैदिक सूक्तों के कारण ब्राह्मणों को महाभारत की परंपरा पर अधिकार करने में आसानी हुई। जब तक ब्राह्मणधर्म के पुरोहित-वर्ग ने अन्य आर्यों से अपने को काफी पृथक् नहीं कर लिया, तब तक पेशावर चारण (सूत) ही आरंभिक कवि और गायक थे। ब्राह्मणों द्वारा संशोधित-संपादित महाभारत का आज उपलब्ध संकलन, जिसमें 80,000 से ऊपर श्लोक और कुछ गद्यांश हैं, 200 ई. पू. और 200 ई. के बीच के काल में तैयार हुआ। आदिपर्व के प्रारंभ में यह स्पष्ट कहा गया है कि उस समय 24,000 श्लोकों की भारतसंहिता मौजूद थी, यद्यपि यह अब पूर्णतः लुप्त हो गई है। विभिन्न वर्गों के श्रोताओं को आकर्षित करने के उद्देश्य से नए संपादकों ने इसमें तरह-तरह के आख्यान और मिथक जोड़ दिए। कई घटनाएँ, जिनका युद्ध से कोई स्पष्ट संबंध नहीं है, विभिन्न पात्रों द्वारा वर्णित कथा के भीतर की कथाएँ जान पड़ती हैं। एक आधारभूत कथा की चौखट खड़ी करके इस विस्तार को अधिक स्वाभाविक बना दिया गया। राजा जनमेजय-तृतीय ने नागों के संपूर्ण विनाश के लिए एक विराट् यज्ञ किया। ये नाग-राक्षस इच्छानुसार सर्प या मानव का रूप धारण करने में समर्थ थे, और इनमें से एक ने जनमेजय के पिता परीक्षित-द्वितीय को मार डाला था। अतः ये युद्ध-कथानक और आख्यान ऐसी कथाएँ हैं जिन्हें दीर्घकालीन यज्ञों (सत्रों) के अवसरों पर घुमा-फिराकर कहना ज़रूरी होता था। अर्थात्, अपने वर्तमान रूप में महाभारत प्रमुखतः एक महायुद्ध का नहीं, बल्कि एक महायज्ञ का विवरण है। महाभारत के विस्तार की प्रक्रिया का अंत 200 ई. में ही नहीं हो गया, यह उन्नीसवीं सदी तक चलती रही। देश के विभिन्न भागों के विभिन्न संस्करणों की तुलना करके महाभारत का लगभग एक ऐसा विवेचनात्मक आद्य-रूप तैयार करना संभव हुआ जो अधिक-से-अधिक ईसा की चौथी सदी का हो सकता है। मूल गीतों से मिलते-जुलते पाठ के पुनरुद्धार का प्रश्न ही नहीं उठता।

बाद के अधिकांश प्रक्षेप धार्मिक स्वरूप के हैं ; इनमें ऐसी बातें हैं जिनका वैदिक कर्मकांड और धर्म से कोई संबंध नहीं। इन्हीं के बल पर ब्राह्मणों ने, जिनकी प्राचीन प्रतिष्ठा बौद्धधर्म के प्रभाव के कारण घट गई थी, समाज में पुनः उच्च स्थान प्राप्त कर लिया। बाद में जोड़ा गया सबसे प्रभावशाली अंश है **भगवद्गीता**। कहा जाता है कि भगवान् कृष्ण ने इस गीता का उपदेश युद्ध शुरू होने के कुछ समय पूर्व ही दिया था। परंतु यह कृष्ण एक नया देव था; इसके परम देवत्व को आगे कई सदियों तक मान्यता नहीं मिली। गीता की संस्कृत भाषा ईसा की तीसरी सदी के आसपास की है। परंतु कृष्ण को देवपद प्रदान करने के काफी पहले, जब महाभारत के संशोधन का पहला दौर चला और यह एकात्मक ब्राह्मणधर्मीय महाकाव्य बन गया, उस समय इसका विशेष महत्त्व इसकी

आधार-कथा के कारण ही था। दरअसल, इस आधार-कथा का महत्त्व जितना समझा जाता है, उससे कहीं अधिक है। इतिवृत्त के अनुसार, जनमेजय का यज्ञ, जिसे वहाँ पर वास्तविक युद्ध से अधिक महत्त्व दिया गया है, बिना समापन के अधूरा ही छोड़ देना पड़ा। इस विचित्र परिणति का श्रेय ब्राह्मण पिता और नाग माता के युवा पुत्र आस्तीक की प्रतिभा को है। जनमेजय का मुख्य पुरोहित सोमश्रवा भी ऐसे ही मिश्रित माता-पिता की संतान था। ब्राह्मणधर्म के कठोर नियम के अनुसार, ब्राह्मण पिता और किसी भी अन्य जाति की माँ से उत्पन्न संतान को कभी भी ब्राह्मण नहीं माना गया। इसलिए इस अतिस्फीत महाकाव्य के ब्राह्मण-संपादक अपनी वंश-परंपरा आर्य दायरे से इतनी अधिक दूर होने की बेझिझक घोषणा करते हैं, तो स्पष्ट होता है कि नाग लोग कोई राक्षस अथवा निम्न जाति के नहीं, बल्कि किसी सम्मान्य जनजाति के रहे होंगे। आस्तीक 'यायावर' (घुमक्कड़) कुल में पैदा हुआ था। इस नाम का एक परिवार ईसा की नौवीं सदी तक मौजूद था, और संस्कृत का प्रख्यात कवि-नाटककार राजशेखर, जो ब्राह्मण नहीं था या जिसने कम-से-कम मराठा अथवा राजपूत सामंतों के चाहमान कुल की अब्राह्मण स्त्री से विवाह किया था, इसी यायावर परिवार का था।

तो फिर कौन थे ये नाग—जो सर्प-दानव के साथ-साथ मानव भी थे, जिन्हें इतना दुष्ट समझा गया कि उनके विनाश के लिए विशेष प्रकार के शक्तिशाली यज्ञ का आयोजन किया गया, लेकिन फिर भी ब्राह्मणों के संयोग से उनकी स्त्रियों ने वैध और अतिसम्मान्य संतान को जन्म दिया? उपलब्ध सामग्री से इस प्रश्न का उत्तर प्राप्त करना संभव है। स्पष्ट है कि जातिगत अर्थ में 'नाग' शब्द का प्रयोग जंगलों में रहनेवाले उन आदिवासियों के लिए हुआ जो अनिवार्यतः एक-दूसरे से संबंधित नहीं थे, परंतु जिनका गणचिह्न (टोटेम) नाग था या जो नाग की पूजा करते थे, जैसाकि भारत के बहुत-से आदिवासी (और केवल आदिवासी ही नहीं)आज भी करते हैं। जब आर्यों ने कुरु-प्रदेश में पहली बार अपनी बस्तियाँ स्थापित कीं, उस समय ये नाग लोग पास के जंगलों में रहते थे। अर्द्धमरुक्षेत्रवाली खुली नदी-घाटियों अथवा पंजाब की निचली पहाड़ियों के प्रदेश की अपेक्षा गांगेय प्रदेश के जंगलों में भोजन-संग्रह अधिक आसान था। परंतु इन्हीं घने जंगलों के कारण नाग लोगों को जीतना या उन्हें कबीलाई दासों की अवस्था पर ले आना, जैसाकि पश्चिम की ओर के दासों और शूद्रों के साथ हुआ, असंभव हो गया। जब तक वे स्वतंत्र भोजन-संग्राहक बने रहे, तब तक उन्हें निम्न जाति की अवस्था में पद-दलित करना संभव नहीं हुआ। वेदों में ही यह जानकारी मिलती है कि ऐसे भी कुछ गरीब ब्राह्मण थे जिन्हें किसी आर्य कबीले का संरक्षण प्राप्त नहीं था और जो शांतिपूर्वक जंगलों में जाकर सामान्यतः आहार-संग्रह पर और कभी-कभी कुछ मवेशियों के सहारे जीवन-यापन करते थे। विद्याध्ययन की पुरानी ब्राह्मणपरंपरा, जो ईसवी सन् की शुरुआत तक प्रचलित रही और जो सिद्धांत-रूप में आज भी

अनिवार्य समझी जाती है, यह थी कि वेदाध्ययन के इच्छुक विद्यार्थी को किसी अरण्याश्रम में बसे हुए किसी वरिष्ठ आचार्य की बारह साल तक सेवा करनी पड़ती थी : उसे गायों की देखभाल करनी पड़ती थी, अलिखित वेदों को कंठस्थ करना होता था, कर्मकांड की हर सूक्ष्म बात में पारंगत होना पड़ता था। इस सबके बाद ही वह पूर्णतः दीक्षित ब्राह्मण बनकर बाहर निकलता था। इन आश्रमों में न तो शिकार करने की प्रथा थी, न ही खेती की जाती थी। यह शुरू-शुरू का काल था, इसलिए यदा-कदा आदिवासी नाग-स्त्रियों से विवाह कर लेने की अनुमति थी ही। उस समय के ये अग्रगामी ब्राह्मण अपने साथ क्वचित् ही अपनी जाति की स्त्रियाँ ले जाते थे। यह प्रथा बाद में उस समय अस्तित्व में आई जब गुरुकुल की परंपरा भलीभाँति स्थापित हो गई। नाग लोगों के साथ इनके संघर्ष का सवाल ही नहीं उठता था, क्योंकि ये नाग (आजकल के आसाम के **नागाओं** की तरह) युद्ध-प्रेमी नहीं थे और खेती भी नहीं करते थे, और इसलिए जंगलों में इनकी काफी विरल आबादी थी। हस्तिनापुर के प्रथम स्तर में अधपके, घटिया दर्जे के गेरू-पोते जो मृत्भांड मिले हैं, वे संभवतः परवर्ती नाग लोगों के हैं। जैसे-जैसे जंगल साफ होते गए, वैसे-वैसे क्रमिक विलयन के साथ नाग लोग कृषि को अपनाते गए। **महाभारत** से जानकारी मिलती है कि कम-से-कम एक नाग वंश के, पांडवों के साथ तो नहीं, परंतु कुरुओं के साथ मैत्रीपूर्ण और कुछ विशेष प्रकार के संबंध थे। अतः ऐसे नागों के वंशजों ने अपनी-अपनी मूल उपासना-विधियों को कायम रखा और विलुप्त कुरु-गौरव के गायक आरंभिक चारणों से मैत्रीपूर्ण संबंध रखे तो यह एक स्वाभाविक ही बात है। महाभारत के आदिपर्व में नाग-वंशावलियों और आख्यानों को विशेष महत्त्व दिया गया है, यद्यपि युद्ध की मुख्य कथा से इनका तनिक भी कोई संबंध नहीं है। इसके विपरीत, यदुनायक और नरदेव कृष्ण का उत्थापित 'सर्वेश्वर' पद महाकाव्य के विभिन्न स्तरों में स्पष्टतः दृष्टिगोचर होने पर भी कृष्णाख्यान तथा कृष्णवंशावली का समावेश महाभारत के परिशिष्ट-ग्रंथ **हरिवंश** में किया गया है। बाद के भारतीय प्रतिमाशास्त्र में महानाग की अनेक लीलाओं का प्रस्तुतीकरण हुआ है। माना जाता है कि शेषनाग ने पृथ्वी को अपने सिर पर धारण कर रखा है, उसे जल में डूब जाने से बचाए हुए है। वह जलवासी विष्णु के लिए शय्या और छत्र दोनों बना हुआ है; कालांतर में कृष्ण इसी विष्णु का अवतार बना। नाग शिव के गले का हार है, गणेश के हाथ में एक शस्त्र है और यह एक स्वतंत्र देवता भी है, जिसकी पूजा के लिए वर्ष का एक ऐसा विशेष दिन नियत है जब धर्मपरायण लोग न ज़मीन खोदते हैं, न धातु का इस्तेमाल करते हैं। साथ ही वह भारतीय किसानों का कृपापात्र 'क्षेत्रपाल' (शिव का एक नाम) यानी 'खेत-रक्षक' भी है। महाभारत में संस्कृतियों के समागम के बारे में जो जानकारी मिलती है वह इसकी नगण्य और अतिसंदेहात्मक ऐतिहासिक विषय-वस्तु से कहीं अधिक रोचक है।

महाभारत के महत्त्व और इसकी भ्रामक व्याख्या के कारण पूर्ववर्ती विवेचन के सार-संक्षेप को पुनः प्रस्तुत करना आवश्यक है। इस महाकाव्य में प्राचीनतम कथाओं के तीन स्पष्ट स्रोत हैं : पुरु-कुरु युद्धगीत, आदिवासियों के मिथक, और युद्ध-गाथाएँ। इन विसंगत कथाओं का तत्कालीन संयुक्त किंतु अभी भी आदिम स्तर के समाज के अनुरूप किसी तरह मेल बिठाना आवश्यक था। इसके लिए कुठाली का काम दिल्ली-मेरठ-मथुरा क्षेत्र ने ऐसे समय में किया जब धातुओं की, विशेषतः लोहे की, जानकारी तो थी, किंतु ये अधिक मात्रा में उपलब्ध नहीं थीं। उत्तरकालीन वैदिक आर्य, खाद्य-संग्राहक अरण्यवासी नाग लोग और कृष्ण के नववैदिक गोपालक, यदि आपस में लड़ना बंद कर देते, तो मिलकर ये एक अधिक सक्षम अन्न-उत्पादक समाज का निर्माण कर ही सकते थे। परिवेश और धातुओं की न्यूनता के कारण इन तीन समुदायों में से किसी भी एक के लिए यह संभव नहीं था कि वह मात्र बल-प्रयोग द्वारा दूसरों को अपने अधीन कर सके। इसलिए मिथकों का ही मिलन हुआ। मानवीय तत्त्वों का पुनस्संयोजन करने में कश्यप कुल ने सहयोग दिया और आख्यानों का संपादन भृगुओं के एक अन्य ब्राह्मणकुल ने किया। संस्कृतियों का यह परस्पर मिलन इतना प्रभावकारी था कि महाभारत का आकार बढ़ता ही गया और संपूर्ण मध्ययुग में इसी ढाँचे पर पुराणों की पुनर्रचना हुई। यह प्रक्रिया तभी अनुपयोगी सिद्ध हुई जब सम्मिलित अंधविश्वासों के आधार पर लोगों को एकजुट रखकर एक अधिक उत्पादक समाज का निर्माण करना संभव नहीं हुआ। मुसलमानों की अपेक्षाकृत आसान विजय के कारण यह विफलता और भी पक्की हो गई। परंतु तब तक 'जियो और जीने दो' की मान्यता का स्थान काफी पहले से इस मान्यता ने ले लिया था कि 'तर्क-विवेचन, भौतिक वास्तविकता अथवा साधारण सहज बुद्धि की परवाह किए बिना उन सारी बातों पर विश्वास करो जो पुरोहित कहें'।

5. कबीले से समाज की ओर

नए धर्म

देश के बाहर के करोड़ों लोगों के लिए भारत महज़ बुद्ध की भूमि है। एशिया की अधिकांश जनता की दृष्टि में बौद्ध धर्म ही भारत की सबसे महत्त्वपूर्ण उपलब्धि है, न कि कोई राजतंत्र प्रणाली या किसी भौतिक वस्तु का निर्यात। भारतीय प्रभाव के अंतर्गत विकसित बौद्ध अभिप्रायों के बिना बर्मा, थाईदेश, कोरिया, जापान और चीन की वास्तु एवं ललित कला, और इसलिए संसार की कला, काफी अकिंचन रह जाती। प्राचीन मंगोल और तिब्बती साहित्य में बौद्ध धर्म-ग्रंथों का हिस्सा बहुत अधिक है। सन् 1959 तक तिब्बत का संपूर्ण शासन चंद बौद्ध विहारों और उनके द्वारा नियुक्त अधिकारियों के हाथों में रहा है। श्रीलंका, बर्मा, थाईदेश और हिंदचीन के लोग, न केवल (अपनी-अपनी मान्यता के अनुसार) बौद्ध धर्म के अनुयायी हैं, अपितु अपने विभिन्न इतिहासों के उषाकाल में इसी धर्म के आद्य सभ्यकारी प्रभाव को स्वीकार करते हैं। ईसा की पाँचवीं और छठी सदियों में चीन के, विशेषतः उसके भीतरी प्रदेश के, आर्थिक विकास में बौद्ध विहारों की जो प्रभावशाली और अपरिहार्य भूमिका रही है, उसे अभी हाल ही में समझा गया है। सुदूर देशों के अनगिनत यात्री रेगिस्तानों, हिमाच्छादित ऊँचे-ऊँचे पर्वतों और प्रचंड समुद्री तूफानों के कष्टों को झेलकर बुद्ध के जीवन की घटनाओं से संबंधित स्थलों के दर्शन के लिए साहसी यात्राएँ करते रहे, आज भी करते हैं। अपने समय में बौद्ध धर्म का प्रचार पूर्व की अपेक्षा पश्चिम की ओर और भी अधिक प्रभावकारी रहा। बामियाँ (अफगानिस्तान) में पूरी चट्टानों को छीलकर बनाई गई बुद्ध की 60 मीटर ऊँची मूर्तियाँ अपने-आप में इस बात की यथेष्ट प्रमाण हैं। मध्य एशिया में पाए गए अनगिनत स्तूपों के भग्नावशेष भी इसी बात की गवाही देते हैं। बौद्ध धम ने न केवल मानीवाद को प्रभावित किया, बल्कि इसके पहले ईसाई धर्म के निर्माण में भी सहयोग दिया होगा। मृत-सागर की कुंडलियों की रचना करनेवाले विद्वान् हालाँकि सच्चे यहूदी थे, फिर भी उनकी कृतियों में ऐसी कुछ विशेष बातें हैं जो बौद्ध उत्पत्ति की जान पड़ती हैं। कब्रिस्तान के लगभग ऊपर ही बने मठ में उनके वास्तव्य की प्रथा यहूदी धर्म के लिए तो अप्रिय हो सकती है, परंतु बौद्धों के लिए यह प्रिय ही रही है। फिलस्तीन के इन (संभवतः एस्सीन) संप्रदाय के लेखों में

'सदाचरण के उपदेशक' का जो नामोल्लेख है, वह बुद्ध की उपाधि से ठीक मिलता-जुलता है। इसलिए इसमें कोई आश्चर्य की बात नहीं है कि पुरानी बाइबिल का पर्वत-प्रवचन, इसे पहली बार सुननेवाले इसके अनुयायियों की अपेक्षा, बौद्धों को अधिक परिचित जान पड़े। ईसा मसीह के कुछ चमत्कार, जैसे पानी पर चलना, बुद्ध के जीवन-संबंधी साहित्य में काफी पहले से प्रचलित थे। इसी प्रकार 'बरलाम और जोसफत' नामक ईसाई संत की कथा स्पष्टतः बुद्ध की जीवन-कथा पर आधारित है। बगदाद के अब्बासी खलीफा हारूँ-अल-रशीद (जिसे 'अरेबियन नाइट्स' की कथाओं ने अमर बना दिया है) के बरमक नामक मंत्रियों के परिवार के पूर्वज किसी समय बौद्ध 'नव-विहार' के वंशानुगत मठाधीश (परमक) थे। इस्लाम में नए-नए दीक्षित हुए थे. इसलिए उन पर यह संदेह भी किया जाता रहा कि वे अपने पुराने धर्म की कुछ काफिरी मान्यताएँ कायम रखे हुए हैं।

इस असाधारण विस्तार की दो आश्चर्यजनक किंतु परस्पर-विरोधी विशेषताएँ हैं। भारत के बाहर इस धर्म का प्रचार बिना बल-प्रयोग के या भारत के इसी प्रकार के राजनीतिक प्रभाव के विस्तार के बिना ही हुआ। दूर-दूर के देशों में असोक (संस्कृत : अशोक) का नाम आदर के साथ लिया जाता है, तो इसका कारण यही है कि वह एक महान् बौद्ध सम्राट् था, न कि उसकी किसी विजय अथवा किसी प्रकार के शक्ति-प्रदर्शन के कारण। कुषाणों ने मध्य एशिया और भारत के कुछ भागों पर सम्मिलित रूप से शासन किया, परंतु वे बौद्ध धर्म के साथ-साथ अन्य भारतीय संप्रदायों और देवताओं के भी आश्रयदाता थे। इनमें से एक देवता थे शिव, परंतु इनके पूजा-विधान का प्रचार दूर तक नहीं हुआ। हान राजवंश के शासक मिन्-ति से चीनी सम्राटों का एक सिलसिला ही शुरू हुआ, जिन्होंने बौद्ध प्रचारकों को आमंत्रित करने के लिए कोई कसर उठा नहीं रखी। फिर भी, अपनी जन्मभूमि में ही बौद्ध धर्म का लोप हो गया; केवल पूर्वोत्तर सीमा-प्रदेश में ही कुछ अवशेष बचे रहे। बाह्य सफलता के विपरीत स्वदेश में इस धर्म का पूर्ण लोप एक पहेली-सा जान पड़ता है। आज भी यदि शिक्षित भारतीयों से यह कहा जाए कि बौद्ध धर्म—जिसे वे क्षणिक पथभ्रंश मात्र समझते हैं—विश्व-संस्कृति को उनके देश का विशिष्ट योगदान है, तो वे भौचक्के रह जाएँगे या नाराज़ हो जाएँगे। बौद्ध धर्म के उत्थान, प्रसार और पतन के 1500 वर्षों के पूरे कालचक्र में भारत अर्ध-पशुपालक जीवन की अवस्था से प्रथम पूर्ण राजतंत्र की अवस्था में पहुँचा और तदनंतर सामंती युग में। अतः इस धर्म ने अपनी जन्मभूमि की इन विविध अवस्थाओं में जो विभिन्न भूमिकाएँ अदा की हैं उनका भारतीय सभ्यता के गंभीर अध्ययन में केंद्रीय स्थान होना ही चाहिए। साथ ही, देश और देश के बाहर इस धर्म का जो द्वंद्वयुक्त और पेचीदा विकास हुआ है, उसे भी हमें समझना होगा।

ईसा पूर्व छठी सदी ने चीन में कन्फ्यूसियस के दर्शन को और ईरान में जरतुश्त

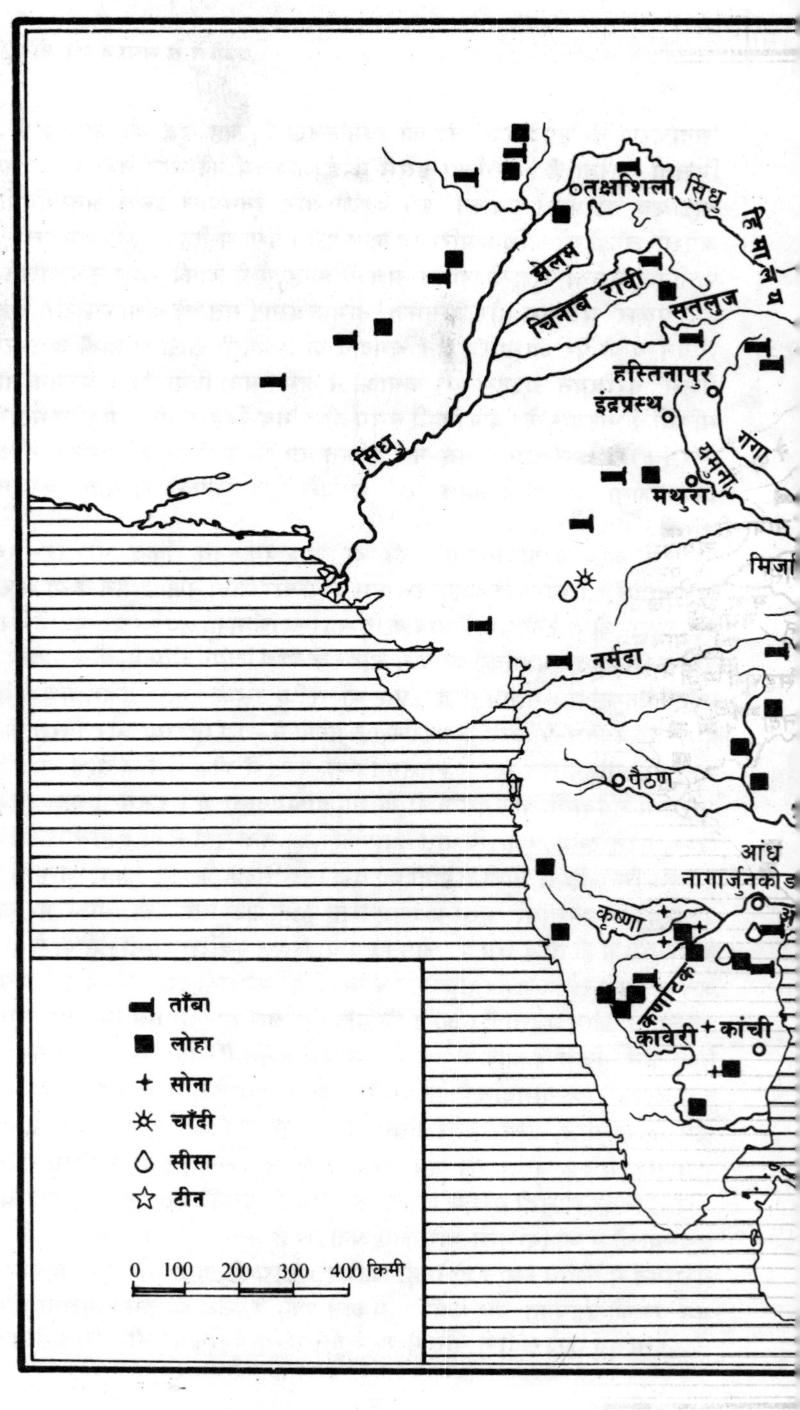

तक्षशिला
सिंधु
झेलम
चिनाब
रावी
सतलुज
हस्तिनापुर
इंद्रप्रस्थ
गंगा
यमुना
मथुरा
सिंधु
नर्मदा
पैठण
आंध
नागार्जुनकोंड
कृष्णा
कर्नाटक
कावेरी
कांची
ताँबा
लोहा
सोना
चाँदी
सीसा
टीन
0 100 200 300 400 किमी

धातु और खनिज

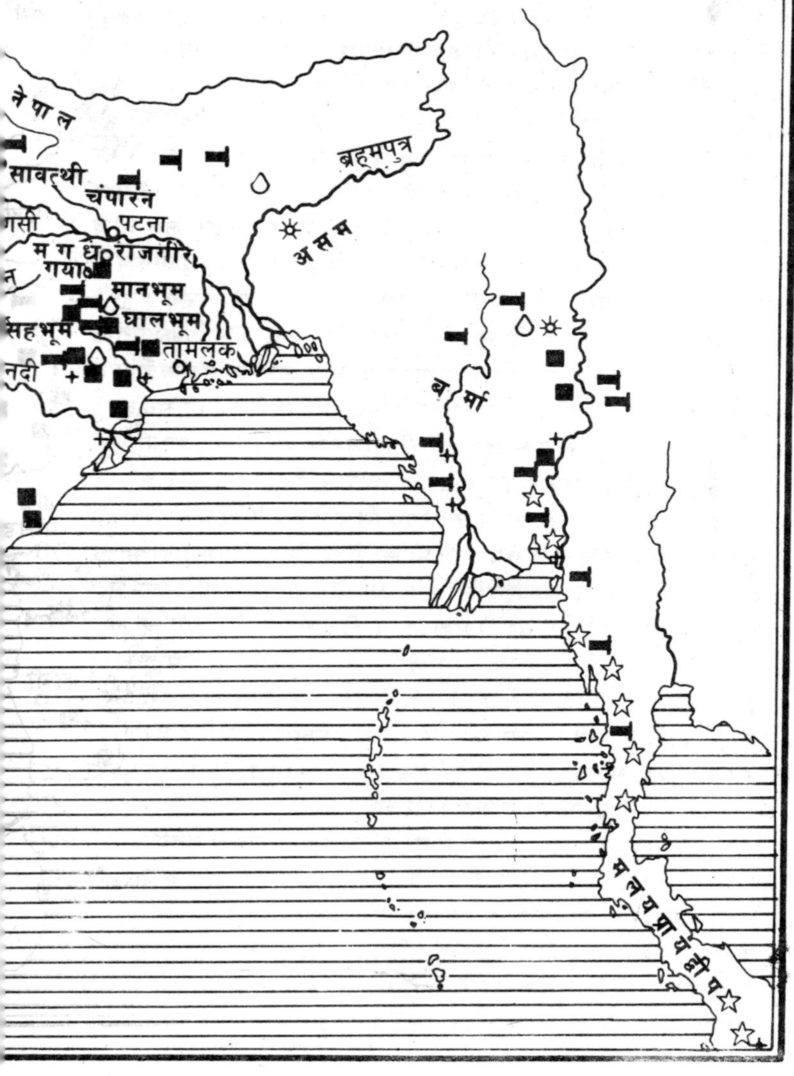

नेपाल
सावत्थी
चंपारन
पटना
मगध
राजगीर
गया
मानभूम
धालभूम
तामलुक
नदी
ब्रहमपुत्र
असम
बर्मा
मलयप्रायद्वीप

के व्यापक सुधारों को जन्म दिया। गगा की मध्य घाटी में कई सारे नए मतवादी उपदेशक पैदा हुए। बुद्ध इनमें से एक थे, परंतु अपने जीवन-काल में अभी उन्हें सबसे अधिक प्रतिष्ठा नहीं मिली थी। विरोधी मतों के बारे में अधिकांश जानकारी प्रतिद्वंद्वियों के पक्षपातपूर्ण धार्मिक ग्रंथों में ही मिलती है। परंतु जैन धर्म भारत में आज भी जीवित है, और बुद्ध के पहले के तीर्थंकर इसके संस्थापक माने जाते हैं। मैसूर के अभिलेखों से पता चलता है कि ईसा की चौदहवीं सदी तक आजीवकों का अस्तित्व रहा है। क्रमशः इन दो संप्रदायों के मुख्य प्रवर्तक थे—महावीर (जैन मतावलंबी यद्यपि पूर्ववर्ती तीर्थंकरों की एक लंबी परंपरा में आस्था रखते हैं, परंतु इनमें पार्श्व ही ऐतिहासिक जान पड़ते हैं) और मक्खली गोसाल। ये दोनों ही बुद्ध के समकालीन थे और तत्कालीन अन्य अनेक उपदेशकों की भाँति इन्होंने भी उसी क्षेत्र में अपने मतों का प्रचार किया। स्वयं बुद्ध ने भी अपने समय के दो ज्येष्ठ उपदेशकों की शिक्षाओं को ग्रहण करके ही उन्हें आगे बढ़ाया है। ये दो उपदेशक थे—उद्दक रामपुत्र और कालाम नामक आर्य कबीले के आलार। इसलिए बौद्ध धर्म को उसके निस्संदिग्ध महान् संस्थापक की मात्र वैयक्तिक उपलब्धि के रूप में नहीं देखा जा सकता, न ही इसका ह्रास मानवीय कमज़ोरियों के कारण हुआ। स्पष्टतः, एक सीमित क्षेत्र में इतने सारे काफी प्रभावशाली और लब्धप्रतिष्ठ संप्रदायों का एकसाथ उत्थान एक ऐसी सामाजिक आवश्यकता का सूचक है जिसे पुराने मत पूरा नहीं कर सकते थे। इस आवश्यकता का विश्लेषण हो सकता है सभी नए उपदेशकों से संबंधित एक-से तत्त्वों की खोजबीन करके और अनुयायियों के नए वर्गों का अनुशीलन करने से। यदि यह सामान्य निरंतरता और क्रमिक विकास की ही बात होती, तो नए धर्मों का उदय सिंधु प्रदेश में होना चाहिए था जहाँ एक महान् सभ्यता के भग्नावशेष अभी मौजूद थे, या फिर पश्चिमोत्तर भारत में होना चाहिए था जहाँ वैदिक संस्कृति का प्रभाव था और आगे भी कई सदियों तक रहा; या कुरुदेश में होना चाहिए था जो महाभारत की कथा का केंद्रस्थल था और उस प्रकार की नैतिकता के लिए एक उपयुक्त क्षेत्र था जिससे यह महाकाव्य ओत-प्रोत है; या मथुरा में होना चाहिए था जहाँ से अंततः सर्वेश्वर के रूप में कृष्ण के एक नए और शक्तिशाली संप्रदाय का प्रसार हुआ। किंतु क्या कारण है कि पूर्व के नवीनतम और कुछ सांस्कृतिक बातों के मामले में अपेक्षाकृत पिछड़े हुए प्रदेश में ही धर्म के इन सबसे उन्नत स्वरूपों का उत्थान हुआ?

ईसा पूर्व छठी सदी में गंगा की घाटी में नए वर्गों के अस्तित्व से इनकार नहीं किया जा सकता। एक वर्ग स्वतंत्र खेतिहरों और कृषकों का था। कबीले के अंतर्गत वैश्यों का जो नव-वैदिक पशुचारी वर्ग था, उसका स्थान अब उन कृषकों ने ले लिया था जिनके लिए कबीले का कोई अस्तित्व नहीं रह गया था। व्यापारी इतने मालदार हो गए थे कि पूर्व के नगरों में सबसे महत्त्व का व्यक्ति सामान्यतः **श्रेष्ठी** ही होता था। यह शब्द, जिसका पहले कोई अस्तित्व नहीं था, 'श्रेष्ठ'

(मुखिया) से बना है। दरअसल, श्रेष्ठी पूँजीपति अथवा साहूकार होता था और कभी-कभी व्यापारियों के संगठन (श्रेणी) का मुखिया भी। इन श्रेष्ठियों का शासन-तंत्र से कोई प्रत्यक्ष सरोकार नहीं था, परंतु परम निरंकुश शासक भी इनका सम्मान करते थे। **गहपति** (संस्कृत : गृहपति) शब्द का बदला हुआ अर्थ इस नए वर्ग के अस्तित्व का प्रमुख परिचायक है। शाब्दिक अर्थ 'गृहस्वामी' का द्योतक यह शब्द इसके बाद रोमन शब्द paterfamilias का समानार्थी बन गया। वैदिक और ब्राह्मण-ग्रंथों में इस शब्द का अर्थ है—राजसूय यज्ञ का तो नहीं, पर दूसरे काफी महत्त्व के यज्ञों का प्रमुख याजक और यजमान। अब, पहली बार इस शब्द का अर्थ हो गया—किसी भी जाति के एक ऐसे बड़े पितृसत्तात्मक परिवार का मुखिया जो प्रमुखतः अपनी संपत्ति के कारण सम्मान प्राप्त करता था, फिर यह संपत्ति व्यापार अथवा उत्पादन से प्राप्त की गई हो अथवा खेती से; परंतु अब इस संपत्ति को केवल मवेशियों की संख्या से नहीं आँका जाता था। एक नए धनी वर्ग का नियामक सदस्य होने के नाते अब गृहपति को अपने धन का चाहे जैसा इस्तेमाल करने की स्वतंत्रता थी, यद्यपि परिवार के सदस्यों के भरण-पोषण की ज़िम्मेदारी उसी की थी और वह अपने सगोत्र-समूह के उत्तराधिकार-संबंधी नियमों से भी बँधा हुआ था; परंतु अब वह कबीलाई नियमों से बँधा हुआ नहीं था। यह नई वर्ग-स्थिति, जाति और गोत्र के पुराने बंधनों के कारण, कुछ समय के लिए अस्पष्ट रही; परंतु ये बंधन उत्तरोत्तर ढीले पड़ते गए। 'गोत्र' (गायों का बाड़ा) शब्द, जो पहले बहिर्विवाही कुल का द्योतक था, अब से गृहपति के बड़े पितृसत्तात्मक परिवार का भी सूचक हो गया, यद्यपि गृहपति के पुराने अर्थ की भाँति इस 'गोत्रा' शब्द का पुराना अर्थ भी पूरी तरह लुप्त नहीं हुआ। उन अनवरत युद्धों से, जो वैदिक यज्ञों के पहले नियमित रूप से हुआ करते थे, किसान और व्यापारी दोनों की ही हानि होती थी। व्यापारी को अपने कबीले और राज्य के बाहर के साथ अच्छे संबंध रखने पड़ते थे; साथ ही, उसे लुटेरों से मुक्त सुरक्षित व्यापार-मार्गों की भी आवश्यकता थी। अंशतः इस आवश्यकता की पूर्ति एक ऐसे 'सार्वभौम राजतंत्र' यानी एकराज-शासन के अभ्युदय से ही हो सकती थी जो छोटे-मोटे युद्धों को समाप्त करके सारे देहाती इलाकों को अनुशासन में रख सके। परंतु व्यापार का फैलाव राजनीतिक सीमाओं के बाहर हमेशा ही रहा है।

साहित्यिक उल्लेखों से यह प्रमाणित हो जाता है कि स्वतंत्र, पट्टेदार अथवा भूस्वामी किसानों (कस्सक, कर्षक) का अस्तित्व अनिवार्यतः गृहपति और श्रेष्ठी के अस्तित्व का सूचक है। जैसा कि पहले बताया जा चुका है, दास-मजदूर बड़ी संख्या में उपलब्ध नहीं थे। अन्न-संकलनकर्ता काफी कम थे, और वे खेती के लिए आवश्यक, नियमित और कठोर परिश्रम के लिए क्वचित् ही तैयार होते थे। अन्न-उत्पादन को उन्होंने अधिकतर उसी समय अपनाया जब दूसरों ने उनकी भूमि को साफ किया और जब, सामंती और आधुनिक युग में, अकाल पड़ने लगे

(अकाल के कारण ही कई आदिवासियों ने महज़ नियमित उदर-भरण के लिए अपनी आज़ादी बेच दी, बंधक बन गए, और परिणामतः **हारी**-जैसी 'दास' जातियाँ अस्तित्व में आईं; अभी विगत पीढ़ी तक देखा गया है कि इनका श्रम अकुशल और अनुत्पादक था)। वास्तविक किसान-वर्ग मुख्यतः उन्हीं अधिक उन्नत 'आर्य' कबीलाई जनों से बनता गया जो छोटे-छोटे समूहों में, अधिकांश कबीले से सदैव संपर्क में न रहते हुए, स्वयं भूमि की सफाई करने में जुट गए थे। जो एकमात्र बात उन्हें अतिरिक्त अनाज पैदा करने की प्रेरणा देती थी, वह थी उस अतिरिक्त अनाज का व्यापार। यह भी केवल उसी हालत में संभव था जब अतिरिक्त अनाज को कुल के भीतर बाँटने की कोई बाध्यता न हो, यदि मवेशियों पर सामूहिक स्वत्व न हो, और यदि कबीलाई परिषदों द्वारा भूखंडों को पुनर्वितरित करने की व्यवस्था न हो—संक्षेप में, यदि खेती के पशु, भूमि और इसकी उपज व्यक्तिगत संपत्ति के रूप में हों। पंजाब इस मामले में रूढ़िवादी बना रहा; कबीलाई जीवन पूर्ववत् बना रहा और राजा भी प्रायः उसी प्रकार के होते थे जैसेकि ब्राह्मण-ग्रंथों में उल्लिखित हैं। यजुर्वेदिक राजतंत्र पृथक् परिवारों द्वारा असीम कृषि-उत्पादन में बड़ी भारी रुकावट था और किसानों के लिए असहनीय बोझ भी। शांति और हल्के करों की बड़ी ज़रूरत थी। यज्ञों के लिए अधिकाधिक मवेशी तथा अन्य पशु बिना मूल्य हथियाए जाते थे। इसके सबूत पालि-ग्रंथों की राजसूय यज्ञ-संबंधी कथाओं में मिलते हैं। नियमित कृषि पर पड़नेवाला यह बोझ असहनीय था। केवल कुछ ही ब्राह्मण-पुरोहित (उन-जैसे जिन्हें ईसा पूर्व छठी सदी के पसेनदि और बिंबिसार-जैसे राजाओं ने पूरे गाँव दान दिए थे) स्थायी लाभ उठा रहे थे। अतः यह स्वाभाविक ही था कि सभी नए संप्रदायों ने कर्मकांड की, विशेषतः वैदिक कर्मकांड की, वैधता को स्पष्ट शब्दों में अस्वीकार किया। इनमें ब्राह्मण उपदेशक भी शामिल थे; जैसे, पूरण कस्सप और संजय वेलट्ठिपुत्त।

यजुर्वेद में यद्यपि बलि दिए जाने योग्य मनुष्यों की सूची दी गई है, परंतु **शतपथ ब्राह्मण** के समय तक नियमित नरमेध-यज्ञ की ब्राह्मण-प्रथा प्रायः लुप्त हो चुकी थी। फिर भी नर-बलि की इक्की-दुक्की घटनाएँ अवश्य होती थीं। जैसे, बुर्ज तथा नगर-द्वार जैसे सुरक्षा-साधनों को अभेद्य बनाने के लिए और बाँधों की बाढ़ों से रक्षा के लिए नर-बलि आवश्यक समझी जाती थी। ऐसे नए बाँधकामों के अवसरों पर बलि-पुरुष को नींव में दफनाया जाता था। परंतु ऐसी असाधारण बलियाँ बहुत कम दी जाती थीं, ये वैदिक पद्धति से नहीं होती थीं और लोग इन्हें घृणा की दृष्टि से देखने लग गए थे। अश्वमेध-यज्ञ भी अब काफी कम होते थे। दरअसल, ईसा पूर्व दूसरी सदी में अल्पावधि के निरर्थक पुनरुत्थान के पहले गंगा की घाटी में आयोजित किसी अश्वमेध-यज्ञ के बारे में निश्चित उल्लेख नहीं मिलते। जैसाकि एक प्रधानतः पशुचारी समाज के लिए स्वाभाविक था, मुख्य वैदिक यज्ञों में मवेशियों की ही बलि दी जाती थी। ईसा पूर्व छठी सदी के

सुधार-आंदोलनों ने इस चलन को किस हद तक पूरी तरह रोकने में सफलता प्राप्त की यह बात गोहत्या और गोमांस-भक्षण पर हिंदुओं द्वारा लगाए गए निषेध से स्पष्ट हो जाती है; यह निषेध आज भी कायम है, यद्यपि यह निरर्थक, अलाभकर और चरागाहों की कमी वाले देश में मवेशियों में प्रति निर्दयता का परिचायक है। आधुनिक रूढ़िग्रस्त हिंदू गोमांस-भक्षण को नरमांस-भक्षण के तुल्य समझता है, परंतु वैदिक ब्राह्मण यज्ञबलियों का गोमांस खाकर ही मुटाते थे। **शतपथ ब्राह्मण** के प्रसिद्ध परिच्छेद में कर्मकांडीय तर्क पेश किए गए हैं, कि गाय और बैल (**अनडुह्** : साँड के बारे में कुछ नहीं कहा गया है) का मांस क्यों नहीं खाना चाहिए। परंतु यह समूचा परिच्छेद याज्ञवल्क्य के प्रमुख ब्राह्मण-दल के एक मुँहफट किंतु अब हैरानी में डालनेवाले इस कथन में समाप्त होता है— "संभवतः वह सब ठीक है, परंतु जब तक (मेरे) बदन पर मांस (डाला जाता) रहेगा तब तक मैं उसे खाता रहूँगा।"[1] जब विभिन्न **ब्राह्मणों** के पूरक ग्रंथों के रूप में **उपनिषदों** की रचना हुई, तो किसी भी रद्दोबदल को प्रत्यक्षतः स्वीकार नहीं किया गया; परंतु ब्राह्मण-ग्रंथों के अंतर्विषय पूर्णतः बदल गए। यज्ञ का उल्लेख अब आमतौर पर ऊटपटाँग व्याख्याओं के साथ एक प्रकार के रहस्यवादी दर्शन को पेश करने के लिए होने लगा; यज्ञ के मूल रक्तपाती अनुष्ठान को भुला दिया गया। औपनिषदिक ब्राह्मण सिंधु नदी के पास के अथवा उसके पश्चिमी प्रदेश में अपना अध्ययन समाप्त करने के बाद यज्ञ का 'अंतरंग महत्त्व' समझने के लिए अब अश्वपति कैकेय और प्रवाहण जैवलि-जैसे पूर्वी प्रदेश के क्षत्रियों के पास जाने लगे थे। 'ब्रह्म' नामक एक नई संकल्पना का उदय हुआ, और इस अपरिभाषित दिव्य सारतत्त्व की उपलब्धि को सभी अन्य मानवीय क्रियाकलापों से श्रेष्ठतर बताया गया। उपनिषदों में शेष जो सवाल उठाए गए हैं, वे ठीक वही हैं जिनका ईसा पूर्व छठी सदी के गांगेय प्रदेश के दार्शनिकों ने विवेचन किया है: आत्मा यदि है तो उसका स्वरूप क्या है? मृत्यु के बाद मनुष्य का क्या होता है? मनुष्य के लिए परम कल्याण का मार्ग कौन-सा है? बौद्ध अथवा अन्य किसी ब्राह्मण-विरोधी धार्मिक संप्रदाय का कहीं कोई उल्लेख नहीं किया गया। इससे बहुतों ने यह निष्कर्ष निकाला है कि सभी प्राचीनतम उपनिषद् बुद्ध के पहले रचे गए हैं। **शतपथ ब्राह्मण** से संलग्न उपनिषद्[2] में आए भूतपूर्व काशिराज अजातशत्रु के उल्लेख से स्पष्ट होता है कि यह बात हर उपनिषद् के बारे में सही नहीं है, क्योंकि अजातशत्रु बुद्ध का समकालीन और उनसे आयु में छोटा था। दरअसल, ईसा पूर्व छठी सदी के वातावरण में ही नए सिद्धांतों का प्रादुर्भाव हुआ है।

---

1. तस्माद्धेन्वनडुहयोर्नाश्नीयात् तदुहोवाज याज्ञवल्क्योऽश्नाम्येवाहं मांसलं चेद्भवतीति।

—शतपथ ब्राह्मण, 3/1/2/21

2. बृहदारण्यक उपनिषद्।

गोमांस-भक्षण के निषेध के आर्थिक मूलाधार को सिद्ध करने के लिए यहाँ दो उद्धरणों को प्रस्तुत करना ही पर्याप्त होगा। बुद्ध-वचन समझी जानेवाली प्राचीन गाथाएँ हैं : ''माता-पिता और दूसरे सगे-संबंधियों की तरह गाय-बैल हमारे बंधु हैं, क्योंकि खेती की उपज इन्हीं पर निर्भर है। इनसे हमें अन्न, बैल, शरीर-सौष्ठव और सुख प्राप्त होता है। इसे जानकर ही प्राचीन काल के ब्राह्मण गोवध नहीं करते थे'' (सुत्तनिपात, 295-6)[1] निषेध के पूर्ववर्ती दिनों में गोमांस-भक्षण को पाप समझने का कोई सवाल ही नहीं था। हुनान प्रांत के किसान-विद्रोह के संबंध में माओ-त्से तुंग की मार्च 1927 की **रिपोर्ट** में कहा गया है : ''बैल तो किसानों की बहुमूल्य संपत्ति है। चूँकि यह प्रायः एक धार्मिक मत ही है कि 'इस जन्म में मवेशियों का वध करनेवाले अगले जन्म में स्वयं मवेशी बनेंगे', इसलिए बैलों की कभी हत्या नहीं करनी चाहिए। किसानों द्वारा सत्ता प्राप्त करने के पहले उनके पास, धार्मिक निषेध के अलावा, मवेशियों के वध को रोकने का कोई उपाय नहीं था। किसान-सभाओं की स्थापना होने के बाद उन्होंने गोधन के सवाल को भी अपने अधिकार-क्षेत्र में ले लिया और शहरों में इनकी हत्याएँ रोक दीं। ज़िला-नगर हसियांगतान में गोमांस की जो छह दुकानें थीं, उनमें से पाँच अब बंद हो चुकी हैं, और बाकी एक में केवल बीमार और अपाहिज मवेशियों का मांस बेचा जाता है। हेंगशान के पूरे ज़िले में गोवध पर रोक लगा दी गई है। एक किसान की गाय का गिरने से पैर टूट गया, तो उसे मारने के लिए उस किसान को किसान-सभा से अनुमति लेनी पड़ी···।'' चीनी किसान गाय के दूध, मक्खन, पनीर या दही का इस्तेमाल नहीं करते, और संभवतः इसीलिए भारतीय और चीनी किसानों की स्थितियों में अंतर पाया जाता है।

एक सार्वभौम राजतंत्र के विकास के ठीक समतुल्य होता—अतिनियमबद्ध एकात्मक कर्मकांड वाला कोई अकेला व्यापक धर्म। परंतु जिस समाज की हम चर्चा कर रहे हैं उसमें, अत्यधिक बल-प्रयोग के बिना, ऐसे धर्म का अस्तित्व में आना असंभव था। जिन लोगों को सह-बंधन के लिए एक पृथक् सह-कर्म-कांड अपरिहार्य था, जैसाकि भारत में आज भी कर्मकांडीय अनुष्ठानों के बारे में देखने को मिलता है, उन्हें विस्तृत गांगेय वन में शरण मिल सकती थी। पूर्व के नए उपदेशकों ने इन सब कर्मकांडों की कोई परवाह नहीं की, और नीची-से-नीची जाति के व्यक्ति के हाथ से पकाया भोजन ग्रहण करके, अथवा दूषित उच्छिष्ट

---

1. यथा माता पिता भाता अञ्जे वापि च ञातका।
गावो नो परमा मित्ता यासु जायन्ति ओसधा।।
अन्नदा बलदा चेता वण्णदा सुखदा यथा।
एतमत्थवसं ञत्वा नास्सु गावोहंनिंसु ते।।

—ब्राह्मणधम्मिकसुत्त, सुत्तनिपात

भोजन तक खाकर, कठोरतम निषेधों को तोड़ डाला। इस बात का ठीक अर्थ उस व्यक्ति को समझाना कठिन है जो यह नहीं जानता कि अधिकांश भारतवासी भूखे रहना अथवा मर जाना पसंद करेंगे, परंतु उच्छिष्ट अथवा किसी नीची जाति के हाथ का बना भोजन नहीं खाएँगे। इन विविध नए संप्रदायों के प्रवर्तक और उनके श्रमण अनुयायी (गृहस्थ उपासक नहीं) अधिकतर भिक्षा माँगकर ही जीवन-निर्वाह करते थे। मूलतः यह अन्न-संकलन की अवस्था में लौटना था। बहुत-से तपस्वी अरण्य में एकांत जीवन बिताने लगे। वे किसी प्राणी की हत्या न करके वनस्पति-जगत् से ही आवश्यक आहार प्राप्त करते थे। ये घोर तपस्वी गृहस्थों से केवल नमक ही स्वीकार करते थे। ब्रह्मचर्य-पालन और संपत्ति के त्याग के फलस्वरूप इन नए उपदेशकों का जीवन एक संग्रहशील समाज के लोभी याज्ञिक ब्राह्मणों की तुलना में कहीं अधिक मितव्ययी था। यजुर्वेदिक और बाद के ब्राह्मण असीम मात्रा में प्रचुर दक्षिणा की कामना करते थे, और उन्होंने पौराणिक राजाओं से ऐसी दक्षिणाएँ प्राप्त होने का दावा भी किया है : अनगिनत हाथी, मवेशी, रथ, सुंदर दासियाँ और बहुत-सा स्वर्ण। इस नई तापस-चर्या का स्वयं ब्राह्मण-वृत्ति पर जो गहरा प्रभाव पड़ा, उसकी छाप अमिट रही; उसके बाद से निर्धनता और तप की गिनती उच्च आदर्शों में होने लगी। उपनिषदों में भी उल्लेख मिलता है कि एक भूखों मरते ब्राह्मण ने नीची जाति के एक महावत से उच्छिष्ट अन्न ग्रहण किया था। ऐसे ही एक ब्राह्मण ने अन्न के लिए श्वान टोटेम वाले आदिवासियों के गीत-नृत्य पर ताक लगाई थी। पूर्ववासियों के लिए यज्ञ का महत्त्व केवल सिद्धांत-रूप में रह गया था; भविष्य के ब्राह्मण अंततः सभी जातियों की पुरोहिती करने लगे और अपनी आजीविका के लिए नई पूजाओं को पुराने रूपों में ढालने लगे—और साथ-साथ वेदों की दुहाई भी देते रहे।

मध्यम मार्ग

कालांतर के प्रमुख भारतीय दार्शनिक मतों के मूल ई. पू. छठी सदी में स्पष्ट रूप से देखे जा सकते हैं। अजित 'केसकंबली' ने एक पक्के भौतिकवादी सिद्धांत का प्रचार किया : अच्छे या बुरे कर्मों का आदमी को अंत में कोई फल नहीं मिलता। आदमी चाहे जो करे, मरने पर उसका शरीर भूतों में विलीन हो जाता है। कुछ भी शेष नहीं रहता। पाप और पुण्य तथा दान और दया का मनुष्य की नियति से कोई संबंध नहीं है। लोकायत मत ने, जिससे बाद में मगध के शासनतंत्र के निष्ठुर सिद्धांतों का विकास हुआ, अजित से बहुत-कुछ ग्रहण किया, यद्यपि भारतीय भौतिकवाद में विशिष्ट ख्याति चार्वाक की ही है, परंतु चार्वाक की मूल शिक्षाएँ आज उपलब्ध नहीं हैं। पकुध कात्यायन ने महाभूतों की सूची (सामान्यतः पृथ्वी, अप्, तेज और वायु) में तीन और भूत जोड़े : सुख, दुःख और जीव। इन्हें भी न पैदा किया जा

सकता है, न ही नष्ट किया जा सकता है। जीवन का अंत करता प्रतीत होनेवाला तलवार का आघात मांस-मज्जा के अवकाश में धातु का प्रवेश मात्र है, वह मनुष्य का प्राण नहीं ले सकता। इसमें परवर्ती वैशेषिक दर्शन का उद्गम हो सकता है। पूरण कस्सप (कस्सप : ब्राह्मण गोत्र) ने संभवतः उस सांख्यमत की नींव डाली जिसके अनुसार आत्मा शरीर से पृथक् है, और शरीर के बनने-बिगड़ने का आत्मा पर कोई प्रभाव नहीं पड़ता। पता चलता है कि बाद में पूरण कस्सप का संप्रदाय मक्खलि गोसाल के संप्रदाय में शामिल हो गया। मक्खलि गोसाल का मत था कि आत्मा को अनेकानेक पुनर्जन्मों के पूर्वनिर्धारित अटल चक्र से गुज़रना ही पड़ता है, फिर हर जन्म में जिस शरीर से वह संबंधित होता है उसके कर्म चाहे जो हों।

जैन महावीर ने उन चार व्रतों को अपनाया जो उनके पूर्ववर्ती पार्श्व द्वारा प्रवर्तित माने जाते हैं : अहिंसा, अचौर्य, अपरिग्रह और अमृषा। इनमें पाँचवाँ व्रत अमैथुन उन्होंने और जोड़ दिया। महावीर यद्यपि श्रेष्ठ लिच्छवि कबीले के क्षत्रिय कुल में पैदा हुए थे, परंतु कठोर तपस्या और निरंतर ध्यान द्वारा ही वह ज्ञान की चरमावस्था पर पहुँचे थे। उन्होंने पार्श्व द्वारा विहित तीन चादरों वाले चोगे को भी त्याग दिया और अचेल दिगंबर हो गए। उनके अनुयायी पानी भी कपड़े से छाने बिना नहीं पीते थे, इस भय से कि कहीं जीवहिंसा न हो जाए। थोड़ी असावधानी से भी जीव-जंतु की हत्या का भय था। श्वास भी कपड़े से छनकर ही भीतर जाती थी; यह व्यवस्था स्वास्थ्य के लिए नहीं, बल्कि इसलिए थी कि हवा में विद्यमान जीवों की रक्षा हो। चिलचिलाती धूप और वर्षा में शरीर को कष्ट पहुँचाने की प्रथा जैनों में ही नहीं, उस ज़माने के अन्य अनेक उपदेशकों तथा संप्रदायों में भी थी। गोसाल भी नंगा रहता था, और मद्य-पान तथा उच्छृंखल यौनाचार के अनुष्ठान भी करता था जिनका उद्गम निस्संदेह प्रजनन-संबंधी समकालीन आदिम अनुष्ठान-विधानों से हुआ था। कालांतर के तांत्रिक अनुष्ठानों का उद्गम भी यही था, परंतु उन पर सदा आचरण नहीं होता था और प्रायः रहस्यात्मक व्याख्या तथा अहानिकर प्रतीकात्मकता द्वारा उनका परिष्कार हो जाता था। यह स्मरण रखना ज़रूरी है कि ऐसी उपांतीय आबादी का सदैव अस्तित्व रहा है जिसे जादू-टोना, प्रजनन-संबंधी अनुष्ठान और गोपनीय कबीलाई पूजा-विधान आवश्यक लगते थे। शासकीय 'सभ्य' धर्म से असंतुष्ट लोग मुस्लिम युग तक के समूचे काल में, और बाद में भी, इन गोपनीय अनुष्ठानों को इस विश्वास के साथ सीखते और करते रहे कि इनसे उन्हें कोई अपूर्व शक्ति प्राप्त होगी, अथवा कम-से-कम मुक्ति का कोई सुगम मार्ग मिलेगा। गोसाल के आचरण को उसके समय में ही अश्लील आत्मासक्ति समझा जाता था, यद्यपि यह जानकारी हमें उसके विरोधियों के ग्रंथों में मिलती है। कबीलाई ओझा या वैद्य के अनुष्ठानों ने तपस्वी के जीवन पर अपना प्रभाव दंडमूलक व्रतों के रूप में छोड़ा : दीर्घकाल तक भोजन व पानी का त्याग, प्राणायाम, अतिवक्र आसनों में शरीर को साधना—यह तथा अन्य अनेक निरर्थक क्रियाएँ

दिव्य शक्तियाँ प्रदान करनेवाली समझी जाती थीं। समझा जाता था कि सच्चे साधक को अदृश्य होने अथवा इच्छानुसार हवा में उड़ने की सिद्धि प्राप्त हो जाती है। बाद की योग-क्रियाएँ और शरीरासन इसी से विकसित हुए। जो लोग गरम जलवायु में रहते हैं और जिन्हें कठोर शारीरिक परिश्रम करने की आदत नहीं है उनके लिए, एक सीमा के भीतर, योग एक अच्छी व्यायाम-पद्धति है। इससे मनुष्य को अधिक-से-अधिक शरीर की स्वाभाविक क्रियाओं पर थोड़ा-बहुत नियंत्रण और सुस्वास्थ्य ही प्राप्त हो सकता है, परंतु दैवी शक्तियाँ नहीं।

बौद्ध धर्म इन दो छोरों के बीच का मार्ग था : बेलगाम व्यक्तिवादी आत्मासक्ति और उतना ही व्यक्तिवादी किंतु निरर्थक तापसी शरीरदंड। इसीलिए बौद्धधर्म का लगातार उत्थान हुआ और इसे 'मध्यम मार्ग' नाम दिया गया।

बौद्धधर्म का सारतत्त्व है—आर्य अष्टांगिक मार्ग। आठ में से पहली सीढ़ी है सम्यक् दृष्टि : यह संसार मनुष्य जाति की अनियंत्रित तृष्णा, लोभ व अर्थलिप्सा से जनित दुःख से व्याप्त है। इस तृष्णा का क्षय करने से ही सबको शांति मिल सकती है। आर्य अष्टांगिक मार्ग इस लक्ष्य की प्राप्ति का उपाय है। इसी को सम्यक् दृष्टि कहते हैं। दूसरी सीढ़ी है सम्यक् संकल्प : दूसरों से छीनकर अपनी सत्ता व संपत्ति न बढ़ाना, कामोपभोग में लिप्त न होना, दूसरों के साथ पूर्ण मैत्री करना और दूसरों के सुख-संतोष में वृद्धि करना—यही है सम्यक् संकल्प। तीसरी सीढ़ी है सम्यक् वाचा : असत्य भाषण, चुगली, गाली, वृथा बकबक आदि असत् वाणी के कारण समाज का संगठन बिखर जाता है और झगड़े खड़े होकर वे कलह व हिंसा का कारण बन जाते हैं। अतः सत्य, परस्पर सख्य साधनेवाला, प्रिय एवं मित भाषण करना उचित है। चौथी सीढ़ी है सम्यक् कर्मांत : प्राणघात. चोरी, व्यभिचार आदि कर्म काया द्वारा हो जाएँ तो उससे समाज में बड़े अनर्थ होंगे। अतः प्राणघात, चोरी, व्यभिचार आदि कर्मों से अलिप्त रहकर ऐसे ही काय-कर्मों का आचरण करना चाहिए जिनसे लोगों का कल्याण होगा। पाँचवीं सीढ़ी है सम्यक् आजीव : अपनी उपजीविका इस प्रकार चलाना जिससे समाज को हानि न पहुँचे। उदाहरण के लिए, गृहस्थ को चाहिए कि वह मद्य-विक्रय, हत्या के लिए जानवरों का लेन-देन आदि व्यवसाय न करे। उसे चाहिए कि वह केवल शुद्ध व सच्चे तरीकों से ही जीविका कमाए। छठी सीढ़ी है सम्यक् व्यायाम : मन में बुरे विचार न आने देना, जो बुरे विचार मन में आए हों, उनका नाश करना, मन में सुविचार उत्पन्न करने की पूरी चेष्टा करना और जो सुविचार मन में उत्पन्न हुए हों, उन्हें बढ़ाकर पूर्णता तक पहुँचाने का प्रयत्न करना—इन्हीं मानसिक प्रयत्नों को सम्यक् व्यायाम कहते हैं। सातवीं सीढ़ी है सम्यक् स्मृति : शरीर मलिन पदार्थों का बना है, यह विवेक सदैव जाग्रत रखना, शरीर की सुख-दुःखादि वेदनाओं का बार-बार अवलोकन करना, स्वचित्त का

अवलोकन करना और इंद्रियों एवं उनके विषयों से कौन-से बंधन उत्पन्न होते हैं तथा उनका नाश कैसे किया जा सकता है—आदि मनोधर्मों का अच्छा विचार करना। आठवीं सीढ़ी है सम्यक् समाधि : यह ध्यान द्वारा चित्त को एकाग्र करने की एक सुनियोजित प्रणाली है। संक्षेप में, बौद्ध धर्म में इसका वही स्थान है जो यूनानी शरीर के लिए व्यायाम (**जिम्नैस्टिक्स**) का था।

स्पष्टतः यह धर्म सबसे अधिक सामाजिक था। बुद्ध-वचन समझे जानेवाले अनेकानेक प्रवचनों में आर्य-अष्टांगिक मार्ग की विविध सीढ़ियों को व्यवहार में लाने के तरीके बड़ी सावधानी से विकसित करके समझाए गए हैं। भिक्षुओं के लिए कुछ खास नियम अनिवार्य थे, जैसे ब्रह्मचर्य, जिनका पालन गृहस्थ के लिए ज़रूरी नहीं था। बौद्ध संघ का नियोजन कबीलाई ढाँचे के अनुकरण पर हुआ था और उसकी सभाओं का संचालन भी कबीलाई सभा-परिषदों के अनुरूप होता था। बुद्ध के जीवन-काल में उनके संघ में भिक्षुओं की संख्या 500 से अधिक नहीं रही होगी, और न इस बात का कोई विश्वसनीय प्रमाण मिलता है कि बुद्ध के जीवन-काल में वे सभी किसी एक स्थान पर एकत्र हुए थे। भिक्षु-संघ के नियम **त्रिपिटक** के एक विशिष्ट खंड—**विनय पिटक**—में संकलित हैं, और इनकी प्रामाणिकता इन्हें बुद्ध-वचन मानकर सिद्ध की जाती है। परंतु इनमें से अधिकतर नियम स्पष्टतः कालांतर के हैं, यद्यपि ये बुद्ध की मृत्यु के बहुत बाद के नहीं हैं। बुद्ध के जीवनकाल में, और बाद में भी लंबे अर्से तक, छह या अधिक भिक्षुओं का समूह, यदि चाहे तो, अपने विशिष्ट नियम बना सकता था और, शेष संघ के बिना किसी हस्तक्षेप के, अपना पृथक् अनुशासन चला सकता था, बशर्ते कि वह मुख्य धार्मिक मतों को मानता रहे। भिक्षु को अपने पास एक भिक्षापात्र, एक लोटा, पहनने के लिए सादे, सजावट से रहित (प्रायः चीथड़ों को जोड़कर बनाए गए) अधिक-से-अधिक तीन चीवर, तैलपात्र, उस्तरा, सूई व धागा तथा एक दंड के अलावा और कोई संपत्ति रखने की अनुमति नहीं थी। नाजुक परिस्थिति में कुछ भिक्षुओं को सादी चप्पलें पहनने की अनुमति थी। भिक्षु यद्यपि गाँव या नगर में भिक्षा माँग सकता था, परंतु बचे-खुचे उस अन्न को, (जो स्वाद-सुख को कम करने के लिए मिला दिया जाता था) दिन में सिर्फ एक बार मध्याह्न के पहले खा लेना ज़रूरी था। भिक्षु को किसी गृहस्थ के घर एक रात के लिए भी रहने की अनुमति नहीं थी (बाद में इसे बदलकर तीन या कम रातें रहने की अनुमति दी गई)। उसका निवास होता था बस्ती के बाहर किसी कुंज में, गुफा (मूलतः, नैसर्गिक गुफा) में, पेड़ के नीचे, अथवा ऐसे श्मशानागार में जहाँ शवों को पशु-पक्षियों द्वारा खाने के लिए फेंक दिया जाता था, या कभी-कभी जलाया जाता था। ये ठीक वही स्थान थे जहाँ जादुई शक्तियाँ प्राप्त करने के लिए अत्यंत वीभत्स आदिम अनुष्ठान, यहाँ तक कि नर-मांस-भक्षण-जैसे अनुष्ठान भी, किए जाते थे। भिक्षु को आदेश था कि वह ऐसे भयावह दृश्यों से विचलित न हो, बल्कि दृढ़ संकल्प से ऐसे सभी संकटों पर विजय प्राप्त करे। वर्षा

ऋतु के तीन-चार महीनों में उसे एक स्थान पर रहना पड़ता था। अन्यथा, उसे लोगों को उपदेश देते हुए सदैव पैदल (रथ, हाथी, घोड़ा, गाड़ी अथवा किसी भारवाहक पशु पर सवार होकर नहीं) चलते रहने का आदेश था। अन्य मनुष्य से दूषित अन्न ग्रहण करने संबंधी उनके लेखबद्ध वाद-प्रतिवाद से प्रमाणित होता है कि स्वयं बुद्ध की तरह आरंभिक भिक्षु भी कुशल अन्न-संकलनकर्त्ता थे। वे वीरान प्रदेशों की लंबी यात्राओं से घबराते नहीं थे। सामान्यतः वे किसी सार्थ के साथ यात्रा करते थे, फिर भी रात, वे उनके पड़ाव से दूर बिताते। बौद्ध भिक्षु के लिए लाभ अथवा कृषि के लिए श्रम करना वर्जित था; भिक्षा माँगकर अथवा जीवहत्या किए बिना जंगलों से अन्न-संकलन करने का उसके लिए विधान था। केवल इस रास्ते पर चलकर वह अपने सामाजिक कर्त्तव्यों को पूरा कर सकता था और जनता को सही मार्ग पर ले चलने के अपने दायित्व को निभा सकता था। उसका अपना कल्याण था : जन्म-मरण के चक्र से मुक्ति, अर्थात् निर्वाण-प्राप्ति में, यानी एक ऐसे रहस्यमय आदर्श में, जिसकी स्पष्ट व्याख्या कहीं देखने को नहीं मिलती।

बुद्ध ने आत्मा के अस्तित्व या अनस्तित्व-संबंधी प्रश्नों का कोई उत्तर नहीं दिया है। लेकिन पुनर्जन्म तथा जन्म-जन्मांतर (फिर यह पुनर्जन्म व्यक्तित्व के किसी भी अंग का हो) का सिद्धांत उस समय के समाज को स्वाभाविक जान पड़ता था। वेदों और उपनिषदों में यह सब नहीं था। यद्यपि यह सिद्धांत उस आदिम धारणा से. जिसके अनुसार मृत व्यक्ति का टोटेम पशु में प्रत्यावर्तन होता है, केवल एक चरण आगे था, पर यह अत्यंत महत्त्वपूर्ण चरण था : एक विशिष्ट पशु में ऐसा आदिम प्रत्यावर्तन अनिवार्य था; यह व्यक्ति की इच्छा पर निर्भर नहीं था। बौद्ध पुनर्जन्म कर्म पर, मनुष्य के जीवन-भर के कार्यों पर, निर्भर था। कर्म, पुण्यफल के रूप में, न केवल उपार्जित धन अथवा जमा की गई फसल के समान था, बल्कि यह बीज अथवा ऋण की तरह उपयुक्त समय पर फल देनेवाला भी था। प्रत्येक प्राणी ऐसे कुछ कर्म करता ही है जो उसे मृत्यु के बाद उपयुक्त योनि में जन्म लेने में योग देते हैं—यदि कर्म अच्छे हों तो अच्छी योनि में, और कर्म यदि बुरे या निकृष्ट हों तो क्षुद्र योनि में; जैसे, किसी कीड़े या पशु की योनि। देवता भी इस कर्म-प्रभाव से मुक्त नहीं थे। पहले के कर्मों का क्षय होने पर स्वयं इंद्र का भी अपने विशिष्ट स्वर्ग से पतन संभव था। दूसरी ओर, एक सामान्य मनुष्य भी देवलोक में पहुँचकर इंद्र बन सकता था और स्वर्ग के सुख को युगों तक भोग सकता था, पर अनंत काल तक नहीं। बुद्ध तथा अर्हत भिक्षु इस जन्म, मरण और पुनर्जन्म में अनादि-अनंत चक्र से मुक्ति पा चुके हैं। अष्टांगिक मार्ग तथा मध्यम मार्ग का अनुकरण करके, अर्थात्, परिग्रह एवं सांसारिक मोह का त्याग करके, सुस्थिर चित्त और मैत्रीभाव से, परस्पर-विरोधी व्यक्तिगत तृष्णाओं की भूलभुलैया में से निकालकर मानवजाति का सही मार्गदर्शन करने में जुटा हुआ श्रेष्ठ भिक्षु ही निर्वाण-पद को प्राप्त हो सकता है।

बुद्ध और समकालीन समाज

बुद्ध के जीवन की संक्षिप्त रूपरेखा को जानना यहाँ उपयोगी होगा, न केवल कालांतर की ढेर सारी किंवदंतियों के नीचे दबे हुए मूल तथ्यों तक पहुँचने के लिए, बल्कि उनके युग की सामाजिक स्थिति को समझने के लिए भी। उनका जन्म-नाम गोतम था; बाद में उनके अनुयायियों ने इसके साथ 'सिद्धार्थ' जोड़ दिया। शाक्य (सक्क) नामक एक छोटे अविभक्त क्षत्रिय कबीले में उनका जन्म हुआ था। ये शाक्य लोग आर्य परिवार की भाषा बोलते थे और अपने को आर्य कहते थे। पालि का ठीक यही **सक्क** शब्द ईसा पूर्व छठी सदी के हखामनि सम्राट् दारयवहु (दारा या डेरियस)- प्रथम के शिलालेखों के एलामी पाठ में भी देखने को मिलता है; एलामी कबीले पर उसकी विजय की स्मृति में यह लेख खुदवाया गया था। संभव है कि एक ही शब्द के इन दो उल्लेखों में कोई सीधा संबंध न हो, किंतु शाक्यों का आर्य मूल विश्वसनीय हो जाता है। इस कबीले में कोई ब्राह्मण या जातीय वर्ग नहीं थे, न ही इस बात का कोई उल्लेख मिलता है कि शाक्य लोग उच्च वैदिक कर्मकांड का पालन करते थे। शाक्य क्षत्रिय थे और आवश्यकता पड़ने पर शस्त्र-धारण भी करते थे, पर वे खेती भी करते थे। सभी शाक्यों ने, बुद्ध के पिता ने भी, हल चलाया है। इसके अलावा, अपने क्षेत्र के बाहर उनके कुछ व्यापारी उपनिवेश (निगम) भी थे। शाक्यों के मुखिया का चुनाव बारी-बारी से होता था। इसी कारण बाद में कथा गढ़ी गई कि बुद्ध राजकुमार थे और उन्होंने भव्य राजप्रासादों में सुख-भोग का जीवन बिताया। वस्तुतः मुखिया चुने जाने योग्य हर क्षत्रिय व्यक्ति 'राजन्य' कहलाता था। शाक्य आमतौर पर अपने सभी मामले स्वयं सँभालते थे, पर जीवन और मृत्यु का मामला उनके अधिकार में नहीं था। यह अधिकार उनके अधिनायक कोसलराज (उस समय पसेनदि : संस्कृत में प्रसेनजित्) को था, जिसके आधिपत्य को शाक्यों ने स्वीकार कर लिया था। इस मामले में उनकी स्थिति मल्लों और लिच्छवियों-जैसे अधिक शक्तिशाली एवं पूर्ण स्वतंत्र आर्य कबीलों से भिन्न थी। इन आयुधजीवी कुलतंत्रों पर, तत्कालीन यूनानी गणतंत्रों की भाँति, किसी बाह्य राजा का आधिपत्य नहीं था, और ये भी अपने मुखिया का चुनाव बारी-बारी से करते थे। बुद्ध की जन्मतिथि की जानकारी बहुमूल्य सिद्ध होती और हमारे तिथिक्रम के लिए संदर्भ-बिंदु बनती। उनकी मृत्यु 80 साल की आयु में हुई। एक भारतीय परंपरा के अनुसार उनकी मृत्यु 543 ई.पू. में हुई थी, परंतु जो उल्लेख मिलते हैं उनमें साठ वर्ष का अंतर पाया जाता है जिसका कोई स्पष्टीकरण नहीं, सिवाय इसके कि भारत तथा एशिया की अन्य कई कौमें वर्षों की गणना 60 वर्ष के एक पूर्ण कालचक्र को आधार मानकर करती थीं। ई.पू. 483 की तिथि बाद की घटनाओं के तिथिक्रम को देखते हुए काफी संगत जान पड़ती है, और इसकी पुष्टि ताड़पत्र पर लिखित उस भारतीय हस्तलिपि से भी होती है जिस पर

बुद्ध-निर्वाण के बाद प्रत्येक वर्ष को एक-एक बिंदु से अंकित किया गया है। चीनी उल्लेखों में इस हस्तलिपि के भारत से कैंटन पहुँचने की तिथि दी हुई है।

आदिम और अत्यंत अविकसित, छोटा-सा शाक्य क्षेत्र बस्ती और गोरखपुर ज़िलों में आजकल की भारत-नेपाल सीमा के दोनों ओर था। शाक्यों के कोलिय पड़ौसियों ने बुद्ध के उपदेश सुने थे, और उन्होंने बुद्ध के दाह-संस्कार के बाद उनकी अस्थि-धातुओं के एक भाग की माँग की थी। फिर भी, उनमें से अनेक उस समय कबीलाई जीवन की अधिक आदिम अवस्था में थे; उनके कबीले का टोटेम कोल वृक्ष था। उनमें से कुछ लोग वृषभ टोटेम से संबंधित निजी अनुष्ठानों को भी करते थे। अतः कोलियों की गिनती आमतौर पर आदिवासियों में होती थी और उन्हें नाग जाति का समझा जाता था। रोहिणी नदी के पानी को लेकर शाक्यों और कोलियों का झगड़ा था। आर्यों के युद्ध-संबंधी सभी नियमों की उपेक्षा करके रोहिणी के पानी को विषाक्त करने में शाक्यों को कोई अनुताप नहीं हुआ। स्वयं बुद्ध का जन्म मातृदेवी लुंबिनी को समर्पित साल वृक्षों के कुंज में हुआ था—उनकी माता मायादेवी द्वारा समीप ही के शाक्यों के पवित्र पुष्कर (कृत्रिम कमलताल) में स्नान करने के तुरंत बाद। साल शाक्यों का टोटेम वृक्ष था, और इसीलिए मायादेवी (जिनकी गोतम के जन्म के एक सप्ताह बाद ही मृत्यु हो गई थी) ने उस समय प्रचलित सभी अनुष्ठानों का वैसे ही पालन किया जैसेकि सभी वर्गों की भारतीय स्त्रियाँ समूचे ऐतिहासिक युग में करती आई हैं। उस स्थान पर लुंबिनी देवी की पूजा, बहुत-कुछ उसी नाम (रुम्मिनदेई) से, उन लोगों द्वारा आज भी होती है जो बुद्ध को एकदम भूल चुके हैं।

बालक गोतम ने, एक सामान्य शाक्य क्षत्रिय कुमार की तरह, शस्त्रविद्या, अश्व व रथ-संचालन तथा कबीले के रीति-रिवाजों की शिक्षा प्राप्त की थी। **कच्चाना** नामक शाक्य कुमारी से उनका विवाह हुआ था, और उनके राहुल नामक एक पुत्र हुआ था। परंतु नई विचारधाराओं के प्रभाव से उनमें जीवन की समस्याओं को सुलझाने की, मानव-जाति के दुःखों के कारणों को समझकर इनके निवारण का उपाय सोचने की, उत्कंठा जगी। उनत्तीस साल की आयु में, राहुल के जन्म के शीघ्र बाद, गोतम ने अपने घर और कबीले का त्याग किया; उन्होंने अपने केश काट डाले, तपस्वी का वेश धारण किया और मानव जाति की मुक्ति के मार्ग की खोज में जुट गए। आरंभ में विभिन्न उपदेशकों से और फिर स्वानुभव से ज्ञान प्राप्त करने में उन्होंने करीब छह साल व्यतीत किए, पर इससे उन्हें संतोष नहीं हुआ। तब उन्होंने एक सामान्य भिक्षु का जीवन त्यागकर घोर शारीरिक तपस्या का मार्ग अपनाया, जिसके लिए वह कभी-कभी पूर्णतः निर्जन घने जंगलों में भी एकांतवास करते थे। अंत में गया के समीप नैरंजरा नदी के तट के पास एक पीपल के वृक्ष के नीचे वह आसन लगाए बैठे थे तो उन्हें तत्त्वबोध हुआ। इस पीपल के पास पहले संभवतः कोई पूजा-स्थल था; बाद में यह एक प्रख्यात तीर्थ-स्थल बन

गया। इस वृक्ष की शाखाएँ सुदूर श्रीलंका और संभवतः चीन तक ले जाकर रोपी गईं। बुद्ध ने अपना पहला उपदेश वाराणसी के समीप के सारनाथ (इसिपतन) स्थान पर अपने उन पाँच भूतपूर्व शिष्यों को दिया था जो उन्हें, कठोर व्रतों का त्याग करने के कारण, निराश होकर छोड़ गए थे। अपने जीवन के शेष पैंतालीस साल उन्होंने पैदल घूम-घूमकर जनता को अपने नए ज्ञान का उपदेश देने में बिताए; केवल वर्षावास के लिए ही वह एक स्थान पर टिकते थे। कभी-कभी, किसी महत्त्वपूर्ण सामाजिक समस्या पर विचार करने के लिए, वह एकांतवास करते थे। बाद के जीवन में, एक युवा भिक्षु आनंद उनके साथ रहते थे और उनकी सादी दिनचर्या के अनुरूप उनकी देखभाल करते थे। परंपरा है कि आनंद ने बुद्ध के उपदेशों को स्मरण रखा और बाद में उन्हें दोहराया; बुद्ध के जीवन-काल में उनके वचनों को लिपिबद्ध नहीं किया गया था। बुद्ध ने अपने सर्वाधिक उपदेश कोसल देश की राजधानी सावत्थी में दिए। बुद्ध ने कोसंबी से काफी दूर के प्रदेशों की यात्राएँ नहीं की थीं; संभवतः वह यमुनातट पर स्थित मथुरा तक भी नहीं पहुँचे, यद्यपि कुरु देश वह एक से अधिक बार पहुँचे थे। दूसरी दिशा में, वह अनेक बार राजगिर व गया होकर गुज़रे और उन्होंने गंगा के दक्षिण में मिर्ज़ापुर के समीप नए साफ किए गए दक्खिणागिरि क्षेत्र की भी यात्रा की थी। उनके रूप-रंग के बारे में कोई प्रामाणिक जानकारी नहीं मिलती। उस समय का उनका कोई चित्र नहीं मिलता। वास्तव में, बुद्ध-निर्वाण के बाद सदियों तक उन्हें एक वृक्ष, उनके पादचिह्नों अथवा धर्मचक्र के प्रतीकों द्वारा दरशाया गया है, जैसेकि भारहुत के शिल्पों में। भ्रमणशील जीवन और सादे तथा मित आहार के फलस्वरूप अपने दीर्घ जीवन-काल में वह स्वस्थ रहे; उनके बीमार पड़ने के बहुत कम उल्लेख मिलते हैं। यदि उन्होंने अपने वृद्ध शरीर के बारे में हँसी में कहा था : 'जैसे बाँस के टुकड़े जोड़ देने से टूटा-फूटा छकड़ा किसी तरह चलता है, वैसे मेरा शरीर जैसे-तैसे चल रहा है'; पर लगता है कि उनहत्तर साल की आयु में उन्होंने पटना के समीप गंगा नदी को तैरकर ही पार किया था, जबकि उनके कम साहसी शिष्य पार पहुँचने के लिए नावों और बेड़ों की तलाश करते रहे। बुद्ध जब राजगिर से सावत्थी जा रहे थे तो मल्लों की नगरी कुसीनारा में उनकी मृत्यु हुई।

बुद्ध को संकटों और जोखिमों का भी सामना करना पड़ा। दक्खिणागिरि में और मथुरा के पास ऐसे क्रूर यक्षपूजक थे जो अजनबी लोगों को पकड़कर उनसे प्रश्न पूछते थे और संतोषजनक उत्तर न मिलने पर उनकी बलि चढ़ा देते थे। बुद्ध ने इनमें से कुछ यक्षों (संभवतः इनके मानवीय प्रतिनिधियों) का हृदय-परिवर्तन करके इन्हें रक्तहीन बलि को अपनाने के लिए विवश किया। बुद्ध अभी तरुण थे और उन्हें प्रसिद्धि नहीं मिली थी तभी राजा बिंबिसार ने, यह पता लगाकर कि सुगठित शरीर व तेज कांतिवाला यह युवा भिक्षु प्रशिक्षित क्षत्रिय है, उन्हें मगध का सेनापति बनाना चाहा था। बुद्ध ने इस पद को अस्वीकार किया, फिर भी राजा के

साथ उनकी मैत्री बनी रही। मागंदिय नामक ब्राह्मण ने बुद्ध की जाति तथा ब्रह्मचर्य व्रत का कोई खयाल नहीं किया और अपनी सुवर्ण-वर्णा कन्या का विवाह उनसे करना चाहा। बुद्ध ने इनकार कर दिया। बाद में उस सुंदरी कन्या का एक राजकुमार से विवाह हुआ, वह जीवन-भर के लिए बुद्ध की शत्रु बन गई और उनसे बदला लेने का प्रयत्न करती रही। विरोधी उपदेशकों ने उन पर झूठे आरोप लगाए और उन लोगों ने तिरस्कार-भाव दिखाया जो समझते थे कि एक स्वस्थ व्यक्ति को खेती अथवा ऐसा ही अन्य कोई उत्पादक कार्य करना चाहिए। खूँखार डाकू अंगुलिमाल राहगीरों को पकड़कर उनकी हत्या करता था, लेकिन प्रयत्न करने पर भी बुद्ध को वह वश में नहीं कर पाया और स्वयं बदल गया; बुद्ध के संघ में शामिल होकर उसने एक भिक्षु का शांतिमय जीवन बिताया। उस समय के सबसे धनी व दानी व्यापारी सुदत्त ने (जो अनाथपिंडक यानी 'गरीबों को भोजन देनेवाला' कहलाता था) बुद्ध तथा उनके अनुयायियों के वर्षावास के लिए सावत्थी के राजकुमार जेत के उद्यान की भूमि को उस पर चाँदी के सिक्के बिछाकर मोल लिया। कर्म और पुनर्जन्म के सिद्धांत में आस्था रखनेवाले सामान्य गृहस्थों के लिए जिन नियमों का बुद्ध ने प्रवचन किया है, उन्हें व्यापारी तथा गृहपति वर्ग के स्त्री-पुरुषों ने भी दत्तचित्त होकर सुना है। एक बड़ी मनोहर बौद्धकथा है कि एक दंपती कई वर्षों से सुखी वैवाहिक जीवन बिताते आ रहे थे और उनकी बड़ी इच्छा थी कि अगले जन्म में वे पति-पत्नी के रूप में ही जन्म लें, फिर योनि चाहे जो भी मिले। बुद्ध ने उन्हें उपदेश दिया कि एक धर्मपरायण परिवार के सामान्य कर्त्तव्यों का पालन करने से ही उनकी इच्छा पूरी हो सकती है। सारिपुत्त और मोग्गल्लान, जो जन्म से ब्राह्मण थे, बुद्ध के जीवनकाल में उनके दो प्रधान शिष्य थे और संजय के पंथ को छोड़कर भिक्षु-संघ में शामिल होने के समय उनकी ख्याति स्वयं बुद्ध से कहीं अधिक थी; बुद्ध-संघ की वृद्धि, आरंभिक दर्शन तथा संगठन में उनका बड़ा योगदान रहा है। परंतु बौद्ध भिक्षु-संघ में दूसरी अनेक जातियों से आए व्यक्ति भी थे। बुद्ध के संघ में शामिल होनेवाले जिन आरंभिक भिक्षुओं की सूची मिलती है उनमें उपालि एक था, जो जन्मतः एक नाई था (लेकिन निश्चय ही शाक्य कबीले का था)। बुद्ध का चचेरा भाई शाक्य देवदत्त चाहता था कि समाज के साथ भिक्षुओं का कम संबंध रहे और वह अधिक कठोर अनुशासन में रहें। बुद्ध ने ऐसे असामाजिक अनुशासन को लागू करने से इनकार कर दिया। कहते हैं कि देवदत्त ने बुद्ध की हत्या करने का प्रयत्न किया था। झाड़-बरदार व कुत्ताखोर-जैसी निम्नतम जाति के लोगों को भी स्वयं बुद्ध ने अपने संघ में दीक्षित किया था और उन्हें सम्मानित भिक्षु का दर्जा हासिल हुआ था। भिक्षुणियों का अपना अलग संघ एवं संगठन था। उस समय के दो सर्वाधिक शक्तिशाली राजा, जो महज़ कबीलों के मुखिया नहीं बल्कि निरंकुश शासक थे, बुद्ध के आश्रयदाता थे और उनका सम्मान करते थे। चुंद लुहार ने बुद्ध के लिए कुकुरमुत्ते का ऐसा भोजन तैयार किया

जिसे खाने से उनकी रक्तातिसार की पुरानी बीमारी पुनः उभरी और यही उनकी अंतिम व्याधि सिद्ध हुई। परंतु चुंद को उन्होंने एक विशिष्ट सुत्त में नैतिकता पर उतने ही करुणाभाव से उपदेश दिया जैसेकि उन्होंने धनी-से-धनी सेठों तथा बड़े-से-बड़े राजाओं को उपदेश दिए हैं।

प्राचीन बौद्ध ग्रंथ **सुत्तनिपात** की एक कथा को यहाँ विस्तार से बताना उपयोगी होगा, क्योंकि इससे हमें बौद्ध धर्म के विस्तार तथा तत्कालीन भारत, दोनों के बारे में जानकारी मिलती है। कोसल देश का बावरी नामक ब्राह्मण राजधानी (सावत्थी) छोड़कर दक्षिणापथ चला गया था। वह अपने कुछ तरुण शिष्यों के साथ मुला और गोदावरी नदियों के संगम पर अस्सकों (अश्वक : वह कबीला जिससे बाद में सातवाहनों का उदय हुआ) के क्षेत्र में जा बसा। वहाँ वे अन्न-संकलन करके गुज़ारा करने लगे—पेड़-पौधों से फल व जंगली अनाज एकत्र करते और धरती से कंद-मूल। धीरे-धीरे उस क्षेत्र में एक अच्छा-खासा गाँव बस गया। बावरी ने इस गाँव से अतिरिक्त उपज एकत्र करके वैदिक पद्धति के एक बड़े यज्ञ का आयोजन किया। यज्ञ की सारी सामग्री का जब वितरण हो चुका तो वहाँ एक ब्राह्मण आया और जब उसे कुछ नहीं मिला तो उसने बावरी को शाप दे दिया जिससे पूरे अनुष्ठान में विघ्न पड़ गया। तब बावरी ने अपने सोलह शिष्यों को शंका-समाधान के लिए बुद्ध के पास उत्तर की ओर भेजा। तब तक बुद्ध की ख्याति दक्षिणापथ में दूर-दूर तक फैल चुकी थी और बावरी की शाप से रक्षा करनेवाले वही एक व्यक्ति जान पड़ते थे। बावरी के शिष्य पहले पैठण पहुँचे; यह स्थान बावरी के आश्रम के दक्षिण-पूर्व में था और यहीं पर दक्षिणापथ के व्यापारी-मार्ग का अंत होता था। तदनंतर संभवतः किसी सार्थ के साथ यह मंडली औरंगाबाद, नर्मदा-तट के महेश्वर, उज्जैन, गोनद्ध (गोंड प्रदेश का कोई स्थान), भिलसा, साकेत (फैजाबाद) तथा कोसंबी होते हुए सावत्थी पहुँची। फिर इन्होंने उत्तरापथ पकड़ा और पूर्व की ओर आगे बढ़े : सेतव्या, कपिलवस्तु (शाक्यों की राजधानी), कुसीनारा और पावा (दोनों मल्लों के नगर), भोगनगर, वैशाली (आधुनिक बसाढ़, उस समय लिच्छवियों की प्रमुख नगरी), राजगिर। राजगिर पहुँचकर नगर के बाहर के पाषाण चैत्य में उन्होंने बुद्ध के दर्शन किए। तब बावरी के शिष्यों ने बुद्ध से इस प्रकार के कुछ प्रश्न पूछे : लोक किससे ढँका है? किससे प्रकाशित नहीं होता? चारों ओर सोते बह रहे हैं, सोतों का क्या निवारण है? यहाँ लोक में कौन संतुष्ट है? किसको तृष्णाएँ नहीं हैं? किस कारण ऋषियों, क्षत्रियों, ब्राह्मणों तथा अन्य मनुष्यों ने यहाँ लोक में देवताओं को पृथक्-पृथक् यज्ञ कल्पित किया? लोक में जो अनेक प्रकार के दुःख हैं, वे कहाँ से आए? सच्चा ज्ञानी कौन है : दर्शन का पंडित या (वैदिक) कर्मकांड का ज्ञाता? जिसको तृष्णा नहीं, वाद-विवाद से जो पार हो गया है, उसका विमोक्ष कैसा होता है? ऐसे सवाल आरंभिक उपनिषदों में विशेष रूप से उठाए गए हैं।

ये सवाल उस युग की चेतना के अनुरूप थे। इस कथा से पैठण से लेकर सावत्थी तक के दक्षिणापथ की स्पष्ट जानकारी मिल जाती है। उस समय मगध की अपेक्षा कोसल का महत्त्व कहीं अधिक था और कोसंबी से वाराणसी तथा आगे पूर्व की ओर सीधे मार्ग से, जल या थल से, बहुत अधिक आवागमन नहीं होता था। यह स्पष्ट है कि ईसा पूर्व छठी सदी के मध्यकाल तक गोदावरी की घाटी में खेती नहीं होती थी। इसके बाद ही यहाँ तेज़ी से गाँव बसते गए तो इसका कारण संभवतः यह था कि उत्तर की ओर से इन लोगों को लोहे की तथा लोहे के औजार बनाने की और भारी हल के इस्तेमाल की जानकारी मिली। इस प्रकार, प्रागैतिहासिक युग से दक्खन के बाहर आने का काल बुद्ध की जीवनकथा से लगभग निश्चित हो जाता है। यह बात नर्मदा-तट के महेश्वर में और गोदावरी-तट के नेवासा से प्रवरा-मुला क्षेत्र तक किए गए उत्खननों के प्रमाणों से भी सिद्ध होती है। इससे दक्षिणी उत्खननों के स्तरों में पाए जानेवाले 'अंतर्वेधन' का भी स्पष्टीकरण हो जाता है। संपूर्ण लिखित इतिहास के दौरान नेवासा से प्रवरासंगम तक का क्षेत्र दक्षिणी ब्राह्मणों के लिए पवित्र भूमि रहा है। तेरहवीं सदी के अंतकाल में आलंदी के उनके ब्राह्मण बांधवों ने जब महाराष्ट्री संतकवि ज्ञानेश्वर पर अत्याचार किए तो उन्होंने इसी क्षेत्र में शरण ली थी और यहाँ भगवद्गीता पर अपने छंदोबद्ध भाष्य की रचना की। इस कृति ने मराठी भाषा को मूर्त रूप दिया और नाना जातियों के उत्तराधिकारियों की लंबी कतार को प्रेरणा प्रदान की। परंतु नई भाषा के लिए और कृषि-बस्तियों के लिए, जिनके अभाव में इस क्षेत्र के लिए गीता और इसके अनुवाद की कोई आवश्यकता नहीं थी, प्रभावशाली प्रेरणा मिली उत्तर की ओर से, ईसा पूर्व छठी सदी में।

बौद्धग्रंथों में गृहस्थ और कृषक के जो कर्त्तव्य निर्धारित किए गए हैं वे जाति, संपत्ति तथा पेशे के दायरों से मुक्त हैं, और कर्मकांड को तनिक भी महत्त्व नहीं दिया गया है। उनमें ब्राह्मणों के बाह्याडंबर तथा विशिष्ट कर्मकांड के विरुद्ध जो तर्क पेश किए गए हैं वे भी सरल भाषा में हैं। सामाजिक विभेद के रूप में जाति का अस्तित्व भले ही हो, परंतु इसमें कोई स्थायित्व नहीं था, न ही इसका कोई औचित्य था। इसी प्रकार, सदाचारी जीवन के लिए कर्मकांड भी अनावश्यक और असंगत था। बौद्ध धर्मग्रंथ, जो सभी बुद्ध-वचन माने जाते हैं, बोलचाल की सरल भाषा में हैं और रहस्यात्मकता अथवा लंबे ऊहापोह से मुक्त हैं। यह एक नए प्रकार का धार्मिक वाङ्मय था—ऐसे उपदेशों का संकलन जो तत्कालीन समाज के समस्त लोगों के लिए थे, न कि कुछ चुने हुए शिक्षित शिष्यों अथवा पंडितों के लिए। सबसे महत्त्व की बात यह है कि बुद्ध या उनके किसी गुमनाम आरंभिक शिष्य ने निरंकुश राजा के लिए भी नए कर्त्तव्य निर्धारित करने का साहस किया : जो राजा डाकुओं और असामाजिक तत्त्वों द्वारा उत्पीड़ित क्षेत्र से केवल राजस्व वसूल करता है, वह अपने कर्त्तव्य का पालन नहीं करता। लूटमार और कलह का दमन बल

और कठोर दंड से कदापि नहीं होता। सामाजिक बुराइयों के मूल में है गरीबी और बेरोजगारी। दान-दक्षिणा की घूस से इसे मिटाना संभव नहीं है, इनसे तो बुरे कर्मों को केवल प्रोत्साहन ही मिलेगा और इन्हें अधिक बल मिलेगा। सही रास्ता यही है कि कृषिकर्म और पशुपालन से जीविका चलानेवालों को बीज व भोजन सुलभ हो। व्यापार से जीविका चलानेवालों को आवश्यक पूँजी सुलभ होनी चाहिए। राजकर्मचारियों को नियमित रूप से उचित वेतन मिलना चाहिए, ताकि वे जनपदों से धन ऐंठने के मार्ग न खोज सकें। तभी जाकर नई संपत्ति का निर्माण होगा और लुटेरों तथा ठगों से जनपदों को मुक्ति मिलेगी। ऐसे उत्पादक एवं संतोषप्रद वातावरण में नागरिकों को कोई अभाव या भय नहीं रहेगा और वे अपने बच्चों का सुखपूर्वक भरण-पोषण कर सकेंगे। संचित अतिरिक्त धन को, चाहे राजकोष से, चाहे ऐच्छिक निजी अनुदानों से, खर्च करने का सर्वोत्तम तरीका यही है कि इसे कुएँ तथा तालाब खोदने और व्यापारी मार्गों पर छायादार पेड़ लगाने-जैसे सार्वजनिक कार्यों में लगाया जाए।

राजनीतिक अर्थ-व्यवस्था संबंधी ये विचार आश्चर्यजनक रूप से आधुनिक हैं। वैदिक यज्ञों के युग में, और एक ऐसे समाज में, जिसने आदिम जंगलों को खोलना अभी-अभी शुरू किया था, ऐसे विचारों का प्रतिपादन उच्चतम स्तर की एक बौद्धिक उपलब्धि थी। इस नए दर्शन ने मनुष्य को स्वयं पर नियंत्रण पाने का मार्ग दिखलाया। परंतु इस दर्शन से प्रकृति पर वैज्ञानिक एवं तकनीकी नियंत्रण पाना संभव नहीं हुआ, ताकि इसकी उपलब्धियों को संपूर्ण मानवजाति में व्यक्तिगत एवं सामाजिक आवश्यकताओं के अनुसार बाँटा जा सके।

जब एक गुमनाम देहात में बुद्ध की मृत्यु हुई तो परिचारिका के लिए केवल एक भिक्षु उनके साथ था; उस समय तक उनके शाक्य कबीले का कत्लेआम हो चुका था और उनके दोनों संरक्षक राजाओं की दयनीय स्थितियों में मृत्यु हो चुकी थी, अ।र उनके प्रतिभाशाली शिष्य सारिपुत्त और मोग्गल्लान पहले ही निर्वाण प्राप्त कर चुके थे। फिर भी बौद्धमत का निरंतर प्रसार होता गया, क्योंकि यह मत तेज़ी से विकसित होते उस समय के समाज की आवश्यकताओं के अनुकूल था।

यदुओं का श्यामवर्ण नायक

परंतु जो पंथ भारत के करोड़ों लोगों के लिए बीसवीं सदी तक एक 'सच्चे धर्म' के रूप में जीवित रहा, वह बौद्धधर्म नहीं है, बल्कि कृष्ण की पंचमेल पूजा का धर्म है। कृष्ण एक ऐसा वैयक्तिक देवता है जिसकी शरण में, आपत्ति पड़ने पर, कोई भी दौड़ सकता था, परंतु मानवीय उपदेशक बुद्ध के पास इस प्रकार दौड़ना संभव नहीं था। दोनों में पग-पग पर वैषम्य है, हालाँकि बाद में कृष्ण के नाम से चलाए गए कई सिद्धांत लुक-छिपकर बौद्धधर्म से उड़ाए गए थे, और सिद्धांत ही नहीं, कुछ

उपाधियाँ भी (जैसे, भगवत्, नरोत्तम, पुरुषोत्तम)। बुद्ध एक ऐतिहासिक व्यक्ति थे, परंतु कृष्ण के बारे में कोई ऐतिहासिक प्रमाण नहीं मिलते, सिवाय इसके कि आख्यानों तथा अनुश्रुतियों को मिलाकर कई सारे कृष्णों से एक सर्वेश्वर कृष्ण की रचना कर दी गई है। कालांतर में मिथकों को बढ़ाते जाने से और बुद्ध में देवत्व का अधिकाधिक आरोपण करने से बौद्धधर्म की अवनति हुई। दूसरी ओर, कृष्णभक्ति को संचित देवकथाओं पर ही खड़ा किया गया और उन्हीं से इसे बल मिला है। सरलतम शब्दों में और सुगम तर्कशैली में जैसा गंभीर एवं सुस्पष्ट विवेचन आरंभिक बौद्ध शिक्षाओं में देखने को मिलता है, वैसा कृष्ण के नाम पर आरोपित शिक्षाओं में नहीं मिलता। प्रभावशाली संस्कृत भाषा में रची गई अपूर्व असंगतियों से भरपूर पुस्तक **गीता** पाठक को परिणामों की ओर से आँख मूँदकर प्रायः हर प्रकार का काम करने की छूट दे देती है। बहुरूपी देवता कृष्ण भी इसी प्रकार बेमेल है, यद्यपि वह सभी पुरुषों के लिए सबकुछ और अधिकांश स्त्रियों के लिए सर्वस्व है: दिव्य और प्यारा शिशु, नटखट बालगोपाल, गोपालकों की बस्ती में सभी गोपियों का प्रेमी, अनगिनत देवियों का पति, अत्यधिक स्वच्छंद एवं मैथुनक्षम संभोगी; फिर भी रहस्यमय सम्मिलन में केवल राधा का अनुरागी, तिस पर भी तपस्वी जीवन का प्रतिपादक; परम शांति का साक्षात् अवतार, परंतु इतना अधिक उद्दंड कि उसने अपने मामा कंस का वध किया, और दूसरे के यज्ञ में आमंत्रित सम्मानित अतिथि शिशुपाल का सिर काट डाला; समस्त नैतिकता का मूलस्रोत, परंतु महाभारत-युद्ध (जिसमें उसने एक साथ ही दैवी निर्णायक और भृत्योचित सारथि की भूमिका अदा की) के निर्णायक क्षणों में उसका परामर्श हमेशा ही शिष्टाचार, न्याय-व्यवहार और क्षात्रधर्म के हर नियम के विरुद्ध रहा। संपूर्ण कृष्णाख्यान इस बात की एक शानदार मिसाल है कि एक सच्चा आस्तिक किस हद तक आँख मूँदकर चाहे जिस बात में यकीन कर सकता है, और गीता की सत्याभासी दलीलों के लिए कृष्णाख्यान ने अवसरवाद का बेजोड़ चौखटा प्रस्तुत किया है। यह (पुस्तक) अपेक्षाकृत आदिम उत्पादन-स्तर वाले अत्यधिक मिश्रित समाज और उसके धर्म के परस्पर-संबंध की अभिव्यक्ति है।

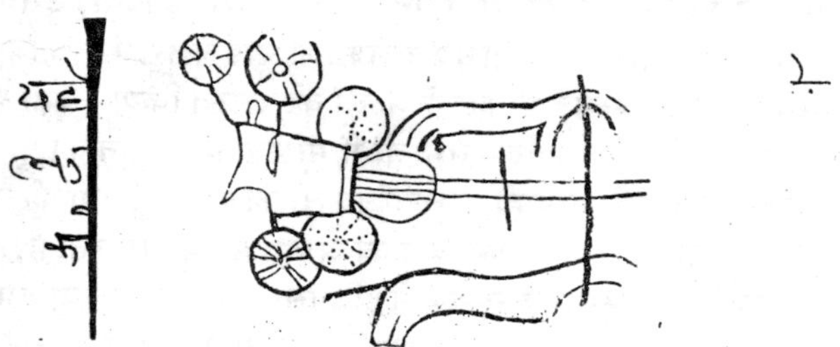

चित्र 8. मिर्जापुर की एक गुफा में चक्र फेंकता हुआ रथारोही (लगभग 800 ई. पू.)।

इस पूरे कृष्णाख्यान का सिलसिला कम-से-कम ईसा की बारहवीं सदी तक और महान् रामानुजाचार्य के वैष्णव आंदोलन तक चला। परंतु फिलहाल इस कहानी को हम ईसा पूर्व चौथी सदी तक ही लेंगे। कृष्ण के बारे में एकमात्र पुरातात्त्विक प्रमाण है उसका पारंपरिक हथियार चक्र जिसे फेंककर मारा जाता था। वह इतना तीक्ष्णधार होता था कि किसी का भी सिर काट दे। यह हथियार वैदिक नहीं है, और बुद्ध के पहले ही इसका चलन बंद हो गया था; परंतु मिर्ज़ापुर जिले (दरअसल, बौद्ध दक्खिणागिरि) के एक गुफाचित्र में एक रथारोही को ऐसे चक्र से आदिवासियों पर (जिन्होंने यह चित्र बनाया है) आक्रमण करते दिखाया गया है। अतः इसका समय होगा लगभग 800 ई. पू. जब कि, मोटे तौर पर, वाराणसी में पहली बस्ती की नींव पड़ी। ये रथारोही आर्य रहे होंगे, और नदी पार के क्षेत्र में लोह-खनिज की खोज करने आए होंगे—उस हैमाटाइट ख़निज की, जिससे ये गुफाचित्र बनाए गए हैं। दूसरी ओर, ऋग्वेद में कृष्ण को दानव और इंद्र का शत्रु बताया गया है, और उसका नाम श्यामवर्ण आर्यपूर्व लोगों का द्योतक है। कृष्णाख्यान का मूलाधार यह है कि वह एक वीर योद्धा था और यदु कबीले का नर-देवता (प्राचीनतम वेद ऋग्वेद में जिन पाँच प्रमुख जनों यानी कबीलों का उल्लेख मिलता है उनमें से यदु कबीला एक था); परंतु सूक्तकारों ने, पंजाब के कबीलों में निरंतर चल रहे कलह से जनित तत्कालीन गुटबंदी के अनुसार, इन यदुओं को कभी धिक्कारा है तो कभी आशीर्वाद दिया है। कृष्ण सात्वत भी है, अंधक-वृष्णि भी, और मामा कंस से बचाने के लिए उसे गोकुल (गोपालकों के कम्यून) में पाला गया था। इस स्थानांतरण ने उसे उन आभीरों से भी जोड़ दिया जो ईसा की आरंभिक सदियों में ऐतिहासिक एवं पशुपालक लोग थे, जो आधुनिक अहीर जाति के पूर्वज हैं। भविष्यवाणी थी कि कंस का वध उसकी बहिन (कुछ उल्लेखों में पुत्री) देवकी के पुत्र के हाथों होगा, इसलिए देवकी को उसके पति वसुदेव सहित कारागार में डाल दिया गया था। बालक कृष्ण-वासुदेव (वसुदेव का पुत्र) गोकुल में बड़ा हुआ, उसने इंद्र से गोधन की रक्षा की और अनेक मुँहवाले विषधर कालिय नाग का, जिसने मथुरा के पास यमुना के एक सुविधाजनक डबरे तक जाने का मार्ग रोक दिया था, मर्दन करके उसे खदेड़ दिया, उसका वध नहीं किया। तब कृष्ण और उसके अधिक बलशाली भाई बलराम ने, भविष्यवाणी को पूरा करने के पहले, अखाड़े में कंस के मल्लों को परास्त किया। यहाँ यह ध्यान में रखना ज़रूरी है कि कुछ आदिम समाजों में मुखिया की बहिन का पुत्र ही उसका उत्तराधिकारी होता है; साथ ही, उत्तराधिकारी को प्रायः मुखिया की बलि चढ़ानी पड़ती है। आदिम प्रथाओं से कंस-वध को अच्छा समर्थन मिलता है, और यह भी स्पष्ट होता है कि मातृस्थानक समाज में ईडिपस-आख्यान का क्या रूप हो जाता।

कृष्ण अपने कबीले के दायरे से बाहर निकला तो सबसे पहले उसने मातृदेवियों

को वश में किया। बचपन में ही उसने पूतना नामक एक मातृदेवी (बाद में चेचक की देवी, शायद) का वध कर डाला था; पूतना ने अपना विषाक्त दूध पिलाकर कृष्ण को मारना चाहा था। परंतु पूतना बच गई होगी, जैसे कि इंद्र के साथ झड़प होने पर उषस् बच गई थी, क्योंकि मथुरा क्षेत्र का एक भाग पूतना का नाम धारण किए रहा। जिस गोकुल में (कंस से उसे बचाने के लिए) कृष्ण का पालन हुआ था, उसे मथुरा से थोड़ी दूर नदी के किनारे वृदांवन नामक कुंज में स्थायी रूप से स्थानांतरित कर दिया गया। 'वृंदावन' का अर्थ है 'समूह-देवी का वन'। पवित्र तुलसी की द्योतक इस देवी का आज भी प्रतिवर्ष एक निश्चित दिन कृष्ण के साथ ब्याह रचा जाता है। प्रतिवर्ष इस आयोजन की पुनरावृत्ति से जाहिर होता है कि इस देवी के मानव-रूप पति की बलि चढ़ाने की आरंभ में प्रथा थी, परंतु कृष्ण ने इस प्रथा को तोड़ डाला। मातृदेवियों से विवाह करने और अप्सराओं के साथ क्रीड़ा करने का वीर्यवान् कृष्ण का शौक अबाध रूप से बढ़ता ही गया; कृष्ण की अधिकृत पत्नियों की कुल संख्या (वृंदा व राधा को छोड़कर) 16108 बताई जाती है। इनमें से कुछ प्राचीनतर और विदेशी कबीलों का प्रतिनिधित्व करती थीं; जैसे, 'रीछ' कबीले के मुखिया की पुत्री जांबवती। रुक्मिनी ('स्वर्णिम') का संबंध था भोजों से, जो उस समय बर्बरावस्था में थे। इनमें से हज़ारों अनाम 'पत्नियाँ' महज़ अप्सराएँ या जल-परियाँ थीं। परिणामस्वरूप, स्थानीय पूजाविधियों पर कृष्ण-पूजा शांतिपूर्वक आरोपित हो गई। कल्पित महाभारत-युद्ध के छत्तीस साल बाद जब आपसी कलह में सारे यदुओं का नाश हो गया तो उसके काफी बाद भी कृष्ण-पूजा का प्रसार होता रहा। ईसा पूर्व छठी सदी में मथुरा पर शूरसेनों का अधिकार हो गया था; ब्राह्मणों ने मोटी दक्षिणा लेकर और झूठी वंशावलियाँ बनाकर ही मध्ययुग के नवोदित यादवों अथवा जाधवों का संबंध कृष्ण के यदुवंश से जोड़ दिया था। किंतु शूरसेनों ने, यदुओं से उनका संबंध न होने पर भी, कृष्ण-पूजा को जारी रखा और मथुरा इसका केंद्र बना रहा। कृष्ण के विवाहों ने कुछ मातृसत्तात्मक आर्यपूर्वों को पितृसत्तात्मक आर्यों में आत्मसात् कराने में महत्वपूर्ण योग दिया। यहाँ यह सदैव स्मरण रखना होगा कि न केवल अन्न-संकलनकर्त्ता उन्नति करके अन्न-उत्पादक बने, अपितु, परिवेश के कारण, आर्यों का अन्न-संकलन की अवस्था में भी पतन संभव था। दोनों स्थितियों में इन दोनों जन-समुदायों का सम्मिश्रण संभव हुआ और एक-दूसरे की पूजा-विधियों को अपनाने से यह कार्य और आसान हो गया। दैवी विवाह मानवीय संयोजन के ही परिचायक हैं। परिणामतः जिस मिश्रित समाज का उदय हुआ वह अधिक उत्पादनशील था, परिवेश पर उसका नियंत्रण और बढ़ गया।

कृष्ण का एक और आरंभिक करतब, जिसके कारण उसका तेजी से उत्कर्ष हुआ, यह था कि उसने अपने गोकुल के गोधन की इंद्र से रक्षा की। जान पड़ता है कि यह संघर्ष तिकोना था, क्योंकि इंद्र ने उन अधिकांश नागों की रक्षा की जिन्हें

कृष्ण ने और कुरुओं की कनिष्ठ पांडव शाखा ने मौका पाने पर कुचल डालने का प्रयत्न किया था। दरअसल, महाभारत में कृष्ण को बाहर से लाकर घुसेड़ा गया है, काफी बाद में। आख्यान है कि उसने खांडव वन जलाने में पांडवों का साथ दिया था। ऋग्वेद में यदुओं की संदिग्ध स्थिति ने और कृष्ण के श्याम वर्ण ने आर्यों और आदिवासियों का मिश्रण कराने में अतिरिक्त सहयोग दिया; बेमेल नाग-कथाओं ने भी ठीक यही भूमिका अदा की है। महाभारत में ये दोनों प्रकार की कथाएँ मौजूद नहीं होतीं यदि इन्हें सुननेवालों में दोनों समूहों के लोगों के तत्त्व विद्यमान न होते। इंद्र के साथ संघर्ष का बड़ा विलक्षण प्रभाव पड़ा। ईसा पूर्व चौथी सदी में यूनानियों ने जब भारत पर आक्रमण किया तो उन्होंने देखा कि पंजाब के मैदानों में उनके हेराक्लीज से मिलते-जुलते नर-देवता की पूजा का अधिक प्रचलन है, और 'डायोनिसस' को पर्वतीय प्रदेश में पूजा जाता है। यह हेराक्लीज निश्चय ही भारतीय कृष्ण था। यह यूनानी वीर परंपरा से एक मल्लयोद्धा था, कड़ी धूप से इसका श्याम वर्ण हो गया था, इसने हाइड्रा (कालिय की तरह एक बहुमुखी सर्प)का वध किया था और अनेक अप्सराओं से विवाह या रमण किया था। इसके अलावा, कृष्ण की जिस ढंग से मृत्यु हुई है उसे यूनानी लोग अपने आख्यान से भारतीयों की अपेक्षा अधिक स्पष्ट रूप से समझते थे। जरस् नामक एक व्याध ने, जो दरअसल कृष्ण का सौतेला भाई था, जो तीर मारा वह कृष्ण की एड़ी में घुसा और उससे यदु नर-देवता की मृत्यु हो गई। भारतीय लोग आज भी यह समझ नहीं पाते कि ऐसे घाव से कैसे मृत्यु हो सकती है। एकिलीज की कथा तथा यूनानियों की अन्य अनेक पुराकथाओं से स्पष्ट होता है कि ऐसी अनोखी मृत्यु का संबंध उस आनुष्ठानिक वध से है जिसमें अक्सर बलि दिए जानेवाले वीर का भाई (या उत्तराधिकारी) किसी विषबुझे हथियार का इस्तेमाल करता था। यूनानियों ने जिस दूसरे भारतीय देवता को विजेता डायोनिसस समझ लिया, वह ऋग्वेद में वर्णित प्रचंड योद्धा और पियक्कड़ इंद्र ही हो सकता है। इस यूनानी जानकारी की महत्ता पर ध्यान ही नहीं दिया गया है। इससे प्रकट होता है कि, यद्यपि यदुओं का नाश हो चुका था, पर पंजाब के अत्यधिक उपजाऊ क्षेत्र में इंद्र-पूजा का स्थान कृष्ण-पूजा ले चुकी थी। और फिर, यह इसके बावजूद हुआ कि अपनी 'विजय' के अनंतर ही इंद्र-डायोनिसस (यूनानी उल्लेखों के अनुसार) भारत में सर्वप्रथम लोहे तथा धातुओं का ज्ञान, खेती के लिए बैलों के इस्तेमाल की जानकारी और वास्तुकला लाया था।

कृष्ण द्वारा इंद्र को अपदस्थ किए जाने का स्पष्ट ब्यौरा, ऐतिहासिक सिलसिला तथा तिथि-क्रम आज दुर्भाग्य से उपलब्ध नहीं है; पर इस परिवर्तन का कारण सुस्पष्ट है। पशुचारी जीवन का स्थान कृषि-जीवन ले रहा था। वैदिक यज्ञ और निरंतर के युद्ध पहली अवस्था के लिए भले ही अनुकूल रहे हों, पर दूसरी अवस्था के लिए वे महँगे और असह्य उपद्रव ही साबित होते। कृष्ण गोरक्षक था; जिन यज्ञों में पशुबलि दी जाती थी उनमें कृष्ण का कभी आह्वान नहीं हुआ है, जबकि इंद्र,

वरुण तथा अन्य वैदिक देवताओं का सदैव आह्वान हुआ है। ये लोग अपने पैतृक कुल-देवता को चाहे जिस चीज़ की बलि भेंट करते रहे हों, पर दूसरे कबीलों द्वारा उनकी इस प्रथा को अपनाने का कोई कारण नहीं था। दूसरी ओर, जो पशुचारी लोग कृषि-जीवन को अपना रहे थे, उन्हें इंद्र की बजाय कृष्ण को स्वीकार करने में निश्चय ही लाभ था। इसमें उन आर्य-पूर्व लोगों को भी लाभ था जो पशुपालकों से सीखने लगे थे और उनसे विवाह-संबंध स्थापित करने लगे थे, पर तब भी अनगिनत स्थानीय देवियों में से किसी एक को पूजते आ रहे थे; इन्हीं देवियों को सुभीते से कृष्ण की पत्नियाँ बना दिया गया। विशुद्ध कृषकों को—जो पंजाब में कुछ धीमी रफ्तार से उन्नति कर रहे थे—कृष्ण के भुजबलि भाई बलराम ने वश में किया। बलराम को संकर्षण या हलधर भी कहते हैं, क्योंकि हल उसका विशिष्ट लाक्षणिक हथियार था, जैसेकि कृष्ण का तीक्ष्णधार चक्र था। कृष्ण का यह भाई न केवल हलधरों का न्यायसम्मत देवता था, बल्कि उसके माध्यम से नाग लोगों को भी आत्मसात् करना संभव हुआ। बलराम को आमतौर पर शेषनाग का अवतार समझा जाता था और शेषनाग के बारे में यह कल्पना थी कि वह अथाह महासागर के ऊपर अपने मस्तक पर इस पृथ्वी को धारण किए हुए है। (बौद्ध कथाओं में भी मानवी, दैवी अथवा सर्प नागों के बारे में जानकारी मिलती है। बुद्ध ने आदिवासी नागों को अपने धर्म में दीक्षित किया था, विषैले सर्पों को वश में किया था, मुचलिंद नामक दैवी नाग ने प्रकृति के प्रकोप से उनकी रक्षा की थी, और अपने किसी पूर्व-जन्म में वह एक उभयरूप 'सात्त्विक नाग' भी थे। नालंदा और संकस्या-जैसे प्रमुख बौद्ध विहारों का उत्थान नाग-पूजा-स्थलों से हुआ है; कभी-कभी विशेष अवसरों पर, भिक्षुओं से भोजन ग्रहण करने के लिए, आदिम नाग दयालु सर्प के रूप में प्रकट होता था।) अब एक प्रश्न बाकी रहता है : ये अनोखे कबीले क्योंकर एक ऐसे देवता को पूजने लगे जो उनका अपना नहीं था ? इसका उत्तर यही जान पड़ता है कि यदुओं में और इन अन्य कबीलों में कोई संबंध रहा होगा; साथ ही, मगध की ओर से हुए किसी आक्रमण से भयभीत होकर मथुरा के ये कबीलाई लोग शायद पश्चिम की ओर फैलने लग गए थे।

अपने को आर्य समझनेवाले लोगों के बीच अब मौलिक भेद दिखाई देने लगे थे। गांगेय प्रदेश के ब्राह्मण व क्षत्रिय उत्तरापथ के व्यापार-मार्ग के पश्चिमोत्तरी सिरे तक (तक्षशिला और उससे भी आगे) उच्च शिक्षा—यज्ञ, मंत्रपाठ, आर्य रीति-रिवाज, चिकित्सा और शुद्ध संस्कृत की शिक्षा—प्राप्त करने के लिए जाते थे। क्योंकि पूर्व के निवासी लेन-देन के व्यवहार में एक ऐसी सरल भाषा का इस्तेमाल करने लगे थे जिसका आधार तो आर्य था, पर उसमें संस्कृत व्याकरण और वैदिक स्वराघात की विकट जटिलताएँ नहीं थीं। उनका तोतली उच्चारण, घटिया वाक्य-विन्यास, ग्राम्य लहज़ा और प्रायः गँवारू शब्दावली पश्चिम के निवासियों को अत्यंत हास्यास्पद खिचड़ी-जैसी जान पड़ती होगी। फिर भी इन

ग्राम्य जनों को, जैसाकि उपनिषदों और बौद्ध ग्रंथों से प्रमाणित होता है, तक्षशिला तथा आसपास के क्षेत्र में, उनके वंश या जाति की गहरी छानबीन किए बिना ही, अच्छे शिष्यों के रूप में स्वीकार कर लिया जाता था। सीमा-प्रदेश के उच्च वर्ग के लोग गौर वर्ण के थे। उनका मत था कि काला आदमी 'बाज़ार में लगाए गए काले बीजों के ढेर' की भाँति है और उसे शायद ही कोई ब्राह्मण समझने की भूल कर सकता है। दूसरी ओर, पूर्व के ब्राह्मण श्यामवर्ण किंतु बुद्धिमान् पुत्र की प्राप्ति के लिए बृहदारण्यक उपनिषद् में वर्णित एक अंड-बंड अनुष्ठान करते थे। जाति-भेद दूर होने पर वर्ण-भेद भी नहीं रह गया था। शरीरवर्ण (यूरोप में केश-वर्ण) चाहे जो हो, सुंदरी की सराहना होती थी। दूसरी ओर, सीमा-प्रदेश में जाति के बंधन इतने ढीले थे कि पूर्व के निवासी मद्र, गंधार तथा कंबोज के लोगों को उच्छृंखल एवं बर्बर समझने लगे थे। सुदूर पश्चिमोत्तर में केवल दो वास्तविक जातियाँ थीं : आर्य यानी 'आज़ाद', और दास यानी 'गुलाम'। एक जाति का सदस्य बिना किसी झमेले के दूसरी जाति में पहुँच सकता था। इसका अर्थ यह है कि इस सुदूर शीत प्रदेश में, अन्न-संकलन कठिन और वस्तु-उत्पादन अनिवार्य हो जाने के कारण, प्राचीन ग्रीक-रोमन दास-प्रथा से मिलती-जुलती दास-प्रथा जन्म ले चुकी थी। दूसरी ओर, पूर्वी प्रदेश में दासप्रथा का कोई अस्तित्व नहीं था, पर विभिन्न पेशों के अनुरूप जाति-भेद में अधिकाधिक कठोरता आ रही थी। कुरुदेश के पूर्व की ओर के ब्राह्मणों ने किसी हद तक नागों के साथ अंतर्विवाह स्वीकार कर लिया था या ऐसे मामलों में अनदेखी की थी, परंतु जब वह देखते कि पेशावर या बलख का कोई व्यक्ति ब्राह्मण है किंतु उसका भाई हल जोतता है और उसी परिवार का कोई दूसरा आदमी योद्धा है अथवा नाई का काम करता है, तो उन्हें बड़ा आघात पहुँचता था। एक ही परिवार के ये भाई, बिना किसी लज्जाभाव के, इच्छानुसार अपने धंधों की अदला-बदली भी कर लेते थे। सीमा-प्रदेश की स्त्रियों का व्यवहार काफी उन्मुक्त था; वह न अपरिचितों के सामने शरमातीं, न ही परिवार के वयोवृद्धों के आगे शील-संकोच का प्रदर्शन करतीं, जिसकी संभ्रांत परिवारों के भारतीय आज भी अपने स्त्री-समुदाय से अपेक्षा रखते हैं। स्त्री-पुरुष दोनों ही मांस खाते थे और खूब नशीली शराब पीते थे; ऐसे भी सामुदायिक नृत्य होते थे जिनमें वस्त्र तक उतार दिए जाते थे। पूर्वी प्रदेश के ब्राह्मण की दृष्टि में ऐसा आचरण निश्चय ही अश्लील था। कन्या का मूल्य देकर (दहेज-प्रथा के विपरीत) विवाह करने का पश्चिमोत्तर में जो रिवाज था, वह भी पूर्ववासियों को विकृत प्रतीत होता था; कन्या-हरण की प्रथा भी, जिसका महाभारत के अनुसार कृष्ण के कबीले में प्रचलन था और ऐतिहासिक आभीरों ने भी जिसे चालू रखा, पूर्ववासियों को विकृत लगती थी। अंततोगत्वा ब्राह्मण धर्मग्रंथों ने इन दोनों प्रकार के विवाहों को अनार्य प्रथाएँ कहकर निषिद्ध घोषित कर दिया। फिर भी, मद्र और बाहिलक स्त्रियों की सुंदरता, स्नेहशीलता तथा परम स्वामिभक्ति सदा लोक-प्रसिद्ध रही। उस क्षेत्र के योद्धा

की विधवा अपने पति के शव के साथ सती भी हो जाती थी। यह वीभत्स सती-प्रथा पूर्व के लोगों के लिए तब पूर्णतः अज्ञात थी और सामंती युग तक, लगभग ईसा की छठी सदी तक, उनमें इसका प्रचलन नहीं हुआ। पश्चिम के निवासी पूर्व के इन घमंडी किंतु फिर भी गँवार किस्म के अनुचरों के बारे में क्या सोचते थे, इसके बारे में कोई लिखित जानकारी नहीं मिलती, परंतु यह ज्ञात है कि पूर्वी प्रदेश के निम्न-जाति के उद्यमशील तरुण ब्राह्मण धर्म की सब तिकड़में सीखने के लिए पहुँचते थे, और फिर (जहाँ उनकी जाति की किसी को जानकारी न होती) अपने को ब्राह्मण घोषित कर देते थे। ऐसा इसलिए भी आसान था कि सीमा-प्रदेश के उनके विद्वान् शिक्षक पेशे—दरअसल, आदिम वर्ग-विभेद—से आगे बढ़कर जाति-भेद पर बहुत कम ध्यान देते थे।

उत्तरापथ पर विपरीत दिशा में भी खूब यातायात चलता था। बुद्धत्वप्राप्ति के केवल आठ सप्ताह के बाद ही जो दो गृहस्थ बुद्ध के उपासक बने, वे पेउकेलाओतिस् अथवा बल्ख व्यापारी थे और उड़ीसा से राजगिर जाते हुए बुद्ध गया से गुज़र रहे थे। इन दो भाइयों के नाम थे तपस्सु और भल्लुक, जिनका अर्थ धातु-व्यापार से जुड़ता है : क्रमशः सीसा या राँगा और ताँबा। पूर्व में जाकर आरंभिक दौर में ही भिक्षु बननेवाला कश्मीर का एक क्षत्रिय था कप्फिन, जिसकी नाक पतली और ऊँची थी। उसके नाम से उपलब्ध पालिगाथाओं में तपस्वी वृत्ति की अपेक्षा यूनानी मूर्ति-पूजा का पुट अधिक है। तक्षशिला का पुक्कुस नामक 'राजा', जिसने इतनी दूर तक बिंबिसार को उपहार भेजे थे और उससे प्राप्त किए थे, बुद्ध के दर्शन करने वृद्धावस्था में जब पहली बार मगध पहुँचा, तो वहीं पर, बुद्ध-दर्शन के एक सप्ताह बाद, उसकी मृत्यु हो गई; कथा है कि उसकी मृत्यु किसी गाय के सींग मारने से हुई थी।

जिस बंधन ने इस पंचमेल समाज को एकजुट रखा, जिसके कारण यह कबीलों के समूह की बजाय एक समाज कहलाया, वह एक सार्वजनिक पूजाविधि अथवा एक सार्वजनिक भाषा का उतना बंधन नहीं था, जितना कि उन समूची सार्वजनिक आवश्यकताओं का जिनकी पूर्ति पारस्परिक आदान-प्रदान से होती थी। उत्तरापथ और दक्षिणापथ के व्यापारिक मार्गों पर होनेवाले पारस्परिक संपर्क के माध्यम से ही पूर्व की दार्शनिक विचारधाराओं का प्रचार-प्रसार हुआ। परिवेश-भिन्नता के कारण यद्यपि वैदिक भाषा और कर्मकांड में बिखराव आ रहा था, और नए देवता तथा धार्मिक मत मानव-मस्तिष्क को आंदोलित कर रहे थे, परंतु पण्य-उत्पादन ने दूर-दूर के आर्यों को और उनकी मिश्रित शाखाओं को कसकर बाँध रखा था।

कोसल और मगध

ईसा पूर्व छठी सदी की जिन नैतिक विचारधाराओं ने अपने सिद्धांत रचे और कबीले से आगे बढ़कर उपदेश दिए, उनका एक राजनीतिक प्रतिपक्ष भी था। समूचे समाज के लिए एक सार्वभौम शासन की स्थापना के समानांतर प्रयास हो रहे थे। इन धार्मिक व लौकिक, दोनों ही आंदोलनों का मूलाधार एक था : गृहपति, व्यापारी तथा कृषक की नई आवश्यकताएँ। जहाँ नए भिक्षु-संप्रदायों के संस्थापकों ने, विशेषतः जैन और बौद्ध संस्थापकों ने, अपने संघों के संगठन के लिए कबीलाई पद्धति को ही स्वाभाविक एवं उपयुक्त समझा, वहाँ राजनीतिशास्त्रियों को कबीलों के अलगाव को तोड़ने का केवल एक ही उपाय सूझा—निरंकुश राजतंत्र। प्राचीन यूनानी इसे होमरीय कुलीनतंत्र ('बैसिलियूस्') से पैसित्रातिदीय निरंकुश राजतंत्र ('टाइरैनौस्') में संक्रमण के रूप में पहचानते। निरंकुश सत्ता के लिए जो लंबा संघर्ष हुआ, उसके पीछे एक भावनाहीन, कठोर, स्वार्थपरक, तार्किक .द्धति से प्रतिपादित एवं सुचिंतित राजनैतिक सिद्धांत की भूमिका थी। उसमें नैतिकता का तनिक भी कोई दिखावा अथवा दूसरों की भलाई का झूठा बहाना कभी नहीं रहा। नए राजतंत्र के ये सिद्धांतकार अपने क्षेत्र के उतने ही महत्त्वपूर्ण एवं योग्य विचारक थे जितने कि समकालीन धर्मनेता। इनके नाम केवल एक संहिता-ग्रंथ—कौटल्य के **अर्थशास्त्र**—में देखने को मिलते हैं; यह ग्रंथ, जिसका विवेचन अगले अध्याय में होगा, इस विषय परंपरा की अंतिम और सबसे महान कृति है। सिद्धांतकारों की यह नामावली बड़ी प्रभावशाली है : भरद्वाज, कात्यायन, पराशर, उषनस् और बृहस्पति जानेमाने ब्राह्मण नाम हैं; इनमें कुछ नाम, उस समय के पुराने धार्मिक संप्रदायों की भाँति, पृथक् रूप से समूची पारंपरिक शाखा के द्योतक हैं। बाहुदंती-पुत्र, किंजल्क, कौणपदंत, पिशुन, विशालाक्ष, वातव्याधि और दीर्घ-चारायण संभवतः क्षत्रिय थे; क्षत्रिय-परंपरा की सबसे प्रमुख शाखा आंभी की थी। यह सूची पूर्ण नहीं है। किसी भी शाखा के सारे सिद्धांत उपलब्ध नहीं हैं, यद्यपि **अर्थशास्त्र** में प्रसंगानुसार इन्हें उद्धृत करके इनका ठीक उसी प्रकार विवेचन किया गया है, जैसेकि कोई विधिवेत्ता पहले के निरूपणों को पेश करके विश्लेषणात्मक पद्धति से उनकी समीक्षा करता है। कहीं कोई ऐतिहासिक संदर्भ नहीं है, और 'दीर्घ' चारायण के अलावा और किसी के बारे में ऐसी कोई सूचना भी नहीं मिलती। ऐतिहासिक संदर्भ का यह अभाव स्वाभाविक है। जहाँ धर्मोपदेशक को जनसमुदाय को विश्वास में लेना होता था और जीवन के हर क्षेत्र के लोगों तक खुलेआम तथा व्यापक रूप से अपने उपदेश पहुँचाने होते थे, वहाँ राजनीति संबंधी परामर्श कुछ चुने हुए व्यक्तियों तक गुप्त रहने से ही प्रभावशाली हो सकता था। ईसा पूर्व छठी सदी के महान् भिक्षु-उपदेशक कालांतर के भारत की परोपजीवी भिखारियों की जमात से और जड़बुद्धि पंथोपदेशकों से बहुत ऊँचे थे, क्योंकि एक

नितांत नए प्रकार के समाज के निर्माण में उन महान् उपदेशकों ने ज़ोरदार भाग लिया था। ईसा-पूर्व छठी सदी के युद्ध, षड्यंत्र, हत्या तथा विखंडित आस्था-संबंधी गाथा में और बाद के निरंकुश राजतंत्रों की, जिनमें राजाओं पर कोई संवैधानिक अंकुश नहीं था, गाथा में ठीक यही अंतर पाया जाता है। ईसा पूर्व छठी सदी में पहली बार राजतंत्र का उदय हुआ था, यह एक नितांत नई सामाजिक अवस्था के उपयुक्त एक अभिनव शासन-प्रणाली थी। परंतु मध्ययुगीन 'प्राच्य निरंकुशता' में केवल ऊपरी ढाँचे में ही रद्दोबदल होती थी; समाज का बुनियादी ढाँचा, जिसमें काफी पहले से जड़ता आ गई थी, ज्यों-का-त्यों कायम रहा।

परंपरा से जानकारी मिलती है कि ईसा पूर्व सातवीं सदी में, या संभवतः इसके भी एक सदी पहले, सोलह प्रमुख जनपदों का अस्तित्व था। ईसा पूर्व छठी सदी के अंत में और पाँचवीं सदी के आरंभ में इनमें सत्ता के लिए जो अंतिम संघर्ष हुआ, उसमें इन सोलह में से केवल चार ही अपने महत्त्व को कुछ हद तक कायम रख पाए। इनमें किसी निरंकुश राजसत्ता को न स्वीकार करनेवाले दो कुलीनतंत्र या गणतंत्र थे—लिच्छवि या वज्जि ('घुमंतू पशुपालक', जिससे प्रकट होता है कि ये कुछ बाद में स्थायी हुए) और मल्ल। ये दोनों कबीले अपना कारभार कबीलाई सभा द्वारा चलाते थे और निरंतर सैनिक अभ्यास करते रहते थे। इनके न्याय व निष्पक्षता के लिए प्रसिद्ध अपने कबीलाई संविधान थे। परंतु दोनों में अधीनस्थ कृषकों (जो सभी कबीले के सदस्य नहीं थे) के ऊपर कुलीनवर्ग जन्म ले रहे थे और स्वयं कुलीन व्यक्तिगत संपत्ति के कारण आपस में और अधिक बँटते जा रहे थे। लिच्छवियों का मुख्य नगर वेसालि (आधुनिक बसाढ़) था, जहाँ उनका संथागार था। मल्लों की कई शाखाएँ थीं, जिनमें से दो इनके छोटे प्रमुख नगर पावा और कुसीनारा के इर्द-गिर्द थीं। प्रत्येक कबीला, आवश्यकता पड़ने पर, काफी बड़ी सेना मैदान में उतार सकता था। ईसा पूर्व पाँचवीं सदी की शुरुआत में इन कबीलों ने अपना एक मज़बूत आक्रामक संघ बना लिया था, जिसके लिए यह ज़रूरी था कि वह दूसरे प्रदेश पर विजय हासिल करे या अपनी ही स्वतंत्रता खो दे। परंतु इनकी उपेक्षा करना संभव नहीं था, क्योंकि ये दो समूह उत्तरापथ के व्यापार-मार्ग को वहाँ रोकते थे जहाँ यह नेपाल की सीमा से दक्षिण की ओर चंपारन जिले से होकर गंगा तक पहुँचता था और फिर नदी पार करके उस क्षेत्र में जाना होता था जहाँ सब के लिए लोहे व ताँबे के खनिज मौजूद थे। इनके पश्चिमोत्तर में कोसल था और दक्षिण तथा दक्षिण-पूर्व में मगध—दोनों ही निरंकुश राजतंत्र। कोसल और मगध भी (सोलह में से शेष जनपदों की तरह) पहले कबीले थे, जैसाकि देश के अर्थ में इनका सदैव बहुवचन में इस्तेमाल (कोसलानं, मगधानं) होने से प्रकट होता है। परंतु किसी बौद्ध या जैन ग्रंथ में मगध कबीले या कोसल कबीले के बारे में कहीं कोई जानकारी नहीं मिलती, न ही इनकी परिषदों अथवा सभाओं का कोई विवरण मिलता है। मगध शब्द का आरंभ में अर्थ था 'चारण' बाद में हुआ 'व्यापारी',

जिससे प्रकट होता है कि मूल कबीले से दो विशिष्ट श्रेणियों का विकास हुआ था; ब्राह्मण धर्मग्रंथों में तो मगधवासियों को मिश्रित जाति (व्रात्य) ही कहा गया है। **जनपद** (कबीले का ठौर) शब्द बाद में 'देश', 'राज्य' और 'ज़िले' के अर्थ में भी प्रयुक्त हुआ है, जिससे साफ ज़ाहिर होता है कि गंगा की घाटी में विकास का दौर किस प्रकार रहा है।

ये आर्य और आर्यकृत कबीले, सिवाय एक महत्त्वपूर्ण अंतर के, ईसा पूर्व छठी सदी के यूनानी कबीलाई राज्यों-जैसे ही थे। जान पड़ता है कि आर्जीव, बिओतिअन, लैसिदेमोनियन आदि कबीलों ने उस समय तक अपने सीमित और अपेक्षाकृत कम उपजाऊ प्रदेशों में व्यक्तिगत भूसंपत्ति का विकास कर लिया था। भारतीय कबीलों की भूमि, जो सदैव खूब विस्तृत रही और आमतौर पर बदल-बदलकर जोती जाती थी, संपत्ति कम और क्षेत्र ही अधिक रही। कबीले की सभा को यह अधिकार था कि वह किसी जोत-क्षेत्र को, फिर वह एक ही परिवार में लंबे समय से क्यों न जोता गया हो, दूसरे को जोतने के लिए दे दे। इसके विपरीत, निरंकुश राजतंत्रों का अस्तित्व ही इस बात पर निर्भर था कि वे निरंतर जोते जानेवाली स्थायी व्यक्तिगत भूसंपत्ति से नियमित रूप से राजस्व वसूल करते रहें।

इन दोनों राजतंत्रों में कोसल अधिक प्राचीन था और ईसा पूर्व छठी सदी के आरंभ में यह निश्चय ही अधिक शक्तिशाली था। ईसा पूर्व छठी सदी में कोसल की राजधानी सावत्थी में थी, यद्यपि पुराना मुख्य नगर इसके दक्षिण में साकेत था। यह साकेत वही पारंपरिक अयोध्या ('अभेद्य') नगरी है जहाँ से पौराणिक महाकाव्य के नायक राम ने स्वेच्छा से वनवास के लिए कूच किया था और आगे वह अखंडित अरण्य में पहुँचा था। यह तथाकथित वनवास-मार्ग ही बाद में दक्षिणी व्यापार-मार्ग, दक्षिणापथ में विकसित हुआ; आधुनिक 'दक्खन' नाम इसी से है। बावरी जातक से पता चलता है कि सावत्था नगर ईसा पूर्व छठी सदी के दो प्रमुख व्यापार-मार्गों के संगम पर था। इसके अलावा, कोसल का गंगा पर नियंत्रण था, क्योंकि लंबे अर्से की लड़ाइयों के बाद कासी (वाराणसी) पर भी उसका अधिकार स्थापित हो गया था। कासी पर कोसल का अधिकार ईसा पूर्व सातवीं सदी में हो गया होगा, क्योंकि इसके बाद कासी कबीले के बारे में कहीं कोई जानकारी नहीं मिलती। 'काशी के राजा ब्रह्मदत्त' से संबंधित केवल कुछ जातक-कथाओं से ही प्रकट होता है कि इस स्थान का, जिसके बारे में ईसा पूर्व प्रथम सहस्राब्दी के आरंभकाल के पुरातात्त्विक प्रमाण मिले हैं, कुछ पारंपरिक महत्त्व था। पट्टन के रूप में वाराणसी का इतना अधिक महत्त्व था कि कोसल को इसके बाद **कोसल-कासी** कहा जाने लगा। वाराणसी में निर्मित सूत व कौशेय (टसर) वस्त्र और अन्य वस्तुएँ पहले से ही मशहूर थीं। बौद्ध भिक्षुओं ने अपने वस्त्रों के लिए यहाँ के नारंगी-भूरे काषाय रंग को अपनाया, और यह रंग लगभग इसी नाम से, प्रसिद्ध 'बनारसी कत्थई' के नाम से, आज भी लोकप्रिय है। अत्यधिक साहसी

नाविक कासी से ही अपनी समुद्र तक की यात्रा शुरू करते थे और कभी-कभी नदीमुख के परे भी पहुँच जाते थे; आरंभ से ही इनके लाभप्रद व्यापार का स्थायी पण्य-पदार्थ नमक रहा होगा।

व्यापार-मार्ग पर मगध की स्थिति कुछ अनुपयुक्त जान पड़ती है, क्योंकि यह नदी के परे रास्ते के छोर पर ऐसी जगह था जहाँ से आगे पथहीन जंगल की शुरुआत हो जाती थी। परंतु इस राज्य का, जहाँ बाद में भारत का सर्वप्रथम 'सार्वभौम राजतंत्र' और साम्राज्य स्थापित हुआ, व्यापार-मार्ग से भी कहीं अधिक महत्त्व की एक चीज़, धातुओं की आपूर्ति पर अधिकार स्थापित हो गया था राजधानी राजगिर (राजगृह : 'राजा का घर') में नदी के दक्षिण में, प्राचीन आर्यों की एकमात्र बस्ती स्थापित हुई थी, तो इसका एक स्वाभाविक कारण है। राजगिर के समीप की पहाड़ियों की, जो धारवाड़ पर्वतमाला की सबसे उत्तर की शाखा की हैं, भूगर्भीय रचना ऐसी है कि इनमें लौह-खनिज आसानी से मिल जाता है। यहाँ लौह-ऑक्साइड के शल्कल पपड़ियों के रूप में पर्याप्त मात्रा में मिलते हैं और इन्हें अधिक खोदे बिना ही चट्टानों से पृथक् किया जा सकता है; इस खनिज को लकड़ी के कोयल से शुद्ध बनाने के बाद और तब सफेद होने तक गर्म करके हथौड़े से पीटने पर इससे औज़ार तथा बर्तन बनाए जा सकते हैं। राजगिर की एक और सुविधा यह है कि चारों ओर से पहाड़ियों से घिरा होने के कारण इसकी आसानी से रक्षा की जा सकती थी; आरंभ म ही पच्चीस मील लंबे एक परकोटे से इसकी किलेबंदी कर ली गई थी और इस परकोटे के भीतर दीवार से घिरा हुआ नगर सुरक्षित था। लगभग एक वर्गमील में आबाद यह राजगिर नगर एक तीसरे मध्यवर्ती परकोटे से घिरा हुआ था। परकोटों से घिरे हुए इस क्षेत्र में गरम व ठंडे पानी के सोते थे जिनसे बढ़िया पानी मिलता था, और दीवारों के बीच में उत्तम चारागाह होने के कारण आपत्तिकाल में लंबे समय तक यहाँ के निवासी डटे रह सकते थे। इसके दक्षिणपूर्व में गया है, जो मगध का एक आरंभिक उपनिवेश है। गया के परे आदिम जंगल था। साहसी अन्वेषक इस जंगल को पार करके दक्षिण-पूर्व की पहाड़ियों में लौह व ताम्र खनिज की खोज करते थे; भारत में ये खनिज यहीं पर सर्वाधिक मात्रा में पाए जाते हैं। खनिज को खान से निकालकर यहीं पर इसे शुद्ध किया जाता था और फिर धातु को गंगा की मध्य घाटी में लाकर बेचा जाता। कारण यह है कि खनिजों के इस पहाड़ी क्षेत्र में खेती करना उतना लाभप्रद नहीं था जितना कि नदी की जलोढ़ मिट्टी के क्षेत्र में। अतः मगध की महान् शक्ति का स्रोत यह था कि इसने धातु का समुचित इस्तेमाल करके जंगलों को साफ किया और वहाँ हल की खेती की शुरुआत की।

उस ज़माने में ये सोलह जनपद हो सबकुछ नहीं थे, न ही केवल इन्ही के निवासियों का महत्त्व था। अधिकांश भूमि अभी अछूते जंगलों से व्याप्त थी और इनमें जहाँ-तहाँ अन्न-संग्राहक खूँखार आदिवासियों का निवास था। ये लोग उस

समय तक पत्थर के कुठारों (पासाण-मुग्गर) का इस्तेमाल करते थे, और ये आगे जाकर व्यापारी सार्थों के लिए अधिकाधिक खतरनाक साबित हुए। दो प्रमुख व्यापार-मार्गों पर भी जनपदों के बीच दूर-दूर तक आदिम जंगल थे, जिनमें से सार्थों को बड़ी सावधानी से, आमतौर पर भारी रक्षक-दल को साथ लेकर, जाना होता था। शाक्यों के गौण कबीले के बारे में हमें इसलिए जानकारी मिलती है कि इसने एक महापुरुष को पैदा किया। उस समय 'अल्लकप्प के बुलियों'-जैसे कबीले भी इतना महत्त्व रखते थे कि बुद्ध-धातु में से अपना हिस्सा माँगें और उसे प्राप्त करें, परंतु इस एकमात्र उल्लेख के अलावा इनके बारे में कोई जानकारी नहीं मिलती। मिथिला नाम का इस्तेमाल नगर और जनपद दोनों के लिए होता था, पर यह कबीला लुप्त हो चुका था; यहाँ के इक्ष्वाकु वंश के अंतिम राजा सुमित्र की मृत्यु बुद्ध-जन्म के आसपास हुई। चाहे मिथिला का विदेह पर आधिपत्य हो जाने पर कोसल ने इन्हें आत्मसात् कर लिया हो या दोनों पर कोसल की विजय के बाद इन्हें मिला दिया गया हो, ईसा पूर्व छठी सदी के मध्यकाल में इन दोनों जनपदों का कोई स्वतंत्र अस्तित्व नहीं था। मगध ने अंग जनपद को, जिसका विस्तार नदी के दोनों ओर था, अपने में मिला लिया था। इसकी राजधानी चंपा (भागलपुर) को, जो एक नगण्य देहात बन गया था, मगधराज बिंबिसार ने एक ब्राह्मण याज्ञिक को दान में दे दिया था।

सामान्य कबीलाई जनों से भी अधिक महत्त्वपूर्ण थे व्यापारी, जिन्हें आमतौर पर सत्थवाह (सार्थवाह) अथवा वैदेहिक कहा जाता था। दूसरे नाम का अर्थ है 'विदेह कबीले के लोग'। यद्यपि सभी व्यापारी किसी एक कबीले या जनपद के नहीं होते थे और विदेह कबीला लुप्त हो चुका था, फिर भी इस नामकरण से स्पष्ट होता है कि इस पेशे का उद्‌गम एक विशिष्ट कबीलाई श्रेणी से हुआ था। व्यापारी सार्थों की यह लंबी श्रृंखला तक्षशिला से लेकर मगध के पूर्वी छोर तक फैली हुई थी। अधिक साहसी व्यापारी इन सभी जनपदों की सीमा के परे भी पहुँच जाते थे, विशेषतः दक्षिणापथ के विस्तार में। यह व्यापार अब आदिम पद्धति का नहीं था, न ही यह केवल 'व्यापारी मित्रों' तक सीमित रह गया था; यह दूसरी बात है कि जिन बर्बर अरण्यवासियों ने इस पेशे को कायम रखा था, उनके साथ भी शायद व्यापार होता हो। ईसा पूर्व सातवीं सदी के अंत समय तक सिक्कों का नियमित रूप से इस्तेमाल होने लग गया था, यह बात उपलब्ध सिक्कों से सिद्ध हो जाती है। मगध के पूर्वी भाग में चाँदी के कार्षापण सिक्के 3.5 ग्राम मानक तौल के होते थे, जबकि कोसल क्षेत्र में मिली एकमात्र निधि के सिक्के 3/4 कार्षापण मानक तौल के हैं। यही तौल सिंधु सभ्यता का भी रहा है; दरअसल, सिंधु सभ्यता में ठीक इसी तौल के पत्थर के बाट बनाए गए थे। तक्षशिला के सिक्के विदेशी मानक तौल के थे, 11 ग्राम से थोड़े ही अधिक तौल के, और ऐतिहासिक युगों में भारतीय रुपए का तौल

भी लगभग इतना ही रहा है । कार्षापण का तौल 32 इकाइयों के बराबर था, परंतु सीमा-प्रदेश के सिक्कों का, जो मुड़ी हुई छड़ के आकार के होते थे, 100 इकाइयों के बराबर था । आरंभ में ये चाँदी के सिक्के चिह्न-रहित होते थे और व्यापारी ही इन्हें चलाते थे, और प्रचलन के दौरान व्यापारियों की श्रेणियाँ इनके तौल की नियमित रूप से जाँच करती थीं। जाँच के समय इन सिक्कों के एक तरफ छोटे चिह्न आहत किए जाते थे, जो श्रेणियों के चिह्नों को पहचाननेवालों के लिए इस बात के प्रमाण होते थे कि सिक्के सही तौल के और शुद्ध धातु के हैं । इन आहत चिह्नों (पंचमार्क) का उत्तरापथ के परे अफगानिस्तान और ईरान तक प्रचलन था; कभी-कभी ये चिह्न हखामनियों के दारिक नामक (सम्राट् दारा के नाम पर) उन सिक्कों पर भी देखने को मिलते हैं जो संभवतः गंधार में चलाए गए थे । इनमें से कुछ आहत-चिह्न सिंधु लिपि-संकेतों से आए हैं, संभवतः उन पणियों के वंशजों के माध्यम से जिनका पहले संक्षेप में नामोल्लेख हुआ है । जारी किए जाने के समय आरंभ में इन चाँदी के टुकड़ों की दूसरी तरफ कोई चिह्न नहीं होता था । ईसा पूर्व छठी सदी से राजाओं ने भी इन सिक्कों पर, जिस तरफ पहले कोई चिह्न नहीं होते थे, अपने चिह्न दागना शुरू कर दिया । यह एक नियमित प्रणाली थी जिसमें कोसल के चार चिह्न थे और मगध तथा दूसरों के पाँच चिह्न । इन चिह्नों के आधार पर हम राजवंशों को अलग-अलग पहचान सकते हैं और मौटे तौर पर बता सकते हैं कि किस राजवंश में कितने राजा हुए, परंतु प्रत्येक राजा का नाम बताना आसान नहीं है और हमें अक्सर अनुमान का सहारा लेना पड़ता है । पुनराहत सिक्के राजवंश में बड़ी उथल-पुथल के सूचक हैं; नया राजा विस्थापित शासक के खज़ाने के सिक्कों पर, उन्हें पुनः जारी करने के पहले, अपने चिह्न अंकित करवाता था ।

ये सिक्के, आधुनिक मशीनों से ढाले गए सिक्कों की तरह, सूक्ष्म तौल के हैं; इनके तौल में न्यूनाधिकता अत्यंत स्वल्प है । इस प्रकार के सिक्कों से, इतने सूक्ष्म तौल की नियमित मुद्रा-प्रणाली से, यह स्पष्ट ज़ाहिर होता है कि पण्य-उत्पादन खूब होता था । जानकारी मिलती है कि टोकरियाँ बनानेवालों के, कुम्हारों के, धातु-कर्मकारों के, बुनकरों आदि के पूरे गाँव ही (विशेषतः वाराणसी के आसपास) बस गए थे । इन कारीगरों के अपने-अपने सगोत्रीय समूह थे, फिर भी आमतौर पर ये श्रेणियाँ बना लेते थे, जिनका संगठन उनके अपने पुराने कबीलाई संगठनों के अनुरूप होता था । अर्द्ध-कबीलाई क्षेत्रों में, जैसे असम में, इस प्रकार की व्यवस्था आज भी देखी जा सकती है । प्रत्येक श्रेणी के पास काफी धन होता था, जिस पर किसी एक सदस्य का अधिकार नहीं था, परंतु आवश्यकता पड़ने पर श्रेणी का मुखिया या श्रेणी-परिषद् किसी सदस्य को या किसी बाहरी व्यक्ति या संस्था को यह धन वितरित कर सकते थे । भारत की गरीब पेशेवर जातियों में, जिनके पूर्वरूप पीछे जाकर इस काल में अथवा इससे भी पहले के काल में स्पष्ट रूप से

खोजे जा सकते हैं, यह प्रथा आज भी देखने को मिलती है। उत्तर-वैदिक काल में कारीगर की गणना संभवत: वैश्य जाति में होती थी और वह आमतौर पर घुमंतू 'ग्राम' का सदस्य होता था। कारीगरों द्वारा तैयार किया गया सारा माल समीप के नगर में नहीं खपता था, क्योंकि ईसा पूर्व सातवीं या छठी सदी में नगर अभी काफी छोटे थे। बहुत-सा माल, जैसे कपड़ा और धातु की वस्तुएँ, दूर-दूर तक ले जाकर बेचा जाता था। प्राकृतिक वस्तुओं में नमक एक ऐसी चीज़ थी जिसे बिहार में उतनी आसानी से प्राप्त नहीं किया जा सकता था जितना कि पंजाब की नमक की पहाड़ियों में; इसलिए इसकी खोज करनी पड़ती थी (समुद्र तक) और दूर-दूर तक इसे ढोना पड़ता था। जंगल की एक खास उपज थी बाँस, जिससे टोकरियाँ तथा दूसरी कई आवश्यक चीज़ें बनती थीं। **चंदन-लेप** शीतलता और शरीर-सफाई के कई साधनों में से एक था, जिसकी स्नान (जो ऐश न होकर गर्म जलवायु की एक आवश्यकता है) के लिए बड़ी माँग थी, खासकर इसलिए भी कि अभी साबुन का आविष्कार नहीं हुआ था। यह सारी सामग्री व व्यापार की वस्तुएँ एक बार में ही 500 या इससे भी अधिक बैलगाड़ियों के सार्थ में ढोई जाती थीं। गाड़ियों में आरोंवाले पहिए होते थे जिन पर खाल के पट्टे चढ़े होते थे; उत्तरापथ की नरम धरती पर ऐसी गाड़ियों को चलाने में कोई कठिनाई नहीं थी।

दक्षिणापथ का प्रदेश पर्वतीय, कठिन दर्रोंवाला और खंडित एवं पथरीली भूमिवाला था और उसमें उत्तरी भारत-जैसे चौड़े और साफ रास्ते नहीं थे। वहाँ भारवाहक पशुओं का और कभी-कभी सिर पर बोझा ढोनेवाले मज़दूरों का इस्तेमाल होता था। पण्य-वस्तुओं के साथ विनिमय के लिए अनाज, खालों आदि का काफी अतिरिक्त स्थानीय उत्पादन ज़रूरी था, परंतु यह उत्पादन व्यक्तिगत संपत्ति (भूमि, गोधन इत्यादि के रूप में) के ज़रिए और संगठित श्रम, आमतौर पर शूद्रों के श्रम से ही संभव था, फिर वे श्रमिक चाहे भाड़े के मज़दूर हों अथवा अस्थायी दास। जंगली प्रदेश में यह व्यापार कबीले के मुखिया के साथ होता था, जो व्यापारी के लिए अतिरिक्त उपज एकत्र करता था। ऐसे मुखिया अथवा वे समूह जो 'व्यापारी मित्रों' के स्तर से आगे बढ़ चुके थे, इस प्रकार जमा की गई नई संपत्ति के कारण, अंततोगत्वा शेष कबीले से स्वतंत्र हो जाते थे। इस प्रकार, अधिक संपर्क-सुलभ कबीलों का अधिकाधिक विघटन हुआ। व्यापार की एक बहुमूल्य चीज़ थी घोड़ा, जिस पर अब ज़ीन कसकर सवारी की जाती थी; दक्खन में घोड़ा ईसा पूर्व छठी सदी के पहले ही पहुँच चुका था। हाथी और भी अधिक मूल्यवान था, परंतु राजा के लिए और लड़ाइयों में ही इसका इस्तेमाल होता था, यह आम व्यापार का माल नहीं था। उस समय का समाज भी वैसा नहीं था जैसाकि यह आगे की बारह सदियों में जात-पाँत से जकड़े, असहाय एवं निरुत्साही ग्राम्य-जनसमूह में बदल गया था और तदनुरूप प्राकृतिक परिवेश भी घिस-पिट गया था। फिर भी, आक्रमण के लाभ उस समय भी ललचाने के लिए पर्याप्त थे। इसके अलावा, एक

1. देहाती झोंपड़ी, अम्बरनाथ।

2. पत्थरों और मिट्टी की दीवारों से बनी फूस की झोंपड़ी और गोशाला, चाकण।

3. ईंधन के लिए गोबर के उपले सुखाए जा रहे हैं, पुणे। बनकटाई, और जलाऊ लकड़ी की बेहद कमी इस उपयोगी सम्भाव्य खाद को मृदाचक्र से वंचित रखने के लिए विवश करती है।

4. जुन्नर पहुँचने के लिए काफिले की इस भैंस ने नाणेघाट के कठिन दर्रे को अभी-अभी पार किया है; पिछले दो हजार वर्षों से इस परिपाटी में कोई परिवर्तन नहीं हुआ है।

5. कुम्हार का चाक, जिमका केवल स्त्रियाँ इस्तेमाल करती हैं। बायें: इस्तेमाल के लिए तैयार; दायें: इसके खुले हुए दो पल्लों में देखिए उभार, कोटर (जिसमें अब धातु का छल्ला डाला जाता है) और ओंगन।

6. कुम्हार का तेजी से घूमनेवाला चाक जिसे एक डंडे द्वारा गति दी जा रही है। यह चाक भलीभाँति संतुलित रहता है, इसके नीचे स्थापित अकीक पत्थर के धारक पर यह घूमता है और यह खदिर की लकड़ी के धुराग्र पर टिका रहता है। इस टेक को कहीं भी ले जाया जा सकता है। डंडे को फँसाने के लिए चाक में लकड़ी की एक खाँच बनी होती है।

7. लकड़ी की थपली से मिट्टी के एक बर्तन को बढ़ाता हुआ पुणे का एक आधुनिक कुम्हार; पत्थर की निहाई उसके बायें हाथ में बर्तन के भीतर है। इस प्रक्रिया से बर्तन की सतह सुघड़ बनती है और मिट्टी में मजबूती आती है (पुणे की मिट्टी घटिया किस्म की है)। ये पानी भरने के सूक्ष्मरंध्रीय घड़े हैं। सामने दिखाये गये घड़े प्रारंभिक गढ़न के हैं, जिन्हें बढ़ाकर बड़े आकार का बनाया जाता है, क्योंकि स्थानीय मिट्टी से सीधे चाक पर बड़े फैले हुए घड़े बनाना संभव नहीं है।

8. कुम्हार के चाक पर बड़ी संख्या में बर्तनों का उत्पादन, पुणे। इसमें किसी साँचे अथवा औजार का इस्तेमाल नहीं होता, फिर भी सभी बर्तन एक-से आकार के हैं। कुम्हार की केवल उँगलियाँ ही बर्तनों को आकार देती हैं, और चाक पर स्थापित अनगढ़ मिट्टी से बर्तन को अलग करने के लिए केवल एक गीली डोरी उपयोग में लाई जाती है।

9. केवल स्त्रियों द्वारा चलाया जानेवाला कुम्हार का धीमा चाक। यहाँ तीन स्तरों में बननेवाले बड़े घड़ों की पेंदियों को बनाया जा रहा है। इनकी औघर बनावट स्पष्ट है : पुरुष थपली का इस्तेमाल करके इन्हें अन्तिम रूप देते हैं।

10. म्हसोबा (पशुदेवता, और महिषासुर भी) के मिट्टी के देवालय। बीच का देवालय आधुनिक है, बाकी सब पुराने हैं। 'प्रेतात्माघर' अथवा झोंपड़ी के नमूने पर बने ऐसे आवास अब खंडाली प्रदेश में देखने को नहीं मिलते।

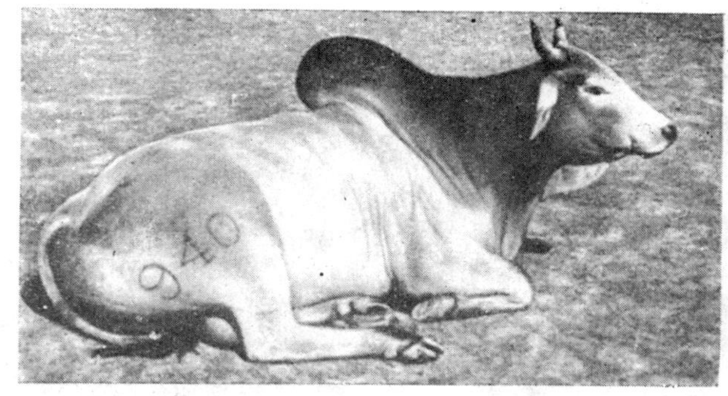

11. शिव को समर्पित डिल्लेवाला पवित्र साँड, वाराणसी, 1937। अशोक की राजाज्ञा द्वारा आरक्षित सडक भी ऐसा ही था। ये साँड अब लोककण्टक बन गये हैं और इनकी छँटनी होनी चाहिए। यहाँ साँड के बदन पर पंजीकृत संख्या दागी गई है।

12. दूध देनेवाला भारत का एक प्रमुख पशु, भैंस। पवित्र न समझे जानेवाले इस पशु को वैदिक युग के बाद ही पालतू बनाया गया था। इस पशु के बिना गंगा की घाटी के दलदलों और जंगलों को साफ करना सम्भव न होता। जहाँ दूसरे साधारण मवेशियों का इस्तेमाल नहीं हो सकता ऐसे कीचड़भरे (धान के खेतों की) जुताई में भैंसे का उपयोग होता है।

13. पंढरपुरकी वार्षिक तीर्थयात्रा के समय पवित्र पालकी खींचने वाला बैल। सिन्धु सभ्यता की मुहरों पर उत्कीर्ण बैल भी ऐसा ही है। यहाँ बैल के बदन पर डाले गये कढ़े हुए वस्त्र (झूल) पर अंकित दृश्य सिंहहन्ता गिलगमेश का आधुनिक रूप है।

14. जुन्नर में गणेश लेणा नामक बौद्ध गुफाओं के समीप के खेतों में व्यवहृत यह आधुनिक हल कुषाण-कालीन हल से मेल खाता है।

15. खड़े हत्थे और झुके हुए जूए के बल्लेवाला कुषाण-कालीन हल, लगभग 200 ई. । 'बोधिसत्व के प्रथम ध्यान' वाले एक गाँधार उच्चित्र का अंश (लाहौर संग्रहालय)।

16. खेतों की हेंगाई और बुवाई; नालियों से बीज बोने का काम स्त्रियाँ करती हैं।

17. अनाज की रौंदन, यहाँ ज्वार की, तलेगाव। बैलों को मुसके लगाये गये हैं, जिसके लिए बाइबिल में निषेधाज्ञा है।

18. चर्मकार भैंसों की खालों को चूने के कुंड में डुबो रहे हैं। ये लोग नीची जाति के हैं और अन्य किसी जाति से इनके विवाह-सम्बन्ध नहीं होते। आमतौर पर इन्हें अछूत समझा जाता है।

19. नाणेघाट दर्रे की उतराई में गधों का काफिला, सातवाहन काल में भी प्रायः यही स्थिति थी। ज़ीन का मुड़ा हुआ आगा सदैव तिराई की ओर रहता है, ताकि बोझ फिसले नहीं। दर्रे का यह टेढ़ा-मेढ़ा रास्ता प्राचीन जलमार्ग के नजदीक से गुजरता है, और इसकी यह सीढ़ियाँ बनावटी हैं। प्याज और आलू के बोरे जुन्नर से आये हैं। इनके बदले पीछ-जाड़ें के कोंकण प्रदेश से मोटा अनाज प्राप्त किया जाता है और दर्रे के इधर लाकर बेचा जाता है।

20. हिन्द महासागर में व्यापार करनेवाला मस्तूलोंवाला जहाज, बोरोबुदुर, जावा, लगभग 800 ई.।

23. उराँवों का नृत्य।

24. लकड़ी को खोखला करके बनाये गये पिटोर्ण ढोल को बजाते हुए मुड़िया लड़के।

21. लगभग 1600 ई. की एक अज्ञात हस्तलिपि का चित्र, जिसमें कश्मीर (?) के सामन्ती भारिकों को दिखाया गया है।

25. चायबागान के एक मेले में आदिवासी मजदूर : चाय के ये बाग तो असम के हैं, परन्तु भर्ती किये गये मजदूर उड़ीसा, बिहार और मध्य प्रदेश के हैं। मूल आदिवासी नर्तकों की सहजता और उन्मुक्तता की तुलना में इन नर्तकों की मुद्रा एवं भाव का तनाव ध्यान देने योग्य है।

26. असम की एक नदी में मछली पकड़ती नचरी स्त्रियाँ।

27. असम की एक नदी में डोंगी से मछलियाँ पकड़ता हुआ एक गारो पुरुष ।

28. गले मिलती दो भील बहनें, राजस्थान । ओढ़नी पहने हुई विवाहित बहन जब मैके आती है, तो प्रथानुसार कमर तक निर्वस्त्र रहनेवाली अविवाहित बहन उससे गले मिलती है ।

29. बड़े-बड़े बाँसों के जोड़ों में पानी भरकर ले जाती हुई मिजू मिशोनी स्त्रियाँ, असम ।

30. पत्तों के द्रोण बनाती हुई जुआँग स्त्रियाँ ।

31. महाड़ के समीप के पाले स्थान की बौद्ध गुफाओं के सामने बैठा हुआ कोली जनजाति का एक अरण्यवासी धनुर्धर। धनुष बाँस का है, 'डोरी' बेंत की, और तीर छोटे किन्तु लम्बे फलकवाले हैं, जो नंजदीक के निशाने में घातक मार करते हैं। दूसरे महायुद्ध के दौरान यह शिकारी भारतीय सेना में भर्ती हो गया था, और रोम तथा दूसरे कई देश देख चुका है। लौटने पर उसने पुनः अपना पहले का जीवन अपना लिया। सैनिक-सेवा का यदि उसके ऊपर कोई विशेष प्रभाव पड़ा है, तो वह लक्षित होता है केवल उसकी पहले से कुछ अधिक उजली घुटनों तक की धोती में।

32. हल ले जाता हुआ जुअंग युवक। इसमें धातु का एकमात्र अंश है— इस्पात की छोटी नुकीली फाल।

33. ताड़ी संग्रह करते सवरा युवक, उड़ीसा ।

34. गेहूँ की कुटाई और ओसाई करते राजस्थान के भील; किसानों का यह आम तरीका है ।

35. भीलों की झोंपड़ी के भित्तिचित्र, राजस्थान ।

37. पथ-पड़ाव पर प्राप्त मृत्भाण्ड-पूर्व युग के लघुपाषाण, जिनका पत्थर के बड़े औजारों अथवा महापाषाणों से सम्बन्ध नहीं है, ये औजार 'पतली खाल' साफ करनेवाले लोगों के हैं । इनमें से कुछ लघुपाषाण शल्यकार्य के लिए हैं, संभवतः बधिया करने के लिए ।

38. प्रारंभिक टीलों पर पाये गये लघुपाषाण, जिनका सम्बन्ध दक्खन के खाँचोंवाले महापाषाणों से है । देखिए, दबाव की पद्धति से बनाये गये इन शल्कलों के नखाकार किनारे । यह पद्धति तो अधिक उन्नत है, परन्तु ये लघुपाषाण अपेक्षाकृत अधिक मोटे और कम सूक्ष्म हैं ।

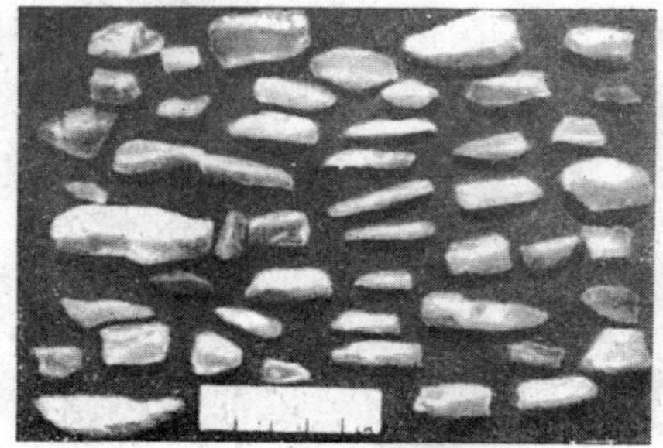

36. काटकर और जलाकर स्थानान्तरित अथवा 'झूम' पद्धति की खेती के लिए पहाड़ी की ढलान पर सूखे पत्तों में आग लगाता हुआ एक वार्ली किसान, महाराष्ट्र। धान के खेत तैयार करने में आम किसान बहुत-कुछ यही पद्धति अमल में लाते हैं।

39. एक नग्न स्त्री की आकृतिवाले कलश का सामने का भाग, महेश्वर (नावदा टोली उत्खनन), ईसा पूर्व दूसरी सहस्राब्दी। यह आकृति निस्सन्देह किसी मातृदेवी की है, और कलश, जो मातृदेवी का प्रतीक है, गर्भाशय का द्योतक है।

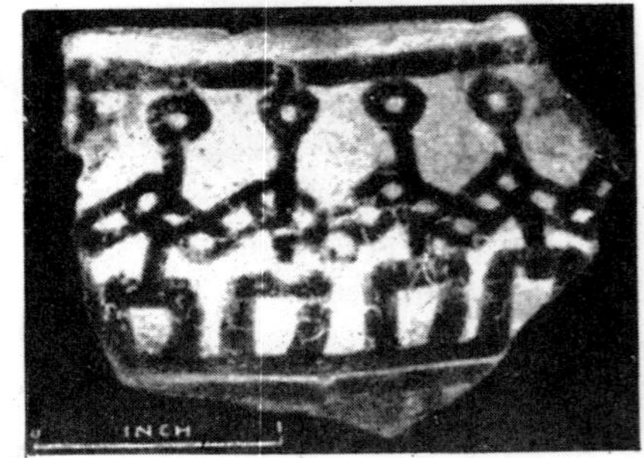

40. चित्रित ठीकरा, जिसमें नर्तकों को हाथ मिलाकर नृत्य करते हुए दिखाया गया है, महेश्वर (नावदा टोली उत्खनन), ईसा पूर्व दूसरी सहस्राब्दी। मानसून के अवसानकाल में ऐसा वृत्ताकार नृत्य, जो पुराने प्रजननमूलक संस्कार का द्योतक है, लड़कियाँ आज भी करती हैं।

41. सिल और बट्टा, मोहेंजोदड़ो। सिल का निचला हिस्सा घुटनों के बीच दबाया जाता था, और यह सिल-बट्टा अनाज पीसने के काम आता था। सिन्धु सभ्यता के लोगों को घूर्णन-चक्की की जानकारी नहीं थी।

42. इस प्रागैतिहासिक महापाषाण की बोल्हाई नामक मातृदेवी के स्थल के रूप में आज भी पूजा होती है। मेहराब के नीचे का लाल रंग पोता हुआ चिकना अण्डाकार पत्थर देवी का द्योतक है। ऊपर का पत्थर करीब सात फुट लम्बा है, और किसी अन्य पत्थर से इसे घिसने अथवा इस पर चोट करने से यह घंटी की तरह बजता है; यहाँ के पूजा-विधान की आज भी यह एक रस्म है। इस सम्पूर्ण स्मारक की रचना में धातु के किसी औजार का इस्तेमाल नहीं हुआ है।

43. तथाकथित 'पिप्पली गुहा', पत्थरों का एक आयताकार स्तूप, राजगिर। यह 'पसानक चैतिय' है, जहाँ बुद्ध ने कई बार विश्राम किया था और जिसका बावरी कथा में उल्लेख है। पर यह बुद्ध से काफी प्राचीन है, और संभवतः एक आर्य पुरावशेष है। इस 'मचान' का पहरा देने तथा नगाड़े बजाने के लिए इस्तेमाल होता था; इसके ठीक पीछे प्रागैतिहासिक काल की एक प्राकृतिक गुफा भी है। संभवतः यह एक पूजा-स्थल भी था।

44. मोहेंजोदड़ो के उत्खनन का विस्तृत नजारा, 1925-56।

45. मोहेंजोदड़ो के दुर्ग के टीले पर विशाल स्नानागार, जो बाद के पुष्कर (कमलताल) का आदिरूप है।

46. सिन्धु मुहर पर उत्कीर्ण नाव—पाल, चप्पू तथा पतवार सहित। 47. (बीच में) सिन्धु मुहर, जिसमें बलि-विधान का दृश्य अंकित है। नीचे की पंक्ति में चोगे पहने जो सात व्यक्ति हैं वे संभवतः मूल ब्राह्मण गोत्र-संस्थापक हैं; शिरोवस्त्रों को देखते हुए इनके वृक्ष-देवता होने का भी आभास मिलता है। इस दृश्य में आठवाँ पुरोहित पीपल वृक्ष के बीच में स्थित तीन सींग वाले देवता की पूजा कर रहा है। इस पुरोहित के पीछे जो काल्पनिक पशु है उसके सींग बकरे के, सिर मछली का, शरीर मेढ़े का और पैर संभवतः पंजों वाले हैं। नीचे वेदी पर जो चीज है वह छोटा करके दिखाया गया मानव-मस्तक हो सकता है। 48. सिन्धु मुहर पर अंकित वृषभ-मानव जो, सुमेरी एनकिदु की तरह, सींगोंवाले एक बाघ का वध कर रहा है।

49. दो बाघों के गले घोटता हुआ एक दुर्बल-सा सिन्धु योद्धा; मैसोपोटामिया के गिलगमेश को भी इसी प्रकार व्याघ्रहन्ता के रूप में दर्शाया गया है। 50. सिन्धु मुहर पर अंकित नर-व्याघ्र, जो विष्णु के नरसिंह अवतार का आदिरूप है। इस मुहर पर पहले दो भावचित्र हैरो अथवा खेती के सूचक हैं। 51 (दायें) मैसोपोटामिया से प्राप्त इस बटन-नुमा मुहर पर मत्स्यपुरुष और मत्स्य कन्या अंकित हैं। सिन्धु प्रदेश से इस प्रकार की कोई मुहर तो नहीं मिली है, परन्तु भारत में इस अवधारणा का विकास विष्णु के मत्स्य अवतार के रूप में हुआ।

52. (बायें) बेलनाकार मुहर : सिंह और वृषभ के साथ लड़ते हुए दो दाढ़ीवाले योद्धा; सुमेर, अक्कद युग, ईसा पूर्व तीसरी सहस्राब्दी का अंतिम चरण। 53. बेलनाकार मुहर : पंखेदार चंदोवा के नीचे एक डिल्लेवाले बैल के ऊपर खड़ी नग्न देवी, संभवतः इश्तर। नजदीक की एक आकृति मिस्री परिधान में है। सीरिया, ईसा पूर्व दूसरी सहस्राब्दी का मध्यकाल। यहाँ प्रस्तुत नग्न देवी वेदों में वर्णित उषस् से मेल खाती है।

54. बेलनाकार मुहर: लड़ते हुए योद्धा और सिह। सुमेरी, प्रारंभिक राजवंशीय काल, ईसा पूर्व तीसरी सहस्राब्दी का मध्यकाल।

55. ई. पू. 326 में सिकन्दर के पंजाब अभियान और पुरु की पराजय का स्मृति- स्मारक पदक। बेबीलोन से (?)

56. (दायें) महान सिकंदर का समकालीन भारतीय राजा सोफिती (सौभूति)। इस राजा के मिक्के यूनानी शैली के हैं, और इन पर लेख भी यनानी में हैं।

57. (बायें) प्यूकेलाओती (पुष्करावती) का चांदी का सिक्का, निम्न काबुल घाटी से। इस पर अंकित लेख है: पखलावदी देवद अंबी— पुष्करावता की देवता। यहाँ नगर की भाग्य देवी टाइकी को कमलधारिणी मातृदेवी के रूप में दर्शाया गया है।

58. प्यूकेलाओती के अंबी सिक्के का पृष्ठभाग, जिस पर नगरचिह्न के रूप में डिल्लेवाला वृषभ (संभवतः पवित्र) अंकित है। लेख है: खरोष्ठी– उसभे (वृषभ), और यूनानी –ताउरस (वृषभ)।

59. अन्तिओक प्रथम। यूनानी-बाख्त्री, लगभग 261-247 या 246 ई. पू.।

60. दिमित्री। यूनानी-बाख्त्री।

61. यूक्रेतिद्। यूनानी-बाख्त्री, एक नये वंश का संस्थापक; दिमित्री का प्रतिद्वंद्वी, जिसे यूक्रेतिद ने पदच्युत किया, लगभग 175 ई. पू.।

62. सियालकोट के राजा मिनान्दर का सिक्का, लगभग 180-160 ई. पू.। यह सिक्का पुणे के खुले बाजार में 1940 में अठन्नी के रूप में इस्तेमाल होता हुआ खोजा गया।

63. उत्तरी मानक भार का चाँदी का पंचमार्क सिक्का, संभवतः उत्तर मौर्यकालीन अथवा पूर्व शुंगकालीन।

64. मथुरा के सिंहशीर्षवाले लेख में उल्लिखित हिन्द-शक महाक्षत्रप रजुवुल का सिक्का। रजुवुल के सिक्के, जो मथुरा जिले में चलते थे, यूनानी राजकुमार स्त्रातो-प्रथम सोतेर के सिक्कों के अनुकरण पर बने है।

65. चांदी के सिक्के पर महाराष्ट्र के शक-क्षत्रप नहपान का चेहरा। नहपान की राजधानी नासिक या उसके आस-पास थी। तिथियां अनिश्चित, परन्तु 119-124 ई. के लेखों में उसके उल्लेख मिलते हैं।

66. सातवाहन कुमार, चाँदी का सिक्का। सातवाहनों ने 126 ई. के आसपास पश्चिमी दक्खन पर पुनः विजय प्राप्त की, और उनके राजकुमार नहपान के सिक्कों को पुनः आहत करके इस्तेमाल में लाते रहे। इस सिक्के का राजकुमार अज्ञात है।

67. शक क्षत्रप और मालवा का महाक्षत्रप चष्टन, जिसकी राजधानी उज्जैन में थी, लगभग 124 ई. से लगभग 150 ई. । खास बात यह है कि उसके अधिकांश सिक्कों के पृष्ठभागों पर भी चैत्य का चिह्न देखने को मिलता है। इसमें संभवतः आन्ध्रवंश के सिक्कों का अनुकरण हुआ है, क्योंकि उनके सिक्कों पर चैत्य, वृक्ष और वेदिका के साथ, सुस्पष्ट है। पश्चिमोत्तर और तक्षशिला के कुछ सिक्कों पर भी चैत्य देखने को मिलता है। चष्टन के उत्तराधिकारियों के सिक्कों के पृष्ठभाग का यह एक मानक चिह्न बन गया।

68. मालवा के शक-क्षत्रप दमजदश्रि-प्रथम का चाँदी का सिक्का, लगभग 150 ई. से लगभग 178 ई.।

69. दमजदश्रि का पुत्र शक-महा[illegible]त्रप जीवदामन, लगभग 178-198 ई.।

70. दमजदश्रि का भाई शक-क्षत्रप रुद्रसिंह प्रथम, 180-196 या 197 ई.। उसके पूर्णतः तिथियुक्त सिक्के जीवदामन के साथ सत्ता के लिए उसके संघर्ष के प्रमाण हैं।

71. कणिष्क प्रथम, कुषाण राजा, लगभग 120 ई. से लगभग 144-50 ई.।

72. कुषाण राजा हुविष्क, लगभग 150-162 ई.।

73. यदुवंशी कृष्ण को, वास्तविकया काल्पनिक रूप में, अथवा पूर्वपुरुष मानने वाले वृष्णि कबीले का एकमात्र ज्ञात सिक्का (चाँदी), पूर्वी पंजाब से। इस सिक्के के स्तम्भशीर्ष में हाथी और सिंह को संयुक्त रूप में दर्शाया गया है। होशियारपुर, पंजाब से, ईसा की तीसरी सदी।

74. सोने के सिक्के पर चन्द्रगुप्त प्रथम और उसकी पत्नी लिच्छविकुमारी कुमारदेवी। गुप्त, लगभग 320 से लगभग 330 ई.।

75. वीणाधारी समुद्रगुप्त । गुप्त, लगभग 330 से लगभग 380 ई. ।

76. चन्द्रगुप्त द्वितीय। धनुर्धारी अंकित सोने का सिक्का । गुप्त, लगभग 380 से लगभग 415 ई. ।

77. सोने का सिक्का, जिस पर 'अश्वारोही' कुमारगुप्त-प्रथम को गेंडे का शिकार करते हुए दिखाया गया है । यह सिक्का उस विख्यात घटना की स्मृति में जारी किया गया था जिसमें कुमारगुप्त ने गेंडे के सींग का अग्रभाग तो काट डाला था, परन्तु उस पशु की जान बख्शी थी । गुप्त, लगभग 415 से लगभग 545 ई. ।

78. सामन्तसेन का चाँदी का सिक्का, जिस पर एक ध्वजधारी सामन्ती घुड़सवार को दिखाया गया है ।

79. एक अशोक-स्तंभ का वृषभ-शीर्ष, पालिशदार बलुआ पत्थर। रामपुरवा से, ईसा पूर्व तीसरी सदी।

80. स्तूप की वेदिका का भाग, लाल बलुआ पत्थर। भारहुत मध्य प्रदेश; शुंगकाल, ईसा पूर्व दूसरी सदी।

81. सावत्थी का सबसे धनी श्रेष्ठी अनाथपिंडिक बुद्ध के विश्राम के लिए नगर के बाहर का जेतवनाराम खरीद रहा है। अनाथपिंडिक के सेवक भूमि को पंचमार्क सिक्कों से ढँक रहे हैं : राजकुमार जैत अपनी जमीन देना नहीं चाहता था, इसलिए हँसी में उसने यह शर्त रखी थी। केन्द्र भाग में राजकुमार जैत बुद्ध को दान-तर्पण करते हुए; यहाँ बुद्ध को वेदिका से घिरे हुए केवल एक वृक्ष द्वारा सूचित किया गया है। बलुए पत्थर पर उच्चित्रित, भारहुत से, ईसा पूर्व दूसरी सदी।

82 सिरिस वृक्ष के आगे, नाग-नागिनियों सहित, पूजा करता हुआ नागराज एरापात्र। कश्यप बुद्ध के समय में एरापात्र को यह शाप मिला था कि अगले बुद्ध के प्रकट होने तक वह मनुष्य रूप धारण नहीं कर पायेगा। जब उसे शाक्यमुनि के बुद्धत्व-प्राप्ति की सूचना मिली, तो वह सर्प-रूप में नये बुद्ध के पास आया। जब वह छह सिरिस वृक्षों के पास आसन पर बैठे बुद्ध के पास पहुँचा, तो उसे तत्काल मानव रूप धारण करने की शक्ति मिल गयी। भारहुत, ईसापूर्व दूसरी सदी।

83. सांची के विशाल स्तूप का उत्तरी-तारणद्वार। ईसा की पहली सदी का पूर्वार्द्ध।

84. (दायें) दो हाथियों द्वारा प्रक्षालित कमलासन पर बैठी बुद्ध की माता मायादेवी। बाद में इसी विषय को गजलक्ष्मी (विष्णु नारायण की पत्नी लक्ष्मी)मान लिया गया। साँची के विशाल स्तूप के तोरण-द्वार से।

85. नालगिरि नामक मदोन्मत्त हाथी को वश में करते हुए बुद्ध। कथानक क्रमबद्ध है : बायें, राजगिर की सड़कों पर लोगों को कुचलता हुआ नालगिरि, दायें, बुद्ध की सौम्य फटकार वाले करुणापूर्ण शब्दों से शान्त हुआ नालगिरि। उच्चित्रित फलक, अमरावती से, ईसा की दूसरी सदी।

86. कार्ले की चैत्य गुफा का भीतरी भाग। मेहराब की लकड़ी की कड़ियाँ जिन्हें पहले रंग दिया हुआ था, महज अलंकरण के लिए थीं। रेडियो-कार्बन विधि से इस लकड़ी के लिए तिथि निर्धारित हुई है–280 ई. पू., जिसमें आगा-पीछा 150 वर्षों का है; यह तिथि अनुमान से काफी पुरानी निकली।

88. (बायें) कार्ले की चैत्य गुफा के मध्यभाग से दूर और लगभग पूर्ण अन्धकार में छिपे हुए दायीं ओर के 13वें स्तम्भ का शीर्षभाग। स्त्री तो घोड़े पर सवार है, परन्तु पुरुष 'स्फिंक्स' पर बैठा है। यह स्तंभ धेनुकाकट के एक बौद्ध-भारतीय नामवाले 'यवन' व्यक्ति धमदय ने खड़ा करवाया था। ये सभी स्तंभ एक ही काल के नहीं हैं, बल्कि समय-समय पर उपलब्ध विशिष्ट दान से कई सदियों में निर्मित हुए हैं। यह स्तंभ ईसा की पहली सदी तक के अथवा संभवतः कुछ बाद के काल तक का हो सकता है। गुफा के मुहरे का चैत्यमंडप अथवा बिहार के शेष।

91. भाजा की इन्द्रसभा गुफा के एक छोटे आधारस्तम्भ के शीर्ष पर किन्नर। सम्भवतः ईसा पूर्व पहली सदी।

87. कार्ले की चैत्य गुफा का एक स्तम्भशीर्ष। इस पर देखिए प्रणयरत युगल—गृहस्थ जीवन त्यागकर अरण्यवासी बने हुए ब्रह्मचारी भिक्षु-समुदाय के लिए सचमुच ही एक विचित्र अलंकरण।

92. एक बौद्ध गुफा-विहार की कोठरी, शिरवल, ईसा की पहली सदी (?)। द्वार में लकड़ी के ठोस किवाड़ों को धारण करने के लिए खाँचे हैं और ताले का छेद भी है जिसमें से जंजीर डाली जाती थी। जालीदार खिड़की की भी व्यवस्था थी।

89. मिथुन युगल, कार्ले।

90. मार की सेना के दानव। सबसे नीचे की पंक्ति के दो सैनिकों के कवच यूनानी-रोमन पद्धति के हैं; बायीं ओर के व्यक्ति के उरस्त्राण के पल्ले उलटे लगे हैं, जिससे पता चलता है कि भारतीय सैनिकों में ऐसे कवचों का अधिक प्रचलन नहीं था और आमतौर पर शिल्पियों को इनकी जानकारी नहीं थी। गंधार, ईसा की दूसरी-चौथी सदियाँ।

93. (बायें) कोंडणे की चैत्य गुफा-1 के मुहरे पर चित्रवल्लरी। देखिए, एकसाथ दो युवतियों के साथ प्रणयरत क्षत्रिय का छह फट ऊँचा धनुष। ईसा पूर्व दूसरी सदी।

94. बुद्ध के भिक्षापात्र का उत्थापन; अमरावती के महास्तूप का उच्चित्रित फलक, ईसा की दूसरी सदी । इस स्तूप को 19वीं सदी में ध्वंस किया गया, और इसके संगमर्मर को जलाकर चूना बनाया गया ।

95. काल्पनिक पशुओं का शिकार, अमरावती की एक चित्रवल्लरी का अंश, अब ब्रिटिश संग्रहालय में ।

97. कैलास गुफा, एलोरा। ईसा की आठवीं सदी के उत्तरार्द्ध में राष्ट्रकूट राजा कृष्ण-प्रथम (अकालवर्ष) ने चट्टान को काटकर इस मंदिर को बनवाया। इंदौर की रानी अहल्याबाई होलकर की ओर से 1780 ई. तक यहाँ मरम्मत और उच्चित्रित गचकारी काम होता रहा। पहाड़ की चोटी (चित्र में अदृश्य) पर उत्तर-पाषाण-युगीन एक बस्ती के अवशेष मिले हैं।

98. धर्मचक्र मुद्रा में बुद्ध; बलुआ पत्थर, सारनाथ, ईसा की पाँचवीं सदी।

अजेय शक्तिशाली सत्ता की आवश्यकता अधिकाधिक महसूस हो रही थी, जो वस्तुओं के अबाध स्थानांतरण एवं वस्तु-विनिमय को सुरक्षा प्रदान कर सके। ज़ाहिर है कि इसके लिए ऐसे कानून की आवश्यकता थी जिससे समूहों के संबंधों का नियमन हो सके।

थोड़ा विषयांतर करके यहाँ हम सैद्धांतिक पहलू पर विचार करेंगे। नए राज्य के लिए एक नितांत ज़रूरी साधन की आवश्यकता बढ़ती जा रही थी—एक शक्तिशाली, सुशिक्षित और सुसंगठित पेशेवर स्थायी सेना, जिसकी भरती और कार्यवाही में कबीलाई विशेषाधिकार, कबीलाई कानून अथवा कबीलाई निष्ठा रुकावट न डाल सके, बल्कि जो कबीले से आगे बढ़कर समाज की सेवा कर सके—एक ऐसे समाज की, जो एकांतिक कबीलाई जीवन को स्वीकार नहीं करता। यह सेना कबीले की उस अनिवार्य सैन्य-भरती की तरह नहीं थी जिसे मुखिया ज़रूरत पड़ने पर खड़ी कर लेता था। आवश्यकता ऐसी सेना की थी जिसे सावधानी से अनुशासनयुक्त बनाया गया हो, जिसे लगातार शिक्षित रखा जाता हो, नियमित रूप से वेतन दिया जाता हो, राज्य के खर्चे से भलीभाँति सुसज्जित हो और जिसे सामरिक दृष्टि से महत्त्वपूर्ण उपयुक्त छावनियों में रखा गया हो। यह सब नियमित कर-वसूली के बिना संभव नहीं था, जिसे आमतौर पर कबीलाई कुलक स्वीकार नहीं करते। न लिच्छवि, न ही मल्ल ऐसी कोई स्वाधीन स्थायी सेना खड़ी कर पाए जिसके सैनिक पूर्णतः वेतन पर निर्भर हों। केवल एक निरंकुश राजा ही, जो कानून से बँधा हुआ न हो, उन विभिन्न सुसंबद्ध समूहों के अलगाव को तोड़ सकता था जो अपने को पूर्णतः संपत्तिमूलक अधिकारों पर आश्रित एक व्यापक समाज के स्थायी संलग्न सदस्य मानने को तैयार नहीं थे। मैकियावेली ने एक भिन्न संदर्भ में यही उपाय सुझाया था; उसकी पुस्तक **इल् प्रिन्सिपे** में राजकुमार को यही सलाह दी गई है कि वह आपस में झगड़नेवाले इतालवी नगरों का सख्ती से दमन करके उन्हें एक राष्ट्र के रूप में संगठित करे। परंतु मैकियावेली यहीं पर रुक गया। न वह, न उसका समर्थित उम्मीदवार सीज़र बोर्ज्या और न ही कोई अन्य इटलीवासी इस बात को समझ पाया कि आवश्यकता है सामंती इटली के उत्पादन के आधार को बदलने की—यद्यपि तब तक रिनासाँ-युग बीत चुका था और बरोक-युग शुरू हो गया था। मगध के सिद्धांतकारों ने ऐसे कठोर अनुशासन का सुझाव दिया कि कोई भी बोर्ज्या हक्का-बक्का रह जाता; परंतु उनका खुलेआम घोषित मुख्य लक्ष्य था—भूमि की शक्ल बदलना। उनके राजा का मुख्य कार्य और राज्य के लिए लाभ का स्रोत था—घने जंगलों को साफ करना; परती ज़मीन को कृषि के योग्य बनाना, और साथ ही खानों और धातुओं पर राज्य का एकाधिकार। ऐसे राजतंत्र के लिए अत्यावश्यक था कि वह कबीलाई विशेषाधिकार, संपत्ति-साझेदारी तथा अलगाव के सभी अवरोधों को तोड़ डाले; बाद के निरंकुश राजतंत्र ने तो समाज के केवल उसी निस्तेज अधःस्तर पर शासन किया है जो कृषि

की पूर्ण विकसित अवस्था पर पहले ही पहुँच चुका था। इस विवेचन को पूरा करने के लिए कुछ सादृश्यताएँ दी जा सकती हैं। पूर्वी यूरोप के कुछ देशों के, चीन के, अफ्रीका के नव-स्वाधीन देशों के और अरब-जगत् के कुछ नेता दृढ़तापूर्वक कहते हैं कि देश को एक नई अवस्था में ले जाने के लिए, फिर वह अवस्था समाजवादी हो अथवा पूँजीवादी-जनवादी, अधिनायकत्व आवश्यक है। लैटिन-अमरीकी गणतंत्रों में, हाल की क्यूबा की क्रांति तक, आमतौर पर एक अन्य प्रकार का अधिनायकत्व चला, जिसने वर्गों की स्थिति को कभी नहीं बदला, अधिक-से-अधिक शासकवर्ग के लोभ को ही कुछ नियमित किया—जैसाकि बेहतर रोमन सम्राटों ने किया था।

चित्र 9. बुद्ध के समकालीन कोसलराज पसेनदि के चाँदी के सिक्कों पर आहत चिह्न। अनेक सिक्कों के नमूनों की तुलना करके इन चिह्नों को पहचानना होता है, क्योंकि ये एक-दूसरे पर अंकित और प्रायः अधूरे हैं। यह ध्यान देने की बात है कि कोसल की मुद्रा-प्रणाली चार चिह्नों की थी और इन सिक्कों का तौल 3/4 मानक कार्षापण था।

ईसा पूर्व छठी सदी के मगध और कोसल के राजा इनमें से अधिकांश आवश्यकताओं की पूर्ति करने योग्य थे। दोनों निम्न जाति में पैदा हुए थे और किसी कबीले या कबीलाई सभा का उन पर कोई बंधन नहीं था। पालि-ग्रंथों में मगध के बिंबिसार की वंशावली नहीं मिलती, पर संस्कृत-पुराणों में उसे शिशुनाग वंश का बताया गया है। और, करीब दस पीढ़ियों बाद, इस राज-परिवार और राजवंश का अंत भी शिशुनागों के रूप में ही हुआ। इस नाम के अंत में जो 'नाग' पद है वह वैदिक व्यवहार में असंभव था। यहाँ पर यह शब्द आदिवासियों के रक्त अथवा कम-से-कम आदिवासियों के पूजा-विधानों का द्योतक होना चाहिए। ब्राह्मणों के ग्रंथों में इस राजवंश को तिरस्कारपूर्वक अधम क्षत्रिय (क्षात्र-बंधु) कहा गया है, जिसका कम-से-कम इतना अर्थ तो है ही कि ये लोग, विजय के लिए कभी-कदा यज्ञ कर लेने के अलावा, वैदिक प्रथाओं की तनिक भी परवाह नहीं करते थे। वस्तुतः राजगिर में बुद्ध-पूर्व का सबसे प्रमुख जो पूजास्थल (मणियार मठ) है उसका संबंध कुछ नाग पूजाविधियों से था और इस स्थान के उजड़ जाने तक, कई सदियों तक, इसका यही स्वरूप रहा। मगधराज बिंबिसार की विशेष उपाधि थी 'सेनिय', यानी 'सेना रखनेवाला'। इससे जाहिर होता है कि वह पहला राजा था जिसने एक नियमित स्थायी सेना खड़ी की थी और इस सेना का किसी कबीले से संबंध नहीं था। कोसलराज पसेनदि अपने को वैदिक काल के प्रसिद्ध राजा इक्ष्वाकु का वंशज बताता था, परंतु उसका यह दावा उसके

समय में और उसके देश में ही नहीं माना गया। जब उसने एक शाक्य-कन्या से विवाह करना चाहा, तो उसकी इस माँग से शाक्य उलझन में पड़ गए, यद्यपि उनके जीवन-मरण का मामला पसेनदि के अधिकार में था और शाक्य भी अपने को राजा इक्ष्वाकु के वंशज मानते थे। आखिर उन्होंने राजा को धोखा ही दिया—महानाम शाक्य की नागमुंडा दासी से पैदा हुई सुंदर कन्या वासभ-खत्तिया को उन्होंने पसेनदि के पास भेज दिया। नागमुंडा नाम भी आदिवासी-जन्म का सूचक है। बाद में इस धोखे का भंडाफोड़ हुआ, परंतु इस विवाह से पैदा हुआ पुत्र, विडूडभ, राज्य का उत्तराधिकारी बना रहा। पसेनदि की पटरानी मल्लिका एक माली की पुत्री थी, अर्थात् शास्त्रतः एक नीची जाति की कन्या। परंतु उस समय पूर्वी प्रदेश में कुछ ब्राह्मणों को छोड़कर, बाकी के लिए जाति-व्यवस्था बहुत कठोर नहीं थी।

पसेनदि ने बिंबिसार से एक और कदम आगे बढ़कर अपने पुत्र एवं उत्तराधिकारी को एक नए पद 'सेनापति' से विभूषित किया; उसके इस पुत्र का उल्लेख हमेशा विडूडभ-सेनापति के रूप में ही हुआ है। उसके पहले 'सेनापति' का कहीं कोई उल्लेख नहीं मिलता। पूर्ववर्ती कबीलों के मुखियों की भाँति राजा ही सेना का नेतृत्व और संचालन करता था। परंतु पसेनदि ने मल्ल-बंधुल को सेनापति बनाया था और कोसल की सेना लगभग उसी के पूर्ण अधिकार में थी। किंतु राजा को जब शक हुआ कि वह राजसत्ता हथियाना चाहता है तो पसेनदि के आदेश से धोखा देकर उसे मार डाला गया। यहाँ राजा ने बड़ी गलती की थी, विशेषतः इसलिए कि बंधुल का भांजा दीघ-कारायण अभी भी उसका एक उच्च पदस्थ मंत्री था। यह मंत्री निस्संदेह राजतंत्र का वही पंडित है जिसे संस्कृत में दीर्घ-चारायण कहा गया है। (उच्चारण-परिवर्तन के ऐसे और भी उदाहरण मिलते हैं; जैसे, असोक की रानी चारुवाची के लिए कालुवाकी; कश्मीरी कवि क्षेमेंद्र ने अपने बौद्ध प्रबंध-काव्य **अवदानकल्पलता** में चारायण नाम ही दिया है।) परंतु कुछ समय तक कोसल या मगध ने एक-दूसरे को युद्ध के लिए नहीं उकसाया। दोनों ही राजा अनाक्रामक प्रवृत्ति के थे; दोनों नए धर्मोपदेशकों का प्रसन्नतापूर्वक स्वागत कर रहे थे। जानकारी मिलती है कि दोनों ही राजा बुद्ध के घनिष्ठ मित्र और प्रशंसक थे; परंतु इन्होंने उस समय के प्रमुख संप्रदायों की भी, कुछ वैदिक ब्राह्मणों की भी, उदारतापूर्वक सहायता की। दोनों में वैवाहिक संबंध भी थे : पसेनदि की बहन बिंबिसार की अग्रमहिषी थी और कुछ उल्लेखों से पता चलता है कि पसेनदि की पुत्री बिंबिसार के पुत्र को ब्याही थी। किंतु दोनों की सेनाएँ जंगली आदिवासियों और संभवतः छोटे आर्य कबीलों के विरुद्ध अभियान में लगातार जुटी रहती थीं। युद्ध में विजय के लिए दोनों राजाओं ने खर्चीले यज्ञ किए थे। यह पहले ही बताया जा चुका है कि दोनों ने पुरोहितों को अग्रहार के रूप में पूरे-के-पूरे गाँव दे डाले थे। इस बात का भी सजीव वर्णन मिलता है कि राजकीय यज्ञों के लिए, बिना मूल्य चुकाए, जब अनगिनत पशुओं की माँग की जाती तो

किसान कितने व्याकुल और दु:खी हो जाते थे। इस प्रकार, उस समय के ये अग्रणी राजा वैदिक कुप्रथाओं से अभी पूरी तरह मुक्त नहीं थे, यद्यपि नए वर्ग-समाज के लिए इन प्रथाओं की कोई उपयोगिता नहीं थी।

चित्र 10. मगध की मुद्रा-प्रणाली के चाँदी के आहत सिक्के, संभवतः अजातशत्रु के, लगभग 480 ई. पूर्व। यह पाँच चिह्नों की प्रणाली थी और चाँदी के नए सिक्के का तौल करीब 54 ग्रेन होता था। पूरा कार्षापण एक ऐसी तौल-प्रणाली पर आधारित था जिसका मूल सिंधु सभ्यता में तो मिलता है, परंतु भारत से बाहर अन्यत्र कहीं नहीं।

अवश्यंभावी संघर्ष की ओर पहला कदम बिंबिसार के पुत्र अजातशत्रु ने उठाया। इस राजकुमार ने निश्चय ही राजतंत्र के किसी अज्ञातनाम पंडित की सलाह से, अपने ही पिता को बंदी बनाया और अंत में भले और वयोवृद्ध बिंबिसार को कारावास में ही भूखों मार डाला। बौद्ध यद्यपि इस पितृहत्या से काँप उठते थे, फिर भी उन्होंने स्वीकार किया है कि अजातशत्रु एक न्यायप्रिय और योग्य शासक था; हमने बताया है कि एक प्रमुख उपनिषद् में उसे एक दार्शनिक राजा के रूप में पेश किया गया है। पसेनदि चाहता था कि जिस कासी जनपद को उसने बहिन के दहेज में दान दिया था, उसका एक गाँव उसे वापस मिल जाए। परंतु वह गाँव इतना महत्त्वपूर्ण था कि अजातशत्रु के लिए उसे लौटा देना संभव नहीं था, क्योंकि नदी के परे मगध के लिए वह मोरचे के एक ऐसे स्थल पर था जहाँ से गंगा की ओर व्यापार-मार्ग की एक शाखा की नाकेबंदी की जा सकती थी। कई युद्ध हुए, सभी में अजातशत्रु की विजय हुई और कासी जनपद पर मगध का अधिकार बरकरार रहा। कोसल पक्ष भी प्रत्युत्तर में पीछे नहीं रहा। महामंत्री दीघ-कारायण के पास जो राजमुद्रा थी, वह उसने विडूडभ को सौंप दी। सेना पहले से ही विडूडभ के अधिकार में थी; अब उसे बाकायदा राजा बना दिया गया। बूढ़ा पसेनदि, जिसका एक दासी के अलावा अब और कोई साथी नहीं था, शरण लेने अपने भांजे के पास भागा। राजा जब राजगिर पहुँचा तो रात हो चुकी थी और सभी नगर-द्वार बंद थे। सुबह द्वार खुलने के पहले ही, थकान के कारण, नगर की दीवार के बाहर पसेनदि की मृत्यु हो चुकी थी। अजातशत्रु ने अपने मामा के शव का राजसी ढंग से अंतिम संस्कार किया और उसके बाद उसने अपने को कोसल के सिंहासन का दावेदार घोषित किया।

परंतु इस दावे को तुरंत पूरा कर दिखाना संभव नहीं था। न केवल विडूडभ को, बल्कि मल्ल और लिच्छवि-जैसे स्वतंत्र एवं शक्तिशाली कबीलों को भी कुचलना

ज़रूरी था। किसी भी राजा की प्रगति के लिए ऐसे कबीले अपेक्षतया अधिक खतरनाक थे, क्योंकि अब भी ये जनतंत्र को चला रहे थे और बहुत बड़ी सैनिक बाधा थे। विडूडभ ने भी इसी रास्ते पर चलते हुए शाक्यों का कत्लेआम कर डाला। प्रकट रूप से तो उसने यह सब अपने जन्म-संबंधी अपमान का बदला लेने के लिए किया था, परंतु वास्तव में उसकी यह चाल उत्तरापथ को स्वतंत्र कबीलों से मुक्त कराने की उसकी एक व्यापक योजना का अंग थी। लिच्छवियों ने इस समय तक उत्तर की ओर से गंगा तक अपने अधिकार-क्षेत्र का विस्तार कर लिया था और वह समूचे नदी-व्यापार से चुंगी वसूल करते थे। इस दोहरी वसूली के कारण व्यापारी बड़े क्षुब्ध थे, क्योंकि मगध का राजा भी नदी पर अपना पूरा अधिकार जताकर चुंगी वसूलता था। इसलिए गंगा, गंडक और सोन के त्रिवेणी-संगम पर, जहाँ पाटलिग्राम (पटना) था, एक मज़बूत लकड़कोट उभारा गया (ईसा की पंद्रहवीं सदी तक सोन नदी गंगा से इसी स्थान पर मिलती थी)। बुद्ध जब अपनी अंतिम यात्रा में इस स्थान से गुज़रे तो उस समय यह लकड़कोट उभारा जा रहा था। कहा जाता है कि इस स्थान के उज्ज्वल भविष्य के बारे में बुद्ध ने भविष्यवाणी की थी, जो सौ साल बाद, जब पटना को मगध की राजधानी बनाया गया, सत्य साबित हुई; शासन की नई आवश्यकताओं के लिए अब राजगिर उपयुक्त स्थान नहीं रह गया था। लिच्छवियों ने अजातशत्रु की इस चाल के जवाब में मल्लों के साथ एक व्यावहारिक समझौता कर लिया। परंतु लिच्छवि कबीले और वज्जी-संघ की एकता को एक ऐसी सुनियोजित चाल द्वारा भीतर से तोड़ दिया गया, जिसका सूक्ष्म वर्णन मगधीय राजतंत्र के महान् ग्रंथ (कौटल्य के **अर्थशास्त्र**) में मिलता है। अजातशत्रु का एक ब्राह्मण-मंत्री अपमानित तथा अपदस्थ किए जाने का ढोंग रचकर लिच्छवियों के पास पहुँचा (दारयवहु-प्रथम का मंत्री जोपीरस भी इसी प्रकार बेबीलोनियों के पास पहुँचा था)। यद्यपि लिच्छवियों और मल्लों के कबीलों में कोई ब्राह्मण नहीं था और उनमें किसी ज्ञात वैदिक प्रथा का भी प्रचलन नहीं था, फिर भी अतिथि के पद, उसकी प्रतिष्ठा और मगधराज के इरादों के बारे में उसकी कथित जानकारी के कारण लिच्छवियों ने उसका स्वागत किया। इस विश्वास का लाभ उठाकर उसने लिच्छवि कुलीनों में फूट डाल दी, प्रत्येक लिच्छवि को अपने निर्धारित हिस्से से अधिक माँग के लिए उकसाया और ऐसा जाल रचा कि लिच्छवि अपने कबीले की सभाओं, सामूहिक सैनिक अभ्यास और कबीले की न्याय-परिषदों की उपेक्षा करने लगे। इस प्रकार 'भीतर से सेंध लगाना' संभव न होता यदि लिच्छवि कबीला भीतर-ही-भीतर काफी खोखला न हुआ होता, जिसका कारण यह था कि भेंट व कर के रूप में जो धन एकत्र होता था, उसे कुलीन अपनी व्यक्तिगत संपत्ति के रूप में रखने लगे थे। अजातशत्रु के दूत के आगमन के पहले ही लिच्छवियों का आंतरिक विघटन शुरू हो गया था, यह बात इससे भी सिद्ध होती है कि लिच्छवियों में से ही महावीर-जैसे एक असाधारण धर्मोपदेशक का उदय

हुआ; और, बंधुल तथा चारायण-जैसे मल्लों के अपने कबीले को छोड़कर दूसरे की सेवा में चले जाने से भी यही बात प्रमाणित होती है । श्रेष्ठतम स्वतंत्र कबीले का जीवन भी अब कबीले के योग्यतम व्यक्तियों को पूरा संतोष नहीं दे पाता था । अंत में हालत इतनी बिगड़ गई कि लिच्छवि अपनी कबीलाई परिषद् और कबीलाई गतिविधियों में भी नियमित रूप से भाग नहीं लेते थे । तब गुप्तचर ने अजातशत्रु को सूचना भेजी । अजातशत्रु ने अचानक चढ़ाई करके विसंगठित शत्रुओं पर आसानी से विजय प्राप्त की । मल्लों को अंत में किस प्रकार पराजित किया गया, इसका कोई विवरण नहीं मिलता; परंतु इसमें संदेह नहीं कि लिच्छवियों के तुरंत बाद ही मल्लों का भी नाश हुआ । यह विनाश इतना सर्वांगीण था कि 'मल्ल' शब्द का केवल एक ही अर्थ शेष रहा—'पहलवान' अथवा कसरत-करतब दिखानेवाला, क्योंकि मल्ल कबीले के लोगों को आरंभ में शारीरिक कसरत का बड़ा शौक था । पश्चिम के एक मल्ल कबीले का, जिसका गंगा की घाटी के मल्लों से कोई संबंध रहा हो या न रहा हो, करीब 150 साल बाद सिकंदर की सेना ने मध्य सिंधु के तट पर संहार कर डाला । किंतु कुछ लिच्छवि अजातशत्रु के अभियान के बाद भी बचे रहे। इससे ज़ाहिर होता है कि युद्ध कबीले के लोगों का नामो-निशान मिटाने के लिए नहीं, बल्कि उनकी कबीलाई जीवन-पद्धति को नष्ट करने के लिए हुआ था । मगध के उस 'धूर्त' ब्राह्मण मंत्री का उल्लेख उसके वस्सकार (वश में करनेवाला) उपनाम से ही मिलता है, जो उसके एक अद्भुत षड्यंत्रकारी होने का सूचक है । वह निस्संदेह राजतंत्र का एक महान् भूतपूर्व पंडित था, जिसकी मान्यताएँ और नीतियाँ, उसके अज्ञात वास्तविक नाम से, **अर्थशास्त्र** में अवश्य ही उद्धृत होंगी ।

एक अप्रत्याशित संयोग से कोसल की समस्या भी मगध के हित में सुलझ गई । विडूडभ इतना लापरवाह था कि उसने राप्ती (अचिरवती) नदी के सूखे बालुका-पात्र में ही अपनी सेना की छावनी डाली । लेकिन उसी समय ऊपर कहीं मूसलाधार वर्षा हुई, नदी में यकायक भयंकर बाढ़ आई, जिसमें सारी कोसल-सेना बह गई । इसे शाक्यों के संहार का बदला माना गया । इसके बाद कोसल के सिंहासन पर अजातशत्रु के दावे का प्रतिरोध करने के लिए न कोई राजा बचा, न कोई सेना ।

इन सब घटनाओं से यह कल्पना करना ठीक न होगा कि उपलब्ध सामग्री में कोई सुसंबद्ध ऐतिहासिक विवरण मिलता है । इसके लिए सर्वप्रथम कई सारी कथाओं और आख्यानों से अंश चुनने पड़ते हैं और तब उन्हें एक संभाव्य क्रम में जोड़ना पड़ता है । ग्राम्य जीवन का कहीं कोई वर्णन नहीं मिलता, न ही किसी युद्ध या अभियान का । हम यह भी नहीं जानते कि अजातशत्रु का शासन कितनी दूर तक फैला; इतना निश्चित है कि उसने अपने उत्तराधिकारियों के लिए अभी बहुत-कुछ करने को छोड़ा था । एक प्रासंगिक उल्लेख मिलता है कि अवंती का राजा प्रद्योत मगध पर आक्रमण करने की तैयारी कर रहा था, इसलिए अजातशत्रु

के महामात्य वस्सकार और सुनीथ ने राजधानी राजगिर की फिर से किलेबंदी की। अवंती राज्य समृद्ध और शक्तिशाली था—सोलह महाजनपदों में से एक; उसकी राजधानी दक्षिणापथ पर उज्जैन में थी। अंत में मगध का इस पर अधिकार हो गया, परंतु यह किस राजा के काल में हुआ, इस बात की जानकारी नहीं मिलती। सोलह जनपदों में एक वत्स (वंस) भी था, जिसकी राजधानी यमुना-तट पर कोसंबी में थी। वत्सराज उदयन की उज्जैन के साथ दीर्घकालीन शत्रुता सुविदित है; वह उस मनोरम प्रेमकथा-चक्र के नायक के रूप में भी प्रसिद्ध है जिसमें उसकी रूपवती रानी वासवदत्ता की विशेष भूमिका थी। परंतु ये सारी कथाएँ इस बात की कोई जानकारी नहीं देतीं कि वत्स राज्य का अंत कब हुआ या मगध का इस पर कब अधिकार हुआ। कुरु, शूरसेन और मत्स्य (संभवतः ऋग्वैदिक दाशराज्ञ युद्ध में भाग लेनेवाले मत्स्यों के वंशज), सभी कबीलाई राज्य थे और सोलह जनपदों में इनका समावेश था। ईसा पूर्व चौथी सदी के अनंतर इनका कोई अस्तित्व नहीं रहा, यद्यपि मथुरा के शूरसेनों की ख्याति यूनानियों तक पहुँची थी।

अधिक-से-अधिक 470 ई.पू. तक और कम-से-कम इससे साठ साल पहले तक (प्राचीन भारतीय कालगणना में इतनी निश्चित तिथि आश्चर्यकारी है!) गंगा की घाटी में मगध का प्रभुत्व स्थापित हो चुका था, परंतु अभी एक सर्वोच्च सत्ता के रूप में नहीं। निरंकुश राजतंत्र, विपुल खनिज-भंडारों पर पूर्ण नियंत्रण और दोनों प्रमुख व्यापारिक मार्गों के उत्तर-पूर्वी सिरों पर आधिपत्य होने के बावजूद मगध के सामने एक और भारी कार्य था : घने जंगलों को साफ करके अधिकाधिक भूमि को नियमित कृषि-योग्य बनाना। कोई बड़ा सैनिक प्रतिद्वंद्वी तो नहीं रह गया था, परंतु कई छोटे कबीलों को वश में करना अब भी बाकी था। आक्रमणों के सिलसिले को तब तक रोका नहीं जा सकता था जब तक 'संपूर्ण पृथ्वी'—जिससे भारतीयों का आशय था 'संपूर्ण देश'—उत्तर के हिम-पर्वतों से लेकर 'चार महासागरों' तक, एक शासन के अंतर्गत न आ जाए। इस 'प्रकट नियति' की पूर्ति में दो और सदियों का समय लगा। तब एक नितांत नई समस्या सामने आई : जिस राज्य के नागरिकों ने एक विशिष्ट शालीन नैतिक संहिता के अनुसार जीवन-यापन शुरू कर दिया हो, वह राज्य तमाम नियम और नैतिकता का कब तक बेरहमी से उल्लंघन करता रह सकता है? इस बाह्य असंगति की बुनियाद में आर्थिक वास्तविकता थी—राज्य और व्यापारी के बीच हितों का संघर्ष, व्यक्तिगत उद्योग और राज्य के प्रत्यक्ष नियंत्रण में होनेवाले उत्पादन के बीच हितों का संघर्ष। कृषि-समाज में संक्रमण की पुरानी समस्या इतनी पूर्ण रूप से सुलझ चुकी थी कि लोग भूल भी चुके थे कि इतिहास में इसका कभी कोई अस्तित्व रहा है।

6. बृहत्तर मगध में राज्य और धर्म

मगधीय विजय की पूर्णता

भारतीय पुरातत्त्ववेत्ता ईसा पूर्व की पाँचवीं और चौथी सदियों को **उत्तरी ओपदार काले भांड** (N B P) की प्रचुरता के युग के रूप में पहचानते हैं। ये बढ़िया किस्म के मृत्भांड थे और पहले-पहल ईसा पूर्व छठी सदी के दरम्यान इन्हें व्यापार के लिए (संभवतः मदिरा और तेलों को रखने के लिए) बनाया गया था। ईसा की एक या दो सदी पहले इनका प्रचलन बंद हो गया। ईसा पूर्व पाँचवीं और चौथी सदियों के काल का कोई साहित्य, लेखाजोखा अथवा तिथियुक्त शिलालेख नहीं मिलता, परंतु 327 ई. पू. में पंज़ाब पर सिकंदर का हमला पहली बार एक निश्चित ऐतिहासिक तिथि की जानकारी देता है। यह हमला, जिसका भारतीय जीवन, संस्कृति या इतिहास पर कोई स्थाई प्रभाव नहीं पड़ा, हवालों का एक अत्यंत महत्त्वपूर्ण चौखटा प्रस्तुत करता है—यूनानियों द्वारा अपनी समझ के अनुसार लिखे गए भारतीय परिस्थिति के विवरणों के रूप में। यह सदैव ध्यान में रखना ज़रूरी है कि यूनानी पर्यवेक्षकों की दृष्टि में, अन्य अधिकांश विदेशियों के लिए भी, भारत एक अद्भुत देश था, एक प्रकार का कल्पनालोक था। यहाँ पालतू हाथी-जैसे अद्भुत और भीमकाय पशु थे। यहाँ पेड़ों पर ऊन उगता था (कपास)। यहाँ विशालकाय सरकंडे थे (बाँस), और इस देश में ऐसा सफेद रवा बनता था जो शहद से भी अधिक मीठा होता था—शक्कर। यहाँ की नदियों के विशाल पात्र (नील नदी की तुलना में भी), तेज़ धारा, अज्ञात लंबाई और अगम गहराई ने यूनानियों को बड़ा प्रभावित किया, क्योंकि वे ऐसी नदियों के तट पर रहते थे जिन्हें भारतीय लोग नाले ही समझते। अल्प परिश्रम से ही यहाँ की भूमि चमत्कारिक ढंग से साल में दो या तीन भारी फसलें उगाती थी, जबकि जी-तोड़ मेहनत करने पर भी यूनान की पहाड़ी ढलानवाली पथरीली भूमि एक ही फसल देती थी। उन्हें यह बात भी बड़ी आश्चर्यजनक लगती थी कि भारतीय लोग क्रीतदासों के बिना ही अपना काम भलीभाँति कर लेते हैं, जब कि अफलातून (प्लेटो)-जैसा उदात्त दार्शनिक कल्पना भी नहीं कर पाया कि इस व्यवस्था के बिना किसी नगर-राज्य का व्यवहार चल सकता है। सबसे बड़ा वैषम्य यह था कि जहाँ यूनान के नागरिक जीवन में धोखेबाज़ी और लंबी मुकदमेबाज़ी का बोलबाला था, वहाँ भारतीय लोग ज़बानी समझौते का, बिना

किसी लिखित, हस्ताक्षरित और साक्षीकृत अनुबंध के, पूरी तरह पालन करते थे। अर्रियन लिखता है—"पर सचमुच, किसी भी भारतीय को झूठ बोलते नहीं देखा गया!" इसलिए इस यूनानी सामग्री का इस्तेमाल बड़ी सावधानी से करना चाहिए। दिओदोरस् सिकुलस्-जैसा दार्शनिक भी धोखा खा गया : जब वह ऐसे उदाहरणों की खोज कर रहा था, जिनके आधार पर एक आदर्श समाज की रचना की जा सके, तो उसने एक यूनानी यात्री के शब्दों का गलत अर्थ लगाया। यूनानी, जो आमतौर पर संदेहवादी थे, भारत से संबंधित प्रायः हर बात पर यकीन कर लेते थे।

लगभग 518 ई. पू. में दारयवहु (डेरियस) प्रथम की विजय के बाद सिंधु नदी के पश्चिम का प्रदेश ईरानी साम्राज्य का बीसवाँ प्रांत बन गया था। हखामनि साम्राज्य का यह सबसे लाभप्रद प्रांत था। हिरोदोतस् के अनुसार, स्वर्ण-धूलि के रूप में यहाँ का वार्षिक खिराज़ 360 टैलंट था, यानी लगभग नौ टन। यह विस्मयकारक स्वर्ण-निधि ऊपरी सिंधु की बालू से धावन द्वारा और तिब्बत या कश्मीर की उच्चभूमि से क्षोभ-प्रक्षालन द्वारा प्राप्त की जाती थी। इस प्रांत और आसपास के क्षेत्र का ऊन और बढ़िया ऊनी कपड़ा भारत में भी प्रसिद्ध था। क्षयार्ष की सेना में इस क्षेत्र के सैनिकों की कुछ टुकड़ियाँ थीं और इन्होंने लड़ाइयों में हिस्सा लिया था, इसलिए सिकंदर के बहुत पहले से यूनानी लोग भारत के बारे में जानते थे। इस प्रांत का मुख्य व्यापारी नगर था पुष्कलावती, आधुनिक चारसद्दा, जिसे यूनानियों ने 'पुकलाओती' कहा है। इस नाम का अर्थ है : 'कृत्रिम कमल-ताल वाला' यानी पुष्कर, जिसका मूल हमने सिंधु सभ्यता में खोजा है। इस नगर का सिर्फ एक सिक्का मिला है (देखिए प्लेट 57-58), जो इंदो-यूनानी काल व बनावट का है और इसके एक ओर शानदार ककुद्मान वृषभ अंकित है और दूसरी ओर पुष्कलावती की मातृदेवी अंबी को एक हाथ में कमल धारण किए हुए दिखाया गया है। गंधार के कबीलाई जनपद का एक हिस्सा सिंधु नदी के पूर्व में भी था; तक्षशिला का प्रख्यात सांस्कृतिक एवं व्यापारी केंद्र इसी हिस्से में था। तक्षशिला से प्राप्त आहत सिक्कों की निधियों से प्रकट होता है कि सिकंदर के समय में इस उत्तर-पश्चिमी सीमांत प्रदेश में भी मगध की मुद्रा का ही सर्वाधिक प्रचलन था। इस प्रकार के सबसे अधिक और सबसे बढ़िया बनावट के जो सिक्के मिले हैं, वे अजातशत्रु के उत्तराधिकारियों के समय के हैं। अतः (सिक्कों की इन निधियों के अध्ययन से) निष्कर्ष निकलता है कि ईसा पूर्व पाँचवीं सदी के अवसान-काल से समूचे उत्तरापथ के व्यापार पर मगध का प्रभुत्व स्थापित होने लगा था।

सिकंदर के लिए यह ज़रूरी था कि वह संपूर्ण हखामनि साम्राज्य पर, सिंधु नदी के इसके अंतिम छोर तक, विजय प्राप्त करे। ईरान की लड़ाइयों में उसे आसानी से, एक के बाद एक, सफलता मिली और नदी के परे अपनी धन-संपदा के लिए मशहूर देश था, तो उसकी अदम्य महत्त्वाकांक्षा को उत्तेजन मिलना स्वाभाविक

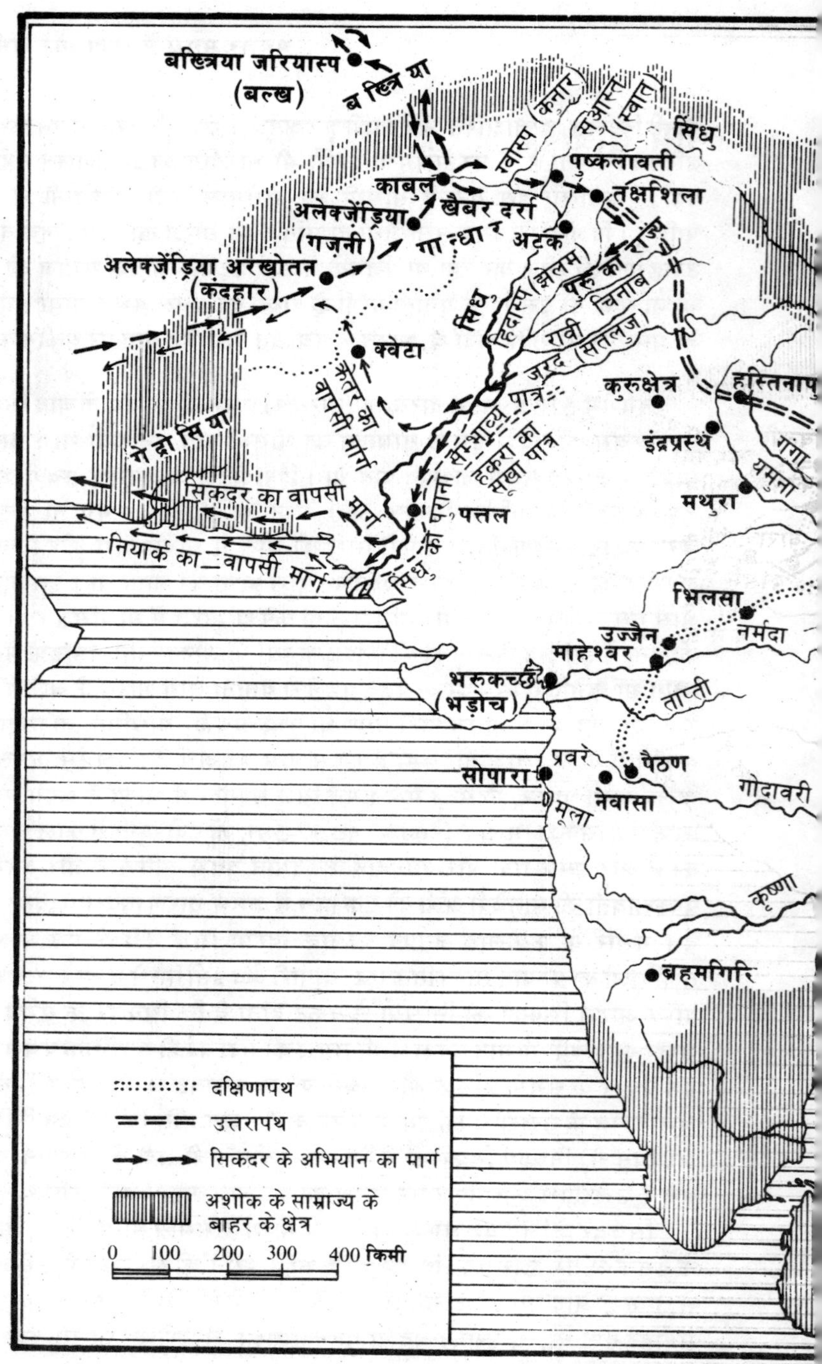

बख्त्रिया जरियास्प
(बल्ख)
बख्त्रिया
काबुल
खैबर दर्रा
अलेक्ज़ेंड्रिया
(गज़नी)
गान्धार
अलेक्ज़ेंड्रिया अरखोतन
(कंदहार)
क्वेटा
गेद्रोसिया
सिकंदर का वापसी मार्ग
नियार्क का वापसी मार्ग
पत्तल
पुष्कलावती
तक्षशिला
अटक
सिंधु
पुरु का राज्य
चिनाब
गावी
जरद (सतलुज)
कुरुक्षेत्र
हस्तिनापु
इंद्रप्रस्थ
गंगा
यमुना
मथुरा
भिलसा
उज्जैन
नर्मदा
माहेश्वर
भरुकच्छ
(भड़ोच)
ताप्ती
प्रवरे
सोपारा
पैठण
नेवासा
गोदावरी
मूला
कृष्णा
ब्रह्मगिरि
दक्षिणापथ
उत्तरापथ
सिकंदर के अभियान का मार्ग
अशोक के साम्राज्य के बाहर के क्षेत्र
0 100 200 300 400 किमी

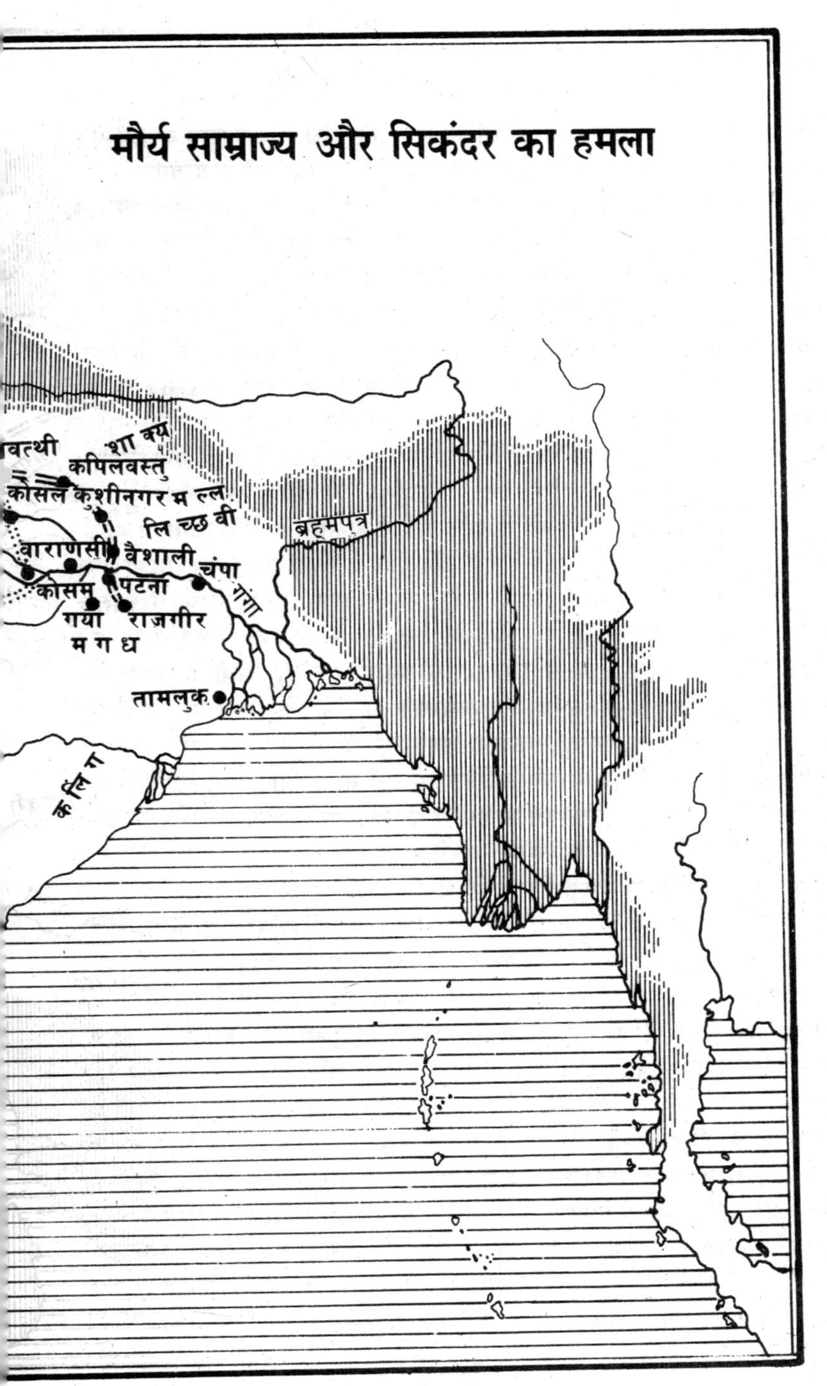
मौर्य साम्राज्य और सिकंदर का हमला
वत्थी
शा क्य
कपिलवस्तु
कोसल
कुशीनगर
म ल्ल
लि च्छ वी
वाराणसी
वैशाली
चंपा
कोसम
पटना
गया
राजगीर
म ग ध
गंगा
ब्रह्मपुत्र
तामलुक
क लिं ग

था। और फिर, ईरानी राजकोष से संचित समस्त संपत्ति से बलप्राप्त एक बेजोड़ सैनिक साधन भी उसके हाथ में था। तीस दिन की घेराबंदी के बाद चारसद्दा पर उसका अधिकार हो गया; पुरातत्त्वविदों ने चारों ओर के खंदकों की खुदाई में इस घेराबंदी के मुकाबले में जुटाए गए रक्षा-साधनों के अवशेषों को पहचाना है। सिंधु नदी को बिना किसी विरोध के पार करने के बाद सिकंदर को जो सफलताएँ मिलीं, वे बड़ी उत्साहवर्धक थीं। तक्षशिला के राजा आंभी ने बिना किसी विरोध के आत्म-समर्पण कर दिया और सिकंदर को भेंट-उपहार देते समय यह भी कह दिया कि—यहाँ दोनों के लिए पर्याप्त धन है, फिर लड़ाई से क्या लाभ ? तक्षशिला का वैभव—संस्कृति और धन संपदा—अभी उसके घरों और नागरिक साधनों से ज़ाहिर नहीं होता था। यह नगर झुग्गियों और छप्परों का लगभग वैसा ही एक दयनीय समूह था, जैसा कि उस समय सिकंदर के मकदूनिया की राजधानी पेल्ला नगर रहा होगा। परंतु तक्षशिला की विजय के तुरंत बाद ही वास्तविक कठिनाइयाँ शुरू हुईं, बावजूद इसके कि सेना विश्राम कर चुकी थी, रसद के लिए एक उत्तम अड्डा मिल गया था और तक्षशिलावासी अपने शक्तिशाली भारतीय पड़ौसियों के विरुद्ध लड़ने के लिए यूनानियों के पक्ष में मिल गए थे। स्वतंत्र कबीलाई नगरों को एक-एक करके हराना पड़ा; सैनिक-सामग्री की दृष्टि से यूनानियों की श्रेष्ठता के बावजूद प्रत्येक लड़ाई में जबरदस्त मुकाबला हुआ। भारतीय अब भी युद्ध में रथों का उपयोग करते थे, परंतु मकदूनी अश्वारोहियों के 21 फुट लंबे बल्लमों (**सरिस्स**) के सामने ये रथ निकम्मे साबित हुए। सीमा-प्रदेश पर सिकंदर के हमले के बाद लड़ाई के मैदान में रथ का इस्तेमाल बंद हो गया; बाद में कभी-कदा किसी उच्चाधिकारी की पद-प्रतिष्ठा व्यक्त करने के लिए ही रथ का इस्तेमाल हुआ है। यूनानी सैनिक काँसे का कवच पहनते थे; धातु की सापेक्ष कमी के कारण भारतीयों को एक ढाल, चमड़े के उरस्त्राण और, संभवतः, धातु के शिरस्त्राण के भरोसे ही लड़ना पड़ता था। भारतीय हाथी किसी भी पैदल सेना को भेद सकता था, बशर्ते कि उसका ठीक से संचालन हो। यह शर्त अनिवार्य थी, क्योंकि घायल हाथी भगदड़ में उतनी ही आसानी से अपने पक्ष के आदमियों को कुचल सकता है, जितनी आसानी से शत्रु-पक्ष के। साथ ही, धावा बोलनेवाला हाथी जब तक शत्रुसेना में न घुसे, तक तब उसके लिए अश्वारोहियों, धनुर्धरों और पदातियों का रक्षावरण ज़रूरी होता था। जिस एक चीज में भारतीय निश्चय ही श्रेष्ठ थे, वह थी उनका आदमकद हथियार धनुष, जिससे छोड़ा गया अचूक बाण ढाल व कवच को भेदकर यूनानी सैनिक के प्राण ले सकता था। सिकंदर के शरीर में सबसे खतरनाक घाव ऐसे ही एक बाण से हुआ था, जो समीप से छोड़ा गया था, कवच को भेदकर उसकी एक पसली में घुस गया और बड़ा कष्टदायी और लगभग प्राणघातक सिद्ध हुआ। भारतीय कबीले हमलावर के विरुद्ध तो एकजुट नहीं हुए, परंतु लड़ाई का

उन्हें स्वाभाविक शौक था। वे क्षत्रिय भी इनके सहायक थे जो अब वेतन पर दूसरे नगरों में चाकरी करने लगे थे। अंत में सिकंदर ने प्रतिरक्षा का अपना वचन तोड़ दिया : ये पेशेवर-टुकड़ियाँ एक पराजय के बाद जब सैनिक सम्मान के साथ लौट रही थीं, तो सिकंदर ने उन पर अचानक हमला बोल दिया और सब आदमियों का सफाया कर डाला। इस वचन-भंग के लिए उसके जीवनीकारों ने उसे कभी माफ नहीं किया।

सिंधु-समूह की दूसरी नदी, आधुनिक झेलम (यूनानियों की हिदास्प), उन पुरुओं के प्राचीन प्रदेश को घेरती थी जो वैदिक काल से उस क्षेत्र में बसे हुए थे। यहाँ के राजा ने, जिसे हमलावर उसके कबीलाई नाम पोरस से जानते थे, यूनानियों के विरुद्ध इतनी बड़ी सेना मैदान में उतारी कि उन्हें अपने भारतीय अभियान में पहले कभी देखने को नहीं मिली थी। सिकंदर ने एक चाल चलकर नदी पार की और पुरु-कुलीन रथों पर चढ़कर उसका रास्ता रोकने दौड़े तो उसके अश्वारोहियों के एक ही तेज धावे ने उनका सफाया कर डाला। इसके बाद राजा पुरु के साथ मुख्य भिड़ंत हुई और पूरे दिन भयंकर युद्ध हुआ, जिसमें पुरु-जनों की कत्तल उड़ाई गई और इस संघर्ष में काफी कमज़ोर साबित हुए उस बलशाली भारतीय राजा ने, बुरी तरह घायल होने पर, बड़ी शान के साथ आत्मसमर्पण किया। प्लुटार्क ने इस मुठभेड़ के प्रभावों का बखूबी वर्णन किया है :

> 'पर इस मुठभेड़ ने मकदूनियों के साहस को निस्तेज कर डाला और भारत में आगे की उनकी प्रगति को रोक दिया। क्योंकि उन्होंने देख लिया था कि बीस हजार पदातियों और दो हज़ार अश्वारोहियों की शत्रु-सेना को ही हराने में उन्हें कितनी कठिनाई हुई है। सिकंदर गंगा पार करने की योजना बना रहा था, पर उसकी सेना इस योजना का विरोध कर रही थी तो उसके कुछ कारण थे : उसके सैनिकों को बताया गया था कि गंगा नदी दो कोस चौड़ी और सौ पुरसा गहरी है, कि नदी के परे बहुत-सारे शत्रु हैं। उन्हें बताया गया था कि गंगारिदनों और प्रेसियनों (प्राच्य : पूर्वीय) का राजा 80,000 घोड़ों, 2,00,000 पदातियों, 8000 युद्ध-रथों और 6000 लड़ाकू हाथियों की सेना के साथ उनकी प्रतीक्षा कर रहा है। यह उन्हें सिर्फ डराने के लिए फैलाई गई झूठी अफवाह नहीं थी। क्योंकि संद्रकोत्तस् (चंद्रगुप्त मौर्य) ने, जिसने कुछ समय बाद ही इस प्रदेश पर अपना शासन स्थापित किया था, सिल्यूकस् (सिकंदर का सेनापति, जिसने उसकी मृत्यु के बाद यूनानी साम्राज्य के पूर्वी भाग का शासन सँभाला था) को एक ही बार में 500 हाथी भेंट किए थे और 6,00,000 आदमियों की सेना से सारे भारत पर अपना प्रभुत्व स्थापित किया था।'

इस विवरण में गंगा की गहराई तो अतिशयोक्तिपूर्ण है, परंतु मानसून में जब बाढ़ आती है तो गंगा मीलों तक फैल जाती है। चूँकि उस समय गंगा और यमुना पूर्वी उपत्यका में भारी यातायात की प्रमुख वाहिकाएँ थीं और इन पर एक प्रसरणशील एवं शक्तिशाली साम्राज्य का नियंत्रण था, इसलिए इन नदियों की रक्षा का प्रबंध, कबीलाई प्रतिद्वंद्विता में उलझे हुए पंजाब की नदियों की अपेक्षा, कहीं बेहतर था। चाहे कितना भी महत्त्वाकांक्षी क्यों न हो, पर एक बुद्धिमान सेनापति के लिए, जिसके बागी सैनिकों का लड़ाई से जी भर गया हो, पुरु के साथ हुआ युद्ध एक अंतिम कड़वा सबक था। सिकंदर ने सिंधु के पूर्व में भारतीय सीमा में एक नया प्रांत बनवाया और उसका शासन-भार पुरु को सौंपा। इसके बाद हिमालय के देवदारु का एक बेड़ा बनाकर सिंधु में छोड़ा गया और यूनानी सेना विस्मृत सिंधु सभ्यता के प्राचीन व्यापारी-मार्ग से वापस लौटने लगी। इस समूचे जल-थल मार्ग में कबीलाई सेनाओं से लड़ाइयाँ हुईं और कबीलाई दुर्गों का नष्ट करना पड़ा, जिसमें काफी रक्तपात हुआ। तदनंतर उस हताश विजेता ने अपनी थकी हुई सेना को ईरान से बेबीलोन तक के प्राणघातक समुद्र-तटीय मार्ग से आगे बढ़ाया, परंतु इस रेगिस्तानी रास्ते में उसकी लगभग आधी सेना नष्ट हो गई। अंत में, बेबीलोन में, अत्यधिक मदिरापान और मलेरिया ने इतिहास के इस एक सर्वाधिक विलक्षण सैनिक जीवन का अंत कर दिया; परंतु सिकंदर धूमकेतु-जैसे अपने अल्प जीवन में ही लोककथाओं और आख्यानों का अमर नायक बन गया था।

इस आक्रमण को, जो इतना अल्पकालिक था कि इसे छापे के अलावा और कुछ नहीं कहा जा सकता, भारतीय परंपरा में तनिक भी कोई महत्त्व नहीं दिया गया, यद्यपि एक खास विचारधारा के कुछ विदेशी इतिहासकार आज भी इसे भारतीय इतिहास की सबसे बड़ी घटना के रूप में प्रस्तुत करते हैं। इस घटना का एक अप्रत्याशित और अविलंब परिणाम हुआ : मौर्यों की सारे देश पर तेजी से विजय हो सकी। मगध की सेना को पश्चिमी पंजाब पर अधिकार करने के लिए प्रत्येक छोटे-मोटे जनपद के अदम्य कबीले से ज़बरदस्त युद्ध करने के कठिन कार्य से छुटकारा मिल गया। इस जटिल बाधा को मकदूनी हमले ने और यूनानियों की एक प्रथा—अधिक-से-अधिक युद्धबंदियों को दास बनाकर, चाहे बेचने के लिए अथवा चाहे कड़ी सैनिक-सेवा के लिए, ले जाने की प्रथा—ने बहुत हद तक नष्ट कर दिया था। हमलावरों ने पश्चिमी पंजाब के मवेशियों को न केवल लूटा था, बल्कि उन्हें अपना आहार भी बनाया था; इसलिए हमले के बाद इस क्षति के कारण कबीलाई और पशुचारी जीवन कठिन हो गया। सिकंदर की वापसी के कोई पाँच साल बाद ही पुरु को पदच्युत करके भुला दिया गया; साथ ही, वैदिक पुरु कबीला भी इतिहास से विलुप्त हो गया। चंद्रगुप्त मौर्य ने तक्षशिला-सहित पूरे पंजाब पर अधिकार कर लिया; अफगानिस्तान के भीतर तक का गंधार का शेष भाग उसने 305 ई. पू. के

आसपास थोड़ी और लड़ाई लड़कर सिल्यूकस् निकेतर से छीन लिया। जानकारी मिलती है कि सिल्यूकस् और विजयी चंद्रगुप्त मौर्य के बीच वैवाहिक संबंध स्थापित हुआ था; इसलिए, प्लुटार्क की सूचना के अनुसार, 500 हाथी भेंट किए गए थे। सिल्यूकस् को अपने उन भूतपूर्व सहयोगी-सेनापतियों से युद्ध करने की छूट थी जिन्होंने सिकंदर के विजित साम्राज्य को आपस में बाँट लिया था, परंतु इसके बाद उसे भारत को अलग-थलग करके छोड़ देना पड़ा। भारत के बारे में जिन यूनानी विवरणों का यहाँ बीच-बीच में उल्लेख हुआ है, वे अधिकतर पाटलिपुत्र (पटना) की राजसभा में सिल्यूकस् के राजदूत मेगास्थनीज़ की सूचनाओं पर आधारित हैं। मेगास्थनीज़ की मूल कृति नष्ट हो गई है, परंतु उसके विवरण के कुछ अंश दूसरे लेखकों की पुस्तकों में आज भी देखने को मिलते हैं। बताया जाता है कि सिल्यूकस् की एक पुत्री का ब्याह चंद्रगुप्त के पुत्र बिंदुसार के साथ हुआ था। यह कोई असंभव बात नहीं है, यद्यपि दो आपत्तियाँ उठाई गई हैं—यूनानी विवाह के नियम और भारतीय जातिप्रथा। यूनान के सीमा-प्रदेश में रहनेवाले ये मकदूनियावासी निश्चय ही उजड्ड लोग थे और अथेन्स-जैसे नगर-राज्यों में प्रचलित आम यूनानी कानून की कोई परवाह नहीं करते थे; दो ईरानी राजकुमारियों से विवाह करके सिकंदर ने नया आदर्श प्रस्तुत किया था। मगध के राजा जाति-नियमों को वैसे ही विशेष महत्त्व नहीं देते थे; मौर्य तो आदिवासी मूल अथवा मिश्रित वंश के थे, यद्यपि उनका आर्यीकरण हो चुका था। मौर्य (पालि : मोरिय) नाम मोर टोटेम का सूचक है, यह वैदिक-आर्य नाम नहीं हो सकता। असोक की प्रथम रानी साँची (भिलसा) के समीप के एक व्यापारी की पुत्री थी। (वैश्य पुष्यगुप्त, जिसने कुछ समय के लिए गिरनार का शासन सँभाला था, असोक का 'राष्ट्रिय' था; [देखिए टिप्पणी पृष्ठ 185] यहाँ इस 'राष्ट्रिय' शब्द का अर्थ है 'साला', न कि 'राष्ट्र-कर वसूल करनेवाला अधिकारी', जैसाकि अन्यत्र माना गया है।) यह भी संभव है कि असोक की कोई विमाता यूनानी या ईरानी-यूनानी रही हो, परंतु इस बात की कोई संभावना नहीं कि उसकी माँ एक यवनी थी।

चंद्रगुप्त और बाद में उसके पुत्र बिंदुसार की सेनाओं ने, जहाँ तक भूभाग पहुँचने लायक था, सारे भारत को पादाक्रांत कर डाला। जान पड़ता है कि कर्णाटक क पठार के छोर पर दुर्ग व वायनाड़ के जंगलों ने ही अंत में उन्हें आगे बढ़ने से रोका। दक्षिणापथ के व्यापार के बावजूद दक्षिणी प्रायद्वीप का अभी बहुत थोड़ा विकास हुआ था। मौर्य आधिपत्य के बाद भी ब्रह्मगिरि (कर्णाटक) में प्रागैतिहासिक महापाषाण न केवल खड़े किए जाते रहे, अपितु उनका आकार-प्रकार भी बढ़ गया, जिसका यही अर्थ हो सकता है कि लोहा उपलब्ध होने पर भी, स्थानीय कबीलों ने किसानी जीवन को तुरंत स्वीकार नहीं किया। केरल की टोपी-नुमा (**टोपी-कल**) पाषाण-समाधियाँ (डोलमेन) कर्णाटक के महापाषाणों से कुछ बाद की हैं, इसलिए ठेठ दक्षिण में मौर्यों के लिए जीतने योग्य महत्त्व का कुछ

भी नहीं था। प्रायद्वीप का समुद्री चक्कर पहले ही लग चुका था; सोपारा (संभवतः बाइबिल का ओफिर) और भड़ौच (भरुकच्छ; यूनानी बेरीगाज़ा) के बंदरगाह और उनका समुद्रपार का मूल्यवान व्यापार मगध के अधिकार में था। इसी कारण पटना एक अंतर्राष्ट्रीय बंदरगाह (पत्तन) बन गया था। ताम्रखनिज के उत्खनन का बिहार के दक्षिण-पूर्व में खूब विकास हुआ; ताम्र-सूचक तामलुक (ताम्रलिप्ति) बंदरगाह से इस धातु का व्यापार होता था। निस्संदेह, बर्मा और इंदोनेशियाई द्वीपों से भी समुद्री व्यापार होता था, परंतु किस सीमा तक होता था, यह बताना कठिन है। मगध के व्यापार में चीन का रेशमी कपड़ा (और बल्ख का लोमचर्म) शामिल था, जो स्थलमार्ग से आता था; इसी प्रकार, भूमध्य सागर के मूँगे की, जिसका सिकंदरिया से निर्यात होता था, यहाँ बड़ी माँग थी। असम से चाँदी निकालना पहले ही शुरू हो गया था, क्योंकि सिक्कों के लिए चाँदी की माँग बहुत बढ़ जाने के कारण पश्चिम से आयात की जानेवाली यह धातु अपूरी पड़ती थी। दूसरी ओर, बंगाल के केवल उन्हीं थोड़े पट्टों को साफ करके खेती-योग्य बनाया गया था जहाँ नदी-मार्ग से पहुँचना संभव था। लगभग 270 ई.पू. में चंद्रगुप्त के पौत्र असोक ने एक सर्वनाशी युद्ध करके उड़ीसा (कलिंग) को जीता, तो यह प्रदेश अभी-अभी विजय के योग्य हुआ था, यह तब तक एक राज्य में भी विकसित नहीं हुआ था।

यह निश्चय ही एक पंचमेल साम्राज्य था : इसमें पाषाण-युग के बर्बर लोग बसते थे, तो दूसरी ओर ऐसे भी लोग थे जिन्होंने अरस्तू के मूल प्रवचनों को सुना था, समझा था। शासन की सुविधा के लिए कम-से-कम दो उप-राजधानियाँ बनाई गई थीं—तक्षशिला और उज्जैन, जहाँ आमतौर पर राजकुमार शासन चलाते थे। पता चलता है कि असोक अपने पिता बिंदुसार के समय में जब तक्षशिला का राज-प्रतिनिधि था तो उसने वहाँ एक जन-विद्रोह का दमन किया था। संस्कृत का महान् वैयाकरण और भाषा-विज्ञान के क्षेत्र का एक अद्वितीय पंडित पाणिनि उसी प्रदेश में पैदा हुआ था; परंतु एक पारंपरिक सांस्कृतिक केंद्र के रूप में उस प्रदेश की जो प्रतिष्ठा थी, वह शीघ्र ही समाप्त हो गई। तक्षशिला के अधिक महत्त्वाकांक्षी पंडित, जैसाकि स्वाभाविक था, राजधानी पटना पहुँच जाते थे। कुछ समय के लिए व्यापार को भी क्षति पहुँची, यद्यपि इस मामले में तक्षशिला का गौरवपूर्ण काल आगे आनेवाला था—कुषाणों के शासन में। सबसे अधिक लाभ दक्षिणापथ से हो रहा था, वहाँ सोना और लोहा प्रचुर मात्रा में मौजूद था, यद्यपि चाँदी और ताँबे की कमी थी। यहाँ सेनाओं से भी बहुत पहले पहुँचे हुए व्यापारियों और भिक्षुओं ने वस्तु-विनिमय तथा अछूती भूमि की खेती के पहले बड़े विकास को बढ़ावा देना शुरू कर दिया था। कार्ले की विशाल चैत्य-गुफा में लकड़ी के जो अवशेष मिले हैं उनका समय, रेडियो-कार्बन विधि से, 280 ई. पू. निर्धारित हुआ है, जबकि यहाँ के विहार के आरंभिक कक्ष, जो अब ढह गए हैं, निश्चय ही इसके

सौ साल पहले पहाड़ को खोदकर बनाए गए होंगे। इस भिक्षु-विहार के समीप ही धेनुकाकट नामक देहात में बौद्ध-यूनानी व्यापारियों की बस्ती थी। असोक के धर्मदूतों में अफगानिस्तान के परे का धम्मरखित नाम का एक यूनानी भी था। ये इक्के-दुक्के उदाहरण नहीं हैं, यह बात अनेक बौद्ध-विहारों में खोदे गए बहुत-सारे स्फिन्क्सों (नरसिंहों) से सिद्ध हो जाती है; सबसे बढ़िया उदाहरण है कार्ले के एक स्तंभ पर स्थापित स्फिन्क्स, जो धेनुकाकट के एक यूनानी की भेंट है और स्पष्टतः सिकंदरिया से लाई गई किसी लघुप्रतिमा अथवा चित्र की अनुकृति है। आगे ईसा पूर्व दूसरी सदी के आरंभ-काल के एक यूनानी आक्रमणकारी मिनांदर ने इस निरंतरता को कायम रखा। वह यद्यपि सिकंदरिया में पैदा हुआ था, उसने बौद्ध धर्म-प्रचारकों को प्रोत्साहन दिया और अपने सिक्कों में अपने-आपको 'धम्मक' और 'दिकैओस्' घोषित किया; पालि और यूनानी के इन दोनों ही शब्दों का अर्थ है 'न्यायप्रिय'। एक परवर्ती पालि ग्रंथ **मिलिंद-पञ्ह** (राजा मिनांदर के प्रश्न) ने तो उसे अमर ही बना दिया है; इसमें बौद्ध सिद्धांत को प्रश्नोत्तर के रूप में काफी बुद्धिमानी से प्रस्तुत किया गया है। मिनांदर का भारतीय नाम मिलिंद था। ईसा की दूसरी सदी के धेनुकाकट के एक चिकित्सक का नाम भी मिलिंद ही था; इस व्यक्ति ने भी कार्ले में एक स्तंभ स्थापित कराया था। आज भी भारतीय शिशुओं को कहीं-कहीं यह नाम दिया जाता है। इससे यूनानी और भारतीय संस्कृतियों के सम्मिश्रण की समस्या का समाधान हो ज़ाना चाहिए।

ईसा पूर्व तीसरी सदी के आरंभ-काल तक समूचे भारत की समीचीन सीमाओं तक विजयप्राप्ति और दूर-दूर तक संस्कृति के व्यापन का कार्य पूरा हो चुका था। अब हमें अधिक गहराई से राजतन्त्र के उन कठोर सिद्धांतों का अध्ययन करना है जिनका इस लक्ष्य की प्राप्ति के लिए योजनाबद्ध रूप से इस्तेमाल किया गया था।

मगधीय राजतंत्र

गंगा की घाटी के राजाओं ने ईसा पूर्व छठी सदी के धर्मोपदेशकों की बातें भले ही श्रद्धा और सहानुभूति से सुनी हों, किंतु इससे अजातशत्रु-जैसे राजपुत्र को अपने ही पिता की हत्या करने में कोई अड़चन नहीं हुई। इसी प्रकार, चक्रवर्तिन् को शासन के बारे में यह हितकारी परामर्श, कि उसे सबको रोज़गार देना चाहिए, किसान के लिए मवेशी तथा बीज और व्यापारी के लिए धन उपलब्ध कराना चाहिए, ईसा पूर्व पाँचवीं-चौथी सदी के विकासशील मगधीय राज्य के वास्तविक व्यवहार से कोसों दूर था। यहाँ उस पाठ्य-पुस्तक का विश्लेषण करना आवश्यक है जिस पर यह राजकीय नीति आधारित थी। आर्थर बैरीडेल कीथ ने इस पुस्तक के बारे में लिखा है: ''यदि **अफलातून** के **गणतंत्र** और **अरस्तू** के **राजनीति** ग्रंथ के मुकाबले में, अथवा अथेन्स के संविधान से संबंधित पुस्तक के, जिसे पहले ज़ैनोफेन की कृति समझा गया था, लेखक की सहजबुद्धि और व्यावहारिक समझदारी के भी मुकाबले

में, भारत की यही पुस्तक उसकी सबसे बड़ी उपलब्धि है, तो यह सचमुच बड़ी शोचनीय स्थिति होगी।" यह कुछ मिथ्याभियानी एवं अप्रासंगिक कथन है। अरस्तू के शाही शिष्य ने स्तगिरा-निवासी अपने विद्वान् आचार्य के राजनैतिक विचार अमल में नहीं लाए थे। अथेन्स का जनतंत्र, इसके संविधान की समस्त तथाकथित व्यावहारिक बुद्धिमानी के बावजूद, अल्पावधि में ही टूट गया, तो इसके लिए सर्वथा ज़िम्मेदार थे अफलातून के ही घनिष्ठतम मित्र। ये थे निकियस, अल्किबियदेस और क्रितियस्-जैसे कई सारे कुलीन जो सुकरात के शिष्यों एवं प्रशंसकों के रूप में **संवाद** (Diologues) में बार-बार दिखाई पड़ते हैं, परंतु जिन्होंने सुकरात के आदर्श **गणतंत्र** की स्थापना के लिए तनिक भी प्रयास नहीं किया। इसके विपरीत, जिस भारतीय राज्य की हमने जानकारी दी है, वह अल्प और आदिम शुरुआत से, बिना किसी रुकावट के, अपनी अभिप्रेत पूर्णावस्था में पहुँचा। ये यूनानी कृतियाँ अध्ययन के लिए तो उत्तम रहीं; पर भारतीय कृति, अपने समय और प्रदेश में, तुलना में बहुत अधिक व्यावहारिक सिद्ध हुई।

राजतंत्र और इसके संचालन के बारे में मुख्य स्रोत-सामग्री है **अर्थशास्त्र**—कई सदियों तक पूर्णतः लुप्त रहने के बाद 1905 में पुनः खोजा गया एक संस्कृत ग्रंथ। इसका लेखक है चाणक्य या कौटल्य नामक एक ब्राह्मण, जो ईसा पूर्व चौथी सदी के अंतिम समय में चंद्रगुप्त मौर्य का मंत्री था। परंपरानुसार, कौटल्य की शिक्षा भी तक्षशिला में ही हुई थी। उसे प्रसिद्धि मिली कालांतर की उस दंतकथा और रम्याख्यान के कारण जिसमें उसे चंद्रगुप्त को दृढ़तापूर्वक मगध के सिंहासन पर बिठानेवाले एक कुचक्रकारी उग्र-स्वभाव आचार्य के रूप में चित्रित किया गया है। ईसा की चौथी सदी के अवसान-काल में रचित विशाखदत्त के संस्कृत नाटक **मुद्राराक्षस** का कथानक स्पष्टतः काल्पनिक है और इसमें दी गई जानकारी भी असंभाव्य है; इसमें बताया गया है कि नंदराजा की हत्या के बाद उसके श्रेष्ठ मंत्रियों को वश में करके उन्हें चंद्रगुप्त मौर्य के, नाटक के एक असामान्यतः भीरु पात्र के, नए शासन का समर्थक बनाया गया। चाणक्य के ग्रंथ में राज्य का जो चित्र खींचा गया है वह किसी भी दूसरे काल की ज्ञात परिस्थितियों से इतना भिन्न है कि **अर्थशास्त्र** की प्रामाणिकता पर ही संदेह किया जाने लगा था। यद्यपि काफी वाद-विवाद के बाद अब ये संदेह दूर हो गए हैं, फिर भी दो विशेष बातों पर ध्यान देना आवश्यक है। इस ग्रंथ में लेखक ने मौर्य साम्राज्य की संचालन- प्रणाली की जानकारी नहीं दी है; इसमें राजतंत्र के सिद्धांतों का विवरण है। "यह ग्रंथ, पूर्वाचार्यों की राजतंत्र-विषयक विविध कृतियों को देखने के बाद, समस्त पृथ्वी पर प्रभुत्व स्थापित करने और इस पर शासन करने के उद्देश्य से रचा गया है।"[1]

1. पृथिव्या लाभे पालने च यावंत्यर्थशास्त्राणि पूर्वाचार्यैः प्रस्तावितानि प्रायशस्तानि संहृत्यैक-मिदमर्थशास्त्रं कृतम्।—अर्थशास्त्र 1.1.1

दूसरे, मूल ग्रंथ का काफी अंश—पंचमांश से चतुर्थांश तक—नष्ट हो गया है। पूरा कोई **प्रकरण** गायब नहीं है; परंतु प्रतिलिपियाँ तैयार करते समय प्रत्येक **अधिकरण** (खंड) में छोटे-छोटे अंश छूट गए हैं। कालांतर में राज्य और सेना की स्थिति में इतना अधिक परिवर्तन हुआ कि इस ग्रंथ में शासन-प्रणाली तथा सैनिक व्यवस्था के बारे में दी गई अनेक हिदायतों की कोई उपयोगिता नहीं रह गई थी। यहाँ तक कि अनेक पारिभाषिक शब्दों का अर्थ ही समझ में न आता था। सैनिक संगठन और रणनीति से संबंधित प्रकरणों को सबसे अधिक क्षति पहुँची है। मगध की विशाल स्थायी सेना, जिसमें परिचरों, सैनिकों और अधिकारियों को नियमित रूप से नकद वेतन दिया जाता था, ईसा पूर्व दूसरी सदी के बाद छिन्न-भिन्न हो गई। कालांतर की सामरिक टुकड़ियाँ नितांत भिन्न प्रकार की थीं।

अर्थशास्त्र का अर्थ है 'आर्थिक लाभ का शास्त्र'—व्यक्ति के नहीं, एक विशेष प्रकार के राज्य के आर्थिक लाभ का शास्त्र। लक्ष्य सदा स्फटिक की तरह साफ था। इस लक्ष्य-प्राप्ति के लिए प्रयुक्त साधनों का औचित्य सिद्ध करने की कोई आवश्यकता नहीं थी। नैतिकता अथवा परोपकारिता का तनिक भी प्रदर्शन नहीं है। उपाय चाहे कितने भी घिनौने अथवा विश्वासघाती हों, केवल उन्हीं कठिनाइयों का विवेचन किया गया है जो व्यावहारिक हैं; साथ ही, व्यय और उत्तर-प्रभावों पर भी समुचित ध्यान दिया गया है। दूसरी ओर, नागरिक के लिए कठोरतम नियमों की व्यवस्था थी, जिनका इतना अच्छा शासन प्राचीन भारतीय इतिहास के अन्य किसी युग में नहीं हुआ। इसी दोहरे मानदंड के कारण बाद में **अर्थशास्त्र** एक अप्रचलित ग्रंथ हो गया, यद्यपि इसकी सुस्पष्ट तर्क-प्रणाली और इसके शुष्क गद्य के लिए चोटी के आचार्य इसे ईसा की बारहवीं सदी तक पढ़ते रहे। समस्त भारतीय वाङ्‌मय में यह ग्रंथ इस माने में अद्वितीय है कि इसमें शब्दाडंबर और बनावटी तर्क का सर्वथा अभाव है। अंततोगत्वा इस ग्रंथ की उपेक्षा का असली कारण है एक नितांत नए समाज का निर्माण (यह नया समाज भी मगधीय राजतंत्र की सफलता के कारण ही अस्तित्व में आया था), जिसके लिए उन सिद्धांतों की अब कोई उपयोगिता नहीं रह गई थी।

प्रत्येक राज्य का कोई-न-कोई वर्ग-आधार होता है। **ब्राह्मणों** में वर्णित कबीलाई राज्य और उसके अति-विकसित यज्ञ-कर्मकांड के मुख्य आधार थे क्षत्रियों के सगोत्रीय समूह जिन्होंने वैश्यों तथा शूद्रों को वश में रखने में और दूसरे कबीलों से लड़ने में अपने राजा को सहयोग दिया। मध्ययुगीन भारत के परवर्ती सामंती राज्य एक ऐसे शक्तिशाली भूस्वामी वर्ग पर आधारित थे जो राजस्व वसूल करता था, सेना के लिए अश्वारोही तथा अधिकारी जुटाता था, और यह वर्ग प्रत्यक्ष व्यक्तिगत स्वामिभक्ति की ऐसी सुदृढ़ श्रृंखला से आबद्ध था जो सेवक को सामंत से, भूस्वामी को महासामंत से और कुलीन को राजा से जोड़ती थी। जिस समय **अर्थशास्त्र** के सिद्धांतों की रचना हुई, पशुचारी आर्य कबीलों को नष्ट करना

अभी बाकी था, यद्यपि व्यक्तिगत भूसंपत्ति के प्रभाव के कारण वे भीतर-ही-भीतर धीरे-धीरे विच्छिन्न हो रहे थे। अतिविस्तृत आदिम जंगलों को साफ करना अब भी बाकी था; जाहिर है कि जंगलों की इस भूमि पर किसी का स्वामित्व नहीं था। कौटल्यीय राज्य आज हमें इतना विचित्र लगता है, तो इसका कारण यह है कि भूमि को साफ करने का काम मुख्यतः उसी के ज़िम्मे था, वही सबसे बड़ा भूस्वामी था, वही भारी उद्योगों का मुख्य मालिक था और सबसे बड़ा वस्तु-उत्पादक भी वही था। शासक-वर्ग का निर्माण यदि यथार्थ में राज्य द्वारा राज्य के लिए ही नहीं हुआ था, तो कम-से-कम शासन के अंग के रूप में उसका महत् विस्तार अवश्य किया गया था : उच्च और निम्न अधिकारी-वर्ग, सभी जातियों तथा विविध मूल के अधिकारियों द्वारा संचालित पाँच लाख आदमियों की विशाल स्थायी सेना (300 ई.पू. तक); और इन दोनों समुदायों के समान ही महत्त्वपूर्ण भेदियों तथा गुप्तचरों की एक पृथक् किंतु प्रच्छन्न सेना—यही थे नए राज्य के मुख्य आधार-स्तंभ। यह तो **अर्थशास्त्र** से ही स्पष्ट है कि अधिकारी-वर्ग के दोनों भाग संख्या की दृष्टि से काफी बड़े थे। यूनानी विवरणों से पता चलता है कि इनके जाति-वर्ग बन गए थे, जैसाकि एक जातिगत समाज में स्वाभाविक था। मगधीय साम्राज्य के अंत के बाद ये दोनों अधिकारी-वर्ग-जातियाँ जीवित नहीं रहीं। किंतु कुछ सदियों बाद पंचमेल घटकों से इसी प्रकार कायस्थ जाति बनी, जिसका काम था लिखाई और राज्य का लेखा-जोखा रखना।

अर्थशास्त्र में विशाल और व्यापक पैमाने पर जासूसी तथा उकसानेवालों का निरंतर इस्तेमाल करने का सुझाव दिया गया है। प्रत्येक कार्रवाई का एकमेव उद्देश्य था राज्य की सुरक्षा और लाभ। समूचे ग्रंथ में नैतिकता-संबंधी गूढ़ सवालों को न कहीं उठाया गया है, न ही उन पर विचार किया गया है। राजा के गुप्तचर, आवश्यकता पड़ने पर, हत्या, विष-प्रयोग, मिथ्यारोपण और अंदरूनी तोड़-फोड़ का बाकायदा और बेझिझक इस्तेमाल कर सकते थे। साथ ही, जनसाधारण के लिए कानून व व्यवस्था का जो आम तंत्र था, उसका अत्यंत सतर्कता एवं कठोरता से पालन होता रहा। ऐसे राज्य का सुदृढ़ आधार केवल इसका प्रशासनिक ढाँचा ही हो सकता था—और उस पर भी गुप्तचरों की कड़ी निगरानी ज़रूरी थी। घूसखोर राज्य-कर्मचारियों की जाँच के तमाम उपाय बताने के बाद चाणक्य निराशापूर्वक स्वीकार करता है कि अधिकारी ने कितना राजस्व हजम किया, यह पता लगाना उतना ही कठिन है जितना कि यह बताना कि तैरती मछली कितना पानी पी गई।[1]

1. मत्स्या यथांतः सलिले चरंतो
ज्ञातुं न शक्याः सलिलं पिबंतः।
युक्तास्तथा कार्यविधौ नियुक्ता
ज्ञातुं न शक्या धनमाददानाः।।—अर्थशास्त्र 2.9.33

अर्थशास्त्र का राज्य ऐसे समाज का परिचायक नहीं है जिसमें किसी नये वर्ग ने, राज्य-व्यवस्था को सँभालने के पहले ही, वास्तविक सत्ता पर अधिकार जमा लिया हो।

यहाँ भारतीय और चीनी विकास-क्रम में एक महत्त्वपूर्ण अंतर को समझना उपयोगी होगा। चीन के प्रथम सम्राट् छिन् ह् सी ह्वाङ्-ती (221 ई. पू.) का महामंत्री एक व्यापारी था। बाद में व्यापारी वर्ग की प्रतिष्ठा कुछ घटा दी गई थी, फिर भी इस वर्ग ने अपने उन सदस्यों के माध्यम से कुछ वास्तविक सत्ता पर कब्ज़ा कायम रखा था जो चीन की नियमित परीक्षा-प्रणाली के रास्ते से राज्य-सेवा में पहुँच गए थे। भारतीय **गहपति**-वर्ग—कृषक-व्यापारी वर्ग—को, जिसने नए गांगेय राज्य के निर्माण में योग दिया था, मंत्रि-परिषदों में शामिल नहीं किया गया था, यद्यपि आरंभिक काल के **श्रेष्ठियों** को उनकी धन-संपत्ति के कारण, बाद के उनके सामंती वंशजों की अपेक्षा, कहीं अधिक सम्मान मिलता था।

राज्य का सर्वोच्च अधिनायक, प्रतीक और प्रवक्ता राजा था। उस समय के राजा में असाधारण गुण होना आवश्यक था। अहोरात्र के प्रत्येक क्षण को, शासक के विविध प्रशासकीय कर्तव्यों के अनुरूप, उपयुक्त कालखंडों में बाँट दिया जाता था : जनता के प्रतिवेदन को और गुप्त सूचनाओं को सुनना; मंत्रि-परिषद्, राजकोष और सेना के प्रधानों से परामर्श करना। मध्यांतरों में विश्राम, शयन, भोजन, मनोरंजन तथा अंतःपुर के आमोद-प्रमोद के लिए, कार्य-बहुलता के कारण, बहुत कम निर्धारित समय मिल पाता था। 'प्राच्य भोग-विलास' तो दूर रहा, **अर्थशास्त्र** का राजा अपने राज्य का सर्वाधिक कार्य-व्यस्त व्यक्ति था। हरेक राजा इस रफ्तार को झेल नहीं पाता था, खासकर इसलिए भी कि विषप्रयोग और हत्यारे से बचने के लिए बड़ा सख्त बंदोबस्त था। फिर भी राजमहलों में क्रांतियाँ हुईं, राजवंशों में रद्दोबदल हुआ, जिनकी पुष्टि आहत सिक्कों में एकाएक हुए परिवर्तनों से होती है। अजातशत्रु के वंश को कुछेक पीढ़ियों के बाद ही किसी जन-विद्रोह ने समाप्त कर दिया। नए राजा सुसुनाग (संस्कृत : शिशुनाग) ने पहले से मौजूद सिक्कों पर अपने चिह्न आहत किए और अपने नए सिक्के भी चलाए। उसके उत्तराधिकारियों ने आहत सिक्कों के भव्य युग को जन्म दिया। उसके बाद, जैसा कि तक्षशिला की निधियों से प्रमाणित होता है, समस्त उत्तरापथ पर मगधीय व्यापार तथा मुद्रा का प्रभुत्व स्थापित हो गया। बाद में एक शांतिपूर्ण परिवर्तन के बाद, क्योंकि सिक्कों पर चक्र का चिह्न पूर्ववत् बना रहा, नंदों अथवा नंदिनों के संबंधित किंतु गौण वंश ने राजसत्ता हथिया ली; उनके वैभव की दीर्घकाल तक लोक-प्रसिद्धि रही। उस समय तक, बुद्ध-निर्वाण के करीब सौ साल बाद, राजधानी अंततः पाटलिपुत्र में स्थानांतरित हो चुकी थी; तब पटना संसार का सबसे बड़ा नगर हो गया (और एक या दो सदियों तक बना रहा)। तब एक नवोदित किंतु योग्य व्यक्ति ने, जिसका बहुत-कुछ सही नाम महापद्म नंद दिया गया है,

बिना रक्तपात के सिंहासन पर अधिकार जमा लिया । अंत में, महापद्म के अंतिम पुत्र की हत्या करके चंद्रगुप्त मौर्य मगध के सिंहासन पर बैठा ।

चाणक्य की दृष्टि में सिंहासन के लिए कलह राजा के लिए एक गौण संकट था । उसने नैतिकता अथवा पुत्रप्रेम को कोई महत्त्व नहीं दिया । उसने एक पूर्ववर्ती (भारद्वाज) का कथन उद्धृत किया है : 'राजपुत्र केंकड़ों की भाँति जनकभक्षी होते हैं ।'[1] **अर्थशास्त्र** में पूर्ववर्ती आचार्यों के विविध मतों पर निष्पक्षता से विचार किया गया है : राजपुत्र की शिक्षा के उपाय, समयपूर्व महत्त्वाकांक्षा के लिए उसकी परीक्षा, उसके छिपे दुर्गुणों तथा उसकी उम्मीदों का गुप्त रूप से पता लगाना, और आवश्यकता पड़ने पर उसे काबू में रखना। अगले ही प्रकरण में उपेक्षित (**अपरुद्ध**) युवराज के लिए सलाह है कि वह सिंहासन को जल्दी हथियाने के अपने इरादे के विरुद्ध आयोजित अपने पिता की सतर्कताओं को किस प्रकार विफल बना सकता है। इस संदर्भ में न कोई नाम दिया गया है, न किसी खास ऐतिहासिक उदाहरण का उल्लेख है । परंतु संदर्भ से ही स्पष्ट हो जाता है कि अपरुद्ध युवराज को सिर्फ बहिष्कृत ही नहीं किया जाता था, जैसा कि प्राचीन काल के छोटे कबीलाई राज्यों में होता था । निरंकुश राजसत्ता के उदय और नए राज्य-विस्तार के कारण यही स्वाभाविक था कि अपरुद्ध व्यक्ति को, रोमन कानून-व्यवस्था की भाँति, पदच्युत करके नियंत्रण में रखा जाए, या समस्त नागरिक अधिकार छीनकर उसे संभवतः निष्कासित ही कर दिया जाए ।

किसी भी राजवंशीय परिवर्तन का मगध के निरंतर विस्तार पर तनिक भी प्रभाव नहीं पड़ा । किसी गृहयुद्ध से राज्य की नीति में, आंतरिक अथवा बाह्य, कोई रुकावट पैदा नहीं हुई; और न ही **अर्थशास्त्र** में कहीं ऐसी बाधा पर विचार किया गया है जो राजमहल की किसी घटना से उपस्थित होती हो। राज्य इतना सुनियोजित था कि ऐसी किसी बाधा की गुंजाइश ही नहीं थी । **अर्थशास्त्र** के ग्यारहवें **अधिकरण** में (जो प्रतिलिपियाँ करने में संभवतः छोटा हो गया है) इस बात का विवेचन है कि अन्न-संकलनकर्त्ताओं के जिन स्वतंत्र, शक्तिशाली तथा शस्त्रधारी कबीलों का अभी निरंकुश राज्यों में ह्रास नहीं हुआ है उन्हें विधिवत् किस प्रकार तोड़ा जाए । मुख्य विधि यह थी कि विघटन के लिए इन्हें भीतर से ही खोखला बनाया जाए, इन कबीलाई लोगों को एक ऐसे वर्ग-समाज के सदस्यों में बदला जाए जो व्यक्तिगत निजी संपत्ति पर आधारित है । इसके लिए तरीके बताए गए कि कबीलों के नेताओं को और सबसे सक्रिय लोगों को नकद घूस देकर, कड़ी-से-कड़ी शराब पर्याप्त मात्रा में उपलब्ध कराके, अथवा उनकी व्यक्तिगत धनलिप्सा को बढ़ावा देकर भ्रष्ट किया जाए । उनमें फूट डालने का काम करेंगे भेदिए, गुप्तचर, ब्राह्मण, ज्योतिषी, उच्च जाति की स्त्रियाँ, नर्तक, अभिनेता,

1. कर्कटकसधर्माणो हि जनकभक्षा राजपुत्राः ।—अर्थशास्त्र 1.17.5

गायक और वेश्याएँ। कबीले के वरिष्ठ सदस्यों को प्रोत्साहित किया जाए कि वे कबीले के भोज (एकपात्रम्) में निम्न हैसियत के सदस्यों के साथ बैठकर भोजन न करें अथवा उनके साथ विवाह-संबंध न स्थापित करें; दूसरी ओर, निम्न हैसियत के सदस्यों को सहभोज में भाग लेने और विवाह-संबंध स्थापित करने के लिए उकसाया जाए। कबीले के भीतर की स्वीकृत पद-मर्यादा को हर प्रकार के आंतरिक उकसावे से तोड़ने की कोशिश होनी चाहिए। राजा के प्रतिनिधि उन तरुणों को, जिन्हें कबीले की प्रथा के अनुसार भूमि और आमदनी में कम हिस्सा मिलता था, सही बँटवारे की माँग करने के लिए उकसा सकते हैं। घात लगाकर अथवा विष देकर कबीले के सदस्यों की हत्या (जिसके लिए मृत व्यक्ति के कबीले के भीतर के ज्ञात प्रतिद्वंद्वियों को आरोपी ठहराया जाएगा) से और शत्रु द्वारा मुखियाओं को घूस दिए जाने की अफवाहें फैलाने से भी कलहों को बढ़ावा मिल सकता है। तब **अर्थशास्त्र**-सम्मत राज्य का शासक सशस्त्र सेना लेकर प्रत्यक्ष हस्तक्षेप करेगा। फिर कबीले के टुकड़े करके, कबीले के पाँच से लेकर दस परिवारों तक के जत्थों को दूर-दूर के क्षेत्रों में बसाया जाए—एक-दूसरे से इतनी दूर कि वे फिर लड़ाई के मैदान में एकत्र होकर अपनी रणकुशलता न दिखा सकें। **अर्थशास्त्र** में जिन कबीलों का उल्लेख है उन्हें दो प्रकारों में बाँटा गया है : (1) कंबोज और सुराष्ट्र क्षत्रियों-जैसे कृषक-व्यापारी तथा शस्त्रोपजीवी कबीले, और (2) लिच्छवि, वृजि, मल्ल, मद्र, कुकुर, कुरु तथा पांचाल-जैसे 'राजा' की उपाधि धारण करनेवाले (आयुधजीवी) क्षत्रिय कुलीनों (जिन्हें इससे नीचे के पेशे का काम करना मंजूर नहीं था) के कबीले। लिच्छवियों अथवा वज्जियों के कबीले को अजातशत्रु पहले ही तोड़ चुका था, परंतु उनका अभी सर्वनाश नहीं हुआ था। नेपाल में मिले शिलालेखों से पता चलता है कि लिच्छवियों का नाम लगभग एक हजार साल तक जीवित रहा। ईसा की चौथी सदी का गुप्त राजा चंद्रगुप्त-प्रथम अपनी श्रेष्ठता घोषित करने के लिए सबसे बेहतर सुबूत यही दे पाया कि उसने लिच्छवि 'राजकुमारी' कुमारदेवी से विवाह किया। ब्राह्मणों के पुराणों की एक कटुताभरी पंक्ति में शोक ज़ाहिर किया गया है कि मगध-सम्राट् महापद्म नंद ने सभी क्षत्रियों का मूलोच्छेदन किया; उसके बाद कोई भी क्षत्रिय कहने लायक नहीं बचा। ये क्षत्रिय कुरु, पांचाल और पूर्वी पंजाब के नव-वैदिक कबीलों के ही हो सकते हैं; इसके बाद इनके नाम केवल आख्यानों और काव्यों में ही सुनने को मिलते हैं। बाकी अधिकतर काम सिकंदर ने पूरा किया। चाणक्य के समय तक मद्र तथा कंबोज कबीलों का मगधीय राज्य के साथ सीधा संबंध स्थापित नहीं हुआ था, परंतु सीमा-प्रदेश तक्षशिला का ब्राह्मण होने के कारण उसने इन कबीलों को समीप से देखा होगा। अतः **अर्थशास्त्र** में उन्हीं सिद्धांतों को अद्यतन रूप में सूत्रित किया गया है जो पहले से स्थापित थे और प्रयुक्त विधियों पर आधारित थे—जैसे कि, अजातशत्रु के ब्राह्मण-मंत्री वस्सकार द्वारा लिच्छवियों के विरुद्ध प्रयुक्त उपाय। यद्यपि मगध की सेना इतनी बड़ी और

चित्र 11. मौर्यों के पहले के मगध के अंतिम महान् राजा महापद्म नंद के चाँदी के सिक्कों पर आहत चिह्न। उसे ही स्वतंत्र 'आर्य' कबीलों के, जिसमें शायद कुरु कबीला भी शामिल था, अंतिम विनाश का श्रेय दिया जाता है, लगभग 350 ई.पू.।

अजेय थी कि लड़ाई के मैदान में शत्रु को आसानी से कुचल दे सकती थी, फिर भी मगध के आरंभिक राजा यही समझते थे कि चौकसी बरतने से जन-धन की कम क्षति होगी। बाकी ऐसे घुमंतू पशु-पालक कबीले बचे रहे जो न कहीं पर स्थायी रूप से बसे थे, न खेती करते थे और न ही इतने शस्त्र-सज्जित थे कि उनसे कोई सामरिक खतरा हो। मेगास्थनीज ने लिखा है कि ईसा पूर्व तीसरी सदी में भारतीय जनता के जो सात प्रमुख वर्ग थे उनमें एक इन पशुचारियों का था। **अर्थशास्त्र** के कुछ उपाय, जिनमें कड़ी शराब तथा विष-प्रयोग भी शामिल हैं, अमरीका में स्थानीय आदिवासियों ('रेडस्किन') के विरुद्ध लगभग उसी प्रकार के कारणों से अपनाए गए जिनके लिए प्राचीन मगध में उनका प्रयोग होता था।

भूमि का प्रबंध

अर्थशास्त्र की जानकारी उन पाठकों को निश्चय ही विचित्र और अयथार्थ प्रतीत होती है जो भारतीय ग्राम्य परिवेश की कल्पना इसके बाद के रूप में करते हैं। उस समय प्रशासन की इकाई थी **जनपद**, जिसे आजकल के ज़िले के बराबर समझा जा सकता है। जनपद यानी 'जन (कबीले) का स्थान' अपना मूल अर्थ बदल चुका था। कबीलाई लोग व्यापक रूप से कृषक समुदाय में घुल-मिल चुके थे। ये जनपद एक-दूसरे से जुड़े हुए नहीं थे, बल्कि इनके बीच में विस्तृत जंगल थे, जिनमें मुख्यतः अन्न-संग्राहक बर्बर आदिवासी (**आटविक**) बसे हुए थे। एक ही जनपद के देहातों के बीच में जो जंगल थे उनसे ईंधन, इमारती लकड़ी, सूखी घास, शिकार तथा खाने की चीज़ें मिलती थीं और वे चरागाहों का भी काम देते थे, परंतु आमतौर पर इन जंगलों में अब खतरनाक लोग नहीं बसते थे। संभावना चाहे आदिवासियों के छापे की हो अथवा विदेशी आक्रमण की, प्रत्येक जनपद की सीमा-सुरक्षा का समुचित प्रबंध था। बर्बर आदिवासियों की गतिविधियों और इरादों का पता लगाने के लिए खास गुप्तचर, आमतौर पर आश्रमवासियों के वेश में, भेजे जाते थे; यदि कोई आदिवासी कबीला अधिक शक्तिशाली हो, पर अन्न-उत्पादन की अवस्था में संक्रमण के लिए राज़ी हो, तो उसे पिछले परिच्छेद में बताए गए उपायों द्वारा विघटित किया जा सकता है। ईसा पूर्व तीसरी सदी तक विभिन्न जनपदों की

एक-दूसरे से पृथक् इन सीमाओं का उतना ही महत्त्व था जितना कि राज्यों की बाह्य सीमाओं का। व्यापारी सार्थों को हर जनपद में प्रवेश करते समय और उसकी सीमा से बाहर निकलते समय चुंगी देनी पड़ती थी। प्रत्येक व्यक्ति को जनपद की सीमा पार करते समय मुहर लगा हुआ राजकीय आज्ञापत्र पेश करना होता था, जो अच्छे कार्यों के लिए और भारी शुल्क देने पर ही मिलता था। जनपद का प्रशासन सँभालनेवाले महामंत्री और स्थानीय परिषदों के अधिकारी उसी जनपद के होते थे। कभी-कभी किसी विदेशी अजनबी को भी 'राष्ट्रिय' बना दिया जाता था, जैसे कि चंद्रगुप्त मौर्य के शासनकाल में ईरानी तुषास्फ को[1]; परंतु बाद में तेज़ी से भारतीय बनते गए कई सारे विदेशियों ने यही पद सँभाला है, जिसका कारण संभवतः यह था कि इस प्रदेश में ईरानियों की एक प्रभावशाली बस्ती थी।

प्रत्येक जनपद में एक-सी शासन-व्यवस्था थी। सर्वोच्च अधिकारी राजा के मंत्री होते थे; उनके ठीक नीचे के अधिकारियों की एक परिषद् (**बहुमुख्या** : जिसका यूनानियों ने उल्लेख किया है) होती थी। उच्च पदों के लिए अधिकारियों का चुनाव बड़ी सावधानी से किया जाता था और उनकी बुद्धिमत्ता, ईमानदारी, साहस तथा स्वामिभक्ति की परीक्षा होती थी; साथ ही, गुप्त रूप से प्रलोभन देकर धन, स्त्री, व्यसन तथा महत्त्वाकांक्षा-संबंधी दुर्बलताओं की भी जाँच की जाती थी। प्रत्येक अधिकारी के विशिष्ट गुणों और अवगुणों का ब्यौरा रखा जाता था। प्रत्येक अधिकारी के पूरे कार्यकाल में उसकी गतिविधियों पर गुप्त रूप से नज़र रखी जाती थी। धनी, पश्चात्तापी अथवा सामान्य नागरिक के वेश में छोड़े गए गुप्तचर जनमत का पता लगाते थे, और आवश्यकता पड़ने पर अनुकूल जनमत भी तैयार करते थे। यह वैसा ही कार्य था जैसाकि आजकल कुछ देशों में जनमत-संग्रह और समाचारपत्रों में संपादकीय अभियान द्वारा किया जाता है। अधिकारी-तंत्र का निम्न छोर प्रत्येक गाँव के अथवा शहर के प्रत्येक मुहल्ले के नियामक तक पहुँचता था। ऐसा प्रत्येक 'संरक्षक' (**गोप**) अपने क्षेत्र में प्रत्येक व्यक्ति के जन्म, मृत्यु तथा आने-जाने का पूरा लेखा-जोखा रखता था। अजनबियों तथा अतिथियों की, इक्के-दुक्के यात्रियों तथा व्यापारियों की, किसी के एकाएक धनी हो जाने की अथवा किसी व्यक्ति की संदेहास्पद गतिविधियों की तुरंत सूचना देना और इन पर कड़ी नज़र रखना आवश्यक था। प्रत्येक व्यापारी-सार्थ में गुप्तचर होते थे। राजा सर्वज्ञ था; ऐसा प्रबंध था कि राजा के प्रतिनिधियों से कोई भी बात छिपी न रह सके। उपयोगी या महत्त्व का कोई भी समाचार हरकारों अथवा संदेशवाहक कबूतरों द्वारा मुख्यालयों को तुरंत भेज दिया जाता था और संबंधित अधिकारियों

1. रुद्रदामन् के गिरनार लेख के अनुसार चंद्रगुप्त मौर्य का 'राष्ट्रिय' वैश्य पुष्यगुप्त था और अशोक मौर्य का 'अधिष्ठातृ' यवनराज तुषास्फ था (मौर्यस्य राज्ञः चंद्रगुप्तस्य राष्ट्रियेण वैश्येन पुष्यगुप्तेन कारितमशोकस्य मौर्यस्य कृते यवनराजन तुषास्फेनाधिष्ठाय······)।

—अनुवादक

को आदेश भी उसी प्रकार भेजे जाते थे।

जनपद की भूमि के दो स्पष्ट वर्ग थे : **राष्ट्र** राजस्ववाली भूमि; और राज्य के सीधे निरीक्षण में बसाई और जोती जानेवाली **सीता** भूमि। **राष्ट्र** भूमि का विकास आरंभिक आर्य कबीलों की बस्तियों से हुआ। आमतौर पर उनका अपना एक छोटा मुख्यालय-नगर होता था, जिसके लिए आवश्यक उपज आसपास की कृषिभूमि से प्राप्त होती थी। ऐसे नगरों में प्रशासन पारंपरिक प्रथा के अनुसार चलने दिया जाता था, बशर्ते कि सम्राट् की सत्ता पर इससे किसी प्रकार की आँच न आए। इन **राष्ट्र** भूमियों के अंतर्गत वे 'स्वतंत्र नगर' भी थे जिनका यूनानियों ने उल्लेख किया है; उनकी दृष्टि में ये नगर अरस्तू के 'स्वतंत्र राज्य' की तरह थे, जहाँ जनता की मर्ज़ी से कुलीन लोग शासन चलाते थे। इनमें से कुछ ने, मौर्य आधिपत्य में, अपने सिक्के भी चलाए थे, जिन पर केंद्रीय राजकोष का चिह्न आहत रहता था; इन पर राजसत्ता-सूचक चक्र-चिह्न के स्थान पर लघु मानवाकृतियों अथवा ढाल तथा बाण के चिह्न आहत किए जाते थे। **राष्ट्र** कर भी पुरानी परंपरा पर आधारित थे, पर अब राजा का विशेष मंत्री इन्हें वसूल करता था। कुछ देहात एकमुश्त (संराशि) कर देते थे, और इसमें हरेक का अंश गाँववासी आपस में तै कर लेते थे। मुख्यतः कर-निर्धारण फसल का छठा हिस्सा होता था। 'सेना की रसद के लिए' जो

चित्र 12. चाँदी के 'कबीलाई' सिक्के। ये सिक्के उन लोगों ने चलाए जिन पर प्रत्यक्षतः किसी राजा का शासन नहीं था, यद्यपि (इस उदाहरण में) वे द्वितीय मौर्य सम्राट् बिंदुसार (जिसने सिल्यूकस निकेतर को हराया था) के आधारभूत आधिपत्य में थे। ये सिक्के मेगास्थनीज द्वारा उल्लिखित भारतीय 'स्वतंत्र नगरों' के अस्तित्व को प्रमाणित करते हैं।

कर वसूल किया जाता था, वह कबीलों की पूर्वकालिक स्थानीय सैनिक-सेवा का ही दूसरा रूप था। कबीलाई यज्ञ के अवसर पर राजा को भेंट-उपहार देने की जो पारंपरिक प्रथा थी, उससे **बलि** कर का विकास हुआ। अन्य कुछ करों का विकास मुखिया को पुत्रजन्म और सार्वजनिक सभा-समारोह आदि के अवसरों पर दिए जानेवाले उपहारों से हुआ। कबीलों के मुखियाओं और (स्वयंसेवी किंतु प्रशिक्षित) कबीलाई सेनाओं का प्रायः लोप हो चुका था; फिर भी नया राज्य पुराने सभी करों को नियमित रूप से वसूल करता था। राज्य उद्यानों पर भी कर लेता था और पशुओं द्वारा फसल की तथाकथित क्षति के हरजाने के रूप में भी नाममात्र का कर वसूल किया जाता था; राज्य के खर्च से निर्मित जल-सुविधा संबंधी साधनों (बाँधों, नहरों, जलाशयों) पर उपकर लगाया गया था। इनमें से कुछ करों के बारे में शिलालेखों में जानकारी मिलती है : असोक ने लुम्मिनी गाँव को **बलि** कर से मुक्त

किया और फसल के भाग को छठे से घटाकर आठवाँ कर दिया ('क्योंकि बुद्ध यहाँ पैदा हुए थे')। व्यक्तिगत उपहारों आदि की प्रथा सामंती युग में, सामंतों के विशेषाधिकारों के रूप में, पुनः प्रकट हुई अथवा पहले से ही चली आती रही।

सीता भूमियों की स्थिति एकदम भिन्न थी। कृषिजन्य भूमि में **सीता** भूमि का हिस्सा इतना अधिक बढ़ गया था कि यूनानी पर्यटकों (जो निश्चय ही गंगा नदी के रास्ते से पटना पहुँचे होंगे, न कि शनैः-शनैः उजड़ते जानेवाले **उत्तरापथ** के स्थलमार्ग से) ने यही समझ लिया कि समस्त भूमि पर भारतीय राजा का अधिकार है। **अर्थशास्त्र** के राजा की ओर से खूब कोशिश की जाती थी कि परती भूमि पर लोगों को बसाया जाए, फिर वह भूमि पहले साफ की हुई पर बाद में जंगल बनी हुई हो अथवा पहली बार साफ की गई अछूती भूमि हो। ऐसी भूमियों में बसाए जानेवाले लोगों को विशेष प्रलोभन देकर जनपद के बाहर से लाया जाता था अथवा राजा के अपने अधिकार-क्षेत्र से ही, चाहे नगर की आबादीवाली गंदी बस्तियों से या चाहे घनी आबादीवाले देहातों से, शूद्र परिवारों को बलपूर्वक हटाकर इन भूमियों में बसाया जाता था। हम यह भी जानते हैं कि नए विजित प्रदेशों से ज़बरदस्ती पकड़ लाए लोगों को पुनर्वासित किया जाता था, क्योंकि असोक ने अपने कलिंग-अभियान के परिणामों के संदर्भ में ठीक इसी अर्थ में (ज़बरदस्ती हाँक ले जाना) **अपवह्** क्रिया का इस्तेमाल किया है। परंतु ये ग्रामवासी दास नहीं थे, कृषिदास भी नहीं थे, बल्कि स्वतंत्र अधिवासी थे—इन्हें सिर्फ ऐसे ही काम करने की आज़ादी नहीं थी जिनसे राजकोष को क्षति पहुँचे। नए गाँव एक-दूसरे से करीब तीन मील के अंतर पर होते थे और इनके बीच की सीमाएँ स्पष्ट रूप से निर्धारित रहती थीं, भले ही सारी भूमि साफ हुई हो अथवा न हुई हो। प्रत्येक गाँव में 100 से लेकर 500 तक शूद्र कृषक (कर्षक)-परिवारों की आबादी रहती थी और इनका समूहन इस प्रकार होता था कि पड़ौसी गाँव एक-दूसरे की रक्षा कर सकें। प्रत्येक 10, 200, 400 तथा 800 ग्राम-समूहों के लिए प्रशासकीय मुख्यालय थे जहाँ संभवतः रक्षासेना भी रहती थी। संभव है कि शिशुपालगढ़ नगर की स्थापना 800 गांवों के केंद्र (**स्थानीय**) के रूप में हुई हो; पुरातात्त्विक जानकारी के अनुसार इस नगर की नींव ईसा पूर्व तीसरी सदी में पड़ी थी, परंतु इस जानकारी की **अर्थशास्त्र** के साथ तुलना करके देखना अभी बाकी है।

राज्य के गाँव की भूमि (**सीता** भूमि) जोतनेवाले को केवल उसकी ज़िंदगी-भर के लिए दी जाती थी। यदि उसी ने उस भूमि को पहली बार साफ किया है तो फिर वह दूसरे को न दी जाकर उसी के उत्तराधिकारियों को दी जाती थी, बशर्ते कि ज़मीन भलीभाँति जोती जाती हो। कोई भी व्यक्ति, विशेष अनुमति के बिना, अपने जोत क्षेत्र को हस्तांतरित नहीं कर सकता था; यदि किसी खेत को जोता न गया, तो उसे दूसरे को सौंप दिया जा सकता था। यदि साफ की गई भूमि और आबादी नई हो अथवा कोई विपत्ति आ पड़े तो **सीता** करों से छूट भी मिल सकती

थी। अन्यथा, **सीता** कर **राष्ट्र** करों से कहीं अधिक भारी थे—कम-से-कम फसल का पाँचवाँ हिस्सा; और यदि सिंचाई का प्रबंध राज्य की ओर से किया गया हो तो तीसरे हिस्से तक **सीता** कर वसूल किया जाता था। इमारती लकड़ी, जंगल की पैदावार, मछली, शिकार और हाथी राज्य के लिए आरक्षित थे। हाथियों के जंगलों को साफ नहीं किया जाता था; जो कोई हाथी की हत्या का दोषी पाया जाता था, उसे मृत्युदंड दिया जाता था। हाथी सेना के लिए अनिवार्य था, केवल लड़ाई के लिए ही नहीं, बल्कि भारी परिवहन, पुलों के निर्माण और इसी प्रकार के दूसरे भारी कामों के लिए भी। इसके अलावा, हाथी का प्रतिष्ठात्मक मूल्य भी था। अधिकारियों को, वैद्यों तथा पशुचिकित्सकों को, राज्य के संदेशवाहकों को तथा इसी प्रकार के अन्य राज्य-कर्मचारियों को उनके सेवाकाल तक के लिए **सीता** भूमि की जोत दी जा सकती थी, पर इन भूखंडों पर उनका कोई स्वामित्व नहीं था, न ही वे इन्हें रेहन रख सकते थे। जिस भूमि में लंबे अर्से से खेती की जाती रही हो, वह यदि खाली हो जाए, तो (उस जनपद-विशेष का) राज्य-भूमि मंत्री (**सीताध्यक्ष**) किराए के मज़दूर तथा दंडित दासों से उसे सीधे अपनी देखरेख में जोतने की व्यवस्था करता था; दंडित दास इस प्रकार अपनी सज़ा अथवा जुर्माने की भरपाई कर देते थे। बड़े पैमाने पर दास-मज़दूरों का कोई अस्तित्व नहीं था; परंतु दंडित दासों को निर्धारित (दंड) कालावधि के लिए बेचा जा सकता था। अकर्षित भूमि अधबटाई पर भी दी जाती थी—आमतौर पर ऐसे लोगों को, जिनके पास शारीरिक श्रम के अलावा देने को और कुछ न होता था। फसल के बाद बीज का अनाज काट लिया जाता था और राज्य के हिस्से का अनाज जोतनेवाले के परिवार की स्त्रियों को पीसना पड़ता था। ज़ाहिर है कि ऐसी स्थितियों में राज्य के प्रतिनिधि बैलों और औज़ारों तक का प्रबंध करते थे। संयोगतः, अधबटाई की यह व्यवस्था बिहार में पूरे सामंती युग में टिकी रही और बाद में, जहाँ इसका रिवाज था, अंग्रेज़ों ने इसे जमींदार के विशेषाधिकार के रूप में स्वीकार कर लिया। इस प्रथा के जीवित रहने से भी कुछ लोगों ने निष्कर्ष निकाला कि भारत में कोई परिवर्तन नहीं हुआ है। इस बात पर ध्यान ही नहीं दिया जाता कि मौर्यकाल और उससे पहले राज्य और कृषक के बीच में सामंती बिचौलिए नहीं होते थे। **सीता** भूमि में केवल सैनिकों तथा भूतपूर्व सैनिकों को ही रियायत दी जाती थी; ये लोग यदि राज्य को पाँचवाँ हिस्सा भी न दे पाते तो फिर इन्हें आसान शर्तों पर भूमि मिल जाती थी। इन लोगों को सामंती युग में भी ऐसी सहूलतें मिलती रहीं और अंततः इन्होंने अपना एक विशिष्ट वर्ग बना लिया जिसका काम था सेना के लिए रँगरूट जुटाना।

राजा निराश्रित बच्चों, बूढ़ों अपाहिजों, विधवाओं तथा गर्भवती स्त्रियों की देख-भाल करता था। यह संरक्षण करीब उसी प्रकार का था जैसे मालिक अपने पशुओं की देख-भाल करता है, न कि पिता जिस प्रकार अपने बच्चों की देख-भाल करता है। **सीता** भूमि में किसी प्रकार के सभा-समूह के आयोजन की अनुमति नहीं

थी—केवल **सजात** समूह, यदि हो तो, और आवश्यक सार्वजनिक निर्माण-कार्य (बाँध, नालियाँ आदि) के लिए ही एकत्र होने की अनुमति थी। अनिवार्य सामुदायिक कार्य के लिए नियत समय पर यदि कोई अपना श्रमयोग अथवा अपने बैल नहीं देता, तो उस पर जुर्माना लगाया जाता था। राज्य के देहात में मज़दूर-संगठनों, व्यापारी श्रेणियों, नए धर्मोपदेशकों तथा प्रचारकों को प्रवेश की अनुमति नहीं थी; अधिक-से-अधिक कोई अकेला आश्रमवासी ही ऐसे गाँव से गुज़र सकता था। (यही कारण है कि बौद्ध तथा जैन कथाओं में **सीता** गाँवों के उल्लेख नहीं मिलते। बुद्ध और महावीर के काल में **राष्ट्र** यानी कबीलाई जोत का रिवाज था, जबकि आगे की दो सदियों के काल में उनके अनुयायियों को **सीता** भूमि में प्रवेश करने की अनुमति नहीं थी; असोक के पहले की इन्हीं दो सदियों में राज्य द्वारा सीधे शोषण की व्यवस्था सर्वाधिक सक्रिय रही।) किसी भी **सीता** ग्रामवासी को, जब तक वह अपने आश्रितों का समुचित प्रबंध न करे और अपनी समूची संपत्ति को वितरित न करे, परिव्राजक बनने की अनुमति नहीं थी। कोई भी स्त्री परिव्राजिका नहीं बन सकती थी। कोई कृषक कर-दाता गाँव को छोड़कर कर-मुक्त गाँव में बस नहीं सकता था, फिर वह कर-मुक्त गाँव **राष्ट्र** भूमि में हो अथवा परती भूमि के वे (बहुत थोड़े) विशेष उपवन हों जो ब्राह्मणों को उनके निर्वाह तथा अध्ययन के लिए दे दिए जाते थे और जो कर से मुक्त थे। **सीता** गाँव में नट, नर्तक, गायक, वादक, कथा-वाचक तथा ऐसे ही दूसरे मनोरंजनकर्त्ताओं के लिए प्रवेश वर्जित था। वास्तव में, गाँव में ऐसी कोई उपयुक्त इमारत ही नहीं बनाई जाती थी जो सार्वजनिक सभाओं, नाटकों अथवा खेल-तमाशों के काम आ सके। चाणक्य ने लिखा है : 'ग्रामवासियों की निराश्रयता से और पुरुषों के अपने काम में जुटे रहने से ही राजकोष, बेगारी के श्रम (विष्टि), धान्य, तैल आदि की वृद्धि होती है।[1] ईसा पूर्व चौथी सदी के यूनानी पर्यवेक्षकों को यह देखकर बड़ा आश्चर्य हुआ था कि पास ही में दो सेनाओं में घनघोर युद्ध हो रहा है, पर किसान उसकी तनिक भी परवाह न करके अपने खेत के काम में जुटा हुआ है। दरअसल, इसमें आश्चर्य की कोई बात नहीं है, क्योंकि युद्ध के नियमानुसार निश्शस्त्र शूद्र किसान व्यक्तिगत रूप से सुरक्षित था और विजय किसी भी पक्ष की हो, उसके जीवन पर इसका कोई प्रभाव नहीं पड़ता था। इसे भी 'परिवर्तनहीन पूर्व' की एक विशेषता माना गया है। वस्तुतः, ग्रामीण जीवन की इस जड़ता को आरंभिक राजतंत्र ने ही प्रयत्नपूर्वक प्रोत्साहन दिया था। जिस राजतंत्र ने इन उदासीन गाँवों को जन्म दिया था, वह न केवल इनके पहले ही मिट गया, बल्कि इन्होंने ही उस राज्य को नष्ट किया और देश के ऊपर अपनी एक अमिट छाप छोड़ी।

1. निराश्रयत्वाद्ग्रामाणां क्षेत्राभिरतत्वाच्च पुरुषाणां कोशविष्टिद्रव्यधान्यरसवृद्धिर्भवतीति।
—अर्थशास्त्र, 2.1.35

भूमि साफ करने का काम केवल राज्य की ओर से ही नहीं होता था। भूमि साफ करने के लिए स्वेच्छा से कोई भी समूह, आमतौर पर अपना एक संगठन (श्रेणी) बनाकर, जंगल में पहुँच सकता था और वहाँ अपना स्थायी अथवा अस्थायी आधिपत्य स्थापित कर सकता था। यदि वे अधिकृत **राष्ट्र** अथवा **सीता** क्षेत्रों के भीतर हों, तो उन्हें तदनुरूप राजस्व देना पड़ता था। अन्यथा, एक कालावधि के लिए वे जनपद की निरंतर फैलती सीमाओं के परे होते थे, और इसीलिए राजा के अधिकार-क्षेत्र से भी परे होते थे। इसका अर्थ यह था कि इन लोगों को जंगल के आदिवासियों (आटविकों) को शस्त्रबल से रोकना पड़ता था या उनके साथ प्रत्यक्ष सुलह करनी पड़ती थी। दोनों ही बातें संभव थीं, क्योंकि श्रेणी आमतौर पर व्यापार तो करती ही थी, वस्तुओं का उत्पादन भी करती थी। साथ ही, वे सैनिक अभियान के समय भाड़े पर सैनिक टुकड़ियाँ भी भेजती थीं। इन्होंने आटविकों के विकास में कितना योग दिया, इसका केवल अनुमान ही लगाया जा सकता है; परंतु **अर्थशास्त्र** की सूचना के अनुसार, जासूसी तथा सहायक सैनिक-सेवा के लिए आटविकों का भी इस्तेमाल किया जाता था, जिससे सभ्यता की ओर आगे बढ़ने का उनका मार्ग निश्चय ही प्रशस्त हुआ होगा।

अर्थशास्त्र में वे सभी उपाय बताए गए हैं जो पड़ौसी राज्य पर आक्रमण करने के लिए इस्तेमाल में लाए जाते थे : अंतर्राज्यीय गठबंधन, युद्ध, विष-प्रयोग, विद्रोह को प्रोत्साहन देना, आंतरिक तोड़-फोड़। संधियाँ, जो कभी ज़बानी होने पर भी पावन समझी जाती थीं, सुविधानुसार तोड़ी जा सकती थीं, जिसके लिए किसी अन्य कारण की ज़रूरत भी नहीं होती थी। परंतु यहाँ आक्रमण का प्रत्यक्ष उद्देश्य खिराज़ प्राप्त करना नहीं था, जैसाकि इतिहास की जानकारी के अनुसार प्राचीन काल में अन्यत्र आक्रमण का आमतौर पर यही प्रयोजन रहा है। यदि पराजित राजा समझदारी दिखाता (अन्यथा, उसका जीवित बचना संभव नहीं था) तो वह अपने सिंहासन के साथ-साथ अपने राजस्व तथा अधिकारियों को भी यथावत् सुरक्षित रख पाता था। विजेता एकाधिकार की माँग करता था तो केवल परती भूमि पर, जहाँ उसकी ओर से ज़मीन की सफाई की जाती, बस्तियाँ बसाई जातीं और खानें खोदी जातीं। संभव हो तो यह अधिकार बिना किसी युद्ध के ही प्राप्त किया जाता—पड़ौसी राजा से साधारण समझौता करके। ईसा पूर्व पाँचवीं-चौथी सदी का मगध एकमात्र ऐसा राज्य था जहाँ राजतंत्र को स्पष्टतः एक शास्त्र समझा जाता था। दूसरे राज्य कर वसूल करके अपनी प्रजा का शोषण करते रहते थे, परंतु **अर्थशास्त्र** का राजा ऐसा न करके अन्य सीधे साधनों से राजकीय आय में वृद्धि करता था। यूनानियों ने लिखा है कि भारतीयों को, यानी पंजाब के निवासियों को, धातुकर्म तथा तकनीक की बहुत थोड़ी जानकारी थी, और वे सिंचाई के लिए पनचक्की का इस्तेमाल करना भी नहीं जानते थे। तत्कालीन मगध के बारे में विदेशी टिप्पणी में (जो आज उपलब्ध नहीं है) ऐसी भर्त्सना कदापि न देखने को

मिलती। **अर्थशास्त्र** के राज्य में खनिकर्म तथा हर प्रकार की सिंचाई-व्यवस्था आश्चर्यजनक रूप से उच्च स्तर की थी—जिसका ठीक कारण यह था कि राज्य के सीधे अधिकार-क्षेत्र की **सीता** भूमियों का राजवित्तीय लाभ के लिए सर्वाधिक उपयोग किया गया था।

मौर्यों के बाद राजा को कर के रूप में फसल का छठा भाग देने की परंपरा अस्तित्व में आई, परंतु यह ज्ञात नहीं है कि यह परिवर्तन कब से हुआ। **राष्ट्र** और **सीता** भूमियों का भेद तेज़ी से मिटता गया। 'राष्ट्र' शब्द 'देश' अथवा आधुनिक अर्थ में 'राष्ट्र' का पर्यायवाची बन गया। राज्य को 'राष्ट्र' प्रणाली से राजस्व मिलता रहा—सीधे किसान से अथवा भूस्वामियों के एक बिचौलिये वर्ग से। दूसरी स्थिति में पट्टेदार किसान को **सीता** दर से कर देना पड़ता था और कभी-कभी फसल का आधा भाग तक देना पड़ता था; इस कर में और छठे भाग वाले कर में जो अंतर होता, वह सब भूपति के खज़ाने में चला जाता था। इस प्रणाली का उद्गम मौर्यकाल में ही हुआ था, परंतु बाद के राजतंत्र में इसका आधार बिचौलियों का एक नया भूपति-वर्ग बन गया। इस नए भूपति-वर्ग में एकरूपता नहीं थी, फिर भी व्यवहार में इसके अधिकारों को स्पष्ट रूप से मान्यता मिली हुई थी और इसकी ज़िम्मेदारी हो गई कि यह राज्य को, जो अब उसका अपना राज्य हो गया था, सहायता दे, यद्यपि बाह्य रूप से अब भी निरंकुश राजतंत्र का ही अस्तित्व था।

राज्य और पण्य-उत्पादन

अर्थशास्त्र का राज्य एक अन्य अद्भुत बात में प्राचीन काल के दूसरे ज्ञात राज्यों से—भारत के अथवा बाहर के—भिन्न था; यह बड़े पैमाने पर पण्य-उत्पादन करता था। जैसाकि हमने देखा है, राज्य की मुख्य आमदनी **सीता** भूमियों से थी, जिनकी एक-चौथाई अथबा इससे भी अधिक उपज राज्य के गोदाम (पण्यगृह) में पहुँचती थी; 'राष्ट्र' कर यद्यपि उतने भारी नहीं थे, पर उपज के रूप में ही वसूल किए जाते थे। उपयोग में लाने के लिए अनाज को कूटकर साफ करना और संभवतः पीसना भी आवश्यक था; तेल के बीजों को पेलकर तेल प्राप्त करना ज़रूरी था; कपास को धुनकर व कातकर सूत निकालना ज़रूरी था; ऊन को छाँटकर और साफ करके कंबल बनाने ज़रूरी थे, इमारती लकड़ी को चीरकर और छीलकर तख्ते और कड़ियाँ तैयार करनी थीं; इसी प्रकार और भी कई ज़रूरी काम थे। राज-भंडारों का अध्यक्ष राज्य के निरीक्षण में ये सारे काम अधिकतर स्थानीय मज़दूरों (स्त्री-पुरुष दोनों) से उस समय करवा लेता था जब खेती के काम में शिथिलता आ जाती थी; इन्हें भोजन के अलावा कुछ मासिक मज़दूरी भी दी जाती थी। **अर्थशास्त्र** में पण्य-संग्रह संबंधी सभी प्रक्रियाओं का पूरा विवरण दिया गया है : सफाई के हर दौर में किस सीमा तक नुकसान होता है, कुशल मज़दूरों से कितनी औसत उपज होती

है, और अंततः उपज का तौल या माप कितना होता है, इत्यादि; लगता है कि हम राज्यतंत्र का ग्रंथ नहीं, बल्कि किसी कारखाने की उपज का विवरण पढ़ रहे हैं। हिसाब-किताब की ऐसी व्यवस्था के कारण धोखा देना बहुत कठिन रहा होगा। अकुशल राजकर्मचारी की लापरवाही के कारण राजस्व की जितनी क्षति होती थी, उतना उसे जुर्माना देना पड़ता था; जो कुशल कर्मचारी नए स्रोतों से अथवा काम के नए बेहतर तरीके इस्तेमाल करके अनुमान से अधिक आय दिखाता था, उसे पुरस्कृत किया जाता था। इसके अलावा, बजट बनाने की दृष्टि से राज्य के पण्यगृहों का बड़ा महत्त्व था और प्रत्येक पण्यगृह में एक वर्षा-मापक उपकरण रखा जाता था, जिसके रिकार्ड के आधार पर भूमि का वर्गीकरण करके राजस्व का अनुमान लगाया जाता था।

अंत में तैयार माल को बेच दिया जाता था। इस माल का अधिकांश भाग राज्य-सेवा के अन्य विभागों में खप जाता था, जैसे, सेना में; पर यह हस्तांतरण बिक्री द्वारा होता था और इसका पूरा-पूरा हिसाब रखा जाता था। राज्य अपने सैनिकों को अच्छा वेतन देता था, परंतु युद्ध-अभियान के दौरान अधिक-से-अधिक वेतन वापस लेने की कोशिश की जाती। इसके लिए वेतनधारी राज्य-प्रतिनिधि व्यापारियों के वेश में सैनिक छावनियों में पहुँचते और दुगुने दामों पर माल बेचकर मुनाफा राजकोष में जमा कर देते थे। राज्य के प्रत्येक कर्मचारी को नकद वेतन मिलता था; वेतन का यह ब्यौरा बड़ा विस्तृत और रोचक है (देखिए, **अर्थशास्त्र** 5.3)। सबसे अधिक वेतन—प्रति वर्ष 48000 **पण**—राजा के पुरोहित, मंत्री, राजमहिषी, राजमाता, युवराज और सेनापति को दिया जाता था। सबसे कम वेतन—प्रति वर्ष 60 पण—भारी संख्या में सैनिक छावनियों और राज्य की निर्माण-योजनाओं पर कोल्हू के बैल की तरह कड़ी मेहनत करनेवाले मज़दूरों को मिलता था; इस श्रम को **विष्टि** कहते थे, और इसमें कुछ हद तक ज़ोर-ज़बरदस्ती भी होती थी, पर वेतन अवश्य दिया जाता था, जबकि सामंती युग में इसी शब्द का अर्थ हो गया—ज़बरदस्ती की और बिना वेतन की बेगार, जो राजा अथवा स्थानीय सामंत के आदेश पर, प्रकट रूप से सार्वजनिक भलाई के लिए, किसानों और कारीगरों को करों के बदले अथवा इनके अतिरिक्त देनी पड़ती थी। इस विष्टि-श्रम के अंतर्गत ज्यादातर ऊबड़-खाबड़ प्रदेश में सड़कें बनाने, सिंचाई के लिए नहरें खोदने, किलेबंदी के लिए खाइयाँ खोदने और बाँधों के लिए मिट्टी-पत्थर ढोने का काम करना पड़ता था। प्रति वर्ष 60 पणों (चाँदी के सिक्कों) के इस वेतन से ज़ाहिर होता है कि कड़ी शारीरिक मेहनत करते हुए साल-भर गुज़ारा चलाने के लिए इतनी निम्नतम आय ज़रूरी थी, और संभवतः इसमें से आश्रितों के लिए भी कुछ बचता होगा। (यह वेतन प्रतिमाह 17.5 ग्राम चाँदी के तुल्य था; अठारहवीं सदी के आरंभिक दिनों में ईस्ट इंडिया कंपनी भी निम्नतम स्तर के भारतीय मज़दूरों को लगभग ठीक इतनी ही मज़दूरी देती थी।) बढ़इयों और शिल्पियों

(कारु-शिल्पी) को राज्य की ओर से 120 पण वेतन मिलता था। प्रशिक्षित एवं पूर्ण शस्त्र-सज्जित पदाती को 500 पण वेतन मिलता था; राज्य-सेवा के **लेखक** (क्लर्क) और **संख्यायक** (लेखापाल) को भी इतना ही वेतन मिलता था (सेनाध्यक्षों तथा विभागाध्यक्षों को, जैसाकि स्वाभाविक था, इससे कहीं अधिक वेतन मिलता था)। कुशल खनक और अभियन्ता को प्रति वर्ष 1000 पण मिलते थे। विभिन्न वेश धारण करने में कुशल श्रेष्ठ गुप्तचर को भी इतना ही वेतन मिलता था; इसी प्रकार उस गुप्तचर को भी जो आमतौर पर गृहस्थ, व्यापारी अथवा साधु की जीविका में अपने को गोपनीय रखता था। ये गुप्तचर जिस किसी भी वर्ग की जीविका को अपनाते, उसी के स्तर के अनुसार उनकी दिनचर्या होती थी और इन्हें अतिरिक्त भत्ता भी नहीं मिलता था, इसलिए यह माना जा सकता है कि मगध के गृहपति के जीवन-स्तर तथा रहन-सहन के लिए कम-से-कम प्रति वर्ष 1000 पण वेतन काफी पर्याप्त था। निम्न स्तर के गुप्तचरों--हत्यारों, अक्खड़ों, विष देनेवालों और भिखारिन- वेशधारी स्त्रियों (जिन्हें राजमहल से लेकर सामान्य गृहस्थ के घर तक स्त्रियों के कक्षों में अबाध प्रवेश मिलता था)--को 500 पण मिलते थे; इतना ही वेतन ग्राम-सेवकों को मिलता था। राजकीय दूत को, गंतव्य स्थान की दूरी के अनुसार, निर्धारित वेतन-भत्ता मिलता था—अधिक दूर जाना हो तो दुगुनी राशि मिलती थी। राज्य-सेवाकाल में विकलांग हुए व्यक्तियों को और सेवाकाल में मृत सेवकों तथा अधिकारियों के असहाय आश्रितों को नियमित पेंशन दी जाती थी। दीर्घकालीन सेवा के लिए भत्ते के रूप में चावल अथवा धान्य का और उपहार के रूप में वस्त्र या इसी प्रकार की अन्य चीज़ का विशेष अधिलाभांश दिया जाता था। ऐसी कोई चीज़ वितरित नहीं की जाती थी जिससे राजस्व में स्थायी रूप से कटौती आ जाए; नक़दी की कमी हो तो राजा अपने भंडारों से कोई भी वस्तु उपहार में दे सकता था, परंतु भूमि अथवा पूरा गाँव नहीं दे सकता था। चाणक्य-जैसे ब्राह्मण-मंत्री का यह निषेधादेश आश्चर्यजनक जान पड़ता है, जब हम देखते हैं कि बिंबिसार और पसेनदि ने याज्ञिकों को गाँव दान दिए थे; पसेनदि तो राजकुमार या सैनिक अधिकारी को भी कभी-कदा कोई गाँव पुरस्कार में दे देता था। **अर्थशास्त्र** में ऐसा वंशागत उपहार देने के बारे में स्पष्ट निषेध है, परंतु बाद में सामंती युग में यही एक आम रिवाज बन गया। मगधीय राज्य का सेवक अधिक-से-अधिक जिस उपहार की अपेक्षा रख सकता था, वह था **सीता** भूखंड, जो उसे उन्हीं शर्तों पर मिलता जो दूसरों के लिए निर्धारित थीं, लेकिन **सीता** भूखंड प्राप्त करनेवाला व्यक्ति राज्य-सेवा के दौरान अपाहिज हो गया हो अथवा बुढ़ापे के कारण सेवा-निवृत्त हुआ हो, तो उसके लिए शर्तें कुछ हल्की हो सकती थीं, परंतु भूमि जोतना और नियमित रूप से राजस्व अदा करना अनिवार्य था।

इससे निष्कर्ष निकलता है कि मगधीय शासन सुदृढ़ नकदी अथव्यवस्था पर आधारित था। 'पण' अथवा 'कार्षापण' शब्दों से कुछ भ्रम पैदा हुआ है। बाद में जाकर इन शब्दों का अर्थ 'ताँबे के सिक्के' हो गया, परंतु **अर्थशास्त्र** का **पण** चाँदी का था, जैसाकि इस ग्रंथ की सूचनाओं से और उस काल के अनेकानेक पुरातात्त्विक प्रमाणों से सिद्ध होता है। उस काल के 3.5 ग्राम चाँदी के मानक सिक्कों की कई सारी निधियाँ मिली हैं, लेकिन सोने का कोई सिक्का नहीं मिला है और ताँबे के सिक्के बहुत कम मिले हैं। जब हम चंद्रगुप्त की विशाल सेना के बारे में सोचते हैं, और यह भी मानकर चलते हैं कि इस सेना में भृत्यों, **विष्टि** मज़दूरों अथवा बेगारों तथा परिचारकों की संख्या काफी अधिक रही होगी, तो लगता है कि इसके लिए विपुल मुद्राकोष की ज़रूरत पड़ती होगी। इस बात को विशेष रूप से स्मरण रखना ज़रूरी है कि अपने भूक्षेत्र के तमाम खनिकर्म पर राज्य का नियंत्रण था। यह इसी से स्पष्ट है कि खनिक को, जो खनिज के सर्वेक्षण से लेकर उसके शोधन तक सारे कामों की देखभाल करता था, ऊँचा वेतन मिलता था। राज्य के एकाधिपत्य के बारे में चाणक्य की उक्ति है : 'राज्यकोष का स्रोत खनिकर्म में है और सेना का स्रोत राजकोष में। जिसके पास कोष और सेना है वह सारी पृथ्वी पर विजय प्राप्त कर सकता है (और राजकोष उसका भूषण बनता है)।'[1] यूनानी लोग भारी उद्योग के इस मूलभूत महत्त्व को भलीभाँति समझ सकते थे, परंतु तत्कालीन पंजाब के लोग नहीं समझ पाए, न ही संभवतः मौजूदा समय के पहले के आम भारतीय राजनीतिज्ञ समझ पाए। **अर्थशास्त्र** में कच्चे खनिजों की विभिन्न किस्मों के भेद बताए गए हैं और इनके अवकरण तथा प्रद्रावण के बारे में संक्षिप्त किंतु स्पष्ट सूचनाएँ दी गई हैं। कहीं पर भी इस बात का आभास नहीं दिया गया है कि उपयोगी औज़ारों, बर्तनों तथा आभूषणों का निर्माण राज्य की ओर से होगा; राज्य धातु की काफी मात्रा व्यापारियों, शिल्पियों की श्रेणियों, स्वर्णकारों तथा निजी निर्माताओं को बेच देता था। यहाँ तक कि निजी तौर पर चाँदी के सिक्के भी चलाए जा सकते थे, परंतु इसके लिए चाँदी के टुकड़ों को टकसाल में ले जाना ज़रूरी था, जहाँ मिश्रधातु तथा तौल की जाँच के बाद, यदि वे मानक सिद्ध होते तो, उन पर समुचित चिह्न आहत किए जाते; इसके बाद वे सिक्के वैध मुद्रा माने जाते। जाली सिक्के बनाने पर कठोर दंड मिलता था। पता चलता है कि वस्त्र, बर्तन तथा टोकरियों-जैसी वस्तुएँ निजी तौर पर बनती थीं और बेची जाती थीं। तो फिर निजी पण्य-उत्पादक और राज्य के बीच किस प्रकार के संबंध थे?

व्यापारी या विक्रेता राज्य से अथवा किसी भी अन्य स्रोत से कोई भी उपलब्ध चीज़ खरीद सकता था। कोई भी किसान अपनी अतिरिक्त उपज, यदि उसके पास हो तो, किसी भी खरीददार को बेच सकता था या किसी उपयोगी वस्तु के साथ

1. आकरप्रभावः कोशः कोशाद्दंडः प्रजायते।
पृथिवी कोशदंडाभ्यां प्राप्यते कोशभूषणां।। –अर्थशास्त्र 2. 12. 37

उसकी अदला-बदली कर सकता था। प्रत्येक जनपद के राजकीय पण्यगृहों में आपात-काल के लिए न केवल धान्य तथा खाद्य-वस्तुओं का बल्कि रस्सियों इमारती लकडी, औजारों एवं इसी प्रकार की अन्य वस्तुओं का स्थायी संचय रखना पड़ता था। अकाल, अग्निकांड, बाढ़ अथवा महामारी या ऐसी ही किसी विपदा से किसी वर्ष असाधारण स्थिति पैदा होती तो इन्हीं भंडारों से जनसाधारण को राहत पहुँचाई जाती। सावत्थी के समीप (सहगौरा, गोरखपुर ज़िला) से मिले एक उत्कीर्ण ताम्रपत्र से और महास्थान (बोगरा जिला, बांग्ला देश) से प्राप्त एक शिलाखंड पर उत्कीर्ण लेख से भी न केवल यह सिद्ध होता है कि ऐसे राजकीय भंडारों का अस्तित्व था बल्कि यह भी सिद्ध होता है कि वस्तु-संग्रह करने और सहायता देने के आदेश दिए जाते थे। इस आरक्षित संचय के अलावा बाकी सबकुछ बेचा जा सकता था। माल खरीदने के बाद ही व्यापारी की असली दिक्कतें शुरू होती थीं। एक कठोर नियम यह था कि '(कोई भी व्यापारी अथवा विक्रेता) किसी भी पण्य-वस्तु को उसके निर्माण-स्थल पर नहीं बेच सकता था।' इसका अर्थ यह था कि खरीदे हुए माल को किसी-न-किसी प्रकार तैयार करना होता था और फिर उसे आमतौर पर कहीं दूर ले जाना होता था। व्यापारी को माल के मूल्य में तैयार करने तथा दूर तक ढोकर ले जाने की कीमत भी जोड़नी पड़ती थी; माल और मुद्रा के प्रचलन को संतोषजनक स्तर पर रखने के लिए इस पण्य-परिवहन का बड़ा महत्त्व था। समय-समय पर बाँटों और मापों की जाँच होती थी। (जिसके लिए अनुज्ञा-शुल्क देना पड़ता था); साथ ही माल की भी जाँच-पड़ताल होती थी। एक जनपद से दूसरे जनपद जाते समय सार्थवाह को आदिवासियों से आबाद जंगलों से गुज़रना पड़ता था, इसलिए सार्थ की सुरक्षा के लिए वह शस्त्र भी साथ रखता था। जैसे ही वह अगले जनपद की सीमा पर पहुँचता, उसे ये शस्त्र राज्य के शस्त्रागार में जमा कर देने पड़ते, कोई विशेष कारण हो तो आवश्यक शुल्क देकर वह शस्त्र अपने पास रखने की अनुज्ञा प्राप्त कर सकता था। ऐसा अनुज्ञापत्र प्राप्त किए बिना कोई भी शस्त्रधारी व्यक्ति जनपद के भीतर प्रवेश नहीं पा सकता था; यहाँ तक कि सैनिक भी, यदि वे अपने रक्षा-कार्य पर नियुक्त न हों, तो नगर में शस्त्र लेकर नहीं आ सकते थे। जनपद में प्रवेश करते समय और बाहर आते समय सार्थ को भी मार्ग-कर एवं सीमा-शुल्क देना पड़ता था। तस्करी और माल के मूल्य के बारे में असत्य विवरण देना न केवल खतरनाक था, बल्कि अत्यंत कठिन भी था, क्योंकि सार्थ में कम-से-कम एक ऐसा गुप्तचर-व्यापारी होता था जिसे राज्य की गुप्तचर-सेवा से अच्छा वेतन मिलता था और जिसे सार्थ के सारे लेन-देन की जानकारी होती थी। ऐसा भेदिया प्रायः पहले ही सीमा-सुरक्षा अधिकारी को सूचना भेज देता था, इसलिए वह अधिकारी व्यापारियों द्वारा विवरण देने के पहले ही यह बताने की स्थिति में होता था कि सार्थ में ठीक किस प्रकार का माल मौजूद है। आयातित माल को एक नियत सार्वजनिक हाट में ऐसे दामों पर बेचना होता था

जिसमें समुचित मुनाफा हो, किंतु इससे अधिक की गुंजाइश नहीं थी। बिना बिके माल को स्थानीय अधिकारी बिक्री के लिए प्रायः अपने पास रख लेते थे और अपनी सही जानकारी के अनुसार उसके उचित दाम लगाते थे। व्यापारी—अपने आधुनिक सहधर्मी के असदृश—आवश्यक वस्तुओं को इस आशा से जमा करके नहीं रख सकता था कि उन्हें कहीं अन्यत्र ले जाकर अधिक मुनाफे पर बेचेगा अथवा लुक-छिपकर ऊँचे दामों पर बेचेगा।

पण्य-निर्माता व्यापारी पर संभवतः सबसे कड़ा प्रतिबंध यह था कि वह कुशल श्रमिक एक सीमा तक ही प्राप्त कर सकता था। कारीगर स्वतंत्र थे और आमतौर पर शक्तिशाली श्रेणियों में संगठित थे। किसी भी स्वतंत्र शूद्र को बेचकर सेवक-दास नहीं बनाया जा सकता था। यूनानियों ने भारत में किसी प्रकार की दासप्रथा नहीं देखी; इसी प्रकार, भारतीय भी सोचते थे कि सीमाप्रदेश में और यूनानी प्रदेशों में केवल आर्य और दास जातियों का ही भेद है। दंडदासों का उल्लेख पहले किया जा चुका है; इनके अलावा घरेलू चाकरों, विदूषकों आदि-जैसे क्रीतदासों का भी एक पूरा वर्ग था। परंतु इनमें से किसी को भी गंदा अथवा अपमानजनक काम करने के लिए मजबूर नहीं किया जा सकता था; ऐसा करने पर उसे फौरन मुक्ति मिल जाती थी; बलात्कार अथवा अत्याचार के प्रयास का भी यही परिणाम होता था। स्वतंत्र व्यक्ति के बच्चों की तरह दास के बच्चे भी स्वतंत्र होते थे, उन्हें बेचा नहीं जा सकता था। दास के पास यदि किसी प्रकार की संपत्ति हो तो मालिक उसे छीन नहीं सकता था; कोई भी दास, स्त्री या पुरुष, अपने श्रम की वैधानिक मूल्य में गणना करके अपनी आज़ादी खरीद सकता था। वेतन पानेवाले मजदूर एक ऐसे समुचित अनुबंध-कानून द्वारा सुरक्षित थे जो एक ओर मज़दूरों को बाँधता था तो दूसरी ओर उनसे काम लेनेवाले ठेकेदारों को भी। और फिर, सीमाहीन जंगल भी था, जिसमें कोई भी साहसी व्यक्ति शरण ले सकता था। वहाँ अन्न-संकलन करके जीवन-निर्वाह करना सदैव संभव था और आटविकों के साथ अच्छे संबंध स्थापित कर लेने पर वहाँ कृषि के लिए भूखंड भी साफ किया जा सकता था; जनपद की सीमा जब तक वहाँ न पहुँचे, तब तक राज्य की ओर से कोई परेशानी नहीं थी, न ही कोई कर देने की ज़रूरत थी। यद्यपि व्यापारी के ऐसे हित भलीभाँति सुरक्षित थे जिनका राज्य के हितों से टकराव नहीं था, फिर भी राज्य कानून का आम दृष्टिकोण यही था कि व्यापारी बुनियादी तौर पर धूर्त होता है और यदि उसे समय-समय पर भलीभाँति जाँचा न जाए, नियंत्रण में न रखा जाए और दंड न दिया जाए, तो वह सबके लिए घातक बन जाता है। बौद्ध दृष्टिकोण से स्पष्टतः इतने अधिक भिन्न किसी अन्य दृष्टिकोण की कल्पना नहीं की जा सकती।

हर चीज़ का मूल्य कूता जाता था, यह बात अर्थदंडों की सूची से ज़ाहिर होती है; **अर्थशास्त्र** के एक प्रामाणिक अनुवाद की अनुक्रमणिका में अर्थदंडों की यह

सूची साढ़े नौ कालमों में दी गई है और इसमें भी कई ऐसे विषय छोड़ दिए गए हैं जिन्हें अन्यथा पाप या अभद्र आचरण की कोटि में शामिल किया जाता। ब्राह्मण-पुरोहित भी, अन्य अनुबंधित व्यक्तियों की भाँति, पूजा-पाठ के लिए अपनी सहमति के कारण कानूनी तौर पर बँधा हुआ था। तपस्वी को, जिसके पास छोट-मोटे अपराध का जुरमाना देने के लिए भी संपत्ति नहीं होती थी, राजा के लिए प्रार्थनाओं के रूप में अदायगी करनी पड़ती थी। वेश्यावृत्ति को न तो अपराध समझा जाता था, न ही पाप, बल्कि एक पृथक मंत्री (गणिकाध्यक्ष) के अंतर्गत यह पेशा एक प्रकार का राजकीय उद्यम था। गणिकावृत्ति के लिए भी उसी प्रकार सर्वांगीण नियम थे जैसे कि पण्य-व्यापार अथवा दूसरी कम कुतूहलजनक सेवाओं के लिए थे। एक सीमा तक धनार्जन के बाद गणिकाएँ अपना पेशा त्यागकर संभ्रांत जीवन व्यतीत कर सकती थीं, क्योंकि उस समय इस पेशे को उतना हेय नहीं समझा जाता था जितना कि यह बाद में हो गया; परंतु राज्य का ऋण चुकाना अत्यावश्यक था। वयोवृद्धा गणिका राज्य की सेवा में अधीक्षिका ('मातृका') भी बन सकती थी। मदिरा के लिए भी एक पृथक मंत्री (सुराध्यक्ष) था, जो शराब के उत्पादन से लेकर इसकी बिक्री तक सारी व्यवस्था देखता था। राज्य का एक विशेष अधीक्षक (द्यूताध्यक्ष) सारे द्यूतागारों का संचालन करता था। इन सारे उदाहरणों से स्पष्ट होता है कि नागरिक जीवन के हर क्षेत्र में मुद्रा-अर्थव्यवस्था व्याप्त थी। यहाँ सिर्फ यही ध्यान में रखना जरूरी है कि सबसे अधिक लोग 'मूक' सीता-ग्रामों में आबाद थे, जहाँ हर संभव प्रयत्न होता था कि उन्हें खेती के सख्त काम में सदा व्यस्त रखा जाए। गणिकाओं, सुरागारों तथा द्यूतागारों की सुविधाएँ केवल नगरों एवं कस्बों के लिए ही थीं, आमतौर पर गाँवों के लिए नहीं। जब हम कहते हैं कि मगधीय राज्य एवं समाज ने हर चीज़ का मुद्रा-मूल्य निर्धारित किया था, तो यह कथन मुख्यतः नगरीय जीवन, सार्थ-व्यापारी तथा राज्य- अधिकारियों पर लागू होता है, सीता-भूमि पर जबरन बसाए गए गरीब किसानों पर नहीं।

असोक और मगधीय साम्राज्य का चरमोत्कर्ष

चंद्रगुप्त मौर्य के पौत्र और बिंदुसार के पुत्र असोक (संस्कृत : अशोक) ने राज-सिंहासन लगभग 270 ई. पू. में सँभाला। उसके अभिलेख अब तक पढ़े गए भारतीय अभिलेखों में सबसे प्राचीन हैं। उसके जीवन के बारे में यत्र-तत्र जो आख्यान मिलते हैं, उनके आधार पर कोई क्रमिक विवरण प्रस्तुत करना संभव नहीं है। कहा जाता है कि अपने सौतेले भाइयों की हत्या करके असोक सिंहासन पर बैठा था; उसने कम-से-कम 36 साल तक राज्य किया, जिनमें से आरंभ के आठ साल तक उसका शासन बड़ा क्रूर रहा। एक आख्यान के अनुसार, असोक ने बंदियों को यातनाएँ देने के लिए जो विशेष 'नरक-गृह' बनवाया था, वह स्थल पटना के समीप

यात्रियों को सदियों तक दिखाया जाता रहा। यह पार्थिव 'नरक' वास्तव में मगध के कारावासों के कठोर जीवन का परिचायक था। जो असंदिग्ध अपराधी उद्दंड और जिद्दी होते थे, उन्हें कारागृहों में कठोर काम में जोतने के साथ-साथ यातनाएँ भी दी जाती थीं। सामंती युग के आरंभ काल में ऐसी यातनाएँ देना बंद हो गया था, पर परवर्ती सामंती युग में यह प्रथा पुनः शुरू हो गई। विभिन्न विवरणों के कारण दो असोकों में कुछ भ्रम पैदा हो जाता है, जिसका कारण यह है कि ईसा पूर्व पाँचवीं सदी के एक मगधीय राजा के सिक्कों पर भी लगभग वही चिह्न आहत हैं जो कि दो सौ साल बाद के महान् असोक के सिक्कों पर देखने को मिलते हैं। दोनों ही प्रकार के सिक्के असोक-द्वितीय के समय में और बाद में भी प्रचलित रहे। अतः पहले के उस शिशुनाग राजा को **कालासोक** ('प्राचीन असोक') नाम देना स्वाभाविक ही था। मौर्य असोक ने अपने को **देवानंपिय पियदसि** (देवताओं के प्रिय प्रियदर्शी) कहा है। 'देवानंपिय' आमतौर पर राजाओं की उपाधि थी; इसमें राजा के दैवी अधिकार का अर्थ निहित नहीं है, क्योंकि 'बुद्धू' के अर्थ में भी इस शब्द का प्रयोग होता था। मास्की (कर्णाटक) और गुजर्रा (मध्यप्रदेश) में खोजे गए शिलालेखों से, जो असोक के दूसरे लेखों-जैसे ही हैं, यह सिद्ध हो गया है कि इन्हें असोक ने ही खुदवाया है, क्योंकि इनमें पियदसि और असोक नाम समानार्थक हैं। बौद्ध वाङ्मय (संस्कृत, पालि और चीनी) ने असोक को अमर ही नहीं, एक आख्यान-पुरुष बना दिया है, क्योंकि उसने बौद्ध धर्म स्वीकार किया था और भिक्षु-संघ को उदारतापूर्वक दान-दक्षिणा दी थी। महान् असोक के सिक्कों को अभी हाल तक पहचाना नहीं गया था, क्योंकि उन पर कोई नाम अथवा लेख नहीं है, सिर्फ दूसरे आहत-सिक्कों-जैसे चिहन हैं।

चित्र 13. शिशुनाग सिक्के (चाँदी), जिनमें ऊपर के चिह्न उस राजा के हैं जो बाद में कालासोक (लगभग 420 ई. पू.) के नाम से प्रसिद्ध हुआ, क्योंकि यहाँ पाँचवाँ चिह्न असोक मौर्य के सिक्कों के (चौथे) चिह्न के लगभग समान ही है। पहले के सभी सिक्के परवर्ती शासनकालों में भी चलते रहे; यदि विजय प्राप्त करके शासन पर अधिकार किया गया हो तो नया राजा कभी-कभी अपने चिह्न उन सिक्कों पर आहत करवाता था। नीचे की पंक्ति के चिह्न, जिनमें 'नंदिन्' राजा का निजी चिह्न है, उन मुद्राओं के हैं जिनका मौर्यों के पहले सर्वाधिक प्रचलन रहा और इसलिए ये अत्यधिक समृद्ध एवं दीर्घकालीन शासन के सूचक हैं। संभवतः इस चिह्न (नंदिन्) के कारण ही नंदराज अथवा नंदवंश अपनी समृद्धि के लिए प्रसिद्ध हो गया।

असोक स्वयं जानकारी देता है कि राज्यारोहण के आठवें वर्ष में हुए विनाशकारी कलिंग (उड़ीसा) अभियान के बाद उसमें एकाएक परिवर्तन हो गया। इस युद्ध में एक लाख लोग मारे गए और इससे भी कई गुना लोगों की मृत्यु युद्धजनित कारणों से हुई। 150,000 लोगों को निर्वासित किया गया; इस संदर्भ में जिस **अपवह** क्रिया का प्रयोग किया गया है, वह **अर्थशास्त्र** के उस शब्द के सदृश है जिसका अर्थ है—सीता-भूमि में जबरन पुनर्वासित करना। यह मौर्यों की अंतिम बड़ी युद्ध-विजय थी। इसके बाद कलिंग के लोग—जितने भी बचे थे—असोक के विशेष संरक्षण में आ गए, मानो वे उसकी संतान हों। लगभग इसी समय से असोक मगध के धार्मिक उपदेशकों की ओर आकर्षित हुआ और वह बौद्धधर्म में दीक्षित हुआ। इस धर्म-परिवर्तन ने, जिसकी तुलना अक्सर रोमन सम्राट् कांस्टैन्टाइन द्वारा 325 ई. में ईसाई धर्म स्वीकार करने से की जाती है, ऐसे किसी संगठित चर्च की सृष्टि नहीं की जो राज्य से संबंधित हो, न ही दूसरे भारतीय धर्मों को खत्म किया, जैसाकि राजकीय ईसाई धर्म ने रोमन साम्राज्य से मूर्तिपूजक विधर्मियों को खत्म कर दिया था। इसके विपरीत, असोक तथा उसके उत्तराधिकारियों ने ब्राह्मणों और जैनों तथा आजीवकों को भी उदारतापूर्वक दान-दक्षिणा दी। महान् असोक अपने राज्य के सम्मानित वयोवृद्धों से भेंट करता था, राज्य के दौरे पर निकलता तो ब्राह्मणों तथा श्रमणों से वार्तालाप करता और हर धर्म-जाति के व्यक्तियों की धन तथा उपहारों से सहायता करता। बुनियादी तौर पर यह परिवर्तन उतना धार्मिक नहीं था जितना कि एक भारतीय राजा द्वारा अपनी प्रजा के प्रति पहली बार प्रकट किए गए दृष्टिकोण के बारे में था : 'जो कुछ पराक्रम मैं करता हूँ वह इसलिए कि

चित्र 14. पहले तीन मौर्य सम्राटों—चंद्रगुप्त, बिंदुसार और असोक—के सिक्के। यहाँ प्रत्येक राजा के केवल एक ही प्रकार के सिक्के दरशाए गए हैं, पर असोक ने कई दर्जन किस्म के सिक्के चलाए थे, क्योंकि उसके लंबे और शांतिपूर्ण शासनकाल में अनेक टकसालों में सिक्के बनते रहे। किंतु चंद्रगुप्त के बाद मौर्यों के चाँदी के सिक्कों में, ताँबे की मात्रा एकाएक बढ़ गई और तौल में भी न्यूनाधिकता देखने को मिलती है, जो आदिम मुद्रा-स्फीति तथा प्रचलित मुद्रा पर दबाव की परिचायक हैं।

प्राणियों के प्रति मेरा जो ऋण है उससे उऋण हो जाऊँ ।'[1] राजत्व का यह अद्भुत आदर्श नया ही नहीं, प्रेरणादायक भी था; यह उस पूर्ववर्ती मगधीय राजतंत्र के लिए सर्वथा विस्मयकारी था जिसमें राजा ही राज्य की परम सत्ता का प्रतीक होता था। **अर्थशास्त्र** का राजा किसी का कर्ज़दार नहीं था; राज्य के लाभ के लिए शासन करना ही उसका एकमात्र कार्य था और कुशलता ही इसकी एकमात्र परम कसौटी थी। ईसा पूर्व छठी सदी के मगधीय धर्मों ने जिस सामाजिक दर्शन का प्रतिपादन किया था, उसे अंत में, असोक के समय में, राजतंत्र में भी प्रवेश मिल गया।

इसलिए असोक पर यह आरोप लगाया गया है कि उसने अपने आदेश (लेख) केवल बौद्धधर्म के प्रचार-प्रसार के लिए खुदवाए हैं। पर यह विचार न्यायसंगत नहीं है, क्योंकि उसने सभी धर्म-संप्रदायों को प्रकट रूप से सहायता दी—उन ब्राह्मणों को भी जिनके मिथ्याभिमान को बौद्धों ने चूर किया और जैनों तथा आजीवकों के उन दो समानांतर संप्रदायों को भी जिनसे सभी बौद्ध धार्मिक तीव्रता के साथ घृणा करते थे। किंतु यह सच है कि सम्राट् असोक स्वयं को बौद्ध मानता था। बताया जाता है कि उसने बुद्ध की अस्थि-धातुओं पर अनगिनत स्तूप बनवाए और बुद्ध के जीवन से संबंधित पवित्र स्थलों पर दूसरे स्मारक खड़े किए। पुरातत्त्व द्वारा काफी हद तक इसकी पुष्टि हो चुकी है। उसने अपने स्तंभ और शिलालेख तत्कालीन मुख्य व्यापारी मार्गों के महत्त्वपूर्ण मिलनस्थलों पर अथवा नए प्रशासन-केंद्रों के समीप खुदवाए। बुद्ध के जीवन से संबंधित अधिकांश विशिष्ट स्थल भी पुराने उत्तरापथ पर ही थे; गंगा की घाटी में तेज़ी से आबादी बढ़ते जाने के कारण उत्तरापथ के व्यापारी-मार्ग का महत्त्व शनैः-शनैः घटता गया। बौद्ध-संघ को संबोधित करते हुए असोक ने मतभेदों के निवारण के लिए एक विशेष लेख (भाब्रू शिलालेख) भी खुदवाया था; इसमें भिक्षुओं के लिए कोई विशेषाधिकार नहीं हैं, उनके अध्ययन और आचरण के लिए ही कुछ उत्तम सुझाव दिए गए हैं। जान पड़ता है कि तेजी से वृद्धि होने के कारण और उच्चाश्रय मिलने के कारण संघ में कुछ शिथिलता आने लगी थी। यह परंपरा ऐतिहासिक जान पड़ती है कि असोक के शासनकाल में तृतीय बौद्ध संगीति का आयोजन हुआ था और उसने सभी पड़ौसी देशों—श्रीलंका, मध्य एशिया और संभवतः चीन—में धर्मदूत भेजे थे। बताया जाता है कि अपने प्राचीनतम रूप में पालि बौद्ध ग्रंथों का संकलन बुद्ध-निर्वाण के तुरंत बाद हुआ था, परंतु अधिक संभव यही प्रतीत होता है कि अपने वर्तमान रूप में ये असोक के समय में अथवा उसके कुछ आगे-पीछे अस्तित्व में आए। अपने वर्तमान रूप में ये बौद्ध ग्रंथ श्रीलंका, बर्मा तथा थाईदेश में सुरक्षित रहे।

1. य च किंचि पराक्रमामि अहं किंति भूतान आनण गछेयं...

—गिरनार का षष्ठ शिलालेख

असोक की राजाज्ञाओं का प्रयोजन केवल बौद्धधर्म के प्रति निजी आस्था प्रकट करना ही नहीं है; क्योंकि ये राज्य की बुनियादी नीति में आमूल परिवर्तन की सूचक हैं। इसके लिए पहला प्रमुख सबूत है वे सार्वजनिक निर्माण-कार्य (स्तूपों के अलावा भी) जिनसे राज्य को कोई आय नहीं होती थी। पाटलिपुत्र में निर्मित असोक का नया भव्य प्रासाद तथा इसी प्रकार के दूसरे भवन आराम और ठाट-बाट के लिए थे; दूसरे राजा भी ऐसा ही करते। **अर्थशास्त्र** का राजप्रासाद उपयोग और व्यक्तिगत सुरक्षा की दृष्टि से बनाया जाता और उसमें लकड़ी का इस्तेमाल होता, जबकि असोक ने अधिक मात्रा में पत्थरों का इस्तेमाल किया और इन पत्थरों को शीशे-जैसा ओपदार बनवाया। असोक के स्तंभों की शैली, ओप तथा सुंदर घंटाकार शीर्ष, जिसका बाद के भारतीय स्तंभों में खूब इस्तेमाल हुआ, हखामनि स्थापत्य की अनुकृति बताए जाते हैं। कहा जाता है कि असोक को दारयवहु-प्रथम के **अपदन** प्रासाद का नमूना ही नहीं, कारीगर भी मिले थे। चूँकि **अपदन** प्रासाद पाटलिपुत्र से 2000 मील की दूरी पर था और 500 ई. पू. के पहले बना था और सिकंदर की रँगरलियों के दौरान 330 ई. पू. में इसे जला दिया गया था, इसलिए इस कथन को शब्दशः सच मानने की जरूरत नहीं है। असोकीय कला, जिसमें मैं साँची के भव्य किंतु कुछ बाद के तोरण-द्वारों का भी समावेश करता हूँ, सुविकसित कार्ष्ठशिल्प की परंपरा को सीधे पत्थर में उतारने की परिचायक है। कार्ले, कोंडणे तथा दूसरे स्थलों के चैत्यगृहों के उच्चित्रों से प्रकट होता है कि बहु-मंजिले भवन अधिकतर लकड़ी के बने होते थे, यहाँ तक कि विशिष्ट 'बौद्ध तोरण' भी आरंभ में लकड़ी के ही बनते थे। पटना के समीप के कुमरहर स्थान की खुदाई में जिस परवर्ती मौर्य सभा-मंडप के अवशेष मिले हैं (जिसे पहले भ्रांतिवश असोक का राजप्रासाद समझा गया था) उसका फर्श, उसकी भीतरी तथा ऊपरी छत, दरवाजे-खिड़कियाँ आदि, यहाँ तक कि नालियाँ भी, भारी इमारती लकड़ी से निर्मित थीं। इस सभा-भवन के सुंदर ओपदार प्रस्तर-स्तंभ जमीन में खड़े गाड़े गए भारी लट्ठों पर मिट्टी के थर बिछाकर दृढ़तापूर्वक खड़े किए गए थे। आज तो यह परिवेश वृक्षविहीन हो गया है, पर प्राचीन काल में यहाँ इमारती लकड़ी प्रचुर मात्रा में उपलब्ध थी; ईसा की सातवीं सदी में भी बिहार में छीले हुए लट्ठों से मीलों लंबी सड़कें बनती थीं। पटना की सर्वोत्तम किलेबंदी इमारती लकड़ी से हुई थी और इस पर मिट्टी का लेस चढ़ा दिया गया था।

भारतीय कला व स्थापत्य की, जो निश्चय ही भारतीय संस्कृति की सबसे कम मूल्यवान् निधि नहीं है, शुरुआत असोक के समय से मानी जा सकती है, बावजूद इसके कि सिंधु सभ्यता में भी निर्माण-कार्य हुआ था। असोक के पाटलिपुत्र-प्रासाद के भग्नावशेष 400 ई. में भी चीनी यात्रियों को भव्य प्रतीत हुए थे और वे उन्हें जिन्नों तथा देवताओं द्वारा निर्मित समझते थे। असोक ने ऐसे महत्त्व के सार्वजनिक निर्माण-कार्यों पर काफी धन खर्च किया जिनसे राज्य को कोई मुनाफा नहीं था।

साम्राज्य-भर में मनुष्यों और पशुओं के लिए चिकित्सालय स्थापित किए गए, जिनमें राज्य के खर्च पर इलाज की व्यवस्था थी। सभी प्रमुख व्यापारी मार्गों पर एक-एक योजन (पाँच से नौ मील तक की दूरी; इस शब्द का मूल अर्थ वह दूरी थी जो लंबी यात्रा के दौरान बैलों को विश्राम के लिए छोड़े बिना बैलगाड़ी द्वारा आसानी से तै की जाती थी) की दूरी पर सुव्यवस्थित रूप से छायादार कुंज, बावड़ियाँ, फलों के बाग तथा विश्राम-गृह बनाए गए थे। ये नई सुविधाएँ असोक के अपने राज्य में ही नहीं बल्कि सीमाओं के बाहर भी जुटाई गई थीं; ज़ाहिर है कि व्यापारियों के लिए ये वरदान-जैसी थीं, विशेषकर इसलिए कि अनेक पड़ावों पर वैद्यों तथा पशु-चिकित्सकों का प्रबंध था। ये सब कार्य पिछले अध्याय में उद्धृत बौद्ध प्रवचन में बताए गए परोपकारी चक्रवर्तिन् राजा के कर्तव्यों के सदृश हैं। **अर्थशास्त्र** में ऐसे कार्यों के बारे में नहीं सोचा गया है जिनसे अर्थलाभ न होता हो; यद्यपि उस निष्ठुर ग्रंथ में भी इस बात पर जोर दिया गया है कि बूढ़ों, अपाहिजों तथा अनाथों की सहायता करनी चाहिए।

इसका तात्पर्य यह नहीं है कि असोक दान-धर्म के कार्यों में ही व्यस्त रहता था, कि उसने शासन-व्यवस्था की उपेक्षा की। वह स्पष्ट शब्दों में कहता है कि राजा द्वारा हर समय प्रतिवेदकों (गुप्तचरों) से समाचार सुनने की प्रथा अब नहीं रही। उसने यह बात चंद्रगुप्त के व्यापक अभियानों, बिंदुसार की बचे-खुचे कबीलों को समेटने की सैनिक-कार्यवाहियों तथा संपूर्ण प्रायद्वीप में फैले हुए राज्य को देखकर ही कही होगी। असोक कहता है : 'इसलिए मैंने यह प्रबंध किया है कि हर समय चाहे मैं खाता होऊँ या मैं अंतःपुर में रहूँ या शयनगृह में होऊँ या टहलता होऊँ या सवारी पर होऊँ या कूच कर रहा होऊँ, सब जगह सब समय, प्रतिवेदक प्रजा का हाल मुझे सुनावें।' **अर्थशास्त्र** में वर्णित राजा की दिनचर्या की उपेक्षा की गई थी, परंतु अब उसे विशेष प्रयत्न के साथ पुनः लागू किया जा रहा था। किंतु चाणक्यीय प्रशासन में महत्त्वपूर्ण परिवर्तन कर दिए गए थे। (अप्रमाणित परंपरा के अनुसार चाणक्य बिंदुसार के शासन के आरंभिक काल में सेवा-निवृत्त हुआ था।) अब स्वयं राजा अपने पूरे राज्य का हर पाँचवें साल दौरा करता था। अतः इन पाँच सालों का अधिकांश समय दौरे में ही व्यतीत होता होगा, जिसका अर्थ है—वर्षा ऋतु के दिनों के अलावा बाकी समय निरंतर दौरे पर रहना। इससे पहले राजकीय यात्राएँ, आमोद-प्रमोद, जैसे शिकार, के लिए होती थीं अथवा सैनिक अभियानों के लिए। इसी प्रकार, प्रशासन के हर उच्चाधिकारी (युक्त, रज्जुक तथा प्रादेशिक) को आदेश था कि वह हर पाँचवें साल अपने समूचे अधिकार-क्षेत्र का दौरा करे। इसके अलावा, राज-कर्मचारियों तथा विशेष निधियों पर नियंत्रण रखने के लिए पूर्णाधिकार प्राप्त अधीक्षक भी नियुक्त किए गए। इन्हें **धर्म-महामात्र** कहा गया है, जिसका अर्थ होगा 'सदाचार-मंत्री', परंतु बाद में इसका अर्थ हो गया 'दान-धर्म संबंधी कार्यों का उच्चायुक्त'। असोक के समय में इस पद का सही अर्थ

था—'समदृष्टि का उच्चायुक्त'। समदृष्टि, संहिताबद्ध कानून व सामान्य क़ानून के परे, एक ऐसा सिद्धांत है जिस पर कानून और न्याय दोनों ही आधारित माने जाते हैं। 'धम्म' शब्द का आरंभिक अर्थ भी ठीक यही था और इसलिए मिनांदर द्वारा 'धम्मक' के लिए प्रयुक्त यूनानी शब्द 'दिकाइओ' बिलकुल सही था। इन नए महामात्यों का एक काम यह था कि कानून को माननेवाले सभी समुदायों एवं संप्रदायों की शिकायतों की जाँच करें और उन्हें न्याय दिलाएँ। साथ ही, ये महामात्य ऐसे सभी समुदायों एवं संप्रदायों के मतों और सिद्धांतों की भी जाँच-पड़ताल करते थे। राजा जब दौरे पर निकलता तो वह स्वयं भी यह सब देखता था। आदिम समूह-कानून को आदिम समूह-धर्म से पथक् नहीं किया जा सकता। **अर्थशास्त्र** के जनपद-निवासी, विशेषतः ग्रामवासी, निश्चय ही आदिम अवस्था में थे। कृषि से संबंधित कोई भी कार्य—हल जोतने से लेकर अंत में ओसाई तक—शुरू करने के पहले अनुष्ठान किए जाते थे (आज भी किए जाते हैं) और बहुत-सी प्रथाएँ अन्न-संकलक समाज की विरासत थीं। अतः समस्या थी—इन संकीर्ण और कभी-कभी परस्पर-विरोधी विश्वासों को एक अन्न-उत्पादक बृहत्तर समाज में किस प्रकार समायोजित किया जाए। बौद्धधर्म का लक्ष्य भी यही था, परंतु उसने यज्ञकर्म तथा हर प्रकार की आनुष्ठानिक बलि की निंदा की है, जबकि **अर्थशास्त्र** ने यज्ञ की उपेक्षा की है और जनपद की विपदा—चाहे सर्पों की, चाहे मूषकों की या महामारी की—से रक्षा करने के लिए जादू-टोने का प्रयोग करने की सलाह दी है।

असोक ने सभी प्राणियों के वध पर प्रतिबंध नहीं लगाया; केवल कुछ विशिष्ट पशुओं और पक्षियों का वध ही वर्जित कर दिया था, जिसका कारण अज्ञात है, पर संभव है कि टोटेममूलक रहा हो। गाय-बैल तथा वृषभ आरक्षित नहीं थे; पर **संडक** (साँड) वृषभ का वध नहीं होता था। संडक को जहाँ चाहे चरने के लिए खुला छोड़ दिया जाता (जैसा कि आज भी होता है) ताकि वह अच्छी नस्ल पैदा करे, यद्यपि उसे पवित्र माना जाता था। असोक के समय में अभी गोमांस, दूसरे किस्म के मांस की भाँति ही, खुले बाज़ार में और चौरस्तों पर बेचा जाता था। सम्राट् ने अपने महल में निरामिष भोजन का एक आदर्श स्थापित किया और राजा की पाकशाला से मांस लगभग गायब हो गया। राज्यादेश द्वारा यज्ञ-बलि पर रोक लगा दी गई और ऐसे कुछ **समाजों** (उत्सव, मेला या गोष्ठी) पर भी जिनमें अत्यधिक मदिरापान और उन्मुक्त भोग-विलास के साथ-साथ अपराध तथा दूसरे निंदनीय कार्य भी होते थे। परंतु यहाँ भी सम्राट् ने स्वीकार किया कि कुछ **समाज** अच्छे होते हैं, इसलिए आवश्यक हैं। पहले बताया जा चुका है कि ऐसा एक समाज—वसंत का होली उत्सव—आज भी मनाया जाता है, पर इसके—अश्लीलतम लक्षण कानून व जनमत के कारण फीके पड़ गए हैं। वन्य पशुओं को घेरकर मारने के उद्देश्य से अथवा भूमि साफ करने के लिए जंगलों को जलाना सर्वथा वर्जित कर दिया गया

था। यह कोई बौद्ध सनक नहीं थी, बल्कि बस्तियों की रक्षा के लिए और प्राकृतिक संपदा को सुरक्षित रखने के लिए यह निषेध परमावश्यक था। ब्राह्मण धर्म के ग्रंथ **महाभारत** के एक परवर्ती क्षेपक में भी यही निषेध मरणासन्न भीष्म के शब्दों में व्यक्त हुआ है—जंगलों को जलाना महापाप है। इसी महाकाव्य के प्रतापी पांडव वीरों ने भगवान् कृष्ण की सहायता से इंद्रप्रस्थ (दिल्ली) का खांडववन जलाकर साफ किया था, इसलिए इस प्रसंग में भीष्म का यह उपदेश बड़ा बेमेल जान पड़ता है। इसका वास्तविक अर्थ है कि प्राचीन वैदिक आर्य जीवन-पद्धति पूर्ण रूप से नष्ट हो चुकी थी; समाज अन्न-संकलन की अवस्था को पार करके अब पूर्ण रूप से अन्न-उत्पादन की अवस्था में पहुँच चुका था, इसलिए पशुचारी जीवन की कठोर प्रथाओं की अब कोई उपयोगिता नहीं थी। धर्म-महामात्यों को विशेष आदेश था कि वह कारागार में पड़े हुए अपराधियों की खैरियत की देखभाल करें। बहुत-से बंदी, जिन्हें पूरी सज़ा भुगतने के बाद भी कारावास में रखा गया था, मुक्त कर दिए गए। जिन बंदियों के जाति-कुटुंबवाले निराश्रित थे, उन्हें मदद पहुँचाने का नए आयुक्तों (रज्जुकों) को आदेश दिया गया। कारागार में पड़े हुए जिन बंदियों को मृत्युदंड सुनाया गया हो, उन्हें अपने जाति-कुटुंबवालों से मिलने के लिए तीन दिन की मोहलत दी जाती थी. पर प्राणदंड की व्यवस्था को खत्म नहीं किया गया था।

असोक की राजाज्ञाएँ राजा की निरंकुशता पर पहली बार प्रतिबंध लगाती हैं, ये पहली बार नागरिकों को स्वत्वाधिकार प्रदान करती हैं। यह इसी से प्रमाणित है कि राज्याधिकारियों को यह आदेश था कि वह इन राजाज्ञाओं को साल में कम-से-कम तीन बार विशाल जनसमूह के सामने पढ़ें और इन्हें सावधानी से समझाएँ। अब संक्षेप में विचारणीय प्रश्न है : इस असाधारण परिवर्तन की क्यों आवश्यकता पड़ी?

असोक का सुधार-कार्य इस तथ्य का एक बढ़िया उदाहरण है कि मात्रा-परिवर्तन के साथ-साथ अंत में गुण-परिवर्तन भी होता है। गृहस्थों, कृषकों तथा कारीगरों की तादाद में और जनपदों के विस्तार में इतनी अधिक वृद्धि हो गई थी कि भू-राजस्व का नियोजन करनेवाला **रज्जुक** लाखों इंसानों पर उसी प्रकार पूर्णाधिकार से शासन करने लगा था, जैसे कि अंग्रेजों के ज़माने में ज़िले का कलक्टर करता था। जनपदों की सीमाओं में अब अधिक अंतर नहीं रह गया था, न ही व्यापार-मार्ग अब जंगलों से गुज़रनेवाली चंद सँकरी पगडंडियाँ मात्र थे। आटविक पहले से कम रह गए थे और अब उनसे कोई बड़ा खतरा नहीं था, सिर्फ उपद्रव ही मचाते थे। असोक ने उनके पास भी धम्मदूत भेजे थे। अनेक साहसी व्यक्तियों ने जंगलों में जाकर वहाँ भूखंड साफ किए थे और उन पर खेती शुरू कर दी थी; ऐसे भूखंडों का समावेश न राष्ट्र-भूमि में किया जा सकता था, न ही सीता-भूमि में। मगध की शक्तिशाली सेना अब अनावश्यक होती जा रही थी और उसे पहले के स्तर पर बनाए रखना अत्यंत खर्चीला काम था। असोक ने स्पष्ट

ही कहा है कि 'धर्मानुशासन' लागू होने के बाद से सेना का इस्तेमाल केवल कवायद और प्रदर्शन के लिए होता है।

देश नितांत भिन्न संरचनावाले तीन प्रमुख भागों में बँटा हुआ था : साम्राज्य का पश्चिमी प्रदेश तथा पंजाब बाहरी आक्रमण के लिए खुला था, इसलिए वहाँ एक या अधिक स्थानीय सेनाध्यक्षों के मातहत सजग सेना रखना ज़रूरी था। स्थानीय सेनाध्यक्ष को यह प्रलोभन हो सकता था कि वह स्वयं को राजा घोषित कर दे, अथवा यूनानी, शक और दूसरे मध्य एशियाई उसे भगा भी दे सकते थे। असोक के लगभग पचास साल बाद ये दोनों प्रकार की घटनाएँ घटित हुईं। राज्य के दूसरे भाग, गांगेय प्रदेश में, तब तक सेना की ज़रूरत न थी जब तक पंजाब में शत्रु जमा न हुए हों। यह प्रदेश अब भी काफी संपन्न और समृद्ध था। लेकिन धातुओं पर राज्य का एकाधिकार धीरे-धीरे खत्म हो रहा था। बिहार में ताँबे की खानें जल-स्तर तक पहुँच चुकी थीं; पर पंप नहीं थे। लोहे की माँग इतनी अधिक बढ़ गई थी कि मगध से उसकी पूर्ति संभव नहीं थी। मगधीय आक्रमण के काफी पहले, उत्तर के निजी उद्यमियों ने, दक्खन में लोहे के नए स्रोतों की खोज करके कुछ हद तक उनका विकास किया था (जैसाकि बावरी जातक से पता चलता है)। सिकंदर के सौ साल अथवा इससे भी पहले भारतीय इस्पात से बननेवाले सर्वोत्तम खड्ग हखामनि दरबार तक में पहुँचते थे। धातुकर्म के इस श्रेष्ठ उत्पादन की निरंतर बढ़ती माँग को सर्वोत्तम कोटि के खनिजों के छोटे-छोटे भंडारों से निकालकर ही पूरा किया जा सकता था। ऐसे खनिज-भंडार आंध्र व कर्णाटक के जंगलों में बिखरे हुए थे, परंतु इन क्षेत्रों में खनिजों की खोज करनेवालों पर अपना कठोर अनुशासन-तंत्र स्थापित करना मगध के लिए बड़ा व्ययसाध्य था। राज्य का यह तीसरा भाग, दक्खन, उसी प्रकार आबाद करना संभव नहीं था जैसे कि मगधीय सीता-क्षेत्र, क्योंकि यहाँ बढ़िया मिट्टीवाले भूखंड दूर-दूर बिखरे हुए थे और यहाँ की मिट्टी मगधीय मिट्टी से एकदम भिन्न थी। मगधीय साम्राज्य के इस तीसरे भाग के भावी विकास का अर्थ था स्थानीय आबादी, स्थानीय भाषाओं तथा स्थानीय राज्यों का नूतन विकास। असोक के समय में समस्त भारतभूमि का जो भाग उसके राज्य के अंतर्गत नहीं था, वहाँ किसी राजवंशीय सत्ता का अस्तित्व नहीं था; वहाँ केवल वन्य अथवा अर्धवन्य कबीले ही थे। उसके शिलालेखों में राज्य की पश्चिमी सीमा के परे के केवल यूनानी शासकों के नाम ही मिलते हैं; कलिंग के किसी राजा का भी उल्लेख नहीं है, यद्यपि सौ साल बाद ही हमें कलिंग के विजेता राजा खारवेल का नाम सुनने को मिलता है। अंतिम बात यह है कि वन-कटाई का अर्थ था अधिकाधिक बाढ़ों का आना और आय का घटते जाना, यहाँ तक कि मगध में भी, जहाँ पहले साफ की गई भूमियाँ सर्वोत्तम थीं और शेष भूमियों में सिंचाई की व्यवस्था करना कठिन था। एक मौसम में भी विपदा आए—चाहे बाढ़ के कारण, चाहे महामारी के, चाहे वर्षा की कमी के कारण—तो बहुत बड़े क्षेत्र

के राजस्व को पूर्ण क्षति पहुँचती थी; साथ ही, सहायता के कारण उतनी ही अधिक मात्रा में राजकोष पर अतिरिक्त भार पड़ता था। यह समस्या, अत्यधिक केंद्रीभूत प्रशासन की दूसरी हर समस्या की भाँति, यातायात के धीमे साधनों तथा लंबी दूरियों के कारण अधिक जटिल हो जाती थी।

असोक के सिक्कों को देखने से प्रकट होता है कि ये निष्कर्ष काल्पनिक नहीं हैं। चंद्रगुप्त के बाद के चिह्नाहत मौर्य कार्षापण पूर्ववर्ती तौल के ही हैं, पर उनमें ताँबे की मात्रा अधिक है, उनकी बनावट अधिक अपरिष्कृत है और उनके तौल में इतनी अधिक न्यूनाधिकता है कि उन्हें निश्चय ही जल्दी-जल्दी में बनाया गया होगा। मुद्रा पर इस दबाव और मुद्रा की असंतुष्ट माँग के साथ-साथ सिक्कों की धातु में मिलावट (मुद्रा-स्फीति) और उनके पार्श्व में आहत किए जानेवाले प्राचीन व्यापारी श्रेणियों के चिह्न भी गायब देखने को मिलते हैं। ऐसी स्थिति में नए व्यापारी पर नियंत्रण रखना पहले से अधिक कठिन हो गया। दक्खन में तो कम सिक्कों से, चाँदी के हल्के सिक्कों से, यहाँ तक कि शीशे व जस्ते के प्रतीकात्मक सिक्कों से काम लिया जाने लगा था; इससे सूचित होता है कि व्यापार में महती वृद्धि हुई थी और व्यापारी कबीलाई लोगों के साथ वस्तुओं का आदान-प्रदान करके भारी मुनाफ़ा कमा रहे थे। बताया जाता है कि मुद्रा का सर्वप्रथम अवमूल्यन स्वयं चाणक्य ने ही किया था; अनुश्रुति है कि उसने चाँदी की उतनी ही राशि से आठ गुना अधिक सिक्के बनवाए थे। पर राजकोष पर दबाव पड़ने पर **अर्थशास्त्र** ने दूसरे उपाय सुझाए हैं। आर्थिक कठिनाई में फँसा हुआ राजा लोगों की पूँजी पर, संचित माल, अनाज आदि पर विशेष कर लगा सकता था; पर एक बार, बार-बार नहीं। राज्य के सर्वव्यापी गुप्तचर, जनता को उत्साहित करने के उद्देश्य से, 'स्वेच्छा से' अपना अंशदान देते थे। नई पूजा-विधियाँ 'खोजी' जातीं, जैसे नाग-पूजा, भूतप्रेत-पूजा आदि; इस प्रकार गुप्तचरों द्वारा फँसाए गए भोले-भाले लोग अपना अंशदान देते, जो चुपचाप राजकोष में पहुँच जाता। कौटल्य-जैसे ब्राह्मण मंत्री द्वारा सुझाया गया यह उपाय विचित्र जान पड़ता है, परंतु तीसरी सदी तक अनेक ब्राह्मण आदिम तथा अवैदिक अंधविश्वासों को तिरस्कार की दृष्टि से ही देखते थे। वैयाकरण पतंजलि प्रसंगवश कहता है कि मौर्यों ने धनार्जन के लिए ऐसी पूजा-विधियों का आविष्कार किया था। अंत में, राजकीय ऋण और राजकीय कर्ज के स्थान पर **अर्थशास्त्र** व्यापारियों के विरुद्ध विशेष उपायों का सुझाव देता है। भलीभाँति वेश बदले हुए गुप्तचर धनी व्यापारी को शराब पिलाकर नशे में धुत करेंगे, उसे लूटेंगे, उस पर अपराध का झूठा आरोप लगाएँगे, अथवा उसे मार भी डालेंगे। तदनंतर उस व्यापारी की मालमत्ता को जब्त करके राजकोष में जमा कर दिया जाएगा। गुप्तचरों को चाहे जितनी सावधानी से चुना जाता हो, यह स्पष्ट है कि उन घातक उपायों ने मानव-चरित्र को इतना अधिक प्रभावित किया होगा कि लोग अपने को असुरक्षित समझने लगे होंगे।

असोक के सार्वजनिक निर्माण-कार्यों से काफी अधिक धन चलन में आ गया था। उसके और उसके अधिकारियों के दौरों से परिवहन का बोझ हल्का होता था, क्योंकि स्थानीय अतिरिक्त उपज अपने-अपने क्षेत्र में ही खप जाती थी। प्रजा के प्रति नए दृष्टिकोण ने और व्यापारी मार्गों पर जुटाई गई नई सुविधाओं ने राज्य के लिए—उस राज्य के लिए, जो उस समय तक अधिकारी-तंत्र द्वारा अधिकारी-तंत्र के लिए चलाया गया था—उस सुदृढ़ वर्ग-आधार की स्थापना की। असोक के बाद राज्य ने एक नए कार्य को आगे बढ़ाने का जिम्मा लिया—विभिन्न वर्गों में समन्वय स्थापित करना। **अर्थशास्त्र** ने इसकी कल्पना भी नहीं की थी, और असलियत यही है कि समाज के वर्गों का उदय एक प्रकार से उन छिद्रों से हुआ है जो भारतीय राजतंत्र—व्यापक पैमाने पर भूमि की सफाई, भूमि अधिवास तथा अत्यधिक नियंत्रित व्यापारवाले राजतंत्र—में पैदा हो गए थे। समन्वय के इस कार्य के लिए विशेष अस्त्र था—नए अर्थ वाला सार्वभौमिक **धम्म**। नवोदित धर्म ने राजा और नागरिक के आपसी मेल-मिलाप के लिए पृष्ठभूमि तैयार की। आज भले ही यह सर्वोत्तम उपाय न प्रतीत हो, पर उस समय वह तुरंत कारगर सिद्ध हुआ। बल्कि यहाँ तक कहा जा सकता है कि असोक के समय से भारत के राष्ट्रीय चरित्र पर **धम्म** की छाप लग गई। **धम्म** शब्द का अर्थ शीघ्र ही 'समदृष्टि' से बदलकर भिन्न हो गया, यानी 'धर्म' हो गया—पर यह वह धर्म नहीं था जिसे स्वयं असोक ने खुलेआम स्वीकार किया था। इसके बाद भारतीय संस्कृति के विकास की सबसे प्रमुख विशेषता यह रही कि इस पर किसी-न-किसी धर्म का भ्रामक बाह्य आवरण सदैव चढ़ा रहा। यह सर्वथा उपयुक्त ही है कि भारत का वर्तमान राष्ट्रीय प्रतीक असोक के सारनाथस्तंभ के सिंहशीर्ष के अवशेषों के आधार पर बनाया गया है।

7. सामंतवाद की ओर

नया पुरोहित-वर्ग

असोक के सुधारों के साथ ही प्राचीन कबीलाई आर्यों के पुरोहित-वर्ग—ब्राह्मण जाति—का उत्परिवर्तन पूर्ण हो गया। पुराने ब्राह्मणवाद का सुदृढ़ आधार था—पंजाब के कबीलों का पशुचारी जीवन और उनके निरंतर के यज्ञ। इस आधार को सदा के लिए नष्ट कर दिया सर्वप्रथम सिकंदर के विध्वंसकारी हमले ने और उसके तुरंत बाद की मगध की विजय ने। मगध के कृषिकर्म, दर्शन और बौद्धों, जैनों तथा आजीवकों के अहिंसावादी संप्रदायों ने गंगा की घाटी में वैदिक कर्मकांड के वास्तविक प्रसार पर रोक लगा दी थी; बस, ईसा पूर्व छठी सदी के सरल स्वभाव राजाओं ने ही कुछ यज्ञ किए थे। **अर्थशास्त्र** के रचयिता ने, ब्राह्मण होने पर भी यज्ञ पर तनिक भी बल नहीं दिया है। यह बताया जा चुका है कि कृष्ण-पूजा का उत्थान पंजाब में वैदिक कर्मकांड के ह्रास का सूचक था। इस प्रकार, एक महत्त्वपूर्ण वर्ग को कबीलाई बंधनों और परंपरागत वैदिक कर्मकांड के कार्यों से पहली बार मुक्ति मिली। प्राचीन भारतीय समाज में ब्राह्मण-वर्ग ही एक ऐसा समुदाय था जिसके लिए विधिवत् शिक्षा अनिवार्य थी और उसकी अपनी एक बौद्धिक परंपरा रही। वेद, व्याकरण तथा कर्मकांड पर अधिकार प्राप्त करने के लिए यह आवश्यक समझा जाता था कि शिष्य, ब्रह्मचर्य का पालन करते हुए, किसी एकांत आश्रम में बारह साल तक किसी ब्राह्मण गुरु की सेवा में रहे। पवित्र ग्रंथों को, एक भी अक्षर की, एक भी स्वराघात की भूल के बिना, कंठस्थ करना पड़ता था; फिर भी वेदों को लिपिबद्ध नहीं किया गया था। सीजर के गॉल प्रदेश के द्रुइद भी इसी प्रकार रटते थे और शिक्षा प्राप्त करते थे, पर भारतीय वेदाभ्यासियों की बौद्धिक उपलब्धि का स्तर अधिक ऊँचा था। असोक तथा उसके उत्तराधिकारियों ने अपने समय के अग्रगण्य ब्राह्मणों का आदर-सत्कार किया, तो इसका कारण यह था कि जाति-व्यवस्था शिक्षा व संस्कृति के क्षेत्र में, समाज में वर्ग-व्यवस्था बनाए रखने में, मूलतः परस्पर-विरोधी समूहों के एकीकरण एवं विलयन में, और सर्वसामान्यतः खेतिहर समाज के विस्तार में योग देकर अपने नए महत्त्वपूर्ण मिशन को पूरा करने में जुटी हुई थी। इन सभी बातों पर विस्तारपूर्वक विचार करना ज़रूरी है।

सिद्धांत रूप में वैदिक बोली अपरिवर्तनीय बनी रही, पर जीवंत भाषा के नाते संस्कृत में प्रांतीय भेद स्पष्ट रूप से दृष्टिगोचर होने लगे थे। ब्राह्मण वैयाकरणों की एक लंबी परंपरा ने संस्कृत को नियमों में बाँधने का काम किया, परंतु महान् पाणिनि ने अपने सभी पूर्ववर्तियों की स्मृति को मिटा दिया। पाणिनि की **अष्टाध्यायी** व्याकरण पर किसी भी भाषा में संभवत: पहला वैज्ञानिक ग्रंथ है। पाणिनि के उत्तराधिकारियों में सबसे प्रमुख थे पतंजलि (ईसा पूर्व दूसरी सदी का पूर्वार्द्ध), जिन्होंने **अष्टाध्यायी** के सूत्रों पर अपना भाष्य लिखा और उसमें संस्कृत भाषा के सिद्धांतों का तर्कपूर्ण शैली में बड़ी स्पष्टता से विवेचन किया। तब से व्याकरण संस्कृत के अध्ययन का सबसे संतोषजनक विषय बन गया। पतंजलि का सुस्पष्ट एवं आकर्षक भाष्य संस्कृत गद्य का उत्कृष्टतम नमूना प्रस्तुत करता है। हर शास्त्र के सभी मूलभूल सूत्रों को कंठस्थ करने की प्रथा से सरल छंदोबद्ध रचना को तो प्रोत्साहन मिला, पर गद्य का विकास रुक गया। पतंजलि के बाद के दीर्घकाल में संस्कृत के ढाँचे में कोई मूलभूत परिवर्तन नहीं हुआ। तदपि, निरंतर विकसित होती क्षेत्रीय जनभाषाओं का समय-समय पर अंशदान मिलने से संस्कृत के शब्दभंडार एवं वाक्प्रचार में वृद्धि होती रही; इन जनभाषाओं का अपना स्वतंत्र विकास होता रहा, पर इन पर संस्कृत का भी विशिष्ट प्रभाव था। ये मिश्रित भाषाएँ थीं, क्योंकि इनका उदय विभिन्न क्षेत्रीय मंडियों में हुआ था। मगध की लोकभाषा लंबे समय तक सारे देश का काम नहीं चला सकती थी, क्योंकि अन्न-उत्पादन के कारण तेज़ी से बढ़ती हुई जनसंख्या में विविधता उत्पन्न हो रही थी और लोग उत्पादन के अन्य तरीकों का इतना अधिक विकास कर चुके थे कि फलते-फूलते व्यापार में भाग ले सकें। यह बात असम पर दृष्टि डालने से स्पष्ट हो जाएगी : असम की हर छोटी घाटी में एक अलग कबीलाई समूह है और हर समूह की अपनी एक विशिष्ट भाषा या प्रमुख बोली है। जब असोक ने अपने शिलालेख खुदवाए तो उस समय भारत की सर्वसाधारण स्थिति कुछ इसी प्रकार की रही होगी।

संस्कृत शीघ्र ही उच्चवर्ग की विशेष बोली बन गई, जिसे शिक्षित लोग ही समझ पाते थे। इस भाषा में दी जानेवाली विधिवत् शिक्षा पर ब्राह्मणों का ही अधिकार रहा। पहला लंबा संस्कृत शिलालेख 150 ई. के आसपास गिरनार में खोदा गया। इसमें शकराज रुद्रदामन् बड़े अभिमान से कहता है कि उसने उस (सुदर्शन) सरोवर का पुनरुद्धार किया जिसका निर्माण पहली बार चंद्रगुप्त मौर्य ने करवाया था; साथ ही, यह अभिमान भी व्यक्त करता है कि संस्कृत भाषा पर उसका अधिकार है। इसका अर्थ यह है कि समृद्ध और शक्तिशाली विदेशी संस्कृत के जरिए अपने को भारतीय कुलीन-वर्ग में स्थापित कर सकते थे—यद्यपि ईसा की चौथी सदी तक अभिलेखों में आमतौर पर सरल प्राकृत का इस्तेमाल होता रहा। नासिक की बौद्ध गुफाओं के अतिसंस्कृतमय लेख विदेशी उत्पत्ति के शक

दाताओं के हैं, जबकि स्वदेशी सातवाहन शासक अपने लेख अभी सरल प्राकृत में ही खुदवाते थे। बहुमुखी प्रतिभा का धनी धारा नगरी का राजा भोज (लगभग 1000-1055 ई.), जिसने संस्कृत में विज्ञान, ज्योतिष, स्थापत्य तथा काव्यशास्त्र पर ग्रंथ लिखे और काव्य तथा नाटकों की भी रचना की, जान पड़ता है कि आदिवासी (नाग) राजकुमारी का पुत्र था, जिसका संस्कृत नाम शशिप्रभा था। कवि पद्मगुप्त-परिमल द्वारा रचित **नवसाहसांकचरितम्** में भोज के पिता सिंधुराज का राजकुमारी शशिप्रभा से प्रणय-संबंध और अंत में उससे विवाह का तो कम-से-कम वर्णन है ही। वैश्य, वस्तुतः आर्य होते हुए भी, संस्कृत के अध्ययन से जल्दी ही विरत हो गए, जबकि भारतीय एवं विदेशी वंशों के क्षत्रिय संस्कृत साहित्य को समृद्ध करते रहे। चौथी सदी के बाद से शासन के लेख्यपत्रों में प्रायः संस्कृत का इस्तेमाल होता रहा। लिपिकों की कायस्थ जाति की सहूलियत के लिए पत्रों, आदेशों, सूचनाओं, न्याय-संबंधी फैसलों आदि के आदर्श नमूने तैयार किए गए; बाद में रची गई ऐसी कुछ पुस्तकें आज भी उपलब्ध हैं (**लेखप्रकाश, लेखपद्धति**)।

संस्कृत पर, जिसमें आशीर्लिङ् जैसे विलक्षण क्रियारूप हैं, पुरोहितों की भाषा होने की छाप सदैव लगी रही; इसमें आम व्यवहार के सामान्य भविष्यतकाल तक का अभाव है। ब्राह्मण कर्मकांड से ही बँधा रहा, यद्यपि अब यह मात्र वैदिक कर्मकांड नहीं था। इस क्षेत्र में उसके एकमात्र प्रतिद्वंद्वी थे आदिकालीन ओझा, जिनका प्रभाव अपने-अपने कबीलों तक सीमित था। ब्राह्मणधर्म ने बहुत-से कबीलाई पुरोहितों को भी, उनकी अंधविश्वासी 'विद्या' सहित, आत्मसात कर लिया; कभी-कभी किसी श्रेणी-जाति या कबीलाई जाति का भी पौरोहित्य ब्राह्मण स्वीकार कर लेता और उसमें अपने कर्मकांड को भी मिला लेता, पर इस प्रक्रिया में आदिम अनुष्ठानों की निकृष्ट प्रथाओं को त्याग देने अथवा निस्तेज बनाने की सदैव कोशिश की जाती। बौद्ध, जैन तथा दूसरे संप्रदायों के साधु सभी प्रकार के अनुष्ठानों का त्याग कर चुके थे, और वह जातकर्म, अंत्येष्टि, विवाह, पुंसवन तथा उपनयन संस्कार-विधियों में पौरोहित्य नहीं कर सकते थे, जैसे कि ब्राह्मण कर सकते थे, और किया है। केवल ब्राह्मण ही बीजारोपन के समय अच्छी फसल के लिए आशीर्वाद दे सकता था, अशुभ ग्रहों को शांत कर सकता था, कुपित देवताओं को प्रसन्न कर सकता था और पंचांग बनाकर उसके आधार पर भविष्यवाणी कर सकता था। वैदिक यज्ञ-अनुष्ठान केवल सिद्धांत रूप में ही सर्वश्रेष्ठ माने जाते रहे, पर व्यवहार में इनकी अधिकाधिक उपेक्षा होती रही। कभी-कदा किसी राजा ने अश्वमेध-जैसे यज्ञ भले ही किए हों, पर राजा के पुरोहितों के लिए भी आय के ये स्रोत अत्यंत अविश्वसनीय थे। नई पूजा-विधियाँ तभी फायदेमंद होतीं जब ये कृषकों तथा व्यापारियों के **गहपति** वर्ग के काम आतीं। यह काम किया ब्राह्मणों ने, जाति-व्यवस्था की परवाह किए बिना, पर सदा ही समुचित दक्षिणा प्राप्त करके

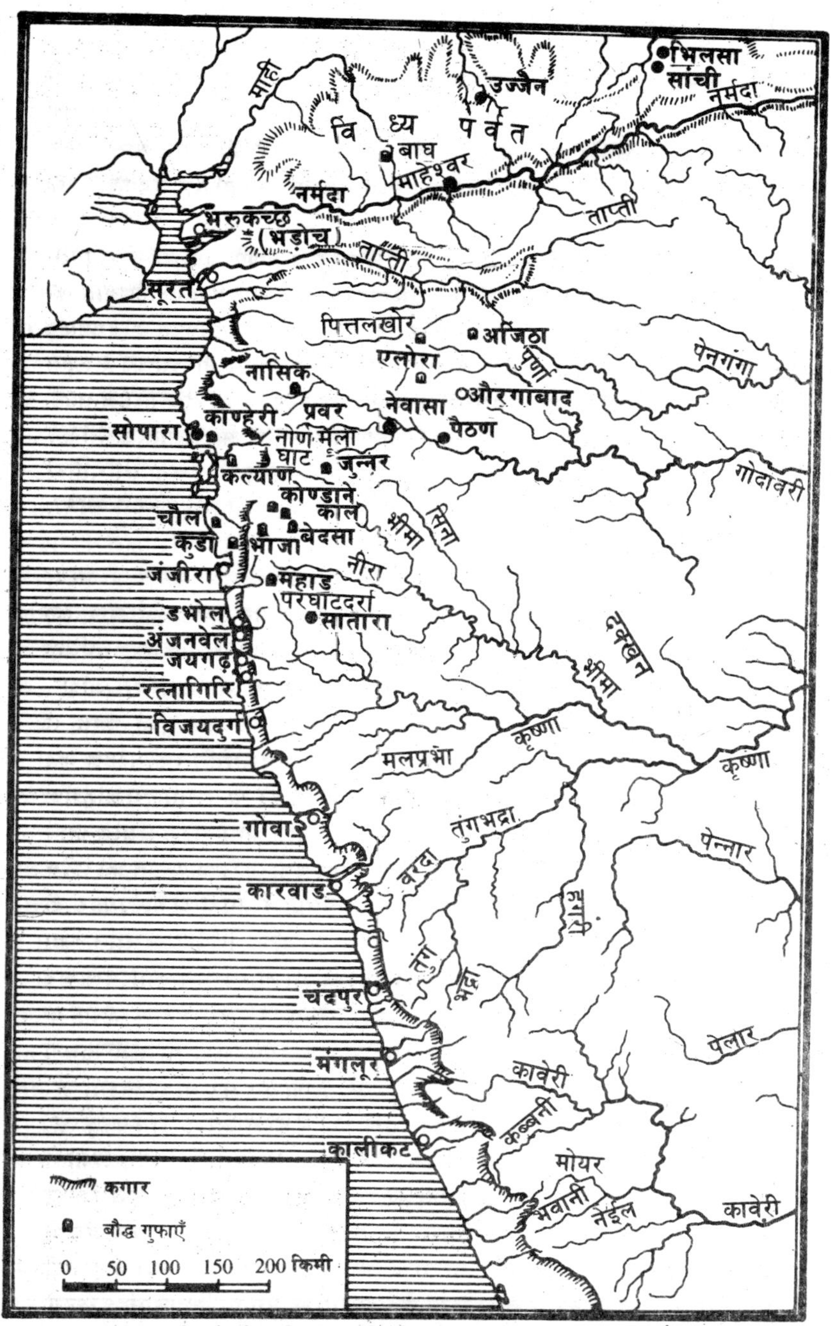

दक्खन का कगार, जिसमें पश्चिमी समुद्रतट के नदीमुखों से दक्खनी नदीतंत्र तक के घाटों को और बौद्ध गुफा-विहारों को दर्शाया गया है।

और इस शर्त पर कि सर्वसाधारणतः ब्राह्मण प्रथाओं को उचित सम्मान मिले। ऐसा जान पड़ता है कि ईसा पूर्व तीसरी सदी में **गहपति** शब्द को भूस्वामी अथवा धनी वैश्य अधिवासी का अर्थ प्राप्त हो चुका था। बड़े और प्रतिष्ठित कुटुंब के मुखिया को विशेष रूप से **महाशाल** कहा जाने लगा, भले ही वह गहपति हो या न हो।

ब्राह्मणों ने धीरे-धीरे बची-खुची कबीलाई व श्रेणी जातियों में भी प्रवेश किया; यह प्रक्रिया आज तक चालू है। इसका अर्थ था नए देवताओं की पूजा; इनमें कृष्ण भी था, जिसने सिकंदर के हमले के पहले ही पंजाब से इंद्रपूजा को मिटा दिया था। परंतु कबीलाई पूजा-विधियों तथा अनुष्ठानों के पृथक् वैशिष्ट्यों में हेर-फेर कर दी गई थी, कबीलाई देवताओं को ब्राह्मणधर्म के प्रतिष्ठित देवताओं के समकक्ष मान लिया गया, और जिन कबीलाई देवताओं को आत्मसात करना कठिन था उन्हें प्रतिष्ठित बनाने के लिए नए ब्राह्मण धर्म-ग्रंथों की रचना की गई। इन नए देवताओं अथवा नए तादात्म्य के साथ नए अनुष्ठान भी अस्तित्व में आए और फिर इन नए पूजा-व्रतों के लिए चांद्र पंचांग में विशिष्ट तिथियाँ निर्धारित की गईं। नए तीर्थस्थल अस्तित्व में आए और इन्हें प्रसिद्धि दिलाने के लिए उपयुक्त पुराण-कथाएँ रची गईं, यद्यपि ये तीर्थस्थल ब्राह्मण-पूर्व आदिवासी पूजा-स्थल ही रहे होंगे। इस समूची प्रक्रिया के बारे में **महाभारत, रामायण** तथा **पुराणों** में भरपूर सामग्री मिलती है। आत्मसातीकरण की यह प्रक्रिया बड़ी रोचक है। न केवल कृष्ण को, बल्कि बुद्ध और आदिम मत्स्य, कच्छप तथा वराह-जैसे टोटेममूलक देवताओं को भी विष्णु-नारायण का अवतार घोषित कर दिया गया। वानरमुख हनुमान, जो किसानों में इतना लोकप्रिय है कि उनका एक विशिष्ट देवता बन गया है और उसके लिए पृथक् पूजा-पद्धति भी है, राम (विष्णु का एक और अवतार) का स्वामिभक्त सहचर-सेवक बन गया। विष्णु-नारायण ने पृथ्वी को मस्तक पर धारण करनेवाले शेषनाग का उपयोग अपनी छत्रशय्या के लिए किया; साथ ही, वही नाग शिव के गले का हार और गणेश का अस्त्र बना। हस्तिमुख गणेश को शिव का, या कहिए कि शिव-पत्नी का, पुत्र बना दिया गया। शिव स्वयं राक्षसों और भूत-पिशाचों का स्वामी है, पर इनमें से वेताल-जैसी अनेक दुरात्माएँ स्वतंत्र हैं और इन अतिप्राचीन देवताओं की देहातों में आज भी खूब पूजा होती है। शिव के नंदी की दक्षिण भारत में नवपाषाण युग में पूजा होती थी, पर वह किसी मानवी या दैवी स्वामी का वाहन नहीं था; नंदी या वृषभ को स्वतंत्र रूप में सिंधु सभ्यता की अनेकानेक मुहरों पर भी देखा जा सकता है। यह संगुटीकरण निरंतर चलता रहा है, और जो बहुत-सारे आख्यान गढ़े गए, वे सब मिलाकर अर्थहीन, असंगत और असंबंद्ध सामग्री का ढेर प्रस्तुत करते हैं। पर इस प्रक्रिया के महत्त्व को कम नहीं आँकना चाहिए। नए आत्मसात किए गए इन आदिम देवताओं की पूजा दरअसल संस्कृतियों के पारस्परिक आदान-प्रदान की प्रक्रिया का

ही अंग थी। उदाहरण के लिए, सर्वप्रथम, पूर्वकालिक नाग-पूजकों ने नाग की उपासना के साथ-साथ शिव की उपासना भी शुरू कर दी होगी, और शिव-भक्तों ने अपनी आनुष्ठानिक प्रथाओं के साथ-साथ नाग की उपासना शुरू कर दी होगी; तब अनेक लोग साल के एक विशिष्ट दिवस पर नाग की पूजा करने लगे, उस दिन धरती नहीं खोदते और साँपों को भोजन रखने लगे। मातृसत्तायुगीन तत्त्वों को आत्मसात किया गया मातृदेवियों को किसी-न-किसी नरदेवता की 'पत्नी' के रूप में स्वीकार करके : उदाहरणार्थ, दुर्गा-पार्वती (जिसके तुकाई, कालुबाई आदि अनेक स्थानीय नाम रहे हैं) शिव की पत्नी बन गई और लक्ष्मी विष्णु की। देवताओं की मिश्रित गृहस्थी में भी समन्वय की यह प्रक्रिया जारी रहा; स्कंद और गणेश शिव के पुत्र बन गए। सामंती युग में इन देवी-देवताओं का एक प्रकार से राज-दरबार ही खड़ा कर दिया गया। देवी-देवताओं के विवाह स्वीकृत मानवी विवाह-प्रथा के द्योतक हैं; इनके पूर्वकालिक पृथक्-पृथक्, यहाँ तक कि परस्पर-विरोधी भी, भक्तों का सामाजिक सम्मिश्रण हुए बिना देवी-देवताओं के ऐसे विवाह कदापि संभव न होते। इस सम्मिश्रित समाज में नई जातियों को मोटे तौर पर उनकी आर्थिक अवस्थाओं के अनुरूप हैसियत मिली। उन्होंने अपने पूर्वकालिक कबीलाई जीवन की सगोत्र-विवाह तथा सहभोजन की प्रथाएँ ज्यों-की-त्यों कायम रखीं। उनकी प्रतिष्ठा उनके देवताओं को व्यापक समाज की ओर से मिली प्रतिष्ठा के कारण सुरक्षित थी और अपने रूपांतरित देवताओं के साथ-साथ दूसरे देवताओं की पूजा को अपनाने से वे उस समाज के अभिन्न अंग बन गए। यह व्यवस्था यूनानी **एम्फिक्तिओनी** (खासतौर से डेल्फी के मंदिर तथा उसकी पूजा-विधि से संबंधित पड़ोसी बिरादरियों का संघ) से मिलती-जुलती थी; अंतर केवल इतना ही था कि यहाँ समूह की स्थिति समूह की एकांतिकता के अनुरूप ऊँची-नीची थी।

संस्कृतियों के पारस्परिक आदान-प्रदान की इस प्रक्रिया के साथ वर्ग-संरचना का, जिसका पहले कोई अस्तित्व नहीं था, उदय हुआ। चाणक्य की तरह कालांतर के ब्राह्मण स्मृति-ग्रंथों ने भी इस बात पर बल दिया कि समाज-व्यवस्था को बनाए रखने के लिए राजपद परमावश्यक है। बड़ी मछली छोटी मछली को न निगल पाए, इसकी व्यवस्था करने के लिए बल और दंडनीति का प्रयोग करना राजा के लिए ज़रूरी हो गया, यद्यपि कबीलाई समाज को इसकी कभी आवश्यकता महसूस नहीं हुई थी। दक्षिण भारत के कबीलाई मूल के कई राजा बड़े अभिमान से कहते हैं कि उन्होंने हिरण्यगर्भ अनुष्ठान कराए। कुछ पुराणों में इस अनुष्ठान की विस्तारपूर्वक जानकारी दी गई है। सोने का एक बड़ा-सा पात्र बनवाकर मुखिया उसमें इस प्रकार सिकुड़कर बैठ जाता जैसे गर्भ में भ्रूण समाया रहता है। तब भाड़े के ब्राह्मण-पुरोहित गर्भाधान व जातकर्म से संबंधित अनुष्ठानों का मंत्रपाठ करते। उसके बाद वह मुखिया उस 'हिरण्यगर्भ' से ऐसा बाहर आता मानो उसका

नया जन्म हुआ हो; इस प्रकार उसे नई जाति, कभी-कभी तो पहली बार, मिल जाती। परंतु यह जाति वह नहीं होती थी जो कि शेष कबीले को समाज में आत्मसात करते समय दी जाती थी, बल्कि परंपरागत चार वर्णों में से एक होती थी—आमतौर से उसे क्षत्रिय वर्ण और ब्राह्मण-पुरोहित का गोत्र प्रदान किया जाता। मध्ययुग के कुछ ऐसे 'नवजात' राजाओं ने एक साथ ब्राह्मण व क्षत्रिय दोनों वर्णों का दावा किया है, जैसे कि सातवाहन गोतमीपुत्र ने। वह हिरण्यपात्र ब्राह्मण-पुराहितों को दक्षिणा के रूप में मिल जाता, और इस प्रकार सब प्रसन्न हो जाते। बाद के सभी राजाओं ने, कुछ बौद्ध राजाओं ने भी, घोषित किया है कि वह चातुर्वण्य-व्यवस्था के समर्थक हैं, यद्यपि उनमें से कुछ ने नागवंशी अथवा महाभारत के अर्धनाग अश्वत्थामन् के वंशज अथवा रामायण के किसी वानरराज के वंशज होने का दावा किया है। इस समूची व्यवस्था का प्रयोजन था—ब्राह्मण शिक्षा और क्षत्रिय शस्त्रबल से नवनिर्मित वैश्य व शूद्र वर्गों को दबदबे में रखना। कबीलाई नियमों से मुक्ति पाए हुए चंद कुलीनों के समर्थन से मुखिया अपने ही भूतपूर्व कबीले का शासक बन जाता और कबीले के सामान्य सदस्य नए कृषक समुदाए में मिल जाते। कभी-कभी ब्राह्मण मुखिया के लिए महाकाव्यों अथवा पुराणों में प्रतिष्ठित वंशावली खोजने और ऐसी वंशावलियाँ तैयार करने से भी और आगे बढ़ जाते। यानी स्वयं ब्राह्मण उस कबीले में विवाह कर लेता, जिससे सामान्यतः नए कबीलाई ब्राह्मण पैदा हो जाते थे। कभी-कभी, जैसे ईसा की छठी सदी के आसपास मध्य भारत में, ऐसे मिश्रित वंशजों ने कबीले पर शासन भी किया है। कुछ बाद का बंगाल का राजा लोकनाथ गर्वोक्ति करता है कि वह ब्राह्मण पिता और कबीलाई गोत्र-देवी की संतान है। कौंडिन्य नामक एक साहसी ब्राह्मण ने पहला हिंद-चीनी राज्य भी इसी प्रकार स्थापित किया था; उसने अपनी धनुर्विद्या के बल से स्थानीय कबीले के लोगों को वश में कर लिया और सोमा नामक स्थानीय नाग कुमारी से विवाह कर लिया। आदिवासी समाज में प्रचलित मातृतंत्र के कारण ऐसे विवाह-संबंध आसानी से हो जाते थे। कहीं-कहीं यह व्यवस्था एक रिवाज बन गई, जैसे कि मलाबार में, जहाँ स्थानीय मातृतंत्री समाज की स्त्रियों और पितृतंत्री नंबूदिरि ब्राह्मण पिताओं के संयोग से नायर जाति ने जन्म लिया। इन दोनों समुदायों की आज भी अपनी पृथक् सत्ता एवं प्रथाएँ हैं।

कबीलाई जन-समुदाय का विघटन और आम कृषक समुदाय में उनका विलयन केवल उनके मुखिया तथा कबीले के कुछ प्रमुख सदस्यों को अपने पक्ष में कर लेने-भर से संभव न होता। जाति-वर्ग की अधिरचना को टिकाऊ रखने के लिए यह आवश्यक था कि लोगों की दैनंदिन ज़रूरतों में भी रद्दोबदल हो। सर्वसामान्यतः समूचा कबीला एक नए कृषक जाति-समुदाय में, आमतौर पर शूद्र वर्ण में, बदल जाता था, पर पहले की यथासंभव अधिक-से-अधिक प्रथाएँ (सगोत्र विवाह-प्रथा भी) कायम रखता था। ऐसे अविकसित क्षेत्रों में ब्राह्मणों ने अग्रदूतों

की भूमिका अदा की है; उन्होंने झूम खेती अथवा अन्न-संकलन के स्थान पर पहली बार हल की खेती की शुरुआत की। नई फसलों, दूर की मंडियों की जानकारी, ग्रामीण बस्तियों के संगठन तथा व्यापार का आगमन भी उन्हीं के द्वारा हुआ। परिणामतः, राजाओं अथवा भावी राजाओं ने अछूते क्षेत्रों को आबाद करने के लिए दूर-दूर से, आमतौर पर दूर की गंगा की घाटी से, ब्राह्मणों को आमंत्रित किया। लगभग सभी उपलब्ध ताम्रपत्र (जो समूचे देश में टनों की मात्रा में मिले हैं) ऐसे शासन-पत्र हैं, जिनमें—ईसा की चौथी सदी से आगे—ब्राह्मणों को दिए गए अग्रहारों को लिपिबद्ध किया गया है, पर इन दोनों का संबंध मंदिरों से नहीं है। इसके अतिरिक्त, प्रत्येक गाँव में एक या दो भूखंड और गाँव की फसल का लघु किंतु निश्चित अंश पूजाओं और पुरोहितों—ब्राह्मण या अब्राह्मण—के लिए अलग रहता था। किंतु ब्राह्मण सभी प्रकार के करों से छूट की माँग करते थे और आमतौर पर उन्हें इनसे छूट भी मिल जाती थी; वे कर्जों पर विशेष रूप से कम ब्याज की और अन्य विशेषाधिकारों की भी माँग करते थे, पर ये माँगें हमेशा पूरी नहीं होती थीं।

अधिकतर ब्राह्मणों ने ही कबालाई अथवा स्थानीय कृषक जाति की प्रथाओं को और उनकी आदिम जनश्रुतियों को, उनका पौरोहित्य सँभालकर, विशिष्ट किंतु परिवर्तित रूप में सुरक्षित रखा है। इससे असोक द्वारा सभी भारतीयों के लिए प्रवर्तित 'धम्म' का स्वरूप ही बदल गया। यह स्वाभाविक ही था कि जो ब्राह्मण कबीलाई प्रथाओं तथा परंपराओं का संरक्षक बन जाता, वह अपने विधानों को किसी-न-किसी प्रकार उचित ठहराने के लिए धर्मशास्त्रों की (और ज़रूरत पड़े तो जाली) स्वीकृति प्राप्त करता। मध्ययुग में आम नियम यह था कि प्रत्येक जाति, श्रेणी, गोत्र, कुटुंब और क्षेत्र की अपनी पृथक् कानूनी प्रथाएँ थीं, जिन्हें प्राथमिकता देने के बाद ही राजा के न्यायाध्यक्ष निर्णय दे सकते थे। आज भी निम्नतम स्तर के भारतीय जन-समूह अपने आंतरिक झमेलों का फैसला अपनी जाति-पंचायतों में ही करते हैं। किसी उच्च न्यायालय में अपील करने की आवश्यकता तभी पड़ती है जब व्यक्तिगत संपत्ति के अधिकारों का विकास होता है अथवा किसी मुकद्दमे में विभिन्न समूहों के सदस्य उलझे होते हैं। **अर्थशास्त्र** की कठोर न्याय-व्यवस्था, जिसने दूसरी सभी न्याय-प्रथाओं की अवहेलना की, मौर्यों के बाद जल्दी ही विलुप्त हो गई।

इस क्रियाविधि के परिणामस्वरूप विभिन्न प्रकार के, बल्कि परस्पर-विरोधी भी, अनेकानेक तत्त्वों से, अल्पतम बल-प्रयोग से ही, भारतीय समाज का निर्माण हुआ। पर जिस प्रकार यह विकास हुआ, उसी का यह परिणाम रहा कि एक निश्चित सीमा के परे पण्य उत्पादन की, और इसीलिए संस्कृति की भी, प्रगति रुक गई। अंधविश्वास पर अधिक ज़ोर देने का अर्थ था—निरर्थक अनुष्ठानों का बेशुमार फैलाव। मध्ययुग के दो ब्राह्मण राजमंत्रियों ने धर्मशास्त्रों के आधार पर

राजधर्म से संबंधित जिन दो पुस्तकों की रचना की है, वे **अर्थशास्त्र** से नितांत भिन्न हैं। ये दो कृतियाँ हैं : भट्ट लक्ष्मीधर (लगभग 1175 ई.) की **कृत्यकल्पतरु** और हेमाद्रि (लगभग 1275 ई.) की चतुर्वर्ग-चिंतामणि। लक्ष्मीधर कनौज के गाहड़वाल राजा गोविंदचंद्र का महामंत्री था और हेमाद्रि देवगिरि (दौलताबाद) के यादव राजा रामचंद्र का मुख्यमंत्री। दोनों ही संहिताओं में प्रत्येक तिथि-पर्व के लिए अनुष्ठानों के विधानों की भरमार है। इन दोनों ग्रंथों को पूरा प्रकाशित किया जाए तो प्रत्येक के बारह मोटे पोथे तो बनेंगे ही, पर इनमें अधिकतर तीर्थयात्राओं, हर प्रकार के अतिचार, वास्तविक या काल्पनिक, के लिए प्रायश्चितों, मृतक-संस्कारों तथा शुद्धियों से संबंधित विधानों की ही चर्चा है। उनसे कुल मिलाकर यही जाहिर होता है कि निचले स्तरों पर अंधविश्वासों से भरा शासन लादने में शासक-वर्ग को भी कुछ निरर्थक कमज़ोरियाँ स्वीकार करनी पड़ीं। उनमें प्रशासन के नाम पर कुछ भी नहीं है; न्याय-व्यवस्था इस उपर्युक्त नियम पर आश्रित रह जाती है कि प्रत्येक समूह को अपने अलिखित नियमों का उपयोग करने की स्वतंत्रता होनी चाहिए। यदि साक्ष्य के आधार पर न्यायाध्यक्ष कोई निर्णय नहीं दे पाता तो अग्निपरीक्षा, विषपरीक्षा, तप्तलौहपरीक्षा आदि का भी सहारा लिया जाता, पर अपराध स्वीकार करवाने के लिए दी जानेवाली यातनाओं के रूप में इनका इस्तेमाल नहीं होता था। यह उल्लेखनीय है कि उपर्युक्त दोनों पुस्तकों की रचना के बाद पच्चीस-पच्चीस साल के भीतर ही उनसे संबंधित दोनों राज्यों को मुसलमानों की अपेक्षाकृत छोटी सेनाओं ने ही पूरी तरह नष्ट कर दिया। हेमाद्रि की **स्मृतियों** के प्रति आस्था और प्रशासक के रूप में अतिरंजित ख्याति भले ही रही हो, पर मानभाव साहित्य में उस पर यह आरोप है कि अपने ही राज्य की रक्षा-व्यवस्था को कमज़ोर करने के लिए अलाउद्दीन खिलजी से उसने घूस ली थी।

ब्राह्मणों ने जिन जाति-नियमों का समर्थन किया, उन्हें लिपिबद्ध करने का उन्होंने कभी प्रयत्न नहीं किया। रोमन ius gentium की तरह समानता के सिद्धांतों पर आधारित एक व्यापक और सार्वजनिक न्याय-प्रणाली के लिए जिस आधार की ज़रूरत थी, वह नष्ट हो गया; अपराध और पाप को बुरी तरह गड़मड़ कर दिया गया और न्याय संबंधी सिद्धांतों को ऐसी धार्मिक दंतकथाओं के ढेर में दबा दिया कि वह किसी भी मूर्खतापूर्ण काम को हास्यास्पद रूप से उचित ठहरा सकती हैं। मध्ययुग में श्रेणियों और नगरों के जो विविध दस्तावेज़ उपलब्ध थे, उनके अध्ययन एवं विश्लेषण को महत्त्व नहीं दिया गया। इन अनेक समूहों (कबीलाई, जातीय, श्रेणीय और संभवतः नगरीय समूहों) से भारतीय संस्कृति को जो योगदान मिलनेवाला था, वह नष्ट हो गया। बुद्ध और असाक ने लोगों को सभ्य व सामाजिक बनाने की दिशा में जिस कार्य की शुरुआत की थी, उसे फिर आगे बढ़ाने की कोई कोशिश नहीं हुई। जाति-बंधन और जातिगत अलगाव की कठोरता ने

ऐसी स्थिति उत्पन्न कर दी कि सभी वर्गों, पेशों, जातियों तथा धर्मों के लिए सर्वसामान्य न्याय व समानता को लागू करने की संभावना ही समाप्त हो गई। इसी का यह एक परिणाम है कि समूचा भारतीय इतिहास ही लुप्त-प्राय हो गया है। ईसा पूर्व पाँचवीं सदी के कबीलों (लिच्छवियों, मल्लों और पंजाब के आर्यों) ने अपनी आज़ादी की रक्षा उतनी ही दृढ़ता से की थी जितनी दृढ़ता से यूनान के नगर-राज्यों ने की थी और इस दिशा में इनका संघर्ष मकदूनिया के खिलाफ अथेन्स के संघर्ष से कहीं अधिक तीव्र था। परंतु किसी ब्राह्मण अरस्तू ने इनके संविधानों का अध्ययन नहीं किया। अथेन्स की सार्वजनिक सभाओं की तरह इनकी सभा-परिषदें भी (जैसाकि परंपरा से ज्ञात होता है) वाद-विवाद और वाक्पटुता के लिए प्रसिद्ध थीं, पर कोई भी इतिहासकार हमें जानकारी नहीं देता कि इन स्वतंत्र समुदायों की कौन-कौन-सी संस्थाएँ थीं और वे किस प्रकार नष्ट हुईं। प्राचीन यूनानी ग्रंथों की साहित्यिक उत्कृष्टता और मध्ययुगीन संस्कृत पुराणों की नीरस एवं अंतहीन बकवाद की तुलना से इन दोनों देशों के पुरातत्त्व में जितना अंतर दिखाई देता है, उतना दरअसल नहीं है। मेगास्थनीज़ ने भारत के 'स्वतंत्र नगरों' का उल्लेख किया है; यूनानियों के लिए इन शब्दों का सुस्पष्ट ऐतिहासिक अर्थ था, भले ही मकदूनिया ने उन्हें अपने अधीन कर लिया हो। अरस्तू इस बात का विशेष रूप से उल्लेख करता है कि स्पार्टा, क्रीट तथा अन्य यूनानी नगरों में सहभोजन एक महत्त्वपूर्ण जनतांत्रिक प्रथा थी। यजुर्वेदिक 'सग्धि' और 'सपीति' का भी ठीक यही अर्थ है—मिलकर खाओ और पियो, जिसके लिए ईसा पूर्व आठवीं सदी के आर्य प्रार्थना करते थे। 'एकपात्रम्' की मिटती प्रथा भी यही थी; महान भारतीय गणतंत्रों को नष्ट करने के लिए **अर्थशास्त्र** के ग्यारहवें अधिकरण में इस प्रथा का उपयोग करने का सुझाव दिया गया है। अब तो यह प्रथा कुछ विशिष्ट खाद्य-वस्तुओं पर लगाए गए जातिगत निषेध के रूप में ही जीवित है। यूनानी और रोमन धर्म के अनुसार, प्रत्येक महत्त्वपूर्ण कार्य के पहले सद्यहत पशुओं की बदबूदार अँतड़ियों को खोलकर देखना ज़रूरी समझा जाता था, जबकि भारत में ऐसी प्रथाएँ सदियों पहले लुप्त हो चुकी थीं; थेमिस्टोक्लीज़ ने सलामिस की पूर्वसंध्या को मानव-बलियाँ दी थीं। इस प्रकार, अतीत व वर्तमान के यथार्थ के प्रति ब्राह्मणों की उदासीनता के कारण न केवल भारतीय इतिहास लुप्त हो गया है बल्कि असली भारतीय संस्कृति का काफी अधिक अंश भी नष्ट हो गया है। इस क्षति का कुछ अनुमान तब हो सकता है जब हम कल्पना करें कि अरस्तू, हिरोदोतस्, थुकीदाइदेस् और उनके समकालीनों की कृतियों के स्थान पर मिग्ने के मध्ययुगीन **पेत्रोलोजिया लातीना** के लिए पुनर्लिखित धार्मिक अनुष्ठान और **गेस्ता रोमानोरम** के कुछ अंश मात्र प्राप्त हैं।

ब्राह्मणों द्वारा प्रस्तुत 'तर्कशास्त्र' में समस्त वास्तविकता को यत्नपूर्वक दूर रखा गया है। इसकी अंतिम परिणति महान शंकर (लगभग 800 ई.) के दर्शन में

देखी जा सकती है; शंकर ने इस प्रतिज्ञा की कि 'कोई वस्तु अ है या अ नहीं है' अवहेलना की और जगत को कई स्तरों पर आधिभौतिक प्रवर्गों में विभाजित किया। जाहिर है कि इनमें सर्वोच्च स्तर चिरंतन तत्त्वों के अस्तित्व तथा उनके साथ तादात्म्य स्थापित करने की परिकल्पनाओं से संबंधित था। भौतिक वास्तविकता का कोई अस्तित्व नहीं था। इस प्रकार दार्शनिक को आनुष्ठानिक प्रथाओं के स्तर पर सर्वसाधारण के साथ सम्मिलित हो जाने की छूट मिल गई। बौद्ध धर्म के अस्तित्व में आने के बाद ब्राह्मणों के लिए यह आवश्यक हो गया कि वे वैदिक यज्ञों की रक्तबलि के प्रति दिखावटी भक्ति प्रदर्शित करने के साथ-साथ अहिंसा का भी अवश्य उपदेश दें। उसी प्रकार, एक ओर शाकाहारिता को अनिवार्य बना दिया, तो दूसरी ओर स्मृतियों में विभिन्न प्रकार के मांस की सूची दी गई है, जो श्राद्धभोज में ब्राह्मण अतिथियों को खिलाया जाता था। तार्किक असंगतियों को पूरा हजम कर जाने की इस क्षमता की छाप भारतीय राष्ट्रीय चरित्र पर भी पड़ी है, इस बात को आज के पर्यवेक्षक देखते हैं, तो यह पहले के यूनानियों और अरबों से भी छिपी नहीं रही।

तर्क का अभाव, लौकिक वास्तविकता की अवहेलना, शारीरिक व कष्टसाध्य काम करने की अक्षमता, सूत्रबद्ध विद्याओं को, जिनके गुह्यार्थों का स्पष्टीकरण बड़े गुरु ही कर सकते हैं, कंठस्थ रखने की परंपरा और प्राचीन काल के कल्पित प्रमाणों द्वारा समर्थित परंपरा के प्रति (फिर वह कितनी भी मूर्खतापूर्ण क्यों न हो) निष्ठा—इन सबका भारतीय विज्ञान पर बड़ा घातक प्रभाव पड़ा। प्राचीन भारतीय आयुर्वेद ने अनेक उपयोगी औषधियों का संग्रह किया; कई जड़ी-बूटियों की जानकारी वनवासियों से मिली। अत्यंत व्यावहारिक अरबों ने भी, जो गेलन और अरस्तू से परिचित थे, रोग-निदान से संबंधित संस्कृत के एक ग्रंथ को उपयोगी पाया और अरबी में उसका अनुवाद किया। पर आज स्थिति यह है कि अनेक आयुर्वेदाचार्य कई प्रकार की ऐंठनों के लिए 'अनंत' नामक वनस्पति के इस्तेमाल का सुझाव तो देते हैं, किंतु इस बूटी की पहचान के बारे में वे एकमत नहीं हैं। विभिन्न प्रदेशों में इस संस्कृत नाम का संबंध कम-से-कम चौदह किस्म की वनस्पतियों से जोड़ा जाता है—साधारण तृणों से लेकर बड़े वृक्षों तक, और लगता है कि इन सबके नुस्खे लिखे जाते हैं। इसी प्रकार, ब्राह्मणों ने देश-भर के पवित्र तीर्थस्थलों की और देश के बाहर बाकू व मिस्र तक के तीर्थस्थलों की लंबी सूचियाँ तैयार की थीं। पर इनमें से अनेक स्थलों की पहचान कर पाना आज संभव नहीं है, क्योंकि न तो यात्रा-विवरण लिखे गए, न ही इन स्थलों की सही पहचान की सूचनाएँ मिलती हैं। प्राचीन भारत के घटना-स्थलों और लोगों के बारे में ऐतिहासिक विवरण प्राप्त करने के लिए, कभी-कभी भग्नावशेषों की पहचान के लिए भी, हमें यूनानी भूगोलविदों, अरब व्यापारियों और चीनी पर्यटकों के विवरणों

की शरण में जाना पड़ता है । इतनी उपयोगी स्रोत-सामग्री हमें किसी भी भारतीय ग्रंथ में नहीं मिलती ।

तीव्र वृद्धि और दीर्घकालीन विघटन की जिस निराशाजनक कथा का यहाँ खाका प्रस्तुत किया गया है, वह असोक के बाद की पंद्रह सदियों की कथा है । अंत में हालत यह हो गई कि देहात का ब्राह्मण, किसी सुदूर स्थान में जाकर बारह साल तक वेदाध्ययन करना तों दूर रहा, अक्षरज्ञान से भी वंचित रहने लगा । पराश्रयिक जातिगत विशेषाधिकार कभी स्वेच्छा से त्यागे नहीं गए; कभी-कभी तो ब्राह्मण कर देने की बजाय अनशन करके प्राण त्यागने को तैयार हो जाता था। इक्के-दुक्के जाली ताम्रपत्रों से भी यही जाहिर होता है कि उच्च-कुलीन महामना ब्राह्मण उस जमाने को बहुत पीछे छोड़ चुका था जब एर्रियन-जैसे आश्चर्यचकित विदेशी कह उठते थे कि 'पर वास्तव में, किसी भारतीय को झूठ बोलते नहीं देखा गया ।' किंतु ब्राह्मणवाद की प्रत्यक्ष पराजय, दरअसल, असहाय, नीरस, प्रायः आत्मनिर्भर एवं स्वतःपूर्ण तथा निरस्त्र देहात की पूर्ण विजय थी, जिसे चाणक्य ने राज्य की शक्ति और राजकोश के उत्पादक आधार के रूप में चुना था । जैसाकि पहले कहा जा चुका है, अंधविश्वासों की असीमित वृद्धि से भी यह जाहिर था कि समाज के नियंत्रण में धर्म को प्रभावकारी बनाने के लिए शासक-वर्ग को भी कई बंधनों और औपचारिक प्रथाओं को स्वीकार करना पड़ा । संस्कृति की प्रगति के लिए आपसी मेल-जोल और विचारों के आदान-प्रदान की आवश्यकता होती है, और अंततः ये दोनों ही बातें वस्तुओं के लेन-देन की तीव्रता—पण्य-उत्पादन—पर निर्भर करती हैं। आबादी के साथ भारतीय उत्पादन बढ़ा है, पर यह पण्य-उत्पादन नहीं था । गाँव अधिकतर अपनी उपज से ही अपना काम चला लेते थे । जिन थोड़ी-सी वस्तुओं का लेन-देन होता था, वे भी भूमिकर, खिराज और करों के रूप में सामंत-स्वामी अथवा आयकर अधिकारी—दोनों प्रायः एक ही व्यक्ति होते थे—के हाथों में पहुँच जाती थीं । ग्राम्य समाज के इसी अलगाव के कारण मध्ययुगीन भारत में विभिन्न धर्मों तथा धार्मिक दर्शनों का बेशुमार फैलाव हुआ, पर बौद्धधर्म की तरह भारत के बाहर इनका प्रचार-प्रसार नहीं हुआ—गौण अपवाद है तो केवल बृहत्तर मलेशिया ।

बौद्धधर्म का विकास

चीनी यात्री युवान्-च्वाङ् संस्कृत और भारतीय बौद्धधर्म का विशिष्ट अध्ययन करने के उद्देश्य से 630 ई. के तुरंत बाद नालंदा विहार के विद्यापीठ में पहुँचा । वह लंबा रास्ता तय करके, रेगिस्तान व बर्फ से ढँके पर्वतों को पार करता खोतान से गंधार तक ऊँचे-ऊँचे स्तूपों और समृद्ध विहारों को देखता, पंजाब होकर राजगिर के समीप बौद्धधर्म की जन्मभूमि में पहुँचा था । संम्मान्य विदेशी विद्वान होने के नाते नालंदा विहार के प्रमुख आचार्य शीलभद्र ने उसका स्वागत किया । चीन

जीवनीकार ने युवान्-च्वाङ् के स्वागत के बार में लिखा है :

'उन्हें राजा बालादित्य के प्रकोष्ठ में बुद्धभद्र के भवन की चौथी मंजिल पर ठहराया गया। सात दिन तक अतिथि-सात्कार करने के बाद धर्मपाल बोधिसत्व के भवन के उत्तर में एक अतिथि-गृह में उन्हें जगह दी गई और उनकी दैनंदिन ज़रूरत की चीज़ों की मात्रा बढ़ा दी गई। उन्हें प्रतिदिन 120 तांबूल-पान, 20 सुपारियाँ, 20 जायफल, एक औंस कर्पूर और एक 'शाङ्' महाशाल चावल मिलता था। इस चावल के दाने काली मूँग की फल्ली से भी बड़े थे और पकाने पर उनमें ऐसी सुगंध निकलती जैसी अन्य किसी चावल में नहीं होती। यह चावल केवल मगध में ही पैदा होता था, अन्यत्र कहीं नहीं। चूँकि यह चावल केवल राजाओं और सदाचारी महापंडित भिक्षुओं को ही दिया जाता था, इसलिए इसे महाशाल कहते थे। उन्हें हर महीने तीन 'तौ' तेल दिया जाता, और वह हर रोज़ चाहे जितने घी-दूध का सेवन कर सकते थे। एक सेवक व एक ब्राह्मण उनकी परिचर्या के लिए नियुक्त था, विहार के सामान्य कार्यों से उन्हें छूट मिली हुई थी, और बाहर निकलने पर सवारी के लिए उन्हें हाथी मिलता था। नालंदा विद्यापीठ में कुल मिलाकर 10,000 आतिथेय व अतिथि भिक्षु थे, पर केवल दस व्यक्तियों को ही, जिनमें युवान्-च्वाङ् एक थे, ये सुविधाएँ प्राप्त थीं। जहाँ भी वे गए, उनका सर्वत्र इसी प्रकार अतिथि-सत्कार हुआ।'

स्वयं नालंदा विहार के बारे में जीवनीकार ने लिखा है :

'एक के बाद एक छह राजाओं ने छह विहार बनवाए, फिर ईंटों का एक बाड़ा बनाया गया; इस प्रकार सभी भवनों को मिलाकर एक बड़ा विहार बन गया, जिसमें सबके लिए एक प्रवेश-द्वार था। कई प्रकोष्ठ थे और वे आठ विभागों में बँटे हुए थे। कीमती चबूतरे सितारों-जैसे फैले थे और संगयशव के मंडपों के शिखर पर्वत-चोटियों-जैसे थे। मंदिर इतना ऊँचा था कि कुहासे में खो जाता था और उसके सभा-मंडप बादलों से भी ऊपर दिखाई देते थे। ··· उद्यानों में नीले जल की धाराएँ बहती थीं, चंदन के वृक्षों की बहार के बीच हरे कमल चमकते थे और बाड़े के बाहर एक आम्र कुंज था। सभी प्रकोष्ठों में भिक्षुओं के आवास-गृह चार मंज़िल के थे। कड़ियाँ इंद्रधनुष के सभी रंगों से रँगी थीं और उन पर पशुओं की आकृतियाँ उकेरी हुई थीं। स्तंभों को लाल व हरा रंग दिया गया था। स्तंभ व प्रवेश-द्वार अनुपम अलंकरण से उत्कीर्ण थे। स्तंभमूल ओपदार पत्थरों के थे और गृहस्थूणाएँ चित्रों से सुशोभित थीं। ··· भारत में हजारों विहार हैं, पर वैभव व भव्यता में नालंदा बेजोड़ है। वहाँ सदैव 10,000 भिक्षु, आतिथेय व अतिथि, निवास करते हैं। ये भिक्षु महायान और

हीनयान की 18 शाखाओं के सिद्धांतों का अध्ययन करते हैं; साथ ही, वेद व दूसरे पुराने लौकिक ग्रंथों का भी अध्ययन करते हैं। वे व्याकरण, चिकित्साशास्त्र और गणितशास्त्र का भी अध्ययन करते हैं। ...निर्वाह के लिए राजा की ओर से उन्हें 100 गाँवों का राजस्व मिला हुआ था, और प्रत्येक गाँव में 200 परिवार थे, जो उन्हें प्रतिदिन कई सौ 'तान्' चावल, घी और दूध लाकर देते थे। इस प्रकार, बिना भिक्षा माँगे ही विद्यार्थियों की चार आवश्यकताएँ (वस्त्र, भोजन, आवास और औषधि) पूरी हो जाती हैं। इसी अनुदान के कारण वे विद्या के क्षेत्र में आगे बढ़ पाए हैं।'

नालंदा के ध्वंसावशेषों से भी सिद्ध होता है कि इस विवरण में कोई अतिशयोक्ति नहीं है, यद्यपि पुरातत्ववेत्ता अभी एक भी विहार के क्रमिक विकास का सुनिश्चित ब्यौरा प्रस्तुत नहीं कर पाए हैं। उस युग में भी सात मंज़िलों के भवन होते थे और बुद्धगया का महाबोधि मंदिर आज की 160 फुट की ऊँचाई तक पहुँच चुका था। भिक्षुओं की गतिविधियों के बारे में स्वयं युवान्-च्वाङ् ने लिखा है :

'विनय (लिउ), अभिधर्म (ल्युन्) और सूत्र (किङ्) बौद्ध पिटक ग्रंथ हैं। जो इनमें से एक वर्ग की पुस्तकों की पूर्ण व्याख्या कर सके उसे कर्मदान से मुक्ति मिल जाती है। यदि वह दो वर्गों की व्याख्या कर सके, तो उसे इसके अतिरिक्त ऊपर का आसन अथवा कक्ष मिलता है; जो तीन वर्गों की व्याख्या कर सके तो उसे देखभालऔर आज्ञापालन के लिए कई सेवक मिलते हैं; जो चार वर्गों की व्याख्या कर सके उसे उपासक-सेवक मिलते हैं; जो धर्मग्रंथों के पाँच वर्गों की व्याख्या कर सके उसे एक अनुरक्षक मिलता है। ...यदि कोई परिष्कृत भाषा, सूक्ष्म अन्वेषण, गहन दृष्टि तथा अकाट्य तर्कों से सभा में (शास्त्रार्थ में) विजय प्राप्त करता है तो उसे बहुमूल्य आभूषणों से सज्जित हाथी पर बिठाकर दल-बल के साथ (जुलूस में) विहार के प्रवेश-द्वार तक ले जाते हैं। इसके विपरीत, यदि कोई वाद-विवाद में परास्त हो जाता है, अथवा अनुपयुक्त तथा अपरिष्कृत शब्दावली का प्रयोग करता है अथवा तर्कशास्त्र के किसी नियम का उल्लंघन करके तदनुरूप शब्दों का प्रयोग करता है, तो वे उसके चेहरे को लाल व सफेद रंग से विद्रूप बनाते हैं और उसके शरीर पर धूल व मिट्टी पोतते हैं, और फिर उसे किसी निर्जन स्थान में छोड़ आते हैं या किसी खड्ड में ढकेल देते हैं।'

स्पष्टतः, यह बौद्धधर्म उस बौद्धधर्म से कोसों दूर था जिसका ईसा पूर्व छठी सदी में इसके संस्थापक ने मगध में प्रतिपादन किया था। ऐसे तपस्वी भिक्षु अब भी थे जो नंगे पैर यात्रा करते, खुले में सोते, बचे-खुचे अन्न की भिक्षा ग्रहण करके उदर-निर्वाह करते और लोकभाषा में ग्रामवासियों या आटविकों को उपदेश देते; पर उनकी संख्या व प्रतिष्ठा निरंतर घटती जा रही थी। भिक्षु के लिए निर्धारित चीथड़ों से सिले हुए वस्त्रों के स्थान पर अब कीमती केसरिया रंग में रँगे बढ़िया सूती

कपड़े, उत्तम ऊन अथवा विदेशी रेशम के सुरुचिसंपन्न वस्त्रों का इस्तेमाल होता था। लगता है कि यदि स्वंय बुद्ध (जो अपनी अंतिम पार्थिव यात्रा के दौरान नालंदा ग्राम से गुज़रे थे) उस भव्य संस्थान में, जो उनके नाम पर चलता था, पहुँचते तो उनकी खिल्ली उड़ाई जाती और उन्हें निकाल दिया जाता, बशर्ते कि संयोगवश वह कोई अलौकिक चमत्कार दिखाकर अपने को साबित कर पाते। बुद्ध ने ऐसे चमत्कारों की हँसी उड़ाई थी, पर अब ये उस धर्म के अभिन्न अंग बन गए थे और अनेकानेक बुद्धों के अलौकिक चमत्कारों की कथाएँ भी फैल चुकी थीं। अतिप्राचीन प्रजनन-अनुष्ठान, कुछ परिष्कृत होकर, तंत्रविद्या के रूप में पुनः प्रचलित हुए; इन्होंने न केवल नए संप्रदायों को जन्म दिया, बल्कि ये बौद्ध, जैन व ब्राह्मण धर्म-कर्म में भी प्रविष्ट हुए। जिस प्रकार अपरिग्रह व सादगी के भिक्षु-संघ के पूर्वकालीन नियम त्याग दिए गए थे, उसी प्रकार पद-प्रतिष्ठा के बोलबाले के कारण पुरातन सिद्धांत भी धुँधले पड़ गए थे। ऊपर उल्लिखित महायान बौद्धधर्म ने ईसा की दूसरी सदी में और उसके बाद से इस रमणीय जीवन को शारीरिक व मानसिक रूप से अंगीकार कर लिया था। हीनयान (विभाजन के बाद महायानियों द्वारा दिया गया तिरस्कारसूचक नाम) ने बाह्य रूप में पूर्वकालिक सादगी को कुछ हद तक कायम रखा। उन्होंने एक निर्धारित संख्या में पालि धर्मग्रंथों को भी सुरक्षित रखा, जबकि महायानियों ने बौद्धग्रंथों की संस्कृत में मनमर्जी से रचना की, पुनर्रचना भी की। तिब्बती व चीनी अनुवादों में जो महायानी बौद्धग्रंथ उपलब्ध हैं उनसे एक पूरा पुस्तकालय खड़ा हो सकता है, हालाँकि असंख्य ग्रंथ, अनूदित हुए बिना ही, अपने संस्कृत मूल में नष्ट हो गए हैं। इन दोनों बौद्ध संप्रदायों की विहार-व्यवस्थाओं में नगण्य अंतर था, क्योंकि हीनयानी विहारों को भी प्रचुर अनुदान मिलता था और कालांतर में (जैसाकि श्रीलंका व बर्मा में अवशिष्ट प्रथाओं के रूप में देखने को मिलता है) प्रत्येक विहार का संचालन एक ही परिवार के अधिकार में रहने लगा; आवश्यकतानुसार, विहाराध्यक्ष का पद अधिकार में रखने के लिए, उस परिवार का कोई तरुण प्रव्रज्या भी ग्रहण कर लेता था। फूट पड़ने के पहले भी भागे हुए दासों, आटविकों, भागे हुए अपराधियों, संक्रामक रोगियों, कर्जदारों तथा आदिवासी नागों का संघ में प्रवेश वर्जित था। संघ और राज्य के बीच समझौता हो गया था। परिणामतः, नागरिक जीवन में जो स्थान चक्रवर्तिन् का था, उसी के अनुरूप धर्म के क्षेत्र में बुद्ध को दर्जा दिया गया।

आरंभिक बौद्ध अनुशासन का एक प्रमुख पक्ष मानव-शरीर के जुगुप्साकारी एवं मलिन अंगों पर बल देता है। भिक्षु के लिए यह आवश्यक था कि नियमपूर्वक अपने ही शरीर के घृणित गुह्यांगों पर बड़ी बारीकी से ध्यान केंद्रित करे। उसे हिदायत थी कि वह श्मशान में काफी समय तक रहकर देखे कि गिद्ध, सियार व कीड़े आदमी के शव को किस प्रकार खाते हैं। पर उत्कृष्ट बौद्ध कलाकृतियों को देखकर कोई भी अनुमान नहीं कर पाएगा कि ऐसा भी होता था। अनगिनत

मुकुटधारी बोधिसत्व, ऐश्वर्यशाली किंतु अंगों को प्रकट दिखानेवाले वस्त्र धारण की हुई स्त्रियाँ, और उनके रमणीय पुरुष-सहचर गंधार व भारहुत से लेकर अजंता व अमरावती तक बिखरे पड़े हैं। इन वैभवशाली भित्तिचित्रों और उच्चित्रों की एकरूप संगति को नष्ट करनेवाला और भिक्षु को बुद्ध के उपदेश की याद दिलानेवाला ऐसा कोई दृश्य नहीं जिसमें किसी सड़े हुए आधे खाए शव को अथवा मवाद भरे घावोंवाले कुष्ठपीड़ित भिखारी को दिखाया गया हो। इस कला में उस अतिदरिद्र ग्रामवासी (पामर) के आम कष्टों का भी चित्रण नहीं है, जिसकी अतिरिक्त उपज तो भिक्षु हजम कर लेता था, पर जिसकी दरिद्रता की इस निष्ठुर सिद्धांत के आधार पर उपेक्षा की जाती कि किसी पूर्वजन्म के कर्मों के कारण ही उसे अब कष्ट भोगने पड़ते हैं।

आरंभिक पालि बौद्धग्रथों में इंद्र तथा ब्रह्मा को बुद्ध के उपदेशों को श्रद्धापूर्वक सुननेवालों के रूप में प्रस्तुत किया गया है। महायान ने अपने देवकुल में कई सारे नए देवताओं का, जिनमें गणेश, शिव और विष्णु भी हैं, समावेश कर लिया, पर ये तमाम देवता बुद्ध के अधीनस्थ थे। इस समूह में कुछ विशिष्ट देवियाँ भी शामिल कर ली गईं; उदाहरण के लिए, अनुपम सुंदरी तारा और मातृदेवी हारीती, जो मूलतः शिशुभक्षक राक्षसी थी। धर्मग्रंथों में सर्पों व राक्षसों के भय-निवारण के लिए जपे जानेवाले मंत्र-तंत्र (धारणियों) का भी समावेश हो गया। साथ ही, नाग-राक्षस अनेक विहारों का सम्मानित संरक्षक था। स्पष्टतः बुद्ध इन सबसे ऊपर थे—अपने अलग व अगम्य स्वर्ग में विराजमान एक प्रकार के परमेश्वर। परंतु पूर्वजन्म के बुद्धों की संख्या सीमा से परे पहुँचा दी गई और इनमें एक मसीही बुद्ध मैत्रेय का भी समावेश कर दिया गया। कई लोकप्रिय कथाओं को ज्यों-की-त्यों बुद्ध के पूर्वजन्मों की कथाओं (जातकों) में बदल दिया गया; इन पूर्वजन्मों में उन्होंने बुद्धत्व के लिए अपने को क्रमशः परिशुद्ध किया था। हर नए मत को और हर नए सांघिक नियम को बुद्ध के बारे में नई-नई कथाएँ लिखकर उचित ठहराया गया। बुद्ध के पार्थिव शरीर के अवशेषों की सर्वत्र पूजा होने लगी और उनके आकार तथा उनकी मात्रा में इतनी अधिक वृद्धि हुई कि हाथी के सूंड से तुलना की जा सके। पर ब्राह्मण इस खेल में अधिक निपुण थे और उन्होंने अपनी निपुणता दिखाई भी। ब्राह्मणों ने जिन देवताओं के प्रतिष्ठापन के लिए पुराणों की रचना की, वे व्यापक रूप से पूजे जाते थे—किसानों से लेकर उन कबीलाई सरदारों तक जो राजपद प्राप्त कर चुके थे। एक सुप्रसिद्ध उदाहरण है कश्मीर के संरक्षक-नाग नीलमत का, जिसकी पूजा बौद्धधर्म के कारण अप्रचलित हो गई थी, पर ब्राह्मणों ने विशेष रूप से **नीलमत पुराण** की रचना करके इसे पुनर्स्थापित किया और इसके साथ-साथ अपने को भी। ईसाई धर्म अथवा इस्लाम की भाँति बौद्धधर्म कभी भी राजधर्म नहीं बना, न ही इसने अपने प्रतिद्वंद्वियों के दमन के लिए शासन-व्यवस्था का इस्तेमाल किया। आरंभ से ही बौद्ध-संघ में ब्राह्मण रहे हैं,

जिन्होंने जातिभेद को भले ही त्याग दिया हो, पर अपनी बौद्धिक परपरा को कायम रखा। प्रचलित ब्राह्मण-विचारधारा को (अनुष्ठान अथवा पूजा-विधि को नहीं) प्रायः मानकर चला जाता था, जैसेकि ब्राह्मणों ने भी गोमांस खाना छोड़ दिया था और अहिंसा को अपना प्रमुख आदर्श स्वीकार कर लिया था। बौद्धों और ब्राह्मणों के दर्शनों के सारतत्त्व एक-दूसरे से मिलने लगे थे। दोनों ही जगत की भौतिक वास्तविकता अस्वीकार करते हैं। स्पष्टतः, शंकर में अथवा उसके द्वारा खंडन के लिए प्रस्तुत किए गए प्रतिद्वंद्वियों के सिद्धांतों में ऐसा कुछ भी नहीं है जिसे असोक अथवा उसका कोई पूर्ववर्ती बौद्धधर्म की मान्यता के रूप में पहचान पाता। आज तो यह जानने में भी कठिनाई होती है कि ठीक वाद-विवाद का विषय क्या था, क्योंकि उभय पक्षों के प्रतिपादनों में स्वरूप का भेद भले ही रहा हो, पर विषय-वस्तु की दृष्टि से नगण्य अंतर था। जहाँ तक व्यावहारिक रूप में बौद्धधर्म के घटते प्रभाव का प्रश्न है, इस बात को ध्यान में रखना ज़रूरी है कि असोक कलिंग के एक विनाशकारी युद्ध के बाद ही अहिंसावादी धर्म में दीक्षित हो गया था। इसके विपरीत, कन्नौज का बौद्धधर्म-परायण राजा हर्ष शिलादित्य (605-655 ई.) अधिकांश भारत को अपने अधीन करने के लिए कम-से-कम तीस साल तक लगातार लड़ाइयाँ लड़ता रहा। इसी प्रकार, छेंगीज़ खान (तेमूजिन) और उसके उत्तराधिकारी मंगोल शासकों ने अपने सैनिक अभियानों से अधिकांश यूरेशिया महाखंड में इतना रक्तपात व विध्वंस मचाया कि उनकी तुलना में सिकंदर का अभियान मामूली सीमावर्ती छापा प्रतीत होता है; फिर भी ये मंगोल सम्राट भले बौद्ध माने गए। परंतु किसी भी बौद्ध राजा ने धर्म की प्रतिष्ठा या प्रचार के लिए हत्या या जिहाद नहीं किया।

असोक ने जिस राज्याश्रय की शुरुआत की थी, वह बारहवीं सदी तक चालू रहा, जब अंत में मुसलमानों ने उत्तर भारत के सभी बौद्ध विहारों को लूटा और नष्ट कर दिया। हिंद-यवन शासक अगथोक्लीज ने अपने सिक्कों पर बौद्ध प्रतीकों को अंकित कराया, जैसेकि मिनांदर ने 'धम्मक-दिकाइओस्' शब्दों को अंकित कराया था। कुषाणों के साथ विपुल अनुदानों के एक नए युग की शुरुआत हुई और इनसे महायान को सुदृढ़ आधार प्राप्त हुआ; यह राजवंश ईसा की चौथी सदी तक शासन करता रहा। किसी मुस्लिम-पूर्व राजा ने इन दोनों को निरस्त नहीं किया। मौर्यों के तुरंत बाद के शासकों ने ब्राह्मण-धर्म को प्रश्रय दिया। प्रथम शुंग शासक ने अश्वमेध यज्ञ किया। पर बौद्धधर्म पर इसका कोई प्रभाव नहीं पड़ा, जैसाकि साँची के शुंगकालीन संवर्धित स्मारकों से प्रकट है। गुप्त शासकों द्वारा ब्राह्मणों को दिए गए दानों के बारे में जो ताम्रपत्र मिलते हैं उनमें ईसा की चौथी सदी से **महाभारत** के श्लोक प्रमुखता से उद्धृत किए गए हैं; पर साथ ही बौद्ध विहारों का पुनरुद्धार किया गया और उनको दिए जानेवाले दान में भी वृद्धि हुई। बौद्धों पर पहली बार वास्तविक अत्याचार हुए ईसा की सातवीं सदी के आरंभकाल में जब पश्चिमी

बंगाल के राजा नरेंद्रगुप्तशशांक ने गंगा की घाटी में दूर तक धावा बोला, अनेक बौद्ध मूर्तियों को नष्ट किया और गया के बोधिवृक्ष को भी कटवा डाला। पर हर्ष की दानशीलता से कुछ ही वर्षों के भीतर जल्दी ही सबकुछ न केवल पहले-जैसा हो गया, बल्कि अधिक वैभवशाली हो गया। परंतु बौद्धधर्म की अवनति और अस्थिर स्थिति उस समय ही दृष्टिगोचर होने लगी थी जब युवान्-च्वाङ् समृद्धिशाली नालंदा में अध्ययन कर रहा था। नालंदा के विनाशकारी अंत के बारे में उसका दुःस्वप्न 655 ई. के आसपास शब्दशः फलित हुआ, जब हर्ष की मृत्यु के बाद वहाँ के विशाल विहार को लूटकर नष्ट कर दिया गया। किंतु अगली सदी में पाल शासकों ने मदद देकर इनकी आर्थिक दशा सुधार दी और अनेक नए विहारों की भी नींव डाली, जिनमें एक नालंदा के समीप का वह विशाल विहार भी था जिसके कारण पूरे प्रांत को बाद में बिहार नाम मिला। सेन शासकों ने, जो निस्संदेह आधुनिक अर्थ में हिंदू राजा थे, दानप्रथा को जारी रखा और पालों द्वारा स्थापित विहारों की संपदा की लुटेरों से रक्षा करने के लिए उनकी किलेबंदी भी की। इसका केवल यही परिणाम हुआ कि 1200 ई. के आसपास मुट्ठी-भर सिपाहियों को लेकर जब मुहम्मद बिन-बख्तियार खिलजी ने मगध व पश्चिमी बंगाल पर चढ़ाई की तो इन विहारों को लूटकर पूरी तरह नष्ट कर दिया गया। उसी समय सारनाथ के विहार और भव्य स्तूप, जो बुद्ध के प्रथम धर्म-प्रवचन के स्थान पर और उनकी सादी पर्णकुटी के इर्द-गिर्द खड़े किए गए थे, सदा के लिए ध्वस्त कर दिए गए; इस प्रकार, जो स्थल बुद्ध के पहले से भी निरंतर तापसों की निवास-भूमि व मिलन-स्थल रहा वह छिन्न-भिन्न हो गया। हूणों के हमलों से, खूँखार पाशुपतों के हस्तक्षेपों से और धार्मिक फूट से सारनाथ सुरक्षित बचा रहा, और 1150 ई. के

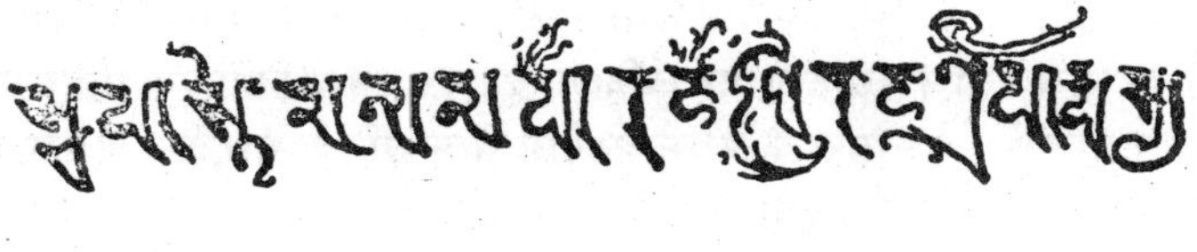

चित्र 15 : एक ब्राह्मण को दिए गए भूमिदान से संबंधित ताम्रपत्र पर उत्कीर्ण बौद्ध सम्राट हर्ष के हस्ताक्षर (बंसखेड़ा ताम्रशासन, एपिग्राफिया इंडिका, खंड 4, पृष्ठ 210 के सामने)। वर्ष संभवतः 628 ई. था। हर्ष ने ताम्रपत्र पर स्याही में अपने हस्ताक्षर किए : स्वहस्तो मम महाराजाधिराजश्रीहर्षस्य। फिर स्याही के इन अक्षरों को ताम्रपत्र में उकेरा गया।

आसपास 'हिंदू' राजा गोविंदचंद्र गाहड़वाल की 'बौद्ध' रानी ने कुछ ही समय पूर्व उसका पुनरुद्धार करके उसे और भी समृद्ध बनाया। ईसा की चौदहवीं सदी में कोरियावालों ने एक भारतीय भिक्षु को आमंत्रित किया था, पर वह भिक्षु उत्तर

भारत के किसी चिरप्रतिष्ठित बौद्धस्थल से नहीं, बल्कि दक्षिण भारत से गया था जहाँ बौद्धधर्म चुपचाप विघटित हो रहा था। लोकायतों का अल्पसंख्यक अ-बौद्ध संप्रदाय और शाक्य देवदत्त के बौद्धसम अनुयायियों का संप्रदाय मगध में कम-से-कम ईसा की सातवीं सदी तक जीवित रहे। इन्हें किसी ने नष्ट नहीं किया, बल्कि ये स्वयं शांतिपूर्वक विघटित हुए, एक ऐसे देश में जहाँ अनेक परस्पर-विरोधी मतों का सह-अस्तित्व तो संभव था, पर जहाँ उनकी परंपराओं और उनके सिद्धांतों को लिपिबद्ध करके स्थायी रूप में सुरक्षित रखने की चिंता किसी को नहीं थी। हिंदू धर्म के पुनरुद्धार का अथवा किसी राजा के बौद्ध या हिंदू होने का सवाल ही निरर्थक है। अनेक लोगों ने, राजा और प्रजा दोनों ने, अंत समय तक परवर्ती ब्राह्मण कर्मकांड को प्रश्रय दिया, जैसे-तैसे शालीन बनाए गए प्रागैतिहासिक देवताओं की पूजा भी की और साथ ही बौद्ध, आजीवक व जैन संप्रदायों को उदारतापूर्वक दान भी दिए। कन्नौज का हर्ष, जिसके बारे में कोई संदेह नहीं कि उसने बौद्धधर्म को प्रश्रय दिया और जिसने स्वयं एक हत्यारे को निरस्त्र करके क्षमा कर दिया था, ब्राह्मणों को दिए गए दानपत्रों में, मध्ययुग के दूसरे राजाओं की भाँति, अपने को 'परममाहेश्वर' घोषित करता है। इसके अलावा, सूर्य उसका कुलदेवता था; कुषाणों के साथ पुनः ईरानी प्रभाव बढ़ा तो सूर्य-पूजा का अधिक प्रचलन हुआ और इसके साथ ही 'मग ब्राह्मणों' का, जो संभवतः मागी मूल के थे, एक नया संप्रदाय पैदा हुआ। हर्ष ने 'परमभट्टारक' की उपाधि भी ग्रहण की थी। उसका एक संस्कृत नाटक **नागानंद**, जिसके अभिनय में उसने आत्म- बलिदानी बौद्ध नायक की भूमिका अदा की थी, शिव-पत्नी गौरी (श्वेतांगी पार्वती) को अत्यंत भक्तिभाव से समर्पित है। इन सब बातों में उसे कोई अंतर्विरोध नज़र नहीं आया, न ही उन बौद्ध, जैन, आजीवक व अन्य संप्रदायों के साधुओं को जो ब्राह्मणों सहित हज़ारों की संख्या में गंगा-यमुना के संगम-स्थल पर हर पाँचवें साल सम्राट से दान-दक्षिणा ग्रहण करने के लिए एक महासम्मेलन में एकत्र होते थे। इस ग्रंथ के प्रथम अध्याय में आधुनिक भारतीय चरित्र की जिन विसंगतियों का जिक्र किया गया है, वे युवान्-च्वाङ् के भारत आने के पूर्व ही उभरकर सामने आ चुकी थीं।

फिर भी, लगता है कि गाँव की विजय की अपेक्षा इसमें धन के भ्रष्टाचारी प्रभाव का अधिक हाथ रहा है। दरअसल, असोक के काफी पहले से इस परिवर्तन की शुरुआत हो चुकी थी। बुद्ध-निर्वाण के कोई सौ साल बाद, मगधराज कालासोक के शासनकाल में, वेसाली के भिक्षु अपने छोटे स्थानीय संघ के लिए न केवल दान स्वीकार करने लगे थे बल्कि धन भी माँगने लगे थे। इससे तत्कालीन दूसरे बौद्ध भिक्षु इनकी बुराई करने लगे। अंत में, वेसाली में भिक्षु यश की अध्यक्षता में उस समय के सर्वाधिक सम्मानित भिक्षुओं का एक सम्मेलन आयोजित किया गया, जिसमें इस नई प्रथा को निंदनीय ठहराकर इस पर रोक लगा

दी गई। भिक्षु भोजन तथा व्यक्तिगत उपयोग की आवश्यक वस्तुओं के अलावा अन्य कोई चीज़ ग्रहण नहीं कर सकते थे। इस नियम को इसके बाद **विनय** का अंग बना दिया गया। इस स्पष्ट अनुशासन के बाद भी यदि हम सभी संप्रदायों के विहारों को दान-दक्षिणा से समृद्ध हुआ देखते हैं तो इस परिवर्तन का निश्चय ही कोई शक्तिशाली कारण रहा होगा। इस बुनियादी कारण को खोजना सहज संभव है।

विहारों ने बुद्ध द्वारा समर्थित बताए जानेवाले चक्रवर्तिन् राजा के एक कर्त्तव्य का पालन किया, पर असोक ने इसकी परवाह न करके सड़कें, विश्रामगृह, जलाशय और मनुष्यों एवं पशुओं के लिए चिकित्सालय बनवाए। विहारों में जो संपत्ति संचित होती थी, वह अक्सर पूँजी के रूप में उन आरंभिक व्यापारियों तथा सार्थवाहों के बड़े काम आती थी जो भारत के भीतरी क्षेत्रों में पहुँचते थे। बावरी-जैसे अग्रगामी ब्राह्मण, जो अधिक-से-अधिक कुछ मवेशी और चंद शिष्यों को लेकर जंगल में पहुँच जाते थे, यह काम करने में असमर्थ थे। यह काम वे अग्रहार अधिवासी ब्राह्मण भी नहीं कर सकते थे जिन्हें राजा ऐसी अछूती भूमि पर बसाते जहाँ पहले हल की खेती न हुई हो पर जो क्षेत्र कृषि-भूमि में बदलने के लिए उपयुक्त हो। एक कारण यही है कि इन दो नितांत भिन्न धर्मों का सह-अस्तित्व, बिना किसी प्रकट संघर्ष के, सातवीं सदी तक उत्तर भारत में और नौवीं सदी तक दक्षिण में बना रहा। मेरी दृष्टि में यही मुख्य कारण है कि कई सदियों तक बौद्धधर्म का विकास होता रहा—उस समय से जब प्राचीन पशुचारी जीवन के यज्ञ, जिनके खिलाफ बौद्धों ने जबरदस्त आवाज उठाई थी, कृषिजन्य अन्न-उत्पादन के व्यापक फैलाव के कारण विलुप्त हो गए थे। मुख्यतः इसी विशिष्ट अर्थवृत्ति के कारण बौद्धधर्म पड़ोसी देशों में भी फैला; इन देशों को अपने यहाँ चातुर्वर्ण्य व्यवस्था स्थापित करने के लिए ब्राह्मणों को आमंत्रित करने की कोई आवश्यकता महसूस नहीं हुई। ये देश वैदिक यज्ञ से तनिक भी परिचित नहीं थे, और ये बौद्धधर्म के उन जटिल, सूक्ष्म व प्रायः दुर्बोध सिद्धांतों को, जिन्हें भारतीय, चीनी, तिब्बती तथा अन्य अनेक विश्रुत भिक्षुओं की लंबी परंपरा ने परिश्रमपूर्वक कई भाषाओं में अनूदित किया, महज सिद्धांत-प्रेम के कारण नहीं ही अपनाते।

जानकारी मिलती है कि आरंभ में जो बौद्धधर्म-प्रचारक चीन गए उनका स्थलमार्ग के व्यापारियों से संबंध था। बौद्ध विहारों की अर्थवृत्ति के बारे में जो सर्वमान्य जानकारी मिलती है वह अंशतः चीनी उल्लेखों पर आधारित है और पश्चिमी दक्खन में फैले हुए गुफा-विहारों के भग्नावशेषों के स्पष्ट किंतु अब तक उपेक्षित पुरातात्त्विक प्रमाणों से इसकी पुष्टि होती है। चीन व भारत के ऐसे विहार उसी एक महासांघिक संप्रदाय (प्राक्-महायानी विधान) के थे अथवा उन बौद्ध संप्रदायों के थे जो सिद्धांत व आचरण में इसके काफी निकट थे। चीनी उल्लेखों से सिद्ध होता है कि उनके महासांघिक विहारों ने चीन के भीतरी क्षेत्रों के शांतिपूर्ण

विकास में बड़ा योग दिया; बौद्ध धर्म ऐसे क्षेत्रों में शांति व अहिंसा का संदेश लेकर पहुँचा । इन विवरणों से पुष्टि होती है कि विहारों के अपने उद्यान तथा खेत थे, दासों व मजदूरों से खेती कराई जाती थी, किसानों और व्यापारियों को उपज बेची जाती और कर्ज दिया जाता और अकाल के समय उदारतापूर्वक दान भी दिया जाता था । बहुत-से अनुबंध और कुछ विहारों के लेखे-जोखे आज भी उपलब्ध हैं । इस बात का स्पष्ट उल्लेख है कि इन मामलों में जिस प्रथा का पालन किया गया वह भारत की महासांघिक प्रथा के अनुरूप थी । वास्तव में, जो चीनी यात्री गहन अध्ययन के लिए भारत आए थे उन्होंने विहारों के प्रशासन पर उतना ही ध्यान दिया जितना कि बौद्ध तीर्थों और पवित्र धर्मग्रंथों पर । ई-चिङ्, जो युवान्-च्वाङ् के सौ साल बाद भारत में आया, विहारों के दैनंदिन जीवन और स्वच्छता से संबंधित छोटी-छोटी बातों का भी उल्लेख करता है और रेशम के वस्त्र पहनने के औचित्य के बारे में भारतीय भिक्षुओं द्वारा प्रस्तुत किए गए थोथे किंतु आकर्षक तर्कों का अपने विवरण में समर्थन करता है । चीन में भी भिक्षा माँगकर जीविका चलानेवाले पुरानी परंपरा के भिक्षु थे, परंतु ऐसे भारतीय भिक्षुओं की तरह वे भी विलुप्त हो गए ।

पश्चिमी भारत में कार्ले का विहार महासांघिकों का था, पर उसमे दूसरे सभी बौद्ध संप्रदायों के भिक्षुओं को भी प्रवेश मिलता था । इस विहार में प्रयुक्त धातु और लकड़ी की सभी चीजें, सिवाय चैत्य के गर्भगृह में स्थापित किसी समय रँगी हुई कड़ियों के, नष्ट हो गई हैं । स्तंभों और दीवारों का रंग भी उड़ गया है । संभवतः वेसाली के सुधार ने अर्थ-प्रेमी भिक्षुओं को दक्षिण की ओर चले जाने को विवश किया, जहाँ उन पर राज्य के नियंत्रण अथवा मगध की प्रथा की पाबंदी नहीं थी । पर रेडियो-कार्बन की विधि से पता चलता है कि कार्ले की नींव असोक के पहले ही पड़ चुकी थी । यहाँ की प्रतिमाएँ सुंदर तो हैं ही, विलासमय भी हैं; इनमें घोड़ों व हाथियों पर सवार सुंदर वस्त्र धारण किए हुए समृद्ध स्त्री-पुरुषों के आकर्षक जोड़े हैं । भिक्षुओं के विहार में ऐसी प्रतिमाएँ होने की उम्मीद शायद ही कोई रखे, पर धनी व्यापारियों के लिए यही सब रुचिकर रहा होगा । शिल्पकारों को दूर-दूर से खासतौर से आमंत्रित किया गया होगा और प्रचुर धन देकर उनसे ये प्रतिमाएँ बनवाई गई होंगी । इसके अलावा, पूरे चैत्य-विहार के निर्माण में कुछ सदियों का समय लगा होगा; फिर भी, समूचे विन्यास में एकरूपता है । इसका अर्थ है—योजना, अर्थव्यय और प्रबंध की निरंतरता । बहुत-सी प्रतिमाओं, गुफाओं और स्तंभों पर इनके दाताओं के जो नाम उत्कीर्ण हैं, उनसे प्रकट होता है कि दूर-दूर के व्यापारियों और श्रेष्ठियों का इस स्थल से संबंध रहा है । फिर भी, ऐसे अन्य अनेक दाता थे जिन्होंने इस विहार को चलाने में और इसे पूरा करने में योग दिया; इनके अलावा ऐसे बहुत-से छोटे-मोटे अज्ञातनाम दाता थे जिनके दानों का कहीं कोई उल्लेख नहीं है । दाताओं में कुछ अधिकारी थे, तो कुछ चिकित्सक

आदि। उस क्षेत्र के व्यापारी संघ (वनिय गाम) का नाम भी दाता के रूप में एक स्तंभ पर अंकित है; पूरे मध्ययुग में इस संस्था का प्राधान्य रहा, पर मुस्लिम विजय के साथ एक नए प्रकार के व्यापारी का उद्भव हुआ तो इसका महत्त्व घट गया। ईसा की दूसरी सदी में जब आरंभिक दाताओं के शक राजवंश को सातवाहनों ने समाप्त किया, तो राजा और उसके राज्यपालों ने पूरे गाँव दान दिए जाने की पुष्टि की। पर कुछ दाताओं के नाम चौंकानेवाले हैं। कुछ विहारों में बँसारों, ठठेरों, कुम्हारों आदि की श्रेणियों के नाम न केवल उदार दाताओं के रूप में अंकित हैं, बल्कि वे विहार को उन्हें प्राप्त उस धनराशि का ब्याज भी देते हैं जो एक राजकुमार ने न्याय-निधि के रूप में इस आशय से जमा की थी कि उसके ब्याज से विहार को सतत अनुदान मिलता रहे। इनके अलावा व्यक्तिगत दाता भी हैं : लिपिक, वैद्य, लुहार, बढ़ई, मछुओं का मुखिया, एक हलवाहे की पत्नी, एक गृहस्थ किसान की माँ, इत्यादि। यह आशा नहीं की जा सकती कि सामान्य भारतीय ग्रामीण जीवन के ऐसे शिल्पकार या कारीगर या मज़दूर इतना पैसा कमाएँ कि कुछ महत्त्व का दान दे सकें। इसलिए वह समाज बड़े पैमाने पर पण्य-उत्पादन करनेवालों का रहा होगा; बाद में दक्खन में ही नहीं देश के दूसरे भागों में भी उतने बड़े पैमाने पर पण्य-उत्पादन नहीं हुआ। जाहिर है कि गुफा-विहारों के उस प्रदेश में **अर्थशास्त्र** की पद्धति की सीता-भूमियों का और राजकीय उद्यमों का विकास संभव नहीं था, क्योंकि उनमें से अनेक विहार आज भी अविकसित जंगलों में हैं, जबकि उत्तर भारत के विहारों के भवनों के स्थान पर अब खेती होती है। परंतु दक्खन के सभी गुफा-विहार ऐसे व्यापारी मार्गों पर स्थित हैं जो पश्चिमी नदीमुखों के बंदरगाहों (कल्याण, ठाणा, चौल, कुडा, महाड़) से ऊँचे दक्खनी कगार के दर्रों (घाटों) से होकर मैदान तक पहुँचते हैं। नए अंतिम पड़ाव-स्थल जुन्नर के इर्द-गिर्द भी इसी प्रकार कम-से-कम 135 बौद्ध गुफाएँ हैं; जहाँ जल्दी ही सातवाहनों की दूसरी राजधानी स्थापित हुई थी।

यहाँ राजाओं के धर्म-परिवर्तन का कोई सवाल ही नहीं था, क्योंकि आरंभिक गुफा-विहारों की स्थापना के समय दक्खन में कोई राजा थे ही नहीं। जुन्नर के 30 किलोमीटर पश्चिमी में नाणेघाट के महत्त्वपूर्ण दर्रे के पास जो आधिकारिक (विहारिक नहीं) गुफाएँ हैं उनमें सातवाहन राजाओं द्वारा यज्ञ-दक्षिणा के रूप में ब्राह्मणों को दिए गए अनेकानेक दानों का विस्तृत विवरण अंकित है : हजारों की संख्या में मवेशी, हाथी, रथ, घोड़े, सिक्के इत्यादि। इस यज्ञ के अलावा लेखों में सातवाहनों द्वारा कृष्ण और उसके बलशाली हलधर भाई बलराम-संकर्षण की पूजा का विशेष रूप से उल्लेख किया गया है। अन्य शब्दों में, बावरी की परंपरा टिकी रही और उत्तर में विकसित ब्राह्मण-धर्म ज्यों-का-त्यों दक्षिण में पहुँच गया। बावजूद इसके, सातवाहन सभी गुफा-विहारों को अनुदान देते रहे। भाजा की गुफा के प्रतिमा-शिल्पों को देखकर, जिनमें द्वारपाल-रक्षकों की प्रतिमाएँ

विख्यात हैं, यही लगता है कि इनका निर्माण मुख्यतः राजकीय सहायता से हुआ है। परंतु यहाँ के चैत्य का मुहरा ढह चुका है और इसके साथ ही वे प्रमुख शिलालेख भी नष्ट हो गए हैं जो इस पर उत्कीर्ण रहे होंगे।

मजे की बात यह है कि बौद्ध विहारों को दिए गए दानों के बारे में जो लेख मिलते हैं उनमें भिक्षुओं या भिक्षुणियों के दानों का भी उल्लेख है। दान देने के लिए उनके पास पैसा था, इस तथ्य से ही प्रमाणित होता है कि उन्होंने वेसाली सम्मेलन के निर्णयों का प्रकट रूप से उल्लंघन किया या उनकी कोई परवाह नहीं की। आरंभ में यह प्रथा थी कि भिक्षु-संघ में प्रवेश चाहनेवाला व्यक्ति अपनी समूची धन-संपत्ति का वितरण करता था और तदनंतर कौटुंबिक जीवन का परित्याग करता था। अब वह धन और धनार्जन का अपना अनुभव साथ लेकर विहार में पहुँचता था। कार्ले में धनी उपासक बुधरखित ने दान देकर अपने नाम पर एक भव्य सभा-मंडप बनवाया था। वही नाम बाद में उस विहार-क्षेत्र के एक सिरे पर बने हुए कक्ष पर भी उत्कीर्ण देखने को मिलता है, जिससे प्रकट होता है कि गृहस्थ जीवन त्यागने के बाद उसने उस कक्ष को अपना आवास बनाया होगा। कार्ले के ही नहीं, इस क्षेत्र के दूसरे सभी विहारों के मुख्य भागों में ऐसी कोठरियाँ बनी हुई हैं जहाँ खुली हवा व प्रकाश नहीं पहुँचता, तो जाहिर है कि कीमती सामान रखने के लिए ही इनका इस्तेमाल होता होगा। सामने के अधिकांश कक्षों में लकड़ी के मजबूत दरवाजे लगे थे, जिन्हें भलीभाँति बंद करके उनमें भीतर व बाहर से एक खास साँकल द्वारा ताले लगाए जाते होंगे। इन व्यवस्थाओं से प्रकट होता है कि विहारों में पर्याप्त संपत्ति जमा रहती थी। ये विहार व्यापारियों के लिए महत्त्व के ग्राहक थे : भिक्षुओं के लिए वस्त्र, पूजा के लिए धूप और कीमती सुगंधित द्रव्य, धातु की मूर्तियाँ, धातु के दीपक (कालिख से आज भी सारी छतें काली हैं) बड़ी संख्या में उस क्षेत्र में उपलब्ध नहीं थे। यह भी स्पष्ट है कि ये विहार यात्रा के महत्त्वपूर्ण पड़ाव थे, सार्थ के लिए विश्राम-स्थल थे और संभरण-गृह तथा अधिकोष (बैंक)-गृह भी थे। उदाहरण के लिए, जुन्नर में सभी गुफाओं को एक समूह में एक-दूसरे के समीप बनवाना अधिक सुविधाजनक होता, पर एक ही पहाड़ी पर बनी होने पर भी साफ दिखाई देता है कि इन्हें छोटे-छोटे समूहों में यथासंभव पृथक्-पृथक् बनाया गया है। इनमें से प्रत्येक समूह को एक पृथक् व्यापारी-वर्ग का आश्रय प्राप्त था, जो इनके असंयोजित होने का कारण हो सकता है—सांप्रदायिक मतों की विविधता का एक वित्तीय प्रतिपक्ष।

इस व्यवस्था और इसके द्वारा पोषित विहारों का तब विघटन हो गया जब बौद्धधर्म इस अर्थ-प्रणाली के लिए प्रेरक बनने की बजाए बोझ बन गया। विलासी वस्तुओं का दूरदेशीय व्यापार, विशेषतः उत्तर भारत से और समुद्रपार रोमन साम्राज्य से होनेवाला व्यापार अब मंद पड़ गया था और एक नितांत नए व्यापारी वर्ग द्वारा आवश्यक वस्तुओं के मुख्यतः स्थानीय लेन-देन के व्यापार में

भारी वृद्धि हो गई थी। स्थलीय व्यापारी मार्गों में गतिरोध और ईसा की तीसरी सदी में रोमन साम्राज्य का प्रायः पूर्ण पतन भी इसके पूरक कारण हो सकते हैं। दूसरी बात यह है कि गाँवों और नगरों की वृद्धि होने के कारण विहारों के स्थल बड़े पैमाने पर व्यापारिक व वित्तीय व्यवसाय के लिए उपयुक्त नहीं रह गए थे। उन्हें स्थानांतरित भी नहीं कर सकते थे, क्योंकि धार्मिक कृत्यों का, जो अंततोगत्वा वित्तीय नहीं, सांघिक थे, यह तकाज़ा था कि विहार एकांत स्थान में हों। बड़े-बड़े सार्थ शनैः-शनैः बंजारों (वाणिज्यकार = व्यापारी) और लमाणों (लंबमान) के छोटे समूहों में विघटित हो गए, और आज भी ये मौजूद हैं। शक्तिशाली श्रेणियाँ टूट गईं और उनके सदस्य दूर-दूर के देहातों में फैल गए; अथवा वे उत्पादकों के ऐसे गरीब जाति-समूहों में सिमट गए जो थोड़े लाभ के लिए भी दूर-दूर तक यात्रा करते थे, जैसेकि बँसारों की बुरूड़ जाति के लोग और टोकरियाँ बनानेवालों के समूह आज भी करते हैं। उत्पादन बढ़ा, किंतु प्रति व्यक्ति पण्य-उत्पादन और दूरव्यापी वस्तु-विनिमय की रफ्तार, दोनों में गिरावट आई। लगभग छठी सदी से घाटों की सुरक्षा के लिए किले बन गए, जो नई सामंती व्यवस्था के परिचायक थे। प्रकट रूप से इन किलों का मकसद था राज्य और यात्रियों की रक्षा करना, पर उनकी असली उपादेयता थी सार्थों से मार्ग-कर वसूल करना। सबसे विकट समस्या यह थी कि विहारों में कीमती धातु, पीतल और काँसे की जो अपार संपदा जमा हो गई थी, उसकी सिक्कों, बर्तनों और औजारों के लिए बड़ी आवश्यकता थी। चीनी सम्राटों को भी अंत में आदेश जारी करके बौद्ध मंदिरों तथा विहारों के लिए धातु की मूर्तियों के निर्माण पर पाबंदी लगानी पड़ी थी। भारत में ये आवश्यक आर्थिक उपाय अक्सर धर्मशास्त्रीय ऊहापोह के साथ, धार्मिक परिवर्तन के जरिए, खोजे जाते थे। विहार तो नष्ट हो गए, पर उनके निशान नहीं मिटे। प्राचीन मातृदेवियाँ, जिनके आद्य पूजा-स्थल इन विहारों के समीप ही थे और जिन्हें बौद्धधर्म ने विस्थापित कर दिया था, कहीं-कहीं ठीक उन्हीं स्थलों पर पुनः प्रकट हुईं। कहीं-कहीं उन्होंने उजड़े हुए गुफा-विहार में ही अड्डा जमाया; जुन्नर की मातृदेवी के मान-मोदी नाम को उसी स्थान पर युगों तक पीछे जाकर खोजा जा सकता है। कार्ले के विशाल पाषाण-स्तूप का संबंध देवी यमाई के साथ जोड़ा जाता है। पर इन मातृदेवियों को दी जानेवाली रक्तबलि इन बौद्धस्थलों पर या तो बंद कर दी गई थी या कहीं दूर के स्थलों पर होती थी। उत्तर भारत का कुषाण पद्धति का हल, जिसका महाराष्ट्र के कुछ भागों में आज भी इस्तेमाल होता है, आमतौर पर बौद्ध गुफाओं के आसपास देखने को मिलता है। सोलहवीं सदी के महान मराठा संत तुकाराम ने अपने आराध्य देव विठोबा का बुद्ध (जिनके बारे में उनकी जानकारी बहुत थोड़ी थी) के साथ तादात्म्य स्थापित किया। निश्चय ही यह मात्र संयोग नहीं है कि तुकाराम उन्हीं बौद्ध गुफाओं में ध्यान लगाते थे और वहीं पर उन्होंने अपने सरल धार्मिक अभंगों की रचना की।

ऐसे परिवर्तनों के बुनियादी आर्थिक कारण एक अन्य संदर्भ में अधिक स्पष्टता से समझे जा सकते हैं। कश्मीर के राजा हर्ष (1089-1101 ई.; सातवी सदी का सम्राट हर्ष नहीं) ने अपने समूचे राज्य की, चार को छोड़कर, धातु की सभी मूर्तियों को बाकायदा गलवा डाला था। इस काम के लिए उसने एक खास मंत्री—'देवोत्पाटन नायक'—नियुक्त किया था। प्रत्येक मूर्ति को सड़कों से घसीटकर ढलाईघर तक ले जाने के पहले कुष्ठरोगी भिखारियों द्वारा मलमूत्र डलवाकर सार्वजनिक रूप से भ्रष्ट किया जाता था। इस कृत्य के लिए कोई धर्मशास्त्रीय सफाई नहीं पेश की गई। राजा के कुछ वेतनभोगी मुसलमान अंगरक्षक भी थे, पर उन्हें चोट पहुँचाने के लिए उसने जान-बूझकर सूअर का मांस खाया। फिर भी यह हर्ष एक सुसंस्कृत व्यक्ति, साहित्यिक, और नाटक, नृत्य व संगीत का मर्मज्ञ था। उसने ब्राह्मणों की यथोचित मदद की और एक बौद्ध आचार्य का सम्मान किया; दरअसल इसी बौद्ध आचार्य की अनुनय से चार मूर्तियाँ, जिनमें दो बुद्ध की थीं, बच पाईं। राजा को विद्रोही डामर सामंतों के विरुद्ध घोर और खर्चीले युद्ध लड़ने के हेतु धन जुटाने के लिए इस धातु की बड़ी आवश्यकता थी। चौदहवीं सदी में, बिना किसी प्रहार के और पश्चात लूटमार व अत्याचार के बिना ही, कश्मीर पर मुसलमानों का शासन स्थापित हो गया।

राजनीतिक और आर्थिक परिवर्तन

मौर्यों के बाद के भारतीय राजवंश काफी सुविदित हैं, यद्यपि कालक्रम कहीं भी सुस्पष्ट नहीं है और किसी राज्य की सीमाएँ भी सुनिश्चित नहीं हैं। अलग-अलग राजाओं पर किस्से-कहानियों के आकर्षक आवरण चढ़े हुए हैं। राजसभाओं के कहीं कोई विवरण नहीं मिलते, सिवाय बाद के कश्मीर की रूपरेखा के और संभवतः चंबा के शासकों की वंशावली के। फिर भी, प्रमुख नाम गिनाए जा सकते हैं। प्रमुख विभाग हैं : कुषाण, सातवाहन, गुप्तकाल, हर्षकाल और फिर ग्रस। अनेक शूरवीर राजाओं ने इस उप-महाखंड में इधर-उधर हमले किए। पर गाँवों में इस बात पर कोई विशेष ध्यान नहीं दिया गया कि ऊपर के स्तर पर क्या हो रहा है। पूरी कहानी का सार संभवतः यही है।

असोक के बाद उसके करीब आधे दर्जन उत्तराधिकारियों ने उसके साम्राज्य के विभिन्न भागों पर संभवतः एक साथ ही शासन किया, क्योंकि प्रत्येक भाग की अपनी कुछ प्रमुख समस्याएँ थीं। इतना स्पष्ट है कि असोक के उत्तराधिकारियों ने बुनियादी नीति में कोई रद्दोबदल नहीं की। असोक के पौत्र दशरथ ने बराबर गुफाएँ आजीवकों को भेंट कीं, तो एक अन्य उत्तराधिकारी संप्रति जैन मतावलंबी होकर मरा। मौर्य नाम की प्रतिष्ठा, राजशक्ति समाप्त हो जाने पर भी, दीर्घकाल तक बनी रही। असोक के 'अंतिम वंशज' मगध के पूर्णवर्मन् ने शशांक के

विध्वंसक हमले के बाद, गया के बोधिवृक्ष का और बौद्ध स्मारकों का पुनरुद्धार किया। मध्ययुगीन राजपूत कुलों के पारंपरिक प्रवर्तक बाप्पा रावल ने एक स्थानीय मौर्य को हटाकर ही राजस्थान में अपना शासन स्थापित किया था। ऐसे छोटे-मोटे 'मौर्यों' के बारे में दक्षिण में गोवा पर्यंत दसवीं सदी तक जानकारी मिलती है। चंद्रगुप्त मौर्य के कुछ अमिट प्रताप के कारण ही शायद सत्रहवीं सदी में मराठा नाम चंद्रराव मोरे उपाधि बन गया।

अंतिम मौर्य सम्राट बृहद्रथ की उसके सेनापति शुंगकुल के पुष्यमित्र ने लगभग 184 ई.पू. में उस समय हत्या कर दी जब वह सेना का निरीक्षण कर रहा था। शुंगों ने फिर से यज्ञप्रथा शुरू की, पर उनकी कमजोर सैनिक गतिविधियों को देखते हुए यही जान पडता है कि उनके इस पुनरुद्धार में कोई जोर नहीं था। बर्बरता से ऊपर उठे खारवेल ने न केवल कलिंग में अपनी राजसत्ता स्थापित की, बल्कि गंगा की घाटी में भीतर तक हमला किया और इस प्रकार असोक की विजय को पलट दिया। यूनानियों ने मौर्यों के प्रांतीय शासक सुभगसेन से काबुल की घाटी छीन ली थी और इस प्रकार, उन्हीं के शब्दों में कहें तो, वह 'भारत को जीत चुके' थे। यूक्रेतीद के नेतृत्व में वे पंजाब तक बढ़ आए थे। प्रख्यात मिनांदर ने सियालकोट में अपनी राजधानी स्थापित की और वहाँ से गंगा की घाटी में फैजाबाद तक और संभवतः पटना तक हमले किए। उज्जैन के आसपास का प्रदेश शुंग शासन का गढ़ बना रहा, पर ईसा पूर्व पहली सदी में दक्षिण से सातवाहनों ने यहाँ भी हमले किए थे। अलावा इस कथा के, जो यत्र-तत्र बिखरे उल्लेखों से बड़ी कठिनाई से तैयार की गई है, हमें केवल बेमेल राजवंशावलियाँ ही प्राप्त होती हैं। फिर भी, भारतीय संस्कृति की दृष्टि से यह युग महत्व का था। साँची की अनुपम शिल्पकला एव वास्तुकला, जहाँ के बौद्ध स्मारक पूर्णतः नष्ट होने से बचे हुए सबसे प्राचीन भारतीय अवशेष हैं, अपना सिलसिला गुप्त-युग तक बनाए रखती हैं और इसका अपना निराला वैभव है। पतंजलि का व्याकरण व संस्कृत गद्य, जिसका पहले उल्लेख हो चुका है, पुष्यमित्र शुंग के समय का ही है। तक्षशिला के शासक अंतलिकित के यूनानी दूत हेलिओदोर ने भिलसा के समीप एक गरुड़-स्तंभ स्थापित कराया था। इस पर उत्कीर्ण लेख में वह अपने को कृष्णभक्त घोषित करता है; इस स्तंभलेख की भाषा प्राकृत है और शब्द-विन्यास स्पष्टतः यूनानी भाषा-शैली का है। इस लेख से कृष्ण-संप्रदाय के प्रसार के बारे में हमें बहुमूल्य जानकारी मिलती है। यदुओं का यह श्यामवर्ण नायक अभी सर्वेश्वर अथवा विष्णु-नारायण का अवतार नहीं बना था। उस समय के अन्य शिल्पों और लेखों से प्रकट होता है कि कृष्ण के हलधर भाई संकर्षण को और कभी-कभी दूसरे यदु वीरों को भी लगभग एक-सी प्रतिष्ठा प्राप्त थी। अन्य शब्दों में, कबीलाई पूजा-विधान की विशेषताएँ अभी नष्ट नहीं हुई थीं, यद्यपि यदुओं का कबीला काफी पहले लुप्त हो चुका था। शुंगों ने शासन सँभालने के बाद भी अपनी वंशगत 'सेनानी' उपाधि कायम रखी, पर इसके और

यज्ञों के बावजूद उन्होंने युद्धक्षेत्र की बजाए अधिक यश प्राप्त किया सैनिक-प्रदर्शन और संस्कृति के क्षेत्रों में। सदियों बाद लिखा गया कालिदास का 'मालविकाग्निमित्र' नाटक पुष्यमित्र के पुत्र की, जो उज्जैन का शासक था, प्रेमकथा पर आधारित है। ब्राह्मणों की स्मृतिशक्ति पर शुंगों का हक कुछ उपयोगी ही सिद्ध हुआ, पर यह हक इतना सशक्त नहीं था कि दसवें व अंतिम शुंग शासक के काण्वायन ब्राह्मण मंत्री को अपने स्वामी की हत्या करके सिंहासन हथियाने से रोक सके; इस प्रकार, शुंग राज्य अल्पावधि के लिए ब्राह्मण राजवंश के अधिकार में चला गया।

भारतीय नाटक, महाकाव्य और संस्कृति पर यूनानी प्रभाव के सवाल को प्रत्येक समीक्षक ने अपने पूर्वग्रहों के अनुसार प्रस्तुत किया है। यहाँ, प्रमाणों के अभाव में, इसकी चर्चा नहीं की जाएगी, पर इतना स्पष्ट है कि यह प्रभाव नगण्य जान पड़ता है। भारतीयों ने यूनानी (अथवा पूर्ववर्ती) ज्योतिष से अवश्य कुछ ग्रहण किया; पर यूनानी ज्यामिति का, जो एक महान बौद्धिक उपलब्धि थी, यहाँ कोई प्रभाव नहीं पड़ा। बीजगणित भारतीयों की विशिष्ट खोज है। गणितीय चिंतन के क्षेत्र में यूनानियों की महान उपलब्धि—सुस्पष्ट परिकल्पनाओं के आधार पर प्रमेयों को कठोरतापूर्वक सिद्ध करना—पर यहाँ किसी का ध्यान नहीं गया। यूनानी आप्रवासियों पर भारतीय प्रभाव का विवेचन पहले हो चुका है। पंजाब के सिमटते यूनानी राज्यों को अन्त में शकों ने 50 ई.पू. के आसपास पश्चिम की ओर से हमला करके समाप्त कर दिया। ये बर्बर हमलावर, ब्राह्मण्य अर्थ में, जल्दी ही सभ्य बन गए, जैसाकि रुद्रदामन् के उदाहरण से प्रकट है। उन्होंने पश्चिमी तट के कई बंदरगाहों पर भी अधिकार जमा लिया और ऐसे कई छोटे राज्यों में बँट गए जिनकी सीमाएँ निरंतर बदलती रहती थीं।

पश्चिमी तट के विकास का वास्तविक कारण है—नारियल। जान पड़ता है कि नारियल का यह पेड़, जो आज समूची तटीय अर्थव्यवस्था का आधार बना हुआ है, मलेशिया से लाया गया था। ईसा पूर्व पहली सदी में ये पेड़ पूर्वी तट पर लगाए जा रहे थे और एक सदी बाद ये पश्चिमी तट-प्रदेश में भी पहुँच गए। 120 ई. तक शक उषवादत[1]—दीनीक का पुत्र और सिंहासनारूढ़ राजा (उपाधि : खखरात) नहपान का जामाता—नारियल के पूरे बाग, जिनमें से प्रत्येक में नारियल के कई हजार पेड़ थे, ब्राह्मणों को दान करने लग गया था। उषवादत बौद्धों के प्रति भी उदार था, पर पश्चिमी तट पर उसकी पहुँच के भीतर गुफा-विहार नहीं थे। आज तो हर भारतीय उत्सव व अनुष्ठान में नारियल का उपयोग होता है, पर छठी सदी के पहले भारत के अनेक प्रदेशों में इसका बहुत कम प्रचलन था। यह तथ्य

1. यहाँ और शब्दानुक्रमणिका में 'उषवादत' नाम है, तो इसी ग्रंथ में अन्यत्र 'उषवदात' भी। अभिलेखों के आधार पर 'उषवदात' ही सही जान पड़ता है।—अनुवादक

भारतीय प्रथाओं की 'शाश्वतता और अपरिवर्तनीयता' पर एक उपयोगी टिप्पणी प्रस्तुत करता है। इस वृक्ष की लकड़ी, रेशे, शराब और दूसरी चीज़ें भी अत्यंत मूल्यवान हैं; गिरी के 'कीमे' से स्वादु पक्वान्न बनाए जा सकते हैं, और सूखने पर इससे जो तेल प्राप्त होता है वह खाना पकाने के ही नहीं, साबुन बनाने के भी काम आता है। इस वृक्ष के और इसके पूर्ण उपभोग पर आधारित भारी पण्य-उत्पादन के बिना पश्चिमी तट की पट्टी (जहाँ भारी वर्षा और उष्ण जलवायु के कारण नारियल भलीभाँति फलता है) के घने जंगलों को साफ करना कदापि लाभकारी सिद्ध न होता, यहाँ आज-जैसी घनी आबादी का बसना तो बहुत दूर रहा। दक्खनी कगार के चंद घाटों से चलनेवाले नारियल के व्यापार ने साथों को कुछ अधिक समय तक जीवित रखा; वे नमक और नारियल को पठार तक पहुँचाते और इनके बदले में कपड़ा, धातु के बर्तन और ऊपरी क्षेत्र का अनाज ले जाते।

कुषाणों ने एक प्रबल प्रतापी राजवंश के रूप में उत्तर में 78 ई. से तीसरी सदी तक शासन किया; तदनंतर धीरे-धीरे उनकी अवनति हुई और चौथी सदी में पूर्व व पश्चिम के आक्रमणों से अंत हो गया। चूँकि कुषाणों का साम्राज्य उनकी मध्य-एशियाई जन्मभूमि से पंजाब व उत्तर प्रदेश तक फैला हुआ था, इसलिए उत्तरापथ को नया जीवन मिला और एशिया के भीतरी क्षेत्रों तक इसका विस्तार हुआ। इसके साथ बौद्धधर्म और भारतीय संस्कृति का भी उधर प्रसार हुआ। जान पड़ता है कि कुषाण राजवंश के संस्थापक कणिष्क-प्रथम ने, बिना अपने नाम के, 'माहात्राता' (सोतेर मेगास्) उपाधि व राजसी शैलीवाले ही सिक्के चलाए थे। सुवर्ण-मुद्राओं वाला कणिष्क संभवतः इस प्रथम कणिष्क का पौत्र था। इस वंश का संस्थापक कबीले का मुखिया था, जिसे सुर्ख-कोताल लेख में वैदिक व ईरानी शैली में देवतुल्य बना दिया गया है। कणिष्क के उत्तराधिकारियों ने, असोक की महान परंपरा के अनुरूप, सभी धर्मों को प्रश्रय दिया और बड़े-से-बड़े स्तूप बनवाए। उनके विविध सिक्कों पर बुद्ध, शिव व उसके पवित्र नंदी की प्रतिमाएँ और मातृदेवी ननैया (चीनी : नइ-नइ) का नाम अंकित है। कुषाण टकसालों को सिकंदरी मुद्रा-तकनीक की जानकारी थी और उन्होंने इसका इस्तेमाल भी किया (उस समय के रोमन सम्राटों को भी इस तकनीक की जानकारी थी) और जान पड़ता है कि उन्होंने उसी राजधानी के डिजाइनरों का इस्तेमाल किया। चाँदी के सिक्कों के क्रमिक विलोप से प्रकट होता है कि उत्तर में श्रीमंतों के इस्तेमाल की रेशम, केसर, रत्न और मदिरा-जैसी अति मूल्यवान वस्तुओं का व्यापार बढ़ता जा रहा था। किसानों को स्थानीय वस्तु-विनिमय से ही काम चलाना पड़ता था। **अर्थशास्त्र** की उत्पादनप्रणाली को और धातु पर राज्य के एकाधिपत्य को निस्संदिग्ध रूप से त्याग दिया गया था। हिंद-यवनों के शानदार आकृतियुक्त सिक्कों की तुलना में शुंगों के सिक्के देखने में तुच्छ और भौंड़े हैं। मौर्यों के बाद उत्तर में आहत सिक्कों का युग गुज़र चुका था, यद्यपि ठप्पे से बने या ढाले गए नए

सिक्कों के साथ पुराने सिक्के भी चलते रहे। रुद्रदामन्, नहपान और इनके उत्तराधिकारियों द्वारा चलाए गए अनेक किस्म के चाँदी के सिक्कों से यह अंतर स्पष्ट होता है कि उत्तर के समृद्धिशाली साम्राज्य में पण्य-विनिमय केवल विलासी सामग्री का ही होता था और दक्षिण व पश्चिम के नवोदित समाज में व्यापार तथा उत्पादन अधिक उपयोगी वस्तुओं का भी होता था। दक्षिण में ईसा की दूसरी सदी के लुहार व मछुवे इतने धनी थे कि उनमें से कइयों ने विहारों को महत्वपूर्ण दान दिए, पर उत्तर में भी यही बात घटित होने की हम कल्पना नहीं कर सकते।

सातवाहन, जिनके विषय में प्रसंगतः बहुत-कुछ कहा जा चुका है, बावरी के समय के अज्ञात 'अस्सकों' (अश्व-जन) के मुखियाओं से ऊपर उठकर ब्राह्मण-व्यवस्था के अंतर्गत चातुर्वर्ण्य समाज के राजा बन गए। बाद के युगों में इनकी उत्पत्ति एक ब्राह्मण विधवा से बताई गई, जिसका 'जब पैठण अभी एक खेड़ा ही था' तो एक 'नाग' ने गोदावरी के एक कुंड पर अपहरण किया था। इस बात को जान लेना ज़रूरी है कि यद्यपि प्रायद्वीप में ताँबे व लोहे की बड़ी माँग थी, सातवाहनों ने रोमन साम्राज्य के साथ के विलासी वस्तुओं के व्यापार से भी खूब लाभ उठाया। भूमध्यसागरीय मूँगे की भारत में जितनी माँग थी, उतनी माँग पश्चिम में भारतीय गोमेद व कैल्सेडोनी की थी। लेखों और पुरातात्विक प्रमाणों से प्रकट होता है कि रोमन-यूनानी दुनिया के सीसे, ताँबे, चाँदी व शराबों की, घरेलू कामकाज के लिए दासों की, रखैलों व नर्तकियों की और कलावस्तुओं व कारीगरों की भारत में बड़ी माँग थी। बदले में भारत से कपड़ों, मसालों, हाथीदाँत और चमड़े की चीजों का निर्यात किया जाता था। श्रेणियों और नई बस्तियों की तीव्र वृद्धि के लिए आवश्यक वित्तीय सुविधाएँ तथा चलायमान पूँजी, जैसाकि पहले बताया जा चुका है, (व्यापारियों और) विहारों से प्राप्त हुई। दक्खन में पहले से नवपाषाणयुगीन पशुचारियों के बड़े-बड़े समूह थे, जो नदी-घाटियों में ऊपर-नीचे भटकते रहते थे। उनकी स्मृति और उनके प्रागैतिहासिक महापाषाण आज भी शेष हैं; साथ ही, कुछ ऐसे पूजा-स्थल भी हैं जिनका मूल उनके समय तक पीछे जाता है। कृषि के लिए केवल भारी हल और लौह कर्म की जानकारी की आवश्यकता थी, और ये दोनों ही चीज़ें मूलतः उत्तर से आईं। पर यहाँ की उर्वर काली मिट्टी, जो अपनी कपास की पैदावार के लिए प्रसिद्ध है, अपेक्षाकृत छोटे-छोटे भूखंडों में ही फैली हुई है, इसलिए यह प्रदेश नजदीक-नजदीक की बस्तियों के लिए उपयुक्त नहीं है, जैसाकि उत्तर की नदी-घाटियों का जलोढ़ मिट्टी का प्रदेश है। इसलिए सातवाहन अभिलेखों में हमें पहले-पहल आरक्षी दल के रूप में प्रयुक्त **गुल्म** यानी सैनिक टुकड़ी के बारे में जानकारी मिलती है। इसका अर्थ यह था कि शक्तिशाली स्थायी सेना, जिसके बिना किसी सुसंगठित हमलावर का मुकाबला करना संभव न था, बड़े पैमाने पर सामूहिक कवायद और संयुक्त अभ्यास के बिना विघटित होने को थी। परंतु सैनिक टुकड़ियों के रूप में दूर-दूर बिखरी हुई सेना

रखने में कम खर्च था; इस प्रथा ने भी बाद में सामंतवाद को प्रश्रय दिया। सातवाहनों के आश्रय में ही, जिनका शासन ईसा की तीसरी सदी में निस्तेज हो गया था, प्राकृत साहित्य का सर्वांगीण विकास हुआ। अधिकांश प्राकृत कृतियाँ नष्ट हो गई हैं; **कथा-सरित्सागर**-जैसी कुछ कृतियाँ संस्कृत काव्यानुवाद ही में उपलब्ध हैं। सात सौ श्लोकों का संकलन **सत्तसई**, जिसकी रचना का श्रेय सातवाहन राजा हाल को दिया जाता है, पर वास्तव में जिसमें अनेक श्लोक बाद में जोड़े गए, लालित्यपूर्ण एवं आकर्षक रचना है, यद्यपि यह इसकी शैली के कारण ही है। यह वह युग था जब दक्खन के छोटे नगरों की कारीगरों की श्रेणियाँ अधिकांश व्यापारी वस्तुओं का निर्माण करती थीं; इन्हीं नगरों में एक प्रकार की नागरिक संस्कृति का उदय हुआ। वात्स्यायन के **कामसूत्र** का 'नागरक' इसी संस्कृति का प्रतिनिधित्व करता है। एक लंबी श्रृखला की अंतिम कड़ी की परिचायक इस कृति की रचना सातवाहनों के युग में अथवा उनके तुरंत बाद प्रयत्नपूर्वक **अर्थशास्त्र** की पद्धति पर की गई है। परंतु इसका विषय है कामशास्त्र, न कि राजतंत्र। इसमें काम-जीवन के सभी अंगों का साफ-साफ और वैज्ञानिक विवेचन है : सामाजिक, वैयक्तिक, शारीरिक, मानसिक और पारिवारिक तथा विलासभोग विषयक। फिर भी, यह ग्रंथ अश्लील नहीं है, न ही इसकी तुलना सिकंदरिया की उस कामोद्दीपक पुस्तक से की जा सकती है जिसमें उन दिनों भूमध्यसागरीय क्षेत्र में प्रचलित विकृत यौनाचार का वर्णन है। **कामसूत्र** की कामकला निश्चय ही शातोब्रियाँ की आदर्श कामना की कोटि की नहीं है; इसकी स्पष्ट विषयासक्ति के बावजूद इसमें देश-काल की विशेषता के अनुरूप इस प्रकार की निष्कपट सादगी है। इसमें अल्पावधि के लिए ग्रामीण क्षेत्र में भ्रमण के लिए जानेवाले नागरिक को सलाह दी गई है कि वह सुसंस्कृत वार्तालाप, सुचारु कथावार्ता, शिष्ट व्यवहार, संगीत, नृत्य और मदिरापान के साथ-साथ सभ्य तरीके से समस्त प्रकार के काम-साधन के लिए अपने ग्रामीण बंधुओं की गोष्ठियाँ आयोजित करे। इसमें प्रसंगतः कुछ उदारहरणों में सातवाहन-राजसभा के काम-जीवन का भी उल्लेख है। अंत में, पैठण का अधिष्ठाता यक्ष, जो ईसा की चौथी सदी के काफी पहले से खंडक नाम से प्रसिद्ध था, स्थानीय शिव में बदल गया। उसकी पूजा मूल खंडोबा नाम से समूचे महाराष्ट्र में फैल गई है; खंडोबा का पूजा-केंद्र जेजुरी में है और सभी जातियों के लोग इसके भक्त हैं। उसके खास सेवक, स्त्री और पुरुष, मूल पूजाविधि की उन्मत्त आदिम प्रथा को आज भी प्रदर्शित करते हैं। पर, जैसाकि ऐसे लाभदायक धार्मिक अनुष्ठान के बारे में स्वाभाविक है, इस पूजा का मुख्य लाभांश ब्राह्मण-पुरोहित ही उड़ा लेते हैं।

पूर्वी तट और दक्षिणी छोर का भी सातवाहनों के काल में काफी अधिक विकास हुआ, यद्यपि सुदूर दक्षिण पर कभी उनका शासन नहीं रहा। कृष्णा के दक्षिणी तट पर स्थित नागार्जुनकोंडा और कांची के महान बौद्ध-केंद्र दूसरी सदी के पहले

स्थापित हो चुके थे; दोनों के विकास में उसी प्रक्रिया ने योग दिया जो उस युग में अन्यत्र देखने को मिलती है—विहारों में संचित संपत्ति और दूसरे स्रोतों की पूँजी की सहायता से देशी व विदेशी व्यापार में वृद्धि के साथ-साथ नागरिक विकास।

दक्षिणी राजवंशों की सूचियाँ पेशेवर इतिहासकारों के सुखद अन्वेषण के लिए उत्तम सामग्री हैं : इक्ष्वाकु, पल्लव, बाण, कदंब, चेदि, कलचुरि, चालुक्य, चोल, पांड्य, चेर और अन्य अनेक राजवंशों की सूचियाँ दिलचस्प होने पर भी सामान्यतः अर्थहीन हैं। इनके बारे में विशद जानकारी मध्यकालीन भारतीय इतिहास के ग्रंथों में पढ़ने को मिल जाती है, पर इन ग्रंथों में आमतौर पर संस्कृतियों के पारस्परिक आदान-प्रदान की उपेक्षा की गई है। जहाँ एक ओर 'उच्चतर' ब्राह्मण संस्कृति को कबीलाई लोगों पर लादा गया है या उन्होंने इसे अपनाया है, वहाँ दूसरी ओर ब्राह्मणों ने भी उतने ही अनुपात में आदिम तत्त्वों को आत्मसात किया है।

अंतिम सातवाहनों और प्रथम गुप्तों (ईसा की चौथी सदी) के बीच के काल में छोटे-मोटे आक्रमण हुए और आदिवासी सरदारों ने राजा बनने के प्रयत्न किए। इन आदिवासी सरदारों में गंगा के मैदान के कई नाग थे और उन जंगलों के भी जो दक्खन की ओर भारत के मध्यभाग तक फैले हुए थे। कुछ भीलों ने भी इस दिशा में प्रयत्न किए, किंतु 57 ई.पू. के आसपास शकों ने इनका संहार कर डाला; जैन आचार्य कालक ने इन शकों को आमंत्रित किया, क्योंकि उसकी बहन के साथ गर्दभिल राजा ने बलात्कार किया था। समूचे देश के अधिकांश हिस्सों में छोटे-छोटे अनेक राज्य पैदा हो गए, जो लगातार लड़ते रहते थे, पर देश में जंगलों और अविकसित भूमि का विस्तार अभी काफी था। सर्वसामान्यतः देश में इस कलहग्रस्त वातावरण के बावजूद समाज मुख्यतः खेतिहर था।

प्रथम दो गुप्तों—श्रीगुप्त और घटोत्कच—का केवल नामोल्लेख मिलता है; गुप्तवंश के वास्तविक संस्थापक घटोत्कच-पुत्र चंद्रगुप्त-प्रथम (320-35 ई.) ने आदर के साथ केवल इनके नामों का उल्लेख ही किया है। इस वंश के शेष सभी राजाओं के नामों के अंत में 'गुप्त' शब्द है, इसलिए ये 'गुप्त राजा' कहलाए; पर ये राजा अपने को उच्चवंशीय घोषित नहीं कर सके, न ही अपना उद्गम प्रकटतः किसी प्रतिष्ठित कबीले से सिद्ध कर पाए। हर राजा ने स्वेच्छा से अनेकानेक पूरक उपाधियाँ धारण कीं, जिससे इतिहासकार का कार्य जटिल हो गया। जिस वंश का मौर्यों की तरह कोई कुल-आधार नहीं था और जिसके मूल के बारे में सदैव अस्पष्टता रही, उसे चंद्रगुप्त-प्रथम के साथ लिच्छविकुमारी कुमारदेवी का विवाह हो जाने से काफी-कुछ सम्मान मिला। राजा व रानी के सम्मिलित नामोंवाले सिक्के ढाले गए; और इनका पुत्र अपने मातृकुल का गर्व के साथ उल्लेख करता है। चंद्रगुप्त-प्रथम ने, अनुमान है कि कोसल और मगध के एक भाग पर इस नए वंश के राज्य को सुदृढ़ बनाया। अंतिम विजय प्राप्त की उसके पुत्र समुद्रगुप्त (लगभग 335-75 ई.) ने, जो दावा करता है कि उसने पूरी भूमि को जीत लिया है। कोसंबी

से प्रयाग लाकर स्थापित किए गए एक असोक-स्तंभ पर उसकी (मरणोपरांत) प्रशस्ति खुदी हुई है, जो भाषा, शैली व विषय-वस्तु की दृष्टि से उसी स्तंभ पर समीप खुदे हुए महान असोक मौर्य के सरल शब्दों के साथ बड़ा वैषम्य प्रस्तुत करती है। अलंकृत व लंबे समासोंवाली जटिल संस्कृत में रचित यह प्रशस्ति उसकी विजयों का केवल एक घोषणापत्र है। राजाओं की लंबी तालिका में एक-एक का नाम लेकर बताया गया है कि अमुक का मूलोच्छेद किया, अमुक को युद्ध में हराया गया या अमुक ने मित्रता के लिए याचना की। असोक के समय में सही माने में कोई दूसरे राजा नहीं थे। समुद्रगुप्त द्वारा इन नए और छोटे-मोटे अथवा पुराने ह्रासोन्मुख राज्यों का सफाया किए जाने का अर्थ था देश में सुख-शांति की स्थापना। अनेकानेक पराजित राजाओं की संचित संपत्ति की लूट से एक वैभवशाली किंतु सुसंस्कृत राजसभा को और लंबे समय के लिए शक्तिशाली सेना को चलाने में सहयोग मिला; पर कर काफी हल्के थे, जैसाकि चीनी यात्रियों के विवरणों से पता चलता है और स्वयं गुप्त शासकों के ताम्रशासनों से भी इस बात की पुष्टि होती है। किंतु विजयों की गौरव-गाथा में सैनिक उपलब्धि का महत्त्व दृष्टि से ओझल हो गया है। समुद्रगुप्त ने आर्यावर्त्त के नौ नाग राजाओं को बलपूर्वक नष्ट किया और 'सारे' आटविक राजाओं को अपना चाकर बनाया।'[1]

आटविक राजा इतने महत्त्वपूर्ण नहीं थे कि नाग शासकों की तरह उनके भी नाम गिनाए जाते, पर स्पष्टतः वे उसी घटना-क्रम की पूर्ववर्ती अवस्था का प्रतिनिधित्व करते थे। ये अनगिनत आटविक सरदार, उनमें छोटे पैमाने की कृषि का प्रचलन हो जाने से, इतने समर्थ हो गए थे कि वे पुरानी बस्तियों पर छापे मारने लग गए थे; ये छापे अलग-अलग भले ही तुच्छ रहे हों, परंतु अपने समग्र रूप में बड़े उपद्रवी और हानिकारक थे। समुद्रगुप्त ने शांतिमय अन्न-उत्पादन के मार्ग की इस अंतिम बाधा को भी गंगा के भीतरी क्षेत्रों से हटा दिया। न्यूनाधिक मात्रा में अन्न-उत्पादन और राजप्रथा की ओर आगे बढ़े हुए नाना प्रकार के आटविक कबीले अब सीमावर्ती प्रदेशों—नेपाल, असम और मध्यभारत के जंगलों—में ही रह गए थे। ईसा पूर्व छठी सदी में जिस अभियान की शुरुआत हुई थी, **अर्थशास्त्र** के राज्य में भूमि-सफाई के रूप में जिसे आगे बढ़ाया था और असोक के धम्ममहामात्यों ने जिस काम को आटविक मुखियाओं के लिए अधूरा छोड़ दिया था, वह ईसा की चौथी सदी के अंत में बल-प्रयोग द्वारा पूरा हो गया। चंद्रगुप्त-द्वितीय (379 - 414 ई. : विक्रमादित्य उपाधिकारी और बहुत-सी अनुश्रुतियों का नायक) ने एक नाग-कुमारी कुबेरनागा से विवाह किया; उसकी

1. रुद्रदेवमतिलनागदत्तचन्द्रवर्मगणपतिनागनागसेनअच्युतनन्दिबलवर्मा अनेक आर्यावर्त्तराजप्रसभोद्धरणोद्धत्तप्रभावमहतः, परिचारकीकृतसर्वाटविकराजस्य, —प्रयाग-प्रशस्ति का एक अंश।

दूसरी रानियाँ भी थीं, जिनमें एक थी उसके भाई की विधवा ध्रुवस्वामिनी, जिसे उसने अद्भुत शौर्य का प्रदर्शन करके बचाया और वश में किया था । इसी राजा के शासनकाल में फाहियान भारत आया था और उसने देश में वर्णनातीत शांति व समृद्धि देखी थी । कुबेरनागा और चंद्रगुप्त-द्वितीय की पुत्री का विवाह दक्षिण के वाकाटक राजा से हुआ और उसने अपने अल्पवयस्क पुत्र के प्रतिनिधि के रूप में शासन किया । इस प्रकार, अधिकांश भारत और असम, अफगानिस्तान और संभवतः मध्य-एशिया तक विजित नए प्रदेश गुप्त साम्राज्य के अंग बन गए थे अथवा उनके प्रभाव-क्षेत्र में आ गए थे, और बंगाल तो वस्तुतः अब पहली बार खुला था । पटना अभी भी एक काफी बड़ा नगर था, यद्यपि अशोक का राजप्रासाद खंडहर बन चुका था ।

(ह्रास की प्रक्रिया इतनी धीमी और क्रमिक थी कि इस-जैसी पुस्तक को हर्ष के बाद की किसी भी तिथि पर समाप्त किया जा सकता है । हर्ष का साम्राज्य गाँवों के छोर तक पहुँचनेवाली सामंती व्यवस्था से मुक्त और स्वयं सम्राट् द्वारा शासित अंतिम महान साम्राज्य था । मुहम्मद इब्न अल्-कासिम के नेतृत्व में पहले इस्लामी हमलावर मुलतान तक पहुँचे और वापिस लौट गए । पर अरबों ने शीघ्र ही सिंध पर स्थायी अधिकार जमा लिया, जिससे अग्रिम मोर्चे के साथ उनका संबंध मकरान तट के रास्ते स्थापित हो गया और इस प्रकार प्राचीन सिंधु सभ्यता का व्यापारी मार्ग पुनः खुल गया । उस युग के योग्यतम नाविक और उद्यमी व्यापारी होने के कारण अनेक मुसलमानों को हिंदू राजाओं ने बंदरगाह के अधिकारी या समकक्ष पदों पर नियुक्त किया, जैसाकि गोवा, संजाण तथा पश्चिमी तट के अन्य स्थानों में हुआ । पैगंबर की मृत्यु के बाद एक सदी के भीतर ही उनके छोटे-छोटे व्यापारी उपनिवेश कैंटन तक स्थापित हो गए और उन्होंने शासकों से अपने धार्मिक अधिकारों के लिए बड़ी खूबी से सुरक्षा भी हासिल कर ली, पर इस उपकार का बदला उन्होंने नहीं चुकाया । मूर्ति-भंजन के बहाने से महमूद गज़नवी ने जबरदस्त हमले शुरू कर दिए । 1025 ई. तक चलते रहे ऐसे कई हमलों में उसने उत्तर भारत के सर्वोत्तम मंदिरों को लूटा और ध्वस्त किया; इनमें सोमनाथ (काठियावाड़) का अत्यधिक समृद्ध मंदिर और मथुरा तथा वाराणसी के मंदिर भी शामिल थे । उसकी लूट के बाद दूसरे हमलावरों का भी लालच बढ़ा; अनेक अरबी विद्वानों ने भारत के बारे में सुस्पष्ट व सही जानकारी देनेवाले विवरण लिखे—जिनमें अल्-बेरूनी के ग्रंथ (1031 ई.) से बेहतर कोई नहीं है—जो बढ़िया मार्गदर्शक-ग्रंथ सिद्ध हुए । मुहम्मद गोरी की सेनाओं ने 1205 ई. तक उत्तर की महान नदी-घाटियों को रौंद डाला और इस विजय के साथ उत्तर भारत पर उन्होंने स्थायी अधिकार जमा लिया । विजित प्रदेश का शासन सँभालने के लिए सामरिक दृष्टि से महत्त्वपूर्ण दिल्ली को राजधानी बनाकर वहाँ उसने अपने जो प्रतिनिधि पीछे छोड़े थे, वे जल्दी ही स्वतंत्र हो गए और उन्होंने अपने-अपने मुसलमान राजवंश

स्थापित किए; शुरुआत हुई सम्राट् के गुलामों के रूप में, पर योग्यतम गुलाम सेनापति अंत में तख्त पर बैठ गए। करीब सौ साल बाद अलाउद्दीन खिलजी ने दक्खन को लूटना शुरू कर दिया और उसके सेनापति मलिक काफूर ने 1312 ई. तक इस काम को पूरा कर डाला। बादशाह का प्रतिनिधि निज़ाम-उल्-मुल्क दक्खन में ही रह गया, पर पुनः मुस्लिम साम्राज्य भी विघटित होकर सामंती प्रशासनवाले प्रांतीय राज्यों में बँट गया।

यह (गुप्त साम्राज्य) **अर्थशास्त्र** नियोजित साम्राज्य नहीं था, न ही असोक की तरह धर्म से कोई विशेष सहायता लेने की आवश्यकता थी। धर्म पहले से ही अपने प्रबल रूप में मौजूद थे; गुप्तों ने सहज भाव से उन सबकी उदारतापूर्वक सहायता की। अंततः संस्कृत भाषा को अभिलेखों के लिए पूरी तौर से अपना लेना इस बात का सूचक था कि एक व्यापक एवं सुविकसित उच्चवर्ग ब्राह्मण-पुरोहितों के वर्ग से संबद्ध हो गया है, पर बौद्धों के साथ भी उस वर्ग के बहुत अच्छे संबंध थे। किंतु सर्वाधिक महत्त्वपूर्ण कदम, जिसके कारण, आरंभ में यकायक गुप्तों का वैभव बढ़ा और कालांतर में पतन हुआ, गाँव के स्तर पर उठाया गया। सर्वप्रथम, शांति-स्थापना और आटविक सरदारों का बहुत-कुछ सफाया हो जाने का अर्थ था—ग्रामीण बस्तियों में यकायक वृद्धि, जिसका श्रेय इस बार निजी उद्यमियों को था। बढ़े हुए उत्पादन से व्यापारियों ने लाभ उठाया, तो संबंधित राजस्व से राज्य ने। पर गाँवों को जिन चीज़ों की ज़रूरत थी, उनकी पूर्ति करने में नगर व कस्बे असमर्थ थे। श्रेणियाँ—रेशम बुनकरों से लेकर तेलियों तक की—अब भी फल-फूल रही थीं; पर, कुछ लाभ कमाते हुए, गाँवों की ज़रूरतों की नियमित रूप से पूर्ति करना उनके लिए असंभव हो गया था। बड़े पैमाने के केंद्रीभूत उत्पादन के वितरण के लिए परिवहन की समस्या का कोई हल नहीं था। चाँदी के सिक्कों के निरंतर घटते चलन की चर्चा पहले की जा चुकी है। उपयोगी वस्तुओं के क्रय-विक्रय के इस साधन की कोई आवश्यकता नहीं रह गई थी, जबकि सोने के सिक्कों से पता चलता है कि विलास की वस्तुओं का व्यापार अब भी फल-फूल रहा था। गुप्तकाल में ढाले गए चाँदी के बहुत कम सिक्के मिले हैं और निधि तो एक भी नहीं मिली है। असोक ने चाँदी की स्फीत मुद्रा से काम चलाया; शकों और सातवाहनों ने चाँदी के छोटे सिक्कों से काम चलाया, और इनमें सातवाहनों ने तो कभी-कभी जस्ते अथवा बिलन (चाँदी और ताँबा या वंग की मिश्र धातु) के सिक्कों से भी काम चलाया। किंतु, जैसाकि स्पष्ट है, जितने तमाम सिक्के प्रचलन में थे, वे इतने पर्याप्त नहीं थे कि बढ़ी हुई जनसंख्या और सबंधित नए देहातों की जरूरत के स्तर पर पण्य-उत्पादन को वहन कर सकें, जैसाकि, उदाहरण के लिए, **अर्थशास्त्र** की अर्थ-व्यवस्था में संभव था। जानकारी मिलती है कि अधिकारियों का वेतन निर्धारित भूखंडों की आमदनी से दिया जाता था, परंतु अभी यह भूमिदान वंशानुगत सामंती अधिकार के रूप में नहीं था। सार्वजनिक निर्माण-कार्यों के लिए

अनिवार्य श्रम अवश्य लिया जाता, पर मज़दूरी दी जाती थी; दरिद्रतम वर्ग से यह मेहनत करों के बदले नहीं ली जाती थी, जैसाकि वास्तविक सामंती युग में आगे जाकर हुआ। इस व्यवस्था में सामंतवाद के बीज मौजूद थे, पर छठी सदी के अंत में ही यह व्यवस्था सामंतवाद में बदली। मुख्य समस्या थी—पण्य-उत्पादन के बिना और परम न्यूनतम नकद भुगतान के जरिए देहात को किस प्रकार स्वतः-निर्भर बनाया जाए।

इस समस्या का हल ग्रामीण कारीगरों की व्यवस्था में खोजा गया। अब प्रत्येक गाँव में अपने-अपने लुहार, बढ़ई, पुरोहित, कुम्हार, चमार, नाई आदि थे। बाद में इन ग्रामीण कारीगरों (नारु-कारु) की संख्या बारह निश्चित कर दी गई थी। प्रत्येक को भूमि का एक टुकड़ा मिला हुआ था, ताकि फुरसत के समय वह खेती कर सके या अपने परिवार के अन्य सदस्यों से कराए। इसके अतिरिक्त, प्रत्येक को हर किसान-परिवार से फसल का एक अल्पांश (मराठी : बलुतें) मिलता था। इस युग के गाँव अपना अंदरूना और भूमि-संबंधी कारभार सभा-परिषद द्वारा चलाते थे। अब भी परती भूमि का विस्तार काफी अधिक था, जिसे स्थायी रूप से प्राप्त करने के लिए राजकीय अनुमति, और बाद में सामंती-स्वामी की अनुमति आवश्यक थी। इस प्रकार, ग्रामीण कारीगर गाँव की व्यवस्था के अभिन्न अंग बन गए थे, वे अपने श्रम को गाँव-गाँव घूमकर बाँटते फिरनेवाले लोग नहीं रह गए थे; साथ ही, उन्हें मिलनेवाले पुरस्कार से यदि उनका काम न चले तो वे खेतिहर बन सकते थे। इस प्रकार, देहात की तकनीकी ज़रूरतों और परंपरा से नियोजित देय के बीच समुचित संतुलन स्थापित हो गया था। ये कारीगर यद्यपि विविध जातियों के थे, और इनमें से कोई भी किसानों या भूमिधरों की प्रमुख स्थानीय उपजाति के नहीं थे, फिर भी इन कारीगरों में अद्भुत सामूहिक एकता थी। इनके कार्य परंपरा द्वारा सुनिर्धारित थे : हल, कुल्हाड़ियाँ तथा खेती के दूसरे औज़ार बनाना और इनकी मरम्मत करना, हर परिवार को साल-भर में निश्चित संख्या में मिट्टी के बर्तन उपलब्ध करना, इत्यादि। अतिरिक्त काम के लिए या तो अतिरिक्त अनाज दिया जाता या विवाह, जुलूस, मृतक-संस्कार अथवा ऐसे ही अन्य अवसरों पर, जिनके लिए उन्हें अतिरिक्त काम करना पड़ता था, दिए जानेवाले भोजों में विशेष रूप से आमंत्रित किया जाता था। इस व्यवस्था के स्थापित हो जाने पर ग्रामीण समुदाय एक दृढ़, जीवनक्षम व बंद इकाई में बदल गया। यही कारण है कि मुस्लिम सामंती अत्याचार के बदतरीन दिनों में भी अंतिम दुःसाहसी उपाय से—सामूहिक ग्राम-त्याग द्वारा—देहात अपनी रक्षा करने में समर्थ था। ज़ाहिर है कि दूसरी जगह जाकर बसने के लिए उस समय खाली भूमि उपलब्ध थी, पर आज ऐसा साहस कर पाना संभव नहीं है। इसके अलावा, जाति-व्यवस्था से संरक्षण प्राप्त था, क्योंकि उस जाति-विशेष के दूसरे गाँवों में बसे हुए लोग मुसीबत में फँसे अपने जात-बांधवों की सहायता करने के लिए बाध्य

थे। ग्रामीण जीवन ने जाति-व्यवस्था की निकृष्टतम प्रथाओं को जन्म दिया, पर यह भी स्मरण रखना होगा कि इसमें एक प्रमुख क्षतिपूरक लाभ भी था, जिसने जाति-व्यवस्था को टिकाऊ रखा।

स्पष्ट है कि जैसे ही इस पद्धति के ग्रामीण उत्पादन में स्थिरता आई, श्रेणियों का विघटन शुरू हो गया। गाँव के बढ़ई आदि कारीगरों के भूखंडों का पहली बार गुप्त ताम्रशासनों में उल्लेख मिलता है। अतः गुप्तकाल का योगदान दो-तरफा था : तुरंत, सभी के लिए अत्यंत लाभकारी; पर अंततोगत्वा एक शक्तिशाली व सुसंस्कृत समाज की उन्नति के लिए अत्यंत घातक। तब से गाँव की पृथकता या संकीर्णता अटल बनती गई। किसान बड़े धैर्य से साम्राज्यों को ध्वस्त होते देखता और अपने अधिकाधिक अनुपजाऊ होते जाते भूखंड में खोया रहता। गरीब सार्थ विनिमय के लिए नमक और धातुएँ लेकर पहुँचते थे, पर बाहरी दुनिया के साथ यह वस्तु-विनिमय इतना पर्याप्त नहीं था कि इससे ग्रामीण संस्कृति का स्तर ऊपर उठ सके। यदा-कदा के मेलों या तीर्थयात्राओं से ही गाँवों का यह अलगाव किंचित् मात्रा में टूटता था। नगरों का तेज़ी से ह्रास हुआ और 600 ई. तक पटना एक गाँव मात्र रह गया; जयस्कंधावार चलती-फिरती राजधानियाँ बन गए।

ये परिवर्तन मध्ययुगीन मंदिरों के निर्माण में, शिल्पवास्तुकला की अनेक गतिशील प्रादेशिक शैलियों में प्रतिबिंबित हुए। सामान्यतः ये स्मारक राजसत्ता के केंद्रों में स्थापित किए गए और ये एक ओर दरबारी शान के सूचक हैं तो दूसरी ओर मध्ययुगीन हिंदूधर्म की लोक-प्रचलित पूजा-विधियों के। बड़े मंदिरों ने राजकीय भूमिदानों से, भक्तों के चढ़ावों से, रक्षाकरंडों और प्रसादों की बिक्री से, प्रायश्चितों की दक्षिणा से और श्राद्धों से खूब लाभ उठाया। सबसे निकृष्ट था देवदासियों की वेश्यावृत्ति से होनेवाला भारी लाभ। अधिकांश धन मूल्यवान मूर्तियों अथवा देवताओं के आभूषणों के रूप में जमा हो गया; अथवा पुरोहित-वर्ग और उनके पराश्रयिकों (इनमें कुछ महाजन और व्यापारी थे जो अपने कब्जे में आई मंदिर की संपत्ति का कोई हिसाब भी नहीं देते थे) ने हज़म कर लिया; मंदिरों को अक्सर खंडहर बनने के लिए उपेक्षित छोड़ दिया जाता था। कोई भी हिंदू मंदिर बौद्ध विहारों-जैसे विद्याकेंद्र नहीं चला पाया। सामंती दरबार ने, खास-खास उदारवादी शासन के दौरान, दूर-दूर के पंडितों को भले ही आकर्षित किया हो, किंतु इसमें न स्थायित्व था, न ही सातत्य। आश्रयदाता की मृत्यु के साथ ही पंडितों की मंडली बिखर जाती थी, जैसाकि धारा के राजा भोज और कन्नौज के हर्ष के साथ हुआ। वाराणसी-जैसे तीर्थस्थलों के कुछ पंडितों ने, जिनका मंदिर या राजदरबार से कोई संबंध नहीं था, पृथक्-पृथक् कुछ गरीब किंतु बुद्धिमान शिष्यों को आश्रय में लेकर भारत की बौद्धिक धरोहर को कुछ हद तक जीवित रखा। गाँव का औसत ब्राह्मण क्वचित् ही कहीं कुछ सीखने के लिए जाता था, यद्यपि वह अपने अग्रगामी पूर्वजों को प्राप्त अधिकारों, सुविधाओं और विशेष छूटों का

उपभोग अब भी वैसे ही करता था। कुछ गाँवों को ब्राह्मण की कोई आवश्यकता ही नहीं थी, क्योंकि अब्राह्मण गुरव-पुरोहित, उन्हीं सुविधाओं के अंतर्गत, देहात की पूजा-विधियों का काम चला लेते थे; निम्न जातियों के अनुष्ठानों को ब्राह्मणों के अलावा दूसरे लोग भी कभी-कभी पूरा कर देते थे; पर पंचांग को समझने, पर्वों व अनुष्ठानों के लिए चांद्र-तिथियों की पूर्व-सूचना देने के लिए और दूसरी ऐसी ही जानकारी के लिए न्यूनतम साक्षरता की आवश्यकता थी ही, जो प्रशिक्षित ब्राह्मण के अलावा दूसरे किसी के पास नहीं थी।

आरंभ में गाँव की सारी अन्न-उत्पादक भूमि सामूहिक थी। ग्राम-सभा के निर्णय के अनुसार प्रत्येक अधिवासी परिवार को उसकी आवश्यकता और क्षमता (काम करनेवालों की संख्या) के अनुरूप भूखंड दिया जाता था। उस अवस्था में व्यक्ति की निजी संपत्ति के रूप में भूमि का अपने-आपमें कोई मूल्य नहीं था; भूमि की नकद बिक्री क्वचित् ही होती थी, और जहाँ हुई वहाँ यह आसपास में समृद्ध व्यापार की सूचक थी : उदाहरणार्थ, नासिक में, जहाँ उषवदात ने बौद्ध विहार को एक खेत सौंपने के लिए एक ब्राह्मण को इसकी कीमत के रूप में चाँदी के 4000 सिक्के (काहापण) दिए थे। चूँकि अधिकांश अधिवासी एक या दो सजात-समूह के होते थे, इसलिए समूह की सदस्यता और काश्तकारी का अधिकार साथ-साथ चलते थे। बिरादरी से निष्कासन का अर्थ था साथ-ही-साथ जातिबाह्य होना और उस देहात में काश्तकारी का अधिकार खो देना; अर्थात् निर्वासन, जो हठीले सदस्यों को गाँव की ओर से दिया जानेवाला सबसे बड़ा दंड था। सारी सेना राज्याधिकारियों के अधीन और बाद में स्थानीय सामंतों के अधीन रहती थी; देहात के पास बलप्रयोग के लिए कोई खास सैन्य-साधन नहीं था (यद्यपि गाँव की सीमाओं के भीतर किसी अजनबी को लूट लिया जाता, तो गाँव को उसे हर्जाना देना पड़ता था)। ताम्रशासनों में विशेष अधिकार के रूप में खासतौर से उल्लेख है : 'राजा के किसी अधिकारी का गाँव में प्रवेश करना तो दूर रहा, वह उसकी ओर उँगली तक नहीं उठाएगा'। ग्रामवासियों और ग्राम-राजस्व के दानग्राही के लिए यह आदेश बड़ा भारी वरदान सिद्ध हुआ। सामंतवाद की ओर अग्रसर होने के साथ-साथ राज्याधिकारियों को नई उपाधियाँ भी मिलती गईं : सामंत (शुरू में जिसका अर्थ था पड़ौसी, पड़ौसी राजा), ठक्कुर, रानक, राऊत आदि। स्वरूप की दृष्टि से स्थानीय विविधता भले ही असीम रही हो, पर असलियत प्रायः एक-सी थी। सामंत का मुख्य कार्य, प्रयत्नपूर्वक जीवित रखी गई पुरानी प्रथा के छद्मावरण में, था जिन्स के रूप में राजस्व जमा करना और इसके एक अंश को रोकड़ में बदलकर राज्य (राजा) को सौंप देना। इसके अलावा, सामंत को, आवश्यकता पड़ने पर, अपने खर्च से खड़े किए गए निर्धारित संख्यावाले सशस्त्र सैनिकों व घुड़सवारों के दल सहित राजा की सेना में शामिल होना पड़ता था। अनिवार्यतः, परती भूमि को शुल्क लेकर बाँटना राजा या सामंत का विशेषाधिकार

बन गया, जिसके फलस्वरूप गाँव में किसानों के दो वर्ग बन जाते थे : एक, उन 'स्थायी' अधिवासियों का जो, चाहे खेती जोतते हों या न जोतते हों, नियमित रूप से राजस्व अदा करते थे, और दूसरा 'बाद में आनेवालों का' जो ग्राम-सभा में मतदान के अधिकार के बिना अपने-अपने खेत जोत सकते थे, पर उन्हें अपनी वास्तविक उपज के एक अंश का ही भुगतान करना पड़ता था। सामंत कभी-कभी बाँधों, नहरों आदि का प्रबंध करके, जिनका निर्माण एक गाँव के बस की बात नहीं थी, भूमि को अधिक मूल्यवान बना देता था, पर ज़ाहिर है कि संबंधित गाँवों को इनके बदले उसे अधिक कर देने पड़ते थे। अंततोगत्वा, खेत प्रतिधारकों के एक विशिष्ट वर्ग में इस शर्त पर बाँट दिए गए कि स्वयं भूमिधर या उसके उत्तराधिकारी सैनिक सेवा देंगें : अपने चरम रूप में सामंती काश्तकारी (धृति)। व्यापारी और उनकी पूँजी पर आश्रित वस्तु-निर्माता कुछ खास केंद्रों और बंदरगाहों में ही बस गए थे। आवश्यकता पड़ने पर विलुप्त श्रेणियों के स्थान पर सीमित उद्देश्यों के लिए पंचमेल सदस्यों की 'गोष्ठियाँ' बना ली जाती थीं; जैसे, किसी मंदिर के निर्माण के लिए स्थापित एक ही गोष्ठी में सामंत, व्यापारी, किसान और देवदासी सम्मिलित होते। व्यापारियों के संघ प्रतिस्पर्धा पर नियंत्रण रखते थे और उन्हें राजा से विशेष अधिकारपत्र मिले थे, जिनमें यह आश्वासन रहता कि सामंत अथवा छोटे-मोटे अधिकारी उन्हें और उनके कारीगरों को परेशान नहीं करेंगे।

संस्कृत साहित्य और नाटक

अब औपचारिक रूप में संस्कृति के बारे में कुछ कहना बाकी रह गया है। भारतीय संगीत का विवेचन कर पाना कठिन होगा; प्राचीनतम युग से इसकी अविच्छिन परंपरा तो रही है, पर कोई विश्वसनीय इतिहास नहीं मिलता। बाईस श्रुतियों वाले सप्तक का भारतीय संगीत सदैव ही कक्ष में बैठकर सुननेवाले स्वर-पारखी श्रोताओं के लिए रहा है। इसमें सुनिर्धारित राग-पद्धति है, जिसमें सूक्ष्म स्वरानुक्रम व लय तो हैं, पर स्वराघात नहीं हैं, और न ही पश्चिमी संगीत-रचनाओं की भाँति स्वरसमता एवं सुरसंगति है। समुद्रगुप्त के कुछ सिक्कों पर उसे 'वीणाधारी' के रूप में चित्रित किया गया है, पर ईसा की चौथी सदी के रागों के बारे में कोई जानकारी नहीं मिलती। इसी प्रकार, वनवासी शबर बंसी-वादन में विशेष निपुण थे, और संभवतः उन्होंने ही बाँसुरी का आविष्कार किया है। नृत्य, जिनका पेशेवर विशेषज्ञों द्वारा देवताओं के सामने, या प्रमुख उत्सवों में और कभी-कभी विवाह तथा अन्य पारिवारिक समारोहों के अवसरों पर प्रदर्शन किया जाता, कबीलाई लोगों से अपनाए गए थे, जैसाकि गोंड-उत्पत्ति गोंधल नृत्य से प्रकट होता है। दृश्य कलाओं का गुण-दोष-विवेचन अधिक आसान है, पर उनके नमूने बड़ी संख्या में उपलब्ध होने चाहिए। उपलब्ध पुरातात्त्विक सामग्री के काफी घटिया स्तर के कारण मूर्तिकला व वास्तुकला पर समुचित प्रकाश नहीं पड़ता।

विनाशक जलवायु, कलाकृति-ध्वंसन और घोर उपेक्षा के कारण अधिकांश चित्रकारी नष्ट हो गई है। ये कलाएँ धर्म अथवा राजदरबार के आडंबर के अधीन रहीं। शिल्पकौशल का समुचित मूल्य तो मिलता था, पर भारतीय शिल्पी को फायदियस् या माइकेल-एंजिलो-जैसी प्रसिद्धि और सामाजिक प्रतिष्ठा कभी नहीं मिली। वास्तुकला और मूर्तिकला के बारे में जो पारंपरिक संस्कृत ग्रंथ हैं, उनका वस्तुतः उपलब्ध नमूनों से कोई ताल-मेल नहीं बैठता। ग्रंथकार आमतौर पर ब्राह्मण होता था और शिल्पकार प्रायः सदैव निम्न व अशिक्षित जाति का; इसमें अपवाद केवल हस्तलिपियों के सुलेखक या चित्रकार ही थे। धार्मिक परंपरा आदिम पद्धतियों की मूर्तियों का आग्रह करती थी, परंतु, जैसाकि स्वाभाविक है, आश्रयदाता चाहते कि देवी-देवता, चाहे कितने भी बेढंगे क्यों न हों, उनकी अपनी मानवाकृतियों में, प्रचलित उच्च फ़ैशन के अनुरूप, वस्त्राभूषणों से सजाए जाएँ। महज कला के लिए भारतीय कला का आस्वादन आधुनिक अभिरुचि है, जिसे अधिकांश भारतीयों ने विदेशियों से सीखा है, पर यही विदेशी अभी हाल तक उस कला को फूहड़ और असभ्य देशी कलाकारों का कृतित्व कहकर तिरस्कार की दृष्टि से देखते थे।

अब बचा साहित्य, जिसे इसके अपूर्व गुणों के कारण भारतीयों ने सुरक्षित रखा और जिसे आज भी मूल्यवान माना जाता है। शिशुनागों अथवा मौर्यों के समय का कोई लौकिक साहित्य रहा भी हो तो वह आज उपलब्ध नहीं है। सातवाहनों के साहित्य में से केवल हाल का गाथा-संकलन उपलब्ध है। यहाँ संस्कृत साहित्य का विवेचन करना अनिवार्य हो जाता है, क्योंकि जिस कालावधि से इस ग्रंथ का सरोकार है, उसके बाद ही विविध प्रांतीय भाषाओं में पुस्तक-रचना शुरू हुई। सिंधु सभ्यता में यदि कुछ लिखा गया, तो उसे हमें छोड़ ही देना पड़ेगा, क्योंकि आज वह सर्वथा विलुप्त जान पड़ता है, सिवाय मुहरों पर उत्कीर्ण उन थोड़े और संक्षिप्त लेखों के जिनका अभी उद्घाटन नहीं हो पाया है। यहाँ प्राचीन तमिल पर विचार कर पाना संभव न होगा। दरअसल, नाट्य का उद्गम आदिम पूजा-अनुष्ठानों में है। कई ऋग्वैदिक सूक्त समवेत पाठ अथवा दो या अधिक पात्रों द्वारा अभिनय के रूप में प्रस्तुत किए जाने के लिए हैं। सबसे प्रसिद्ध उदाहरण उर्वशी-पुरूरवस् की कथा है। प्राचीनतम ऋग्वेद् में यह कथा अभिनीत संवाद के रूप में है—उस आदिम प्रथा का नाट्य रूप जिसमें किसी अप्सरा के साथ पवित्र आनुष्ठानिक विवाह (hieros gamos) रचने के बाद प्रजनन-संबंधी अनुष्ठान में उस विवाहित पुरुष की बलि दे दी जाती थी। वैदिक पुरूरवस् मुक्ति के लिए खूब अनुनय-विनय करता है, पर उर्वशी उस याचना को शांति भाव से ठुकरा देती है। इस नाट्य-कथा ने धीरे-धीरे बदलते विरही प्रेमियों के प्रेमाख्यान का रूप ले लिया। गायन व नृत्य, आदिम प्रजनन-संबंधी अनुष्ठानों की भाँति, संस्कृत नाटक के आवश्यक अंग हैं। अनिवार्य नांदी-प्रस्तावना और मांगलिक से प्रकट होता है कि भारतीय

रंगमंच-अभिनय का उद्गम 'रहस्यानुष्ठानिक (धर्म) नाटकों' से हुआ है। गद्यसंवाद से रूप में दिए गए श्लोकों को, गीति-नाट्य की भाँति, सदैव वाद्य-संगीत के साथ प्रस्तुत किया जाता था। नृत्य भी मौजूद रहा, यद्यपि सभी उपलब्ध नाटकों के मंच-निर्देशनों में उसका समावेश नहीं है। सामूहिक नृत्यों के अलावा, अलग-अलग पात्रों को रूढ़ प्रथाओं के अनुसार विभिन्न भावों का स्वांग भरना पड़ता था, जिससे वे कथा को, आधुनिक कथाकली की भाँति, प्रायः एक भी शब्द का उच्चारण किए बिना प्रस्तुत कर सकते थे। 'नाट्य' शब्द का अर्थ भी स्वाँग भरना ही है। सामान्यतः नाटक रात-भर चलते थे, पर कुछ ऐसी रंगमंच-गुफाएँ भी मिली हैं, जिनका प्रयोजन संभवतः दिन के उजाले का इस्तेमाल करना था।

प्रायः महाकाव्यों के कथानकों पर आधारित ऐसा मनोरंजन दर्शकों को आकर्षित करता था, पर यह ज़रूरी नहीं था कि वे उस संस्कृत को समझें जिसमें स्वयं अभिजात वर्ग द्वारा अपने लिए इन नाटकों की रचना की जाती थी। इन नाटकों के प्रमुख पुरुष-पात्र परिष्कृत संस्कृत बोलते हैं; स्त्री-पात्र और सेवक केवल प्राकृत बोलते हैं। आरंभ में वास्तविक जीवन में ऐसा ही था। आज भी, दूर-दराज के क्षेत्रों में, भद्र पुरुषों की भाषा उनके अपने अनपढ़ स्त्री-समाज की और निम्न स्तरों के लोगों की बोली से काफी भिन्न होती है। फिर भी, अभिजात्यों को घर पर अपने परिवार के ज्यादा अनपढ़ सदस्यों के साथ प्राकृत में ही बातचीत करनी पड़ती थी, पर नाटकों में गँवारू भाषा का इस्तेमाल करना उन्हें मंजूर नहीं था। बाद में नाटकों में 'भाषा' का इस्तेमाल एक शुद्ध परिपाटी बन गई। जितने लोग संस्कृत को समझते थे, उससे भी कम 'मृत' प्राकृत को समझ पाते थे—मृत इसलिए कि ज़नता की बोलियाँ तेजी से बदल रही थीं। नौवीं सदी में राजशेखर ने, स्पष्ट है कि गौण पात्रों के संवाद पहले संस्कृत में लिखे और फिर निर्धारित नियमों के अनुसार उनका प्राकृत में अनुवाद किया; रूढ़ि आविष्कार से कहीं अधिक बलवती बन गई थी।

यद्यपि इस कोटि के रचना-विधान में शुद्ध पद्यबद्ध नाटकों को छोड़ दिया गया था, पर अनिवार्य गीतों के समावेश के लिए नाटककार का कवि होना आवश्यक था। 'सुसंस्कृत' नाटक आदिम पद्धति के स्वाँग-तमाशों को कभी भी पूर्णतः स्थानापन्न नहीं कर पाए; देहाती मेलों में निम्न जाति के घुमंतू नट-गायक आज भी ऐसे तमाशों को प्रस्तुत करते हैं; **अर्थशास्त्र** ने ऐसे ही तमाशबीनों को सीता-ग्रामों से दूर रखने का आदेश दिया था। जिन आरंभिक परिष्कृत नाटकों के बारे में जानकारी मिलती है, वे बौद्ध विहारों द्वारा विशेष उत्सवों के अवसर पर प्रस्तुत किए गए थे। इस बात की पुष्टि मध्य-एशिया से मिली हुई खंडित हस्तलिपियों से और चीनी यात्रियों के विवरणों से होती है। सारिपुत्त, मोग्गल्लान व कस्सप-जैसे नायकों के गृहस्थ-जीवन को और इनकी धर्म-दीक्षाओं को अथवा स्वय बुद्ध के महाभिनिष्क्रमण को मंच पर विशाल दर्शकसमुदाय के सामने प्रस्तुत किया जाता

था। अतः जिस प्रतिष्ठित नाटककार व कवि के बारे में हमें पहली बार जानकारी मिलती है वह है अश्वघोष, जिसने बाद के नाटककारों व कवियों के लिए आदर्श प्रस्तुत किया। बुद्ध के सौतेले भाई की दीक्षा और विरह-वेदना के कारण उसकी सुंदर पत्नी की मृत्यु को आधार बनाकर रचे गए अश्वघोष के **सौंदरनंद** काव्य में राजसी वैभव और उन्मुक्त प्रणय-व्यापार का भरपूर चित्रण है--ऐसे भोग-विलासी जीवन का जिसे त्यागना सभी भिक्षुओं के लिए अनिवार्य था। वस्तुतः, बौद्ध कला की अन्य विधाओं पर भी इस विषय-वस्तु का अवश्य प्रभाव पड़ा होगा, जैसाकि अजंता के एक अनुपम भित्तिचित्र को देखने से प्रकट होता है। अश्वघोष के दूसरे काव्य **बुद्धचरित** में बाद के अनेक रचनाकारों ने काफी-कुछ जोड़ा है और यही कारण है कि इसका चीनी अनुवाद संस्कृत पाठ से ठीक-ठीक नहीं मिलता; पर इसका मुख्यांश अश्वघोष-रचित ही है। उसके नाटक नष्ट हो गए हैं (सिवाय खंडित अवस्था में प्राप्त **शारिपुत्र प्रकरण** के), पर विविध संकलनों में उसके नाम से जो श्लोक मिलते हैं वे मंच पर सुनाने के लिए उसके द्वारा रचित किसी नाटक के अंश रहे होंगे। वस्तुतः, बाद के अनेक कवियों-नाटककारों के कृतित्व के बारे में, जैसे, पाल युग के बारे में, कोई जानकारी नहीं मिलती, सिवाय ऐसे अवशिष्ट श्लोकों के जो इनके विलुप्त नाटकों से चुने गए हैं। इन नाटकों ने, बौद्ध हों या अ-बौद्ध, उसी वर्ग की रंगत और लहजे को अपना लिया जिसके लिए ये रचे गए थे। इनमें श्रृंगार की प्रधानता रही। भारतीय साहित्यिक रूढ़ियों ने प्रेम के बारे में काफी स्वच्छंदता से काम लिया है। बौद्ध संस्कृत नाटक अपने में उतने ही असंगत हैं, जितने कि ब्रह्मचारी बौद्ध-भिक्षुओं के विहारों के वैभवशाली चित्र और कामोत्तेजक व आलंकारिक भास्कर्य। इनमें सामंती युग में कदम रखती राजसभा का जीवन, परंपरा और नाट्य-रूढ़ियों को यथासंभव निभाते हुए, प्रतिबिंबित हुआ है।

भास, जिसका केवल नाम ही श्रद्धापूर्वक लिया जाता था, पुनर्जीवित हुआ वर्तमान सदी के आरंभ में, जब उसके कुछ नाटकों की केरल में खोज हुई। इनकी रचना बाद की रूढ़ शैलियों के अनुरूप नहीं है, इसलिए इनकी प्रामाणिकता के बारे में आज भी वाद-विवाद चल रहे हैं; पर नाटककार की प्रतिभा निस्संदिग्ध है। निश्चय ही इनमें सर्वश्रेष्ठ है **स्वप्नवासवदत्तम्** नाटक, जो प्राचीन काल के राजा उदयन के प्रेमाख्यानों पर आधारित है। महामंत्री के अनुनय पर रानी वासवदत्ता यह घोषणा करवा देने के लिए राजी हो जाती है कि वह एक अग्निकांड में जलकर मर गई है, ताकि पत्नीनिष्ठ राजा को राजनीतिक दृष्टि से लाभकारी एक अन्य विवाह के लिए तैयार किया जा सके, जिसे अन्यथा, वह स्वीकार न करता। राजा अपनी 'मृत' प्रियतमा के स्वप्न देखता रहता है, जबकि वासवदत्ता वेश बदलकर अंतःपुर में ही परिचारिका का काम करती है। नाटक के कुछ मार्मिक एवं अविस्मरणीय दृश्यों में वह राजा के अर्ध-चेतन स्वप्नों में पहुँचती है, पर उसे पूरी

तरह जगाने का साहस नहीं करती । बहुपत्नी-प्रथावाले समाज के कारण नाटक को सुखांत में समाप्द्ध करना संभव हो जाता है ।

समस्त संस्कृत साहित्य में, संभवतः समस्त भारतीय साहित्य में, सर्वाधिक प्रसिद्ध नाम कालिदास है । उसके जीवन के बारे में कोई प्रामाणिक जानकारी नहीं मिलती, पर उसका समय भास के बाद का है, और उसने अपनी कृतियों की रचना गुप्तों की, संभवतः उज्जैन के चंद्रगुप्त-द्वितीय (विक्रमादित्य) की, राजसभा के लिए ही की होगी । उसके मनोहर काव्य **मेघदूतम्** में एक मेघ दूत बनकर एक निर्वासित यक्ष का प्रेम-संदेश दूर देश में उसकी विरह-कामिनी प्रिया तक पहुँचाता है । काव्य में उन समस्त भारतीय प्रदेशों का अनुपम प्रकृतिचित्रण है जिनमें से होकर उसे जाना था । **रघुवंश** में राम के पूर्व-पुरुषों का चरित्र-चित्रण है और परोक्ष रूप में इसमें गुप्तों की विजयों का वर्णन भी हो सकता है। अधूरे **कुमारसंभव** में शिव व पार्वती के पुत्र के रूप में स्कंद के जन्म की कथा है; देवों और मनुष्यों को कष्ट पहुँचानेवाले एक दानव का विनाश करने के लिए स्कंद ने जन्म लिया बताया गया है। छंद-रचना और शब्दसंयोजन की दृष्टि से परिपूर्ण कालिदास के ये तीन काव्य संस्कृत काव्य-साहित्य की अद्वितीय कृतियाँ हैं । इनकी ब्राह्मणधर्मीय विषय-वस्तु का आधार महाकाव्य और पुराण हैं । कालिदास के नाटकों के कथानक भी इसी प्रकार के हैं; अपवाद है तो केवल **मालविकाग्निमित्रम्** नाटक, जो शुंग इतिहास पर आधारित है और उज्जैन के माध्यम से गुप्त राजसभा से भी संबंधित है । **विक्रमोर्वशीयम्** में उर्वशी-पुरूरवस् की कथा को मर्त्य राजा और अमर अप्सरा के चरम प्रणयसंबंध के आख्यान में बदल दिया गया है । नाटक के शीर्षक में संभवतः तत्कालीन गुप्त राजा की ओर इंगित है; नाटक का पुरूरवस् स्वर्ग के राजा इंद्र के साथ बराबरी का व्यवहार करता है । किंतु साहित्य व नाट्य दोनों की दृष्टि से कालिदास की सर्वोत्तम कृति है **अभिज्ञान शाकुंतलम्**, जिसकी विषय-वस्तु है राजा दुष्यंत और मानवी-अप्सरा शकुंतला का मिलन। कथा **महाभारत** से ली गई है, पर प्रणय-दृश्यों का प्रस्तुतिकरण मौलिक एवं प्रभावशाली है । एक शिशु को साथ लेकर नायिका अचानक राजसभा में पहुँचती है और कहती है कि वह शिशु राजा का पुत्र है, परंतु नायक राजा (एक शाप से स्मृतिलोप हो जाने के कारण) नायिका को पहचान नहीं पाता । मानवीय भावों एवं संवेदनाओं के चित्रण में कालिदास ने अद्वितीय क्षमता का परिचय दिया है। कालिदास के बाद दूसरा स्थान भवभूति का है, जिसका **उत्तररामचरितम्** नाटक भी महाकाव्य—रामायण—पर आधारित है । उसके **मालतीमाधव** में ऐसे प्रेमियों का चित्रण है जिन्हें कठोर-से-कठोर परीक्षाओं से गुजरना पड़ता है, यहाँ तक कि बलि चढ़ा दिए जाने की भी संभावना रहती है; इसके मंचन ने दर्शक-समुदाय को निश्चय ही अत्यंत विचलित कर दिया होगा । भवभूति ब्राह्मण और प्रतिष्ठित कवि था और उसका समय संभवतः आठवीं सदी का पूर्वार्द्ध है । उसके जीवन के

बारे में भी बहुत कम जानकारी मिलती है । अन्य अनेक कवियों और नाटककारों के बारे में तो इससे भी कम जानकारी मिलती है—कभी केवल नाम अथवा किसी संकलन में कोई इक्का-दुक्का श्लोक, अथवा किसी दीमक-खाई हस्तलिपि से चुना गया कोई अंश । माघ, भारवि और अन्य कवि इस दृष्टि से अधिक भाग्यशाली हैं कि उनकी कुछ पूर्ण कृतियाँ उपलब्ध हैं, और आज भी दिलचस्पी से पढ़ी जाती हैं । कुमारदास के **जानकीहरण** महाकाव्य का पहले सिंहली भाषा से शब्दानुवाद करके उद्धार किया गया और तदनंतर ही दक्षिण भारत में खोजी गई हस्तलिपियों से इसकी पुष्टि की गई । यहाँ सरसरी तौर पर जिन चंद नामों का उल्लेख किया गया है, वही केवल प्रतिष्ठित लेखक नहीं थे । सम्राट हर्ष ने, जिसके **नागानंद** नाटक की और उसमें उसके अभिनय करने की चर्चा पहले हो चुकी है, अन्य नाटक भी लिखे जिनमें से दो आज भी उपलब्ध हैं । यह परंपरा नौवीं सदी के अंतिम चरण और दसवीं सदी के प्रथम चरण तक प्रबल बनी रही, जिसका प्रमाण है राजशेखर, जो स्वयं धनी भूस्वामी और अनेक कवियों का आश्रयदाता था; उसने कुछ कृत्रिम नाटक, परिष्कृत काव्य और काव्यशास्त्र पर अनेक कृतियों की रचना की । उसके बाद यह भव्य परंपरा निस्तेज होती गई, पर पूर्णतः नष्ट नहीं हुई; आगे की कुछ सदियों तक राजा-महाराजाओं ने, न केवल कवियों को आश्रय प्रदान किया, अपितु उन्होंने स्वयं भी काव्य-रचना के प्रयास किए । पाल राजसभा के कई कवियों के बारे में जानकारी मिलती है, जिनमें कुछ स्वयं पाल राजा थे । धारा का राजा भोज आश्रयदाता तो था ही, वह प्रतिभासंपन्न लेखक भी था। बारहवीं सदी के गाहड़वाल शासकों ने एक अच्छे कवि श्रीहर्ष को, जो सम्राट हर्ष से भिन्न है, आश्रय प्रदान किया था; उसका **नैषधीयचरित** काव्य, जिसमें नल-दमयंती का प्रेमाख्यान गूँथा गया है, इस कोटि की किसी भी अन्य रचना के समान एक बढ़िया कृति है । उत्तर भारत में संस्कृत साहित्य व नाटक का काफी महत्त्वपूर्ण अंतिम केंद्र था—बंगाल के राजा लक्ष्मणसेन की राजसभा; मुसलमानों ने 1200 ई. तक इस राज्य को भी रौंद डाला । पर संस्कृत साहित्य के ह्रास को मुस्लिम विजय के पहले ही स्पष्टता से देखा जा सकता है ।

अब बचा एक अनूठा नाटक : शूद्रक का **मृच्छकटिक** । बताया जाता है कि शूद्रक का संबंध किसी राजवंश से, संभवतः सातवाहनों से, था; पर अन्य संस्कृत रचनाकारों की भाँति उसके बारे में भी कोई प्रामाणिक जानकारी नहीं मिलती । यह नाटक भासकृत माने जानेवाले एक रूपक ('दरिद्रचारुदत्त') से काफी साम्य रखता है और उसकी कथा का विस्तार करता है, पर विषय-वस्तु के चुनाव में दरबारी जीवन और महाकाव्यों के आख्यानों की उपेक्षा करके परंपरा को तोड़ता है । नायक चारुदत्त एक ब्राह्मण सार्थवाह-व्यापारी है, जो अब दरिद्र बन गया है । नायिका है संपन्न, सुंदर, प्रवीण और सुसंस्कृत गणिका वसंतसेना, जिसके पीछे पड़ा है राजा का बदमाश साला शकार, जो स्थानीय संस्थानक भी है । यह असभ्य खलनायक

कई बार अपने प्रयासों में असफल रहता है, पर अंत में वह नायिका का गला दबाता है और उसे मरी समझकर छोड़ जाता है, और नायक पर उसकी हत्या का आरोप लगाता है। नाटक में एक गौण प्रेमकथा है और साथ ही एक जनप्रिय विद्रोही (आर्यक) द्वारा आयोजित क्रांति भी, जिसमें ऐन मौके पर उसे सफलता मिली। नायिका को बचा लिया जाता है और नायक को भी वधस्थल से छुड़ा लिया जाता है। इसमें विभिन्न पात्रों द्वारा बोली गई प्राकृत में प्रादेशिक भिन्नताएँ हैं, जो वास्तविक जीवन के अनुरूप जान पड़ती हैं। वसंतसेना के वैभवशाली आवास के लंबे और अनावश्यक वर्णन को छोड़ दें, तो नाटक के सभी अंकों में एकसूत्रता है, भाव और कर्म में संतुलन है, हास्य और करुणा का समन्वय है, और अच्छे अभिनय-प्रदर्शन के लिए उपयुक्त होने के साथ-साथ पढ़ने में भी अत्यंत रोचक है। यह नाटक उन दो कृतियों में से एक है जिसे प्राचीन भारतीय साहित्य के रसास्वादन के इच्छुक व्यक्ति को (बहुत सारी लंबी-लंबी व्याख्यात्मक टिप्पणियों के बिना ही) किसी भी उपलब्ध अनुवाद में पढ़ लेना चाहिए।

जिस दूसरी कृति की सिफारिश की गई है, वह गद्य में है : दंडी द्वारा अधूरी रचित और कम-से-कम दो अन्य लेखकों द्वारा परिपूरित कृति **दशकुमारचरित**। ओज, आस्वाद, समाज के सभी स्तरों का ज्ञान, तरह-तरह के खलाख्यान और स्वच्छंद साहसी-कर्म, संयत हास्य और सूक्ष्म व्यंग्य के मामले में संस्कृत की कोई भी अन्य कृति इसकी बराबरी नहीं कर सकती। दंडी दक्षिण भारत का निवासी था और उसका समय सहज ही ईसा की सातवीं सदी का आरंभकाल निर्धारित होता है। वह कवि और समर्थ साहित्यालोचक तो था ही, उत्कृष्ट गद्यकार और निश्चय ही अपने समय का बहुश्रुत पंडित था। उसके गद्य की कठिनाई का एक ही स्पष्ट कारण है—संस्कृत भाषा पर उसका असाधारण अधिकार, जिसके फलस्वरूप वह शब्दों के साथ ऐसा खेल खेलता है कि उनका अनुवाद करना प्रायः असंभव हो जाता है। यह खेल तुरंत ही कम प्रतिभाशाली रचनाकारों के लिए रोग बन गया—ठीक भारतीय चित्रकला और मूर्तिकला की तरह, जहाँ तकनीक और शिल्प-कौशल ने कला को नष्ट कर दिया। यह दुर्बलता संस्कृत भाषा के बुनियादी ढाँचे और विकास में ही अंतर्निहित थी। जैसाकि पतंजलि ने कहा है : 'शब्द शाश्वत हैं। कोई भी व्यक्ति कुम्हार को आदेश देकर अपनी मर्जी का बरतन बनवा सकता है; पर कोई भी व्यक्ति वैयाकरण के पास जाकर यह माँग नहीं कर सकता कि मुझे अमुक शब्द बनाकर दो।' **पदार्थ** शब्द का अर्थ है—कोई भी 'भौतिक वस्तु', पर यह शब्द 'पद-अर्थ', यानी 'शब्दार्थ' को भी सूचित करता है। इस प्रकार, भाषा में ही भाववाद को आरोपित किया गया, और यदि नए शब्दों का निर्माण संभव नहीं होता था, तो रचनाकार पुराने शब्दों को ही तरह-तरह से संयुक्त करके और नए अर्थ प्रदान करके आनंद-विभोर हो जाते थे। **ब्राह्मण** और **उपनिषद** पुराने अनुष्ठानमूलक शब्दों से अपने मतलब के नए अर्थ निकालने के लिए अनेक

बचकानी व्युत्पत्तियाँ प्रस्तुत करते हैं। अगला कदम धर्मशास्त्रियों ने यह उठाया कि समस्त बाह्यजगत् को उन्होंने काल्पनिक घोषित कर दिया और इस प्रकार शब्द-साधन के दुरूह सिद्धांतों में अपने को उलझाए रखा। रचनाकारों की युक्ति यह थी कि वे लंबे समासों का, जैसी कि संस्कृत की प्रकृति है, कई प्रकार से अन्वय करके एक ही समास-पद से कई अर्थ प्राप्त करते थे। ऐसी कृति को रचने या पढ़ने के लिए अनंत अवकाश की आवश्यकता थी; परंतु बारहवीं सदी के अंत तक इस प्रवृत्ति ने काफी अधिक संस्कृत लेखन को वर्ग- पहेली के बौद्धिक स्तर पर पहुँचा दिया था। यह शैली रूढ़ हो गई महान कृतिकार बाण के हाथों, जिसकी **कादंबरी** में ऐसे समास-पद हैं कि उनकी लंबाई छपी पुस्तकों की कई पंक्तियों तक पहुँचती है। पर उसकी प्रतिभा इतनी उच्चकोटि की थी कि उसकी **कादंबरी** का नाम, जो वस्तुतः इसकी नायिका का नाम है, अब भारतीय भाषाओं में 'प्रेमकथा' अथवा 'उपन्यास' के अर्थ में प्रयुक्त होता है।[1] बाण सम्राट हर्ष का राजकवि था। उसका **हर्षचरित** संस्कृत गद्य की अद्वितीय रचना है। यह ग्रंथ एक भाव-प्रधान जीवनी है, जिसमें ऐतिहासिक तथा भौतिक तथ्यों के बारे में कोई विशेष सूक्ष्म ब्यौरा नहीं मिलता, पर इसमें सम्राट की सेना के अपने ही प्रदेश में हुए ध्वंसात्मक अभियान से जनित दुर्गति, आतंक और विनाश का बहुमूल्य चित्रण है। इसके पहले का सुबंधु-रचित **वासवदत्ता** गद्य-काव्य 'अरब की रातें'-जैसी कथा-परंपरा को जन्म दे सकता था, पर **कादंबरी** ने साहित्यिक माध्यम के रूप में संस्कृत गद्य को पूर्णतः निष्प्राण बना दिया।

कथासरित्सागर की कथाओं के स्रोत मौर्यों के पहले के कौशांबी के शूरवीर राजा उदयन को केंद्रबिंदु मानकर गढ़ी गई कथाओं में हैं। इस कथाचक्र से ही गुणाढ्य ने पैशाची भाषा में अपनी **बृहत्कथा** की रचना की थी; इससे बाद के कई रचनाकारों को प्रेरणा मिली, पर आज यह कृति उपलब्ध नहीं है और इस कृति तथा इसके लेखक के अस्तित्व के बारे में भी कभी-कभी वाद-विवाद उठ खड़े होते हैं। इसके तीन संस्कृत रूपांतर मिलते हैं: बुधस्वामी और क्षेमेंद्र के रूपांतर अति निकृष्ट काव्य हैं; जैन कवि सोमदेव (लगभग 1075 ई.) का रूपांतर साहित्यिक दृष्टि से कुछ उच्च स्तर का है, पर उत्कृष्ट काव्य नहीं है। विषय-सामग्री से स्पष्ट होता है कि व्यापारियों, कारीगरों और उच्च वर्णों के लोगों का मनोरंजन करने के लिए ये कथाएँ रची गई थीं। इन पर गुप्तकालीन दरबारी-शैली की बजाय प्राकृत की और सातवाहन 'नागरक' की रुचि की स्पष्ट छाप है। इस कथा-संग्रह से, जिसमें विशिष्ट भारतीय पद्धति में स्वाभाविक व अलौकिक दोनों का सम्मिश्रण है, दंडी और बाण ने भी प्रेरणा ग्रहण की। परंतु जिन कथाओं को विश्व-साहित्य को

1. मराठी में कादंबरी शब्द का प्रयोग उपन्यास के अर्थ में होता है। —अनुवादक

भारत की सबसे बड़ी देन समझा जाता है, वे हैं **पंचतंत्र** की कथाएँ, जो ईसप की नीतिकथाओं की शैली की हैं और ऐसे राजकुमारों की शिक्षा के लिए लिखी गई थीं जो विधिवत् शिक्षा की कठिनाइयों को झेल न सकते थे। इस पर **अर्थशास्त्र** का प्रभाव स्पष्ट है; इसका कथाकार विष्णुशर्मन् चाणक्य का प्रतिरूप है और दोनों के अपने नाम भी एक हैं। सीरियाई और अरबी में अनूदित होकर (कलील ओ दिम्न) **पंचतंत्र** की ये कथाएँ पश्चिमी जगत में पहुँचीं और पिल्पे की कथाओं के रूप में प्रसिद्ध हुईं।

संस्कृत का साहित्य-दीप बुझने के ठीक पहले बड़ी भव्यता से प्रदीप्त हो उठा। यह अंतिम प्रवर प्रयास है, जयदेव का **गीतगोविंद**—कृष्ण और उसकी अंतरंग प्रेमिका राधा के रहस्यमय मिलन पर आधारित रूपक शैली का गीतिकाव्य। मूल कामोत्तेजक आख्यान को उदात्त बना दिया गया है, फिर भी पाठक को यह कृति काफी कामुक लग सकती है। संपूर्ण काव्य संगीत से ओतप्रोत है और इसीलिए जयदेव की यह महान कृति इस कोटि की अन्य सभी रचनाओं से श्रेष्ठ है। पर जयदेव का जीवन भी सेन राजसभा के, जिसमें 1200 ई. के आसपास उसने अपनी पश्च आयु में आश्रय लिया था, दूसरे साथी-कवियों से भिन्न रहा था। ब्राह्मण तरुण जयदेव गरीब किंतु प्रतिभाशाली था और उसने अपनी ही जाति की एक सुंदर तरुणी का तन-मन जीत लिया था। दोनों ने चारणों की तरह नाचते-गाते ग्रामीण क्षेत्रों का भ्रमण किया। जयदेव लोकभाषा में अपने गीत रचता और स्वयं उनकी धुनें तैयार करता, और उसकी पत्नी उन गीतों के साथ नृत्य करती। लोकभाषा में रचित उसके कुछ गीत और राग आज भी उपलब्ध हैं। यह भी सम्भव है कि उसने **गीतगोविंद** की रचना पहले लोकभाषा में की हो, और तदनंतर राजसभा के लिए उसे संस्कृत में रूपांतरित किया हो। साथ ही, जयदेव ने वैष्णव धर्मसुधार के अभ्युदय का पूर्वाभास कराया था। यह सुधारांदोलन शिव-पार्वती-भक्त स्मार्तों और विष्णु-नारायण-आराधक वैष्णवों के कटु धर्मशास्त्रीय विवाद के छद्मवेश में प्रकट हुआ। बंगाल के वैष्णव-प्रचारक चैतन्य (1486-1527) का नाम विख्यात है। शंकर के शिवभक्तों के साथ रामानुज (बारहवीं सदी) के टकराव के फलस्वरूप दक्षिण में यह आंदोलन पहले ही सिर उठा चुका था। यह कलह, जिसमें सिर भी फूटे, उन्नीसवीं सदी के अंतिम चरण तक चलता रहा। असली बात से धर्म का कितना कम सरोकार था, यह एक ही सुगम तथ्य से प्रकट हो जाता है। दोनों पक्षों ने, न केवल मुसलमानों की बंगाल-विजय के प्रति उदासीनता दिखलाई, बल्कि उनकी वफादारी से नौकरी भी की; ये वही हमलावर थे जिन्होंने सभी संप्रदायों की मूर्तियाँ तोड़ी थीं और पवित्र पशुओं का, चाहे दोपाये हों या चौपाये, वध किया था, और इस प्रकार समस्त ब्राह्मण रूढ़ियों को निर्ममता से रौंद डाला था। पर असली आंतरिक संघर्ष था शिव-पार्वती के उपासक महासामंतों और कृष्ण अथवा विष्णु-नारायण के उपासक छोटे किंतु अधिक

चित्र 16. हरिहर। वामांग में विष्णु के और दक्षिणांग में शिव के लक्षणोंवाला एक संयुक्त देवता। यह अनुकृति तैयार की गई है बाज़ार में बिकनेवाले अश्ममुद्रित एक आधुनिक रंगीन चित्र से, जिसकी भक्त लोग धातु अथवा पत्थर की अधिक कीमती प्रतिमाओं के स्थान पर पूजा करते हैं। यह पूजा-पद्धति नौवीं सदी से ज़ोर पकड़ती गई, परंतु यह छोटे और बड़े भूस्वामियों के दो पृथक् वर्गों के बीच बढ़ते उस विरोध को नहीं मिटा पाई जो शिव व विष्णु के भक्तों के बीच धर्मशास्त्रीय कलह के रूप में प्रकट हुआ था।

उद्यमी व्यवसायियों के बीच। इन दो देवताओं को हरिहर के रूप में मिलाने का जो थोड़ा प्रयास किया गया, उसमें सफलता नहीं मिली, यद्यपि इसके काफी पहले शिव व पार्वती के उभयलिंगी संयोजन में, मातृ-देवियों का देवताओं से विवाह रचने में और अवतार के उपाय से अनेक उपासना-विधियों का गठबंधन करने में सफलता

मिल गई थी। कारण यह था कि पूर्ववर्ती धार्मिक संश्लेषण ने एक अधिक उत्पादनशील समाज को जन्म दिया था; उदाहरणार्थ, पशुचारी और अन्न-संकलक तत्त्वों ने आपस में मिलकर अन्न-उत्पादन की अवस्था में प्रवेश किया था। परंतु अब पर्याप्त उत्पादन उपलब्ध नहीं था; पूजा-विधियों के संयोजन से उत्पादन में बहुत अधिक स्थायी वृद्धि नहीं हुई थी। यही था इस कटु विवाद का कारण। परंतु वैष्णव जीवन के नए स्वरूप से ग्रामीण जनों का पहले-पहल साक्षात्कार हुआ तो वे आनंदविभोर होकर झूम उठे. यहाँ तक कि अपने उल्लास का प्रदर्शन करने पड़ौस के गाँव में भी पहुँचने लगे; भारतीय गाँवों के उदासीन व नीरस जीवन में इस आंदोलन ने एक चमत्कारिक चहल-पहल पैदा की। जयदेव के जन्मस्थान केंदुली (किंदुविल्व) गाँव के निवासी आज भी हर साल उसकी जयंती नाच-गान के साथ मनाते हैं, तो इसके कारण दूसरे हैं, उसका उत्कृष्ट काव्य नहीं, जिसे केवल विद्वान ही समझ सकते हैं। विशुद्ध सौंदर्य का उसका बोध इस प्रत्यक्ष अनुभव पर आधारित था कि साधारण जीवन में कितनी बुरी तरह से इस सौंदर्य की आवश्यकता थी।

जयदेव के पहले की सदी में मौलिकता के स्रोत अधिकाधिक सूखते जाने का प्रमाण है—उस समय के अनेकानेक सुभाषित काव्य-संग्रह। प्राचीन संस्कृत में जो सबसे पुराना सुभाषित ग्रंथ (**कवींद्र-वचन-समुच्चय**) उपलब्ध है, उसे 1100 ई. के आसपास राजशाही जिले (बंगला देश) के अथवा उसके समीप के किसी बौद्ध विहार (संभवतः **जगद्दल**) के एक **पंडित** उपाधिधारी ने तैयार किया था; केवल नेपाल व तिब्बत में सुरक्षित हस्तलिपियों से ही इसका संपादन संभव हुआ है। किंतु भर्तृहरि के नाम से प्रसिद्ध सुभाषित संग्रह सबमें अनूठा है। संभव है कि इस नाम का अकिंचन किंतु काफी योग्यतावाला कवि वास्तव में रहा हो। जातिप्रथा और सामाजिक रूढ़ियों के बावजूद, यह नए प्रकार का काव्य ब्राह्मणों की गरीबी तथा विवशता को व्यक्त करता है; इनसे बचने के केवल दो ही उपाय थे—संकीर्णमना पुरोहितों की भीड़ में शामिल हो जाना अथवा छोटे-छोटे सामंती राजाओं के स्वेच्छाचारी एवं क्षोभकारी आश्रय में शरण लेना। प्रतिभा का निरर्थक अपव्यय हो जाने की चेतना ने नए प्रकार के नैराश्यपूर्ण काव्य को, आमतौर पर रूखे सुभाषित काव्य को, जन्म दिया। इसमें निम्न-मध्यम-वर्ग की नैतिकता से संबंधित श्लोकों को भी जोड़ दिया गया और कुछ कामोद्दीपक पद्य भी, जो इस बात के सूचक हैं कि वैभव में साहित्यिक गुलछर्रे उड़ाना कवि की क्षमता के बाहर था। और अंत में अपरिहार्य अनुगामी बनकर आया—इस नैराश्यपूर्ण जीवन के, जिसे कवि वास्तव में भोग रहा था, सुदूर भविष्य में कल्पित 'वैराग्य' वाला काव्य। आज ऐसे भारतीयों को भर्तृहरि-जैसे सुभाषितों को घिसी-पिटी उक्तियों के रूप में इस्तेमाल करते देखा जा सकता है जो थोड़ी-सी प्राचीन विद्या हासिल कर चुके हैं और श्रमसाध्य एवं तकनीकी काम करने से जी चुराते हैं।

सवाल उठना स्वाभाविक है : क्या ऐसी कोई संस्कृत कृति नहीं थी जिसने भारतीय चरित्र को उसी प्रकार आकारित किया है, जिस प्रकार सर्वेंतीज़ के **डॉन क्विज़ोत** ने स्पेनी विद्वत्समुदाय को प्रभावित किया है ? जो एक पुस्तक काफी हद तक इस कोटि की है, वह है **भगवद्‌गीता**, संक्षेप में **गीता** । यद्यपि यह संभव प्रतीत नहीं होता कि ईसा की तीसरी सदी के अंतकाल से पहले इसकी रचना हुई होगी, पर यह कृति कृष्ण के मुँह में डाल दी गई और अतिसंवर्धित **महाभारत** में जोड़ दी गई । इसमें कृष्ण एक परिपूर्ण एवं काफी-कुछ पेचीदे धार्मिक-दार्शनिक सिद्धांत के दैवी प्रतिपादक के रूप में प्रकट होता है; इस देवता के लिए यह एक नई पदप्रतिष्ठा थी, जिसका निकटतम आभास करानेवाला एकमेव उल्लेख **छांदोग्य उपनिषद्** में मिलता है, जहाँ प्रसंगतः ऋषि घोर आंगिरस के एक मानवी शिष्य के रूप में 'देवकीपुत्र' कृष्ण का जिक्र है, पर कहीं पर भी उसे उपदेशक या सर्वेश्वर नहीं बनाया गया है ।

गीता की पृष्ठभूमि इस प्रकार बनती है । जब उभय पक्ष की सेनाएँ युद्ध के मैदान में आकर खड़ी होती हैं, तो पांडव वीर अर्जुन स्वजनों के होनेवाले संहार से विचलित हो जाता है और अपना धनुष नीचे रख देता है । तब उसका सारथी, यदुओं का श्याम-नायक साक्षात कृष्ण (मज़े की बात यह है कि यदु कबीले के लोग दूसरे पक्ष की ओर से लड़े), उसे अपने कर्त्तव्य-पालन का सफलतापूर्वक उपदेश देता है । भ्रातृहत्या का यह उपदेश 700 से ऊपर सुगठित श्लोकों में दिया गया है, जिनके जल्दी-से-जल्दी वाचन में भी कम-से-कम तीन घंटे तो लगे ही होंगे; इतने समय में तो सारा युद्ध ही सहज हारा जा चुका होता । इस समय कृष्ण, अपने को सर्वेश्वर घोषित करते हुए, सभी समकालीन दार्शनिक मतों का स्वयं प्रतिपादक बनकर एक-एक करके उनका प्रत्याख्यान करता है, पर सुस्पष्ट श्लोकों में प्रतिपादित इन विविध मतों में से एक को भी नाम नहीं दिया गया है । चूँकि सभी मतों का प्रतिपादन एक ही देवता द्वारा हुआ है, इसलिए कहीं कोई खंडनमंडन नहीं, यद्यपि प्रसंगतः वैदिक यज्ञ और आम कर्मकांड की अवज्ञापूर्वक हल्की -सी खिल्ली उड़ाई गई है । विशुद्ध जीवन, अहिंसा और लोभ एवं स्वार्थ के त्याग की खूब बड़ाई की गई है । जब किंकर्त्तव्यविमूढ़ अर्जुन सहजतः पूछता है कि 'तो तुम मुझे हत्या करने के लिए क्यों कहते हो ?' तो कृष्ण इस सीधे सवाल को अनुत्तरित छोड़कर बड़ी सफाई से अपने प्रतिपादन के अगले मुद्दे पर पहुँच जाता है । जब स्थिति संकट-बिंदु पर पहुँचती है, तो यह दिव्य चरित्र अपना असली रूप प्रकट करता है और दिखाता है कि वही समस्त जगत् का स्रष्टा है और संहारक भी । वह संपूर्ण ब्रह्मांड, स्वर्ग, पृथ्वी और कई सारे पाताल लोकों में व्याप्त हो जाता है; सर्व-संहारक के रूप में उसने युद्ध के लिए तैयार उभय पक्ष के योद्धाओं का भी भक्षण कर लिया । अब निर्लिप्त भाव से स्वजनों की हत्या करने में अर्जुन को कोई पाप नहीं लगेगा । फिर यह आश्वासन भी दिया गया कि जो कोई परमेश्वर में परम

आस्था रखता है तो वह अंततोगत्वा, लेकिन इसी लोक के जीवन में नहीं, परमेश्वर में लीन होने का श्रेयभागी बनता है । यदि अर्जुन इस विशुद्ध औपचारिक और प्रतीकात्मक युद्ध में विजय प्राप्त करता है, तो अतिरिक्त पुरस्कार के रूप में इसी लोक में पृथ्वी के राज्य का सुख भी भोगेगा ।

प्रभावशाली व्याख्यात्मक संस्कृत में यह दिव्य किंतु बहुत-कुछ बिखरा हुआ संदेश असंगत में संगति-स्थापित करने के अपने प्रयास में और सुस्पष्ट अंतर्विरोधों को बिना तकलीफ के हज़म कर जाने की अपनी क्षमता में भारतीय वैशिष्ट्य का परिचायक है । उपदेशक के रूप में सर्वेश्वर का यह चुनाव, जो उसकी फैलती हुई व्यक्तिगत पूजा के कारण निर्धारित हुआ, उसी प्रकार बेमेल है जैसे यदि हेराक्लीज़ सभी प्रमुख यूनानी दर्शनों को एक सिद्धांत के रूप में नई बाइबिल के एक अंश में संश्लेषित करके अपने नाम से प्रतिपादित करता । कृष्ण की गोपियों के साथ प्रणयलीला, मातृदेवियों के साथ मनमौजी, अपने ही मामा का वध और **महाभारत** में बार-बार दी गई कुटिल सलाह को देखकर उसके द्वारा दिए जानेवाले किसी भी प्रकार के नैतिक उपदेश में किसी के मन में श्रद्धा उत्पन्न होना कठिन है । दरअसल, इस महान कृति को लोकप्रिय बनने में कुछ समय लगा । अपने युग में भी यह कृति **महाभारत** के ब्राह्मण संपादकों के मुख्य प्रयोजन को पूरा नहीं कर सकी । इसलिए संपूर्ण विजय के बाद उसी महाकाव्य में उसी सर्वेश्वर ने एक नीरस उत्तरकथा के रूप में **अनुगीता** सुनाई । इसमें केवल ब्राह्मणों और ब्राह्मणवाद की स्तुति है । अब कोई भी उसे पढ़ने का कष्ट नहीं उठाता, जबकि पहली **गीता** बाद में अधिकाधिक जोर पकड़ती गई । इसका बड़ा सीधा-सा कारण मध्यकालीन समाज के परिवर्तन में निहित है ।

यूवान्-च्वाङ् ने किसी ब्राह्मण की एक ऐसी जाली कृति का उल्लेख किया है जिसमें एक राजा को अपने बंधु-बांधवों के विरुद्ध युद्ध करने के लिए उकसाया गया है । संदर्भ से प्रकट होता है कि यह कृति **गीता** ही रही होगी, और इसे उस समय तक ब्राह्मणधर्म के सारतत्त्व के रूप में ख्याति नहीं मिली थी, जैसीकि बाद में मिली । इसका इस्तेमाल करनेवाला पहला असाधारण ब्राह्मण था शंकर (लगभग 800 ई.), जिसका गीताभाष्य आज भी प्रामाणिक माना जाता है, यद्यपि उसे शिव का भक्त समझा जाता है और **गीता** में बौद्धमत की कई बातें संक्षिप्त रूप में और बड़े कारगर ढंग से विष्णु के अवतार के मुँह से कहलायी गई हैं । बाद में प्रतिद्वंद्वी प्रचारक रामानुज ने उसी **गीता** से नितांत भिन्न प्रेरणा प्राप्त की । ज्ञानेश्वर ने जनसाधारण के लिए इस कृति को उत्कृष्ट मराठी में प्रस्तुत किया । तेरहवीं सदी के अंतराल में रचित इस **ज्ञानेश्वरी** का मराठी में वही स्थान है जो उसी युग की किंतु अतिभिन्न स्तर की **दिवाइना कामेदिया** का इतालवी में है । यहाँ तक कि आधुनिक युग में भी तिलक और गाँधी ने **गीता** से अपने-अपने निष्कर्ष खोज निकाले—भारत के राष्ट्रीय मुक्ति-आंदोलन को आध्यात्मिक आधार, जिसे

वे आवश्यक मानते थे, प्रदान करने के लिए । एक ही कृति से इतने विभिन्न व्यक्ति इतने विविध निर्देश प्राप्त कर पाएँ, तो स्पष्ट है कि इसमें अनगिनत भिन्न-भिन्न मत मौजूद हैं । दैवी अनुमोदन के कारण यह ऐसा एक रूढ़िवादी ग्रंथ बन गया है कि इसमें से रूढ़िवादियों को अप्रिय लगनेवाले निष्कर्ष भी प्राप्त किए जा सकते हैं । जिस अंधविश्वास को **गीता** ने इतना प्रोत्साहन दिया, उसी अंधविश्वास के युग में इस कृति ने मतभेद को भी कुछ हद तक जीवित रखा । पर क्या कारण है कि **गीता** का उद्‌भव इतना अस्पष्ट होने पर भी इसने इतनी अधिक प्रतिष्ठा प्राप्त की ? सभी **पुराण** किसी-न-किसी देवता द्वारा कथित हैं, कुछ तो स्वयं कृष्ण द्वारा भी, पर किसी में भी इतना सामर्थ्य पैदा नहीं हुआ । क्यों ?

गीता की असाधारण सफलता का कारण है उसका भक्ति का नया सिद्धांत—एक ऐसे ईश्वर में अटूट निष्ठा जिसकी अपनी बहुत-कुछ संदिग्ध करतूतों को भी इसमें बाधक नहीं बनने दिया गया। यह व्यवस्था सामंती विचारधारा के सर्वथा उपयुक्त थी । निष्ठा या स्वामिभक्ति ही एक सुदृढ़ श्रृंखला में कृषिदास व सेवक को सामंत से और सामंत को राजा के साथ जोड़ती है । यही है सामंती समाज का वैचारिक आधार, फिर मातहतों की निष्ठा के वास्तविक मानवी पात्रों का चरित्र कितना भी घृणास्पद व निकृष्ट क्यों न रहा हो । ठीक यही स्वामिभक्ति सामंतवाद का मूल आधार थी; इसने कई आदिम प्रथाओं को एक ऐसे समाज में प्रतिष्ठित किया जिसे किसी प्रकार बर्बर नहीं कहा जा सकता था । हर्ष का पिता किसी असाध्य रोग से मरणशय्या पर लेटा था तो दुष्टात्माओं को शांत करने के लिए उसके राजदरबारियों ने सार्वजनिक रूप से अपना मांस काटकर दिया था । दक्षिण के गांग और पल्लव सामंत अपने स्वामी (राजा) के कल्याण के लिए किसी देवी या देवता के सामने अपने सिर काटकर अर्पित करते थे; आठवीं सदी से आगे के अनेक शिलालेखों और शिल्पों से इसकी पुष्टि होती है । कई मातहतों ने अपने इस फैसले की घोषणा की है कि वे अपने स्वामी की मृत्यु के बाद एक क्षण के लिए भी जीवित नहीं रहेंगे । वे सचमुच ही अपने स्वामी की चिता में कूदकर प्राण देते थे, इस बात की पुष्टि मार्को पोलो के विवरण से भी होती है । पर इस दुःसाहसी कार्य को उस सतीप्रथा का ही प्रसारण नहीं माना जा सकता, जिसका छठी सदी से शासक-वर्ग में अधिकाधिक रिवाज़ बढ़ता जा रहा था और जिसके उद्‌गम को यूनानी विवरणों से भी अधिक पीछे जाकर प्रागैतिहास में खोजा जा सकता है, जैसाकि सामंती सरदारों के इस व्यवहार के बारे में संभव नहीं है। भारतीय सामंतवाद की अंतिम अवस्था के ठीक उषा काल में ही शंकर का अभ्युदय होता है और **गीता** अपने चरमोत्कर्ष पर पहुँचती है। **गीता** की विसंगतियाँ पूर्णतः 'भारतीय चरित्र में' हैं, परंतु भारतीय चरित्र अपने सुपरिचित साँचे में सामंती युग तक पूरी तरह ढल नहीं पाया था । बारूद द्वारा अर्जुन के धनुष को और नक्शे से कालांतर के सामंतवाद को उड़ा दिए जाने के बाद भी, बैंकों व शेयरों, रेलों व

जहाज़ों, बिजली तथा कारखानों और मिलों की नई दुनिया में भी, भारतीय बुद्धिजीवी देशभक्ति के तकाज़ों को पूरा करने के प्रयोजन से सहजतः **गीता** की शरण में चला गया। भारत जैसे-जैसे आधुनिक समस्याओं से जूझता जाता है, वैसे-वैसे इस पुस्तक की प्रतिष्ठा घटती जाती है। **गीता** जितनी पढ़ी जाती है उससे कहीं अधिक पूजी जाती है, और जितनी पढ़ी जाती है उससे बहुत कम समझी जाती है। भौतिक वास्तविकता की पक्की पकड़ के आधार पर सुस्पष्ट चिंतन द्वारा ऐसे पंचमेल विचारों को विस्थापित कर देने के बाद भी यह कृति अपनी सशक्त अभिव्यक्ति और अपने विशिष्ट लावण्य के कारण कुछ सौंदर्यपरक सुख प्रदान करती रह सकती है।

यह अंतिम उक्ति समस्त प्राचीन भारतीय संस्कृति के लिए समाधि-लेख का भी काम दे सकती है।

अतिरिक्त टिप्पणी

अलीगढ़ मुस्लिम विश्वविद्यालय के इतिहास विभाग द्वारा किए गए हाल के उत्खनन-कार्य से, जिसका विवरण अभी प्रकाशित नहीं हुआ है, दो अत्यंत महत्त्वपूर्ण विषयों पर पर्याप्त प्रकाश पड़ता है : भारत में लौहयुग का आरंभ और गंगा की घाटी में आर्यों का फैलाव। प्रो. नूरुल हसन और आर. सी. गौड़ के निर्देशन में अतरंजीखेड़ा (उत्तर प्रदेश) में किए गए उत्खनन में मृत्भांडों का ऐसा स्पष्ट क्रम मिला है जो ब्रजवासी लाल के हस्तिनापुर के उत्खनन के क्रम से मेल खाता है। अलीगढ़ में मिली जानकारी को यदि मैंने गलत नहीं समझा है, तो चित्रित धूसर भांडों के स्तर में, जिसका समय रेडियो-कार्बन विधि से 1000 ई. पू. या पहले का निर्धारित हुआ है, पहली बार लोहा देखने को मिलता है। इसके नीचे काले व लाल भांडों का स्तर है, जिसमें कुछ ताँबा भी मौजूद है; फिर इसके नीचे गेरूए भांडों का धातु-पूर्व स्तर है। फिर इसके नीचे अछूती नैसर्गिक मिट्टी है। इसकी एक संभव व्याख्या यह हो सकती है कि गेरूपोते भांड, जो भली-भाँति पकाए हुए नहीं हैं और ऐसे मोटे व विस्तृत स्तर में रखे हैं जिसमें न कोई चूल्हा मिलता है, न ही फर्श, पशुपालकों के मौसमी पड़ावों के अवशेष होंगे। काले व लाल भांड अधिक सुसंबद्ध क्षेत्र में फैले हुए हैं और ऐसे लोगों की अधिक स्थायी किस्म की बस्ती के सूचक हैं जिनकी उपस्थिति ने पहले के भांडों के इस्तेमाल पर रोक लगा दी; पहले के इन भांडों का प्रचलन इतने यकायक बंद हो गया कि इनके कोई विपुल मध्यवर्ती अवशेष नहीं मिलते। संभव है कि इस दूसरे स्तर के भांडोंवाले लोगों का संबंध

उत्तरी राजस्थान के ऐसे ही भांडोंवाले लोगों से रहा हो; परंतु आर्य लोग जहाँ भी गए वहाँ वे उनके भांड-तकनीक को अपनाते गए। चित्रित धूसर भांडों को पूरु भांड का नाम दिया जाना चाहिए; लोहे के साथ इसका अद्भुत संबंध है। यह नई धातु प्रचुर मात्रा में मिलती है, जो भूमि की स्थायी सफाई और सही माने में कृषि की सूचक है। साथ ही, इस धातु में तेज़ी से वृद्धि होने से चित्रित धूसर भांडों के स्थान पर सादे, उपयोगी भूरे भांडों का प्रचलन बढ़ता गया। यहाँ से इतिहास में तेज़ी से प्रगति होती है, पर सुनिश्चित निष्कर्षों के लिए पहले पुरातात्त्विक उत्खनन और विस्तृत विवरणों का प्रकाशित होना अत्यावश्यक है। यह भी उल्लेख करना आवश्यक है कि अलीगढ़ दल के सर्वेक्षणों से पश्चिमी उत्तर प्रदेश (एटा जिला) में ऐसे ही स्तर-क्रमवाले अन्य अनेक स्थलों की खोज हुई है, अतः यहाँ प्रस्तुत किए गए नतीजे एक ही स्थल तक सीमित नहीं हैं।

अनुक्रमणिका

अंगुलिमाल, पश्चात्तापी डाकू, 143

अकाल, आधुनिक, 14, 36; इन्होंने दास-जातियों को जन्म दिया, 132; इनके विरुद्ध **अर्थशास्त्र** के पूर्वोपाय, 195; बौद्ध विहारों द्वारा उपशमन, 229;

अक्कद, 76, 87

अगथोक्लीज, हिंद-यूनानी राजा; उसके सिक्कों पर बौद्ध चिह्न, 216

अगस्त्य, ब्राह्मण गोत्र का मूलपुरुष; कुंभजात, 110; दक्खन में प्रवेश करनेवाला अग्रगामी कुल, 120

अग्नि, आर्यों का अग्नि-देवता, 104-105; अग्नि के लिए यज्ञ-बलि के रूप में भूमि-सफाई, 121

अग्रहार, स्थायी अधिवास के लिए ब्राह्मणों को दान दी गई कर-मुक्त भूमि, 227

अजंता, अनुपम कलाकृतियों वाले बौद्ध गुफा-विहार, 223

अजातशत्रु, मगध का सम्राट, ईसा-पूर्व पाँचवीं सदी का आरंभ-काल 164-167, 171, 181, 183, 'काशिराज', 133; पितृहत्या, 164, 177

अजित केसकंबली ('केसों के कंबल वाला' अजित), ईसा-पूर्व छठी सदी का भौतिकवादी दार्शनिक, 135

अतरंजीखेड़ा, ईसा-पूर्व प्रथम सहस्राब्दी के आरंभकाल का लौहयुगीन स्थल, उत्तर-प्रदेश, 120, 259

अतिरिक्त उपज, इसकी भूमिका, 22, 29, 47-49, सिंधु नगरों में (अनुमानित) 76-77, 84, 85, 86, 87, 88, 96, कुछ आर्य कबीले अतिरिक्त उपज का व्यापार करने की बजाय उसे नष्ट कर देते थे, 113; इसका हरण, 114, इसका वितरण, 113, 132; बौद्ध दृष्टिकोण, 145-46; अतिरिक्त उपज और पण्य, 160, आरंभिक गुप्तकाल में अतिरिक्त उपज, 238-39

अथेन्स, 116, 175, 177, 218

अधिकारी-तंत्र (नौकरशाही) 12, 14, 15-16; मौर्य, 205, 208; दो जाति-वर्गों के रूप में, 179-180

अधिनायकत्व, और वर्ग-संरचना में परिवर्तन, 161-62

अधिरचना, सामाजिक, 65-74; आदिम अवशेषों सहित; उत्पादन के नए आधार के साथ इसमें परिवर्तन, 154

अनड्ह् (बैल), जिसके वध अथवा मांस खाने का निषेध, 133

अनंत, वनौषधि, जिसकी पहचान संदिग्ध है, 218

अनाखोरेसिस् (anachoresis : किसानों द्वारा सामूहिक ग्राम-त्याग का द्योतक यूनानी शब्द) = 'गामवई' मराठी में, 73

अनाज, धान्य, 51, 61, 97, 160, 191; राज्य द्वारा उपजाया और पीसा गया, 188; आदिम काल का घटिया किस्म का, 65, सिंधु नगरों के धान्य-कोठार, 76, 77, 96; धान्यों की यजुर्वैदिक सूची, 113

अनाथपिंडिक (गरीबों को भोजन देनेवाला), ईसा-पूर्व छठी सदी के कोसल के धनी साहूकार की उपाधि; बौद्ध-संघ के लिए राजकुमार जेत के उद्यान को खरीदा, 143 चित्रांकन : छायाचित्र 81

अनुगीता, महाभारत में भगवद्गीता की नीरस उत्तरकथा के रूप में, 163

अनुबंध, मौखिक होने पर भी पूरा पालन, 96, 171, मगधीय कानून, 197

अनुष्ठान (कर्मकांड), 48, 115, 123, 136; स्वभावतः रूढ़िवादी, 61; प्रागैतिहासिक

काल से अपनाए गए, 64-67, 72, 138; नाट्य का उद्गम अनुष्ठानों में, 246; प्रजनन-संबंधी अनुष्ठान (देखिए) आधुनिक, 68, 136; अनुष्ठान और सिंधु सभ्यता का 'विशाल स्नानागार', 91-93; आनुष्ठानिक शुद्धिकरण, 91; आर्य अनुष्ठानों पर आरंभ में ब्राह्मणों का एकाधिकार नहीं, 110; गांगेय प्रदेश के नए संप्रदायों द्वारा सभी अनुष्ठानों का उपहास, 132-134, 144, 145; सामाजिक बंधन के रूप में अनुष्ठान, 134; पुरातन अनुष्ठान, 153; बौद्ध भिक्षुओं के लिए निषेध, 210; नए वर्गों की आवश्यकता की पूर्ति के लिए ब्राह्मणों ने नए अनुष्ठान अपनाए 210; संयुक्त अनुष्ठान, 212-13, नारियल ज़रूरी, 234

अंतिओक-प्रथम क्र सिक्का, चित्रांकन : छायाचित्र 59

अंधविश्वास, आधुनिक अवशेष, 16, 35; इनका अवरोधक प्रभाव, 36; 72; हिंसा की आवश्यकता को कम किया, 37, 51-52; अवशेष अन्न-संकलन की सुविधा के कारण, 51; शासन को प्रभावकारी बनाने के लिए शासकवर्ग को भी इन्हें अंगीकार करके आचरण में लाना पड़ा, 219

अन्न-उत्पादन (देखिए, कृषि) 97; आधुनिक, 12; प्रागैतिहासिक, 45; अन्न-संकलन के साथ-साथ, 51; अन्न-उत्पादकों ने आरंभ में अन्न-संकलनकर्त्ताओं को खदेड़ा नहीं, 60; जाति-स्तर पर प्रभाव, 66; अन्न-उत्पादन के कारण अधिक संतानोत्पत्ति, 72, 90; दक्खन में ईसा-पूर्व छठी सदी मे आरंभ, 145; असोक के पहले प्रमुख संक्रमण पूर्ण, 203; गुप्तकालीन नए स्वरूप, 244 चित्रांकन : (देखिए, कृषि)

अन्न-संकलन, 12, 27, 29, 34, 46, 47, 55, 58, 60, 80, 123, 132, 144, 215; 'जरायम-पेशा' जातियों में तब्दीली, 27; अन्न-संकलन में अन्न-भंडार की भूमिका, 45, 52-55; भारत में आसान, 51; पुरुषों का काम शिकार करना, 65; अन्न-संकलन—अक्षम और अनियमित, 135; आरंभिक भिक्षुओं द्वारा अन्न-संकलन, 138; अन्न-संकलन की सुविधा ने दासप्रथा को मुश्किल बनाया, 196; चित्रांकन : कोली धनुर्धर, छायाचित्र 31; ताड़ी-संग्रह, छायाचित्र 33; मछली पकड़ना, छायाचित्र 26, 27

अपरुद्ध, उत्तर-वैदिक काल में 'निष्कासित' अर्थ, 116; अर्थशास्त्र के संदेहास्पद राजकुमार के लिए इसका बदला हुआ अर्थ हुआ 'नियंत्रित' अथवा 'उपेक्षित', 182

अप्सरा, जलपुरी, दैवी सुंदरी, 93, 149, 246; 249

अफगानिस्तान, 51, 52, 105, 126, 159, 177, 240

अफलातून (प्लेटो), 168, 177

अभिलेख (राजाज्ञाएँ), असोक के, 197 चालू

अभ्यावर्तिन चाहमान, ऋग्वैदिक आर्य मुखिया, हड़प्पा पर कब्जा, 106

अमरावती, गोदावरी-मुख के समीप का व्यापारिक केंद्र; बौद्ध कला का प्रमुख स्थल, 223; चित्रांकन : शिल्प, छायाचित्र 85, 94, 95

अमेज़ोन (दक्षिण अमरीका की नदी), जिसके तट पर आरंभिक नगरीय संस्कृति का उद्भव संभव नहीं था, 81

अंबी, मातृदेवी, पुष्करावती की टाइके (धन-संपदा की यूनानी देवी), 171; चित्रांकन : (सिक्के पर), छायाचित्र 57

अरब, 98, 162; भारतीय चिकित्सा व बीजगणित को अपनाया, 218; भारत पर आरंभिक छापे, 240

अरस्तू, यूनानी दार्शनिक-वैज्ञानिक, सिकंदर का गुरु, 176; **राजनीति** ग्रंथ, 177; भारत में तुलनीय कृतित्व का अभाव, 217; इसके अलावा 186, 218

अर्थशास्त्र, कौटल्य (चाणक्य, विष्णुगुप्त, कौटिल्य) रचित, राजतंत्र का संस्कृत ग्रंथ, 154, 177-198, 217, 239, 241-247; असोक द्वारा त्यागे गए तरीके, 197-207; अत्यंत व्यावहारिक, 178; खास प्रयोजन,

179; मूल का काफी अंश गायब, 179; राज्य और नागरिक के लिए भिन्न-भिन्न नैतिक मानदंड, 180; कालांतर में ग्रंथ की उपेक्षा के कारण, 179; कारखाने की उपज के ब्यौरे-जैसा ग्रंथ, 191; इस व्यवस्था के अंत होने के आर्थिक कारण, 206-207; **कामसूत्र** के लिए प्रतिमान, 237; **पंचतंत्र** का पूर्ववर्ती, 253

अर्रियन, यूनानी इतिहासकार, सिकंदर का जीवनीकार, 171, 219

अलाउद्दीन खिलजी, दिल्ली का मुस्लिम सुलतान; दक्खन पर हमला, 216, 241

अलिन (भ्रमर), ऋग्वैदिक कबीला. 109

अलीगढ, हाल की खोज, 259-60

अल्-बरूनी (अबुल रैहान), अरबी भूगोलवेत्ता, ज्योतिषी व रचनाकार, **किताब-उल्-हिंद** ग्रंथ का लेखक, लगभग 1030 ई. 22, 240

अवतार, (देखिए, विष्णु और नाग)

अवदानकल्पलता, बुद्ध के जीवन की घटनाओं पर आधारित क्षेमेंद्र का संस्कृत काव्य, 163

अवंती, सोलह महाजनपदों में से एक, ईसा-पूर्व छठी सदी का राज्य, राजधानी उज्जैन, 167

अश्लीलता, अन्न-उत्पादन के साथ विकृति में परिवर्तन, 67, 136, 203

अश्वघोष, बौद्ध, प्राचीनतम ज्ञात संस्कृत नाटककार एवं कवि, 248

अश्वत्थामन्, **महाभारत** का एक गौण चरित्र, परंतु अमर और अर्धनाग; नाग राजाओं का कल्पित पूर्वज, 214

अश्वपति कैकेय, **उपनिषदों** का एक क्षत्रिय दार्शनिक, 133

अश्वमेध, वैदिक यज्ञ जिसमें घोड़े की बलि दी जाती थी (देखिए, यज्ञ), 210; पुनरुत्थान, 110, 132, 215

अष्टांगिक मार्ग, बौद्ध धर्म का सारतत्त्व, 130, 137

असम, 26, 60, 124, 159, 239-40; यहाँ की चाँदी, 176; कबीलों और भाषाओं की विविधता 209; चित्राकन : कबीलाई जीवन और कार्य, छायाचित्र 25, 26, 27, 29

असीरिया (असीरी), 21, 82, 97, 103, 105; ऋग्वैदिक असुरों से संबंध होने की संभावना, 111

असोक (अशोक) महान् मौर्य सम्राट्, 127, 163, 197-207, 208, 215, 226, 239; पहली पत्नी एक वैश्य व्यापारी की पुत्री, 175; राजकुमार की हैसियत से तक्षशिला का शासक. 176; कलिंग-विजय, 176; लुम्मिनी को बलि-कर से मुक्त किया, 186, 187, 188; **अर्थशास्त्र** के शासन-तंत्र को समाप्त किया, 207; निजी नाम पियदसि, 198; दो असोकों की पहेली 198; बौद्धधर्म में दीक्षित हुआ 198-201; परंतु सभी संप्रदायों का आदर-सत्कार किया, 199; प्रजा के प्रति नितांत अभिनव दृष्टिकोण, 199; स्थापत्य एवं कला को प्रेरणा, 201; व्यापारी-मार्गों पर चिकित्सालयों एवं सार्वजनिक सुविधाओं का निर्माण, 201-2, 227; शासन-व्यवस्था के नए उपाय, 202-3; साम्राज्य के तीन प्रमुख भाग, 205; उसके शासनकाल में अर्थ-व्यवस्था पर दबाव (मुद्रा-स्फीति) के सबूत, 206; व्यापारियों को पूँजी नहीं दी, यह पूँजी मिली विहारों से, 227-28; चित्रांकन : सिक्के, चित्र 14, पृ. 200; शिल्प (वृषभशीर्ष), छायाचित्र 79

अस्सक, ईसा-पूर्व छठी सदी में दक्खन के 'अश्व-जन', 144

अहिंसा, जिसका पहले अर्थ था हत्या न करना, परंतु अब हो गया दुर्व्यवहार न करना, 51, 136, 203-4, 208, 224

अहीर, आभीरों की वंशज आधुनिक पशुपालक जाति, 148

आँवें (भट्ठे), ह्रसोन्मुख सिंधु नगरों के भीतर, 87; मृत्भांडों के आँवों में ताँबे का शोधन, 118

आग, अग्नि (देखिए, होली), धार्मिक, 67; आग का इस्तेमाल करके औजार-प्राप्ति, 58, आग से मोहेंजोदड़ो का विनाश, 77, 106; आग लगाकर भूमि-सफाई, 81, 113, 119 और अग्नि-देवता के लिए यज्ञाहुति के रूप में भूमि-सफाई; अग्नि-देवता, 104, 121,

150, **महाभारत** की तरह असोक द्वारा भी आग लगाकर भूमि-सफाई का निषेध, 204
आजीविक, ईसा-पूर्व छठी सदी का संप्रदाय, मक्खलि गोसाल द्वारा संस्थापित, 130, 199, 208, 226, 232
आटविक, बर्बर अरण्यवासी; आबाद जनपदों के बीच में, 184, 190; असोक ने इनके पास धर्मदूत भेजे, 204, 239; अंत में समुद्रगुप्त द्वारा सफाया, 239
आत्मा, 136
आदिवासी, (देखिए, नाग, आटविक), 12, 27, 37, 52, 61, 66, 70, 72, 75, 122-25, 148, 163, 204; आर्यों द्वारा आत्मसात्करण, 108, 110, 162; कुछ ब्राह्मणों से मैत्री-संबंध, 114; अकाल के कारण गुलाम बनने को विवश, 132; कड़ी मेहनत के अनिच्छुक, 131; पुराने व्यापारी मार्गों की बगली, 157-158, 195; पूजा-विधानों को अपनाया, 210; 212-13; जाति-समाज में आत्मसात्करण, 213-15; समुद्रगुप्त के बाद इनके उपद्रवों में कमी, 239
आनंद, बुद्ध का शिष्य और निजी परिचारक, 142
आंध्र (प्रदेश), 56, 65; यहाँ लौह-खनिज की सचोयकाएँ, 205
आभीर, सिंधु तटवासी कबीला, मूलतः पशुचारी, 113, 148; इनमें कन्याहरण का रिवाज, 152
आंभी, राजतंत्र की एक शाखा का क्षत्रिय संस्थापक, 154, तक्षशिला का अंतिम स्वतंत्र शासक, 172
आयुर्वेद, प्राचीन भारतीय चिकित्सापद्धति, 218
आर्य, 59-60, 75, 96-125, 132, 140, 148, 151, 163, 179: प्रजाति नहीं, 98, फिर भी एक नृजातीय समूह, 99, 101; प्रमुख विशेषता भाषा, 98-102, 108; इंदो-आर्य 98; ईसा-पूर्व चौथी सदी तक इस नाम व लोग सिंधु तटप्रदेश में आबाद, 10! ईरान—'आर्यों का देश', 11, 101; यूरोप इनका मूल देश, 11, 101-102; भारतीय ईरानी शाखा, 102-104, 109; जीवन-पद्धति, 102-104; ईसा-पूर्व दूसरी सहस्राब्दी की पशुचारी बिरादरियों के बीच के अवरोधों को तोड़ डाला, 103; आपस में युद्ध, 110, 151; भारतीय आर्य-पूर्व लोगों के साथ मिश्रण, 110-111, 152; अग्रगामी प्रवृत्ति एवं साहस, 118-19, आद्य-आर्यों का शांतिमय फैलाव, 120; 'आर्य' यानी 'स्वतंत्र', 98, 152; आर्यावर्त्त—ईसा की चौथी सदी में आर्यों की अधिवास-भूमि के रूप में मध्यवर्ती गंगा-घाटी का प्रदेश, 239
आळदी. ज्ञानेश्वर से संबंधित पवित्र ग्राम, 145
आळार-कालाम, बुद्ध का एक पूर्ववर्ती, 130
आस्तीक, **महाभारत** के अनुसार नागमाता का पुत्र, एक ब्राह्मण पुरोहित, 123
आहत (पंचमार्क) सिक्के, 159, 162, 164, 184, 186, 194, 198, 199; तक्षशिला की निधियाँ, 171, राजवंशीय परिवर्तन के सूचक, 181; अधिकाधिक घटिया सिक्के, 206; चित्रांकन : रेखाचित्र 9, पृ. 160; रे. 10, पृ. 162; रे. 11, पृ. 184; रे. 12, पृ. 186; रे. 13, पृ. 199; रे. 14, पृ. 200; छायाचित्र 63
आहार, भोजन, धार्मिक निषेध, 11; शारीरिक गठन में आनुवंशिक परिवर्तन का कारण, 35, 59-60; विशिष्ट टोटेम खाद्य, 48; वध किए बिना संतुलित आहार प्राप्त करना संभव, 51; और इसकी पूर्ति के लिए बदल-बदलकर की जानेवाली खेती का आविष्कार, 64; प्रागैतिहास में संभोग पर बदले हुए आहार का प्रभाव, 67; यजुर्वैदिक विविधता, 113
ऑस्ट्रिक, भारतीय आदिवासी बोलियों का एक कल्पित भाषा-परिवार, 99
इक्ष्वाकु (इक्षु = ईख अथवा कटु तुंबी, अतः टोटेममूलक) एक आर्य राजवंश और अनेक कबीलों का पौराणिक पूर्वज राजा, 158, 162, 238
इतिहास, इसके लिए भारतीय स्रोत-सामग्री की

दरिद्रता, प्राक्कथन, 19-22, 27-28; परिभाषा, 21; ऐतिहासिक प्रक्रिया का महत्त्व, 23-24, 66, 69-73; भारतीय इतिहास की प्रमुख विशेषताएँ, 37; इतिहासकार का कार्य, 38, 51; ब्राह्मणों की उदासीनता और शिक्षा पर उनके कब्जे के कारण लोप, 216-18

इंदो-आर्य, 99 और आगे

इंदोनेशिया, 20, 176

इंद्र, वैदिक युद्ध-देवता, 104, 105, 107, 109; वर्षा का देवता, 106; कृष्ण का शत्रु, 148, 149-51; उषस से भिड़ंत, 111, 149, त्वाष्ट्र का वध, 111; बौद्ध सिद्धांत के अनुसार जिसका पतन व पुनर्जन्म संभव, 139; नागों से मित्रता 149-51; डायोनिसस् से सादृश्य, 150; पूजा-विधान कृषकों के लिए अनुपयुक्त, 151; बुद्ध के सम्मुख निम्न दर्जा, 222-23

इंद्रप्रस्थ (प्राचीन दिल्ली), 119-21; आग लगाकर भूमि प्राप्त की गई, 121, 150, 204

इमारती लकड़ी, सिंधु नगरों में, 87; असोकीय शिल्प एवं वास्तुकला पर काष्ठशिल्प का प्रभाव, 201

इयूस् जेन्टियम (ius gentium), व्यवहार हुआ, किंतु भारत में इसे संहिता के रूप में लिपिबद्ध नहीं किया गया, 216

इराक, देखिए, मेसोपोटामिया

इलियड, 121

इशक्कु, 95

इश्तर, 93; चित्रांकन : (मुहर पर), छायाचित्र 53

इस्पात, 61; 400 ई. पू. के पहले सर्वोत्तम भारतीय इस्पात का निर्यात, 205

इस्लाम (मुस्लिम, मुसलमान), 22, 39, 52, 125, 127, 136, 216, 223, 232, 242, 250, 253; अंत में बौद्ध संस्थापनाओं को नष्ट किया, 224-25; कश्मीर पर शांतिपूर्ण आधिपत्य, 232, सैनिक विजय, 240-41; हिंदू राजाओं के अधीन गोवा और संजाण में बंदरगाहों के अधिकारियों के रूप में मस्लिम, 240

ई-चिड़, ईसा की आठवीं सदी के आरंभकाल का चीनी बौद्ध यात्री, 228

ईडिपस, 148

ईरान (फारस), शब्दोत्पत्ति—'आयानाम्' से 52, 82, 89, 97, 101, 159, 171, 174, 175; ईरान में आर्य, 98-105; ईरान के साथ निरंतर संबंध, 120-21, 226

ईसाई धर्म, 22, 126, 223

ईस्ट इंडिया कंपनी, 16; नीरस श्रम की मजदूरी, 192

उज्जैन (उज्जयिनी), नगर, 144; अवंती की राजधानी, 164; मौर्यों की उप-राजधानी, 176; शुंगों और गुप्तों की राजधानी, 233

उड़ीसा=कलिंग, में अकाल, 14; चित्रांकन : 22

उत्तरापथ, उत्तरी व्यापार-मार्ग, 144, 151, 153, 159, 160, 165; शक्तिशाली स्वतंत्र कबीलों द्वारा अवरुद्ध, 155; ईसा-पूर्व चौथी सदी में उत्तरापथ के व्यापार पर मगध का प्रभुत्व, 181; गांगेय प्रदेश में बस्तियाँ स्थापित होने पर उत्तरापथ के विस्तार पर स्थलीय व्यापार का पुनरुत्थान, 235; चित्रांकन : मानचित्र, पृ. 168-176

उत्तरी ओपदार काले भांड (NBP), 168

उत्तरी प्रेरणा—दक्षिणी विकास के लिए, 72, 144, 145, 229, 231, 235; उत्तरी प्रेरणा से लौहयुग, 120, 144; पण्य- उत्पादन में आरंभिक उत्तरी गिरावट, 236

उत्पादन, उत्पादन के साधन व संबंध, 22, 49; ऐतिहासिक प्रक्रिया से संबंध, 24, 60-61; उत्पादन की आरंभिक उन्नति के रूप में देहात, 29; आदिम अवशेष, 36, 59-65, 71 (देखिए कबीला); उत्पादन की प्रणालियाँ और अवस्थाएँ, 37; समाज की स्थापना में अनिवार्य भूमिका, 52, 114, 131-32, 153; जाति-व्यवस्था के मूलाधार के रूप में, 71; सिधु सस्कृति में उत्पादन, 80-86; उत्पादन और भाषा का निर्माण 209; **अर्थशास्त्र** के राज्य में उत्पादन,

190-97; ईसा-पूर्व दूसरी सदी के दक्खन में उत्पादन के अनुरूप समाज-संरचना में विविधता, 228-29
उदयन, वत्सराज, 167; प्रेमाख्यान-चक्र का नायक, 252
उद्दक, रामपुत्र, बुद्ध का पूर्ववर्ती, 130
उपनिषद्, **ब्राह्मणों** से संयुक्त रहस्यवादी दार्शनिक ग्रंथ, 133-35; 139, 144, 152, 164, 251
उपालि, नाई, शाक्य, प्रथम बौद्ध महाश्रावक, 143
उराँव. छोटा नागपुर का आदिवासी कबीला, 26, 34, 63, 99; चित्रांकन, नृत्य छायाचित्र 23
उर्वशी, ऋग्वैदिक अप्सरा, 110; उर्वशी और पुरूरवस् : ऋग्वैदिक संवाद और प्रजनन-संबंधी गान, 246; कालिदास के **विक्रमौर्वशीयम्** नाटक में उपर्युक्त विषयवस्तु को राजकीय प्रेमकथा में बदल दिया गया है, 249
उषनस्, राजतंत्र का ब्राह्मण सिद्धांतकार, 154
उषवादत (उषवदात), नहपान का जामाता और उसका (शक) क्षत्रप, 234
उषस्, उषःकाल की वैदिक देवी, संभवतः आर्य-पूर्व, 111, 149
ऊँट, 111
ऊन, 61, 222; कश्मीर और तिब्बत का ऊन, 171; 'पेड़ों पर ऊन' (कपास), 168
ऊरस, सिंधु मुहरों पर उत्कीर्ण वृषभ, जो अब भारत से लुप्त हो गया है, 83
ऋग्वेद, पवित्र ग्रंथ, सर्वाधिक प्राचीन उपलब्ध संस्कृत कृति; 99, 106-112, 119, 148, 150, 167; अर्थ लगाने में इतिहासकार की कठिनाइयाँ, 105; चालू; कुछ सूक्त अभिनय के लिए, 246
एकपात्रम्, सहभोज की कबीलाई प्रथा, ईसा-पूर्व चौथी सदी, 183, 217
एकिलीज, होमरीय वीर जिसकी मृत्यु कृष्ण की मृत्यु के समान हुई, 150
एनकिदु, सुमेरी वृषभ-मानव; सिंधु मुहरों पर इसका प्रतिरूप, 84, 89
एरापत्र, नागराज, बुद्ध की पूजा करता हुआ; चित्रांकन : छायाचित्र 82
एलोरा (वेरूल), बौद्ध, जैन और हिंदू गुफाओं का स्थल; चित्रांकन : पहाड़ को काटकर निर्मित कैलाश मंदिर, छायाचित्र 97
एशिया माइनर (क्षुद्र एशिया), 45
एस्सीन, 126
औक्सीड्रकोई, शूद्र और शूद्रक की संभावित व्युत्पत्ति, 114
औरंगाबाद, 144
कंस, मथुरा का पौराणिक राजा, जिसका उसके भांजे कृष्ण ने वध किया, 147-150
कच्चाना (कात्यायनी), गौतम बुद्ध की पत्नी, 141
कटाव, भूक्षरण, आधुनिक वन-कटाई के फलस्वरूप 26, 55, 57
कणिष्क. दो कुषाण सम्राटों के नाम. 235; चित्रांकन : कणिष्क द्वितीय का सिक्का, छायाचित्र 71
कथकलि, दक्षिणी नृत्य शैली, जिसमें पौराणिक कथाओं का स्वांग भरा जाता है, 247
कथासरित्सागर, 237, 252-53
कदंब, दक्षिणी पश्चिमी तट का राजवंश, 238
कन्नौज, नगर, हर्ष की राजधानी, 224; गाहड़वालों की राजधानी, 216
कन्फ्यूसियस, 127
कन्या का मूल्य देकर (दहेज-प्रथा के विपरीत) विवाह करने की सीमा-प्रदेश के आर्यों में प्रथा, यद्यपि ब्राह्मण धर्मग्रंथों में इस पर निषेध लगाया गया था, 152
कन्या-हरण, कृष्ण के कबीले में और आभीरों में कन्या-हरण का रिवाज, 152
कपिलवस्तु, शाक्यों की राजधानी, 144
कप्फिन, कश्मीरी क्षत्रिय, आरंभिक बौद्ध भिक्षु, 153
कपास (देखिए सूती कपड़ा), 13, 15, 20, 26, 82, 168, 236
कबीला, आदिवासी, 55, 71, 75, 80, 102,

106, 107, 109, 111, 116, 123, 130, 131, 136, 140, 148, 154, 155; चालू, 162, 174, 179; आधुनिक अवशेष, 26, 43, 45, 62-63, 68; आधुनिक भाषाओं में कबीलाई शब्द, 67, 99; 'जरायमपेशा', 27; कबीलों से श्रेणियाँ, 158-159; कबीलों से निम्न जातियाँ, 65; पूजा-विधानों का अंगीकार, 35, 36, 69; ईसा-पूर्व दूसरी सहस्राब्दी के, 45, 107-110; असम में, 60, 159; कृषि-पद्धति, 63-64; कबीलाई अलगाव, 27, 153, 161; कबीले के मुखिया के लिए जरूरी था कि वह युद्ध का नेतृत्व करे, 163; कुछ आर्य कबीलों में जाति-वर्ग भेद, 108, 214; संपत्ति और वर्गभेद के कारण कबीले का विघटन, 116. 131, 160, 180; ईसा-पूर्व छठी सदी मे भारत और यूनान में कबीलाई काश्तकारी, 156; कबीले की अतिरिक्त उपज का मुखिया के माध्यम से व्यापार और परिणामतः बाद में कबीले का विकास, 160; राजत्व पर कबीलाई रोक, 162; कबीलों का नियोजित विध्वंस, 164 चालू; विघटन के तरीके, 165-66; 182, 213; कबीलाई सिक्के, 186; चित्रांकन : चित्र 12, पृ. 186; छायाचित्र 73: कबीलाई जीवन, छायाचित्र, 23, 24, 25, 26, 27, 28, 29, 30, 31, 32, 33, 34, 35, 36,

कबूतर, संदेश-वाहक, 83; मगधीय शासन के संदेशों के लिए, 185

कमल-ताल (देखिए पुष्कर)

कंबोज, सीमा-प्रदेश का कृषक व योद्धा कबीला (और उनका प्रदेश), 183

कर, राजस्व, 132, 146, 165, 192; यज्ञों के अवसरों पर कबीले के मुखिया को दी जानेवाली बलिभेंट के रूप में उत्पत्ति, 115; कबीलों से नियमित रूप से वसूल करना कठिन, 161; गंगा पर चुंगी, 165; वसूली का सामंती तरीका, 179, 244; 'राष्ट्र' मान, 186; 'सीता' निर्धारण, 187-188; सिंचाई कर, 186-187; प्रत्यक्ष 'सीता'-भूमि की आय के कारण **अर्थशास्त्र में हलके कर**, 190; पर (अधिकांश) भूमि-दानों पर भी कर, 193-194; सामंती और प्राक्-सामंती युग के ब्राह्मणों द्वारा करों से छूट की माँग, 215, 219

करगा, बंगलौर का एक वार्षिक उत्सव, 67

करहा (कर्हा) नदी, 62

कर्णाटक (मैसूर), 56; उत्तरी 'घुसपैठ' का स्तर, 120; मौर्य सेनाओं द्वारा पदाक्रांत, 175; लौह खनिज के उत्तम भंडार, 205; अभिलेख, 130, 198

कर्म, अच्छा और बुरा काम, 139, 143

कलकत्ता, 15

कलक्टर, अंगरेज शासनकाल का यह (राजस्व-नियोजक) अधिकारी असोक के रज्जुक के समतुल्य, 204

कलचुरि, दक्षिण राजवंश, 238

कलिंग (उड़ीसा), असोक ने जीता, 176, 199, 205, 224, 233

कल्याण, बबई के समीप नदीमुखीय बंदरगाह, 229

कल्लु (गल्जु), मेसोपोटामिया के मंदिर-दास, 96

कवच, गंधारी शिल्प में यूनानी-रोमन पद्धति का चित्रांकन : छायाचित्र 90

कश्मीर, 11, 21, 30, 153, 163, 171, 232

कस्सक, कर्षक (किसान), स्वतंत्र किसान अथवा पट्टेदार, 131; मगधीय भूमि-व्यवस्था का मुख्य आधार, 187-188

कस्सप, कश्यप, ब्राह्मण गोत्र-कुल, 125, 132: बौद्ध भिक्षु कस्सप के जीवन पर आधारित नाटक, 247

कांस्य युग, 44, 45, 57, 61, 75, 77, 81, 106, 113, 115, 118, 119, 120; अक्सर योद्धा-वर्ग का आधिपत्य, 44; सिंधु संस्कृति के हथियारों की अपेक्षा काँसे के औजार बेहतर, 81, 88

कांस्टैन्टइन प्रथम, रोमन सम्राट्, जिसकी कभी-कभी असोक के साथ तुलना की जाती है, 199

काठकरी, वनवासी कबीलाई जाति, 34
काण्वायन, (गोत्र) ब्राह्मण मंत्री-परिवार और अपहारी राजवंश, 234
कात्यायन, राजतंत्र का ब्राह्मण सिद्धांतकार, 154
कादंबरी, बाण का गद्य रम्याख्यान, 252
कानून, नियम, 73; प्रत्येक समूह के विशिष्ट कानून (नियम), 58, 215-16; आदिम कानून को धर्म से पृथक् करना संभव नहीं, 203
काबुल (अफगानिस्तान की राजधानी), काबुल की घाटी में मौर्य शासन का अंत, 233
कामसूत्र, कामशास्त्र से संबंधित ग्रंथ, 237
कायस्थ, पंचमेल उत्पत्ति की लिपिकों की जाति, 180, 210
कार, इ. एच., 38, 40
कारीगर, शिल्पी, आधुनिक गाँव में, 32-33; गुप्तकाल में स्थापित ग्रामीण कारीगरों की व्यवस्था, 242-243; सिंधु संस्कृति में, 85-88; आर्यकाल में अवशेष, 97; **ऋग्वेद** में इनका जाति-व्यवस्था में पतन नहीं हुआ, 107; ईसा-पूर्व छठी सदी में इनके पूरे-के-पूरे गाँव स्थापित हुए, 159; **अर्थशास्त्र** के अनुसार इनका वेतनमान, 191-193; कार्ले के धनी पण्य-उत्पादक, 228
कार्ले, बौद्ध गुफा-विहार, 176; 228-231; चैत्य-मुहरा भव्य काष्ठ-भवन का परिचायक, 201; चित्रांकन : छायाचित्र 86; स्तंभशीर्ष, छायाचित्र 87, 88; मिथुन युगल, छायाचित्र 89
कार्षापण, चाँदी के आहत (पंचमार्क) सिक्के, जिनमें बाद में खोट आई और क्रमशः के बनने लगे, 158, 162, 192-194; क्रमशः घटिया, 194; निर्माण, 194-195
कालक, जैन आचार्य, 238
कालासोक, शिशुनाग सम्राट्, 198-199; चित्रांकन : सिक्के, रेखाचित्र 13, पृ. 199
कालिदास, संस्कृत कवि व नाटककार, 234, 249
कालिय, हाइड्रा की तरह का बहुमुखी नाग जिसका कृष्ण ने मर्दन किया, 148-150
कालुवाकी (= चारुवाकी), असोक की रानी, 163
काषाय (कत्थई), बौद्ध भिक्षु के वस्त्रों के लिए रंग, 156
कासी, काशी, वाराणसी और परिक्षेत्र, आरंभ में कबीला और जनपद, 156; सामरिक दृष्टि से महत्त्व, 164
किंजल्क, राजतंत्र का सिद्धातकार, 154
किला, दुर्ग, सिंधु टीले, 91, 96; मेसोपोटामिया के जिक्कुरात का प्रतिरूप, 93, 94; ईसा-पूर्व चौथी सदी में कबीलाई दुर्ग, 174
कीथ, आर्थर बैरीडेल, 177
कुंज, उपवन, पवित्र कुंजों में प्रवेश पर पाबंद, 67; मातृदेवियों के कुंज, 104, 149; भिक्षुओं के विश्राम के लिए, 138; ब्राह्मणों के आश्रम और अध्ययन के लिए, 124, 189, 208; व्यापार-मार्गों पर यात्रियों के विश्राम के लिए छायादार पेड़ (कुंज), 146
कुकुर (कुत्ता), कुलीनतंत्र क्षत्रिय कबीला, 183
कुडा, पश्चिमी तट बंदरगाह, बौद्ध गुफा-विहार का स्थल, 229
कुबेरनाग, नाग राजकुमारी, चंद्रगुप्त द्वितीय की एक रानी, 239
कुमरहर, पटना का उपनगर, उत्तर मौर्यकालीन अथवा शुंगकालीन स्थल, 210
कुमारगुप्त प्रथम, गुप्त सम्राट्; उसका सिक्का, चित्रांकन : छायाचित्र 77
कुमारदास, संस्कृत कवि, 250
कुमारदेवी, लिच्छवि राजकुमारी, गुप्त रानी, 183, 238; चित्रांकन : सिक्के पर रूपचित्र छायाचित्र 74
कुम्भ (मातृदेवी के गर्भाशय का द्योतक), कुंभजात, 110
कुरु, छोटा आर्य कबीला, पुरुओं की एक शाखा, 119-25, 130, 150, 152, 167; ऐतिहासिक अस्तित्व, 120-22; कुलीनतंत्र, 183; ईसा-पूर्व चौथी सदी तक अंत, 183

कुल, गोत्र (बहिर्विवाही मानव-समूह), 50, 68, 70, 131, 149; कुल पूजा-विधान, 109; कुल में टोटेम और निषेध, 70-71; कुल-कानून, 214
कुलीन, कुल-तंत्र, 116, 140, 155, 156, 161, 165, 186
कुल्हाड़ियाँ (औजार), सिंधु, 88 ईसा-पूर्व प्रथम सहस्राब्दी में गंगा की घाटी में, 118
कुषाण, शाही राजवंश, 22, 29, 109, 127, 176, 226, 232, 235-36; महायान बौद्ध संप्रदाय को प्रोत्साहन, 224; दक्खन में आज भी कुषाण-पद्धति के उत्तरी हल का प्रयोग होता है, 231; चित्रांकन : सिक्के, छायाचित्र 71, 72; हल, छायाचित्र 14, 15
कुसीनारा, मल्लों की राजधानी, जहाँ बुद्ध की मृत्यु हुई, 142, 144, 155
कूर्ग (गलती से 'दुर्ग' छपा है) के जंगलों ने मौर्य सेना को आगे बढ़ने से रोका, 175
कृत्यकल्पतरु, धर्मकर्म और राजधर्म से संबंधित लक्ष्मीधर की कृति, 216
कृषक, किसान, खेतिहर, 12, 51, 61, 62, 66, 69, 71, 73, 75, 103, 191, 210, 243; आदिम अवस्थाओं के अवशेष, 24-36; जमींदार किसान, 29; किसान हड़ताल का रूप, 73, 242; अ-कबीलाई स्वतंत्र किसानों का उदय, 130-32, चीन में किसान-विद्रोह, 134; वैदिक यज्ञों के कारण पीड़ित, 131, 163; **अर्थशास्त्र** की व्यवस्था के अंतर्गत, 187-188; किसान (georgoi) युद्ध के प्रति उदासीन, 189; शहरी नागरिक की स्थिति से भिन्न स्थिति,
कृषि, खेती, 41-42, 61, 62, 63, 64, 65, 66, 67, 71, 72, 95, 113, 117, 124, 130, 131, 140, 145, 151, 156, 176; आधुनिक, 15-16, आदि तकनीक के अवशेषों सहित, 29-32 और रेखाचित्र 1-3; एशिया माइनर में प्रागैतिहासिक कृषि, 45, 56, पश्चिमी दक्खन में कृषि का आरंभ, 57, 146; आदिम कबीलाई खेती–भूमि बदल-बदलकर, 63; कृषि के कारण आबादी के घनत्व में वृद्धि, 71-72; सिंधु सभ्यता में हल बिना खेती, 86; कृषि का संभव मूल, 90; सिंधु कृषि का विनाश, 97; मगधीय राज्य ने कृषि में संक्रमण को पूर्ण किया, 167, 203; राज्य द्वारा कृषि का सीधा प्रबंध, 187-188; आप्रवासियों द्वारा प्रेरणा, 215, दक्खन में तेजी से वृद्धि, 236-37; गुप्तों ने प्रमुख कबीलाई बाधाओं को हटाया. 239; (चित्रांकन : सूखी भूमि पर खेती, चित्र 1, पृ. 21; गीली भूमि पर खेती, चित्र 2, पृ. 22; बगीचा, चित्र 3, पृ.24; हल की जोताई, छायाचित्र, 14, 15; हेंगाई व बुवाई, छायाचित्र 16; अनाज की रौंदन, छायाचित्र 17; गेहूँ की कुटाई व ओसाई, छायाचित्र 34; झूम खेती, छायाचित्र 36
कृषिदास, (हेलॅट, शूद्र-दास), 23, 45, 108, 114
कृष्ण (श्याम वर्ण) नायक, नरदेवता, सर्वेश्वर, विष्णु का अवतार, 35, 212; आर्यपूर्वों का विशेषण, 106, 108; बाद में **महाभारत** में घुसेड़ा गया, 122-25; यूनानियों द्वारा हेराक्लीज के साथ तादात्म्य, 150; आरंभिक शुंगकालीन में सिर्फ नायक व नर-देवता, 233; सर्वेश्वर, 130, 256; बुद्ध की उपाधियाँ प्राप्त कीं, 146; गो-रक्षक, 149, 150; पांडवों से मित्रता, 205; नाग-मर्दन, 148, एक मातृदेवी का वध, 149, अनगिनत देवियों से विवाह, 149, 151; सातवाहनों द्वारा पूजा, 229; कृष्ण का एक यूनानी भक्त, 233; ऊँचे धर्म-दर्शन का प्रतिपादन, 255-59; नैतिक उपदेश के साथ कृष्णा-ख्यान की असंगति, 256-57; देवकीपुत्र कृष्ण-घोर आंगिरस का शिष्य, 256
कृष्णा, दक्खन की नदी, 57
केरल (मलाबार), 37, 175, 248
कैंटन (चीनी नगर), 'बिंदुओं के अंकन' से बौद्ध संवत् का निर्धारण 141; मुस्लिमों की दूरवर्ती बस्ती, 240
कैलसिडोनी (पत्थर), 53, 55, 61; इसके लिए

प्राचीनकाल में यूरोपीय माँग, 236
कैलास, एलोरा का चट्टान को काटकर बनाया गया मंदिर; चित्रांकन : छायाचित्र 97
कैस्पियन, समुद्र, 104
कोंकण, पश्चिमी समुद्रतटीय पट्टा, 32
कोंडणे, बौद्ध गुफा-विहार, 201; चित्रांकन : स्थापत्य, छायाचित्र 93
कोरिया, 126; ईसा की चौदहवीं सदी में कोरियावाले एक भारतीय भिक्षु को अपने देश ले गए थे, 225
कोलिय, बुद्ध के समय का अर्ध-आदिवासी कबीला, 141; कोल (जामुन) टोटेम, कोलिय नाग, 137-138, 141
कोळी, धनुर्धर आदिवासी. चित्रांकन : छायाचित्र 31
कोसंबी (कौशांबी), नगर, 145, 238, बुद्ध की यात्राओं की सीमा, 119, 142; कुरु-पुरु राजधानी को हस्तिनापुर से कोसंबी लाया गया, 121; वत्स जनपद और राजा उदयन की राजधानी, 167
कोसंबी, दामोदर धर्मानंद, 38-39
कोसल, ईसा-पूर्व छठी सदी का गंगा की घाटी का एक राज्य, 140, 142, 144, 163; मूलतः कबीलाई जनपद, 156; खास सिक्के, 158, 159, 162; मगध द्वारा अंत, 164 चालू : गुप्तशासन के आरंभकाल में, 238; चित्रांकन : सिक्के, रेखाचित्र 9, पृ. 160
कौटल्य (चाणक्य, विष्णुगुप्त, कौटिल्य) प्रथम दो मौर्य सम्राटों का ब्राह्मण मंत्री, **अर्थशास्त्र** का रचयिता, 154, 182, 206, 213, 219; **मुद्राराक्षस** नाटक में, 178; ब्राह्मण-प्रतिकूल सुझाव, 193, 196, 206; भारी उद्योग की आवश्यकता पर बल, 193-95; **पंचतंत्र** के विष्णुशर्मन् के लिए प्रतिमान, 253
कौणपदंत, राजतंत्र का सिद्धांतकार, 154
कौंडिन्य, साहसी ब्राह्मण, हिंद-चीनी राज्य का संस्थापक, 214
क्रो-मेग्नन, मानव, 50
क्षत्रपी (प्रांत), हखामनि, 171, पुरु के लिए सिकंदर ने नया प्रांत बनवाया, 174
क्षत्र-बंधु, केवल गोत्र (नाममात्र) का क्षत्रिय, तिरस्कारसूचक शब्द, 162
क्षत्रिय, योद्धा जाति-वर्ग, 27, 103, 114, 115, 116, 139, 140, 141, 142, 153; सार्थों की सुरक्षा के लिए क्षत्रिय, 115; वैतनिक सैनिक-समूह, 115, क्षत्रिय दार्शनिक, 133-34; नए धर्मों के क्षत्रिय संस्थापक, 135-37; कुछ क्षत्रिय—व्यापारी और कृषक, 140, 182, 183; सीमा-प्रदेश के क्षत्रियों में सती-प्रथा, 153; राजतंत्र के क्षत्रिय सिद्धांतकार, 154; पुराने क्षत्रिय कबीलों का सफाया, 183; दो प्रकार के क्षत्रिय कबीले, 183; संस्कृत साहित्य की समृद्धि में क्षत्रियों का योगदान, 210; एक साथ क्षत्रिय व ब्राह्मण, 214
क्षेत्र, संपत्ति-पूर्व अवस्था में भूमि पर कबीलाई अधिकार, 48, 155
क्षेत्रपाल, (खेत-रक्षक), नाग की उपाधि और शिव का एक नाम, 124
क्षेमेंद्र, बहुकृतिक कश्मीरी लेखक व कवि (संस्कृत में), 163, 252

खंता (थांबा), 58, 64-65
खंडोबा, देव, 62; मूलतः पैठण का खंडक यक्ष, 237
खांडव वन, इंद्रप्रस्थ (दिल्ली) बसाने के लिए जिसे जलाया गया, 150
खारवेल, विजेता, प्राचीनतम ज्ञात कलिंगराज, 205; मगध पर हमला, 233
खोतान, चीन के स्थलमार्ग पर एक मध्य एशियाई राज्य, 219

गंगा (नदी और द्रोणी), 12, 26, 39, 72, 86, 130, 132, 134, 142, 151, 156, 165, 167, 177, 180, 200, 225, 233, 238, 239; ईसा पूर्व प्रथम सहस्राब्दी तक अविकसित, 81, 117-18; गंगा की घाटी में आरंभिक आर्य बस्तियाँ, 119; यहाँ अन्न-

संकलन आसान, 123; मगधीय लोहे से यहाँ के जंगलों की सफाई, 157; गांगेय (गंगारिदनों) पर चढ़ाई करने से सिकंदर की सेना का इनकार, 173; ईसा-पूर्व तीसरी सहस्राब्दी तक प्रमुख व्यापार-मार्ग, 187; असोक के बाद गांगेय प्रदेश की विशेष स्थिति, 205; गंगा-यमुना के संगम पर हर्ष का पंचवर्षीय महासम्मेलन, 226

गंडक (नदी) 119

गणिका (देखिए वेश्या), नाटक की सुसंस्कृत नायिका के रूप में, 250

गणेश (हस्तिमुख देवता) पार्वती का पुत्र, परंतु आरंभ में शिव का नहीं, 68, 70, 212; बौद्ध महायानी देवकुल में, 223

गंधार (सीमा-प्रदेश का कबीला और सिंधु नदी के दोनों ओर का प्रदेश), 159; अंतिम हखामनि प्रांत, 171; स्थलीय व्यापार-मार्ग पर, 219; गंधार तक बौद्ध कला का विस्तार, 222 (देखिए, तक्षशिला), चित्रांकन : शिल्प, छायाचित्र 90

गया, 142, 153, 221, 225; धातु के मार्ग पर अंतिम पड़ाव-स्थल, 157

गर्दभिल, भील राजवंश, शक हमलावरों ने अंतिम राजा का वध किया, 238

गहपति (गृहपति) : एक नया वर्ग, 131, 143, 154; मंत्रि-परिषदों में शामिल नहीं किया गया, 181; न्यूनतम जीवन-स्तर, 193: बदला हुआ दूसरा अर्थ—'धनी किसान', 212

गाँधी, मोहनदास करमचंद (महात्मा), 19

गाँव (ग्राम, देहात), 89, 94, 116, 117, 158, 160; आधुनिक भारतीय गाँव, 29-36; गाँव की आत्म-निर्भरता, 32; देहाती कारीगर, 32-33, 71; गाँवों में आदिम पूजा-विधियों के अवशेष, 35-36, 66-68; तिथिक्रम-रहित ग्राम्य परंपरा, 35, 41, 42; 'ग्रामीण जीवन की मूढ़ता', 29, 189; आदिम ग्राम्य तकनीक, 63; ग्राम-सभा, 73; ब्राह्मण अग्निहोत्रियों का ग्राम-दान, 132, 163; विहारों को ग्रामदान, 221; राजा की ओर से दहेज के रूप में, 163, कारीगर-उत्पादकों के गाँव, 160; **अर्थशास्त्र** के सीता-भूमि वाले गाँव, 187; कर-दाता और कर मुक्त गाँव, 189; **अर्थशास्त्र** का राजा गाँव दान में नहीं दे सकता था, 193-194; गाँव के विशेष भूखंड—पुरोहित के लिए, 215, और कारीगरों के लिए, 241-42; आत्मनिर्भर, असहाय और नीरस देहातों ने अत्यधिक केंद्रीभूत राज्य को नष्ट किया, 219; आरंभिक गुप्त समृद्धि और बाद में ह्रास का कारण, 240-46; बिरादरी की सदस्यता के अनुरूप काश्तकारी के अधिकार, 244; दक्खन के आरंभिक गाँव, 145

गायकवाड़, 68

गारो, असम का एक कबीला, चित्रांकन : छायाचित्र 27

गावडा, पश्चिमी समुद्रतट के समीप की कबीलाई जाति, 63

गाहड़वाल, मध्ययुगीन राजवंश, गाहड़वाल गोविंदचंद्र, 216; हिंदू राजा और बौद्ध रानी, 225, 250

ग्राम, चलता-फिरता सगोत्र-समूह, बाद में चलता-फिरता गाँव, 116, 160; स्थायी गाँव, 144

ग्रामणी, 'ग्राम का नेता', उत्तर-वैदिक कालीन कबीलाई मुखिया—राजा के प्रति खासतौर से उत्तरदायी, 116

गिरनार, 175, 185 (यहाँ ऊपर से पाँचवीं पंक्ति में 'सारे विदेशियों ने' के बाद 'गिरनार में' शब्द छूट गया है); यहाँ का शिलालेख, 209-210

गिलगमेश, मेसोपोटामिया का सिंहहंता वीर, हेराक्लीज का आदि-रूप, 82, 84, 89

गीता (भगवद्गीता), 122, 145, 147; भारतीय चरित्र पर छाप, 256-59; विभिन्न और परस्पर-विरोधी व्यक्तियों को प्रेरित किया, 257; सामंतवादी विचारधारा में भक्ति के कारण सफलता 258-59; मतभेद की संभावना को जीवित रखा, 257

गुजरात, 26, 62, 80
गुप्त (राजवंश), 232, 233, 238-239, 240-43, 249; ब्राह्मणों और बौद्धों को अनुदान, 224; संदिग्ध मूल, 238; गुप्तों की अधीनस्थता में भूमि की विपुल समृद्धि, 145; चित्रांकन: शिल्प (आसीन बुद्ध, सारनाथ), छायाचित्र 98; सिक्के, छायाचित्र 74, 75, 76, 77
गुप्तचर, उकसानेवाली जासूसी, मगधीय राज्य द्वारा सुनियोजित इस्तेमाल, 166, 180-181
गुफाएँ, 68, 148; यूरोपीय हिमयुगीन, 84; बौद्ध गुफा-विहार, 68-69, 138, 176, 201, 227-28; नाणेघाट दर्रे के पास आधिकारिक गुफाएँ, 229; चित्रांकन: दक्खन गुफा-विहारों का मानचित्र, पृ. 212; मिर्जापुर के गुफा-चित्र, चित्र 8, पृ. 145
गुरव, गाँव का अब्राह्मण पुरोहित, 243
गुरुकुल, 124
गल्म, सैनिक टुकड़ी; स्थानीय पुलिस इकाई, 236
गेर्ने. जे., 40
गेहूँ, 51, 113
गैंडा, 83; चित्रांकन: कुमारगुप्त प्रथम के सिक्के पर, छायाचित्र 77
गोंड (आदिवासी कबीला), 63, 144; मुखिया राजा बने, 63; गोंधळ नृत्य के जनक, 69, 245,
गोंधळ, आदिवासी उत्पत्ति का नृत्य. 245
गोकुल (गोपालकों का कम्यून) 148, 149, 150
गोतम (सर्वोत्तम वृषभ) गोत्र किंतु बुद्ध का निजी नाम, 140
गोतमीपुत्र, सातवाहन राजा; ब्राह्मण औ क्षत्रिय. दोनों ही होने का दावा. 214
गोत्र (गोष्ठ—गायों का बाड़ा), बहिर्विवाही कुल-समूह, 114, 136; बड़ा पितृतंत्री कुटुम्ब, 131; ब्राह्मणों से प्राप्त, 214
गोत्र-देवी, आदिवासी कुल की स्त्री-मुखिया. 214
गोदावरी (प्रायद्वीप की प्रमुख नदी), 57, 144, 145, 236
गोनद्ध, दक्षिणापथ का एक पड़ाव-स्थल, 144
गोप (गो-रक्षक), **अर्थशास्त्र** के गाँव का पंजीयक, 185; एक वेतनधारी अधिकारी के रूप में, 193
गोमांस, भक्षण पर कालांतर में निषेध,
गोरखपुर (उत्तर प्रदेश का एक जिला), 141
गोवा (पश्चिमी तट का बंदरगाह), कदंबों के अधीनस्थ बंदरगाहों के मुस्लिम अधिकारी, 240
गोष्ठी, मंडल अथवा क्लब; सभ्य काम-साधन के लिए, 237; जाति-बंधन से मुक्त, 245
गोनाल (देखिए, मक्खलि गोसाला)
घग्गर (सूखी हुई नदी), 86
घटोत्कच, दूसरा गुप्त राजा, 238
घाट (नीचे पानी तक पहुँचने के लिए बनी हुई सीढ़ियाँ), 93
घाट, दर्रे (दक्खन), 58, 229, 231, 235; चित्रांकन : मानचित्र, पृ. 212
चंदन, व्यापार की एक कीमती चीज, 160
चंद्रगुप्त द्वितीय (विक्रमादित्य), गुप्त सम्राट्, 379-414 ई., 239
चंद्रगुप्त प्रथम, गुप्त सम्राट्, 320-35 ई., 183, 238; चित्रांकन : सिक्का, छायाचित्र 74
चंद्रगुप्त मौर्य, प्रथम मौर्य सम्राट्, यूनानियों का सद्रकोत्तस्, 173-175, 182, 185, 194. 197, 202, 206, 209; **मुद्राराक्षस** नाटक में असंभाव्य चरित्र-चित्रण, 178; मराठा नाम चंद्रराव मोरे का संभाव्य मूल, 233; चित्रांकन : सिक्के, रेखाचित्र, पृ. 200
चक्र, फेंककर मारा जानेवाला पहियेनुमा हथियार, 147-48, 151; प्रभुसत्ता का प्रतीक 181; चित्रांकन: रेखाचित्र 8, पृ. 145
चक्रवर्तिन्, 'जिसके लिए (प्रभुसत्ता का) चक्र घूमता है,' सम्राट्, 177, 202, 227; बुद्ध-धार्मिक प्रतिपक्ष के रूप में ('धर्मचक्र' को चलाते हुए), 222
चतुर्वर्ग चिन्तामणि, हेमाद्रि द्वारा ईसा की

तेरहवीं सदी के अंतिम चरण में रचित धार्मिक कृत्यों एवं राज्य-व्यवस्था से संबंधित ग्रंथ, 216
चमत्कार, 127
चंपारन (बिहार का एक जिला), 119, 155
चंपा, (भागलपुर) ईसा पूर्व सातवीं सदी में अंग जनपद की राजधानी, 158
चंबा, हिमालय का एक राज्य, 21, 232
चर्मकार, चमार, 32, 242, चित्रांकन : छाया-चित्र 18
चर्म–वर्ण 108, 110, कृष्ण का श्याम वर्ण, 150; उत्तरापथ के आर्यों में रंगभेद, 152
चष्टन–सिक्का, चित्रांकन : छायाचित्र 67
चांदी (देखिए, आहत सिक्के), 158, 176, 186, 192, 194, 198, 199, 235, 241
चाणक्य (देखिए, कौटल्य) 178-180, 182, 189, 206, 213, 219
चारायण, देखिए, दीघ-कारायण
चार्वाक, भौतिकवादी दार्शनिक, जिसके उपदेशों की जानकारी केवल विरोधियों के खंडनात्मक ग्रंथों में मिलती है, 135
चालुक्य, दक्षिण का मध्ययुगीन राजवंश, 238
चावल, 51, 69, 113; आदिम अवशिष्ट पद्धति से तैयार की गई क्यारियाँ, 64; खास महाशाल किस्म, 220; चित्रांकन : चावल की खेती, रेखाचित्र 2, पृ. 22
चाहमान (चौहान), मध्ययुगीन राजपूत कुल-नाम, 123
चीन, 14, 16, 20, 22, 45, 81, 84, 98, 101, 126, 127, 134, 141-42, 162, 176, 198, 219, 222, 231, 239, 247, अपेक्षाकृत पर्याप्त ऐतिहासिक स्रोत, 20, 227, 228; प्रथम साम्राज्य में व्यापारी वर्ग का उच्च स्थान, 181; आर्थिक विकास में बौद्धधर्म की भूमिका, 227-28
चुंगी, प्रत्येक जनपद की सीमा पर वसूली, 185
चुंद, बुद्ध का लुहार अनुयायी, 143
चेंचु, आंध्र का आदिवासी कबीला, 63
चेदि, मध्ययुगीन दक्षिणी राजवंश, 238
चैतन्य, सोलहवीं सदी का बंगाल का वैष्णव धर्मसुधारक, 253
चैत्य, बौद्ध धातु-स्मारक, 176 (देखिए, स्तूप)
चोल, सुदूर दक्षिण का एक मध्ययुगीन राजवंश, 238
चौल (यूनानी सेमिल्ला), बंबई के दक्षिण में पश्चिमी तट का एक नदीमुख बंदरगाह, 229

छतल हुयुक, अनातोलिया का नवपाषाण युगीन स्थल, 45, 90
छिन् ह सी हवाङ्-ती, चीन का प्रथम सम्राट, 181
छेंगीज खान (तेमूजिन) मंगोल बौद्ध सम्राट और विजेता, 224

जगद्दल, राजशाही जिले का एक बौद्ध बिहार, 255
जनगणना, 73
जनपद, 'कबीले का ठौर' बाद में 'जिला' 146, 155, 157, 158, 164, 171, 174; ईसा-पूर्व छठी सदी के (मूल पाठ में 'सातवीं सदी' है, किंतु 'छठी सदी' ही संभवतः सही है–अनुवादक) परंपरागत सोलह महा-जनपद, 155 चालू 167; **अर्थशास्त्र**-मगधीय प्रशासन की इकाई, 185-191, 195
जनमेजय, पुरु वंश के तीन राजाओं का नाम, 122
जयदेव, अंतिम महान संस्कृत कवि, **गीतगोविंद** का रचयिता, 253-55
ज़रतुश्त, ईरानी धर्मसुधारक, 104, 106
जरस्, जंगली शिकारी, अपने सौतेले भाई कृष्ण का वध करता है, 150
जलवायु, विविधता, 11; ऋतु, 42; कलाकृति के परिरक्षण पर प्रभाव, 246
जातक, लोकप्रिय आख्यानों पर आधारित बुद्ध के पूर्वजन्मों से संबंधित कथाएँ, 83, 223
जाति, कबीलाई उत्पत्ति की बाद की जातियाँ, जिन्होंने सगोत्र-विवाह और सहभोजन की प्रथाओं को पूर्ववत् कायम रखा, 213, 214-15

जाति, जाति-प्रथा, श्रेणीबद्ध सजातीय सामाजिक विभाजन संरचना और आर्थिक आधार, 26-27, 66, श्रेणी के स्थान पर, 12, 32, 69, 70, 71, 159; बाद की अवस्थाओं में सामाजिक प्रगति में बाधक, 33, 73, 215-18; जाति-परिवर्तन, 61-62, 123, 152-53; पेशेवर जाति, 107, 159; मछुवे, 65; झाड़ू-बरदार 143; महावत, 135-36; नर्तक, 70; नाई, 143; (देखिए, कायस्थ) ; वर्ग के रूप में, 71, 72, 113-15, 140, 152, 214; सामंतवाद के साथ परिवर्तन, 72-73; सामंती उत्पीड़न से बचाव, 73, 242; आधुनिक राजनीति में, 73; पशुपालक अहीर, 148; ब्राह्मण जाति की संभावित उत्पत्ति, 110; मिश्रण का निषेध, 123; किंतु आरंभ में लचीलापन, 124; अंतर्निहित सामाजिक परिवर्तनों पर इसका आवरण, 131; सीमा-प्रदेश में ढीले नियम, 151-52; बौद्ध दृष्टिकोण, 145; कबीलाई सरदारों का नई जाति में प्रवेश, 213; कृषक जाति- समुदाय में कबीलाई समूहों की भरती, 214; स्थानीय अर्थ-व्यवस्था में प्रतिष्ठा के अनुरूप जाति-प्रतिष्ठा, 27-28, 213; एकसाथ ब्राह्मण और क्षत्रिय, 213; मिश्र उत्पत्ति की नायर जाति, 214; जाति और देहातों में भूमि-अधिकार, 244

जादू (ऐंद्रजालिक), आदिम, 84; जादू और नरमांस-भक्षण, 138

जाधव, कृष्ण के यदुओं का वंशज होने का दावा करनेवाला मध्ययुगीन वंश, 149

जापान, के साथ तुलना, 16, 23, 126

जाम्बवती, रीछ कबीले की राजकुमारी, 149

जालसाजी, ब्राह्मणों द्वारा; धर्मशास्त्रों में, 215; भूमिदान से संबंधित जाली ताम्रपत्र, 219

जासूसी, **अर्थशास्त्र** में विशाल और व्यापक पैमाने पर, 180; सार्थों पर जासूसी, 185, 195; जनमत जानने के लिए, 185; विभिन्न कोटि के गुप्तचरों के वेतनमान, 193; जासूसी के साथ हत्या, 206

जिक्कुरात (ज़िगुरात), 89; सिंधु प्रदेश का दुर्ग—जिक्कुरात का प्रतिरूप, 93

जीवदामन, का सिक्का; चित्रांकन : छायाचित्र 69

जुआँग, कबीला, चित्रांकन : छायाचित्र 30, 32

जुन्नर शहर, दूसरी सातवाहन राजधानी, बौद्ध विहारों का स्थल, 68; दक्षिणापथ का अंतिम व्यापारी पड़ाव-स्थल (पैठण के स्थान पर), 229, 230, 231, चित्रांकन : इसके समीप कृषि, छायाचित्र 14; व्यापारी काफिला, छायाचित्र 4, 19

जूआ, द्यूत, ऋग्वैदिक आर्यों का व्यसन, 108; द्यूताध्यक्ष के अंतर्गत संचालन, 197

जेजुरी, खंडोबा-पूजा का आधुनिक केंद्र, 237

जेरमो, ईरानी पठार की एक आरंभिक कृषि बस्ती, 89

जेरिको, 45, 55, 90

जैन (बौद्धधर्म की तरह अहिंसावादी धर्म), 41, 130, 136, 189, 199, 208, 210, 222, 226, 232

जोपीरस, दारयवहु प्रथम का मंत्री, 165

ज्ञानेश्वर, तेरहवीं सदी के अंतिम चरण के महाराष्ट्रीय संतकवि, 145

ज्वार, 51, 113

झूम, (चलखेती अथवा 'दाहया') आदिम पद्धति की खेती, 34, 63, 215; आज भी प्रचलित, 64; चित्रांकन : छायाचित्र 36

झेलम, कश्मीर-पंजाब की नदी, यूनानियों की हिदास्प, 173

झोपड़ियाँ, छायाचित्र 1 और 2

टोकरी, 56, 159; टोकरियाँ बनानेवालों की जातिगत श्रेणियाँ 71; टोकरियाँ बनानेवालों के गाँव, 159; जाति-समूह, 231

टोटेम, 48-50, 212; देवताओं के टोटेम, 70; टोटेम-मूलक अवतार, 212; टोटेम-मूलक कुल-निषेध, 71; सिंधु मुहरों पर नर टोटेम पशु, 96; विशिष्ट टोटेम : अश्व (अस्सक), 144; पक्षी (त्वाष्ट्र के सिर) 111-112, नाग, 123; कोल वृक्ष, 140-41; वृषभ,

141; शाल-वृक्ष, 141; मोर, 175; पुन-र्जन्म— मूलतः टोटेम में प्रत्यावर्तन, 139
टोड़ा, नीलगिरि का एक पशुपालक कबीला, 26, 63, 99
टोपी-कल, केरल की टोपनुमा पाषाण-समाधियाँ, 175
ट्रॉय, 106, 121

ठाकुर, रवींद्रनाथ, 12
ठाणा, बंबई के समीप का नदीमुख बंदरगाह, 229

डाकू, लुटेरा, 68, 96, 131, 143,145, 222
डामर, राजविद्रोही स्थानीय कश्मीरी सामंत, 232
डायोनिसस् (बैक्कस्), यूनानी देवता, इंद्र के तुल्य, 150
डेन्यूब, नदी, प्रागैतिहासिक काल में, 81

तंत्र, व्यभिचारपूर्ण रहस्यानुष्ठान, 136; बौद्ध, जैन और ब्राह्मण धर्मों द्वारा परिष्कृत (रहस्यात्मक) रूप में तंत्र का पुनरुद्धार और अंगीकार, 222
तक्षशिला, नगर, 121; उत्तरापथ का अंतिम पड़ाव-स्थल, 151, 158; आर्य संस्कृति का प्रमुख केंद्र, 151, 183; मुद्रा-प्रणाली, 158, 181; पूर्वी गंधार की राजधानी, सिकंदर के सामने आत्मसमर्पण और उसे सहयोग, 171; ईसा-पूर्व चौथी सदी में अप्रभावक दशा, 171-72; मौर्यकाल में आरंभ में महत्व घटा, 176, यद्यपि यह एक उप-राजधानी थी।
तपस्वी, अन्न-संकलनकर्त्ताओं के जीवन में लौटनेवाले, 135, 138, 144; राजा के लिए पूजा-पाठ के रूप में दंड की अदायगी, 197
तपस्सु, उत्तरापथ पर उत्तर-पश्चिमी सीमा-प्रदेश का (संभवतः धातु का) एक व्यापारी, 153
तमाशा, आधुनिक देहाती नृत्य-गान, 247
तमिल, 99, 246
ताँबा, ताम्र, 44, 81-82, 113, 153, 194 199, 236; राजस्थान का तांबा, 82, 112; गंगा की घाटी से, 118-19; दक्षिणी-पूर्वी बिहार से, 176, 205
तामलुक (ताम्रलिप्ति), बंदरगाह, बिहार के तांबे का खास निर्यात-स्थल, 176
तांबूल, खाने का पान, बृहद् मलेशियाई मूल का शौक, 220
ताम्रपाषाण युगीन (आरंभिक ताम्रयुग के लिए पुरातत्त्व का एक अनुपयुक्त शब्द), 120
तारा, महायानी देवी, 223
तिगलथ-पिलेसर (तृतीय), असीरी राजा, 111
तिब्बत, 98, 126, 171, 222, 255-56
तिल, 51, 113
तिलक, बाल गंगाधर, 19
तीर्थ, 91-92
तीर्थंकर, पुराकालीन जैनधर्म-संस्थापक, 130
तुंगभद्रा, नदी, 57
तुकाराम (तुका + राम, जिसमें 'तुका' शब्द मातृदेवी तुकाई से बना है), सोलहवीं सदी के महाराष्ट्रीय संत, 231
तुर्की (अनातोलिया), 45, 90, 103
तुलसी (वृंदा), पवित्र पौधा, हर साल इस देवी का कृष्ण के साथ विवाह रचा जाता है, 149
'तेरी', दक्षिण-पूर्वी समुद्र-तट के बलुआ टीले, 55
तेरी संस्कृतियाँ, तेरी से प्राप्त मृतभांड-पूर्व लघुपाषाणी संस्कृतियाँ, 55
तेलुगु, 63, 99
तॉलस्ताय, लिओ निकोलाइविच, 19
त्रित, ऋग्वेदिक वीर, त्वाष्ट्र की हत्या करने में इंद्र का साथी, 112
त्रित्सु, भरत जन की एक शाखा, 108
त्वष्ट, त्वाष्ट्र का 'पिता', ऋग्वैदिक शिल्पी-देवता, 107, 111
त्वाष्ट्र, इंद्र द्वारा मारा गया तीन सिरों वाला असुर, किंतु उपनिषदों के उपदेष्टाओं में से एक, 112
थाईदेश, 20, 126, 200
थोंबा, बीज बोने की आधुनिक खेती, 63-64
दंडनीति, 213

दंडी, ईसा की सातवीं सदी के संस्कृत रचनाकार, 251

दक्खन (और भारतीय प्रायद्वीप), 26, 55, 56, 58, 61, 62, 65, 158, 160, 237, 240, 241; दक्खन में लौहयुग की शुरुआत, 57; लोहे के नए स्रोत, 205, 216, देखिए, दक्षिणापथ, 144; 156; घटिया सिक्कों का प्रचलन, 206; विविध प्रकार की भूरचना और परिवहन, 160; व्यापारी काफिले, 235; दक्खनी कगार में घाट (दर्रे), 57-58, 39, 235; **अर्थशास्त्र** की पद्धति से आबाद करना संभव नहीं था, 205, 229; विशिष्ट 'काली कपास' मिट्टी 26, 237; गुफा-बिहार, 228-30 : चित्रांकन: दक्खन के कगार का मानचित्र जिसमें बौद्ध गुफाओं को दरर्शाया गया है, पृ. 212

दक्खिणागिरि (दक्षिणागिरि = मिर्जापुर), बुद्ध के समय स्थापित नई बस्ती, 142, 148

दक्षिणापथ (दक्षिणी व्यापारी-मार्ग = दक्खन), 144, 153, 156, 160; दक्षिणापथ पर मौर्यों का अधिकार, 175; इस पर व्यापार में अत्यधिक मुनाफ़ा, 176; चित्रांकन : मान-चित्र, पृ. 168-69

दमजदश्रि प्रथम, का सिक्का चित्रांकन : छायाचित्र 68

दर्शन (देखिए, बौद्ध दर्शन), ईसापूर्व छठी सदी में गांगेय प्रदेश में नया दर्शन, 132-37, 141; धर्मोपदेशकों के आश्रयदाता राजा, 163, परंतु उन्होंने अनुकरण नहीं किया, 177; फिर भी अंततोगत्वा राजतंत्र में प्रवेश, 200; प्रमुख व्यापारी-मार्गों के साथ-साथ प्रचार-प्रसार, 125; गाँवों का अलगाव और मध्ययुग में धर्म-दर्शनों का बेशुमार फैलाव, 219

दशकुमारचरित, दंडी की संस्कृत गद्य कृति, 251

दस राजा (दाशराज्ञ), ऋग्वैदिक संघ और युद्ध, 109, 167

दस्यु, आरंभ में 'दास' का समानार्थी शब्द, बाद में डाकू अर्थ, 108

दारयवहु (दारा या डेरियस), कई हखामनि सम्राटों के नाम; दारयवहु प्रथम, 99, 101, 140, 165, 171; तक्षशिला में दारिक सिक्के, 159

दास, गुलाम अथवा सेवक, मूलतः जातिगत आर्येतर, 108; ऋग्वैदिक दास राजा, 111; आदिवासी भृत्यदास, 111; 'गुलाम' के रूप में, 152

दास (ता), गुलाम, 23, 45, 90, 94, 96, 97, 108, 123, 152, 228; भारतीय विशेषताएँ 37-38; सिंधु संस्कृति में (?), 76; कबीलाई गुलाम के रूप में दास (शूद्र), 111, 113-14; दास-श्रम की अकुशलता एवं कमी, 131; घरेलू दासों का आयात, 236; दासियाँ—दक्षिणा तथा व्यापार की चीजें, 135, 236; यूनानियों ने भारत में क्रीतदास नहीं देखे, 168; यूनानी आर युद्धबंदी दास 174; दंडित दास, 188; दास कानून द्वारा भलीभाँति सुरक्षित और उनके साथ मजदूरों से बेहतर बर्ताव, 196

दिओदोरस् सिकुलस्, यूनानी इतिहासकार, भूगोलवेत्ता और दार्शनिक, 171

दिकैओस्, हिंद-यूनानी सिक्कों पर अंकित 'धम्मक' का समानार्थी शब्द, 177, 203, 224

दिमित्री, का सिक्का, चित्रांकन : छायाचित्र 60

दिल्ली (इंद्रप्रस्थ), 119, 120, 121, 125, 204, 240; दिल्ली के आरंभिक सम्राट्, 38

दिवोदास, ऋग्वैदिक आर्य मुखिया, 108

'दिशा-काक', प्राचीन समुद्रतटीय नौसंचालन में, 83

दीर्घ कारायण (दीघ कारायण, चारायण), क्षत्रिय राजतंत्र, 154; और कोसल का मल्लीय महामंत्री, 163, 164, 165, 166

दीर्घतमा, ऋग्वैदिक ऋषि और मल्लाह (?), 119

दुर्गा, अपने भयावह रूप में शिव की पत्नी (देखिए, पार्वती), 213, चित्रांकन : छायाचित्र 96

दूकान, अधिकांश देहातों में अभाव, 29

देउलगाँव, लघुपाषाणो का स्थल, 53, चित्रांकन (लघुपाषाण) : 4, पृ. 46

देव, ('देवता', बाद में 'राजा' भी) ईरानी में 'दानव', 104, 107

देवकी, कृष्ण की माता, 148

देवता, 146-47; मानव-समाज के समांतर संयोजन, 70; अप्सराएँ, 93; वैदिक, 99, 115; अग्नि देवता, 104; देवताओं में कलह, 111-12; बौद्ध धारणा के अनुसार देवता भी कर्म-प्रभाव से मुक्त नहीं, 139; सामाजिक आवश्यकता से नए देवताओं का निर्माण, 153, संयुक्त पूजा-विधानों के रूप में देवताओं की गृहस्थियाँ, 212

देवदत्त, बुद्ध का भिन्नमत चचेरा भाई, 143, 226

देवोत्पाटन नायक (मूर्तियों को गलाने के लिए नियुक्त महामंत्री), 232

दौलताबाद (देवगिरि), किला, मध्य-युगीन दक्खिनी शासन-केंद्र, 216

द्रविड़, भाषा-समूह, संभवतः प्रजाति समूह, 59-60, 99

धनगर, खानाबदोश भेड़पालक जाति, 61; प्रागैतिहास में इनका मूल, 62

धनुष, 62, 88; अत्यंत शक्तिशाली भारतीय हथियार, 172, 214. चित्रांकन : छायाचित्र 31, 93

धम्म (धर्म), मूलतः न्याय, (प्रकृति का) सहज नियम, नीतिशास्त्र, 177; समदृष्टि के अर्थ में, 202-203; असोक के बाद अर्थ बदला, 207, 215; राजा और प्रजा के बीच समन्वय स्थापित करने का साधन, 207, 239

धम्मरखित, यूनानी बौद्ध भिक्षु, असोक का धर्मदूत, 177

धर्म, 20,51; देहाती इलाकों में फैलाव, 69-70; भारत में एकात्मक धर्म असंभव, 134; अधिक आदिम प्रथाओं का अंगीकार, 136; खाद्य-संकलन की सुविधा से प्रभावित, 51; राज्य द्वारा बल-प्रयोग को घटाने में योग, 95; आर्थिक आधार के छिपे परिवर्तन, 133-36; राजतंत्र में प्रवेश, 200; आदिम कानून धर्म से पृथक् नहीं, 203-4; संप्रदायों का शांतिपूर्ण विघटन, 225; प्रबल धार्मिक परिवर्तनों का आर्थिक कारण, 231-32, 252-55; कला–धर्म के अधीन, 245 चालू; धार्मिक संश्लेषण से गंभीर मतभेद मिट नहीं पाए, 253

धर्मदूत, असोक के , 127, 200

धर्म-महामात्र, 'समदृष्टि का उच्चायुक्त', असोक के नए उच्चायुक्त, 202-3

धातुएँ, 32, 44, 57, 61, 72, 76, 112, 116, 118-19, 124, 145, 148, 153, 157, 159, 176, 212, 243 यजुर्वैदिक सूची 113; राज्य का नियंत्रण, 157, 161, 167, 192; असोक के बाद यह नियत्रण नहीं रहा, 205; धातुओं की आम कमी, 172; पंजाब में धातुओं और धातुकर्म का सापेक्ष अज्ञान, 190; धातु-कर्मकारों की श्रेणियाँ, 228-29; विहारों के लिए अधिक धातु का इस्तेमाल होने के कारण अर्थ-व्यवस्था नष्ट, 230-31; चित्रांकन : खनिजों का वितरण (मानचित्र), पृ. 124-25

धान्य-कोठार, सिंधु नगरों में 76, 86

धारवाड़ पर्वतमाला का सुदूर का भाग, लघु मात्रा में लौह खनिज की आसानी से प्राप्ति, 157

धारा, (धार) राजा भोज परमार की राजधानी, 210, 250

धूसर भांड (उत्तरी चित्रित भांड, NPG) 111; 'आर्य' भांडों से बेहतर पूरु भांड, 121; दक्षिण में, 120

धेनुकाकट, कार्ले के समीप की यूनानी व्यापारी बस्ती, 177

ध्रुवस्वामिनी, दो क्रमिक गुप्त राजाओं की रानी 240

नंद (नंदिन्), मगधीय राजवंश, 178, 198, इनके वैभव की लोक-प्रसिद्धि, 181; महापद्म नंद, 181; बुद्ध के सौतेले भाई के नाम में 'नंद' शब्द, 248

नंदी, नवपाषाणिक उत्पत्ति का शिव का पवित्र वृषभ (और टोटेम), 71, 212, 235
नगर (शहर), आधुनिक, 14 चालू, ग्रामीण अर्थव्यवस्था पर प्रभाव, 32, 160; विध्वंसक प्रभाव—निरर्थक निषेधों पर, 69 और जातिप्रथा पर, 73; सर्वप्रथम भारतीय नगर, 75-97, अद्भुत संगठन युक्त, 75 चालू; सिंधु नगरों के ध्वंसावशेष, 96-97, 105-6; ऋग्वैदिक आर्यों के नगर नहीं, 107; उत्तर वैदिक काल के चंद छोटे नगर, 116; नगरीय पुनरुत्थान, 117-120; नए नगरों की संरचना, 130, बौद्ध भिक्षु को नगर में टिकने की मनाही, 138; **अर्थशास्त्र** में शहरी और ग्रामीण जीवन में अंतर, 197; लापरवाही के कारण नगरों के लेखे-जोखे नष्ट, 216; सातवाहनकाल में नगरीय संस्कृति, 236-37; शहरी उत्पादन गाँवों की जरूरतों को पूरा करने में असमर्थ, 240-41
नग्नता (तपस्वी की वृत्ति), 136
नचरी, असम का कबीला, चित्रांकन : छायाचित्र 26
नदियाँ, पात्र-परिवर्तन, 97, 109; पाँच अथवा सात नदियों का प्रदेश = पंजाब; नदी-नामों का स्थानांतरण, 105; नदी के पानी को लेकर झगड़ा, 109, 140; गंगा—महान पूर्वी व्यापार-मार्ग के रूप में, 119-20; भारतीय नदियों के विस्तार से यूनानी आश्चर्यचकित, 168, 173
ननैया, कुषाण सिक्कों पर अंकित मातृदेवी, 235
नमक, अत्यावश्यक पण्य-वस्तु, 32, 243; प्रागैतिहास में, 47, 58; घोर तपस्वी भी इसे ग्रहण करते थे, 135, 157, 160
नमुचि, शक्तिशाली आर्यपूर्व असुर, जिसकी इंद्र ने हत्या की, 105
नंबूदिरि, मलाबार की ब्राह्मण उपजाति, 214
नरमांस-भक्षण, जादुई शक्ति के लिए, 138
नर्मदा, नदी, 120, 145
नव-विहार, 127
नहपान, उत्तरी दक्खन का एक राजा (खखरात), 234-35, 236; चित्रांकन : (नहपान का सिक्का), छायाचित्र 65
नहरें, सिंधु संस्कृति में नदारद, 85, 88
नांदी, संस्कृत नाटकों की प्रस्तावना, 246
नाई, वर्ण-व्यवस्था में एक निम्न जाति, 32, 143; प्लास्टिक शल्य-चिकित्सा की खोज, 34; आरंभिक बौद्धभिक्षु उपालि, 143
नाग, पूजा-विधान और शिल्प में सश्लिष्ट स्थिति, 123-25, 151; आदिम, पृथ्वी-धारक, 151, 213
नागमुंडा, शाक्यों की दासी, जिसका नाम दो आदिवासी कबीलों के नामों के योग से बना है, 163
नागरक, **कामसूत्र का**, 237; नागरक की साहित्यिक अभिरुचि, 252
नागानंद, सम्राट् हर्ष द्वारा रचित और अभिनीत बौद्ध कथा पर आधारित संस्कृत नाटक, 226
नागार्जुनकोंडा, दाक्षिणी बौद्ध केंद्र, 237
नाटक, 15, 245 चालू; आदिम अनुष्ठानों से उत्पत्ति, 48, 246
नाट्य 'नाटक', मूलतः 'स्वांग', 247
नाणेघाट, जुन्नर के लिए प्रमुख दर्रा, 229; चित्रांकन : छायाचित्र 4, 19
नायर, द्वैत उत्पत्ति की जाति, 214
नारायण (देखिए, विष्णु)
नारियल, 12, 65, 69; पश्चिमी समुद्र तट की पट्टी की अर्थव्यवस्था का मूलाधार, 234
नारु-कारु, ग्रामीण कारीगर (सामान्यतः एक दर्जन विभिन्न व्यवसाय : बढ़ई, कुम्हार ...), 242
नामिनी, आग से ध्वस्त ऋग्वैदिक नगर, संभवतः मोहेंजो-दड़ो, 106
नालगिरि, मदोन्मत्त हाथी जिसे बुद्ध ने वश में किया था, चित्रांकन : छायाचित्र 85
नालंदा, बिहार का बौद्ध विहार; मूलतः नाग-पूजा स्थल, 151; सातवीं सदी का वैभव, 219-21; लगभग 655 ई. में इसे लूटा गया, किंतु अगली सदी में पुनरुद्धार हुआ, 224-25

नासिक, 209, 244
निगम, व्यापारी उपनिवेश, 140
निज़ाम-उल्-मुल्क, दक्खन में बादशाह के प्रतिनिधि की मुस्लिम उपाधि, 241
नियतिवाद, आर्थिक, 23
निरंकुश राजतंत्र, परिवर्तनशील और सुस्थिर समाज में भिन्न-भिन्न कार्य, 161
निर्वाण, कर्म के बंधन और पुनर्जन्म के चक्र से मुक्ति की बौद्ध धारणा, 139, 146
निषेध (टैबू), 50, 104; रजोदर्शन-विषयक, 69; कुलों में, 71; मुहरों के साथ, 84; गोमांस भक्षण और गोवध पर, 133-34; उच्छिष्ट भोजन पर, 134; सहभोजी, 217
निष्कासन, 116
नील, नदी, 81, 84, 89, 90, 168
नीलमत, कश्मीर का संरक्षक नाग; ब्राह्मणों द्वारा खास तौर से तैयार किया गया उसका **पुराण**, 223
नृत्य, आनुष्ठानिक उत्पत्ति, 48, होली के अवसर पर, 67; गोंधलियों का, 70, 245; नृत्य-कुशल अप्सराएँ, 93; **ऋग्वेद** में 108; भोजन के लिए, 135; संस्कृत नाटक में पेशेवर नर्तकों का बहिष्कार, 246-47, अन्य मनोरंजनों के साथ नर्तकों को भी सीता ग्राम में प्रवेश वर्जित, 189, 247; चित्रांकन : छायाचित्र 23, 25
नेपाल, 141, 147, 183, 239, 255
नैतिकता, राज्य तो नैतिकता से परे, पर नागरिक इससे बँधा हुआ, 167, 179; असोक के समय तक, 204, 206
नैरंजरा, बुद्धगया के समीप की नदी, 141
नोह, सुमेरी (जिउसुद्द), 82; बाइबल में उल्लिखित 'दिशा-काक' द्वारा नौसंचालन, 83
नौका, सिंधु प्रकार की, 83; 'सौ डाँडोंवाली' ऋग्वैदिक नौका, 119; चित्रांकन : सिंधु प्रकार, छायाचित्र 46; लगभग 800 ई. की, छायाचित्र 20
नौसंचालन, प्राचीन पद्धति, 82; आर्यों की नदी-यात्राएँ, 119
न्याय, कबीलाई, 155, 165-66; मध्ययुगीन, पृथक् समूह-कानूनों को स्वीकृति, 215-216

पंचजना : 'पाँच जन या कबीले', 148
पंचतंत्र, व्यावहारिक नीतिकथाएँ, 253
पंचांग, कृषिकर्म के लिए आवश्यक, 210, 244; और अंधविश्वास, 212
पंचाल, (पांच सर्पमीन) कुरुओं के समीप का क्षत्रिय कुलीनों का कबीला, 183
पंजाब, 26, 72, 75, 83, 99, 104, 110, 112, 116, 117, 118,120, 123, 148, 150, 174, 183, 205, 208, 217, 219, 233, 234, 235; रूढ़िवादी बना रहा, 132; तकनीक में पिछड़ा हुआ, 190, 194; पंजाब की नमक की पहाड़ियाँ, 160; सिकंदर का हमला, 168 चालू; चित्रांकन : मानचित्र, पृ. 94
पकुध कात्यायन, दार्शनिक, एक संप्रदाय का संस्थापक, 135
पक्थ, ऋग्वैदिक कबीला (पख्तून ?), 109
पटना (पाटलिपुत्र), 75, 142; गंगा के व्यापार पर अधिकार के लिए स्थापना, 165; मगधीय साम्राज्य की राजधानी, 165, 181; मौर्यों के अधीन, 175, 176, 197; ईसा-पूर्व चौथी से दूसरी सदी तक संसार का सबसे बड़ा नगर, 181; ह्रास, 240, 243; लकड़ी पर मिट्टी के लेप से किलेबंदी, 201, मिनांदर का पटना तक हमला, 233
पण, 'सिक्का', 107, 191, 192
पणि, सिंधु घाटी के आर्य-पूर्व लोग, 107, 159; पणियों का मुखिया बृबु, 111
पण्य-उत्पादन, इसकी परिभाषा, 32; देहातों में पण्य उत्पादन का कम विस्तार, 33; दास-प्रथा की स्थापना पर प्रभाव, 114, 152; इसने आर्य और इनकी दूर की मिश्रित शाखाओं को बाँधे रखा, 153; ई. पू. छठी सदी के व्यापार में उच्च पण्य-उत्पादन, 159-60; मगध में पण्य-उत्पादन एक राजकीय उद्यम, 191-97; भारतीय सामाजिक

स्तरों के कारण पण्य-उत्पादन में अवरोध, 215; उत्पादन में वृद्धि, किंतु पण्य-उत्पादन में नहीं, 219; विहारों को दान देनेवालों से पण्य-उत्पादन की उन्नतावस्था की जानकारी; 228-29
पण्यगृह, राज्य का, 191-196; सिंधु नगरों के धान्य-कोठार, 76, 86
पतंजलि, वैयाकरण, 109, 206; उत्तम गद्य और उत्कृष्ट भाष्य, 209; प्रथम शुंगों के समकालीन, 233; शब्दों को शाश्वत माना, 223
पद्मगुप्त-परिमल, संस्कृत काव्य **नवसाहसांक चरितम्** का रचयिता, 210
पराशर, ब्राह्मण राजतंत्रज्ञ, 154
परीक्षा, तप्त तैल-67; सामंती युग में संदिग्ध मामलों का ऐसी परीक्षाओं द्वारा फैसला, 216
परीक्षित, **महाभारत** का एक पूरु राजा, 122
पल्लव, पूर्वी तट का दक्षिणी राजवंश (राजधानी: कांची), 238
पशुपालक, पशुचारी, 45; प्रागैतिहासिक लहरों में, 58; धनगर जाति, 61; भील पशुचारी बने, 62; वैदिक पशुपालक, 112, 113, 126, 130, 132; कृष्ण: पशुपालक-देवता, 146 चालू; ईसा पूर्व तीसरी सदी के अवशेष, 184; यज्ञ और वैदिक पशुचारी जीवन, 227
पसेनदि (प्रसेनजित्), कोसलराज, बुद्ध का समकालीन, 132, 140, 162, 163, 164; इक्ष्वाकु वंशज होने के दावे के बावजूद निम्न जाति में जन्म, 162-63, चित्रांकन: सिक्के, रेखाचित्र 9, पृ. 160
पांडव, 'पांडु-पुत्र', 121, 124, 150, 204
पांडु राजार ढिबि, पश्चिम बंगाल मे प्रागैतिहासिक स्थल, 120
पाकिस्तान, 52, 72, 80, 109
पाणिनि, संस्कृत वैयाकरण, 176, 209
पांड्य, दक्षिण-पूर्वी भारत का एक राजवंश, 238
पानीपत, दिल्ली के समीप का सामरिक दृष्टि से महत्वपूर्ण स्थल, 120
पारधी, फाँसा डालनेवाला निम्न-जाति कबीला, 67
पार्वती (देखिए, दुर्गा) शिव-पत्नी, 58, 68, 249, 253; विभिन्न स्थानीय मातृदेवियों से तादात्म्य, 213; गौरी, 226; अर्ध-नारीश्वर 253
पार्श्व, प्राक्-जैन धर्मोपदेश, 130, 136
पाल, बिहार और बंगाल पर शासन करनेवाला एक राजवंश, 224, 248, 250
पालि, मगध की भाषा, और प्राचीन बौद्ध धर्मग्रंथों की भाषा, 140, 153, 162, 198; हीनयान ने पालि को प्रचलित रखा, 222
पावा, व्यापारी मार्ग पर स्थित मल्लों की राजधानी, 144, 155
पाशुपत, शिव-पशुपति के खूंखार अनुयायी, 225
पासाणक चेतिय, राजगिर के बाहर पत्थरों का एक स्मारक, 144; चित्रांकन: छायाचित्र 43
पितृसत्ता (पितृतंत्र), 67; आर्य, 102, 105, 110
पिप्पली गुहा, राजगिर का एक प्राचीन स्तूप: चित्रांकन: छायाचित्र 43
पियदसि (प्रियदर्शिन्), असोक का निजी नाम, 198
पिशुन, राजतंत्रज्ञ, 154
पीपल, पवित्र वृक्ष, 71, टोटेममूलक, 71, इसके नीचे बुद्ध को ज्ञानप्राप्ति, 141
पुक्कुस, तक्षशिला का क्षत्रिय (संभवतः टोटेम-मूलक नाम), 153
पुणे, 53, 54, 69
पुनर्जन्म, पुनर्जन्म का चक्र, 136, 139, 143 223; जाति-समाज में कबीलाई मुखिया के पुनर्जन्म के लिए प्रतीकात्मक संस्कार, 214
पुराण, पुनर्रचित अथवा तैयार कराई गई जाली ब्राह्मण कृतियाँ, 70, 72, 125, 162, 212, 213; नीरसता, 217, मध्ययुगीन यूरोपीय धार्मिक कृतियों से तादात्म्य 217-18; **नीलमत-पुराण**, 223

पुरातत्त्व, 24, 42, 43, 44, 46, 65, 75, 80, 104, 120, 148, 172, 194, 227, 236; अपर्याप्त, 24, 89, 94, 111, 120, 245
पुष्कर, आनुष्ठानिक कृत्रिम कमलताल, सिंधु, 90-93; शाक्य, 141; चित्रांकन : रेखाकृति 7, पृ. 85
पुष्करावती (चारसद्दा, यूनानियों की 'पुकलाओती'), 153, 171, चित्रांकन : (सिक्के) छायाचित्र, 57, 58
पुष्यगुप्त, असोक का वैश्य साला, सौराष्ट्र का राज्यपाल, 175
पुष्यमित्र, शुंगवंश का संस्थापक, 232, 233
पूँजी, राजकोषीय संकट के समय पूँजी पर विशेष कर; 206; विहारों द्वारा प्रदत्त, 227, 236
पूँजीपति-वर्ग, आधुनिक भारतीय शासक-वर्ग, 12, 13, 14-20; विदेशी 12, 14, 15, 16-19; कबीलाई जीवन पर प्रभाव, 62, 73, 162
पूजा (देखिए, पूजा-विधान, देवता, अंध-विश्वास, धर्म), आधुनिक पूजा-विधियों का उद्‌गम, 68, 69, 70-71
पूतना, मातृदेवी और राक्षसी, कृष्ण द्वारा वध, 149
पूरण कस्सप, ब्राह्मण संप्रदाय-संस्थापक, 132, 136
पूरु (लेखक ने 'पुरु' के स्थान पर सर्वत्र 'पूरु' ही लिखा है—अनुवादक), प्रमुख ऋग्वैदिक आर्य कबीला, 109, 112, 121; (कुरु शाखा) 120, 125; अंतिम पूरुराज का सिकंदर द्वारा पराभव 171 चालू; मौर्यों के साथ ही इतिहास से लुप्त, 174
पूर्णवर्मन्, 'असोक के अंतिम वंशज' ने बोधिवृक्ष का पुनरुद्धार किया, 232
पूर्व, अपरिवर्तनशील, कालातीत, 29, 188, 235
पेंशन, 193
पेटेख, एल., 40
पेल्ला, मकदूनिया की राजधानी. 172
पेशावर (पुष्पपुर). 152
पैठण, नगर; सातवाहन राजधानी; दक्षिणापथ का अंतिम पड़ाव-स्थल, 145, 236; पैठण का अधिष्ठाता यक्ष खंडक, 237
पैलिको सिल्वियो (1788-1854), राजनीतिक अहिंसा का धर्मपिता, 19
पौरोहित्य, पुरोहिती (देखिये, ब्राह्मण) सदैव ब्राह्मण के ही अधिकार मे नहीं, 12, 15, 18; वैदिक धर्म की जन्मभूमि से संबंध टूट गए, 104; ऋग्वैदिक काल में शुरुआत, 110

प्यूकेलाओती (देखिये, पुष्करावती)
प्रजनन-संबंधी अनुष्ठान, 67, 84, 93, 115, 136, 246; तांत्रिक दर्शन और अनुष्ठानों के रूप में पुनरोद्‌भव, 222
प्रद्योत, अवंती का राजवंश, 166
प्रयाग (गंगा-यमुना के संगम पर स्थित नगर), 239
प्रवरा, गोदावरी की एक सहायक नदी, 145
प्रवाहन जैवलि, क्षत्रिय उपनिषदिक दार्शनिक, 133
प्रशस्ति, समुद्रगुप्त की (मरणोपरांत) प्रयाग 239
प्रस्तर युग, 43, 46-55, 80; बाद में भी चालू 157, 175, 236; चित्रांकन : लघु-पाषाण, रेखा: 4. पृ. 46; रेखा. 5, पृ. 47; छाया. 37, 38
प्राकृत, सरल आम भाषा, संस्कृत से इसका वही संबंध है जो लैटिन का इतालवी से है, 99 209. 233: सातवाहनों के अधीन उच्च लौकिक साहित्य का सृजन (अब लुप्त), 237; सस्कृत नाटकों में स्त्री पात्र और सेवक प्राकृत बोलते हैं, 247; **कथा-सरित्सागर** : प्राकृति मूल का संस्कृत रूपांतर, 252
प्रागैतिहास, अध्याय दूसरा; सामान्य, 43-50; भारतीय, 50-59; प्रागैतिहासिक अवशेष, 59-74, 89, 104, 108
प्लुटार्क, सिकंदर की पुरु से हुई मुठभेड़ का वर्णन, 173-74
फरुन, 23, 45, 97; फरुन के विशेष कार्य, 93-94

फलक (मिट्टी के), मेसोपोटामियाई, 81; सिंधु प्रदेश में ऐसे फलक उपलब्ध नहीं, 84, 95
फारस = ईरान
फारा, मेसोपोटामिया का पुरातात्विक स्थल, 83
फाहियान, चीनी बौद्ध यात्री, 240
फिलस्तीन, 105, 126
फ्रिजिअन, 'भृगु' की व्युत्पत्ति, 11, 109

बगलौर 67
बंगाल, 14, 71, 99, 120, 176, 225, 253; केवल गुप्तों के समय में ही व्यापक रूप में बस्तियों की स्थापना, 240
बंधुल, मल्ल, कोसल-सेना का कमांडर, 163, 166
बनिया, 'वनिक्' और 'पणि' से व्युत्पन्न, 107
बंदी, मगध में अपराधियों के प्रति अत्यंत कठोर बर्ताव, 197; असोक द्वारा दंड में रियायत, 204
बंबई, 15
बरमक, हारूँ-अल्-रशीद का मंत्री-परिवार; मूलतः बौद्ध विहार के परमक (मठाधीश), 127
'बरलाम और जोसफत', बुद्ध-चरित्र पर आधारित ईसाई-संत की जीवनकथा, 127
बर्क, एडमंड, 16
बर्मा, 51 126, 176, 222
बलबूथ तरुक्ष, ऋग्वैदिक आर्येतर राजा अथवा दो राजा, 111
बलराम (संकर्षण, हलधर), 148-151; शेषनाग का अवतार, 151; हलधरों का रक्षक देवता 151; सातवाहन पूजा 229; आरंभिक शुंगकाल में कृष्ण के समकक्ष प्रतिष्ठा, 233-34
बलि, (देखिए, यज्ञ), 48, 110, 131, 132, 144, 151; रक्त-बलि, 69, 115-16, 231; मानव-बलि, 35, 48, 62, 70, 115, 132, 142, 148, 150, 208; अग्नि को दी जानेवाली बलि के रूप में, आग से भूमि-सफाई, 120; कृषकों को पशुबलि अधिकाधिक दुःसह, 132, 163-64
बलि, बाद में अर्थ हो गया—कबीलाई बलिकर्म के अवसर पर मुखिया को दी जाने वाली 'भेंट'; इससे विकसित कर, 115 186; **अर्थशास्त्र**-सम्मत विशिष्ट कर, जिससे असोक ने लुंबिनी को मुक्त किया था, 186-87
बलुतें, ग्रामीण कारीगरों को मिलनेवाले निश्चित हिस्से के लिए प्रयुक्त मराठी शब्द, 242
बलूचिस्तान, 89
बल्ख (बाल्हीक), 152; मगध के व्यापार में बल्ख का लोमचर्म, 176
बस्ती (जिला, उत्तर प्रदेश), प्राचीन कोसल का एक हिस्सा, 141
बस्ती, अधिवास (देखिए 'भूमि' और **अर्थशास्त्र**), गंगा की घाटी में आर्यों की आरंभिक बस्तियाँ, 118-19; मगधीय राज्य (सीता) बस्तियाँ, 197; जैसी दक्खन में संभव नहीं, 205, 229
बहरीन (दिलमून), हिन्द-मेसोपोटोमियाई व्यापार का गोदामी-केंद्र, 82
बांध, सिंधु संस्कृति में बाढ़ की सिंचाई के लिए 86; आर्यों ने इन्हें तोड़ा 97, 106; बाँधों की मजबूती के लिए मानव-बलि, 132; मगध के बाँध, 186; गिरनार स्थित बाँध, 209; मध्ययुगीन बाँध, 245
बाँस, एक आरंभिक पण्यवस्तु, 160 यूनानियों की नजर में विशालकाय सरकंडे, 168; बँसारों की श्रेणी, 229; बँसारों की जातियाँ (बुरूड़ आदि), 231
बाइबल, 83, 96; तुलना में ऐतिहासिक मूल्य अधिक, 105
बाकू, कस्पियन तट का नगर, जहाँ भारतीय यात्री पहुँचते थे, 218
बाढ़, जलप्लावन, 41, 82, 96; मौसमी, 41, 87, 205; सिंधु प्रदेश में (जैसी कि मिस्र में भी) बाढ़ से सिंचाई, 85-86
बाण, संस्कृत कवि और गद्यकार, 252, एक गौण दक्षिणी राजवंश, 238
बाप्पा रावल, राजपूतों के परंपरागत कुल-

संस्थापक, स्थानीय 'मौर्य' को हटाकर अपना राज्य स्थापित किया, 233
बामियाँ, (अफगानिस्तान में), बुद्ध की विशाल प्रतिमाँ, 126
बावेरी, कोसल का ब्राह्मण, दक्खन में ई. पू. छठी सदी का अग्रगामी, 144, 156, 205, 227, 236बावेरी की परंपरा सातवाहन काल में जारी रही, 229
बाहुदन्ती-पुत्र, राजतंत्रज्ञ, 154
बिंदुसार, दूसरा मौर्य सम्राट, चंद्रगुप्त का पुत्र, असोक का पिता, 175, 176, 186, 197, 199, 202; चित्रांकन : सिक्के, रेखाचित्र, 14, पृ. 200
बिंबिसार, ईसा-पूर्व छठी सदी का मगध-सम्राट, 132, 142, 153, 157, 162-64; उत्पत्ति निम्न जाति में अथवा अज्ञात, 163 बिहार (देखिए, मगध भी), 26, 27, 34, 71, 188, 228; खनिज संपदा, 118-19, 160, 176, 204; व्युत्पत्ति 'विहार' शब्द से, 225
बीजगणित, 234
बुद्ध (गोतम), 68, 139-45, 117, 126, 133, 138, 151, 158, 162, 163, 165, 189, 226; प्रामाणिक चित्र उपलब्ध नहीं, 142; विष्णु का अवतार, 212; बुद्ध पर आरोपित चमत्कार, 222; चक्रवर्तिन् का प्रतिरूप 222; परमेश्वर, 223; कुषाण सिक्कों पर, 235; बुद्ध के जीवन पर आधारित रहस्यात्मक नाटक, 247; अनेक बुद्धों का आविष्कार, 222
बुधरखित, धनी व्यापारी दाता, बाद में भिक्षु, कार्ले, 230
बुधस्वामी, सामान्य संस्कृत कवि, 252 बुरूड़, बँसारों की जाति-श्रेणी, टोकरियाँ बनाने वाले, 231 बूलि, अल्लकप्प कबीला (चंपारन में ?), 158
बृबु, पणियों का मुखिया, किंतु आर्य ऋग्वेदिक ऋषि का आश्रयदाता, 111
बृहस्पति, ब्राह्मण राजतंत्रज्ञ, 154
बेगार, 192; गुप्तकाल में अभी इसके लिए मजदूरी दी जाती थी, 242; बिना मजदूरी की, सामंती करों के बदले में, 242; चित्रांकन : छायाचित्र 21
बेबीलोन, 21, 76, 77, 82, 93, 96, 165, 174
बैलगाड़ी, इसके लिए खाल के टायर, 160; भिक्षुओं के लिए बैलगाड़ी की सवारी का निषेध, 139; उषस् का पवित्र यान, 112
बोधि (महाबोधि) पीपल का वृक्ष, जिसके नीचे बुद्ध को ज्ञान प्राप्त हुआ, 141; शशांक ने कटवा डाला, 225; पूर्णवर्मन द्वारा पुनरुद्धार, 233
बोर्ज्या, सीजर, 161
बोल्हाई, मातृदेवी, प्रागैतिहासिक महापाषाण के स्थल पर आज भी पूजा, 68; चित्रांकन : छायाचित्र 42
बौद्धधर्म, बौद्ध, मूल सिद्धांत, 22, 39, 68, 91, 122, 133, 137-40, 151-52, 155, 162, 164, 177, 189, 198, 203, 208, 218, 232, 233; विस्तार और ह्रास की दोहरी समस्या, 126-30; राजा के कर्तव्यों और राजनीतिक अर्थशास्त्र के बारे में दृष्टिकोण, 146; लागू नहीं किया, 177; किंतु असोक ने अधिकारों की पूर्ति की, 202; राजकीय चर्च नहीं, 199, 223, संगीतियाँ, तीसरी = 200 और दूसरी (वैशाली में) = 227; बौद्ध राजाओं ने भी जातिप्रथा का समर्थन किया, 214; अंतिम अवस्थाएँ, 219-32, बौद्ध कला मूल सिद्धांतों से मेल नहीं खाती, 222-23, 228, 248; मुस्लिम विजय तक विहारों को दान जारी रहे, 224-25; भीतरी क्षय की अवस्थाएँ, 226; भिक्षुओं द्वारा संपत्ति-संचय और धन-नियंत्रण, 229; बड़े बौद्ध विहारों की आर्थिक भूमिका, 225-28; यज्ञ-रहित प्रदेशों में प्रसार के कारण, 227; व्यापार-प्रतिस्पर्धा और बौद्ध संप्रदायों के बीच का संभावित संबंध, 230; विकसित अर्थ-व्यवस्था पर भारी बोझ, 231; बौद्धों के प्रति शकों की उदारता, 234; विहारों में

आयोजित रंगमंचनों से संस्कृत नाटक का विकास, 247-48
ब्रह्मगिरि, कर्णाटक राज्य में महापाषाण संस्कृति का एक स्थल, 120, 175
ब्रह्मचर्य, 136, 138, 143
ब्रह्मदत्त, काशी का पौराणिक राजा, 156
ब्रह्मा, (अंततोगत्वा सृष्टि-निर्माता और ब्राह्मण देवकुल का एक उच्च देवता) दिव्य सारतत्त्व के रूप में, 133; बौद्धों ने दर्जा घटाकर इसे बुद्ध को श्रद्धापूर्वक सुननेवाला बना डाला, 223
ब्राहुई, सुदूरतम पश्चिमोत्तर में द्रविड़ भाषा का 'द्वीप', 60
ब्राह्मण, वेदोत्तर कर्मकांडीय कृतियाँ, 115, 132, 251; **शतपथ ब्राह्मण**, 119, 132, 133
ब्राह्मण, (पुरोहितों की वर्ग-जाति), 27, 41, 66-74, 109, 110,114, 115, 117, 132, 133, 144, 145, 151, 189, 199, 237, 246; ऋग्वेद में नया, किंतु पुरोहिती पर एकाधिकार, 110; अरण्य में शांतिमय प्रवेश, 114, 123, 144-45; परंपरा पर अधिकार, 122, 125 और सुविधानुसार पुनर्लेखन, 210, 223; नाग आदिवासियों से विवाह संबंध, 123, 152; निम्न जाति के पकाए और उच्छिष्ट भोजन के निषेध को ब्राह्मण ने तोड़ा, 134-35; ब्राह्मण को तथाकथित भारी दान, 132; बाद में ब्राह्मणों ने सभी जाति-वर्गों की पुरोहिती की, 135, 210, 215-16; शाक्य और अन्य अविभक्त कबीलों में ब्राह्मण का अनस्तित्व, 140; बुद्ध को विवाह में ब्राह्मण कन्या देने की इच्छा, 143; मिश्रित प्रजातीय स्वरूप, 151-52; ब्राह्मण राजतंत्रज्ञ, 154; फूट डालनेवाले गुप्तचर, 165; ब्राह्मण राजमंत्री, देखिए, कौटल्य, वस्सकार, काण्वायन, हेमाद्रि, लक्ष्मीधर; ब्राह्मण पुरोहित यज्ञ करने के लिए अनुबंधित, 197; असोक के बाद परिवर्तन, 208-19; शिक्षा का लंबा और कठोर विधान, 208-9; किंतु कालांतर में शिक्षित ब्राह्मणों का बड़ा अभाव, 217; अवैदिक अनुष्ठानों को अपनाया, 210; कबीलों को समाज में बदलने में ब्राह्मणों की भूमिका, 213; ऐतिहासिक कबीलों में विवाह, 214; राजाओं ने अग्रगामी ब्राह्मणों को विशेष रूप से आमंत्रित किया, 214, 227; विशेषाधिकारों की माँग, 215, 218; ब्राह्मण पूजा-विधानों की बेमेल खिचड़ी, 210-13, और उनके भाववादी दर्शन की भी, 217; सम्मानित बौद्ध भिक्षु का ब्राह्मण भृत्य, 220 **नीलमत पुराण** लिखकर कश्मीर में पुनरुत्थान, 223; शुंगों और उनके उत्तराधिकारियों द्वारा विशेष प्रश्रय, किंतु केवल ब्राह्मणों को नहीं, 224, 234; अन्य पूजाविधियों के साथ-साथ ब्राह्मण अनुष्ठान भी, 225-26; सातवाहनों से भारी दक्षिणा, 229; शक उषवदात द्वारा ब्राह्मणों को नारियल के बागों का दान, 234; चारुदत्त : ब्राह्मण सार्थवाह, **मृच्छकटिकम्** का नायक, अंत में गणिका नायिका से विवाह करता है, 250
ब्राह्मी, वर्णमाला, 117

भक्ति, गीता को सामंतवाद से जोड़ती है, 257-58
भगवद्गीता (देखिए, गीता)
भड़ौच (भरुकच्छ), गुजरात तट का बंदरगाह, यूनानियों का बेरीगाज़ा, 176
भरत जन, ऋग्वैदिक आर्य कबीला, 108, 109
भरतपुर, मत्स्य जनपद में, 109
भरद्वाज, ब्राह्मण गोत्र-नाम; पुरोहित और राजतंत्रज्ञ, 154
भर्तृहरि, संस्कृत कवि और/अथवा सुभाषित संग्रहकार, 255
भल्लुक, उत्तरापथ पर सीमाप्रांत का एक व्यापारी, 153
भवभूति, कालिदास के बाद, संस्कृत नाटककार और कवि, 249
भाग-दुघ 'राजा का अनुभाजक', 116

भाजा, **बौद्ध गुफा-विहार**, 229

भारवाहक, (भारिक) कांफिले, 160, 192

भारवाहक पशु, 160, चित्रांकन : छायाचित्र 4, 19

भारवि, संस्कृत कवि, **किरातार्जुनीय** का लेखक, 250

भारहुत, बौद्ध स्मारक-स्थल, 29, 142, 223; चित्रांकन : शिल्प, छायाचित्र, 80, 81, 82

भाषा 15, 80, 209, इनकी भारतीय विविधता, 11, 12, निर्माण, 24, 49, 145, 151, 209-210; भाषा का अध्ययन, 59-60; भारतीय भाषा-वर्ग, 59-60; भाषा-परिवर्तन, 61-62, 105, 151, आर्य भाषा, 98-99, 140; भाषाशास्त्रीय विश्लेषण की सीमाएँ, 101; उच्च वर्गों में पुरुषों और स्त्रियों की बोली में अंतर, 247

भास, एक आरंभिक संस्कृत नाटककार 248-251

भिक्षु (देखिए, तपस्वी, विहार), 135-38, 139, 142, 200, 225; भिक्षुओं पर संपत्ति और आवास के बारे में प्रतिबंध, 138; वेसालि संगीति के निर्णय, 226; व्यापारियों और साथों के साथ भिक्षु, 176; (देखिए, 'बावरी' भी); सीता-ग्रामों में भिक्षु के प्रवेश और उपदेश देने पर प्रतिबंध, 189; सामाजिक अनुष्ठान का अभाव, 209; महायानी भिक्षु के भारी अनुलाभ, 220-21; नालंदा में भिक्षु का जीवन, 220-23; भिक्षुओं द्वारा संपत्ति-संचय और धान-नियंत्रण, 227-30

भिक्षुणियाँ, बौद्ध-संघ में, 143

भिलसा (विदिशा), व्यापार-केंद्र, 144, 175; हेलिओदोर का गरुड़-स्तंभ, 233

भीमा, दक्खन की एक नदी, 53, 57

भील, कबीला, 26, 62; ईसा पूर्व पहली सदी में कुछ छोटे राजा, 238; चित्रांकन : विवाहित और अविवाहित बहनें, छायाचित्र 28; गेहूँ की कुटाई और ओसाई, छायाचित्र, 34; भित्तिचित्र, छायाचित्र, 35

भूमि, यूनानियों की दृष्टि में भारतीय भूमि चमत्कारिक रूप से ऊर्वर, 168-71; ग्रामीण कारीगरों को भूखंड, 242; सगोत्र समूह द्वारा काश्तकारी, 72; सिंधु नगरों में भूमि पर संभवतः मंदिरों का स्वामित्व, 95; भूखंडों का कबीलाई बँटवारा, 131, 155-56; अधिवास की **अर्थशास्त्रीय** पद्धति, 187-190, 207; अग्नि से भूमि-सफाई, 81, 112, 113, 121, 150; असोक और **महाभारत** द्वारा इसका निषेध, 203; लोहे से भूमि-सफाई, 157; राज्य उद्यम के रूप में, 161, 179 (इसलिए भूमि प्रायः निजी संपत्ति नहीं होती थी); निजी भूमि-सफाई, 190, 196; मुद्रा देकर खरीदी, 143

भूस्वामी, जमींदार, आधुनिक, 30; आरंभिक, 131; नया सामंती वर्ग, 191

भृगु, ब्राह्मण बहिर्विवाही कुल; 'फ्रिजियन' वयुत्पत्ति, दाशराज्ञ युद्ध में विपरीत पक्ष में, 109; **महाभारत** के संपादकों में प्रमुख, 125

भैंस, 31, 83; चित्रांकन; छायाचित्र, 12

भोगनगर, उत्तरापथ पर एक स्थल, 144

भोज, कबीला, 149; धारा नगरी का राजा, अनेक विषयों पर संस्कृत ग्रंथों की रचना, 210, 250; नाग-कुमारी का पुत्र या सौतेला पुत्र, 210; पंडितों का आश्रयदाता, 243

मंगोल, 98, 126, 224

मंत्र-तंत्र, आधुनिक आदिवासियों में, 34; **अथर्ववेद** में, 99

मंत्री, 163, 181, 186; मंत्री का ऊँचा वेतन, 192, गणिकाध्यक्ष 197; द्यूताध्यक्ष, 197

मंदिर, 93-96; हिंदू मंदिरों की भूमिका, 243

मकदूनिया, (देखिए, सिकंदर), घुड़सवार, 172; फलेंक्स लवाज़मा, 171; आक्रमण ने मध्यस्थ कबीलाई राज्यों को कुचल डाला, 174

मकरान, (समुद्र तट), 80, 240

मक्कान, (मगान), भारत-मेसोपोटामिया के बीच का एक अज्ञात व्यापारी केंद्र, 82

मक्खली गोसाल, आजीविक संप्रदाय का संस्थापक, 130, 136

मगध, प्राचीन बिहार, 39, 99, 135, 145, 151, 153, 158, 162, 197, 219, 222, 240; मूलत: कबीले का नाम; बाद में दो भिन्न श्रेणियों का, 155; धातुओं पर नियंत्रण, 157; धीरे-धीरे खोया, 204; मगधीय राजतंत्र, 177-197 प्रथम चक्रवर्तिन राजा, 157; मुद्राप्रणाली, 158-59, 171-72, 181; कोसल पर विजय, 164-65; राज्य-विस्तार, 168-207; ई. पू. चौथी सदी में उत्तरापथ के व्यापार पर नियंत्रण, 171, 181; सिकंदर के हमले से फायदे, 173-174; राजवंश में परिवर्तन के बावजूद विस्तार जारी रहा, 182; ब्राह्मण धर्म पर प्रभाव, 208; आरंभिक गुप्त शासन में मगध, 238; चित्रांकन : मुद्रा, रेखा. 10, पृ. 162; रेखा. 11, पृ. 184

मत्स्य, कबीला और जनपद, 167

मथुरा, 109, 125, 142, 148, 151; कृष्ण-पूजा का केंद्र, 130; ईसा-पूर्व छठी-चौथी सदियों में शूरसेन-राजधानी, 167

मध्य एशिया, 22, 60, 126, 200, 205, 240; आर्य लहरों का अधिकेंद्र, 103; कुषाणों के समय भारत से संयुक्त, 235

'मध्यम मार्ग', आरंभिक बौद्ध सिद्धांत, 135-39

मराठी, भाषा, 59, 61, 99, 145, 242; मराठा, 123

मरुभूमि, रेगिस्तान, 11, 26, 126; जलोढ़ मिट्टीवाला मरुक्षेत्र आरंभिक नगरीय संस्कृतियों के लिए जरूरी, 80-81, 97

मलाबार (केरल), यहाँ की मलयालम भाषा, 99, नायर जाति का निर्माण, 214

मलिक काफूर, अलाउद्दीन खिलजी का सेनापति, 241

मलेशिया, नारियल मूलत: यहाँ से, 234; तांबूल का मूल, 219

मल्ल, आर्य कबीला, 140, 142, 144, 155, 161, 164-66, 217; कोसल की राजसेवा में मल्ल, 163; पंजाब शाखा, 166; एकमात्र धंधा—लड़ना, 183; केवल 'पहलवान', (मल्ल) के रूप में स्मृति बची है, 166

मल्लिका, 'माली की बेटी', पर इस नाम का अर्थ 'मल्लदेवी' भी रहा हो सकता है; पसेनदि की राजमहिषी, 163

मसाले, 51, 236

महमूद गज़नवी, मुस्लिम हमलावर, 240

महाकाव्य युग, 120-25, 150

महाड़, पश्चिमी तट का बंदरगाह और बौद्ध गुफा-केंद्र, 229

महापद्म, नंद-मगध-सम्राट्, ईसा-पूर्व चौथी सदी, 181; सिक्के, 184; स्वतंत्र आर्य (क्षत्रिय) कबीलों का मूलोच्छेद किया, 183; चित्रांकन : मुद्रा-प्रणाली, रेखाकृति, 11, पृ. 184

महापाषाण, 54, 56, 58, 68, 69, 120; लौहयुग में भी प्रचलन, 175; दक्खन में, 236; चित्रांकन : छाया. 42

महाबोधि, बुद्धत्व-प्राप्ति के स्थल के समीप ऊँचा मंदिर, 221

महाभारत, संस्कृत महाकाव्य, 39, 120-25, 130, 149, 150, 152, 204, 212, 214; इसके आद्यरूप का पुनर्निर्माण, 121; आधार-कथा का महत्त्व, 122; ब्राह्मणों को दिए गए भूमिदान संबंधी ताम्रपत्रों में उल्लेख, 224 इस पर आधारित **शाकुंतलम्** की कथा, 249

महायान, बौद्ध संप्रदाय, 220-23; बुद्ध के अधीन महायानी देवकुल, 223; कुषाण प्रश्रय, 224

महाराष्ट्र, 27, 51, 56, 64, 71;

महावीर (वर्धमान), लिच्छवि वंश का जैन संस्थापक, 130, 136 165, 189

महाशाल, बड़े कुटुंब का मुखिया, 212; सर्वोत्तम किस्म का बिहार का खुशबूदार चावल, 220

महासांधिक, बौद्ध संप्रदाय, जिसके समृद्धशाली विहार थे, 227-28

महिषासुर, म्हसोबा के रूप में आज भी पूजा होती है, 35; प्रागैतिहासिक मूल, 58; चित्रांकन: छायाचित्र, 96; म्हसोबा के

देवालय, छायाचित्र, 10
महेश्वर, प्रागैतिहासिक स्थल, 57; दक्षिणापथ पर, 144; चित्रांकन : यहाँ से प्राप्त मिट्टी के बर्तनों के ठीकरे, छायाचित्र, 39, 40
माओ-त्से तुंग. हूनान के गोवध-निषेध के संबंध में, 134
मार्गदिय, ब्राह्मण, बुद्ध के साथ अपनी पुत्री का विवाह करना चाहा, 143
मागी, सूर्य-पूजक, पंजाब में ब्राह्मण बन गए, 226
माघ, संस्कृत कवि (**शिशुपालवध** का रचनाकार), 250
मातृदेवी, 35, 58, 66, 102, 105, 212-13, 235; मातृदेवी के पवित्र कुंज, 67; विलुप्त कबीलों के नाम 68; सिंधु सभ्यता में, 93, 95, 96; सरमा, 107, कुंभ : मातृदेवी का द्योतक, 110; कृष्ण से अनेक मातृदेवियों का विवाह, 149-51; महायान देवकुल में तारा, हारीती, 223, बौद्धधर्म के बाद अपने मूल स्थान पर वापसी, 231; देवताओं से विवाह, 254; चित्रांकन : (बोल्हाई का पूजास्थल), छाया. 42
मातृसत्ता (मातृतंत्र), 67, 148, 213; पितृसत्ता के साथ-साथ मातृसत्ता का भी अस्तित्व, 214
मद्र, सीमाप्रांत का कबीलाई प्रदेश, 152, कुलीनों का कबीला, 183
मद्रास, 15
मानमोदी (गर्दन तोड़ने वाली), बौद्धधर्म के पहले, और बाद में भी, जुन्नर की मातृदेवी, 231
मानभाव (महानुभाव), मध्ययुगीन संप्रदाय; आरोप है कि हेमाद्रि ने अलाउद्दीन खिल्जी से घूस ली थी, 216
मानवमिति, भारत के प्रागैतिहासिक अध्ययन में इसका अल्प उपयोग, 59
माप-तौल, सिंधु सभ्यता के मानकों के अवशेष, 96-97, 107; कार्षापण भार में 158; मगधीय राज्य में समय-समय पर जाँच-पड़ताल, 195
माया, बुद्ध की माता, 141; चित्रांकन : छायाचित्र, 84
मार, चित्रांकन : (उसकी सेना के दानव), छायाचित्र 90
मालतीमाधव, भवभूति का संस्कृत नाटक, 249
मालवा, 63
मालविकाग्निमित्र, शुंग राजसभा की प्रेमकथा पर आधारित कालिदास का नाटक, 234, 249
मास्की, कर्णाटक राज्य में असोक के शिलालेखों का स्थल, 198
मितन्नी, मितन्नी अभिलेखों के अनुसार ईरान की उरमिया झील के समीप आर्यों की बस्ती, 104
मित्र, हिंद-ईरानी सूर्य-देवता, 104, 110
मिथिला (मुजफ्फरपुर, दरभंगा), 158
मिनांदर (मिलिंद) हिंद-यूनानी राजा, ईसा-पूर्व दूसरी सदी, 177, 203; **मिलिंद-पञ्ह** में बौद्ध राजा के रूप में, 177; चित्रांकन (सिक्का) छायाचित्र 62
मिर्जापुर (दक्खिणागिरि), 142, 148 (लोहे के आरंभिक स्रोत) चित्रांकन : गुफाचित्र, रेखा. 8, पृ. 145
मिल, जॉन स्टुअर्ट (पाठ में 'जॉन' शब्द जोड़िए—अनुवादक), 16
मिलिंद (मिनांदर), ईसा की दूसरी सदी का धेनुकाकट का वैद्य, 177; **मिलिंद-पञ्ह** पालि बौद्धग्रंथ, 177
मिसीसिपी, प्रागैतिहासिक काल में इसके तट पर बस्तियाँ नहीं, 81
मिस्र, 20, 21, 22, 42, 45, 76, 77, 84, 89, 93, 97, 103, 218
मुंडा, आदिवासी कबीला, 34; भाषा, 59, 99
मुक्ति-आंदोलन, ईसा की बीसवीं सदी, 19
मुचलिंद, दयालु नाग-देवता, 151
मुड़िया, कबीला, चित्रांकन : ढोल बजाते बालक, छाया. 24
मुद्राराक्षस, विशाखदत्त रचित कौटल्य के चरित्र पर आधारित नाटक, 178

मुलतान (मूलस्थान), आरंभ में सूर्यपूजा का केंद्र, 240
मुला, गोदावरी की सहायक नदी, 145
मुहम्मद इब्न अल्-कासिम, प्रथम मुस्लिम हमले का नेता, 240
मुहम्मद गोरी, और मुसलमानों का उत्तर भारत पर स्थायी कब्जा, 240
मुहम्मद बिन-बख्तियार खिलजी, 225
मुहरें, मुद्रा, बटन-मुहरें, 82; बेलनाकार मुहरें, 82, 106; सिधु (छाप-मुहरें), 82, 83, 84, 85, 89, 96; मुहरों से पण्यवस्तुओं की सुरक्षा, 83-84; हिमयुगीन रेखांकनों से विकसित, 84; आनुष्ठानिक, 84; चित्रांकन: सिंधु मुहरें, छायाचित्र 46, 47, 48, 49, 50; बटन, छाया. 51; बेलनाकार, छाया. 52, 53, 54
मूँगा, भूमध्य सागर के मूँगे की भारत में भारी माँग, 176
मृच्छकटिक, शूद्रक रचित अद्भुत यथार्थवादी नाटक, 250
मृत्भांड (मिट्टी के बर्तन) 42, 106, 194; देहाती जीवन में, 34; कुम्हार : हड्डी बिठानेवाला और पुरोहित, 34; प्रागैतिहास में, 42, 44, 47, 90; कुम्हार का चाक, 65; सिंधु मृत्भांड, 76, 87; कुंभ, 110; उत्तरी चित्रित धूसर (NPG) भांड, 111, 120; ताँबे के खनिज से धातु प्राप्त करने के लिए बर्तनों के आँवे पर्याप्त, 44, 118; नाग मृत्भांड, (?) 124; उत्तरी ओपदार काले (NBP) भांड, 168; कुम्हारों के आरंभिक गाँव, 159; कुम्हारों की धनी श्रेणियाँ, 229, हाल की खोज, 259; चित्रांकन : चकती, छाया. 5, 9, चाक, छाया. 6, 8; थपली, छाया. 7; ई.पू. दूसरी सहस्राब्दी के ठीकरे, छाया. 39, 40
मेगास्थनीज, पाटलिपुत्र की मौर्य सभा में यूनानी राजदूत, भारत के बारे में प्रमुख यूनानी स्रोतसामग्री, 175, 184, 186, 217
मेलुख्ख, सिंधु प्रदेश के लिए प्राचीन मेसोपोटामियाई नाम (?), 82
मेसोपोटामिया (इराक), 20, 22, 45, 76, 77, 82, 84, 85, 86, 87, 88, 89, 90, 93, 94, 95, 96, 97, 106
मैकियावेली, निकोलो, फ्लोरेंस का राजतंत्रज्ञ एवं लेखक, 161
मैत्रेय, भविष्य के एक मसीही बुद्ध, 223
मोग्गल्लान, ब्राह्मण, बुद्ध का एक प्रमुख शिष्य, 143, 146; मोग्गल्लान के चरित्र पर आधारित रहस्यात्मक नाटक, 247
मोती, 82
मोहेंजो-दड़ो (मोहनजोदड़ो), 76, 81, 84, 87, 88, 91, 93, 94, 96, अंत यकायक, 77, 117; संभवतः ऋग्वैदिक नार्मिनी, 106 चित्रांकन : छाया. 44 : विशाल स्नानागार, रेखा. 7, पृ. 85, छाया. 45; सिल और बट्टा, छाया. 41
मौर्य, राजवंश, 39, 173, 215, 224; नाम—'मयूर' टोटेम से, 175; ब्राह्मणधर्मीय जातिप्रथा के नियमों की उपेक्षा, 175; मौर्य साम्राज्य में मिश्रित लोगों की आबादी, 176, 197; मौर्य राज्य में मध्यस्थ सामंतों का अस्तित्व नहीं, 188; राजस्व के लिए मौर्यों द्वारा नकली पूजाविधियों की स्थापना, 206; असोक के बाद मौर्य अवनति, 232-33, मौर्यकाल का कोई लौकिक साहित्य उपलब्ध नहीं, 246
म्हसोबा (देखिए, महिषासुर), अब किसानों का पशु-देवता, 35, 59; चित्रांकन : देवालय, छायाचित्र 10

यक्ष, राक्षस, जिसके लिए मनुष्य-बलि दी जाती थी; रक्तहीन-बलि में बदल, 142; पैठण के अधिष्ठाता यक्ष खंडक की पूजा समूचे महाराष्ट्र में फैल गई, 237
यजुर्वेद, 99, 112, 113, 115, 132; यजुर्वैदिक राजप्रथा पुरानी पड़ गई, 132
यज्ञ, वैदिक यज्ञ और रक्त-बलि, 113, 135, 144, 151, 186, 193, 210, 227, 233, 234, 256; मुख्य प्रयोजन पूजनपद्धति-विषयक, 115; इसके सामाजिक और

वर्ग-हित, 115; दिनोंदिन बढ़ोतरी, 117, 179; नागों के विनाश के लिए, 122; युद्ध मे विजय के लिए, 132, 162, 163; नया रहस्यात्मक अर्थ, 132; असोक द्वारा रोक, 203, 208; पुराने ब्राह्मणवाद का सुदृढ़ आधार, 208, सातवाहनों द्वारा आयोजित, 229, शुंगों द्वारा पुनः शुरू, 233; **गीता** द्वारा उपहास, 256

यदु, ऋग्वैदिक और कृष्ण का कबीला (पशुपालक), 124, 146-53; विलुप्त, 149; **महाभारत** युद्ध में कृष्ण के विरोधी पक्ष में सम्मिलित, 256

यम, मृत्यु का आर्य देवता; ईरानी राजा यिम, 104

यमाई, आदिम मातृदेवी और मृत्युदेवी; कार्ले के स्तूप से संबंध, 231

यमुना, नदी, 112, 148, 167

यव (जौ), 51, 113

याज्ञवल्क्य, औपनिषदिक ऋषि, गोमांस-भक्षण पर जोर देता है, 133

यात्री, तीर्थयात्री, पर्यटक, 216, 218, चीनी यात्री, 113, 126, 218, 219, 228, 239; गाँवों के अलगाव को भंग करने के लिए तीर्थयात्रा, 243

यायावर, मध्ययुग तक प्रचलित प्राचीन कुलनाम, 123

युग, 36, 41

युद्ध (देखिए, आर्य, सिकंदर, मौर्य), इसके पहले यज्ञ-बलि, 131; स्वीकृत नियमों के विपरीत युद्ध में विष का इस्तेमाल, 141; निहत्थे किसानों को इससे कोई हानि नहीं, 189; किसान युद्ध के प्रति उदासीन, 189-90

युन्नान, चीन का एक प्रांत, 20, 51

युवान्-च्वाङ्, ईसा की छठी सदी का चीनी तीर्थ-यात्री, पर्यटक, विद्वान, बौद्ध धर्मग्रंथों का अनु-वादक, 113, 226, 228; युवान्-च्वाङ् का नालंदा-विवरण, 220; नालंदा के विनाश के बारे में उसका दुःस्वप्न, 225

युक्रेतिद्, पंजाब पर हमला करनेवाला यूनानी 233; चित्रांकन : (सिक्का), छायाचित्र 61

यूनानी ग्रीक (देखिए, सिकंदर), 21, 22, 49, 98, 110, 114, 121, 138, 140, 150, 152, 153, 156, 167, 174, 194, 218; ईसा पूर्व चौथी सदी में भारत के बारे में इनकी जानकारी, 168-71, 180, 190; बौद्ध यूनानी धर्मदूत, 177; व्यापारी, 177; यूनानी और भारतीय क्लासिक कृतियों में भेद, 217; यूनानी और रोमन रक्तबलि का रिवाज जारी रहा, 217; कृष्ण-वासुदेव के यूनानी भक्त, 233; भारतीय साहित्य व नाटक पर यूनानी प्रभाव संदिग्ध, किंतु ज्योतिष पर काफी, 234

यूरेसिया, 45, 51, 52, 101, 224

यूरोप, यहाँ अन्न-संकलन अधिक कठिन, 51

योग, एक अच्छी व्यायाम-पद्धति, 137

योजन, 202

रजुवुल, सिक्का, चित्रांकन, छायाचित्र, 64

रज्जुक, राजस्व-नियोजक, ईसा-पूर्व तीसरी सदी में प्रशासन का सर्वशक्तिमान अधि-कारी बन गया, 204

रथ (घोड़ागाड़ी), 107, 109, 139, 148; सिकंदर के बाद युद्ध में अप्रचलित, 172, सातवाहनों द्वारा ब्राह्मणों को दी गई यज्ञ-दक्षिणा के रूप में, 229; चित्रांकन : गुफा-चित्र, रेखाचित्र 8, पृ. 145

राउ, विलहेल्म, 40

राख की ढेरियाँ, रायचूर जिला, प्राक्आर्य (?), 120

राजकुमार, शिक्षा और उसके (गद्दी के हकदार के) खिलाफ़ उपाय, 181-182

राजगिर, (राजगृह), 117, 119, 142, 144, 153, 164, 219; आरंभिक लौह-स्रोत सुलभ, 157; अच्छी किलेबंदी, 157, 167; यहाँ का नागपूजा-केंद्र, 162; राजधानी यहाँ से पटना स्थानांतरित, 165; चित्रांकनः पासाणक चेतिय (प्राचीन पूजास्थल), छायाचित्र, 43

राजतंत्र, आरंभिक विदेशी, 45, 'चक्रवर्तिन्' राजा की माँग, 131, 154; निरंकुश

राजतंत्र, 143, 145; कबीलाई अलगाव को तोड़ने के लिए जरूरी, 154, 161; मगध का प्रथम 'सार्वभौम' राजतंत्र, 156, 167; राजतंत्र के लिए (विद्रोह न करने वाले गाँवों का) निस्तेज अधःस्तर जरूरी 161; राजा की अति कठोर दिनचर्या, 181

राजतंत्र (राजनीति और राजनीतिक अर्थ-शास्त्र), 135, देखिए, **अर्थशास्त्र**; निरंकुश राजतंत्र के लिए सैद्धांतिक माँग, 154; मगधीय राजतंत्र, 177-184

राजनीतिक अर्थशास्त्र, देखिए, **अर्थशास्त्र**; बौद्ध आदर्श, 146

राजन्य, मुखिया अथवा राजा बनने के उपयुक्त कोई भी क्षत्रिय, 116, 140

राजपूत, 123, 233

राजशेखर, ईसा की नौवीं सदी का संस्कृत कवि, 123, 247, 250

राजस्थान, 11, 26, 82, 107; यहाँ के मध्ययुगीन स्थानीय मौर्य, 233

राजा, कबीलाई मुखिया से विकसित, 63, 72, 111, 213 भारतीय राजा का 'अभिषेक' होता था, यूरोप की तरह 'अभ्यंजन' नहीं, 91, दैवी, मेसोपोटामियाई, 95; सिंधु नगरों में राजा का शासन नहीं, 11, 95; यज्ञ में, 110-111, 210; निरंकुश शासक, 126, 127, 128, 154, 159; निरंकुश राजा की माँग, 128, 151; यजुर्वैदिक राजा कृषि में बाधक, 128; कुलीनतंत्रों में राजा का चुनाव बारी-बारी से, 137; आदर्श राजा—बौद्ध दृष्टिकोण, 143, 221, 227; आहत सिक्के और राजा, 157; **अर्थशास्त्र** के अनुसार राजा की दिनचर्या, 181; असोक के समय में भारत में कोई अन्य स्वतंत्र राज्य नहीं था, 205; पराजित राजा के विशेषाधिकार सुरक्षित, 190; कानून और सुरक्षा के लिए राजा जरूरी, 213 राजाओं ने चातुर्वर्ण्य का समर्थन किया, 213; राजाओं द्वारा फिजूलखर्ची दान, 220-21

राज्य, उत्पादन पर आधुनिक नियंत्रण 12; सिंधु नगर-राज्य, 77; तिब्बत में राज्य विहारों के अधिकार में, 122; राज्य की आवश्यकता, 128; मगध में राज्य भूमि-सफाई और अधिवास की एजंसी के रूप में, 188-190; सामंती भूस्वामियों का राज्य, 191; मगधीय राज्य, 191-198; राज्य-प्रमुख पण्य-उत्पादक 194; असोक का राज्य, 197-207

राधा, कृष्ण की प्रेमिका, परंतु उसकी अधिकृत पत्नियों की सूची में समाविष्ट नहीं, 144, 146, 253

राम (विष्णु का अवतार, **रामायण** का नायक), 35, 154, 212; **रामायण**, 212, 214; भवभूति का संस्कृत नाटक **उत्तरराम-चरित**, 249

रामानुज, ईसा की बारहवीं सदी का वैष्णव धर्मसुधारक, 144, 253, 257

रायचूर, 115

रावी, नदी, 76; यव्यावती, 100; परुष्णी, 104

राष्ट्र, कबीलाई राज्य, 111; राजस्व और भूमि नियोजक विशेष अधिकारी, 174-75; कर, 186, 188; भूमि, 189, 190; 'सीता' में सम्मिलित, 191, 204, राष्ट्रिय 'रानी का भाई' (शकार), आमतौर पर प्रशासन का अधिकारी, 174-75

राहुल, गौतम बुद्ध का पुत्र, 138

रुद्रदामन्, शकराज, लगभग 150 ई.; पहला संस्कृत शिलालेख इसी का, 209

रुद्रसिंह प्रथम, चित्रांकन : सिक्का, छायाचित्र 70

रुपया, प्राचीन किंतु विदेशी मानक भार, 158

रुम्मिनदेई, 141

रेडियो-कार्बन, 55, 120 कार्ले का तिथि-निर्धारण 280 ई.पू., 176

रेनाड, एल., 40

रेल, 13, 37, 258; सिंधु सभ्यता की ईंटों का गिट्टी के लिए अपहरण, 77

रेशम, चीनी, 176, 222; भिक्षुओं के वस्त्रों के लिए रेशम, 222, 228

रोम, 20, 61, 76, 85, 110, 114, 152, 162, 217; रोमन व्यापार का महत्त्व, 230-31, 236; रोमन और कुषाण मुद्रातकनीक

एकसमान, 235 रोहिणी, नदी, 141
लक्ष्मणसेन, बंगाल का अंतिम सेन राजा, 250
लक्ष्मी, देवी, विष्णु-पत्नी, 68, 213; चित्रांकन : आदिरूप माया, छायाचित्र 84
लक्ष्मीधर, कन्नौज का ब्राह्मण-मंत्री, **कृत्यकल्पतरु** का लेखक, 216
लघुपाषाण, 52, 53, 57, 58, 60, 61, 62, 65, 69, 89; रेखा, 4, पृ. 46; रेखा. 5. पृ. 47; छाया, 37, 38
लघु मृण्मूर्तियाँ, सिंधु सभ्यता की, 93
लमाण (लंबमान), (राजस्थानी) कबीलाई मूल के) घूम-घूमकर चीजें बेचनेवालों की जाति, 231
लिच्छवि, गांगेय प्रदेश का एक कुलतंत्री कबीला, 136, 140, 155, 165, 217; स्थायी सेना रहित, 165; किंतु लड़ने के अलावा और कोई काम स्वीकार नहीं करेंगे, 183; मल्लों के साथ संघ और लिच्छवियों का विनाश, 165; कुलीन परिवार के रूप में नाम एक हजार साल तक जीवित रहा, 183, 238
लुंबिनी, लुम्मिनी, रुम्मिनदेई, मातृदेवी, जिसके पवित्र कुंज में बुद्ध का जन्म हुआ था, 68, 141, 186-187
लेखपद्धति, लेखप्रकाश, प्रशासकीय संस्कृत के आदर्श नमूने, 210
लैटिन, 98
लैटिन-अमरीका, अधिनायक-राष्ट्रपति, 162
लोएस, मिट्टी, 45
लोकनाथ, मध्ययुगीन बंगाल का राजा, ब्राह्मण पिता और आदिवासी माता का पुत्र, 214
लोकायत, दर्शन की लोकप्रिय-भौतिकवादी शाखा, 135
लौहयुग, 40, 45, 56, 57, 60, 61, 70, 113, 125, 148, 150, 157, 236; कृषिकर्म के लिए लोहे-जैसी सस्ती धातु की आवश्यकता, 45, 118; लोहे के स्रोत, 118-19, 148; आरंभिक हित्ती एकाधिकार, 45, 103; पंजाब में लौह-खनिज सुविधा से उपलब्ध नहीं, 112; 'उत्तरी घुसपैठ' का स्तर, 120; ईसा-पूर्व छठी सदी में दक्खन में, 145, ईसा-पूर्व चौथी सदी में, 175; दक्षिण में लौह-खनिज के नए स्रोत, 205

वंशावली, 122, 124, 149; वंशावली की उपयोगिता, 214
वज्जि (घुमंतू पशुपालक), लिच्छवियों का दूसरा नाम, 155
वत्स (वंस), सोलह महाजनपदों में से एक, 167
वनिक्, व्युत्पत्ति, 107; वनियगाम व्यापारी-संघ, कार्ले, 228
'वर', राजा यिम का स्वर्गीय बाड़ा, 104
वरशिख, हड़प्पा में नष्ट किया गया आर्य कबीला, 106
वरुण, वैदिक आकाश-देवता, 104, 110
वर्ग (सामाजिक विभाजन), 116; जाति-वर्ग, 114, 115; सिंधु नगरों में वर्ग-विभेद के सबूत, 76; नगरीय पुनरुत्थान के साथ नए वर्ग, 130; अधिनायकत्व के साथ वर्ग-संरचना अनिवार्यतः बदली नहीं, 162; राज्य का वर्ग-आधार, 179; **अर्थशास्त्र** के राज्य में नए अधिकारी-वर्ग का उदय, 180; ईसा पूर्व चौथी सदी में मेगास्थनीज ने भारत में सात वर्ग देखे (= जातियाँ + तपस्वी + कारीगर + अधिकारी + पशुपालक), 183-84; राज्य ने वर्ग-समन्वय में सहयोग दिया, 207; वर्ग-संरचना को बनाए रखने में ब्राह्मण सहयोग, 208
वर्ली, महाराष्ट्र का एक कबीला चित्रांकन : विशेष पद्धति की खेती, छायाचित्र 36
वल्लण, पालयुग का संस्कृत कवि-नाटककार, 248 (ऊपर से 18वीं पंक्ति में 'जैसे, पालयुग के बारे में' को 'जैसे, पालयुग के वल्लण के बारे में' पढ़िए—अनुवादक)
वश अश्व्य, ऋग्वैदिक ऋषि, दास राजा और कबीले को आशीर्वाद देता है, 111
वसिष्ठ ऋग्वैदिक पुरोहित और ऋषि, ब्राह्मण गोत्र का संस्थापक, 110 आर्य-पूर्वों से अपनाया गया, 110
वसुदेव, कृष्ण का पिता, 148; वासुदेव, 'वसुदेव

का पुत्र' कृष्ण का नाम, 148
वस्तु-विनिमय और अर्थ-व्यवस्था, 34, 112-13, 176; इसका आदिम रूप 'लेन-देन के मित्रों' तक सीमित, 49; गुप्तकाल में विनिमय-अर्थव्यवस्था में वापसी, 242-43
वस्सकार, लिच्छवियों में फूट डालने वाला अजातशत्रु का ब्राह्मण मंत्री, 166; 183; राजगिर की किलेबंदी की, 167
वाकाटक, पश्चिमी दक्खन का एक राजवंश, गुप्तों के साथ विवाह-संबंध, 240
वातव्याधि, राजतंत्रज्ञ, 154
वाराणसी (काशी, कासी), 119, 120, 145, 148 156, 159; वस्त्र-उत्पादन और व्यापार का प्राचीन केंद्र 156; पट्टन, 156
वासभ-खत्तिया, दासी-कन्या, जिसे शाक्य कुल की कहकर पसेनदि से ब्याह दिया गया, विडूडभ की माँ, 163
वासवदत्ता (वासुलदत्ता), रानी, 167; भास के नाटक की नायिका, 248
वासवदत्ता, सुबंधु का गद्य प्रेमाख्यान, 252
विंध्य, 120
विकास, 43; सामाजिक, 44
विक्रमादित्य, अनेक राजाओं की उपाधि, चंद्रगुप्त-द्वितीय की उपाधि, 239
विज्ञान, 12; अवनति के कारण, 218
विडूडभ, विडूडभ-सेनापति, अंतिम कोसल-राज, 163-64, 166
विदेह, कोसल द्वारा अपहृत कबीला एवं जनपद, 158
विनय, बौद्ध भिक्षु संघ के आचार और नियम, 138, 221, 227
विबालि, ऋग्वैदिक नदी, जिसे इंद्र ने सही धारा में बहाया, 106
विवाह, आदिम और प्रागैतिहासिक आदान-प्रदान से संबंधित, 49-50; मानव समूहों के एकीकरण के द्योतक देवी-देवताओं के विवाह, 58; 149, 212-213, 254; सिकंदर के विवाह, 175; असोक के विवाह, 175; कन्या-हरण द्वारा विवाह, 152; विवाह-संस्कार, 210; पवित्र आनुष्ठानिक विवाह के बाद पुरुष की बलि, 246
विशाखदत्त, **मुद्राराक्षस** नाटक का रचयिता, 178
विशाल स्नानागार, 90-93, पुष्कर के रूप में, 91; चित्रांकन : रेखाचित्र 7, पृ. 85
विश्वामित्र, आर्य पुरोहित, मूलतः क्षत्रिय, किंतु ब्राह्मण कुल-संस्थापक, और गोत्र, 110
विष्टि, बेगार, 189; **अर्थशास्त्र का** वेतनमान, 191; छावनी और सेना में विष्टि, 192-93; सामंती काल में विष्टि का अर्थ हो गया—बिना वेतन की बेगार, 192-93, यद्यपि गुप्तकाल में मजदूरी दी जाती थी, 242
विष्णु (नारायण), देवता, 68, 124, 213, 233; विष्णु के अवतार, 35, 212; बौद्ध महायान देवकुल में, 223
विहार, 126, 151, 154, 176, 201, 247; आरंभिक मध्ययुगीन विहारों का वैभव-विलास, 219 चालू; नालंदा में जीवन, 220-21; विहाराधिपति का पद चंद परिवारों के लिए सुरक्षित, 222; विपुल दान-दक्षिणा ने भिक्षा-प्रथा को मिटा दिया, 221; पूँजी लगाने और क्रय में विहारों की आर्थिक भूमिका, 226-28, 238; विहार : व्यापार-संगठनों के रूप में, 228-31; विहारों के समीप आदिम पूजास्थल, 231-32; विद्याकेंद्रों के मामले में विहार मंदिरों से बहुत आगे, 243; चित्रांकन : बौद्ध गुफा-विहार, मानचित्र, पृ. 212; गुफा विहार की कोठरी, शिरवल, छायाचित्र 92
विहार, बौद्ध भिक्षु-निवास, 230; इसी के आधार पर बिहार प्रांत का नामकरण, 225
वीर, (नायक), देवता, 62
वृंदा, मातृदेवी और तुलसी का पौधा, प्रतिवर्ष कृष्ण से ब्याह—यद्यपि कृष्ण की अधिकृत पत्नियों में इसका समावेश नहीं है, 149
वृचीवत, हड़प्पा में इंद्र द्वारा नष्ट किए गए योद्धा, 106
वृत्र, ऋग्वैदिक 'असुर', इंद्र द्वारा विध्वस्त सिंधु-बाँधों का मानवीकरण, 106
वृष्णि (कबीला), इनका सिक्का चित्रांकन :

छायाचित्र 73
वेतनभोगी, क्षत्रिय, 115, 173
वेताल, 35, 68, 69, 212
वेद (देखिए, **ऋग्वेद**) (देखिए, **यजुर्वेद**) 119, 121, 122, 123, 125, 130, 132, 135, 139, 140, 144, 148, 153, 160, 173, 174, 204, 206, 209, 210; पवित्र ग्रंथ, 99; वेदों के प्रमुख देवता, 99 चालू; ब्राह्मण परंपरानुसार सर्वश्रेष्ठ, 117; गंगा की घाटी में उपेक्षित, 162, 208; गाँव के ब्राह्मणों द्वारा उपेक्षित, 218
वेश्यावृत्ति (देखिए, गणिका), देवदासी, 93; मगध के एकाधिकारी राजकीय उद्यम के रूप में, 197; मंदिर की आय का स्रोत, 243
वेसाली (वैशाली, बसाढ़), प्रमुख लिच्छवि नगरी, 144, 155; सुधार के लिए बौद्ध संगीति, 226, 228, किंतु दक्खन में इन निर्णयों को नहीं माना गया, 230
वैदेहिक, आरंभ में कबीलाई नाम, 'विदेह का आदमी', बाद में व्यापारी का समानार्थी, 158
वैद्य और पशु-चिकित्सक, मगध राज्य की सेवा में, 188; असोक के व्यापार-मार्गों पर, 202, 227
वैशेषिक, दर्शन की एक शाखा, 136
वैश्य, व्यापारी और कृषक की आर्य वर्ग-जाति 27, 114, 115, 130, 160, 212; आर्येतर कबीलों से, 214
वैष्णव, शैव-विरोधी संप्रदाय, 253-55
व्यापार (व्यापारी), सामंती समाज में 23; आदिम 'लेन-देन के मित्रों' के माध्यम से, 49, 158, 160; व्यापारी मार्ग, 58, 131, 144-45, 151, 153, 156, 174, 200; बौद्ध विहारों के समीप से व्यापारी मार्ग, 229; सिंधु संस्कृति में विदेशी व्यापार, 76, 80-83, 86, 95-97, 107; मेसोपोटामियाई व्यापार, 94; आर्य व्यापारी, 114, 115, 118; नया व्यापारी-वर्ग 143; सार्थ-व्यापार, 158-60; व्यापार-श्रेणी अथवा संगठन (वनिय गाम), 228-29; गंगा के व्यापार पर दोहरी चुंगी, 165; असोक का व्यापारी ससुर 175; दक्षिणापथ में सैनिक अभियान के पूर्व व्यापार, 176; मौर्यकालीन भीतरी व्यापार, 185; राज्य व्यापार और मुनाफा, 192-93; व्यापार पर कठोर मगधीय नियंत्रण, 194-95; व्यापारी के लिए वस्तु-मूल्य में वृद्धि करना जरूरी, 195; व्यापारी, बुनियादी तौर पर धूर्त, 196, व्यापारी मार्गों पर लोक-सुविधाएँ, 201-202; व्याप.. के विस्तार के कारण सिक्के जारी करनेवाली पुरानी श्रेणियों का विघटन, 206; राजस्व के लिए राज्य द्वारा व्यापारी की हत्या 206; व्यापार और भाषा का निर्माण, 209; बौद्ध विहारों के साथ व्यापारी के विशिष्ट संबंध 227-30; दक्खनी व्यापार, 235; लंबी दूरी का विलासी वस्तुओं का व्यापार, 235; सामंती युग में व्यापारियों को विशेष अधिकार-पत्र, 245

शंकर, वेदांत के प्रमुख प्रतिपादक आचार्य, लगभग 800 ई.; तर्क और भौतिक वास्तविकता की उपेक्षा, 217; उसके सिद्धांत को उन उत्तर-बौद्ध विचारों से कठिनाम से ही पृथक् किया जा सकता है जिनका उसने खंडन किया, 224; **गीता भाष्य**, 257
शक, मध्य एशियाई हमलावर, 205, 238; संस्कृत के माध्यम से भारतीयकरण, 209; बचे-खुचे हिंद-यवन राजाओं का सफाया, 234, 241
शकुंतला, कालिदास के सर्वोत्तम नाटक की अर्थ-अप्सरा नायिका, 249
शक्कर (चीनी) भारतीय मूल, 20, 168
शबर, वनवासी कबीला, बंसी-वादन में निपुण, 245
शराब, मद्य, कबीलों को भ्रष्ट करने में इस्तेमाल, 182, 183; मगध राज्य का एकाधिकार—एक पृथक् अध्यक्ष (सुराध्यक्ष) के अधीन, 197; सातवाहन काल में विदेश से आयात, 235

शशांक (नरेंद्रगुप्त), ईसा की सातवीं सदी, बंगाल का राजा, बौद्ध स्थलों को नष्ट किया, 225, 232

शशिप्रभा, नाग राजकुमारी, **नवसाह-सांकचरित** की नायिका, धारा के राजा भोज की माँ अथवा सौतेली माँ, 210

शाक्य (सक्क), बुद्ध का समरूप आर्य कबीला, 140, 143, 144, 158; कत्लेआम, 146, 165; अपने कबीले के बाहर विवाह करने को तैयार नहीं, 163

शिग्रु, ऋग्वैदिक कबीला (टोटेम : सहिजन अथवा शोभांजन अथवा 'शेवगा' का पेड़), 109

शिव, महादेव, 35, 68, 124, 127, 226, 249, 253; महिषासुर से विकसित, (?)58; तीन सिरों वाला सिंधु आदिरूप, 83; जटिल संश्लिष्ट पूजा-विधान, 212-13; महायानी देवकुल में 223; कुषाण सिक्कों पर, 235; पैठण में, स्थानीय यक्ष से विकसित, 237; स्थानीय देवताओं से पहचान, 68-69, 212-13; पार्वती के साथ उभयलिंगी संयोजन, 254

शिशुनाग, प्रथम मगधीय राजवंश, 162, 181; मुद्रा-प्रणाली, रेखाचित्र 13, पृ. 199

शिशुपाल, चेदि का पौराणिक राजा, कृष्ण द्वारा वध, 119

शिशुपालगढ़, ईसा पूर्व तीसरी सदी का एक नगर-स्थल, 187

शीलभद्र, नालंदा के प्रमुख आचार्य, 219

शुंग (अंजीर का पेड़), राजवंश, 233-34; अश्वमेध यज्ञ को पुनर्जीवित किया, किंतु बौद्ध विहारों को भी प्रश्रय दिया, 224

शूद्र, 27, 113-15, 123, 160, 196, 214; निशस्त्र शूद्र युद्ध-परिणामों से अप्रभावित; 189-90

शूद्रक, संस्कृत नाटककार, संभवतः राजकुल का; **मृच्छकटिकम्** का रचनाकार, 250

शूरसेन, मथुरा के आसपास का कबीला, 167

संकस्या, पवित्र बौद्ध-स्थल, उत्तर प्रदेश, 151

संग्राम, 'युद्ध', इसकी व्युत्पत्ति, 116

संघ, 'कबीला', बौद्ध और जैन भिक्षु-संगठन, 138, 143; कबीलाई पद्धति पर संगठित, 154

संजय, संप्रदाय-संस्थापक, 132

संजाण, गुजरात का एक बंदरगाह, जहाँ हिंदू राजा मुसलमानों को बंदरगाह के अधिकारी नियुक्त करते थे, 240

संडक, साँड, असोक द्वारा रक्षित, 203; चित्रांकन : छायाचित्र 11

संथागार, 117

संथाल, कबीलाई आदिवासी, 12, 26, 63; भाषा, 60

संस्कृत, भाषा, 49, 51, 75, 77, 91, 96, 98, 99, 101, 103, 107, 122, 127, 140, 147, 151, 218, 233, 239; आर्यपरिवार में, 101; प्रथम वैज्ञानिक व्याकरण 209; उच्चवर्ग की भाषा, 209; पुरोहित जाति और पेशे की छाप, 209; स्मृति-सहायक काव्य, 209; बाद के क्षत्रियों द्वारा समृद्ध किंतु वैश्यों द्वारा नहीं, 209; महायानी बौद्धों ने अपनाया, 222; गुप्तकाल और बाद के अभिलेखों में स्तर, 241; (देखिए, **पुराण**), संस्कृत साहित्य और नाटक, 245-59, 179, 209, 234; संस्कृत नाटक की विशेषताएँ, 246-47; संस्कृत में भाववाद अंतर्निहित, 251; अंतिम दौर में सुभाषित-संग्रह, 255-56

संस्कृति, 124, 130; सामान्य विवेचन, 19-20; परिभाषा, 21; भारतीय संस्कृति पर पश्चिमी प्रभाव, 19-20; एशियाई संस्कृति के स्रोत, 20; भारतीय संस्कृति में आदिम घटक, 28, 36; 'प्राचीन भारतीय संस्कृति' अंतिम सीमा, 39; मृत्भांड-पूर्व संस्कृति, 55; सिंधु संस्कृति, 75-90; विभिन्न संस्कृतियों का प्रभाव, 62, 90; भारतीय संस्कृति पर धार्मिक छाप, 207, 215; ईसा-पूर्व दूसरी सहस्राब्दी में भारतीय संस्कृति में गतिरोध, 76 चालू; प्रारंभिक संस्कृतियाँ, 90; ब्राह्मण उदासीनता के

कारण भारतीय संस्कृति की बड़ी हानि, 216-17; आदान-प्रदान के बिना संस्कृति का विकास संभव नहीं, 219; व्यापार के साथ भारतीय संस्कृति का मध्य-एशिया में प्रसार, 235; नई सातवाहन नागरक संस्कृति, 237-38; भारतीय संस्कृति पर यूनानी प्रभाव, 177, 234; सिकंदर का नगण्य प्रभाव 173-74

सग्धि और सपीति, 'सहभोजन और सहपान', यजुर्वैदिक आर्यों का सहभोज (सगोत्र अथवा कबीलाई समूह के लिए), 113, 217;

सजात, सगोत्र-समूह, उत्तर-वैदिक, 116; **अर्थशास्त्र** के ग्रामों में, 189; कालांतर के ग्रामों में, 244

सती, आरंभ में सीमाप्रांत के क्षत्रियों तक सीमित प्रथा, 120

सभा, कबीलाई, जाति अथवा ग्राम-पंचायत, और पंचायत-घर, 73, 108, 132, 217; पुरुषों का मिलन-स्थल, 117; सीता ग्रामों में सभा-भवनों की अनुमति नहीं, 188; जाति-समूहों के भीतरी झगड़े आज भी ऐसी पंचायतों द्वारा सुलझाए जाते हैं, 215

समाज, आनंदोत्सव, इसकी उच्छृंखलता पर अशोक की रोक, 203

समुद्रगुप्त, गुप्त सम्राट् व विजेता, 238-39, 245; चित्रांकन : सिक्का, छायाचित्र 75

संपत्ति (निजी), 41, भू और पशुसंपत्ति, 64; संपत्ति का प्रभाव, 73, 114; मंदिर की संपत्ति, 95; कबीलों पर प्रभाव, 155, 160, 182; राजतंत्रों के लिए गैर-कबीलाई भूमि की जरूरत, 155-56

सरमा, मातृदेवी (श्वान-देवी), 107

सरस्वती, पवित्र नदी (बाद में विद्या की देवी); सरसूती, किसी समय हेलमंद नदी, 105; शनैः-शनैः सूखती गई, 105

सवरा, उड़ीसा का एक कबीला, चित्रांकन : छायाचित्र 33

सहभोज[illegible], बंधन के रूप में, 71; यजुर्वैदिक, [illegible], उच्छिष्ट खाद्य का निषेध, 134; कबीलाई सहभोज, 107; जाति वैशिष्ट्य के अवशेष के रूप में, 217; अरस्तु द्वारा यूनान की एक जनतांत्रिक प्रथा के रूप में उल्लेख, 217

साँची, व्यापार-केंद्र, एक प्रमुख बौद्ध स्मारक-स्थल, 175, 201; शुंगों के समय में सर्वाधिक विकास, 224, 233; चित्रांकन : स्तूप, छायाचित्र, 83; शिल्प, छायाचित्र, 84

साकेत (फैजाबाद), दक्षिण से आनेवाले व्यापार-मार्ग पर, 144; कोसल की प्राचीन राजधानी और राम की अयोध्या, 156

सातवाहन (शातवाहन, शालिवाहन, शातकर्णि), दक्खन का एक राजवंश, 144, 232, 236, 237, 241, 250; नाग+ब्राह्मण उत्पत्ति, 236; इनके काल का अधिकतर (प्राकृत) साहित्य लुप्त, 237; सातवाहनों की साहित्यिक अभिरुचि **कथा-सरित्सागर** में लक्षित, 252; प्राकृत को प्रश्रय, 210, 237; यज्ञ किए, किंतु कृष्ण और बलराम के भी आराधक, 229 बौद्ध गुफा-विहारों को संरक्षण, 230; शुंग प्रदेश पर हमला, 233; सातवाहन : अस्सक लोग, 144, 236; चित्रांकन : इस राजवंश का सिक्का, छायाचित्र, 66

सामंतवाद, 36, 39, 52, 83, 127, 131, 153, 161, 181; संचित सामंती धन आधुनिक पूँजी में रूपांतरित, 16, 23; दूसरे प्रदेशों में पुराने अवशेष, 23; ब्रिटिश शासन के अंतर्गत क्षय, 30-31; गोंड कबीले के सरदारों पर प्रभाव, 63; देवताओं पर प्रभाव[illegible] 71; जाति-प्रथा पर प्रभाव, 72; सामंतवा[illegible] का वर्ग-आधार, 179; स्वामिभक्ति [illegible] श्रृंखला से आबद्ध, 179, 258; सामंत[illegible] युग के 'बलि' कर जारी रहे, 186-87; [illegible] फसल की बटाई की प्रथा भी, [illegible] सामंतवाद का पूर्वाभास, 208-260; [illegible] के आनुवंशिक अधिकार के रूप में [illegible] कारियों को सामंती भुगतान, 193; [illegible] साम्राज्य में, ग्राम्य-आधार के बिना [illegible] विद्या को अनिश्चित प्रश्रय, 243;

छठी सदी के अंत समय में विकसित, 242; सामंतों और अधिकारियों के मुख्य कर्तव्य, 244-45; चित्रांकन: सामंती भारिक, लगभग 1600 ई., छायाचित्र 21

सामंतसेन का सिक्का, चित्रांकन: छायाचित्र 78

साम्यवाद, आदिम, 37, 39, 46-50

सारनाथ (इसिपतन), वाराणसी के समीप का तपस्वियों का मिलन एवं निवास-स्थल, 142; असोक सिंह-स्तंभशीर्ष—अब राष्ट्र-चिह्न, 207; मुस्लिम हमलावरों द्वारा विध्वस्त, ईसा का बारहवीं सदी का अंतकाल, 225

सारिपुत्त, बुद्ध के एक प्रमुख शिष्य, 143, 146; सारिपुत्र की जीवन-कथा पर आधारित नाटक, 247

सार्थ, 158, 159, 160, 227, 235; जनपदों के बीच, 185, 195, 197; इन्होंने चीन गए आरंभिक बौद्ध धर्मदूतों का पथप्रदर्शन किया, 227; बुद्ध के प्रथम उपासक, 152; चित्रांकन : छायाचित्र 4, 19

...थी (श्रावस्ती), कोसल की राजधानी, ...2, 144, 145, 156, 195

... (देखिए, संस्कृत), आधुनिक भारतीय ...ा पर विदेशी प्रभाव, 15

...हाजन, साहूकार की संचित संपत्ति ... पूँजी में रूपांतरित, 16; ग्रामीण ...ा साहूकार के शिकंजे में, 12,

...हरें), 192, 205; मिस्र और ...ाढ़ की सिंचाई, 97, 107; ... विनाश, 97; अतिरिक्त ... 188; सीता-ग्रामों में ...क्की मगध में ज्ञात, ... में पंजाब में नहीं, ... की देन, 245; ...ी सिंचाई, रेखा. ... पृ. 24 ...थम मुस्लिम

...की ...पूर्व ...और ...88; ...भूमि ...अधि- ...हर्ष के ..., 240; ...ईसा की

सिंधु (नदी, घाटी, सभ्यता), 39, 58, 65, 72, 98, 110, 113, 130, 171, 174, 201 213, सिंधु संस्कृति, 75-97; मिस्र और मेसोपोटामिया के साथ तुलना, 94-95; लिपि अज्ञेय, 77, 246; स्थायी स्वरूप, 86; दस्तावेजों और सार्वजनिक स्मारकों का अभाव, 87; राज- प्रथा संभव नहीं जान पड़ती, 95; सैनिक सुरक्षा अपर्याप्त, 96; आर्यों द्वारा विध्वस्त, 106-7; अति घने जंगलों को साफ करने में असमर्थ, 113; माप-तौल के अवशेष, 158; सिंधु तटवासी मल्ल, 166; चित्रांकन : मानचित्र, पृ. 72-73; विशाल स्नानागार, रेखा. 7, पृ. 85; छायाचित्र 45; उत्खनन, मोहेंजो-दड़ो, छाया. 44; मुद्राएँ, छायाचित्र 46, 47, 48, 49, 50

सिंधुराज, भोज का पिता, एक नाग राजकुमारी को प्रेम में फँसाकर उससे विवाह करता है, 210

सिकंदर, (महान, मकदूनिया का), 19, 101, 110, 113-14, 166, 168-74, 224; भारतीय परंपरा में सिकंदर के हमले की कोई स्मृति नहीं, 173; हमले के परिणाम, 173-174; ग्रीक विवाह-नियमों को तोड़ा, 175; अरस्तू के उपदेशों को आचरण में नहीं उतारा, 178; छायाचित्र 55 (पदक)

सिकंदरिया (मिस्र का व्यापारी बंदरगाह), 176; मिनांदर का जन्मस्थान, 177

सिक्के, मुद्रा-प्रणाली, 162, 192-193, संस्कृत में 'पण', 107; पहली बार सिक्कों का चलन—ईसा पूर्व सातवीं सदी, 158-59; मौर्य-पूर्व श्रेणियों द्वारा समय-समय पर जाँच, 159; कुषाणों द्वारा सिकंदरिया की टकसाल-विधियों का अनुकरण, विलासी वस्तुओं के व्यापार के साथ ह्रास, 235, 241; एक ही सिक्के पर चंद्रगुप्त प्रथम और कुमारदेवी के नाम, 238; चित्रांकन : रेखा. 9, पृ. 160; रेखा. 10, पृ. 162; रेखा, 11, पृ. 184; रेखा. 12, पृ. 186; रेखा. 13, पृ. 199; रेखा. 14, पृ. 200; छाया. 55 से 78

तक

सियालकोट (सगल), मिनांदर की राजधानी, 233

सिल-बट्टा, वर्तमान उपयोग और अनुष्ठान, 65; चित्रांकन: छायाचित्र 41

सिल्यूकस् (निकेतर), सिकंदर का सेनापति और उत्तराधिकारी; मौर्यों द्वारा पराजित, 175, 186; बिंदुसार के साथ विवाह-संबंध, 175; हाथियों की भेंट, 173

सीता, 'कूंड, 'हल-रेखा', सीधे राजा की देखरेख में बसाई गई भूमि, 186-191, 197; मौर्यों के बाद लुप्त, 191, 205; लंबी सेवा के लिए सीता भूखंडों को देना सामंती काश्तकारी नहीं, 193; दक्खन में सीता-अधिवास संभव नहीं, 205, 229

सीसा, 113, 153; दक्खन के सिक्कों में सीसा और व्यापार, 206, 236

सुकरात, 178

सुत्तनिपात, बौद्ध त्रिपिटक का सबसे प्राचीन खंड, 134, 144

सुदास, ऋग्वैदिक राजा और युद्धनेता, 108-109

सुनीथ, अजातशत्रु का महामंत्री, राजगिर की किलेबंदी की मरम्मत की, 167

सुभगसेन, काबुल की घाटी में अंतिम मौर्य राज्यपाल, 233

सुमित्र, मिथिला का अंतिम इक्ष्वाकु राजा, 158

सुराष्ट्र, गुजरात का एक क्षत्रिय कबीला, कृषक-योद्धा, 183

सूत, पेशावर चारण, 122

सूती कपड़ा, 13, 32, 191, 194; सूती कपड़े की भारतीय उत्पत्ति, 20; प्राचीन काल में पश्चिम को निर्यात, 82, 236; वाराणसी, सूती वस्त्रों का प्राचीन केंद्र, 156; आरंभिक ऊनी वस्त्र, 171

सेतव्या, व्यापारी पड़ाव-स्थल, 144

सेन, बंगाल का अंतिम हिंदू राजवंश, 225, 253

सेना (नियमित, सज्ज सेना—मौके के स्वयंसेवी सैनिकों से भिन्न), बुद्ध और मगधीय सेना 142; कबीलाई समाज में संभव नहीं, 161; ईसा पूर्व छठी सदी में नया परिणाम, 162 63; कबीलाई सैनिक अभ्यास से भिन्न, 165, 186; सामरिक टुकड़ियों में परिवर्तन 179-80, 183; इसके लिए विशेषकर 186; सेनानिवृत्त सैनिकों को विशेष शर्तों पर सीताभूमि में बसाया जाता था, 188; खास टुकड़ियाँ, 190; सेना के लिए बेगार, 189; वेतनमान, 192; मौर्य साम्राज्य के बाद विघटन, 204; बिखरी हुई सैनिक टुकड़ियों के कारण स्थायी सेना का ह्रास, 236

सेनापति, ईसा-पूर्व छठी सदी में नया पद, 163; सिंहासन पर कब्जा करने के बाद शुंगों ने 'सेनानी' उपाधि कायम रखी, 233

सेमेटिक (सामी) भाषाएँ, 98 (देखिए, यहूदी)

सोतेर मेगास् (महात्राता), कणिष्क प्रथम की उपाधि, 235

सोना, स्वर्ण, 45, 76, 171, 194, 213, 241

सोपारा, बंदरगाह, संभवतः बाइबल का ओफिर, 176

सोमदेव, जैन संस्कृत लेखक, 252

सोमश्रवा, मिश्रित ब्राह्मण-नाग माता-पिता से उत्पन्न, राजा का प्रमुख पुरोहित, 123

सोमा, 'नाग' गोत्रदेवी, प्राचीनतम हिंदचीन राज्य की पहली रानी, 214

सौभूति (सोफिती), का सिक्का; चित्रांकन : छायाचित्र 56

स्कंद, छह सिरों वाला देवता, शिव का पुत्र, 213, 249

स्तूप, बौद्ध समाधि-स्मारक, 91, 126, 200, 225; साँची का, 201, 224, 233; कार्ले का स्तूप, जिसकी पहचान अब मातृदेवी यमाई के स्थल से हुई है, 231, चित्रांकन : साँची, छायाचित्र 83, 84; कार्ले, चैत्यगुफा, छायाचित्र 86

स्त्रियाँ, स्त्रियों का विशिष्ट कार्य, 58; प्रथम कृषिकर्मी, 64; प्रथम कुम्हार, 65; प्रथम बुनकर, 108; विशेष अनुष्ठान और भाषा, 66, 67; रजोदर्शन-संबंधी निषेध, 69; नमुचि की सेना में, 105; पुरानी प्रथाओं से लगाव, 141; कबीलाई सरदारों को भ्रष्ट

करने के लिए स्त्रियों का इस्तेमाल, 181
स्मशान, 138
स्मार्त, शिव-पार्वती के भक्त, 253
स्रात-सामग्री, भारतीय इतिहास के लिए स्रोत-सामग्री की दरिद्रता, 21, 28, 166, 219; सिंधु संस्कृति के कोई पठनीय दस्तावेज उपलब्ध नहीं, 94
स्वप्नवासवदत्तम्, भास रचित एक उत्कृष्ट नाटक, 248
स्वर्णयुग, 41-43, 46, 104

श्रीगुप्त, गुप्तवंश का संस्थापक, 238
श्रीलंका, 20, 126, 142, 200, 222, 250
श्रीहर्ष, ईसा की बारहवीं सदी का गाहड़वाल राजसभा का संस्कृत कवि (**नैषधीयचरितम्** का रचयिता), 250
श्रेणियाँ, 11; जातियाँ, 32, 159; व्यापरियों की, 131; कबीलों से बनी, 159; कारीगरों की, 159, 229; भूमि की सफाई करनेवाली श्रेणियाँ और निर्माता-व्यापारियों की श्रेणियाँ, 190; आरंभिक श्रेणियों का ह्रास, 206; ब्राह्मणों-द्वारा सेवा, 210, 215; सातवाहन संस्कृति में योगदान, 237; गुप्तकाल में, 241; गुप्तकाल के अंत के साथ ह्रास की शुरुआत, 242-43
श्रेष्ठी, धनी साहूकार-व्यापारी, 130, 131, 181; दाताओं की सूची में, 228

हखामनि (हखामनिशिय), ईरानी कुल और राजवंश, 140, 159, 201, 205; सिंधु पर्यंत विजय, 171
हड़प्पा, सिंधु नगर, 76, 81, 84, 88, 91, 94, 96, 117; ऋग्वैदिक हरियूपीया, 106
हनुमान, 68, 212
हम्मूरबी, ईसा पूर्व 17वीं सदी का बेबीलोनी राजा और विधिप्रवर्तक, 77
हरि-हर, विष्णु और शिव का संश्लेषण, 254; चित्रांकन : रेखाचित्र 16, पृ. 257
हर्ष, कश्मीर का (ईसा की ग्यारहवीं सदी का अंतिम चरण), राजा और मूर्तिभंजक, 232
हर्ष (शीलादित्य, 605-650 ई.), अंतिम महान बौद्ध सम्राट्, 224, 232; हर्ष का हस्ताक्षर, 225, रेखाचित्र 15; शिव, सूर्य और गौरी का भी उपासक, 226; ब्राह्मणों को सहायता, 226; और दूसरे संप्रदायों को भी; प्रतिभाशाली संस्कृत कवि, नाटककार और अभिनेता, 226, 250; हर पाँचवें साल संगम पर दान-दक्षिणा, 226; प्रस्तुत पुस्तक के लिए उपयुक्त समापन, 240; संस्कृत पंडितों का आश्रयदाता, 243; बाण रचित हर्ष का चरित्र, 252; चित्रांकन : ताम्रपत्र-लेख, रेखाचित्र 15, पृ. 227
हल, 29, 30, 45, 63, 64, 113, 140, 145, 151, 152, 157, 227, 229, 242; सिंधु सभ्यता में हल नहीं, बल्कि हेंगा, 86, 95; बारह बैलों की जोड़ियों द्वारा जोते जानेवाले हल, 118; दक्षिण में उत्तर का भारी हल, 231, 236; चित्रांकन : रेखा. 1, पृ. 21; रेखा. 2, पृ. 22; छाया. 14, 15, 32
हस्त-कुठार, 52
हस्तिनापुर, 118, 121, 259; हस्तिनापुर—प्रथम स्तर में नाग बस्ती, (?), 124
हाथी, 83, 135, 139, 160, 168; समुचित सामरिक उपयोग, 172; सेना में पूरक उपयोग, 188; विशेष रूप से आरक्षित, 188; सम्मान्य बौद्ध-महायानी भिक्षुओं के उपयोग के लिए, 220; सातवाहनों द्वारा ब्राह्मणों को दी गई यज्ञ- दक्षिणा की सूची में, 229
हान, चीनी राजवंश, 127
हारी, ऋण-दास जाति, 132
हारीती, महायानी देवकुल में शिशुभक्षक राक्षसी और मातृदेवी, 223
हारूँ-अल् रशीद, बगदाद का खलीफा, 127
हाल, सातवाहन राजा, प्राकृत कवि और सुभाषित संग्रहकार, 237, 246
हित्ती (खत्ती), 45, 103
हिंदी, (आधुनिक भारत की राष्ट्रभाषा), 59, 61, 99
हिंदू, 41, 62, 66, 133, 243; 'हिंदू' और

'बौद्ध' के बीच निरर्थक भेद, 225
हिमयुग, 48, 50, 51; 'पूर्व-रेखाकृतियाँ', 84; चित्रांकन : रेखा. 6, पृ. 85
हिमालय, 11, 83, 87, 101, 112, 119; हिमालय की इमारती लकड़ी, 87, 174
हिरण्यगर्भ, जाति-समाज में पुनर्जन्म लेने के लिए किया जानेवाला प्रतीकात्मक-संस्कार विधि, 213
हिरोदोतस, 109, 171, 217
हीनयान, मूल और अधिक संयमी बौद्ध संप्रदाय, 221-22
हुविष्क, कुषाण सम्राट्, उसका सिक्का, चित्रांकन : छायाचित्र 72
हूण, मध्य-एशिया के हमलावर, 225
हेंगा, 86; चित्रांकन : छायाचित्र, 16
हेमाद्रि, रामचंद्र यादव का मंत्री, अनुष्ठानों और राज-व्यवस्था पर ग्रंथ की रचना (ईसा की 13 वीं सदी का अंत समय), 216
हेराक्लीज, 104, 257; कृष्ण के रूप में, 150
हेलमंद, (अराकोसिया की नदी), 105, 111
हेलिओदोर, शुंग राजसभा में यूनानी राजदूत, कृष्ण का आराधक, 233
होमर, 106, 121, 154
होली, प्रागैतिहासिक विशेषताएँ, 67; असोक-कालीन 'समाज' से साम्य, 203

●●●